Praxisführung für Zahnärzte

Andreas Frodl

Praxisführung für Zahnärzte

2., komplett überarbeitete Auflage

Andreas Frodl
Erding
Deutschland

Die erste Auflage ist unter dem Titel „Management von Arztpraxen" erschienen. Die zweite Auflage liegt in 2 Bänden auf: „Praxisführung für Ärzte" und „Praxisführung für Zahnärzte".

Die Deutsche Nationalbibliothek verzeichnet diese Publikation in der Deutschen Nationalbibliografie; detaillierte bibliografische Daten sind im Internet über http://dnb.d-nb.de abrufbar.

Springer Gabler
ISBN 978-3-658-11059-8   ISBN 978-3-658-11060-4 (eBook)
DOI 10.1007/978-3-658-11060-4

Gedruckt auf säurefreiem und chlorfrei gebleichtem Papier

Springer Gabler ist Teil von Springer Nature
Die eingetragene Gesellschaft ist Springer Fachmedien Wiesbaden GmbH

Vorwort

Das vorliegende Buch basiert auf dem vor kurzem erschienenen Werk „Praxisführung für Ärzte", bei dem es sich um die vollständig aktualisierte und grundlegend überarbeitete Neuauflage des 2004 im Gabler-Verlag editierten Buchs „Management in Arztpraxen" handelt. Da sich einige Berufs- und Praxisspezifika in der Zahnmedizin von dem ärztlichen Berufsstand unterscheiden, wurden die Inhalte für die Zahnärzte angepasst und in diesem eigenständigen Band zusammengestellt. Eingeflossen sind auch zahlreiche Erkenntnisse aus der ebenfalls bei Springer/Gabler erschienenen Reihe „Betriebswirtschaft für das Gesundheitswesen", wobei insbesondere die Führung von Zahnarztpraxen betreffende Inhalte und Beispiele im vorliegenden Buch berücksichtigt und eingearbeitet wurden.

Während seinerzeit mit dem Buch im Jahre 2004 auf einigen Gebieten der Praxisführung noch Neuland betreten wurde, so lassen sich mit dem vorliegenden Werk mittlerweile viele Beispiele anführen, wie das ein oder andere Thema zur betrieblichen Praxisführung auch in Zahnarztpraxen erfolgreich angewendet und umgesetzt wird. Insgesamt verdeutlichen mehr als 100 Beispiele die Relevanz der dargestellten Sachverhalte.

Erfreulicherweise lässt sich auch feststellen, dass betriebswirtschaftliche und managementorientierte Themen vermehrt in die Ausbildung von Zahnärzten und Praxisangehörigen einfließen und auch an den zahnmedizinischen Fakultäten entsprechende Vorlesungsveranstaltungen Einzug finden. Viele Themen, die vor 10–15 Jahren in Zusammenhang mit der Führung von Zahnarztpraxen womöglich noch einen „exotischen" Eindruck vermittelten, sind heute selbstverständlich und aus dem Praxisalltag nicht mehr wegzudenken.

Außerordentlicher Dank gilt an dieser Stelle Maria Akhavan, Stefanie Brich, Andreas Funk und Guido Notthoff, die in Verlagsbereichs- und Programmleitung bzw. Lektorat nicht nur seinerzeit Weitsicht zeigten, sondern auch die Thematik Betriebswirtschaft im Gesundheitswesen als festen Verlagsprogrammbestandteil ausgebaut und etabliert haben. Damit haben sie einen wesentlichen Beitrag zur Entwicklung der Gesundheitsbetriebslehre als spezielle Betriebswirtschaftslehre geleistet und den Weg für mittlerweile zahlreiche Arbeiten und Veröffentlichungen auf diesem Gebiet mitbereitet.

Für die sachkundige Überprüfung der aufgeführten Beispielen danke ich meiner Frau Anja Frodl, ZMV, ganz herzlich, ebenso wie der Zahnarztpraxis Dr. med. dent. Wilfried Müller-Sarnowski, München, für den fachlichen Erfahrungsschatz und die Expertise.

Erding, im Januar 2016   Andreas Frodl

Inhaltsverzeichnis

Abkürzungsverzeichnis

AAZ	Arbeitsgemeinschaft zur Regelung der Arbeitsbedingungen für Zahnmedizinische Fachangestellte und ZahnarzthelferInnen
ABDA	Arbeitsgemeinschaft der Berufsvertretungen Deutscher Apotheker (jetzt: Bundesvereinigung Deutscher Apothekerverbände)
AbwV	Abwasserverordnung
AGB	Allgemeine Geschäftsbedingungen
AMG	Arzneimittelgesetz
AMIS	Arzneimittelinformationssystem
AQUA	Institut für angewandte Qualitätsförderung und Forschung im Gesundheitswesen
ArbSchG	Arbeitsschutzgesetz
ArbStättV	Arbeitsstättenverordnung
ArbZG	Arbeitszeitgesetz
AS	Abfallschlüssel
BAB	Betriebsabrechnungsbogen
BÄK	Bundesärztekammer
BAG	Berufsausübungsgemeinschaft
BBiG	Berufsbildungsgesetz
BdA	Berufsverband der Arzt-, Zahnarzt- und Tierarzthelferinnen e. V.
BDSG	Bundesdatenschutzgesetz
BEB	Bundeseinheitliche Benennungsliste
BEL	Bundeseinheitliches Leistungsverzeichnis
BEMA	Einheitlicher Bewertungsmaßstab für zahnärztliche Leistungen
BetrVG	Betriebsverfassungsgesetz
BfArM	Bundesinstitut für Arzneimittel und Medizinprodukte
BGB	Bürgerliches Gesetzbuch
BGBl	Bundesgesetzblatt
BGW	Berufsgenossenschaft für Gesundheitsdienst und Wohlfahrtspflege
BioStoffV	Biostoffverordnung
BKV	Bundeseinheitliches Kassenverzeichnis

BLZK	Bayerische Landeszahnärztekammer
BtMG	Betäubungsmittelgesetz
BtMVV	Betäubungsmittel-Verschreibungsverordnung
BUrlG	Bundesurlaubsgesetz
BWA	Betriebswirtschaftliche Auswertungen
bzw.	beziehungsweise
CDSR	Cochrane Database of Systematic Reviews
ChemG	Chemikaliengesetz
CIRS	Critical Incident Reporting-System
DAHTA	Deutsche Agentur für Health Technology Assessment
DAHZ	Deutscher Arbeitskreis für Hygiene in der Zahnmedizin
DARE	Database of Abstracts of Reviews of Effectiveness
DB	Deckungsbeitrag
DGHM	Deutsche Gesellschaft für Hygiene und Mikrobiologie
DGQZ	Deutsche Gesellschaft zur Qualitätssicherung in der Zahnmedizin
DGSV	Deutsche Gesellschaft für Sterilgutversorgung
DGTelemed	Deutsche Gesellschaft für Telemedizin
d. h.	das heißt
DIMDI	Deutsches Institut für medizinische Information und Dokumentation
DIN	Deutsches Institut für Normung e.V.
DSD	Duales System Deutschland
dzw	Die Zahnarzt Woche
eazf	Europäische Akademie für zahnärztliche Fort- und Weiterbildung
EBM	Einheitlicher Bewertungsmaßstab
eHBA	elektronischer Heilberufsausweis
EN	Europäische Norm
EPA	Europäisches Praxisassessment
EStG	Einkommensteuergesetz
ff	fortfolgende
fifo	first-in-first-out
FU	Früherkennungsleistungen
FZ	Fehlzeiten
GbR	Gesellschaft bürgerlichen Rechts
GefStoffV	Gefahrstoffverordnung
GKV	Gesetzliche Krankenversicherung
GmbH	Gesellschaft mit beschränkter Haftung
GOZ	Gebührenordnung für Zahnärzte
GuV	Gewinn- und Verlustrechnung
GWA	Gemeinkostenwertanalyse
HCI	Health Competitive-Intelligence
HGB	Handelsgesetzbuch
HKP	Heil- und Kostenplan

HMV	Hausmüllverbrennung
HWG	Heilmittelwerbegesetz
IDZ	Institut der Deutschen Zahnärzte
IfSG	Infektionsschutzgesetz
IGeL	Individuelle Gesundheitsleistungen
IP	Individualprophylaxe
IPA	International Pharmaceutical Abstracts
ISO	International Organization for Standardization
IuK	Informations- und Kommunikationstechnische (Systeme)
JArbSchG	Jugendarbeitsschutzgesetz
KBR	Kieferbruchbehandlungen
KCH	Konservierende und chirurgische Leistungen
KfW	Kreditanstalt für Wiederaufbau
KRINKO	Kommission für Krankenhaushygiene und Infektionsprävention
KrWG	Kreislaufwirtschaftsgesetz
KSchG	Kündigungsschutzgesetz
KTQ	Kooperation für Transparenz und Qualität im Gesundheitswesen
KZBV	Kassenzahnärztliche Bundesvereinigung
KZV	Kassenzahnärztliche Vereinigung
KZVB	Kassenzahnärztliche Vereinigung Bayerns
LAGA	Bund/Länder-Arbeitsgemeinschaft Abfall
LDT	Labordatentransfer
MA	Mitarbeiter/-in
MAPI	Machinery Allied Products Institute
MPBetreibV	Medizinprodukte-Betreiberverordnung
MPG	Medizinproduktegesetz
MuSchG	Mutterschutzgesetz
MVZ	Medizinisches Versorgungszentrum
NWA	Nutzwertanalyse
OLG	Oberlandesgericht
PAR	Parodontalbehandlungen
PartGG	Partnerschaftsgesellschaftsgesetz
PDCA	Plan, Do, Check, Act
PKV	Private Krankenversicherung
PStG	Personenstandsgesetz
PT	Personentage
PVS	Praxisverwaltungssystem, Privatärztliche Verrechnungsstelle
PZR	Professionelle Zahnreinigung
QEP	Qualität und Entwicklung in Praxen
QMS	Qualitätsmanagementsystem
RDG	Reinigungs- und Desinfektionsgerät

REFA	REFA – Verband für Arbeitsgestaltung, Betriebsorganisation und Unternehmensentwicklung e. V.
RKI	Robert-Koch-Institut
RöV	Röntgenverordnung
ROI	Return on Investment
RStV	Rundfunkstaatsvertrag
SAV	Sonderabfallverbrennung
SGB	Sozialgesetzbuch
StGB	Strafgesetzbuch
StPO	Strafprozessordnung
TdL	Tarifgemeinschaft der Länder
TMG	Telemediengesetz
TQM	Total Quality Management
TRBA	Technische Regeln für Biologische Arbeitsstoffe
TRGS	Technische Regeln für Gefahrstoffe
TVG	Tarifvertragsgesetz
TzBfG	Teilzeit- und Befristungsgesetz
UStG	Umsatzsteuergesetz
UWG	Gesetz gegen den unlauteren Wettbewerb
VDI	Verein Deutscher Ingenieure
vgl.	vergleiche
VSG	Versorgungsstärkungsgesetz
VZK	Vollzeitkapazitäten
WCM	Working Capital Management
WLAN	Wireless Local Area Network
ZÄQM-RL	Qualitätsmanagement-Richtlinie vertragszahnärztliche Versorgung
Zahnärzte-ZV	Zulassungsverordnung für Vertragszahnärzte
ZahnmedAusbV	Verordnung über die Berufsausbildung zum Zahnmedizinischen Fachangestellten/zur Zahnmedizinischen Fachangestellten
z. B.	zum Beispiel
ZE	Zahnersatz
ZFA	Zahnmedizinische Fachangestellte
ZHG	Zahnheilkundegesetz
ZI	Zentralinstitut für die kassenärztliche Versorgung in der Bundesrepublik Deutschland
ZMF	Zahnmedizinische Fachassistentin
ZMK	Zahnheilkunde/Management/Kultur
ZMP	Zahnmedizinische Prophylaxeassistentin
ZMV	Zahnmedizinische Verwaltungsassistentin
ZOD	Zahnärzte Online Deutschland
ZQMS	Zahnärztliches Qualitätsmanagementsystem
ZWP	Zahnarzt Wirtschaft Praxis

Praxisplanung

1.1 Strategische Praxisplanung

Der Begriff Strategische **Planung** wird insbesondere verwendet, wenn es um längerfristige Aktionsziele geht – im Gegensatz zur operativen Planung, die der konkreten kurzfristigen Disposition von Ressourcen dient. Eine Praxisstrategie stellt somit höhere Ansprüche als die operative Praxisplanung. Insbesondere vernachlässigt die kurzfristige Planungsmethode sowohl die fundierte Analyse des Zahnmedizin- und Patientenmarkts, als auch das generelle und spezielle Marktpotenzial. Die Praxisstrategie ist in dieser Beziehung umfassender, präziser und darauf angelegt, sich sehr bewusst aus erkennbaren Möglichkeiten unter Berücksichtigung von Markt- und Nutzungsbewertungen die erstrebenswerten herauszusuchen. Das Verfolgen analytisch bzw. methodisch untermauerter Ziele unter Berücksichtigung der dafür erforderlichen Kräfte ist ein wichtiger Gegenstand strategischer Planung.

Die Strategische Planung bildet den logischen Ausgangspunkt des Praxismanagements. Es wird darüber nachgedacht, was in und mit der Zahnarztpraxis erreicht werden soll und wie es am besten zu erreichen ist. Dazu zählen die Bestimmung der Zielrichtung, die Ermittlung zukünftiger Handlungsoptionen und die Auswahl unter diesen. Planung bedeutet, zukünftiges Handeln unter Beachtung des Rationalprinzips gedanklich vorweg zu nehmen.

Bei der Strategischen Praxisplanung handelt es sich selbst wieder um einen Prozess, in dem eine Analyse der gegenwärtigen Praxissituation sowie der zukünftigen Chancen und Risiken stattfindet und zur Formulierung von Absichten, Zielen, Strategien und Maßnahmen führt (Abb. 1.1).

Das tragende Fundament der strategischen Praxisplanung bildet die **Analyse-Phase**. Sie soll die gegenwärtige Praxissituation untersuchen, indem sie alle internen und externen Daten auswertet, die für die Praxis wichtig sein können. Um die Praxis mit ihren gegenwärtigen und zukünftigen Möglichkeiten am zahnmedizinischen Gesamtmarkt

© Springer Fachmedien Wiesbaden GmbH 2016
A. Frodl, *Praxisführung für Zahnärzte*,
DOI 10.1007/978-3-658-11060-4_1

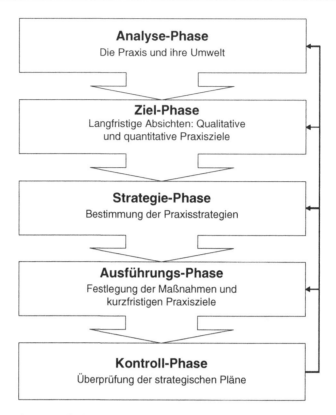

Abb. 1.1 Strategische Praxisplanung

beurteilen zu können, ist die zu erwartende Entwicklung der Praxisumwelt besonders zu beachten. Bedingungen der Praxisumwelt sind dabei die Daten, denen sich die Praxis nach außen hin gegenübersieht und die in ihre strategische Planung eingehen müssen. (Abb. 1.2)

Ebenfalls in die Analyse-Phase fällt die Betrachtung der Potenziale, die zeigen soll, wo die spezifischen Stärken und Schwächen der Praxis relativ zur Konkurrenz liegen. Die Praxisleitung gewinnt daraus Anhaltspunkte, was sie angesichts der sich abzeichnenden Chancen und Gefahren der Praxisumwelt in den einzelnen Markt- segmenten des zahnmedizinischen Gesamtmarkts tun kann, in denen sie agiert oder agieren möchte.

Als nächster Schritt ist in der **Ziel-Phase** die langfristige Zielsetzung der Praxis zu be- stimmen. Unter den Praxiszielen werden dabei zunächst allgemein erwünschte Zustände, Zustandsfolgen oder auch Leitwerte für zu koordinierende Aktivitäten verstanden, von de- nen ungewiss ist, ob sie erreicht werden. Die konkrete Zielbildung ist in der Zahnarztpraxis ein komplexes Problem, da es eine eindimensionale Zielsetzung nicht gibt. Werden mehre- re Ziele verfolgt, sind ihre Zielverträglichkeiten zu untersuchen. Die Zielsetzung der Zahnarztpraxis besteht immer aus einer Kombination von quantitativen und qualitativen Zielen, die aufeinander abzustimmen sind.

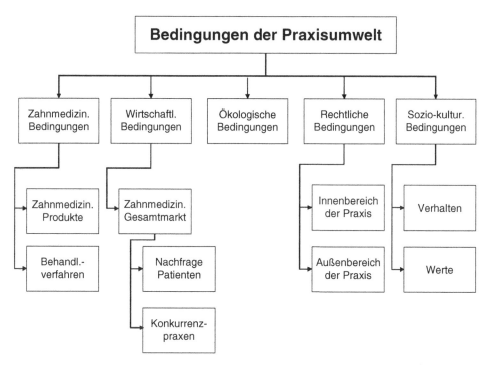

Abb. 1.2 Bedingungen der Praxisumwelt

In der **Strategie-Phase** sind langfristig wirksame Maßnahmenkombinationen zu finden, die den Weg bestimmen, wie die geplanten Ziele erreicht werden sollen. Im Mittelpunkt steht die Abstimmung von Zahnarztpraxis und Praxisumwelt. Als Ausgangspunkt der Praxisstrategien können die langfristig angelegten Ziele angesehen werden. Die Praxisstrategien selbst sind ebenfalls langfristig und für die gesamte Praxis wirksam. Sie umfassen jeweils Maßnahmenkombinationen und keine Einzelmaßnahmen, so dass sie für eine Realisierung in der **Ausführungs-Phase** in einzelne Maßnahmen überführt werden müssen. Praxisstrategien stellen für nachgeordnete Planungen Führungsgrößen dar und besitzen damit Lenkungsfunktion. Sie legen Art und Richtung der Praxisentwicklung fest. Die Erreichung der langfristigen Ziele wird in der **Kontroll-Phase** überwacht. Bei Ergebnisabweichungen sind die Praxisstrategien zu überprüfen und gegebenenfalls zu korrigieren.

In diesem Sinne ist heute in Zahnarztpraxen die Notwendigkeit von Praxisstrategien mehr gegeben als je zuvor. Es ist in regelmäßiger Wiederkehr zu prüfen, wo man steht, was man haben will und welche Mittel dafür zur Verfügung stehen. Inkonsequenzen und Halbheiten sind in diesem Zusammenhang ebenso strategische Fehler, wie unzureichende Markt- und Nutzenanalysen. Die rasanten Veränderungen im Gesundheitsmarkt zwingen die einzelne Praxis zu häufigeren Strategieüberlegungen als früher.

Eine Praxis ohne festgelegte Ziele und Führungsgrundsätze ist mittlerweile bei der
Komplexität der ökonomischen Fakten und Zusammenhänge wie ein Schiff ohne Ruder
und Kapitän. Die erfolgreiche Führung einer Zahnarztpraxis bedarf deshalb klar definier-
ter Praxisziele. Solche Ziele richten sich auf den Praxiserfolg, das Angebot zahnmedizinischer Dienstleistungen, die Gewinnoptimierung und Sicherung der Praxiszukunft.

Ebenso wichtig sind die erwähnten Führungsgrundsätze, die Sicherheit im Handeln auf
allen Ebenen der Zahnarztpraxis vermitteln sollen. Die Erarbeitung von Praxisstrategien
auf dieser materiellen und sozialen Basis ist zentrales Dauerthema der Praxispolitik und
führt zur verbalen Formulierung der Ziele und Grundsätze. Sie hat maßgebliche gestalte-
rische Bedeutung für die Substanz- und Erfolgsentwicklung der Praxis.

Die Qualität einer Praxisstrategie lässt sich daran messen, wie sie das ganze Vermögens-
und Leistungspotenzial einer Zahnarztpraxis als angestrebten „Sollzustand" durchdringt.
Die Verantwortung für strategische Entscheidungen kann nur bei der Praxisleitung liegen.
Sie vollziehen sich in einem permanenten, komplexen Informations-, Abwägungs-, Ent-
scheidungs- und Kontrollprozess, in den die Analyse der betriebswirtschaftlichen Situation
der Praxis, das geschätzte Marktpotenzial sowie die Wettbewerbschancen und -risiken
einfließen. Als Ergebnis des Vorgangs werden über den Umsetzungsprozess Richtung und
Ausmaß der künftigen Praxisentwicklung bestimmt.

1.2   Entwicklung von Praxisstrategien

In einem durch verstärkten Wettbewerb, begrenzte Marktwachstumschancen und Umsatzs-
tagnierung gezeichneten Umfeld, sind Zahnarzt und -ärztin in verstärktem Maße auch als
freiberufliche Unternehmer und Praxismanager gefordert. Fraglos stellt die Behandlungstätigkeit den Kern der zahnärztlichen Berufsausübung in einer Praxis dar. Auch sind möglichst gute Behandlungsleistungen eine wesentliche Voraussetzung für eine erfolgreiche
Praxisführung. Doch genauso wie der alte Marketingspruch „Ein gutes Produkt verkauft sich
von alleine" in Zeiten der Globalisierung und des internetbasierten Informationsaustauschs
nur noch bedingt gültig ist, weil das gleiche Produkt von einem anderen Hersteller womöglich preisgünstiger vertrieben wird, mit Zusatzleistungen versehen und schneller verfügbar
ist, so muss auch die Zahnarztpraxis sich diesen veränderten Wettbewerbs- und Rahmenbedingungen im Gesundheitsmarkt stellen, wenn sie langfristig erfolgreich sein will.

Die verstärkte Ausrichtung an den **Markterfordernissen** erfordert von der Praxisleitung in
zunehmendem Maße, betriebswirtschaftliche Rollen als Planer, Stratege, Organisator, Füh-
rungspersönlichkeit, Marketingspezialist oder Controller zu übernehmen. In dieser Eigenschaft
muss sie dafür Sorge tragen, dass etwa alle Praxisaktivitäten an den Bedürfnissen der Patienten
ausgerichtet werden, der Nutzen für den Patienten in den Vordergrund gestellt wird, die Entwicklung von Visionen und Praxisstrategien und deren Umsetzung vorangetrieben wird, die
Kommunikationsfähigkeiten gegenüber den Patienten optimiert werden, sich das Führungsverhalten ziel- und mitarbeiterorientiert weiterentwickelt und die Praxisorganisation jederzeit
offen ist für Veränderungen, Ideen und neue Entwicklungen im Praxisumfeld (vgl. Frodl. 2012,
S. 29 ff.).

Das Erarbeiten und Festlegen von Praxisstrategien wird in Zeiten immer schneller ablaufender Veränderungen im wissenschaftlich-zahnmedizinischen, gesetzlichen und ökonomischen Umfeld für die Zahnarztpraxis immer wichtiger. Praxisstrategien setzen dabei ein Zielsystem voraus, an dem sich die Praxisplanung ausrichten kann und das sich über mehrere Jahre erstrecken muss. Die Auseinandersetzung mit betriebswirtschaftlichen Sachverhalten ist dabei eine wesentliche Voraussetzung, um die Praxis planbar zu machen, Risiken durch strategische Planung reduzieren und daraus abgeleitete operative Maßnahmen umsetzen zu können. Dabei zu berücksichtigende Einflussfaktoren sind nicht nur die Rahmenbedingungen der Praxisumwelt, sondern vor allen Dingen auch die internen Potenziale, die Stärken und Schwächen der Praxis.

Aufgrund der sich verändernden Rahmenbedingungen der Gesetzlichen Krankenversicherung und des daraus resultierenden Kostendrucks ist das Kostenmanagement und Controlling ein wesentlicher zukünftiger **Strategiebereich** der Zahnarztpraxis. Dies bedeutet die gezielte Anwendung von Führungs- und Steuerungsinstrumentarien zur analytischen Beobachtung der Praxis sowie den daraus zu ziehenden Konsequenzen für betriebswirtschaftliche Entscheidungen.

Das **Controlling** und **Kostenmanagement** in der Zahnarztpraxis gewinnt vor dem Hintergrund begrenzten Umsatzwachstums und zunehmenden Wettbewerbs in steigendem Maße an Bedeutung. Um nicht die Steuerungsmöglichkeit der Praxis zu verlieren, in Liquiditätsengpässe zu kommen und in finanzielle Abhängigkeiten zu geraten, müssen Praxisleitung und -inhaber als aktive Controller und Kostenmanager agieren. Dazu gehören die Durchführung von SOLL-/ IST-Abweichungen anhand von Controlling-Kennziffern und Praxisbenchmarks, das Feststellen von Kostensenkungspotenzialen in der eigenen Praxis, das Ergreifen von priorisierten Kostensenkungsmaßnahmen und die Kontrolle der Erreichung gesteckter Kostenziele (vgl. Frodl. 2012, S. 29 ff.).

Wie viele Bereiche der gewerblichen Wirtschaft und der Dienstleistungen ist der Gesundheitsmarkt aus heutiger und zukünftiger Sicht als Käufermarkt einzustufen, in dem das Angebot zahnmedizinischer Behandlungs- und Dienstleistungen schneller wächst, als die Nachfrage. Die Folge ist ein zunehmender Angebotsüberhang aufgrund steigender Konkurrenz unter den Praxen einerseits und andererseits einer gewissen Nachfragesättigung auf der Patientenseite. In dieser Marktsituation versuchen die Wettbewerber, durch Schaffung von Präferenzen, Werbung oder über die Preisgestaltung, sich Marktanteile zu sichern.

Ein weiterer wesentlicher zukünftiger Strategiebereich der Zahnarztpraxis ist daher das **Praxismarketing** (vgl. Wolter und Schwenk 2011, S. 20 ff.), welches als Praxisführungskonzept, in dessen Mittelpunkt der Patient steht, verstanden werden kann. Marketing lässt sich nicht nur von gewerblichen Unternehmen nutzen, um Marktanteile zu gewinnen und Umsatzsteigerungen zu erzielen, sondern wird auch in zunehmendem Maße im Dienstleistungsbereich und von Non-profit-Organisationen erfolgreich angewendet. Für die Zahnarztpraxis besteht der Nutzen in der Gewinnung neuer und der Bindung vorhandener Patienten sowie der Profilierung und Positionierung in der Öffentlichkeit. Dazu lässt sich das Praxisangebot auf die Wünsche und Bedürfnisse verschiedener, abgegrenzter Zielgruppen konzentrieren und das gesamte Marketinginstrumentarium zur Befriedigung der Patientenbedürfnisse einsetzen.

Der strategische Planungscharakter des Marketings drückt sich in einem Marketingkonzept für die Zahnarztpraxis aus, welches die Vorgehensweise am Markt sowie das einzusetzende, abgestimmte Bündel an Marketinginstrumenten und -maßnahmen beinhaltet. Dazu gehören die langfristige Ausrichtung nach klar umrissenen Patientenzielgruppen, die Orientierung an den (festzustellenden) Patientenbedürfnissen und schließlich die Realisierung der Praxisziele über die größtmögliche Patientenzufriedenheit und deren Messung.

Ein weiterer wichtiger Bereich zukünftiger Praxisstrategien ist die allgemeine **Praxisentwicklung**. Es geht dabei um die richtige Weichenstellung und die Klärung der Frage, ob die Praxis zukünftig verstärkt wachsen, mit anderen zusammenarbeiten, eher sich verkleinern oder in ihren Leistungen diversifizieren soll.

Angesichts der derzeitigen Rahmenbedingungen und Zukunftsaussichten im gesamten zahnmedizinischen Gesundheitsmarkt sind Praxisstrategien, die auf Wachstum ausgerichtet sind, als äußerst schwierig zu beurteilen. Natürlich gibt es Unternehmen, die in vergleichbar problematischen Branchen mit Wachstumsstrategien Erfolge erzielen. Dabei handelt es sich in der Regel jedoch um Ausnahmen, aus denen sich für die Zahnarztpraxis keine allgemeinen Empfehlungen zu einer entsprechenden strategischen Ausrichtung ableiten lassen. Wachstumsstrategien können sich beispielsweise auf die Erschließung neuer Patientenzielgruppen (Marktentwicklungsstrategie), das Angebot zusätzlicher, neuer Behandlungsleistungen (Leistungsentwicklungsstrategie) oder die Intensivierung der Marktbearbeitung durch Verbesserung der Patientenzufriedenheit (Marktdurchdringungsstrategie) erstrecken und sind sehr langfristig und sorgfältig zu planen.

Für die Zusammenarbeit mit anderen Zahnärzten und Praxen stehen unterschiedliche Organisationsformen zur Verfügung. Dazu zählen beispielsweise Medizinische Versorgungszentren (MVZ), die Gemeinschaftspraxis oder auch die partnerschaftliche Kooperation. Die Verkleinerung kann im Hinblick auf die Existenzsicherung eine entscheidende strategische Weichenstellung darstellen. Im Vordergrund stehen können dabei etwa der Abbau von dentaltechnischen und personellen Behandlungskapazitäten, die Konzentration auf profitable Behandlungsgebiete oder die Rentabilitätssteigerung bei gleich bleibenden Umsatzzahlen. Die Diversifizierung geht von der Analyse lukrativer Behandlungsgebiete, der jeweiligen Konkurrenzsituation und der gezielten Nutzung von Synergieeffekten bisheriger Leistungsangebote aus und versucht mit neuen Leistungen zusätzliche Zielgruppen zu erschließen.

Ein wesentlicher Erfolgsfaktor bei einer verstärkten marktwirtschaftlichen Orientierung ist der **Patientenservice**. Er bietet die Möglichkeit, sich im Wettbewerb zu positionieren und von Konkurrenzpraxen zu unterscheiden. Dabei ist der Patientenservice als Ergänzung guter Behandlungsleistungen zu verstehen, der diese niemals ersetzen, aber für die Patienten einen nützlichen Mehrwert darstellen kann.

Die **Behandlungsleistungen** stellen fraglos das wichtigste Kernprodukt der Praxis dar. Über sie qualifiziert sich die Praxis bei den Patienten, wird bekannt und erhält so ihre Außenwirkung. Ihre Qualität hängt in hohem Maße von den zahnmedizinischen Fähigkeiten des Zahnarztes oder der Zahnärztin ab. Die Sicherung der Behandlungsqualität und das Erreichen von Qualitätszielen bei neuen Leistungsangeboten sind eine Daueraufgabe im

Rahmen der persönlichen Weiterentwicklung der Praxisinhaber und tragen wesentlich zur marktwirtschaftlichen Orientierung bei.

Die zahnmedizinischen **Fähigkeiten** des Zahnarztes oder der Zahnärztin, ihre Begabung mit den Patienten zu kommunizieren, die Persönlichkeiten, die sie darstellen und das Verhalten ihrer Praxisangehörigen haben einen großen Anteil an der Patientengewinnung und -bindung einer Praxis. Diese persönlichen Potenziale gilt es gezielt zu nutzen, Stärken in diesem Bereich auszubauen und Schwächen möglichst zu beseitigen. Obwohl ein erfolgreiches Behandlungsergebnis vorliegt, kann durch den falschen Umgangston, schlechten Service oder lange Wartezeiten die Patientenzufriedenheit wesentlich beeinträchtigt werden. Gute Behandlungsleistungen zu erbringen und die Behandlung in einem für den Patienten möglichst positiven Umfeld stattfinden zu lassen, sind ein bedeutender Schritt auf dem Weg zur Markorientierung.

Die **Persönlichkeit** des Zahnarztes oder der Zahnärztin, die Qualität der Behandlungsleistungen und die Patientenorientierung der Praxisangehörigen sind wichtige Einflussfaktoren des Praxisimages. Nur ein möglichst positives Bild der Praxis in der Öffentlichkeit trägt dazu bei, Markanteile zu sichern und sich im Wettbewerb zu profilieren. Besondere Behandlungskonzepte, dentaltechnische Ausstattungen, Leistungen oder Service müssen nach außen kommuniziert werden, wobei nicht die Kommunikation über den zufriedenen Patienten der alleinige Weg sein muss. Weitere Möglichkeiten hierzu werden durch das Praxismarketing aufgezeigt.

1.3 Praxisstrategien auf der Basis des Lebenszykluskonzepts

Das Lebenszykluskonzept geht auf die Marketingliteratur zurück, in der bei Produkten die Entwicklung zwischen der Markteinführung und dem Ausscheiden aus dem Markt als eine Art „Lebensweg" betrachtet wird. Dieses Konzept wird auch auf die allgemeine Unternehmensentwicklung angewendet, so dass sich daraus ebenfalls Implikationen für die strategische Ausrichtung der Zahnarztpraxis ableiten lassen (vgl. Doll und Müller 2012, S. 21). Da es in jeder Wettbewerbssituation der Zahnarztpraxis typische und damit auch optimierbare Unternehmens- und Marketingstrategien gibt, erlauben Lebenszyklusmodelle die strategische Planung von Entscheidungen.

Der **Lebenszyklus** einer Zahnarztpraxis wird stark beeinflusst durch die enge Beziehung zwischen ihr und dem Praxisinhaber, seiner Entwicklung und seinem persönlichen Lebensweg. Insofern ist der Lebenszyklus einer Zahnarztpraxis nicht vorgegeben, sondern lässt sich durch aktive Maßnahmen des Praxisinhabers gestalten, erneuern, verkürzen oder verlängern. Beeinflussbare Variablen sind dabei insbesondere unternehmerische Erfolgskriterien wie Praxisumsatz, -gewinn oder Kostendeckungsbeiträge. Nicht beeinflussbare, unabhängige Größe ist dabei im Wesentlichen die Zeit. Insbesondere, wenn sich zwischen ihr und den genannten Erfolgskriterien der Praxis ein spezifisches Entwicklungsmuster zeigt, lässt sich ein Lebenszyklus feststellen. Dieses Muster lässt sich am Marketingbeispiel „Produkt" anhand folgender Grundphasen im Zeitablauf anschaulich darstellen:

- Einführung: Langsam ansteigender Absatz des Produkts.
- Wachstum: Überproportional zunehmender Absatz.
- Konsolidierung: Produktreife mit nur noch geringem oder keinem Wachstum.
- Degenerierung: Abschwung und letztendlicher Rückzug des Produktes vom Markt.

Die **Grundphasen** des Lebenszyklusmodells unterliegen keinen Naturgesetzmäßigkeiten. Sie beruhen auf unternehmerischen Aktivitäten und Entscheidungen und stellen auch das Ergebnis des Einwirkens der Umwelt auf die Zahnarztpraxis dar. Insofern bilden nicht Rechenmodelle oder eindeutig nachvollziehbare Kausalitäten den Erklärungshintergrund des Phasenverlaufs, sondern Hypothesen, die die Phasen- und Zeitrelation bestimmter Verhaltensweisen der direkt oder indirekt an der Praxisentwicklung Beteiligten berücksichtigen.

Die Anwendung des Lebenszyklusmodells in der Zahnarztpraxis bezieht sich somit auf die Person des Praxisinhabers oder der -inhaberin, durch die enge Verbindung mit ihnen auch auf die Praxisorganisation, die zahnärztlichen Produkte und Dienstleitungen, die anwendbaren zahnmedizinischen Technologien sowie Angebot und Nachfrage nach zahnärztlichen Leistungen im Markt der Zahngesundheit. Dazu gehören auch die Entwicklungen der soziodemografischen Patientenstruktur und die Entwicklungen im gesundheitspolitischen Umfeld.

Die „natürlichen" Grundphasen des Lebenszyklus einer Zahnarztpraxis im Zeitablauf sind in Tab. 1.1 wiedergegeben.

Die Phase der **Gründung** oder **Übernahme** kann durch unterschiedliche Länge, Schwierigkeiten oder Erfolg/Misserfolg gekennzeichnet sein. Es ist eine entscheidende und wichtige Phase, die im Falle des betriebswirtschaftlichen oder anderweitig begründeten Misserfolgs auch zum Scheitern führen kann. In dieser Phase sind strategische Entscheidungen zu treffen, die die Größe der Praxis, das Investitionsvolumen, die Mitarbeiterzahl, die Rechtsform, den Standort, die genaue fachliche Ausrichtung sowie die Marketingkonzeption und die Patientenzielgruppen betreffen.

Die Entwicklung in der Phase des **Aufbaus** und **Wachstums** kann unterschiedlich lange dauern. Der eine Praxisinhaber wird sie früher, der andere später erreicht haben. Sie ist

Tab. 1.1 Lebenszyklus einer Zahnarztpraxis

Gründung/Übernahme	Phase der Neugründung oder Übernahme einer Praxis durch den jungen Zahnarzt oder die Zahnärztin nach ihrer Assistenzzeit
Aufbau/Wachstum	Phase des Praxisaufbaus, der Gewinnung von (neuen) Patienten und der Etablierung im Umfeld
Konsolidierung	Phase der Reife, in der die Praxisentwicklung konsolidiert wird, sich das Patientenaufkommen einpendelt und sich langfristige Erweiterungen oder Spezialisierungen ergeben
Degenerierung	Phase des Ausstiegs des Praxisinhabers aus dem aktiven Berufsleben, Behandlung ausgewählter Patienten, Nachfolgeregelung und Praxisabgabe

gekennzeichnet durch eine starke Abhängigkeit von zahlreichen Einflussfaktoren, wie beispielsweise:

- Zahnmedizinische Fähigkeiten und Kenntnisse,
- Akzeptanz durch vorhandene oder potenzielle Patienten,
- Wettbewerbssituation im Praxisumfeld,
- Patientenzufriedenheit,
- Organisation der Praxis,
- Führung des Praxisteams.

Wichtige strategische Entscheidungen in der Phase des Aufbaus und des Wachstums beziehen sich auf zukünftige Behandlungsschwerpunkte, die Personal- und Organisationsentwicklung und die Investition in Behandlungskonzepte.

Die Phase der **Konsolidierung** ist in der Regel die längste Phase im Lebenszyklus der Praxis. Sie ist im Wesentlichen gekennzeichnet durch eine Stabilisierung des Leistungsangebots und des Patientenaufkommens. In diese Phase fallen auch Veränderungen (z. B. Bildung einer Gemeinschaftspraxis, Einstellung eines Assistenzzahnarztes, Spezialisierung auf bestimmte Behandlungsmethoden), die langfristig wirksam sind. Strategische Entscheidungen beziehen sich in dieser Phase überwiegend auf Erhaltungsinvestitionen oder Rechtsformwechsel.

In der Phase der **Degenerierung** bereiten der Praxisinhaber oder die Praxisinhaberin ihren Ausstieg aus dem aktiven Berufsleben vor. Sie beinhaltet häufig die Praxisbewertung und -veräußerung an mögliche Nachfolger und bis zu dem Übergabezeitpunkt eine deutliche Reduzierung des Patientenaufkommens. Die strategischen Entscheidungen, die in dieser

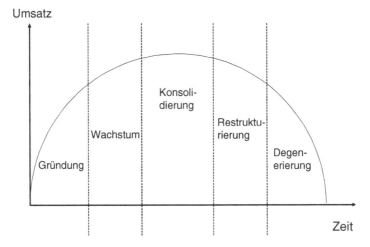

Abb. 1.3 Grundphasen eines Praxis-Lebenszyklus

Phase zu treffen sind, beziehen sich hauptsächlich auf die Nachfolgeregelung und Veräußerung der Praxis.

Da auch andere Verhaltensmuster im Lebenszyklus einer Zahnarztpraxis denkbar sind, laufen die dargestellten Grundphasen nicht immer wie in Abb. 1.3 dargestellt schematisch einheitlich ab. Allen unterschiedlichen Lebenszyklen gemein ist jedoch, die Notwendigkeit, die unterschiedlichen Phasen strategisch auszugestalten.

Zum einen wird die Praxisorganisation durch die Phase des Lebenszyklus, in dem sie sich gerade befindet, beeinflusst. Je nachdem, ob sie sich etwa in der Gründungsphase befindet oder seit mehreren Jahren in der Konsolidierungsphase, sind unterschiedliche Organisationsentwicklungs- und Strukturierungsprozesse erforderlich. Während z. B. die junge Praxisinhaberin in der Gründungsphase eher mit organisatorischen Varianten experimentiert, Tipps und Hinweise aus dem Kollegenkreis nutzt, externe Beratung einschaltet und versucht auf diese Weise Erfahrungen zu sammeln, nutzt sie in der Konsolidierungsphase gezielt ihre Erfahrungen, die sie im Laufe der Zeit mit den von ihr angewendeten Formen der Aufbauorganisation, der Strukturierung der Arbeitsabläufe und der Weiterentwicklung ihrer Praxis gesammelt hat. Organisatorische Regelungen sind in der Gründungsphase deshalb selten von Dauer, zumal wichtige Erfahrungswerte wie etwa zur Patientenstruktur, Fähigkeiten und Kenntnisse der Mitarbeiter, Verhalten der Konkurrenzpraxen, Zusammenarbeit mit Kassen und KZV noch nicht in ausreichendem Umfang vorliegen und daher auch nicht in vollem Umfang berücksichtigt werden können. Ständige Optimierungs- und Veränderungsprozesse sind daher in dieser Phase erforderlich, bisweilen auch Improvisation. Die Praxisstrategie muss deshalb in dieser Phase dazu beitragen, durch Sammlung von ausreichenden Informationen möglichst schnell eine dauerhafte Praxisorganisation strukturieren zu können. Dauerhafte Organisationsstrukturen bewirken hingegen in der Konsolidierungsphase die Stabilität der Praxis. Praxisumfeld, Mitarbeiterpotenziale und Patientenverhalten sind bekannt und in Grenzen kalkulierbar, was ein systematisches und standardisiertes Arbeiten in weiten Bereichen der Praxisorganisation ermöglicht. Die Gefahr in dieser Phase des Lebenszyklus besteht aus der Routine und der Gewohnheit, die notwendige Weiterentwicklungs- und Verbesserungsprozesse in der Praxisorganisation oft verhindern. Insbesondere die Entwicklung der betriebswirtschaftlichen Situation, die durch eine Veränderung der Rahmenbedingungen verursacht sein kann, wird dabei häufig aus den Augen verloren, so dass ein rechtzeitiges, steuerndes Eingreifen nicht möglich wird. In der Konsolidierungsphase muss die Praxisstrategie daher einen Beitrag leisten, den wirtschaftlichen Praxiserfolg durch geeignete Kontrollmechanismen und Organisationsentwicklungsmaßnahmen langfristig zu sichern.

Betrachtet man den **Gesamtmarkt** zahnmedizinischer Leistungen nach dem Lebenszyklusmodell und teilt ihn in einer langfristig angelegten Betrachtungsweise etwa in die üblichen Phasen Entstehung, Wachstum, Sättigung und Rückbildung, so ist verallgemeinernd zu verzeichnen, dass er einerseits immer noch wächst, andererseits in einigen Marktbereichen die Phase der Sättigung erreicht ist. Für die einzelne Zahnarztpraxis bedeutet dies, dass sie sich einer höheren Wettbewerbsintensität gegenübersieht: Sie steht im Wettbewerb um die Patienten, in Konkurrenz mit anderen Praxen und letztendlich im

Wettbewerb um Marktanteile, gerade in Ballungsräumen bisweilen sehr konkret sogar um
lokale Marktanteile. Die Wettbewerbsintensität wird dort durch vorhandene Überka-
pazitäten verschärft. In gleichem Maße steigt die Nachfragemacht der Patienten und führt
zu einem Käufermarkt, der durch eine abnehmende Loyalität gegenüber der angestammten Praxis, wachsende Leistungsansprüche sowie abnehmende Bereitschaft, die Behandlungsleistungen entsprechend zu honorieren, gekennzeichnet ist. Die Praxisstrategie muss
somit dazu beitragen, sich in diesem schwierigen Wettbewerbsumfeld neu zu positionieren. Das kann zum einen durch Leistungsdifferenzierungen und Spezialisierungen erfolgen, andererseits aber auch durch die Verschlankung der Praxis zu kleineren Praxiseinheiten
oder den Zusammenschluss zu Gemeinschaftspraxen oder Partnerschaftsformen.

Schließlich lassen sich die **Behandlungsleistungen** der Zahnarztpraxis ebenfalls anhand des Lebenszyklusmodells analysieren. Die Veränderung des Volumens von Behandlungsleistungen über Jahre hinweg ist zunächst auf den allgemeinen wissenschaftlichen
Fortschritt in der Zahnmedizin und in Behandlungskonzepten zu sehen. Die Verlängerung
des Lebenszyklus von Behandlungskonzepten, die ihren Zenit bereits überschritten haben,
ist zahnmedizinisch begründet und von Innovationen begleitet, wie der Einsatz neuer Materialien oder Behandlungstechniken. Diese Entwicklungstrends gilt es aus Sicht der
Zahnarztpraxis zu beobachten und im Sinne einer gezielten Praxisstrategie zu nutzen. Das
Leistungsangebot einer Praxis hängt einerseits zwar stark vom fachlichen Können des jeweiligen Zahnarztes, von der Patientenstruktur seiner Praxis und der Nachfrage nach bestimmten Behandlungsleistungen ab. Dennoch wird schließlich nur das nachgefragt, was
auch angeboten wird. So lässt sich das Angebot an neuen Behandlungsleistungen erweitern, die Erfolg versprechend sein können und die es früher noch nicht gegeben hat.

Das Lebenszyklusmodell lässt sich sicherlich nicht in jeder Hinsicht auf die individuellen Gegebenheiten einer Zahnarztpraxis übertragen. Dennoch stellt es eine gedankliche
Grundlage für die Entwicklung und Formulierung von Praxisstrategien dar. So lassen sich
in der Regel für jede Praxis mehrere strategische, lange Zeiträume beschreiben, in denen
die Praxisleitung langfristig orientierte Entscheidungen zur künftigen Entwicklung der
Praxis treffen muss.

1.4   Praxisübernahme

Praxiserwerb und -übernahme stellen eine wichtige Möglichkeit zur zahnärztlichen Niederlassung und Berufsausübung dar. Eine erste Rahmenbedingung für die Übernahme einer Praxis ist die Regelung, dass zur Existenzgründung in überversorgten Gebieten nur die
Übernahme einer Praxis mit bereits erteilter Kassenzulassung möglich ist. Diese Zulas-
sungsbeschränkung schließt bei Überversorgung aus, dass sich ein Zahnarzt oder eine
Zahnärztin an einem beliebigen Ort niederlassen kann.

Die **Nachfolgekassenzulassung** ist an öffentlich-rechtliche Bedingungen geknüpft. So
ist die Kassenzahnärztliche Vereinigung (KZV) verpflichtet, einen durch Verzicht, Erreichung der Altersgrenze, Entziehung oder Tod frei werdenden Vertragszahnarztsitz in

einem Planungsbereich mit Zulassungsbeschränkungen auf Antrag des Vertragszahnarztes oder seiner Erben in amtlichen Bekanntmachungsblättern auszuschreiben und eine Bewerbungsliste zusammenzustellen. Aufgabe des Zulassungsausschusses ist es, aus den Bewerbern den Nachfolger des bisherigen Vertragszahnarztes unter Berücksichtigung der Dauer der seiner bisherigen zahnärztlichen Tätigkeit, dem Approbationsalter und der beruflichen Eignung auszuwählen.

Nach § 18 der Zulassungsverordnung für Vertragszahnärzte (Zahnärzte-ZV) muss der Antrag schriftlich gestellt werden. In dem Antrag ist anzugeben, für welchen Vertragszahnarztsitz und gegebenenfalls unter welcher Gebietsbezeichnung die Zulassung beantragt wird. Dem Antrag sind unter anderem beizufügen

- ein Auszug aus dem Zahnarztregister, aus dem der Tag der Approbation, der Tag der Eintragung in das Zahnarztregister und gegebenenfalls der Tag der Anerkennung des Rechts zum Führen einer bestimmten Gebietsbezeichnung hervorgehen müssen,
- Bescheinigungen über die seit der Approbation ausgeübten zahnärztlichen Tätigkeiten,
- ein Lebenslauf,
- ein polizeiliches Führungszeugnis,
- Bescheinigungen der Kassenzahnärztlichen Vereinigungen, in deren Bereich der Zahnarzt bisher niedergelassen oder zur Kassenpraxis zugelassen war, aus denen sich Ort und Dauer der bisherigen Niederlassung oder Zulassung und der Grund einer etwaigen Beendigung ergeben,
- eine Erklärung über im Zeitpunkt der Antragstellung bestehende Dienst- oder Beschäftigungsverhältnisse unter Angabe des frühestmöglichen Endes des Beschäftigungsverhältnisses,
- eine Erklärung des Zahnarztes, ob er drogen- oder alkoholabhängig ist oder innerhalb der letzten fünf Jahre gewesen ist, ob er sich innerhalb der letzten fünf Jahre einer Entziehungskur wegen Drogen- oder Alkoholabhängigkeit unterzogen hat und dass gesetzliche Hinderungsgründe der Ausübung des zahnärztlichen Berufs nicht entgegenstehen. (vgl. § 18 Zahnärzte-ZV).

Bei der Zulassungsentscheidung nach pflichtgemäßem Ermessen spielt zwar das Verwandtschaftsverhältnis des Bewerbers zum Vertragszahnarzt (Ehegatte, Kind) ebenso eine berücksichtigungsfähige Rolle, wie ein bisheriges Angestelltenverhältnis zum Vertragszahnarzt oder eine bisherige gemeinschaftliche Praxisführung zweier Vertragszahnärzte. Nur bis zur Höhe des Verkehrswertes der Praxis werden allerdings die ökonomischen Interessen des bisherigen Vertragszahnarztes dabei berücksichtigt.

Interessierte Zahnärzte, die in das Zahnarztregister eingetragen sind und sich um die Übernahme einer Vertragszahnarztpraxis bewerben möchten, können sich auf Antrag in eine Warteliste bei den KZVen eintragen lassen. Die Wartezeit wird bei der Bewerberauswahl für einen Vertragszahnarztsitz ebenfalls berücksichtigt. Ebenso wird bei der Bewerberauswahl Rücksicht auf die Interessen von in der Praxis verbleibenden Vertragszahnärzten genommen, wenn die Praxis bisher mit Ihnen gemeinschaftlich ausgeübt wurde.

Da als Voraussetzung für die Praxisübernahme sowohl die Nachfolgekassenzulassung als auch ein privatrechtlicher Vertrag, der die einzelnen Übernahmemodalitäten regelt,

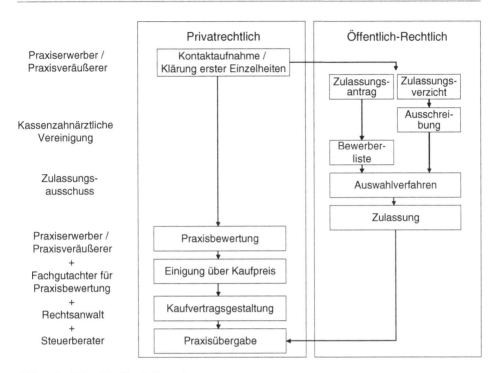

Abb. 1.4 Ablauf der Praxisübernahme

notwendig sind, muss zwischen der öffentlich-rechtlichen Zulassungsentscheidung und dem privatrechtlichen Vertrag unterschieden werden. Einerseits handelt es sich somit um die Entscheidung des Zulassungsausschusses über die Nachbesetzung des Vertrags-zahnarztsitzes und andererseits um die individuellen Vereinbarungen zwischen dem die Praxis veräußernden Vertragszahnarzt und seinem Nachfolger (Abb. 1.4).

Zunächst sollte sich der Käufer mit dem bisherigen Praxisinhaber privatrechtlich über die Praxisübernahme einigen. Anschließend ist das Nachbesetzungsverfahren vor dem Zulassungsausschuss durchzuführen. Um zu verhindern, dass es im Anschluss an die pri-vatrechtliche Vereinbarung im Rahmen des Auswahl- und Zulassungsverfahrens nicht zur geplanten Nachbesetzung der Praxis kommt, wird üblicherweise in den Übernahmevertrag eine aufschiebende Regelung eingebaut, die auf die Voraussetzung abstellt, dass der Käufer auch die erforderliche Zulassung erhält. Andererseits ist die Wirksamkeit der Entscheidung des Zulassungsausschusses auch an die Beendigung der Tätigkeit des bishe-rigen Vertragszahnarztes und die Fortführung der Praxis durch den ausgewählten Nach-folger geknüpft. Findet die Übergabe an den Nachfolger nicht statt, so ist in der Regel auch die sich darauf beziehende Zulassung unwirksam. Aufschiebenden Charakter hat auch das Widerspruchsrecht des bisherigen Praxisinhabers und des Käufers gegen die Entscheidung des Zulassungsausschusses.

Im Rahmen einer Übernahme soll die **Praxisanalyse** ökonomische, patientenstrukturbezogene und personelle Sachverhalte klären, um Rückschlüsse auf die aktuelle Situation
der Zahnarztpraxis ziehen und daraus eine Bewertung für die Kaufpreisgestaltung vornehmen zu können.

Sie bezieht sich dabei insbesondere auf folgende Faktoren:

- Rentabilität,
- Kosten,
- Umsatz,
- Finanz- und Investitionslage,
- Liquiditätssituation,
- Patientenzufriedenheit,
- Leistungsangebot,
- Behandlungskonzepte,
- Patientenstruktur,
- Standort.

Der Kaufpreis einer Zahnarztpraxis setzt sich im Wesentlichen aus zwei Elementen
zusammen:

- Preisbestandteile für die materiellen Praxiswerte (Praxiseinrichtung, Verbrauchsma-
  terialien, zahnmedizinische Geräte etc.) und
- Preisbestandteile für die immateriellen Praxiswerte (Patientenstamm, Patientenstruktur,
  Qualifikation des Personals, Lage der Praxis etc.).

Die Preisbestandteile für die immateriellen Praxiswerte werden häufig auch als „Goodwill"
oder ideeller Praxiswert bezeichnet. Zu den Verfahren der immateriellen **Praxisbewertung**
zählt die Ertragswertmethode. Sie basiert auf der Annahme, dass der Praxiswert sich als
Summe zukünftiger Erträge darstellt, die auf den Zeitpunkt der Veräußerung abgezinst
werden. Als Ausgleich für den Verzicht auf die Erträge erhält der die Praxis abgebende
Zahnarzt somit von dem die Praxis übernehmenden die Summe dieser Erträge in abgezinster Form. Bei dieser Abdiskontierung wird der Wert der zukünftigen Ertragssumme zum
Verkaufszeitpunkt errechnet, wobei davon ausgegangen wird, dass der Gegenwartswert
abnimmt, je weiter die prognostizierten Summen in der Zukunft liegen. Die Substanzwertmethode hat als Grundlage den Gebrauchswert der Praxissubstanz. Sie setzt sich aus
den materiellen und immateriellen Werten der Praxis zusammen.

> „Unter dem Substanzwert einer Praxis wird die Summe der Zeitwerte der bewertbaren
> Wirtschaftsgüter zu einem bestimmten Stichtag verstanden. Der Marktwert ist der Wert eines
> Gegenstandes, den ein Dritter unter marktüblichen Bedingungen bereit ist, für ein gebrauch-
> tes Wirtschaftsgut unter dem Gesichtspunkt der Praxisfortführung zu zahlen. Maßgebliche
> Faktoren sind Alter, Zustand und wirtschaftliche Nutzungsfähigkeit des Gegenstandes.
> Grundlagen der Ermittlung des Substanzwertes ist eine aktuelle Aufstellung über die
> Entwicklung des Anlagevermögens (Steuerberater) und die Besichtigung der Sachwerte im
> Rahmen einer Praxisbegehung." (Zahnärztekammer Mecklenburg-Vorpommern 2015, S. 1).

Zur Ermittlung des materiellen Wertes wird das gesamte Praxisinventar zum Wiederbeschaffungspreis bewertet, wobei die durch Abnutzung auftretenden Wertminderungen abgezogen werden. Behandlungseinrichtungen, zahnmedizinische Geräte und vorhandene Verbrauchsmaterialien sind dabei hinsichtlich ihrer Funktionalität und ihres technischen Zustandes zu bewerten (weitere Informationen unter 2.2.3 Praxisbewertung).

Der **Praxiskaufvertrag** ist grundsätzlich formlos und bedarf etwa nur in Zusammenhang mit notariellen Beurkundungen der Mitveräußerung von Praxisimmobilien der Schriftform. Aus Gründen der Beweissicherung ist jedoch von einem nur mündlich vereinbarten Kaufvertrag abzuraten.

In den Vertragsinhalten sind beispielsweise die Verbindlichkeiten aus bestehenden Verträgen, Lieferungen oder ausstehenden Zahlungen zu regeln. So sollte genau festgehalten werden, in welche Verträge der Praxiserwerber eintritt und ab welchem Datum (in der Regel das Übergabedatum) er laufende Verbindlichkeiten übernimmt. Für den Praxisveräußerer bedeutet das die Kündigung von Wartungs- oder Versicherungsverträgen, die der Erwerber nicht übernehmen will und gegebenenfalls auch noch die Übernahme von Zahlungsleistungen für diese Verträge nach der Praxisübergabe. Zu den wichtigsten Vertragsinhalten zählen beispielsweise auch die Regelungen über die Patientendaten. Patientenakten und entsprechende elektronische Dateien dürfen nur mit ausdrücklicher, eindeutiger und unmissverständlicher Einwilligung des Patienten an den Praxisnachfolger übergeben werden. Im Rahmen der Vertragsverhandlungen sollte sich der Praxiskäufer über die bestehenden Arbeitsverhältnisse unterrichten lassen, denn im Wege der Praxisnachfolge gehen grundsätzlich alle Arbeitsverhältnisse auf den Praxiskäufer über. Er muss in die bestehenden Arbeitsverhältnisse eintreten, und die Besitzstände der Praxisangehörigen bleiben dadurch gewahrt. Dazu bedarf es keiner gesonderten Regelung im Praxiskaufvertrag. Möchte der Praxiserwerber bestehende Arbeitsverhältnisse nicht übernehmen, so sollte der Praxisveräußerer unter Berücksichtigung des Kündigungsschutzes die Arbeitsverhältnisse kündigen.

Die vertragliche Vereinbarung eines Rückkehrausschlusses liegt im Interesse des Praxiserwerbers, der damit verhindern möchte, dass der Praxisveräußerer ihm gegen Entrichtung des Kaufpreises etwa die Praxis mit der Kassenzulassung übergibt, um ihm anschließend im gleichen Einzugsgebiet mit der Eröffnung einer Privatpraxis einen harten Wettbewerb zu liefern. Der Rückkehrausschluss bezieht sich sowohl auf eine eigene als auch eine Tätigkeit in anderen Praxen, mit Ausnahme von Praxisvertretungen. Allerdings ist der Rückkehrausschluss im Kaufvertrag örtlich und zeitlich zu begrenzen, damit in Bezug auf die Berufsausübungsfreiheit keine Sittenwidrigkeit vorliegt.

Die Regelung der laufenden Kassen- und Privatliquidation sollte im Kaufvertrag insbesondere den Zeitpunkt enthalten, bis zu dem der bisherige Praxisinhaber abrechnet. Das bedeutet, dass durch ihn fristgerecht die Kassenabrechnung erstellt und die Privatrechnungen geschrieben werden müssen.

Der zu bewertende Goodwill der Praxis sollte im Vertrag definiert sein. Dazu dient eine Aufzählung der immateriellen Praxiswerte, die als Goodwill anzusehen sind.

Auch sollte ein Inventarverzeichnis als Anlage des Kaufvertrags vorhanden sein. Aus ihm gehen alle materiellen Praxiswerte hervor, die im Zuge des Verkaufs auf den Erwerber übergehen.

Weitere wichtige Vertragsklauseln sind schließlich vorsorgliche Vereinbarungen. Sie schützen Praxisveräußerer und -erwerber insbesondere vor unerwarteten Entwicklungen, die von einer normalen Praxisübernahme abweichen. So können etwa im Todesfall Rücktrittsrechte im Vertrag vorgesehen werden, die die Interessen der jeweiligen Erben berücksichtigen, oder aber auch salvatorische Klauseln, die bei der Nichtigkeit einzelner Bestimmungen nicht dazu führen, dass der gesamte Vertrag als unwirksam anzusehen ist.

Die eigentliche **Praxisübergabe** wird idealerweise durch ein Protokoll dokumentiert. In ihm wird die Übernahme der Praxis auf der Grundlage der im Kaufvertrag festgelegten Vereinbarungen festgehalten. Der Praxisveräußerer dokumentiert mit seiner Unterschrift, dass er die Praxis ordnungsgemäß übergeben und der Praxiserwerber, dass er sie ordnungsgemäß übernommen hat. Das Übergabeprotokoll dient gleichzeitig als Nachweis gegenüber dem Zulassungsausschuss, dass die Nachbesetzung des Vertragsarztsitzes wie vorgesehen erfolgt ist. Bei der formellen Übergabe sollte noch einmal auf die wichtigsten Aspekte eingegangen werden:

- Praxispersonal,
- Patientenstamm,
- zahnmedizinisches Verbrauchsmaterial,
- zahnmedizinische Geräte,
- Behandlungseinrichtungen,
- Wartungsverträge,
- Abrechnungssystem,
- Handkasse,
- Praxisräume,
- Verbrauchswerteabgrenzung,
- Schlüssel,
- offene Lieferungen, Rechnungen, Verbindlichkeiten.

Die im Übergabeprotokoll festgehaltenen Sachverhalte sollten sich auf einen Stichtag beziehen, der für spätere Klärungen gerade in Zusammenhang mit noch offenen oder laufenden Vorgängen als offizielles Übergabedatum anzugeben ist.

Zusammenfassung Kapitel 1

Die erfolgreiche wirtschaftliche Steuerung einer Zahnarztpraxis zwingt dazu, sich Ziele zu setzen, sie als Leistungsanreize vorzugeben und ihr Erreichen zu kontrollieren, da ohne eine Kontrolle der Einhaltung dieser Vorgabewerte die Planung wirkungslos ist. Die Kontrolle benötigt Vorgaben, Entscheidungsregeln für die Bewertung der Ausführung sowie für die Korrekturmaßnahmen. Sie soll Fehler bei der Planung oder Aufgabendurchführung in der Zahnarztpraxis erkennen und Verbesserungsmöglichkeiten aufzeigen. Das erste Kapitel befasst sich daher mit den Grundlagen der Praxisführung, der strategischen Planung und Strategieentwicklung. Die Praxisübernahme spielt dabei eine wichtige Rolle, denn sie ist die häufigste Form der zahnärztlichen Niederlassung und des Beginns der selbstständigen Berufsausübung.

Literatur

Doll, A., & Müller, N. (2012). Was wann wie gefördert wird – Förderprogramme im Lebenszyklus einer Arztpraxis. In *Deutsches Ärzteblatt* 109(1),18–22. Köln: Deutscher Ärzte Verlag.

Frodl, A. (2011). *Marketing im Gesundheitsbetrieb*. Wiesbaden: Gabler-Verlag.

Frodl, A. (2012). *Controlling im Gesundheitsbetrieb*. Wiesbaden: Gabler-Verlag.

Wolter, M., & Schwenk, J. (2011). Patienten identifizieren, gewinnen und binden – Marketing für niedergelassene Ärzte. In *Deutsches Ärzteblatt*, 108(3) , 20–22. Köln: Deutscher Ärzte Verlag.

Zahnärztekammer Mecklenburg-Vorpommern (Hrsg.) (2015). Bewertung ciner Zahnarztpraxis. http://www.zaekmv.de/cms2/ZAEK_prod/ZAEK/zaek/de/200_Zahnaerzte/829_Service/_200_Praxisbewertung/index.jsp. Schwerin. Zugegriffen am 26.09.2015.

Zulassungsverordnung für Vertragszahnärzte (Zahnärzte-ZV) in der im Bundesgesetzblatt Teil III, Gliederungsnummer 8230-26, veröffentlichten bereinigten Fassung, durch Artikel 15 des Gesetzes vom 16. Juli 2015 (BGBl. I S. 1211) geändert.

Praxisfinanzierung und -investition

2

2.1 Praxisfinanzierung

2.1.1 Finanzierungsbedarf und –regeln in Zahnarztpraxen

In einer Zahnarztpraxis müssen nicht nur die laufenden Personal- und Sachkosten getragen, sondern auch Investitionen in die Praxiseinrichtung, die dentaltechnische Ausstattung und in die Entwicklung der Praxisangehörigen getätigt werden. Gerade, wenn eine Praxis noch nicht allzu lange besteht, sind in der Regel noch keine hohen Erträge erwirtschaftet, und das verfügbare Eigenkapital reicht für den Umfang geplanter Investitionen oft nicht aus. Eine zu dünne Eigenkapitaldecke kann auch die Liquidität (= allzeitige Zahlungsbereitschaft) der Praxis gefährden. Oberstes Ziel der Praxisfinanzierung ist es daher, das finanzielle Gleichgewicht der Praxis zu erreichen und zu erhalten. Dazu dienen die vier Teilaufgaben der Praxisfinanzierung:

- Ermittlung des Finanzierungsbedarfs,
- Beschaffung des benötigten Kapitals,
- Verwendung des beschafften Kapitals,
- Verwaltung des gesamten Praxiskapitals. (vgl. Frodl 2012, S. 49ff).

Das **Kapital** einer Praxis ist der wertmäßige Ausdruck für die Gesamtheit der Sach- und Finanzmittel, die der Praxis zur Verfügung stehen. Es lässt sich nach der Form der Überlassung unterscheiden in Fremdkapital und das bereits erwähnte Eigenkapital.

Bei **Fremdkapital** handelt es sich um Kapital, das von Gläubigern der Praxis zur Verfügung gestellt wird. Die Summe des Fremdkapitals weist die Verschuldung der Praxis aus. Fremdkapitalgeber haben Anspruch auf Verzinsung und Rückzahlung, unabhängig von der Ertragslage der Praxis. Sie sind grundsätzlich nicht am Verlust beteiligt. Daraus folgt, dass

© Springer Fachmedien Wiesbaden GmbH 2016
A. Frodl, *Praxisführung für Zahnärzte*,
DOI 10.1007/978-3-658-11060-4_2

ihnen grundsätzlich kein Recht auf Beteiligung an den Entscheidungen der Praxisführung zusteht, was in der Realität aufgrund entstehender Abhängigkeitsverhältnisse vielfach anders geregelt sein kann. Formen des Fremdkapitals sind so genannte Buchkredite wie Darlehen, Kontokorrentkredit, Lieferantenkredit oder in Wertpapieren verbriefte Kredite wie Wechselkredit oder auch Kredite, die in Schuldverschreibungen verbrieft sind. Das **Eigenkapital** umfasst die Mittel, die der Zahnarzt oder die Zahnärztin als Eigentümer der Praxis zur Verfügung gestellt haben. Bei Verlusten haftet das Eigenkapital zum Schutz der Gläubiger vor Forderungsausfällen. Das Eigenkapital in einer Bilanz resultiert aus der Differenz zwischen Vermögen und Schulden. Bei Überschuss des Vermögens wird es als Reinvermögen bezeichnet. Sind die Verbindlichkeiten größer als das Vermögen, liegt ein negatives Eigenkapital vor (Überschuldung), was bei Kapitalgesellschaften einen Insolvenzgrund darstellt.

Die Unterscheidung nach der Fristigkeit des Kapitals lässt ferner eine Einteilung in kurz-, mittel- und langfristiges Kapital zu (Abb. 2.1).

Das **Vermögen** ist das bilanzielle Äquivalent des Kapitals. Es zeigt an, welche konkrete Verwendung das Kapital in der Praxis gefunden hat und stellt die Summe der Werte aller materiellen und immateriellen Güter, in denen das Kapital der Praxis investiert ist, dar.

Unter **Investition** ist in diesem Zusammenhang die Verwendung oder Bindung von Zahlungsmitteln zur Beschaffung von Wirtschaftsgütern für die Praxis oder zur Bildung von Praxisvermögen zu verstehen.

Während sich die **Finanzierung** mit der Mittelbeschaffung im Sinne von Einnahmen befasst, stellt die Investition die Mittelverwendung im Sinne von Ausgaben dar. Der Abgleich von der Beschaffung und Verwendung finanzieller Mittel erfolgt durch die Finanzplanung. Sie stellt die systematische Erfassung, die Gegenüberstellung und den gestaltenden Ausgleich zukünftiger Zu- und Abnahmen liquider Mittel dar. In der Zahnarztpraxis sind das beispielsweise die Bestände in der Handkasse, die Bestände auf unterschiedlichen Praxis- und Privatkonten, Tagesgelder, offene Forderungen an Patienten und anderes mehr. Ziel der Finanzplanung ist es,

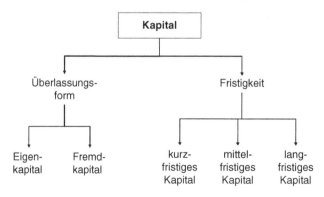

Abb. 2.1 Praxiskapital

Tab. 2.1 Kriterien für Finanzierungsalternativen

Kriterien	Beschreibung
Liquidität	Die ständige Zahlungsbereitschaft ist zu gewährleisten.
Sicherheit	Das Risiko des Kapitalverlustes und das der Überschuldung sind zu minimieren
Unabhängigkeit	Das Einräumen besonderer Rechte Dritter bei der Kapitalbeschaffung ist möglichst zu vermeiden
Rentabilität	Eine Minimierung des Preises für das benötigte Kapital ist anzustreben

eine optimale Liquidität zu ermitteln, zu erreichen und zu erhalten, und den dazu nötigen Bestand an Zahlungsmitteln vorauszuplanen.

In jeder Praxis gibt es Phasen, in denen der Finanzmittelbedarf steigt. So ist gerade die Phase der Praxisgründung durch Investitionen in eine mögliche Übernahme oder in Praxisräume und -ausstattung durch einen hohen Kapitalbedarf gekennzeichnet, dem zu Beginn oft nur unregelmäßige Einnahmen gegenüber stehen. Auch bei Erneuerungsinvestitionen im Rahmen der Praxiserweiterung, −spezialisierung oder der Renovierung von Praxisräumen können die Kosten nicht immer mit eigenen Mitteln gedeckt werden, so dass ein Bedarf an Fremdkapital entstehen kann.

Finanzierungsentscheidungen sind somit in allen Situationen, beginnend bei der Gründung der Praxis bis hin zur Übergabe, zu vollziehen. Für die Frage der Entscheidung über Finanzierungsalternativen sind dabei einige Kriterien wesentlich (Tab. 2.1).

Obwohl nicht unumstritten, beurteilen externe Kapitalgeber wie beispielsweise Banken und Versicherungen an der Einhaltung von **Finanzierungsregeln** die zukünftige Zahlungsfähigkeit einer Praxis. Bei diesen Regeln handelt es sich um normative Aussagen bestimmter Kapitalarten zueinander oder aber bestimmter Kapitalarten zu bestimmten Vermögensarten. Ihre Einhaltung soll die Liquidität der Praxis gewährleisten und damit ihr Fortbestehen sichern. Die wichtigsten Finanzierungsregeln sind:

- Eins-zu-Eins-Regel: Das Eigenkapital soll mindestens so groß sein wie das Fremdkapital.
- „Goldene" Finanzierungsregel: Die Investitionsdauer soll nicht länger sein als die Finanzierungsdauer (auch: Fristenkongruenz).
- Investitionsregel: Über die gesamte Nutzungsdauer eines Investitionsgutes muss die Summe aller damit getätigten Einnahmen mindestens der Summe aller Auszahlungen entsprechen, um eine Ersatzbeschaffung für das abgenutzte Investitionsgut durchführen zu können.
- Liquiditätsregel: Liquidität geht vor Rentabilität.

2.1.2 Formen der Praxisfinanzierung

Die Finanzierung der Zahnarztpraxis lässt sich je nach Herkunft der Mittel unterscheiden in Außen- und Innenfinanzierung (Abb. 2.2).

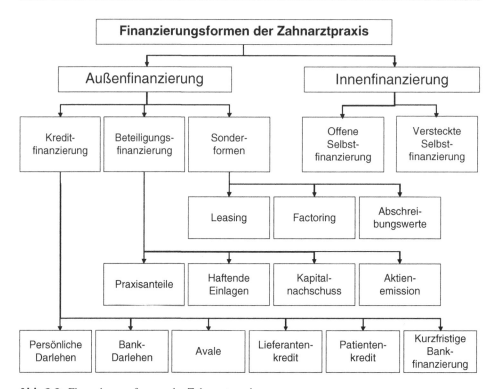

Abb. 2.2 Finanzierungsformen der Zahnarztpraxis

Bei der **Außenfinanzierung** wird der Zahnarztpraxis Kapital in der Regel durch Dritte (Banken, Lieferanten) leihweise zur Verfügung gestellt. Diese Form der externen Finanzierung wird auch Beteiligungsfinanzierung (Eigenfinanzierung) genannt, wenn Eigenkapital zur Verfügung gestellt wird und Kreditfinanzierung (Fremdfinanzierung), wenn Fremdkapital in Anspruch genommen wird. Maßgebend für den Anteil der Außenfinanzierung sind die Außenfinanzierungsmöglichkeiten der kapitalsuchenden Zahnarztpraxen, die wiederum insbesondere von der rechtlichen Organisationsform der Praxis, von steuerlichen Gegebenheiten und den Konditionen an den Finanzmärkten sowie den Möglichkeiten zur Bereitstellung von Eigenfinanzierungsmitteln im Wege der Innenfinanzierung abhängen.

Bei den Formen der **Kreditfinanzierung** handelt es sich um gegen vereinbartes Entgelt (Zins) überlassenes Kapital ohne unmittelbare Einflussnahme auf die Führung der Zahnarztpraxis.

Eine häufige Form der langfristigen Kreditfinanzierung ist das **Darlehen**. Es ist ein Kredit, der in einer Summe oder in Teilbeträgen zur Verfügung gestellt wird und in festgelegten Raten (Ratenkredit, Tilgungskredit) oder auf einmal nach Ablauf der vertraglich geregelten Laufzeit zurückzuzahlen ist (Kredit mit Endfälligkeit). Die Zinsen stellen dabei das Entgelt für den Nutzungswert des Kapitals dar.

Das Persönliche Darlehen ist eine erste Form der langfristigen Kreditfinanzierung. Es ist ein Kredit, den eine Einzelperson der Zahnarztpraxis einräumt. Laufzeit, Raten und Zinsen sind dabei individuell vereinbar.

Zu den **Bankdarlehen** gehören alle Formen üblicher langfristiger Bankkredite, die der Zahnarztpraxis gewährt werden, wie zum Beispiel Hypothekendarlehen, Bauspardarlehen oder Investitionsdarlehen. Man unterscheidet dabei üblicherweise Darlehen mit Zinsanpassung die mit variablem Zinssatz häufig in einer Hochzinsphase aufgenommen werden, in der Hoffnung, zukünftig auf einen günstigeren Festzinssatz umsteigen zu können. Bei Darlehen mit Zinsfestschreibung handelt es sich um Kredite, die zu einem für eine bestimmte Periode vereinbarten Festzinssatz ausgeliehen werden, was für den Zahnarzt oder die Zahnärztin als Darlehensnehmer insbesondere in einer Niedrigzinsphase von Vorteil sein kann. Der feste Zinssatz bildet für die zugrunde liegende Investition eine sichere Kalkulationsgrundlage.

Zu den kurzfristigen Formen der Kreditfinanzierung zählen zunächst die **Lieferantenkredite**, die der Praxis von Lieferanten für Praxisbedarf durch das Einräumen von Zahlungszielen gewährt werden.

Auch die **Patientenanzahlungen** stellen nichts anderes als Kredite dar, in dem der Patient vorfällig dentale Produkte, Behandlungs- oder Therapieleistungen anzahlt. Der Zahnarzt oder die Zahnärztin können bis zum Zeitpunkt der Leistungserstellung und der damit verbundenen Kostenentstehung über diesen Anzahlungsbetrag verfügen.

Zur kurzfristigen Bankfinanzierung zählt insbesondere der **Kontokorrentkredit**. Es handelt sich dabei um einen Barkredit in laufender Rechnung, den Banken und Sparkassen auf einem laufenden Konto (Kontokorrentkonto) zur Verfügung stellen und den die Praxisinhaber als Kreditnehmer innerhalb der vereinbarten Laufzeit im Rahmen der abgesprochenen Kreditlinie in Anspruch nehmen kann. Die Kosten für den Kontokorrentkredit umfassen zunächst Zinsen (monatlich oder vierteljährlich nachträglich) auf den in Anspruch genommenen Betrag. Der Zinssatz wird zwischen Kreditinstitut und Praxisinhaber zumeist „bis auf weiteres" vereinbart. Der Kreditvertrag sieht dann vor, dass bei geänderten Verhältnissen am Geldmarkt bzw. am Kapitalmarkt der Zinssatz entsprechend verändert werden kann. Da das Kontokorrent von beiden Seiten jederzeit einseitig aufgehoben werden kann, sind auch die Praxisinhaber in der Lage, Zinssatzänderungen entsprechend ihrer Verhandlungsstärke gegenüber dem Kreditinstitut durchzusetzen. Ferner sind Kontoführungsgebühren, Bearbeitungsgebühren je nach Anlass (für Sicherheitenbestellung, −prüfung usw.), Überziehungszinsen zusätzlich zu zahlen, sofern die Bank Inanspruchnahmen oberhalb der vereinbarten Kreditlinie zulässt.

Bei der kurzfristigen Bankfinanzierung durch **Avale** handelt es sich um die Bürgschaft bzw. Garantieübernahme durch die Bank für andere Kredite. Die Bank übernimmt dabei als Avalkreditgeber im Auftrag der Praxis als ihrem Kunden gegenüber Dritten die Haftung für eine bestimmte Geldsumme durch Hergabe einer Bürgschaft oder einer Garantie. Die Bank stellt hierbei keine eigenen Mittel, sondern lediglich ihre Kreditwürdigkeit zur Verfügung. Für die Ausnutzung von Avalkrediten rechnen Kreditinstitute Avalprovision prozentual auf den Wert der herausgegebenen Avalurkunden. Diese ist abhängig von der

Laufzeit des Avalkredits, der Kreditnehmerbonität, der Art der abzusichernden Risiken, der Größenordnung der Einzelgeschäfte sowie der gestellten Sicherheiten. Der Satz bewegt sich üblicherweise zwischen 0,5 Prozent und 3 Prozent. Zusätzlich wird im Allgemeinen je Urkunde eine Ausfertigungsgebühr gerechnet.

Bei der **Beteiligungsfinanzierung** (auch: Eigenfinanzierung) führen die Eigentümer der Praxis von außen Kapital zu. Eine Beteiligung ist das Mitgliedschaftsrecht, das durch Kapitaleinlage (Geld- oder Sacheinlage) bei einer Zahnarztpraxis erworben wird. Die stille Beteiligung ist dadurch gekennzeichnet, dass der stille Anteilsnehmer nach außen nicht in Erscheinung tritt. Sie ist daher für den Praxisinhaber ein Instrument der mittelfristigen Geldbeschaffung und für den stillen Anteilsnehmer eine Kapitalanlagemöglichkeit. Ihm steht jedoch ein Kontrollrecht über die Jahresbilanz zu; ein Widerspruchsrecht bei Vornahme bestimmter Handlungen des Praxisinhabers hat der stille Anteilsnehmer hingegen nicht. Eine Beteiligung des stillen Anteilsnehmers am laufenden Gewinn und Verlust ist Wesensmerkmal der typischen stillen Beteiligung. Eine Verlustbeteiligung kann jedoch vertraglich ausgeschlossen werden.

Bei den **Sonderformen** der Außenfinanzierung handelt es sich im Grunde genommen um unechte Finanzierungsformen.

Zu ihnen zählt zunächst das **Factoring**, das an anderer Stelle bereits als laufender Ankauf von Geldforderungen gegen einen Drittschuldner (Patient) aus Dienstleistungen der Zahnarztpraxis durch ein Finanzierungsinstitut (Factor) beschrieben wurde. Das Factoringinstitut übernimmt hierbei gegen Entgelt das Ausfallrisiko, die Buchführung sowie das Mahnwesen und stellt der die Patientenforderungen verkaufenden Praxis sofort Liquidität zur Verfügung.

Leasing gehört zu den kapitalsubstitutiven Finanzierungsformen und bedeutet die Überlassung von Wirtschaftsgütern für die Zahnarztpraxis durch den Hersteller oder eine Finanzierungsgesellschaft, die es erwirbt und ihrerseits an den Zahnarzt oder die Zahnärztin als Mieter für eine vertragsgemäße Nutzungsdauer vermietet. Als Gegenleistung für die Nutzung sind regelmäßige gleichbleibende Zahlungen (Leasingraten) oder auch eine Miet-Sonderzahlung zu erbringen. Als Vorteile lassen sich im Wesentlichen der geringere Finanzbedarf im Jahr der Anschaffung, die Möglichkeit der Anpassung an den stets neuesten Stand der Dentaltechnik und die als gewinnmindernde Betriebsausgabe geltend machbare Miete anführen. Nachteilig wirken sich insbesondere die hohen Mietausgaben aus, sowie die Belastung der Praxis mit ausgabewirksamen Fixkosten währen der Gesamtmietzeit, welche vielfach höher sind als Zins- und Tilgungsleistungen einer vergleichbaren Fremdfinanzierung. Die dem Leasing zugrunde liegenden Leasingraten bilden andererseits eine klare Kalkulastionsgrundlage für die Liquiditätsplanung. Auch kann durch das Leasing eine Erweiterung der Verschuldungsgrenze und damit ein zusätzliches Finanzierungspotenzial erreicht werden. Durch die mit dem Leasing oft verbundenen Service-Leistungen wird diese Finanzierungsform in der Zahnarztpraxis immer dort effizient sein, wo es sich um marktgängige Objekte handelt, die grundsätzlich jederzeit veräußerbar sind.

Die Finanzierung aus **Abschreibungswerten** stellt nichts anderes als den Rückfluss der Abschreibungen in die Praxisumsätze dar. Es handelt sich dabei um eine reine Vermögensumschichtung durch die anderweitige Verwendung der Zahlungsmittel bis zur Durchführung der Ersatzbeschaffung der Abschreibungsobjekte. Lassen sich die Abschreibungsgegenwerte in die erzielbaren Honorare einkalkulieren, werden die Abschreibungen „verdient". Die für die Ersatzbeschaffung vorgesehenen Abschreibungserlöse führen erst zu einem späteren Zeitpunkt zu Ausgaben und stehen bis dahin als Finanzmittel zur Verfügung (Kapitalfreisetzungseffekt). Das freigesetzte Kapital ist umso größer, je länger die Nutzungsdauer der Praxisgeräte und je höher deren Nutzungsintensität ist.

Die **Innenfinanzierung** umfasst die **Selbstfinanzierung** (ebenfalls eine Form der Eigenfinanzierung) durch die Praxis selbst, ohne Beanspruchung von möglichen Anteilseignern und Gläubigern aus dem Überschuss für erbrachte Leistungen. Sie stellt eine Einbehaltung von Teilen des in der Geschäftsperiode erzielten Praxisgewinns und dadurch die Erhöhung des tatsächlich vorhandenen Eigenkapitals dar. Die Selbstfinanzierung ist eine wichtige, rechtsformunabhängige Form der Praxisfinanzierung, insbesondere bei schlechtem Zugang zum Kapitalmarkt. Praxen, die Zugang zum Kapitalmarkt haben, betreiben aber gerade wegen ihrer Abhängigkeit vom Kapitalmarkt eine stetige Rücklagenbildung. Insofern ist die Selbstfinanzierung nichts anderes als das Sparen in der Zahnarztpraxis. Einbehaltene Gewinne sind die Ersparnis der Praxis. Der Umfang der Selbstfinanzierung ist somit abhängig von der Höhe des Praxisgewinns, der Besteuerung, dem Kapitalbedarf, der Politik der Privatentnahmen der Praxisinhaber.

Die offene Selbstfinanzierung geschieht durch Bildung offener **Rücklagen**. Das sind finanzielle Reserven der Praxis, die zum Ausgleich von Verlusten oder für Sonderzwecke bestimmt sind. Aus dem Praxisergebnis gebildete Rücklagen stellen Gewinnrücklagen dar. Die Rücklagen bieten insbesondere folgende Vorteile:

*   Keine Abhängigkeit von den Entwicklungen des Kapitalmarkts,
*   keine Kreditwürdigkeitsanalysen,
*   sofortige Verfügbarkeit der Finanzmittel,
*   keine Kapitalbeschaffungskosten,
*   kein Abfluss von Finanzmitteln für Fremdkapitalzinsen und Tilgung,
*   Erhaltung der Unabhängigkeit gegenüber fremden Kapitalgebern.

Als wesentlicher Nachteil ist festzuhalten, dass die Selbstfinanzierung eine Schmälerung der Gewinnausschüttung an die Praxisinhaber bewirkt. Diesem Nachteil in der jetzigen Periode steht andererseits der allerdings ungewisse Vorteil späterer höherer Gewinnausschüttungen gegenüber, die aus dem selbstfinanzierten Praxiswachstum resultieren können.

Die verdeckte Selbstfinanzierung ist nur bei bilanzierenden Zahnarztpraxen möglich und vollzieht sich über die Bildung stiller Rücklagen. Dabei handelt es sich um Rücklagen, die in der Bilanz der Praxis nicht ausgewiesen werden und durch Unterbewertung von Aktiva bzw. Überbewertung von Passiva entstehen. Durch Ausnutzung von Aktivierungs- und Passivierungswahlrechten und durch Ausnutzung von Bewertungswahlrechten kommt es zu Differenzen zwischen Buchwerten und den tatsächlichen Werten, durch Beachtung von Bewertungsobergrenzen zu Zwangsreserven. Die Bildung stiller Reserven führt zur Verminderung des Praxisgewinns, ihre Auflösung zu seiner Erhöhung. Zahnarztpraxen in der rechtlichen Organisationsform von Kapitalgesellschaften ist die bewusste Anlegung stiller Reserven verboten. Ansonsten ist die Bildung steuerrechtlicher Abschreibungen, die zu Unterbewertungen in der Bilanz führen, im Rahmen der zulässigen Ausnutzung von Aktivierungs-, Passivierungs- und Bewertungswahlrechten erlaubt.

2.1.3   Zahnarztpraxis und Kreditwesen

Die verstärkte Risikominimierung der Geldinstitute führt zu einer restriktiveren Kreditvergabe, so dass kaum eine Bank bereit ist, sich ohne umfangreiche Absicherungsmaßnahmen in einer Zahnarztpraxis – zumal wenn es sich um eine Neugründung handelt – finanziell zu engagieren. Erst wenn umfassende **Sicherheiten** als Gewährleistung für die Rückzahlung eines Darlehens zur Verfügung gestellt werden, zeigt sich eine Bank auch die Zinsgestaltung betreffend kooperationsbereit.

Die niedrigste Absicherungsstufe aus der Sicht der Bank beinhaltet der **Blankokredit**. Die Bank verzichtet dabei auf weitere Sicherheiten, die über die üblichen Verzugs- und Zahlungsvereinbarungen hinausgehen. Unabhängig davon haften die Praxisinhaber mit ihrem gesamten Vermögen, so dass die Bank als einzige Sicherheit die Möglichkeit hat, bei Zahlungsunfähigkeit die gerichtlichen Zwangsvollstreckungsmaßnahmen einzuleiten. Ein Blankokredit wird daher üblicherweise nur über eine niedrige Summe gewährt, wie im Falle des Kontokorrentkredits.

Eine Möglichkeit der Bank, Sicherheiten für Kredite zu gewähren, ist die **Sicherungsübereignung**. Es handelt sich dabei um eine Sachsicherheit, die in einer Übertragung von treuhänderischem Eigentum an Sachen durch die Praxisinhaber als Sicherungsgeber an die Bank als Sicherungsnehmer zur Absicherung von Kreditforderungen besteht. Durch den Sicherungsübereignungsvertrag wird die Verbindung zwischen der Sicherheitenbestellung und der Kreditgewährung hergestellt, so dass die Bank nur im Rahmen des Sicherungszwecks zur Verwertung des Sicherungsgutes berechtigt ist. Sie hat im Verhältnis zu außenstehenden Dritten das volle Eigentum. Die Praxisinhaber behalten das wirtschaftliche Eigentum an der Sache. Die Übereignung des Sicherungsgegenstandes erfolgt durch Einigung über den Eigentumsübergang, die Übergabe der Sache (Edelmetalle, Schmuck, Inhaberpapiere) oder durch Übergabeersatz. Übergabeersatz ist die Vereinbarung eines Verwahrungsvertrags zwischen Praxisinhaber und Bank. Damit erhält die Bank den mittelbaren Besitz am Sicherungsgut, während die Praxisinhaber unmittelbare Besitzer bleiben. Der Vermögensgegenstand wird demnach treuhänderisch an die Bank abgetreten und die Praxis kann ihn weiterhin selbst nutzen. Sicherungsübereignet werden können alle Sachen, nicht aber wesentliche Bestandteile einer Sache. Von Bedeutung ist die Sicherungsübereignung beweglicher Sachen (wie z. B. zahnmedizinische Geräte, Behandlungseinrichtungen, Kraftfahrzeuge). In welcher Höhe das Sicherungsgut beliehen wird, hängt von der Verwertbarkeit und Lebensdauer ab. Wertpapiere werden regelmäßig nicht sicherungsübereignet, sondern verpfändet. Grundstücke werden ebenfalls nicht sicherungsübereignet, sondern mit Grundpfandrechten belastet. Bei Fälligkeit der Kreditforderungen kann das Kreditinstitut das Sicherungsgut nach seiner Wahl verwerten. Bei freihändigem Verkauf hat das Kreditinstitut die Verwertung mit der Sorgfalt eines ordentlichen Kaufmanns durchzuführen, um sich nicht wegen Verschleuderung schadensersatzpflichtig zu machen.

Die erforderliche Sicherheit für die Inanspruchnahme eines Kredits kann auch durch eine **Forderungsabtretung** (Zession) erfolgen. Dadurch wird eine Forderung beispielsweise über Honoraransprüche aus bereits erfolgten Behandlungen von dem Zahnarzt oder der Zahnärztin als bisherige Gläubiger durch Vertrag auf die Bank als neuen Gläubiger übertragen, wobei allein die Einigung zwischen beiden den Forderungsübergang bewirkt. Die Kenntnis des Schuldners ist dabei nicht erforderlich. So erfahren Patienten und Krankenversicherung vom Bestehen einer derartigen Abtretungsvereinbarung erst, wenn sie bei drohender Rückzahlungsgefährdung offen gelegt werden muss. In so einem Fall sind sie über die Abtretungserklärung zu informieren und anzuweisen, ihre Zahlungen auf ein Treuhandkonto zu leisten. Meist liegt der Forderungsabtretung ein Forderungskauf, wie z. B. beim Factoring oder ein Kreditvertrag, wie bei der Sicherungsabtretung, zugrunde. Der Abschluss des Abtretungsvertrags ist formfrei gültig, wird aber aus Beweissicherungsgründen in der Regel als Anlage zum Kreditvertrag schriftlich vorgenommen. Die Forderung muss allerdings auch abtretbar sein: Kann die Leistung gegenüber einem anderen als dem ursprünglichen Gläubiger nicht ohne Veränderung ihres Inhalts erfolgen, so besteht ein Abtretungsverbot. Das gilt beispielsweise für höchstpersönliche Ansprüche (z. B. aus Miete und Pacht) sowie für zweckgebundene Ansprüche (z. B. Ansprüche auf Kindergeld). Auch kann ein Abtretungsverbot zwischen Gläubiger und Schuldner einer Forderung vereinbart werden. Dies findet sich häufig für Lohn- und Gehaltsforderungen in Tarifverträgen oder in einzelnen Arbeitsverträgen.

In den Fällen, in denen Guthaben aus Festgeldern, Sparbriefen, Aktiendepots, Anleihen oder Genussscheinen zur Finanzierung nicht kurzfristig realisiert werden können, bietet sich die Möglichkeit der **Verpfändung** an. Es handelt sich dabei um die Bestellung eines Pfandrechts an Sachen oder Rechten durch Vertrag. Verpfändungsobjekte können alle übertragbaren Vermögensrechte sein. Mangels gesetzlicher Sonderbestimmungen genügt ein formloser Verpfändungsvertrag, mit Ausnahme von Grundpfandrechten sowie Inhaberpapieren und Orderpapieren. Da die Beleihung durch einfache Abtretungserklärung möglich ist und sich die verpfändeten Guthaben meist recht einfach verwerten lassen, ist die Verpfändung bei Banken recht willkommen. Die Verpfändung von Geldforderungen bedarf zusätzlich der Anzeige der Praxisinhaber als Gläubiger der Forderung an den Patienten als Schuldner, so dass eine stille Form der Verpfändung wie bei der Abtretung (stille Zession) nicht möglich ist.

Die Form der Absicherung durch Hypothek oder Grundschuld kommt in der Regel dann zur Anwendung, wenn der Erwerb von Praxisräumlichkeiten finanziert werden muss.

Die **Hypothek** ist ein Grundpfandrecht zur Sicherung der Forderung eines Gläubigers. Sie gehört zu den Sachsicherheiten und die Verknüpfung mit einer zu sichernden Forderung unterscheidet sie von der Grundschuld. Jede zwischenzeitliche Verminderung des Kredits führt zu einer Verringerung der Sicherung. So erlischt die Hypothek mit der letzten Rate des Darlehens und entspricht bis dahin immer dem aktuellen Stand des Darlehenskontos. Nimmt der Kreditnehmer erneut einen Kredit in Anspruch, lebt die Hypothek nicht wieder auf. Soll die Hypothek zur Sicherung einer anderen Forderung herangezogen werden, bedarf es der Eintragung der neuen Forderung im Grundbuch.

Demgegenüber ist die **Grundschuld** wesentlich flexibler und stellt deshalb ein besonders vielseitig verwendbares Kreditsicherungsmittel dar. Sie ist im Gegensatz zur Hypothek vom eigentlichen Darlehen unabhängig. Auch sie stellt ein Grundpfandrecht dar, wonach das belastete Grundstück für die Zahlung einer bestimmten Geldsumme haftet. Durch ihre Eintragung ins Grundbuch entsteht das Anrecht der Bank, die Immobilie bei Zahlungsunfähigkeit der Praxisinhaber zwangsversteigern zu lassen, um aus dem Erlös die Schulden zu tilgen. Sie bleibt auch nach der Laufzeit des Darlehens in voller Höhe bestehen bis sie ausdrücklich im Grundbuch gelöscht wird. Zur Festlegung der Reihenfolge, in der die Darlehensgeber bei einer Zwangsversteigerung bedient werden, wird die Grundschuld in Ränge unterteilt, wobei der Kreditgeber, der an oberster Stelle steht, die besten Aussichten hat, seinen Darlehensbetrag zurückzuerhalten. Andererseits gilt eine Grundschuld auch als erstrangig, die etwa 60 % des Beleihungswertes (Tab. 2.2) nicht übersteigt. Die Zinskonditionen für eine erstrangige Grundschuld sind in der Regel wesentlich günstiger als für eine zweitrangige Grundschuld (bis etwa 80 % des Beleihungswerts).

Im Rahmen der banküblichen Beleihungsgrenzen sind Grundschulden für die Kreditinstitute eine bevorzugte, wenig arbeitsaufwändige Sicherheit. Bei erforderlichen

Tab. 2.2 Beispiel für eine Beleihungswertermittlung

Berechnung Sachwert (1 Wohnung selbstgenutzt)			Berechnung Ertragswert (1 Wohnung vermietet)		
Bodenwert	1.000qm á 300	300.000	Wohnfläche	100qm á 15 × 12	15.000
Bauwert	Wohnhaus: 300qm á 1.500	450.000	Garagen	1 × 100 × 12	1.200
	Garagen: 2 × 20.000	40.000	Jahresbruttomiete		16.200
	Baunebenkosten: 20 % aus 400.000	80.000	Bewirtschaftungskosten	−25 %	4.050
	Außenanlagen: 30.000	30.000	Jahresnettomiete		12.050
Summe Sachwert		900.000	Kapitalwert, wenn Jahres-nettomiete = 5 %	(12.050 × 100)/5	241.000
Berechnung Mittelwert = Beleihungswert		(900.000 + 241.000)/2	570.500		
Beleihungsgrenze 80 %		**570.500 × 0,8**	**456.400**		

Krediterhöhungen können sofort durch Tilgungen freigewordene Grundschuldteile wieder als Sicherheit herangezogen werden. Der Nachteil der Grundschuld liegt in den hohen Notar- und Grundbuchkosten.

Für den Fall, dass Sachwerte nicht in ausreichendem Umfang als Sicherheiten zur Verfügung stehen, lassen diese sich auch in Form von **Bürgschaften** stellen. Sie ist ein einseitig verpflichtender Vertrag, durch den sich der Bürge gegenüber dem Gläubiger (Kreditinstitut oder andere Person) bereit erklärt, für die Erfüllung der Verbindlichkeiten der Praxisinhaber als Schuldner einzustehen. Der Bürge haftet der Bank grundsätzlich nur subsidiär, d. h. die Bank muss zunächst erfolglos versucht haben, Befriedigung aus dem beweglichen Vermögen der Praxisinhaber als Schuldner zu erlangen. Die Höhe der Bürgschaftsverpflichtung bemisst sich nach dem Bestand der Hauptschuld. Nachträgliche Erhöhungen der Hauptschuld sind dem Bürgen gegenüber ohne sein Einverständnis nicht wirksam. Er kann seine Haftung nach Umfang oder nach Zeit begrenzen. Wegen ihrer Folgen bedarf die Vertragserklärung des Bürgen der Schriftform. Der wesentliche Inhalt der Bürgschaftserklärung muss sich aus der Bürgschaftsurkunde selbst ergeben. Nach dem Haftungsumfang des Bürgen sind die unbegrenzte Bürgschaft, die Höchstbetragsbürgschaft und die Teilbürgschaft zu unterscheiden. Von der gewöhnlichen Bürgschaft sind die Ausfallbürgschaft und die selbstschuldnerische Bürgschaft abzugrenzen. Verbürgen sich mehrere Personen, kann eine Mitbürgschaft oder eine Nebenbürgschaft vorliegen. Bürgschaften von Kreditinstituten im Rahmen von Avalkrediten heißen Bankbürgschaften. Eine Bürgschaft kann zeitlich unbefristet (unbefristete Bürgschaft) oder befristet (Zeitbürgschaft) sein. Um das Bürgschaftsrisiko zu minimieren, lassen sich beispielsweise Ausfall-, Höchstbetrags- und Zeitbürgschaft kombinieren. Kreditinstitute nehmen außer zum Zwecke der Haftungserweiterung in der Regel nur Bürgschaften an, die ihnen umfassende Sicherheit bieten. Sie prüfen dazu die Bonität (Kreditwürdigkeit) des Bürgen. Der Bürge soll ein ausreichendes Vermögen oder sichere und regelmäßige Einkünfte haben. Die Kreditinstitute verlangen häufig selbstschuldnerische Bürgschaften, um bei Zahlungsunfähigkeit des Kreditnehmers sofort den Bürgen in Anspruch nehmen zu können.

Die **Schuldmitübernahme** (auch: Mitverpflichtung) wird bei einem Kreditvertrag oft auch vom Ehepartner der Praxisinhaber verlangt. Es handelt sich dabei um eine bürgschaftsähnliche Sicherheit (nichtakzessorische Kreditsicherheit), durch die der Ehepartner sich gegenüber der Bank verpflichtet, zusätzlich zum Schuldner für dieselbe Verbindlichkeit einzustehen. Sie haften dem Gläubiger als Gesamtschuldner. Im Gegensatz zum Bürgen, der für eine fremde Schuld einsteht, haftet der Mitübernehmende somit für eine eigene Schuld. Er schuldet dieselbe Leistung und aus demselben Schuldgrund wie der Urschuldner selbst.

Eine zusätzliche Besonderheit im Rahmen der Kreditabsicherung ist die **Haftungsfreistellung**, die die gänzliche oder teilweise Befreiung von der Verpflichtung, für eine Schuld aufgrund eines Schuldverhältnisses einstehen zu müssen (z. B. Zins- und Tilgungsforderungen im Rahmen von Darlehen), darstellt.

Die **Kreditrückzahlung** und damit die Art und Weise der vereinbarten Tilgung von Krediten kann wesentlich zur Sicherung der Liquidität der Zahnarztpraxis beitragen und weitere Finanzierungsspielräume erhalten (vgl. Clade 2012, S. 14 ff.). Als Tilgung wird

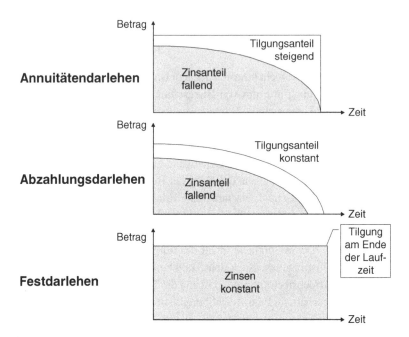

Abb. 2.3 Möglichkeiten der Kreditrückzahlung

dabei die Rückzahlung von Geldkapital aller Art in Teilbeträgen bezeichnet, wobei diese planmäßig oder außerplanmäßig erfolgen kann. Im Kreditwesen unterscheidet man je nach Art der Tilgung Annuitäten-, Abzahlungs- oder Festdarlehen (Abb. 2.3).

Das **Annuitätendarlehen** ist die häufigste Form der Kredittilgung. Es handelt sich dabei um ein Darlehen, das die Praxisinhaber als Kreditnehmer durch gleich bleibende Jahresleistungen (Annuitäten) zurückzahlen. Die Jahresleistung, die in halb-, vierteljährlichen oder monatlichen Raten gezahlt wird, besteht aus einem Zinsanteil und einem Tilgungsanteil. Da durch Tilgungsverrechnung mit fortschreitender Darlehenslaufzeit der zu verzinsende Darlehensbetrag geringer wird, die Annuität jedoch unverändert bleibt, steigen die jährlichen Tilgungsbeträge um die so genannten „ersparten" Zinsen (Tab. 2.3).

Tilgungsleistungen können sofort bei Zahlung verrechnet werden. Es kann auch eine so genannte nachschüssige Tilgungsverrechnung vereinbart werden, so dass die Tilgungsleistungen erst mit Beginn des nächsten Verrechnungsabschnittes für die Zinsberechnung wirksam werden.

Das **Abzahlungsdarlehen** ist ein Kredit, den die Praxisinhaber als Kreditnehmer durch fallende Jahresleistungen (gleich bleibender Tilgungsanteil, aber fallender Zinsanteil) zurückzahlen. Häufig wird diese Tilgungsform auch als Ratenkredit bezeichnet (Tab. 2.4).

Bei dem **Festdarlehen** handelt es sich um einen Kredit, der erst am Ende der Laufzeit in einer Summe zurückgezahlt wird. Es wird daher auch als Fälligkeitsdarlehen bezeichnet (Darlehen mit Endfälligkeit). An die Stelle der Tilgung kann auch eine Lebensversicherung treten.

Tab. 2.3 Beispiel für ein Annuitätendarlehen

Jahre	Darlehensbetrag/Restschuld	Annuität	Zinsanteil	Tilgungsanteil
1	100.000	10.000	5.000	5.000
2	95.000	10.000	4.750	5.250
3	89.750	10.000	4.487,50	5.512,50
4	84.237,5	10.000	4.211,88	5.788,13
5	78.449,38	10.000	3.922,47	6.077,53
…	…	…	…	…

Tab. 2.4 Beispiel für ein Abzahlungsdarlehen

Darlehensbetrag		100.000
Monatsraten		48
Zinssatz über die gesamte Laufzeit		0,5 % je Monat
Bearbeitungsgebühr		0,5 %
Berechnung der Zinsen	[(0,5×48)×100.000]/100	24.000
Berechnung der Monatsraten	Darlehensbetrag	100.000
	Zinsen	24.000
	Bearbeitungsgebühr	500
	Summe	124.500
	Monatsrate (124.500/48)	2.593,75

Für die Erteilung eines Kredits an eine Zahnarztpraxis überprüft die Bank die Kreditfähigkeit und die Kreditwürdigkeit der Praxisinhaber.

Die **Kreditfähigkeit** umschreibt dabei die Fähigkeit, rechtswirksame Kreditverträge abzuschließen. Die Praxisinhaber als voll geschäftsfähige natürliche Personen sowie juristische Personen sind ohne Einschränkung kreditfähig. Bei sonstigen nichtrechtsfähigen Personengemeinschaften (beispielsweise Zahnarztgemeinschaften in Form von Gesellschaften bürgerlichen Rechts, GbR) ist grundsätzlich die Zustimmung aller Beteiligten erforderlich, die sich insoweit als Gesamtschuldner gegenüber der Bank verpflichten.

Die Bank prüft dabei im Einzelnen

- die Rechtsfähigkeit,
- die Geschäftsfähigkeit und sich daraus ergebend
- die Kreditfähigkeit

der Praxisinhaber als Antragsteller.

Die **Kreditwürdigkeit** entspricht der Bonität und umschreibt die von den Praxisinhabern als Kreditnehmer erwarteten Eigenschaften und Fähigkeiten. Sie liegt danach vor, wenn eine Kreditvergabe unter persönlichen und sachlichen Gesichtspunkten vertretbar erscheint, d. h. wenn erwartet werden kann, dass die Praxisinhaber den aus dem Kreditvertrag sich ergebenden Verpflichtungen (Erbringung des Kapitaldienstes) nachkommen.

Bei der Kreditwürdigkeit überprüft die Bank unter anderem die

- persönlichen Verhältnisse der Praxisinhaber:
  - Beruf,
  - Position,
  - Zahlungsmoral,
  - Fachkenntnisse, unternehmerische Fähigkeiten,
- wirtschaftlichen Verhältnisse der Praxisinhaber:
  - Liquiditätssituation,
  - Ertragslage der Praxis,
  - Entwicklung des Praxisumsatzes,
  - Vermögens- und Kapitalsituation,
  - Wert der Sicherheiten.

Wie bei jedem Angebotsvergleich gilt es auch bei **Kreditverhandlungen** darauf zu achten, dass die Rahmenbedingungen der einzelnen Kreditangebote auch vergleichbar sind. Da der Nominalzinssatz in dieser Hinsicht wenig aussagekräftig ist, erscheint ein Vergleich des jeweiligen Effektivzinses angebracht. Der **Effektivzins** sollte alle allgemeinen Konditionen (Darlehenslaufzeit in Jahren, Auszahlungssatz, Verwaltungskosten, sonstige Kosten), die Zinskonditionen (Zinssatz p. a., Zahlungszeitpunkt für Zinsen, Zinsfestschreibungsdauer, Zahlungsrhythmus für Zinsen) sowie die Tilgungskonditionen (Tilgungssatz, Zahlungsrhythmus für Tilgungen, Zeitpunkt für Tilgungsverrechnung, Anzahl von Tilgungsfreijahren) umfassen. Ein wesentlicher Punkt ist bei der Angabe des Auszahlungssatzes die mögliche Berücksichtigung eines **Disagios**. Darunter ist der Unterschiedsbetrag zwischen dem Rückzahlungs- und dem Ausgabebetrag von Krediten zu verstehen. Die Vereinbarung eines Disagios findet häufig Anwendung bei Festzinsvereinbarungen in Darlehensverträgen. Der Kreditausgabebetrag ist dabei geringer als die tatsächliche Kredithöhe, was durch einen verringerten Nominalzinssatz beglichen wird. Die Verwaltungskosten und sonstigen Kosten werden von den Banken oft unter dem Begriff „Bearbeitungsgebühren" zusammengefasst. Dabei ist zu beachten, dass bezüglich der Sicherheitenbewertung Wertermittlungsgebühren anfallen können. Bei der Absicherung durch eine Risikolebensversicherung müssen deren Kosten ebenfalls in der Ermittlung des Effektivzinses berücksichtigt werden.

Den meisten Kreditangeboten liegen zunächst nur Standardkonditionen zugrunde, die dann auch vereinbart werden, wenn die Praxisinhaber als Kunden im gut vorbereiteten Kreditgespräch mit der Bank nicht den zweifelsohne vorhandenen Spielraum in Bezug auf **Sonderkonditionen** ausloten.

Eine Konditionenverbesserung stellt das Einräumen von **Sondertilgungen** dar. Es bietet die Möglichkeit, durch außerplanmäßige Rückzahlungen Aufwendungen für Zinsen zu sparen. Dadurch kann größere finanzielle Flexibilität für die Zahnarztpraxis zurückgewonnen werden.

Oft wird auch die Vorlage eines kurzen Investitions- und Finanzierungsplans, aus dem die vorgesehene Amortisation, die Entwicklung des Praxisumsatzes, die Liquiditätslage sowie die vorhandenen Sicherheiten hervorgehen, vom Kreditinstitut positiv bewertet und dadurch die Verhandlungsposition der Praxisinhaber verbessert.

Zu den im Rahmen eines Kreditverhältnisses anfallenden Verhandlungen zählt auch eine mögliche **Umschuldung**, die insbesondere dann in Erwägung gezogen werden kann, wenn das Marktzinsniveau seit Abschluss des Kreditvertrages gefallen ist. Wird davon Gebrauch gemacht, so verlangt die Bank eine **Vorfälligkeitsgebühr**. Das ist der Betrag, der den Praxisinhabern als Kreditnehmer bei vorzeitiger Kündigung eines langfristigen Kredits in Rechnung gestellt wird, sofern die Möglichkeit, den Kredit vor Fälligkeit zurückzuzahlen, nicht im Kreditvertrag vereinbart wird. Durch den konkreten Vergleich im Einzelfall lässt sich überprüfen, ob das Entrichten einer Vorfälligkeitsgebühr oder das Weiterführen des Kredits kostengünstiger ist.

Eine weitere Alternative ist die vorzeitige Sicherung eines günstigen Zinssatzes durch Abschluss eines neuen Kreditvertrages, der zur Anwendung kommt, wenn der alte Vertrag ausläuft. Für den Zeitraum der parallelen Vertragsführung werden von der Bank für den neuen, noch „ruhenden" Vertrag vergleichsweise geringe Bereitstellungszinsen erhoben, was in der Summe aber dennoch günstiger als eine Vertragsauflösung mit Vorfälligkeitsgebühr sein kann.

2.1.4   Öffentliche Förderung der Praxisfinanzierung

Eine Finanzierungsalternative für Zahnarztpraxen stellt die Inanspruchnahme öffentlicher Fördermöglichkeiten dar. Die Förderprogramme der einzelnen Institutionen öffnen sich in zunehmendem Maße auch für Freiberufler (vgl. Kreditanstalt für Wiederaufbau 2014, S. 1ff.). So gibt es bis auf Bundesebene neben der originären Zuständigkeit des Bundesministeriums für Wirtschaft und Technologie die Kreditanstalt für Wiederaufbau (KfW), die öffentliche Finanzierungshilfen im Rahmen gewerblicher Wirtschaftsförderung anbietet. In den Bundesländern gibt es ebenfalls vergleichbare Förderbanken und/oder eigene Bürgschaftsbanken (Tab. 2.5).

Als Förderungsinstrumente werden üblicherweise langfristige zinsgünstige Darlehen, Bürgschaften und Garantien, Zuschüsse und stille Beteiligungen eingesetzt. Während öffentliche Darlehen und Bürgschaften übliche Finanzierungsalternativen darstellen, die prinzipiell auch für die Zahnarztpraxis in Frage kommen, sind die Möglichkeiten direkter öffentlicher Zuschüsse und Beteiligungen eher vereinzelt anzutreffen (Abb. 2.4).

Öffentliche **Darlehen** sind Kredite, die in einer Summe oder in Teilbeträgen zur Verfügung gestellt werden und in festgelegten Raten oder auf einmal nach Ablauf der vertraglich geregelten Laufzeit zurückzuzahlen sind. Sie werden für förderfähige Vorhaben bis zu einer bestimmten Höhe gewährt. Als förderfähige Vorhaben werden im allgemeinen insbesondere Investitionen, bei Praxisneugründungen auch die Anschaffung der „Erstausstattung", Praxisübernahmen, Rationalisierungen, Praxismodernisierungen oder auch die

Tab. 2.5 Fördereinrichtungen des Bundes und der Länder

Einrichtung	Adresse
KfW Bankengruppe	Palmengartenstraße 5–9, 60325 Frankfurt am Main, www.kfw.de
L-Bank	Schlossplatz 10, 76113 Karlsruhe, www.l-bank.de
Investitionsbank Berlin	Bundesallee 210, 10719 Berlin, www.ibb.de
Investitionsbank des Landes Brandenburg	Steinstraße 104–106, 14480 Potsdam, www.ilb.de
Bremer Aufbau-Bank GmbH	Langenstraße 2–4, 28195 Bremen, www.bab-bremen.de
Wirtschafts- und Infrastrukturbank Hessen	Schumannstr. 4–6, 60325 Frankfurt am Main, www.wibank.de
Bank für Infrastruktur (LTH)	Stahlenberger Str. 11, 63067 Offenbach am Main, www.lth.de
LfA Förderbank Bayern	Königinstr. 17, 80539 München, www.lfa.de
Landesförderinstitut Mecklenburg-Vorpommern	Werkstr. 213, 19061 Schwerin, www.lfi-mv.de
Niedersächsische Bürgschaftsbank (NBB) GmbH	Schiffgraben 33, 30175 Hannover, www.nbb-hannover.de
Niedersächsische Landestreuhandstelle – Norddeutsche Landesbank-Girozentrale	Schiffgraben 30, 30175 Hannover, www.lts-nds.de
Investitions- und Förderbank Niedersachsen GmbH – NBank	Günther-Wagner-Allee 12–14, 30177 Hannover, www.nbank.de
NRW.BANK	Kavalleriestraße 22, 40213 Düsseldorf, www.nrw-bank.de
Investitions- und Strukturbank Rheinland-Pfalz (ISB) GmbH	Holzhofstraße 4, 55116 Mainz, www.isb.rlp.de
SIKB – Saarländische Investitionskreditbank Aktiengesellschaft	Johannisstraße 2, 66111 Saarbrücken, www.sikb.de
Sächsische Aufbaubank – Förderbank	Pirnaische Straße 9, 01069 Dresden, www.sab.sachsen.de
Investitionsbank Sachsen-Anhalt – Anstalt der Norddeutschen Landesbank Girozentrale	Domplatz 12, 39104 Magdeburg, www.ib-sachsen-anhalt.de
Investitionsbank Schleswig-Holstein	Fleethörn 29–31, 24103 Kiel, www.ib-sh.de
Thüringer Aufbaubank – Anstalt öffentlichen Rechts	Gorkistraße 9, 99084 Erfurt, www.aufbaubank.de

Erweiterung bestehender Praxen, sofern sie mit dem Erhalt oder der Schaffung von Arbeitsplätzen verbunden sind, in der Regel gefördert. Im Rahmen der Förderung von Konsolidierungsvorhaben werden häufig auch Darlehen gewährt, die Praxen, welche in Liquiditäts- und Rentabilitätsschwierigkeiten geraten sind, im Interesse der Erhaltung von

Abb. 2.4 Grundsätzliche Finanzierungsalternativen im Rahmen öffentlicher Förderhilfen

Arbeitsplätzen eine Umschuldung ihrer überhöhten kurzfristigen Verbindlichkeiten in langfristiges Fremdkapital ermöglichen. Voraussetzung für die Darlehensgewährung ist insbesondere, dass zur Behebung der bestehenden Schwierigkeiten ein tragfähiges Gesamtkonsolidierungskonzept vorgelegt wird, an dem sich neben dem Praxisinhaber auch dessen Hausbank beteiligt. Soweit ein Darlehen bankmäßig nicht ausreichend abgesichert werden kann, ist oft auch eine teilweise Haftungsfreistellung für die Hausbank möglich, die von der Fördereinrichtung eingeräumt wird.

Zur Aufnahme von Bankkrediten ist die Stellung ausreichender Sicherheiten notwendig. Um auch solchen Praxen, die nicht genügend Sicherheiten verfügbar haben, die Kreditaufnahme zu ermöglichen, gibt es die Möglichkeit öffentlicher **Bürgschaften**. Sie übernehmen gegenüber den Hausbanken einen Großteil des Risikos. Die zu verbürgenden Kredite können für die Finanzierung von Investitionen, zur wirtschaftlichen Konsolidierung einer Praxis oder auch zur Bereitstellung von Betriebsmitteln (Behandlungseinrichtungen etc.) bestimmt sein (Tab. 2.6).

Praxisinhaber als Antragsteller haben bei einzelnen Förderprogrammen mitunter die Wahl eines **Zinszuschusses**, der zur Verbilligung eines von der Fördereinrichtung auszureichenden und zur Mitfinanzierung des förderungsfähigen Vorhabens zu verwendenden Darlehens eingesetzt wird, oder eines Investitionszuschusses. Auch eine Kombination beider Förderarten ist oft möglich. Soll mit Hilfe einer derartigen Zuwendung ein Darlehen verbilligt werden, besteht mitunter die Möglichkeit, das Darlehen je nach Bedarf auszugestalten. Dafür stehen in der Regel verschiedene Darlehenstypen mit unterschiedlichen Laufzeiten und Zinssätzen zur Verfügung.

Kleine und mittlere Zahnarztpraxen stoßen wegen ihres zu geringen Eigenkapitals bei ihrem Wachstum oder der Aufnahme von Krediten mitunter an Grenzen. Sie sind auf die

Tab. 2.6 Zweck öffentlicher Bürgschaften

Bürgschaftszweck	Erläuterung
Investitionen	Verbürgung von Krediten für Investitionen zur Rationalisierung, Modernisierung, Erweiterung und Umstellung bestehender Praxen
Existenzgründung	Verbürgung von Krediten für die Errichtung neuer und Übernahme bestehender Praxen
Betriebsmittel	Verbürgung von Krediten zur Deckung des Betriebsmittelbedarfs, vor allem in Verbindung mit Investitionen in Räumlichkeiten und Behandlungseinrichtungen
Konsolidierung	Verbürgung von Krediten zur Konsolidierung, insbesondere zur Umschuldung von kurzfristigen Verbindlichkeiten der Praxis; Voraussetzung ist in der Regel ein tragfähiges Gesamtkonsolidierungskonzept, an dem sich auch die Hausbank entsprechend beteiligt

Zuführung von haftendem Eigenkapital angewiesen, jedoch fehlt insbesondere wachsenden Praxiskooperationsformen oft ein Partner mit dem nötigen Kapital. Solches Eigenkapital kann in Form von öffentlich refinanzierten **Beteiligungen** über verschiedene Fonds in Form von offenen und stillen Beteiligungen oder durch Übernahme von Anteilen zur Verfügung gestellt werden. Die Höhe der Beteiligung kann Beträge bis hin zu mehreren Millionen umfassen, wobei die Konditionen in der Regel individuell abgestimmt werden. In Fällen, in denen auf öffentlich refinanzierte Beteiligungen zurückgegriffen wird, sind die Kosten – gemessen am sonstigen Preis für Eigenkapital – günstig. Häufig wird in diesem Marktsegment eine prozentuale Festvergütung für einen längeren Zeitraum festgelegt, zuzüglich einer gewinnabhängigen Komponente.

Es handelt sich dabei vorwiegend um stille Beteiligungen, bei denen die Fördereinrichtung stiller Gesellschafter bleibt und sich nicht am Management der Praxis beteiligt. Das Beteiligungskapital wird oft bereits in frühen Phasen der Praxisentwicklung zur Verfügung gestellt und dient dadurch der Mitfinanzierung von Investitionen und Betriebsmitteln insbesondere für innovative Vorhaben der Praxis. Überwiegend beteiligt sich die Fördereinrichtung in Zusammenarbeit mit einem weiteren kooperierenden Beteiligungsgeber wie beispielsweise einer Privatperson oder der Hausbank, dem zur Reduzierung seines Risikos auch eine zeitlich begrenzte Verkaufsoption eingeräumt werden kann. Dieser Investor prüft vor Übernahme der Beteiligung die Beteiligungsvoraussetzungen und leitet der Fördereinrichtung eine entsprechende Stellungnahme für die anstehende Beteiligungsentscheidung zu. Während der Beteiligungslaufzeit betreut der Investor die beteiligungsnehmende Zahnarztpraxis betriebswirtschaftlich und überwacht die ordnungsmäße Vorhabensdurchführung. Die Beteiligungshöhe der Fördereinrichtung orientiert sich in diesem Fall an der Mittelbereitstellung des Investors, wobei das Beteiligungskapital grundsätzlich in mehreren Tranchen entsprechend dem Fortschritt des innovativen Vorhabens der Praxis bereitgestellt wird. Die Laufzeit orientiert sich an der Beteiligungsdauer des kooperierenden Beteiligungsgebers. Neben einmaligen Bearbeitungsgebühren fallen in der Regel eine fixe, ergebnisunabhängige

Basisvergütung, eine den Verhältnissen der Zahnarztpraxis angepasste, laufende gewinnab-hängige Entgeltkomponente sowie am Beteiligungsende ein angemessenes Ausstiegsentgelt unter Berücksichtigung der wirtschaftlichen Entwicklung, die die Praxis während der Beteiligungslaufzeit genommen hat. Einzelheiten regelt ein abzuschließender Beteiligungs-vertrag. Ein Rechtsanspruch auf eine öffentliche Beteiligung besteht nicht.

Anträge für öffentliche Förderhilfen sind in der Regel vor Beginn des Vorhabens, d. h. insbesondere vor Eingehen des wesentlichen finanziellen Engagements wie z. B. dem Abschluss von Kaufverträgen zu stellen. Die öffentlichen Finanzierungshilfen werden übli-cherweise nicht in Konkurrenz zu den Geschäftsbanken, sondern unter deren maßgeblichen Mitwirkung gewährt. Nach diesem sogenannten **Hausbankprinzip** tritt der Kreditnehmer nur über seine frei gewählte Geschäftsbank mit der Fördereinrichtung in Verbindung. Die Hausbank ist das Kreditinstitut, bei dem die Zahnarztpraxis den größten Teil ihrer Bank-geschäfte abwickelt. Die darin zum Ausdruck kommende Bankloyalität der Praxisinhaber wird umgekehrt von der Hausbank gewöhnlich in der Weise honoriert, dass sie auch in Zeiten einer sich verschlechternden Bonität der Praxis ihr Kreditengagement beibehält bzw. auswei-tet. Die Hausbank trägt grundsätzlich auch das Kreditrisiko, soweit es ihr nicht durch eine öffentliche Bürgschaft teilweise abgenommen wird. Eine besondere Form dabei ist die Haftungsfreistellung. Hierbei handelt es sich um die gänzliche oder teilweise Befreiung der Hausbank von der Verpflichtung, für eine Schuld aufgrund eines Schuldverhältnisses einste-hen zu müssen (z. B. Zins- und Tilgungsforderungen im Rahmen von Darlehen).

Da die Förderinstitute nicht in direkte Konkurrenz zu den Geschäftsbanken treten, sind die Anträge hauptsächlich über die Hausbank der jeweiligen Zahnarztpraxis einzureichen (Abb. 2.5). Die direkte Antragstellung an das jeweilige Förderinstitut stellt eher die Aus-nahme dar.

2.2 Praxisinvestitionen

2.2.1 Betriebswirtschaftliche Aspekte von Praxisinvestitionen

Investitionen in die Praxisausstattung, in Praxisgebäude oder die Übernahme einer Praxis sind unter verschiedenen Aspekten zu beurteilen. Zum einen erfolgt die Auswahl beispiels-weise dentaltechnischer Ausstattung nach dem Stand der Technik und bestmöglichen Leistungseigenschaften. Die Praxisleitung wird versuchen das Equipment auszuwählen, welches ihre Behandlungsleistung bestmöglich unterstützt. Weiterhin sind in die Auswahl Marketingaspekte einzubeziehen, denn der Patient erwartet mit moderner, zuverlässiger zahnmedizinischer Technik behandelt zu werden und die übrige Praxisausstattung als zeit-gemäß und angenehm zu empfinden. Schließlich ist jede **Investition** auch unter betriebs-wirtschaftlichen Gesichtspunkten zu beurteilen, denn sie bedeutet die Bindung von Kapital, wirft unter Umständen Finanzierungsprobleme auf, erzeugt Folgekosten für Wartung und Instandhaltung und stellt, gerade bei aus Marketingüberlegungen verursachte Investitionen, mitunter nur langfristig erreichbare Vorteile in Aussicht.

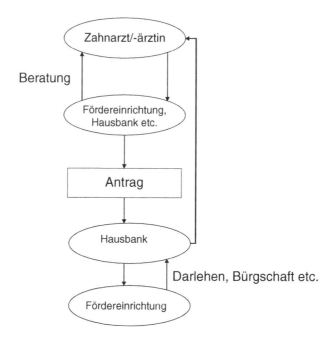

Abb. 2.5 Beantragung öffentlicher Förderhilfen

Insofern ist es wichtig im Rahmen von Finanzierungsfragen eine umfangreiche Investition neben der zahnmedizinischen Notwendigkeit insbesondere auch unter Berücksichtigung betriebswirtschaftlicher Aspekte zu prüfen.

„In weiten Bereichen sind die Existenzgründungskosten für Zahnärztinnen und Zahnärzte im Jahr 2011 deutlich gestiegen. Dies zeigt der aktuelle InvestMonitor Zahnarztpraxis des Instituts der Deutschen Zahnärzte (IDZ). Trotz hoher Investitionskosten wagen bundesweit weiterhin viele Zahnärzte den Schritt in die Selbständigkeit und gewährleisten so eine qualitativ hochwertige und flächendeckend wohnortnahe Versorgung.
   Ein zentrales Ergebnis des InvestMonitor Zahnarztpraxis ist, dass 2011 das durchschnittliche Finanzierungsvolumen einer Praxisneugründung in den alten Bundesländern mit 429.000 Euro auf einen neuen Höchstwert gestiegen ist. Im Vergleich zum Vorjahr bedeutet dies einen Anstieg von etwa sieben Prozent. Demgegenüber sanken die Kosten für die Übernahme einer westdeutschen Einzelpraxis leicht um drei Prozent auf 299.000 Euro. Zahnärzte in den neuen Bundesländern mussten für eine Übernahme 198.000 Euro investieren – und damit sieben Prozent mehr als im Vorjahr." (Kassenzahnärztliche Bundesvereinigung 2013, S. 1)

Je nach Zweck, Objekt oder Funktion der Praxisinvestition lassen sich die einzelnen Investitionsarten unterscheiden (Tab. 2.7).
   Bei einer Investition sind einerseits die ausgehenden Zahlungen zu berücksichtigen, wie die Anschaffungszahlung für den Kaufpreis eines dentaltechnischen Gerätes oder die Folgekosten für Wartung, Reparatur und Ersatzteile. Ihnen stehen tatsächlich oder fiktiv

Tab. 2.7 Investitionsarten in der Zahnarztpraxis

Investitionsart	Beispiele
Sachinvestitionen	Neue Behandlungseinrichtungen
Gründungs- oder Errichtungsinvestitionen	Praxisgründung
Ersatzinvestitionen	Erneuerung von Altgeräten
Erweiterungsinvestitionen	Zusätzliche Praxisräume
Rationalisierungsinvestitionen	Praxiscomputer, Energiespareinrichtungen
Immaterielle Investitionen	Werbung, Ausbildung

eingehende Zahlungen gegenüber, wie der Verwertungserlös aufgrund der Veräußerung des Gerätes am Ende seiner Nutzungsdauer oder Rechnungsstellungen gegenüber Krankenkassen und Patienten für die Nutzung des Gerätes im Rahmen der Behandlung. Die **Wertminderung**, der das Investitionsobjekt aufgrund seiner Alterung unterliegt, wird in Form der über die Nutzungsdauer verteilten Abschreibungen berücksichtigt. Sie muss durch die Einnahmen aus den damit erbrachten Behandlungsleistungen mindestens ausgeglichen werden, so dass am Ende der Nutzungsdauer eine Ersatzbeschaffung durchgeführt werden kann. Die **Abschreibungen** stellen gewinnmindernde Ausgaben dar und sind von den insgesamt erzielten Einnahmen abzuziehen, um den steuerpflichtigen Praxisgewinn zu ermitteln.

Als **Fehlinvestitionen** werden Investitionen bezeichnet, die aus verschiedenen Gründen nicht in den Praxisprozess einbezogen werden können, aber dennoch das Praxisergebnis negativ belasten. Den Gegensatz zur Investition stellt die Desinvestition dar. Darunter ist die Rückgewinnung und Freisetzung der in konkreten Vermögenswerten gebundenen finanziellen Mittel durch Verkauf, Liquidation oder Aufgabe zu verstehen.

Als Verfahren zur Beurteilung verschiedener Investitionsalternativen bieten sich die verschiedenen Arten der **Investitionsrechnung** an. Sie soll Aussagen über die Wirtschaftlichkeit einer Praxisinvestition oder mehrerer Investitionsalternativen liefern, die hinsichtlich der quantifizierbaren Faktoren eine Grundlage von Investitions- und Finanzierungsentscheidungen darstellen können. Ihr Einsatz kann als Planungsrechnung vor der Entscheidung und als Kontrollrechnung während und nach der Entscheidungsdurchführung erfolgen.

Bei der Investitionsrechnung handelt es sich überwiegend um finanzmathematische Verfahren. Ihnen ist gemein, dass qualitative Entscheidungsfaktoren nicht berücksichtigt werden und auch die zahnmedizinische Beurteilung von Investitionsalternativen bereits erfolgt ist. Sie haben zum Ziel jene Investitionsalternative rechnerisch zu ermitteln, die je nach Fragestellung etwa die geringsten Kosten verursacht, den größten Beitrag zum Praxisgewinn leistet oder die höchste Rentabilität erzielt. Je genauer sich die Ausgaben für die Investition und die Einnahmen aus der Nutzung des Investitionsgutes bestimmen lassen, desto wirklichkeitsnaher sind auch die Ergebnisse der Investitionsrechnung. Da es sich bezüglich einer geplanten Investition bei den voraussichtlichen Einnahme- bzw. Ausgabepositionen um zu schätzende Werte handelt, ist es zweckmäßig, pro Investitionsfall zumindest zwei Modellrechnungen durchzuführen, in denen jeweils minimale und maximale Annahmen für die zu berücksichtigen Werte Eingang finden.

Die Frage, ob Praxisinhaber als Investoren eine Investition und deren Nutzen von einem festen Zeitpunkt aus (statisch) oder beispielsweise über die gesamte Nutzungsdauer des Investitionsobjektes (dynamisch) betrachten, hängt von der persönlichen Zeitpräferenz ab. So kann die Wahl der Höhe eines Zinssatzes zum Ausdruck bringen, welche stärkere Bedeutung ein heutiger Zahlungseingang im Vergleich zu einem zukünftigen Zahlungseingang für die Praxisinhaber als Investoren hat. Beispielsweise kann man mit Hilfe der **Aufzinsung** errechnen, welchen Wert eine Kapitalanlage ohne Zinsausschüttung am Ende der Laufzeit bei einem angenommenen Zinssatz erreicht (Tab. 2.8).

Ebenso lässt sich durch **Abzinsung** ermitteln, welchen Betrag Praxisinhaber als Investoren heute aufwenden müssen, um bei Vorgabe von Zinssatz und Laufzeit einen bestimmten Betrag zu erzielen. In beiden Fällen wird deutlich, dass die Entscheidungsträger die jeweiligen Erwartungen unter Einhaltung dieser oder anderer von ihnen vorgegebenen Bedingungen präferieren können. Ihnen obliegt es selbst, die Dynamik von Veränderungen in ihr Kalkül einzubeziehen und ein jeweils geeignetes Verfahren anzuwenden.

Da bei einer Investitionsrechnung nur quantifizierbare Größen und Ereignisse für einzelne Investitionsvorhaben erfasst und sichere Erwartungen unterstellt werden, sollten Entscheidungen in Zusammenhang mit Praxisinvestitionen nie mit den dargestellten Rechenverfahren alleine getroffen und qualitative Argumente zusätzlich berücksichtigt werden. Zur Einbeziehung nicht quantifizierbarer Größen lassen sich Verfahren wie die Nutzwertanalyse anwenden, auf die an anderer Stelle noch ausführlicher eingegangen wird.

2.2.2 Investitionsrechnung für die Zahnarztpraxis

Die verschiedenen Arten der Investitionsrechnung haben je nachdem, ob sie nur eine Berechnungsperiode oder den gesamten Investitionszeitraum berücksichtigen statischen oder dynamischen Charakter. Entsprechend lassen sie sich einteilen in die Statische Investitionsrechnung und in die Dynamische Investitionsrechnung (vgl. Beschorner und Peemöller 2006, S. 353ff), wobei es auch einige Mischverfahren gibt (Tab. 2.9).

Die statischen Verfahren der Investitionsrechnung berücksichtigen nur eine Rechnungsperiode und gehen von durchschnittlichen Jahreswerten aus. Sie sind leicht und schnell anwendbar, weit verbreitet und werden häufig allerdings als Hilfsverfahren

Tab. 2.8 Aufzinsung und Abzinsung als Methoden des Ausdrucks persönlicher Zeitpräferenz

Methode	Formel	Ausgangsbetrag	Zinssatz	Laufzeit	Berechnung
Aufzinsung	$(1+i)^n$	100.000	6 %	5	$100.000 \times (1+0,06)^5 = 133.823$
Abzinsung	$1/(1+i)^n$	133.823	6 %	5	$133.823 \times [1/(1+0,06)^5] = 100.000$

bezeichnet, weil sie weder die Rendite der zu vergleichenden Anlagen noch zeitlich später liegende, die Investitionsentscheidung betreffende Ereignisse berücksichtigen, da nur auf die Anfangsinvestition abgestellt wird. Die wichtigsten Vorteile der statischen Investitionsrechnung liegen in ihrer Praktikabilität durch Einfachheit und rasche Anwendungsmöglichkeit. Als wesentlicher Nachteil kann die kurzfristige Betrachtung von einer

Tab. 2.9 Statische und dynamische Investitionsrechnung

Statische Verfahren	Kostenvergleichsrechnung	Bei verschiedenen Investitionsobjekten werden die mit der Erbringung der Behandlungsleistung anfallenden Kosten verglichen
	Gewinnvergleichsrechnung	Es werden die zurechenbaren Praxisgewinne (Einnahmen – Kosten) verglichen
	Rentabilitätsrechnung	Ermittlung und Gegenüberstellung der Rentabilität für verschiedene Investitionsobjekte: ⌀ erwarteter Praxisgewinn/⌀ Investiertes Kapital × 100
Dynamische Verfahren	Kapitalwertmethode	Sämtliche erwartete Gewinne werden über die Lebensdauer mit einem Zinsfuß (i) auf den Zeitpunkt unmittelbar vor der Investition abgezinst. Die Investition ist Vorteilhaft, wenn für den Kapitalwert gilt: $K0\,(z,i) = \Sigma\,[(\text{Einnahmen} - \text{Ausgaben})/(1+i)^t] + [\text{Restwert}/(1+i)^n] \geq 0$
	Interner Zinsfuß	Bei einem Kapitalwert = 0 wird die Verzinsung des angelegten Praxiskapitals ermittelt
	Annuitätenmethode	Es werden die durchschnittlichen jährlichen Einnahmen und Ausgaben unter Verwendung der Zinseszinsrechnung errechnet (Annuitäten). Vorteilhaft, wenn Einnahmeannuitäten > Ausgabeannuitäten
	Vermögensendwertverfahren	Aufzinsung sämtlicher Zahlungen auf das Ende des Planungszeitraumes; ansonsten analog Kapitalwertmethode
	Sollzinssatzverfahren	Aufzinsung sämtlicher Zahlungen auf den Finalwert; ansonsten analog Methode Interner Zinsfuß
Mischformen	Amortisationsrechnung	Als Kriterium dient die Zeitspanne, in der das investierte Praxiskapital wieder hereingewirtschaftet wird: Amortisationsdauer = Anschaffungswert/Reingewinn (+ Abschreibungen)
	MAPI-Verfahren	Rentabilitätsrechnung in Verbindung mit der Bestimmung des Zeitpunktes für Ersatzinvestitionen in der Praxis

Periode oder einem Durchschnittsjahr angesehen werden, bei der mengen-, kosten oder
preismäßige Veränderungen im Zeitablauf keine Berücksichtigung finden.

Bei der **Kostenvergleichsrechnung** wird ein Vergleich der in einer Periode anfallenden Kosten von Investitionsobjekten durchgeführt. Zu berücksichtigen sind dabei die
fixen Kosten, die variable Kosten und die Kapitalkosten der zu vergleichenden Investitionsobjekte. Die fixen Kosten sind unabhängig von den Behandlungsleistungen und
fallen auch an, wenn kein Patient behandelt wird. Die variablen Kosten entstehen in
Abhängigkeit von den Behandlungsleistungen und beispielsweise dem Einsatz des
Röntgengeräts, in das investiert werden soll. Die Kapitalkosten bestehen zum einen aus
den kalkulatorischen Abschreibungen, welche die gleichmäßige Verteilung der Anschaffungskosten auf die gesamte Nutzungsdauer sowie den Restwert des Investi-
tionsobjekts berücksichtigen, und den kalkulatorischen Zinsen, die entgehende Erträge
oder Kreditkosten darstellen, weil das entsprechende Kapital im Investitionsobjekt gebunden ist (Tab. 2.10).

Da die im Rahmen der GOZ zu erwartenden Einnahmen für die Vergütung der
Inanspruchnahme der jeweiligen Investitionsalternative in der Regel gleich sind,
reicht ein Vergleich der Gesamtkosten aus (vgl. 3 Goz). Ein Vergleich der Kosten je
Behandlungseinheit ist insbesondere dann anzustellen, wenn mit der jeweiligen
Alternative auch eine unterschiedliche Anzahl von zu erbringenden Behandlungsleistungen
verbunden ist. Die kritische Behandlungsmenge ist in dem Punkt erreicht, in dem die
Gesamtkosten beider Alternativen gleich hoch sind. Da die fixen Kosten bei zunehmender Behandlungsmenge im Vergleich zu den variablen Kosten an Bedeutung verlieren,
ist die Alternative günstiger, die bei einer zu erwartenden Auslastung über der kritischen

Tab. 2.10 Beispiel zur Kostenvergleichsrechnung

Investitionsalternativen Berechnung	Alternative 1	Alternative 2
Anschaffungskosten	100.000	150.000
Geplante Nutzungsdauer (Jahre)	10	10
Voraussichtl. Restwert	20.000	30.000
Marktzinssatz	5 %	5 %
Geplante Behandlungsfälle	2.000	2.000
Berechnung:		
Fixe Kosten	8.000	5.000
+ Variable Kosten (je Behandlungsfall: 10 bzw. 5)	20.000 ($10 \times 2.000 = 20.000$)	10.000 ($5 \times 2.000 = 10.000$)
+ Kalkulator. Abschreibungen (pro Jahr): (Anschaffungskosten – Restwert)/Nutzungsdauer	8.000	12.000
+ Kalkulator. Zinsen (pro Jahr): [(Anschaffungskosten + Restwert)/2] × Zinssatz/100	2.000	3.000
= Gesamtkosten	38.000	30.000
Kosten je Behandlungsfall	19	15

Behandlungsmenge den höheren Fixkostenanteil ausweist. Eine ähnliche kritische Menge lässt sich auch für die Beantwortung der Frage errechnen, ab wann die Weiterbetreibung eines Altgeräts und ab wann eine Ersatzinvestition günstiger wäre. Hierbei ist zum aufgezeigten Rechenweg zu berücksichtigen, dass für noch im Einsatz befindliche Altgeräte keine Abschreibungen mehr anfallen, sich bei der weiteren Nutzung der Restwerterlös verringert und wesentlich höhere Instandhaltungskosten entstehen können. Die Kostenvergleichsrechnung eignet sich in der Zahnarztpraxis somit insbesondere zur quantitativen Bewertung von Erweiterungs- und Ersatzinvestitionen. Da sie die Ertragsseite nicht berücksichtigt, bleiben Rentabilitätsaspekte und die Frage, ob die Investition überhaupt einen Beitrag zum Praxisgewinn leistet, außen vor.

Die kostengünstigste Investitionsalternative führt nicht immer auch zu einem höheren Praxisgewinn. Die **Gewinnvergleichsrechnung** hat daher zum Ziel, die bei den verschiedenen Investitionsalternativen zu erwartenden Jahresgewinne miteinander zu vergleichen, etwa im Fall von Ersatzinvestitionen den Vergleich des durchschnittlichen Jahresgewinns des alten Geräts mit dem durchschnittlichen geschätzten Jahresgewinn des neuen. Hierzu sind zunächst die gesamten Kosten entsprechend der Kostenvergleichsrechnung in durchschnittliche jährliche Kosten umzurechnen. Die Gewinngrenze gibt dann Auskunft darüber, ab welcher Zahl von Behandlungsfällen die Kosten gedeckt sind und die Gewinnzone erreicht wird ((Durchschnittliche Kosten je Periode/Einnahmen je Behandlungsfall) – variable Kosten je Behandlungsfall = Gewinngrenze). Es ist somit zu prüfen, ob die Praxisleitung diesen Wert als erreichbar betrachtet (Tab. 2.11).

Im Ergebnis ist die Investition zu wählen, die den höheren Gewinnbeitrag leistet. Die Gewinnvergleichsrechnung überprüft allerdings nicht, ob die Investition dennoch unterbleiben sollte, weil das dafür notwendige Kapital am Kapitalmarkt eine bessere Rendite erzielen würde.

Diese Frage kann die **Rentabilitätsrechnung** beantworten. Sie ist eine Weiterentwicklung der Gewinnvergleichsrechnung und insbesondere dann einsetzbar, wenn einzelne Investitionsalternativen einen unterschiedlichen Kapitalbedarf aufweisen oder nur begrenztes Kapital für die Investition zur Verfügung steht. Dieses Verfahren basiert auf der Idee, die Rentabilität verschiedener Investitionsalternativen zu vergleichen. Als Entscheidungskriterium für die Vorteilhaftigkeit eines Investitionsvorhabens wird die Rentabilität mit der von den investierenden Praxisinhabern

Tab. 2.11 Beispiel zur Gewinnvergleichsrechnung

Investitionsalternativen Berechnung	Alternative 1	Alternative 2
Geplante Behandlungsfälle	2.000	2.000
Einnahmen je Behandlungsfall	20	20
Berechnung:		
Gesamteinnahmen	40.000	40.000
- Gesamte Kosten	38.000	30.000
Gewinn	2.000	10.000

gewünschten Mindestrendite verglichen. Beim Vergleich mehrerer Investitionsobjekte wird das mit der höchsten Rentabilität ausgewählt. Im einfachsten Fall lässt sich die Rentabilität als durchschnittlicher Praxisgewinn einer Periode im Verhältnis zu dem durchschnittlich dafür eingesetzten Kapital ermitteln (Tab. 2.12): Rentabilität (in %) = ⌀ erwarteter Praxisgewinn × 100/⌀ investiertes Kapital.

Da auf Fremdkapital in der Regel Zinsen gezahlt werden und auf Investitionen durch Eigenkapital nicht, weisen diese immer eine höhere Rentabilität auf, weshalb fiktive Zinsen als kalkulatorische Kapitalkosten in Ansatz gebracht werden müssen. Der Ertrag, der über die Verzinsung des eingesetzten Kapitals hinausgeht, stellt dann die eigentliche Rendite dar. Der in Zusammenhang mit der Rentabilität oft genannte Return-on-Investment (ROI) stellt den Gewinn auf das eingesetzte Kapital dar.

Die dynamische Investitionsrechnung berücksichtigt den gesamten Zeitablauf einer Investition. Dies geschieht dadurch, dass die in den jeweiligen Perioden unterschiedlich anfallenden Einnahmen und Ausgaben in das Ergebnis eingehen. Die wichtigste aller Kennzahlen zur Beurteilung von Investitionen und Finanzierungsmaßnahmen ist der Kapitalwert. Zusammenfassend lässt sich festhalten, dass sich mit Hilfe der Verfahren der Dynamischen Investitionsrechnung realitätsnähere Ergebnisse erzielen lassen. Ihr wesentlicher Nachteil liegt jedoch darin, dass sie für die Beurteilung von Praxisinvestitionen rechnerisch weitaus aufwendiger sind, als die relativ schnell und einfach anzuwendenden Verfahren der Statischen Investitionsrechnung.

Die **Kapitalwertmethode** ermittelt diesen als Differenz zwischen dem jeweiligen Gegenwartswert (Barwert) aller Einnahmen und Ausgaben, wobei unter Barwert auf den Entscheidungszeitpunkt abgezinste Zahlungen zu verstehen sind. Ist der Barwert aller Einzahlungen größer als der aller Auszahlungen, so erscheint eine Investition vorteilhaft. Das gleiche gilt für Investitionsalternativen, die im Vergleich den höchsten Kapitalwert aufweisen. Dabei lässt sich auch ein eventuell zu erwartender Restwert durch Veräußerung am Ende der Nutzungsdauer berücksichtigen (Tab. 2.13).

Bei der Methode des Internen Zinsfußes werden zwei Zinssätze (Marktzins des Investors und interner Zins der Investition) miteinander verglichen. Der interne **Zinsfuß** (auch: interner Zinssatz, Effektivzins, Gesamtkapitalrentabilität) ist der Zinssatz, bei dessen Ansatz der Kapitalwert einer Investition oder Finanzierung gerade gleich Null wird bzw. bei dem Ausgabe- und Einnahmebarwert einer Investition oder Finanzierung genau übereinstimmen. Eine Investition gilt nach dieser Methode als lohnend, wenn sie bei

Tab. 2.12 Beispiel zur Rentabilitätsrechnung

Investitionsalternativen Berechnung	Alternative 1	Alternative 2
Gesamte Kosten	38.000	30.000
Gewinn	2.000	10.000
Rentabilität in %: ⌀ erwarteter Praxisgewinn × 100/⌀ investiertes Kapital	5,26	33

Tab. 2.13 Beispiel zur Kapitalwertmethode

Investitionsalternativen Berechnung	Alternative 1	Alternative 2
Investitionssumme	100.000	120.000
Nutzungsdauer	5 Jahre	6 Jahre
Marktzins	5 %	5 %
Erwarteter Restwert	0	20.000
Erwartete Einnahmen – Ausgaben:		
1. Jahr	30.000	25.000
2. Jahr	35.000	30.000
3. Jahr	40.000	35.000
4. Jahr	45.000	40.000
5. Jahr	50.000	45.000
6. Jahr	0	50.000
Restwert 6. Jahr	0	20.000

Kapitalwertberechnung:

	Abzinsung: $1/(1+i)^n$	Überschüsse Alternative 1	Barwerte Alternative 1	Überschüsse Alternative 2	Barwerte Alternative 2
1. Jahr	0,95	30.000	28.500	25.000	23.750
2. Jahr	0,91	35.000	31.850	30.000	27.300
3. Jahr	0,86	40.000	34.400	35.000	30.100
4. Jahr	0,82	45.000	36.900	40.000	32.800
5. Jahr	0,78	50.000	39.000	45.000	35.100
6. Jahr	0,75	0	0	50.000	37.500
Restwert 6. Jahr	0,75	0	0	20.000	15.000
Barwertesumme			170.650		201.550
- Investitionssumme			100.000		120.000
Kapitalwerte			70.650		81.550

gegebenem Kalkulationszinssatz eine Rendite erbringt, die mindestens so hoch ist wie der Kalkulationszinsfuß.

Die **Annuitätenmethode** baut auf der Kapitalwertmethode auf. In ihr werden Ein- und Auszahlungsbarwerte in gleiche Jahresbeträge (Annuitäten) umgerechnet. Lohnend ist eine Investition für die Zahnarztpraxis dann, wenn beim gegebenen Kalkulationszinsfuß ein durchschnittlicher jährlicher Überschuss entsteht, der größer oder gleich Null ist. Der durchschnittliche jährliche Überschuss ist die Differenz zwischen den durchschnittlichen jährlichen Einnahmen und Ausgaben.

Das **Vermögensendwertverfahren** ist eine Verfeinerung der Kapitalwert- und Annui-tätenmethode. Sein Ziel ist die Endwertmaximierung. Alle Zahlungen und damit der Vermögenswert werden auf das Ende des Investitionszeitraums bezogen. Dabei wird mit einem geteilten Zinssatz gerechnet: Ein Sollzinssatz, mit dem bereitgestelltes Fremdkapital zu verzinsen ist, und ein Habenzinssatz, zu dem Eigenmittel und Einnahmen-/Ausgabenüberschüsse angelegt werden können.

Das **Sollzinssatzverfahren** ist eine Verallgemeinerung der Methode des Internen Zinsfußes und hängt eng mit der Vermögensendwertmethode zusammen. Sie trifft eine Aussage über den Zinssatz, der bei gegebenem Habenzinssatz auf das Praxiskapital erzielt werden kann, das zu jedem Zeitpunkt während der Investitionsdauer noch gebunden ist.

Zu den **Mischformen** der Investitionsrechnung zählt die **Amortisationsrechnung**, die die zentrale Frage beantwortet, wie lange die Wiedergewinnung der Investitionssumme aus den Einnahmeüberschüssen der Investition dauert. Durch einen Vergleich der Soll-Amortisationsdauer mit der Ist-Amortisationsdauer kann die Vorteilhaftigkeit einer Investition bewertet werden. Die Ist-Amortisationsdauer ergibt sich, indem man die Investitionssumme durch die jährlich zu erwartenden Einnahmeüberschüsse dividiert: (Investitionssumme/(Einnahmen – Ausgaben)). Die Soll-Amortisationsdauer ergibt sich durch subjektive Schätzung der investierenden Praxisinhaber. Liegt die Ist- unter der Soll-Amortisationsdauer, erscheint die Investition vorteilhaft (Tab. 2.14).

Das **MAPI-Verfahren** ist nach der Einrichtung benannt, welches es entwickelt hat (MAPI = Machinery Allied Products Institute), und ist eine spezielle Form der Rentabilitätsrechnung mit statischen wie auch dynamischen Elementen. Es findet vor allem in Bezug auf Ersatzinvestitionen häufig Anwendung. Die grundlegende Idee ist, dass die Praxissituation nach der durchgeführten Investition mit der Praxissituation ohne Durchführung der Investition verglichen werden kann. Im Vordergrund steht dabei die Ermittlung einer sogenannten relativen Rentabilität, die zugleich ein Dringlichkeitsmaß für die Vornahme der Investition darstellt. Daher berücksichtigt das MAPI-Verfahren auch mehrere zusätzliche Einflussgrößen im Vergleich zur Gewinn- oder Rentabilitätsrechnung:

- Ertragssteuern (E),
- Netto-Investitionssumme (IS),
- laufender Praxisgewinn des Folgejahres (PG),
- vermiedener Kapitalverzehr des Folgejahres (VKV),
- entstehender Kapitalverzehr des Folgejahres (EKV).

Als Ergebniswert ergibt sich die Rentabilität nach Steuern in Prozent (Tab. 2.15).

Die Höhe des ermittelten MAPI-Wertes kann einen Anhaltspunkt darüber geben, wie dringlich oder vorteilhaft eine Praxisinvestition erscheint.

Tab. 2.14 Beispiel zur Amortisationsrechnung

Investitionssumme	100.000
Einnahmen – Ausgaben	20.000
Soll-Amortisationsdauer	6 Jahre
Berechnung:	
Investitionssumme/ (Einnahmen – Ausgaben)	100.000/20.000
Ist-Amortisationsdauer	5 Jahre

Tab. 2.15 Beispiel zum MAPI-Verfahren

IS: Anschaffungskosten – Kapitalfreisetzung	100.000
PG: Ertragssteigerung + Kostensenkung gegenüber dem Zustand ohne Investition	20.000
VKV: Restwert der alten Anlage – Restwert des Investitionsobjekts am Ende der Nutzungsdauer	5.000
E	8.000
EKV	2.000
MAPI-Rentabilität: [(PG+VKV-E-EKV)/IS]×100	15 %

2.2.3 Praxisbewertung

Eine besondere Form der Praxisinvestition stellt der Erwerb von Zahnarztpraxen oder Teilen davon dar. Da für eine Kaufpreisfindung der gegenwärtige und zukünftige Wert der Praxis beurteilt werden muss, reichen dazu die üblichen Verfahren der statischen und dynamischen Investitionsbewertung nicht aus. Der **Kaufpreis** einer Zahnarztpraxis oder Teilen davon wird zunächst durch folgende Größen wesentlich beeinflusst:

- Liquidationserlös: Fiktive Zerschlagung der Zahnarztpraxis mit anschließendem Vermögensverkauf,
- Wiederbeschaffungskosten: Fiktive Annahme der Neuausstattung mit Anlage- und Umlaufvermögen.

Ausgehend von diesen Werten, ist in der Regel auch der Wert der Zahnarztpraxis zu suchen. Da der Wert von Zahnarztpraxen im Vergleich zu produzierenden Unternehmen oder Dienstleistungsunternehmen jedoch Einflussspezifika wie Patientenzufriedenheit, Leistungsangebote, Behandlungskonzepte, Patientenstruktur etc. aufweist, ist ihr Wert zusätzlich insbesondere durch Preisbestandteile für die immateriellen Werte (auch „Goodwill" oder „ideeller Wert" genannt) bestimmt.

Vergleichbar mit Arztpraxen lassen sich als Näherungswert für die Bewertung einer Zahnarztpraxis ca. 40–60 % des gesamten Praxiswertes für den immateriellen Wert ansetzen. Diese Zahl stützt sich auf Analysen der Deutschen Apotheker- und Ärztebank die aufgrund von Modellrechnungen im Durchschnitt für eine Allgemeinmedizinische Praxis 2012/2013 folgende Substanzwerte bzw. Werte für den „Goodwill" ermittelt hat (Tab. 2.16):

Bei der Bewertung von Zahnarztpraxen ist die Berücksichtigung folgender **Grundsätze** zweckmäßig:

- Nachvollziehbarkeit der Bewertungsansätze: Die in der Bewertung der Zahnarztpraxis berücksichtigten Bewertungsansätze sollten für alle Beteiligten und einen sachverständigen Dritten nachvollziehbar sein.

Tab. 2.16 Investitionsvolumina (in Euro) bei ärztlichen Existenzgründungen. in Anlehnung an Deutsche Apotheker und Ärztebank 2014, S. 8ff.

Existenzgründungsart	Substanzwert	Ideeller Wert
Einzelpraxisübernahme	22.000	55.000
Beitritt in Berufsausübungsgemeinschaft (Erweiterung um einen Partner)	26.000	76.000
Einstieg in Berufsausübungsgemeinschaft (Übernahme der Anteile eines ausscheidenden Partners	20.000	75.000
Überführung Einzelpraxis in eine Berufsausübungsgemeinschaft (Gründung einer Berufsausübungsgemeinschaft durch bislang Angestellten und Arzt in Einzelpraxis)	28.000	56.000

- Infragestellung des Niederstwertprinzip: Die Verwendung des kaufmännischen Niederstwertprinzips berücksichtigt nicht immer den tatsächlichen Wert der Zahnarztpraxis und ist in der Regel nur für den Käufer vorteilhaft.
- Berücksichtigung von Vergangenheitsdaten: Bei jeder Bewertung der Zahnarztpraxis sind die Vergangenheitsdaten zu erfassen, auszuwerten und als Grundlage für Schätzungen zukünftiger Gewinn-, Umsatz- und Kostenentwicklungen zu berücksichtigen.
- Bewertung als Prognoserechnung: Die Bewertung der Zahnarztpraxis richtet sich nach zukünftigen Erwartungen und stellt daher eine Prognose dar.
- Angleichung der Bewertungsmethode: Die angewendete Bewertungsmethode ist an die individuelle Situation anzugleichen, da keine Methode alle möglichen Einzelfälle der Zahnarztpraxis sachgerecht erfasst.
- Zeitpunkt der Ermittlung: Eine stichtagsbezogene Bewertung muss auch die Ertragskraft der Zahnarztpraxis berücksichtigen und nicht nur eine Gegenüberstellung von Vermögenswerten und Verbindlichkeiten.

Die Hinweise der Bundesärztekammer (BÄK), die auch zur Bewertung von Zahnarztpraxen herangezogen werden können, gehen von dem Substanzwert zur Ermittlung des materiellen Praxiswerts aus und einer ertragswertorientierten Ermittlung des ideellen Werts (vgl. Bundesärztekammer 2008, S. A4 ff.).

Der **Substanzwert** hat als Grundlage das gesamte Betriebsinventar zum Marktwert, wobei die Behandlungseinrichtungen, zahnmedizinische Geräte und vorhandene Verbrauchsmaterialien hinsichtlich ihrer Funktionalität und ihres technischen Zustandes zu bewerten sind. Zu berücksichtigen sind dabei auch technische Neuerungen, amtliche Auflagen und die jeweilige Preisentwicklung.

Die ertragswertorientierte Ermittlung des ideellen Werts basiert auf der Annahme, dass der Wert der Zahnarztpraxis sich als Summe zukünftiger Erträge darstellt und sich hauptsächlich aus ihrer Eigenschaft ableiten lässt, Gewinne für ihren Eigentümer zu erwirtschaften. Als wesentliches Problem lässt sich dabei die Prognose zukünftiger Gewinne aus dem betriebsnotwendigen Vermögen und anhand von Vergangenheitswerten identifizieren (Tab. 2.17).

Tab. 2.17 Ermittlung des ideellen Praxiswerts in Anlehnung an die Hinweise zur Praxisbewertung der Bundesärztekammer 2008, S. A5f.

Ermittlung	Erläuterung
Übertragbarer Umsatz	Durchschnittlicher Jahresumsatz aus den letzten drei Kalenderjahren vor dem Kalenderjahr des Bewertungsfalles (Honorare aus vertragszahnärztlicher und privatzahnärztlicher Tätigkeit sowie sonstige Einnahmen aus zahnärztlicher Tätigkeit), bereinigt um Leistungen, die ausschließlich und individuell personengebunden dem Praxisinhaber zuzurechnen sind, sonstige Besonderheiten und vorhersehbare künftige Veränderungen
- Übertragbare Kosten	Durchschnittlichen Praxiskosten in den letzten drei Kalenderjahren vor dem Kalenderjahr des Bewertungsfalles, korrigiert um Kosten, die mit nicht übertragbaren Umsatzanteilen zusammenhängen, Abschreibungen und Finanzierungskosten sowie zukünftig entstehende Kosten
= Übertragbarer Gewinn	Übertragbarer Umsatz reduziert um die übertragbaren Kosten (Gewinn vor Steuer)
- Alternatives Zahnarztgehalt	Kalkulatorisch abzusetzen ist das Bruttogehalt aus einer fachzahnärztlichen Tätigkeit. Künftige tarifliche Anpassungen sind zu berücksichtigen
= Nachhaltig erzielbarer Gewinn	Übertragbarer Gewinn abzüglich des Zahnarztgehalts. Zusätzlicher Gewinn, den der Zahnarzt als Unternehmer in eigener Praxis gegenüber einer Tätigkeit als angestellter Zahnarzt erwirtschaften kann
x Prognosemultiplikator	Ergibt sich aus der Anzahl der Jahre, in denen von einer Patientenbindung durch die Tätigkeit des bisherigen Praxisinhabers ausgegangen werden kann. Er beträgt in der Regel für eine Einzelpraxis zwei Jahre. Erfahrungsgemäß endet die Patientenbindung zu dem Praxisinhaber mit dessen Ausscheiden wodurch sich der ideelle Wert in kurzer Zeit verflüchtigt
= Ideeller Wert	Weitere wertsteigernde oder –mindernde Faktoren: Lage der Praxis, Praxisstruktur, Zahnarztdichte, Qualitätsmanagement, regionale Honorarverteilungsregelungen etc.

Bei Berufsausübungsgemeinschaften können sich Besonderheiten aus der Anzahl der Gesellschafter im Hinblick auf die Berechnung des Zahnarztgehaltes und bei der Anwendung des Prognosemultiplikators ergeben.

2.3 Praxisliquidität

2.3.1 Liquiditätserfordernisse der Zahnarztpraxis

Können Zahlungsverpflichtungen nicht mehr uneingeschränkt und fälligkeitsgerecht aus Bargeldbeständen, Kontoguthaben oder nicht ausgeschöpften Kreditlinien erfüllt werden, gefährdet die mangelnde **Liquidität** die Existenz der Zahnarztpraxis und berührt dadurch auch den Zahnarzt oder die Zahnärztin als Praxisinhaber unmittelbar. In diesem Fall droht nach geltendem Wirtschaftsrecht die **Insolvenz** und damit ein gerichtliches Verfahren, das auf Antrag des Schuldners oder eines Gläubigers durch Eröffnungsbeschluss des zuständigen Amtsgerichts (Insolvenzgericht) eröffnet wird und durch Zwangsvollstreckung die gleiche und gleichmäßige Verteilung des Vermögens eines zahlungsunfähigen Schuldners unter die Gläubiger bezweckt, soweit nicht in einem Insolvenzplan eine abweichende Regelung, insbesondere zum Erhalt der Praxis (Sanierung), getroffen wird. Um eine Insolvenz zu vermeiden sind Praxiseinnahmen und –ausgaben im Rahmen einer Finanz- und Liquiditätsplanung für die Praxis abzustimmen, wobei nicht nur eine Übersicht über die Mittelab- und -zuflüsse zu erzielen, sondern auch die private Finanzsituation der Praxisinhaber zu berücksichtigen ist.

Die Liquiditätskrise einer Zahnarztpraxis durchläuft häufig typische Phasen (vgl. Fissenewert 2006, S. 16 f.):

- Normalphase: Es ist ausreichende Liquidität vorhanden; Umsätze und Aufwände stehen in einem betriebswirtschaftlich gesunden Verhältnis zueinander; Privatentnahmen erfolgen auf einem angemessenen Niveau. Die Schein- und Punktzahl pro Quartal wächst oder ist auf hohem Niveau stabil.
- Rückgangsphase: Die Liquidität ist nach wie vor ausreichend; die Umsätze übersteigen die Aufwände weiterhin; Privatentnahmen erfolgen unverändert; die Schein- und Punktzahl je Quartal ist rückläufig.
- Frühe Krisenphase: Die Liquidität ist gering, die Existenz aber nicht bedroht; gleichbleibenden oder gestiegenen Kosten stehen sinkende Umsätze gegenüber; der Zahnarzt hofft auf Besserung, nimmt aber keine Korrekturen vor.
- Mittlere Krisenphase: Es gibt einen deutlichen Liquiditätsengpass; die Entwicklung der Umsätze ist weiter rückläufig; statt gegenzusteuern wird defensiv gedacht und der Kreditrahmen erhöht.
- Späte Krisenphase: Der Handlungsspielraum wird immer geringer; die Liquidität kann nur durch Notmaßnahmen aufrechterhalten werden; das Ertragsverhältnis ist negativ, Kredite können immer weniger bedient werden; die Zinslast wird übermächtig und lässt den Liquiditätsengpass offensichtlich werden.
- Zusammenbruch, Insolvenz: Die Hausbank droht mit der Kündigung des Kontokorrents, der Praxisinhaber verliert jeglichen Entscheidungsspielraum, unter Umständen Totalverlust des Vermögens; ist die Praxis in der Rechtsform einer juristischen Person organisiert, tritt zum Eröffnungsgrund der Zahlungsunfähigkeit auch die Überschuldung hinzu.

Der jeweilige Bestand an Zahlungsmitteln zu jedem betrachteten Zeitpunkt gibt Aufschluss über die Liquiditätslage der Praxis. Die für jeden Tag vorhandene Liquidität lässt sich somit aus der Gegenüberstellung von Zahlungsfähigkeit und der an diesem Tag zu leistenden Ausgaben ermitteln. Die **Zahlungsfähigkeit** ist die zu einem bestimmten Zeitpunkt vorhandene Verfügungsmacht über Zahlungsmittel.

Der Bestand vorhandener Zahlungsmittel sowie Vermögensteile, die bei Bedarf in Zahlungsmittel umgewandelt werden können, werden auch als absolute Liquidität bezeichnet:

- Im Vermögen der Zahnarztpraxis befindliche Zahlungsmittel (Bargeld, Kontoguthaben etc.).
- Im Vermögen der Zahnarztpraxis befindliche Zahlungsersatzmittel (Schecks, Fremdwährungen etc.), soweit sie direkt in gesetzliche Zahlungsmittel umgewandelt werden können.
- Freie, disponible Kreditlinien, die die Praxisinhaber jederzeit in Anspruch nehmen können.

Je rascher ein Vermögensgegenstand in ein Zahlungsmittel umgewandelt werden kann, desto höher ist seine absolute Liquidität. So haben beispielsweise Bargeldbestände in der Praxiskasse eine höchste absolute Liquidität.

Die relative Liquidität bezeichnet das Verhältnis zwischen Zahlungsmitteln und Verbindlichkeiten. Man macht dabei folgende graduelle Unterschiede:

1. Liquiditätsgrad: Zahlungsmittelbestand/kurzfristige Verbindlichkeiten
2. Liquiditätsgrad: (Zahlungsmittelbestand + kurzfristige Forderungen)/kurzfristige Verbindlichkeiten.
3. Liquiditätsgrad: Umlaufvermögen/kurzfristige Verbindlichkeiten.

Unter **Verbindlichkeiten** sind dabei Schulden zu verstehen, die prinzipiell dem Grunde und der Höhe nach gewiss sind und kurzfristig (in wenigen Monaten) fällig werden. Zum **Umlaufvermögen** zählen alle Vermögensgegenstände (Wirtschaftsgüter) der Zahnarztpraxis, die dazu bestimmt sind, kurzfristig in die Behandlungstätigkeit einzugehen (bspw. zahnmedizinisches Verbrauchsmaterial) oder möglichst schnell wieder veräußert zu werden. Das Umlaufvermögen sollte sich mehrmals innerhalb einer Periode umschlagen.

Als weitere klassische Finanzierungsregel gelten, dass der 3. Liquiditätsgrad einen Wert von mindestens 2 aufweisen sollte und das bezüglich des 2. Liquiditätsgrads der Wert 1 eine kritische Zahl darstellt.

2.3.2 Finanz- und Liquiditätsplanung für die Zahnarztpraxis

Eine einmalige, statische Betrachtung der Liquidität reicht nicht aus, da sich der Zahlungsmittelbestand, die Forderungen und Verbindlichkeiten sowie das Umlaufvermögen der Praxis ständig ändern. Zur finanzwirtschaftlichen Steuerung der Praxis ist daher eine dynamische **Liquiditätsplanung** erforderlich, die es zumindest ermöglicht, die jeweilige Periodenliquidität planerisch zu ermitteln.

Hierzu ist es erforderlich, einen Liquiditäts- und Finanzplan zu erstellen, der pro Periode (für die Zahnarztpraxis zweckmäßigerweise monatlich) folgendes enthält:

- Anfangsbestand der Zahlungsmittel.
- Geplante Einnahmen (Einnahmen aus Privat- und Kassenliquidation, Zinseinnahmen, Restwerterlöse, Einnahmen aus sonstigen Tätigkeiten, aufgenommenes und ausgezahltes Fremdkapital, Anzahlungen von Patienten).
- Geplante Ausgaben (Steuern, Zinsleistungen, Tilgungen, Privatentnahmen, Auszahlungen für Material, Personal, Weiterbildung, Beiträge, Versicherungen, Miete etc.).
- Endbestand der Zahlungsmittel.

Um ein möglichst realistisches Bild der Finanzlage zu erhalten, sind die Einnahmen und Ausgaben grundsätzlich für die Perioden einzuplanen, in denen sie auch tatsächlich anfallen. Den Planwerten im Liquiditäts- und Finanzplan sind im Verlauf der Periode die Ist-Werte gegenüberzustellen, um Abweichungen zu erkennen und gegebenenfalls bei Liquiditätsengpässen frühzeitig entgegensteuern zu können. Andererseits gibt der Plan auch bei mehr als ausreichender Liquidität Hinweise darauf, in welchem Umfang finanzielle Mittel längerfristig angelegt werden können.

Da eine kurzfristige, monatliche Finanz- und Liquiditätsplanung den Handlungsspielraum einschränkt und beispielsweise auch das Zahlungsverhalten von Patienten und Kassen (Quartalsabrechnung) nur unzureichend berücksichtigt, sollte sie für mehrere Monate im Voraus erstellt werden und gegebenenfalls zusätzlich in eine Jahresplanung münden. Eine quartalsweise Fortschreibung der Monatsplanungen scheint für die Zahnarztpraxis besonders geeignet. Dazu ist zu Beginn eines jeden Monats der Liquiditätsplan für diesen und die zwei folgenden Monate aufzustellen. Mit Hilfe von Prognoseverfahren lassen sich nun aus Vergangenheitswerten die zukünftigen Einnahmen und Ausgaben ableiten. Hierbei bieten sich zunächst folgende einfache Verfahren an:

- Arithmetisches Mittel
- Gewichtetes arithmetisches Mittel
- Exponentielle Glättung

Zur Bildung des arithmetischen Mittels (auch: gleitender Mittelwert) werden die Einnahmen und Ausgabenwerte aus den vergangenen Perioden addiert und durch die Anzahl der berücksichtigten Perioden dividiert. Als Ergebnis erhält man eine Durchschnittsgröße, die als Prognosewert für die zu planende Periode herangezogen werden kann (Tab. 2.18). Folgende Größen gehen in die Berechnung ein:

- V = Vorhersagewert für die nächste Periode
- T_i = Wert der Periode i
- n = Anzahl der berücksichtigten Perioden

Dieses Verfahren stützt sich zwar auf die Erfahrungswerte eines beliebig langen Zeitraums, nämlich der n Perioden (im Beispiel 6 Monate). Jede Periode geht jedoch mit demselben Gewicht (1/6) in die Berechnung für die Zahnarztpraxis ein. Dadurch nimmt die Bedeutung

Tab. 2.18 Praxis-Einnahmen-/Ausgabenprognose mit Hilfe des arithmetischen Mittels

Periode	Praxiseinnahmen	Praxisausgaben
März	38.000	20.000
April	38.500	21.000
Mai	39.000	21.500
Juni	40.000	22.000
Juli	41.500	23.000
August	41.000	22.500
Berechnung:		
V = (T1 + T2 + … + Tn)/n	238.000/6	130.000/6
Prognosewert September	39.667	21.667

jüngere Erfahrungswerte bei wachsendem n ab und die Einnahmen-/Ausgabenentwicklung über einzelne Perioden hinweg wird nicht berücksichtigt.

Dieses Problem kann durch die Einführung von geeigneten Gewichten für die einzelnen Perioden gemildert werden.

Das gewichtete arithmetische Mittel (auch: gewogener gleitender Mittelwert) versucht durch die Gewichtung die besondere Bedeutung und Aktualität einzelner Praxiseinnahmen- und -ausgabenwerte zum Ausdruck zu bringen. Neuere Werte können dadurch in der Prognose stärker zum Ausdruck gebracht werden als ältere. Zusätzlich geht somit Gi als Gewicht der Periode i in die Berechnung ein (Tab. 2.19):

Bei dem gewichteten arithmetischen Mittel bleibt die Festlegung der Anzahl der Perioden und ihrer Gewichtung jedoch subjektiv. Dem Zahnarzt oder der Zahnärztin bleibt es also überlassen, welcher Einnahmen- bzw. Ausgabenzeitraum und dessen Werte mit welchem Gewicht in die Prognose einfließen sollen. Diese Nachteile können zumindest teilweise durch den Einsatz der Exponentiellen Glättung gemildert werden.

Bei der Exponentiellen Glättung geht die Anzahl der Perioden nicht direkt in die Ermittlung des Prognosewertes ein, sondern nur indirekt über einen Glättungsfaktor. Er gewichtet die Differenz zwischen dem letzten Prognosewert und dem tatsächlich in der letzten Periode erzielten Wert. Dieser gewichtete „Prognosefehler" wird zu dem letzten Vorhersagewert addiert, um auf diese Weise zu einem genaueren neuen Prognosewert zu gelangen. In die Berechnung gehen somit ein (Tab. 2.20):

- Vn = Vorhersagewert neu
- Va = Vorhersagewert alt
- Ti = Tatsächlicher Wert der letzten Periode
- α = Glättungsfaktor

Bei $\alpha = 0$ wird der Prognosefehler und der tatsächliche Wert der letzten Periode überhaupt nicht berücksichtigt. Der neue Vorhersagewert entspricht dann dem alten. Bei $\alpha = 1$ entspricht der gesuchte Prognosewert dem tatsächlichen Wert der letzten Periode und der

Tab. 2.19 Praxis-Einnahmen-/Ausgabenprognose mit Hilfe des gewichteten arithmetischen Mittels

Periode	Gewicht	Praxiseinnahmen	Gewichtete Praxiseinnahmen	Praxisausgaben	Gewichtete Praxisausgaben
März	1	38.000	38.000	20.000	20.000
April	2	38.500	77.000	21.000	42.000
Mai	4	39.000	156.000	21.500	86.000
Juni	6	40.000	240.000	22.000	132.000
Juli	8	41.500	332.000	23.000	184.000
August	10	41.000	410.000	22.500	225.000
Berechnung:					
$V = (T1 G1 + T2 G2 + \ldots + Tn Gn)/(G1 + G2 + \ldots Gn)$		1.253.000/31		689.000/31	
Prognosewert September		40.419		22.226	

Tab. 2.20 Praxis-Einnahmen-/Ausgabenprognose mit Hilfe der exponentiellen Glättung

	Praxiseinnahmen	Praxisausgaben
Vorhersagewert August	39.000	21.000
Tatsächlicher Wert August	41.000	22.500
Berechnung:		
$Vn = Va + \alpha \times (Ti - Va)$ $\alpha = 0,2$	39.000 + 0,3 × (41.000−39.000)	21.000 + 0,3 × (22.500−21.000)
Prognosewert September	40.200	21.450

Prognosefehler wird voll in die neue Vorhersage übernommen. In der praktischen Anwendung wird daher mit einem α zwischen 0,1 und 0,5 gearbeitet.

Die aufgezeigten Prognoseverfahren eignen sich selbstverständlich auch für die Prognostizierung von Werten in der Investitionsrechnung, Kostenrechnung und anderen Einsatzgebieten der Zahnarztpraxis. Im Rahmen der Liquiditäts- und Finanzplanung gewinnen sie aufgrund ihres Beitrags zu möglichst genauen Vorhersagewerten jedoch an Bedeutung.

Um zusätzliche Planungssicherheit zu erzielen, lassen sich Vergleichspläne entwickeln, die einerseits von einer zuversichtlichen Einschätzung der Planwerte ausgehen und andererseits eher pessimistische Annahmen zugrunde legen. Auch lassen sich Sicherheitszuschläge als prozentuale Aufschläge auf die prognostizierten Werte einbeziehen. Die Bildung von echten Liquiditätsreserven richtet sich nach der Höhe eines möglichen Fehlbetrags und nach der Höhe des Risikos unvorhergesehener Ausgaben. Dabei ist allerdings zu vermeiden, dass es zu einer überaus hohen Liquidität kommt. Ziel ist vielmehr eine ausreichende Zahlungsfähigkeit der Zahnarztpraxis, die Rentabilität und Sicherheit in Einklang bringt und zu möglichst minimalen Kosten erreicht wird.

2.3.3   Verbesserung der Praxisliquidität

Zu einer wirksamen Liquiditätsverbesserung von Zahnarztpraxen trägt beispielsweise die Einschaltung von Abrechnungsfirmen bei, an die die Forderungen abgetreten werden. Bei dem auch **Factoring** genannten Verfahren handelt es sich um den laufenden Ankauf von Geldforderungen gegen einen Drittschuldner aus Leistungen der Zahnarztpraxis durch ein Finanzierungsinstitut (Factor). Das Factoringinstitut stellt der verkaufenden Praxis sofort Liquidität zur Verfügung und übernimmt das Ausfallrisiko. Allerdings liegen die Kosten für Sollzinsen und Factoringgebühren weit über denen eines vergleichbaren Kredits.

Das **Zahlungsverhalten** der Patienten bietet einen weiteren Ansatzpunkt die Liquidität der Zahnarztpraxis zu erhöhen. Hierzu sind die Außenstände zu überwachen, eindeutige Zahlungsfristen zu definieren und Mahnungen bei Fristenüberschreitung auszustellen. Weitere Möglichkeiten sind die ausschließliche Behandlung säumiger Patienten gegen Barzahlung und die sofortige Begleichung von Kleinbeträgen. Auch lassen sich bei umfangreicheren, langwierigen Behandlungsmaßnahmen Zwischenrechnungen stellen.

In den **Lagerbeständen** für zahnmedizinisches Verbrauchsmaterial und sonstigen Materialien ist Kapital gebunden. Durch eine Reduzierung der Lagerhaltung lassen sich die Lagerkosten senken und Kapital in Form von liquiden Mitteln freisetzen. Hierzu ist der tatsächliche Materialbedarf möglichst genau zu bestimmen und das Anlegen von „Hamstervorräten" zu vermeiden.

Das private Entnahmeverhalten der Praxisinhaber ist ein weiterer Ansatzpunkt, um die gesamte Liquidität zu verbessern. Zu hohe **Privatentnahmen** aus der Praxis, zu geringes Eigenkapital bei Investitionen und langfristige, hohe monatliche Belastungen wirken sich aufgrund der engen Bindung der Inhaber an ihre Praxis auch indirekt auf deren Liquidität aus. Die Versuchung, private Liquiditätsprobleme auf die Praxis abzuwälzen, stellt dauerhaft eine latente Gefahr dar.

Ein aktives Working Capital Management (WCM), das im Wesentlichen aus einer intelligenten Optimierung der Kapitalbindung in Beständen, Forderungen, Verbindlichkeiten und liquiden Mitteln besteht, setzt systematisch Liquidität frei und verbessert die Bilanzstruktur. Das Working Capital berechnet sich aus der Differenz zwischen Umlaufvermögen und kurzfristigen Verbindlichkeiten. Ziel ist es, eine Beschleunigung des Kapitalzuflusses und eine Verlangsamung des Kapitalabflusses sowie die Optimierung des Cashflows zu erreichen, indem die Prozesse so gestaltet werden, dass wenig Kapital im Umlaufvermögen gebunden ist und dieses vorhandene Kapital möglichst effizient eingesetzt werden kann. Mit der freigesetzten Liquidität kann eine Rückführung der Verschuldung erfolgen und dadurch eine Erhöhung der Eigenkapitalquote und Optimierung der Bilanzstruktur erzielt werden. Geeignete Instrumente zur Umsetzung eines WCM für die Zahnarztpraxis sind ein aktives Management von Forderungen, Verbindlichkeiten und Beständen der Praxis (vgl. Hanneken und Perner 2009, S. 540ff):

- Forderungsmanagement: Zügiger Ausgleich der Rechnungen durch die Kostenträger oder Privatpatienten; zu berücksichtigen sind alle Forderungen und sonstigen Vermögensgegenstände mit einer Restlaufzeit bis zu einem Jahr sowie die Wertpapiere des Umlaufvermögens; Vermeidung von Mängeln bei den Zahlungszielen sowie dem Inkasso; Verringerung des Zeitraums zwischen Fakturierung und Geldeingang; Prüfung der Berechnung von Verzugszinsen gegenüber den Kostenträgern oder Privatpatienten.

- Verbindlichkeitenmanagement: Zielgerichteter Ausgleich von Verbindlichkeiten gegenüber Lieferanten von medizinischem Verbrauchsmaterial oder medizin-technischen Geräten; Verhandlungen mit Lieferanten hinsichtlich der Verlängerung von Zahlungszielen, Vereinbarung oder Erhöhung von Skonti.
- Bestandsmanagement: Zu hohe Materialbestände in der Zahnarztpraxis binden Kapital, das für mögliche Investitionen fehlt; der Praxis wird dadurch Liquidität entzogen; Einsparungen und Hebung von Liquiditätsreserven durch Abbau von Überbeständen, Aufdeckung möglicher Versorgungsengpässe sowie nachhaltige Planung, Steuerung und Kontrolle der Bestände; Optimierung des Bestandsniveaus, Reduktion der Lagerhaltungskosten, Verbesserung der Lieferzeiten bspw. von Verbrauchsmaterialien für Behandlung und Prophylaxe.

Zusammenfassung Kapitel 2

Praxisinvestitionen und -finanzierungen sind Themen, mit denen jede Zahnarztpraxis im Laufe ihrer Existenz konfrontiert wird. So ist von Zeit zu Zeit in die Erneuerung von Praxisräumen zu investieren, die Behandlungseinrichtungen sind zu modernisieren oder die zahnärztliche Niederlassung ist finanziell zu stemmen. Gerade bei der Inanspruchnahme von Fremdkapital kann aufgrund mangelhafter Gestaltung der Finanzierung dabei viel Geld verloren gehen. Investitionsalternativen werden häufig auch unzureichend bewertet, so dass Eigen- oder Fremdkapital unvorteilhaft investiert wird. Auch ist das Thema Liquidität nicht zu unterschätzen, denn bei Finanzierungsengpässen und drohender Zahlungsunfähigkeit steht rasch die wirtschaftliche Existenz auf dem Spiel. Das Kapitel zeigt Verfahren zur Bewertung von Investitionsalternativen auf, weist auf einzelne Finanzierungsmöglichkeiten und deren Gestaltungsaspekte hin und stellt wichtige Methoden zum Liquiditätsmanagement dar. Anhand von Rechenbeispielen wird die Funkt-ionsweise verschiedener Methoden erläutert.

Literatur

Beschorner, D., & Peemöller, H. (2006). *Allgemeine Betriebswirtschaftslehre – Grundlagen und Konzepte*. Herne: NWB-Verlag.

Bundesärztekammer (Hrsg.) (2008). Hinweise zur Bewertung von Arztpraxen. In *Deutsches Ärzteblatt* , *105*(51–52), A 4–A 6. Köln: Deutscher Ärzte Verlag.

Clade, H. (2012). Praxisfinanzierung – Praktische Alternativen bei der Existenzgründung. In *Deutsches Ärzteblatt*, *109*(3), 14–16. Köln: Deutscher Ärzte Verlag.

Deutsche Apotheker- und Ärztebank, Zentralinstitut für die Kassenärztliche Versorgung in der Bundesrepublik Deutschland – ZI (Hrsg.) (2014). Existenzgründungsanalyse von Ärzten 2013. Düsseldorf.

Fissenewert, P. (2006). Die Arztpraxis in der Insolvenz: Nicht zwangsläufig das Ende. In *Deutsches Ärzteblatt*, *103*(2), 16–20. Köln: Deutscher Ärzte Verlag.

Frodl, A. (2012). *Finanzierung und Investitionen im Gesundheitsbetrieb*. Wiesbaden: Gabler-Verlag.

Gebührenordnung für Zahnärzte (GOZ) vom 22. Oktober 1987 (BGBl. I S. 2316), zuletzt durch Artikel 1 der Verordnung vom 5. Dezember 2011 (BGBl. I S. 2661) geändert.

Hanneken, A., & Perner, P. (2009). Working Capital Management –schlummerndes Kapital wecken, In *das Krankenhaus.* , *101*(6)*,* 540–542. Stuttgart: Kohlhammer-Verlag.

Kassenzahnärztliche Bundesvereinigung (Hrsg.) (2013). Gründung von Zahnarztpraxen teuer wie nie zuvor. Presseinformation vom 14.01.2013. Berlin.

Kreditanstalt für Wiederaufbau – KfW (Hrsg.) (2014). Merkblatt innovative Unternehmen stärken – KfW-Unternehmerkredit Plus. Stand: 12/2014. Frankfurt a. M.

Praxismarketing

3

3.1 Grundlagen des Praxismarketings

3.1.1 Zahnarztpraxis und Werbung

Das **Marketing** in einer Zahnarztpraxis ist immer eine Gratwanderung zwischen einer aussagekräftigen Außendarstellung, drohenden Wettbewerbsprozessen oder berufsgerichtlicher Verfahren im Fall der Überschreitung rechtlich zulässiger Grenzen. Zahlreiche Einzelfallentscheidungen von Zahnärztekammern, Berufsverbänden, Standesorganisationen und Gerichten zu einzelnen Werbemedien und deren Inhalten verstärken die Unsicherheit. Abhängig von der Anzahl und der Schwere der Verstöße sehen die möglichen Sanktionen Abmahnungen, Geldbußen oder gar den Entzug der Approbation vor. Da die Grenzen zwischen zulässiger und berufswidriger Werbung fließend sind, ist im Einzelfall oft eine rechtliche Prüfung notwendig.

Während Marketingaktivitäten durch Werbeverbote und Standesregelungen in der Vergangenheit weitestgehend unmöglich waren, hat hier mittlerweile eine deutliche Liberalisierung stattgefunden. Doch gilt immer noch, dass die Werbung für eine Zahnarztpraxis grundsätzlich nicht

- anpreisend,
- irreführend,
- unsachlich oder
- vergleichend sein darf.

Das Leistungsangebot kann unter Beachtung des Berufsrechts und des Heilmittelwerbegesetzes (HWG) umfassend dargestellt werden. Sinnvolle, sachlich gehaltene Öffentlichkeitsarbeit ist durchaus erlaubt, unangemessene, marktschreierische Werbung hingegen

© Springer Fachmedien Wiesbaden GmbH 2016
A. Frodl, Praxisführung für Zahnärzte,
DOI 10.1007/978-3-658-11060-4_3

ist zu vermeiden. Bei der Umsetzung der Marketingaktivitäten durch die Zahnarztpraxis sollte stets der zu kommunizierende Nutzen für den Patienten im Vordergrund stehen. Die ihm angebotenen Informationen sollten eine Entscheidungshilfe für ihn darstellen und ihn in die Lage versetzen, eine angebotene Behandlungs- oder Pflegeleistung adäquat zu bewerten.

Nach § 1 findet das HWG Anwendung auf die Werbung für Arzneimittel, Medizinprodukte, andere Mittel, Verfahren, Behandlungen und Gegenstände, soweit sich die Werbeaussage auf die Erkennung, Beseitigung oder Linderung von Krankheiten, Leiden, Körperschäden oder krankhaften Beschwerden bei Mensch oder Tier bezieht, sowie operative plastisch-chirurgische Eingriffe, soweit sich die Werbeaussage auf die Veränderung des menschlichen Körpers ohne medizinische Notwendigkeit bezieht (vgl. § HWG).

Daneben setzen auch die Wettbewerbsvorschriften des Gesetzes gegen den unlauteren Wettbewerb (UWG) der Werbung durch die Zahnarztpraxis Grenzen. Dessen Regelungen sind weniger eindeutig als die des HWG und behandeln in Generalklauseln das Verbot der unlauteren und irreführenden Werbung durch die Zahnarztpraxis, sowie Handlungen zu Zwecken des Wettbewerbs, die gegen die guten Sitten verstoßen. Somit sind der Zahnarztpraxis alle werbenden Angaben verboten, die geeignet sind, die Öffentlichkeit über das Leistungsangebot irrezuführen. Die eigentliche Bedeutung des UWG liegt eher darin, dass konkurrierende Zahnarztpraxen, zahnmedizinische Verbände oder zahnärztliche Berufskammern die Möglichkeit erhalten, sich gegen eine vermeintlich wettbewerbsverzerrende Öffentlichkeitsarbeit einer Praxis durch Unterlassung oder Schadensersatzanspruch zu wehren (vgl. § 3 UWG).

Das Marketing der Zahnarztpraxis wird auch durch das ärztliche **Standesrecht** konkretisiert. Weil sie als juristische Person nicht unmittelbar Adressat der standesrechtlichen Werbebeschränkungen ist, unterliegt sie zwar nicht selbst den standesrechtlichen Werbebeschränkungen der Berufsordnungen, sondern der Zahnarzt oder die Zahnärztin als Praxisinhaber. Allerdings ist die Zahnarztpraxis über die ihren Mitarbeitern gegenüber obliegende Fürsorgepflicht mittelbar an das Standesrecht gebunden, so dass es ihr aufgrund der Nebenpflicht aus den Arbeitsverträgen verboten ist, aufgrund von Marketingmaßnahmen Konflikte der Mitarbeiter mit dem zahnärztlichen Berufsrecht hervorzurufen. An sich unbedenkliche Marketingmaßnahmen haben demnach zu unterbleiben, wenn sie standes- und berufsrechtliche Belange der Mitarbeiter berühren.

Als zulässige sachliche Informationen werden nach Angaben der Zahnärztekammer Berlin beispielsweise Angaben angesehen, über

- Namen,
- Werdegang und Qualifikationen der Praxisinhaber und des -personals,
- Sprechzeiten,
- Kontaktdaten,
- Fremdsprachenkenntnisse,
- Behandlungsspektrum etc.,

- Doktorgrade, Fachzahnarztbezeichnungen und Tätigkeitsschwerpunkte (max. drei), wenn entsprechende Nachweise bei der Zahnärztekammer eingereicht wurden.

„Solange die Werbung inhaltlich sachliche Informationen enthält, sind grundsätzlich fast alle denkbaren Werbemedien zulässig, so z. B. Zeitungsanzeigen, Internetseiten, Branchenbucheinträge, Postwurfsendungen, Flyer, Visitenkarten und Aufkleber auf Autos. Wettbewerbsrechtlich untersagt ist hingegen die Werbung per Telefon, Telefax, E-Mail und SMS, wenn nicht eine ausdrückliche vorherige Zustimmung vorliegt." (Zahnärztekammer Berlin 2015, S. 1)

Nach § 21 der Musterberufsordnung der Bundeszahnärztekammer über erlaubte Information und berufswidrige Werbung sind „…dem Zahnarzt sachangemessene Informationen über seine Berufstätigkeit gestattet. Berufsrechtswidrige Werbung ist dem Zahnarzt untersagt. Berufsrechtswidrig ist insbesondere eine anpreisende, irreführende, herabsetzende oder vergleichende Werbung. Der Zahnarzt darf eine berufsrechtswidrige Werbung durch Dritte weder veranlassen noch dulden und hat dem entgegen zu wirken. Der Zahnarzt darf auf besondere, personenbezogene Kenntnisse und Fertigkeiten in der Zahn-, Mund- und Kieferheilkunde hinweisen. Hinweise nach Satz 1 sind unzulässig, soweit sie die Gefahr einer Verwechslung mit Fachgebietsbezeichnungen begründen oder sonst irreführend sind. Der Zahnarzt, der eine nicht nur vorübergehende belegzahnärztliche oder konsiliarische Tätigkeit ausübt, darf auf diese Tätigkeit hinweisen. Es ist dem Zahnarzt untersagt, seine zahnärztliche Berufsbezeichnung für gewerbliche Zwecke zu verwenden oder ihre Verwendung für gewerbliche Zwecke zu gestatten. Eine Einzelpraxis sowie eine Berufsausübungsgemeinschaft darf nicht als Akademie, Institut, Poliklinik, Ärztehaus oder als ein Unternehmen mit Bezug zu einem gewerblichen Betrieb bezeichnet werden."

3.1.2 Begriff und Ablauf des Praxismarketings

Durch das **Marketing**, der marktbezogenen Führung einer Zahnarztpraxis, besteht die Möglichkeit, die Bedürfnisse der Patienten besser verstehen zu lernen, um hierauf aufbauend bessere Behandlungs-, Therapie- und Beratungsleistungen entwickeln zu können und damit eine höhere Patientenzufriedenheit zu erzielen. Auch können erfolgreichere Entscheidungen bezüglich der Kommunikation mit den Patienten, der Art und Weise der Leistungserbringung sowie der Preisgestaltung getroffen werden (vgl. Frodl 2011, S. 23 ff.).

Ursprünglich verstand man unter Marketing nichts anderes als die Vermarktung von Gütern und Dienstleistungen, für die, wie in früheren Zeiten auch bei zahnmedizinischen Leistungen, ausreichende Nachfrage bestand. Zunächst konnte man sich im Wesentlichen auf die Organisation der Verteilung der Güter und Dienstleistungen beschränken, bzw. die Patienten auf die Praxisöffnungszeiten oder vorhandene Behandlungskapazitäten verteilen.

Marketing wird heute als Ausdruck eines marktorientierten unternehmerischen Denkstils verstanden und stellt eine eigene wirtschaftswissenschaftliche Disziplin dar, in der Teile der Betriebswirtschaftslehre, der Volkswirtschaftslehre, Soziologie, Psychologie und der Verhaltenswissenschaft zusammengefasst werden.

Das Praxismarketing beschreibt eine Grundhaltung, die sich mit einer konsequenten Ausrichtung aller Aktivitäten der Zahnarztpraxis an den Erfordernissen und Bedürfnissen der Patienten umschreiben lässt. Durch das Praxismarketing wird eine systematische Beeinflussung und Gestaltung des Marktes der Patienten, die als potenzielle Zielgruppe für die Zahnarztpraxis in Frage kommen, unter Mithilfe der Praxismarketinginstrumente und deren kombinierten Einsatz versucht. Praxismarketing ist somit ein Mittel zur Schaffung von Präferenzen bei den Patienten und damit der Erringung von Wettbewerbsvorteilen gegenüber konkurrierenden Praxen durch gezielte Maßnahmen. Dazu kann das Marketing aus der Konsumgüterindustrie nicht ohne weiteres direkt angewandt werden. Vielmehr sind aufgrund der besonderen Rolle der Zahnärztinnen und Zahnärzte, ihrem ethischen Selbstverständnis sowie ihrer Einbindung in das Gesundheitswesen eine Überarbeitung des hauptsächlich kommerziell orientierten Marketingansatzes und die Übernahme von Ansätzen aus dem Non-profit-Bereich notwendig.

> „Am Anfang jeder Existenzgründung steht die Frage nach einem geeigneten Unternehmenskonzept. Gerade junge Zahnarzt-Unternehmer investieren hierbei häufig viel Zeit und Energie in die Wahl der fachlichen Spezialisierung oder in die Suche nach geeigneten Räumlichkeiten und Mitarbeitern. Viele sehen Marketing in dieser Planungsphase als verzichtbaren Luxus an. Das ist fatal. Denn ein durchdachtes Marketingkonzept ist weitaus mehr als „bunte Bildchen“." (Schlüter 2013, S. 1).

Praxismarketing ist somit keine weitere Funktion innerhalb der Praxis, wie etwa das Abrechnungswesen, die Dental-Prophylaxe oder die Eigenlaborarbeiten, sondern vielmehr eine Praxisphilosophie: Ein aktiver Prozess, bei dem sich die Praxis schnell ändernden Bedingungen anpassen und sowohl ideenreich als auch bisweilen aggressiv reagieren muss, um die gesetzten Praxisziele, wie Praxisgewinn, Fall- und Umsatzzahlen sowie eine möglichst hohe Arbeitszufriedenheit der Praxisangehörigen zu erreichen. Es genügt dabei nicht ein wenig Werbung für die Praxis zu betreiben und mit den Patienten etwas freundlicher umzugehen. Marketing ist vielmehr eine Denk- und Handlungsweise in der Zahnarztpraxis, die konsequent geplant, durchgeführt und von allen Praxisangehörigen mit Leben erfüllt werden muss. Es trägt zugleich im Sinne eines strategischen Managementansatzes dazu bei, die zunehmend schwierigen Herausforderungen des Gesundheitsmarktes zu bewältigen. Dazu müssen sich alle Entscheidungen in der Praxis am Markt orientieren.

Unter **Marktorientierung** ist in Bezug auf die Zahnarztpraxis zu verstehen, dass bedürfnisgerechte Behandlungs- und Patientenserviceleistungen entwickelt und angeboten werden. Das bedeutet nicht etwa, nur den zahnmedizinischen Gesundheitszustand der Patienten wiederherzustellen, sondern vielmehr auch präventiv, die Zahngesundheit erhaltend tätig zu sein. Hier eröffnen sich für die Zahnarztpraxis völlig neue oder zumindest bisher zu wenig beachtete Märkte: Dentale Gesundheitsvorsorge durch ein entsprechendes, attraktives Leistungsangebot.

Das Ausrichten auf den Patientenmarkt stellt gleichzeitig aber auch einen ständigen Anpassungsprozess dar. Die Nachfrage nach bestimmten Behandlungsleistungen, gerade im prothetischen oder auch prophylaktischen Bereich, hängt im Wesentlichen von zahn-medizinischen und dentaltechnischen Entwicklungen ab. Patienten werden sich dort in Behandlung geben, wo sie erwarten können, nach dem neuesten zahnmedizinischen Stand behandelt zu werden. Dieses Nachfrageverhalten nach Behandlungsleistungen kann nur begrenzt durch ein besonders intensives Vertrauensverhältnis zum Zahnarzt oder der Zahnärztin, der verkehrsgünstigen Lage der Praxis oder der Vertrautheit mit dem Praxis-personal ausgeglichen werden. Sich rechtzeitig auf Veränderungen im Nachfrageverhalten der Patienten nach zahnärztlichen Leistungen einzustellen, stellt die Kunst einer erfolgrei-chen, marktorientierten Praxisführung dar.

Da beim Praxismarketing nicht mehr der Zahnarzt oder die Zahnärztin und ihre Praxis, sondern der Patient als umworbener Kunde im Mittelpunkt steht, stellt neben der Markt-orientierung auch die **Patientenorientierung** eine wichtige Ausrichtung der Praxis im Rahmen eines speziellen Marketingansatzes dar. Dabei geht es in erster Linie nicht darum, den Patienten möglichst privat zu honorierende Zusatzleistungen zu „verkaufen". Ziel der Patientenorientierung ist es vielmehr, unter Berücksichtigung des ökonomisch für die Praxis Vertretbaren die Patientenbedürfnisse weitestgehend zu erfüllen, durch die Berücksichtigung künftiger Entwicklungen im Bereich der Behandlungsmethoden und Zahnmedizintechnik seinen individuellen Nutzen zu steigern und durch die damit verbundene Erzielung von Zufriedenheit den Patienten langfristig an sich zu binden. In solch einem langfristig aufge-bauten Vertrauensverhältnis wird der Patient dann auch eher bereit sein, für eine sinnvolle prophylaktische oder prothetische Zusatzleistung in die eigene Tasche zu greifen.

Zu den besonderen Kennzeichen des Praxismarketings zählt, dass neben den Produkten, die die Praxis in Form von Leistungen der Schmerzbehandlung, den prophylaktischen oder prothetischen Behandlungsleistungen erbringt, auch besondere Produkte angeboten werden. Sie bestehen ebenfalls in den eher seltenen Fällen aus physischen Gütern, als vielmehr aus dem Auftreten des Zahnarztes oder der Zahnärztin und der weiteren Praxisangehörigen. Sie stellen aufgrund ihrer Qualifikationen und Fähigkeiten als Be-standteil eines Dienstleistungsmarketings zusätzlich zur eigentlichen Behandlungsleistung ein „Produkt" her, das im Wesentlichen aus der Zuwendung, der Beratung, dem Führen und der Problemerörterung mit und für den Patienten besteht. Gleichzeitig ist der Patient Teil dieses Produkts, in dem er zunächst meist nicht freiwillig die Praxis aufsucht und dann auch noch bei Diagnose und Behandlung möglichst erfolgreich seinen Beitrag leis-ten muss. Im Praxismarketing werden Zahnarzt und Zahnärztin daher mehr denn je zur Schlüsselfigur, die den Umgang mit den Patienten beherrschen, ihn zur erfolgreichen Zu-sammenarbeit bewegen und die Dienstleistungen und Produkte der Zahnarztpraxis erleb-bar gestalten müssen.

Das Praxismarketing ist langfristig angelegt, denn der Erfolg etwa einmaliger Werbe-maßnahmen ist zeitlich begrenzt. Im Lebenszyklus einer Praxis ergibt sich die Not-wendigkeit, dass einmal festgelegte Marketingkonzepte überarbeitet und dem sich verändernden Praxisumfeld angepasst werden müssen. In der Umsetzung basiert das Praxismarketing auf der Kontinuität angewendeter Einzelmaßnahmen und damit auf einer dauerhaften Marktbearbeitung.

Das Praxismarketing lässt sich als strukturierter Prozess organisieren (Abb. 3.1). Bei der Erfolgskontrolle festgestellte Abweichungen können dazu führen, dass einmal festgelegte Marketingkonzepte überarbeitet und angepasst werden müssen.

Der Ablauf des Praxismarketings beginnt mit einer **Marktanalyse**. Diese erstreckt sich auf praxisinterne und -externe Rahmenbedingungen bzw. Einflussfaktoren. Es sind dabei Informationen über die Situation der Praxis zu sammeln, wie die Praxis im Vergleich zu anderen Praxen zu sehen ist, welche Meinung die Patienten, Praxisangehörigen über die Praxis haben und wie die Konkurrenzsituation zu vergleichbaren Praxen aussieht. Ziel ist es die Stärken und Schwächen der Praxis zu ermitteln sowie mögliche Risiken aber auch Chancen daraus abzuleiten.

Der nächste Schritt im Ablauf des Praxismarketings ist Festlegung der **Marketingziele** und zu erreichender Zielgruppen. Zunächst müssen dazu die Ziele aller Praxisangehörigen, die der Praxisinhaber, aber auch die der Mitarbeiter und Mitarbeiterinnen, zusammengetragen und daraus die gemeinsamen Ziele der Praxis formuliert werden. Praxisziele können dabei sein ein bestimmter Jahresgewinn, zu erreichende Behandlungsfallzahlen, aber natürlich auch ein erstrebenswerter Beliebtheitsgrad bei den Patienten oder ein möglichst hoher Privatpatientenanteil. Aus den so gewonnenen Praxiszielen und der Festlegung der Zielgruppen, die man mit gezielten Marketingaktivitäten erreichen möchte, lassen sich die Ziele des Praxismarketings ableiten.

Abb. 3.1 Marketingprozess in der Zahnarztpraxis

Im Anschluss an die Festlegung der Praxis- und Marketingziele sowie der Zielgruppen, ist die **Strategie** des Marketings für die Zahnarztpraxis festzulegen. Damit ist die Vorgehensweise gemeint, mit der die festgelegten Ziele mittel- bis langfristig erreicht und eine dauerhafte Zielerreichung gesichert werden soll. Diese Phase ist im Rahmen des Ablaufs des Praxismarketings von besonderer Bedeutung, da je nach ausgewählter Strategie die Marketingaktivitäten außerordentlich erfolgreich verlaufen, aber andererseits auch ebenso scheitern können. Ziel ist es daher, die zukünftigen Absichten und die sich daraus ergebende Politik der Praxis zu definieren und festzulegen.

In der vierten Phase findet die Auswahl und Anwendung der für die Umsetzung der festgelegten Marketingstrategie geeigneten Instrumente des Praxismarketings statt. Da das Instrumentarium vielfältig ist, kommt auch hier der Auswahl der geeigneten **Marketinginstrumente** besondere Bedeutung zu. Eine wesentliche Rolle spielen dabei die richtige Patientenkommunikation und der richtige Patientenservice. Besonders wichtig ist es auch, dass das gesamte Praxisteam sich in dieser Phase an der Umsetzung des Praxismarketings beteiligt. Praxismarketing ist nicht alleine die Aufgabe der Rezeptionsassistentin oder der Praxisleitung. Zum erfolgreichen Umsetzen der Marketinginstrumente tragen notwendigerweise alle Praxisangehörigen bei. Ihnen muss klar werden, dass das Praxismarketing den ökonomischen Erfolg der Praxis wesentlich beeinflusst und insbesondere die konsequente Patientenorientierung dabei einen wichtigen Einflussfaktor darstellt.

Die **Erfolgskontrolle** des Praxismarketings ist im Grunde genommen nicht erst zum Schluss aller Marketing-Aktivitäten durchzuführen. Sie muss vielmehr ständig und kontinuierlich bei der Umsetzung der Marketing-Instrumente erfolgen, damit sofort festgestellt werden kann, ob sich der damit verbundene Aufwand auch lohnt oder nur zusätzliche Kosten verursacht werden. Werden die Praxisöffnungszeiten beispielsweise in den Abend hinein ausgedehnt und kommen trotzdem keine zusätzlichen Patienten, so ist dieses Instrument für die betreffende Praxis entweder ungeeignet oder falsch umgesetzt worden.

3.2 Analyse des Praxismarkts

3.2.1 Marktentwicklung für zahnmedizinische Behandlungsleistungen

Bevor zielgerichtete Marketingmaßnahmen mit einem möglichst hohen Wirkungsgrad für die Zahnarztpraxis ergriffen werden können, ist **Marktforschung** zu betreiben. Ihre Aufgabe ist es, relevante Informationen über den Gesundheitsmarkt zu gewinnen und diese zu analysieren, um auf der Grundlage der daraus gewonnenen Erkenntnisse fundierte Marketing-Entscheidungen für die Zahnarztpraxis treffen zu können. Die quantitative Marktforschung versucht numerische Werte über den Gesundheitsmarkt zu ermitteln und die qualitative Marktforschung erhebt Erwartungen, Einstellungen und Motive der Patienten für ihre Verhaltensweisen im Gesundheitsmarkt.

Bei der primären Datenerhebung werden direkt und in der Regel erstmalig Daten bei Patienten oder konkurrierenden Praxen gesammelt. Dies kann beispielsweise auf der Basis von Interviews (zu Hause, auf der Straße etc.), Umfragen (schriftliche Befragung, Telefonumfragen, Online-Umfragen etc.) oder Beobachtungen erfolgen und ist für die einzelne Zahnarztpraxis aufgrund des damit verbundenen Aufwands kaum durchführbar.

Bei der sekundären Marktforschung hingegen werden die Erkenntnisse aus bereits erhobenen Daten gewonnen. Informationsquellen für die Zahnarztpraxis können sein:

- Statistische Jahrbücher, Fachreihe 12, Gesundheitswesen,
- Statistiken der Berufsgenossenschaften und Unfallversicherer,
- Nachrichten der zahnärztlichen und kassenzahnärztlichen Vereinigungen,
- Veröffentlichungen von zahnmedizinischen Verbänden und Fachgesellschaften,
- Sammlungen einschlägiger Gerichtsurteile, Berücksichtigung der aktuellen Rechtsprechung im Gesundheitswesen,
- Veröffentlichungen in Tageszeitungen und Periodika,
- Informationsplattformen, Foren zum Gesundheitswesen im Internet,
- Einschlägige Reportagen in Medien,
- Fachbücher und -zeitschriften,
- Messen, Prospekte und Kataloge der Zahnmedizingeräte-/-bedarf-Hersteller und Vertriebsunternehmen,
- Informationen zur regionalen Wirtschaftsförderung, Bevölkerungsstruktur der Kommunen und vieles andere mehr.

Es herrscht somit kein Mangel an verwertbarem Material. Die oben genannten Materialien sind zudem für jede Praxis frei zugänglich und verfügbar. Schon nach kurzer Zeit kann man herausfinden, welche Informationsquellen die für die eigene Marktanalyse meisten brauchbaren Hinweise beinhalten. Auf sie kann man sich schließlich konzentrieren. Wichtig ist dabei lediglich die aufmerksame Beobachtung, das Sammeln und Auswerten der Fakten. Jedoch sollte erst der Vergleich mehrerer Quellen, die gleiche Aussagen oder Tendenzen beinhalten, als verwertbare Grundlage für Einschätzungen des Marktes und damit für Entscheidungen im Rahmen des Marketings für die Zahnarztpraxis Verwendung finden.

Auf der Grundlage der Marktforschungsmethoden steht somit die **Marktanalyse** an erster Stelle des Marketingprozesses für die Zahnarztpraxis (Abb. 3.2). Sie dient zur Analyse der gegenwärtigen und zukünftigen Situation, in der sich die Praxis befindet und zukünftig befinden wird, und erstreckt sich hierzu auf betriebsinterne und -externe Rahmenbedingungen bzw. Einflussfaktoren: Wie wird sich die politische Situation des Gesundheitsmarktes in Deutschland insgesamt entwickeln, welchen Effekt haben Demografie und Morbidität der Bevölkerung auf den regionalen Gesundheitsmarkt, welche und wie viele Ressourcen werden in der Zukunft benötigt und welche Rolle spielen einzelne Anbieter in diesem Markt?

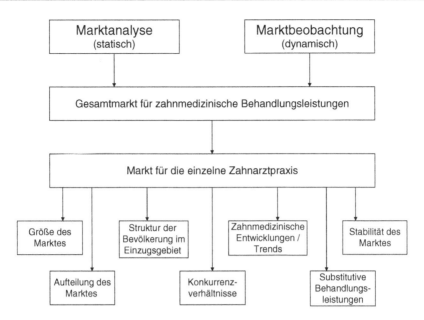

Abb. 3.2 Marktanalyse und -beobachtung für die Zahnarztpraxis

Es sind Informationen darüber zu sammeln, wie sich der Markt und die Nachfrage für zahnmedizinische Behandlungsleistungen entwickeln werden, und, wie die Zahnarztpraxis im Vergleich zu anderen Praxen gegenwärtig zu sehen ist, bzw. welche Rolle sie zukünftig im Wettbewerb spielen wird. Insbesondere sind dabei die Fragen zu klären, welche Meinung Patienten, Mitarbeiter, Öffentlichkeit über die Zahnarztpraxis haben und wie die Konkurrenzsituation zu vergleichbaren Praxen gegenwärtig und zukünftig aussieht.

Die Marktanalyse für die Zahnarztpraxis ist eine statische Bestandsaufnahme von Marktgegebenheiten zu einem ganz bestimmten Zeitpunkt. Wie in einer Momentaufnahme wird hierbei etwa kurz vor dem Zeitpunkt einer Entscheidung über die zukünftige Marketingstrategie der Zahnarztpraxis eine möglichst umfassende Aufnahme aller relevanten Marktdaten durchgeführt. Mitunter ist auch eine **Marktbeobachtung** notwendig, um beispielsweise Entwicklungen über einen längeren Zeitraum hin in Erfahrung zu bringen. Die Marktbeobachtung als dynamische Bestandsaufnahme sollte immer dann angewendet werden, wenn langfristige, schwer korrigierbare Marketingentscheidungen für die Zahnarztpraxis getroffen werden sollen. Dies ist dann der Fall, wenn sie sich auf bestimmte Behandlungsleistungen spezialisieren will, die eine umfangreiche und kostspielige Anschaffung neuer Behandlungseinrichtungen und zahnmedizinischer Geräte erforderlich machen.

Auch der Gesamtmarkt für Behandlungs- und Pflegeleistungen, d. h. das öffentliche **Gesundheitswesen,** unterliegt Veränderungen, die in die Marktanalyse miteinzubeziehen sind. Zahlreiche Ansätze im Gesundheitswesen dienen dazu, die Kosten des Gesundheitssystems unter Berücksichtigung der demografischen Entwicklungen zu begrenzen. In der Diskussion stehen insbesondere

- die Modelle der Bürgerversicherung und der Gesundheitsprämie,
- die Überprüfung der Dualität von Privater Krankenversicherung (PKV) einerseits und Gesetzlicher Krankenversicherung (GKV), sowie der Familienmitversicherung andererseits,
- die individuelle Bewertung der PKV, ab einer Beitragsbemessungsgrenze Risiken nach Krankheitsgeschichte, Alter, Geschlecht etc. pro Versicherungsnehmer festzulegen,
- die Überprüfung von Transferleistungen von der gesetzlichen Krankenversicherung zu anderen sozialen Sicherungssystemen,
- die Kosten nicht mehr wie bislang auf alle gesetzlich Versicherten und die Arbeitgeber paritätisch zu verteilen,
- die Senkung der Lohnnebenkosten durch Senkung der Krankenkassenbeiträge und viele andere Themen mehr.

Als ein wesentlicher Trend im Gesamtmarkt des Gesundheitswesens, der sich im Ergebnis auf die einzelne Zahnarztpraxis auswirkt, lässt sich zum einen die Abkehr von der reinen Kostendämpfungspolitik ausmachen. Während Jahrzehnte die gewachsenen Strukturen und Anreize in der GKV weitgehend unangetastet blieben und auf der Seite der Zahnarztpraxen aufgrund der geltenden Vergütungs- und Finanzierungsformen starke Anreize zur Mengenausweitung ausgingen, wurden durch zahlreiche Reformen eine Reihe von Steuerungsinstrumenten installiert:

- Verlust der Bestandsgarantie für die Krankenkassen aufgrund freier Kassenwahl und Individualisierung des Beitragssatzes,
- Einführung von Pauschalen bzw. Individualbudgets bei der Vergütung der Leistungs-erbringer,
- Handlungsmöglichkeiten der Krankenkassen zur Einführung von Selbstbehalten und Beitragsrückerstattungen,
- Privatisierung von Krankenbehandlungskosten (beispielsweise durch Ausgliederung des Zahnersatzes für alle unter 18-Jährigen aus der Erstattungspflicht der Krankenkassen),
- Möglichkeit, Verträge mit einzelnen Gruppen von Zahnärzten – und nicht mehr aus-schließlich mit der Kassenzahnärztlichen Vereinigung (KZV) als regionaler zahnärztli-cher Monopolvertretung – abzuschließen.

Für die einzelne Zahnarztpraxis bedeutsames Ziel dieser Steuerungsinstrumente ist es letzt-endlich Anreize zu schaffen, sich auf der Basis ihrer finanziellen Interessen am Ziel einer Ausgaben- und Mengenbegrenzung zu orientieren, um zwischen dem gesundheitspoliti-schem Globalziel der Kostendämpfung und den individuellen Handlungsrationalitäten bei der Erbringung, Finanzierung und Inanspruchnahme von zahnmedizinischen Leistungen einen Ausgleich zu schaffen.

Die zunehmende Anzahl von Anbietern zahnmedizinischer Behandlungsleistungen führt tendenziell in Städten und Ballungsgebieten zu einem Angebotsüberschuss und damit von einem Angebots- zu einem **Nachfragermarkt** zum Vorteil der Patienten. In einer derartigen durch Nachfragesättigung sowie anspruchsvoller, kritischer und besser informierter Patienten gekennzeichneten Marktsituation, ist die Zahnarztpraxis als Anbieter von Behandlungs- und Pflegeleistungen gezwungen, sich der steigenden Wettbewerbsintensität durch zulässige Werbung, Differenzierung von der Konkurrenz und neuen Behandlungsangeboten zu stellen.

Auch der Markt für zahnmedizinische Behandlungsleistungen unterliegt Veränderungen. Natürlich steht nach wie vor die Behandlungsleistung beispielsweise aufgrund akuter Beschwerden im Vordergrund. Daneben gibt es aber einen wachsenden Bedarf an zahnärztlicher Beratung, Vorbeugemaßnahmen und Behandlungsleistungen, die ihren Anlass nicht in aktuellen dentalen Krankheitsbildern haben. Diese Erscheinungen decken sich mit den Erfahrungen niedergelassener Zahnärzte, dass die Nachfrage nach einzelnen Behandlungsleistungen Schwankungen unterworfen ist. Der zahnmedizinische Gesundheitszustand und die gesundheitlichen Risiken der deutschen Bevölkerung sind auch demografischen Veränderungen unterworfen. Die Nachfrage nach einzelnen Behandlungsleistungen hängt aber auch von der **Patientenstruktur** der jeweiligen Zahnarztpraxis ab. Diese wiederum orientiert sich am jeweiligen Einzugsgebiet der Praxis. Auch hier können Veränderungen auftreten, etwa dann, wenn in Neubaugebieten vorwiegend junge Familien zuziehen oder in der Nähe der Praxis Senioreneinrichtungen eröffnet werden. Je nach veränderter Patientenstruktur ändert sich auch der Bedarf an einzelnen Behandlungs- oder Prophylaxemaßnahmen.

„Die Zukunft der Gesundheitswirtschaft in Deutschland ist von verschiedenen Einflüssen geprägt – einer der wichtigsten ist der demografische Wandel. Er bewirkt unter anderem, dass die Zahl und der Anteil Älterer in der Bevölkerung in den nächsten Jahren und Jahrzehnten stark zunehmen werden. So machen heute in Deutschland Kinder und junge Menschen unter 20 Jahren 19 Prozent der Bevölkerung aus, 61 Prozent sind zwischen 20 und 64 Jahre alt, und 20 Prozent der Bevölkerung sind 65 Jahre oder älter. Im Jahr 2060 wird dagegen jeder Dritte (34 Prozent) mindestens 65 Lebensjahre durchlebt haben. Diese Verschiebung bringt eine wachsende Nachfrage nach Gesundheitsleistungen mit sich, denn sie steigt üblicherweise mit zunehmendem Alter an." (Deutscher Industrie- und Handelskammertag 2011, S. 4.)

Schließlich führt auch die zahnmedizinische und dentaltechnische Entwicklung zu einer Veränderung des Marktes für Behandlungsleistungen:

„Für die Zukunft der Zahnmedizin sieht das IDZ vier zentrale inhaltliche Entwicklungen:

- Prävention wird immer wichtiger, wobei sich bereits heute klare Erfolge abzeichnen: Karies ist im deutlichen Rückgang begriffen.
- Durch den Erhalt der Zähne werden die entzündlichen Erkrankungen des Zahnhalteapparats zunehmend zum Schwerpunkt der zahnmedizinischen Therapie.
- Prothetische Leistungen bleiben relevant und nehmen zahlenmäßig nur leicht ab.
- Die Betreuung der steigenden Zahl Pflegebedürftiger erfordert ganz neue Behandlungsstrategien: Mobil statt Praxis, Prävention statt Prothetik." (Benz 2012, S. 12.)

Insofern ist es für die einzelne Zahnarztpraxis wichtig, diese Veränderungen zu erfahren und nachzuvollziehen. Sie muss in Bezug auf die Veränderungen des Marktes für zahnmedizinische Behandlungsleistungen eine Marktanalyse betreiben, um letztendlich zu erfahren, inwieweit sie mit ihrem eigenen Behandlungsangebot dem veränderten Nachfrageverhalten der Patienten gerecht werden kann.

3.2.2 Situation der Praxiskonkurrenz

In der Regel sind direkt und indirekt konkurrierende Zahnarztpraxen vorhanden, die mit einem gleichen oder ähnlichen Behandlungsangebot auf denselben Patientenmarkt abzielen. Gerade in Großstädten ist dieser Markt zwar groß, aber die Auswahl für die Patienten, zu welcher Praxis sie gehen, ebenso. Wie differenziert die Konkurrenzsituation daher zu betrachten ist, wird aus Tab. 3.1 deutlich:

Auch wenn die in Tab. 3.1 dargestellten differenzierten Konkurrenzverhältnisse nicht bis in alle Einzelheiten analysierbar sind, ist es für die Zahnarztpraxis wichtig zu wissen, wo Konkurrenz durch andere Praxen bereits besteht oder zukünftig zu erwarten ist.

Zur Durchführung der Analyse der Konkurrenzverhältnisse sind daher zunächst die Fragen zu beantworten:

- Welche Praxen sind als Konkurrenten anzusehen?
- Welche Behandlungsleistungen bieten sie an?

Weiterhin ist danach zu fragen, welche Maßnahmen sie ihrerseits als Reaktion auf die Marketingaktivitäten der eigenen Zahnarztpraxis ergreifen würden.

Ein systematischer Ansatz hierzu ist **Health Competitive-Intelligence** (HCI), die als Konkurrenz-und Wettbewerbsanalyse für eine Zahnarztpraxis die legale, systematische Sammlung und Auswertung von Informationen über konkurrierende Einrichtungen umfasst (vgl. Frodl 2012, S. 338). Sie zielt darauf ab, frühzeitig die Wettbewerbsstrategie der Praxis an sich ändernde Konkurrenzsituationen anzupassen und aufgrund von Informationsvorsprüngen Wettbewerbsvorteile zu erzielen. Die **Konkurrenzanalyse** befasst sich

Tab. 3.1 Konkurrenzverhältnisse einer Zahnarztpraxis

Konkurrenzverhältnis	Konkurrenzart	Konkurrenzmerkmale
Bestehende Konkurrenzverhältnisse	Direkte Konkurrenz	Gleiches Angebot an Behandlungsleistungen
	Indirekte Konkurrenz	Ähnliches Angebot an Behandlungsleistungen
Zukünftige Konkurrenzverhältnisse	Direkte Konkurrenz	Gleiches Angebot an Behandlungsleistungen
	Indirekte Konkurrenz	Ähnliches Angebot an Behandlungsleistungen

ausdrücklich nur mit legalen, öffentlich zugänglichen und ethisch einwandfreien Informationen über die Planungen, Stärken und Schwächen von Mitwettbewerbern auf dem Gesundheitsmarkt. Der Analyseprozess basiert auf einer systematischen, strukturierten Vorgehensweise (Tab. 3.2).

Ein gebräuchlicher Weg die Konkurrenzaktivitäten zu ermitteln, ist die Beobachtung der Marketingmaßnahmen der Konkurrenzpraxis. Eine Untersuchung der daraus gewonnenen Informationen gibt zum einen Aufschluss darüber, mit welchem Widerstand bei der Ergreifung eigener Marketingaktivitäten zu rechnen ist. Weiterhin ist erkennbar, welche Marketingaktivitäten von der Konkurrenzpraxis als wirksam erachtet werden.

Erfolgt die Konkurrenzanalyse in der Form eines **Benchmarking**, so bedeutet dies, dass sich die Praxisinhaber mit ihrer Praxis nur an den besten Konkurrenten orientieren. Diese sind natürlich nicht immer unter der unmittelbaren Konkurrenz zu finden. Ferner sind auch nicht alle erfolgreichen Praxen in allen Bereichen der zahnärztlichen Behandlung bzw. des Praxismanagements gleich gut. Der eine Zahnarzt ist anerkannter Experte für bestimmte Behandlungsmethoden und hat deshalb einen starken Patientenzuspruch; eine Zahnärztin ist bekannt für ihren hervorragenden Umgang mit den Patienten und ist deshalb beliebt. Eine weitere Praxis ist betriebswirtschaftlich besonders erfolgreich, eine wiederum andere betreibt ein ausgezeichnetes Personalmanagement. Benchmarking bedeutet dabei, sich an dem in den einzelnen Bereichen der Praxisführung jeweils Besten zu messen und zu versuchen, an dessen Leistungen in dem jeweiligen Teilbereich heranzukommen.

Mit dem Benchmarking sollen zum einen die leistungsbezogenen Unterschiede zwischen ausgewählten Zahnarztpraxen oder einzelnen Praxisbereichen im Hinblick auf bestimmte betriebliche Funktionen aufgedeckt und in Form so genannter Leistungslücken dargestellt werden. Zudem sollen die Ursachen für die Leistungslücken, die in unterschiedlichen Abläufen, organisatorischen Defiziten oder auch unzureichender Weiterbildung liegen können, untersucht und danach Maßnahmen zur Verbesserung der betrachteten Praxisbereiche festgelegt werden. Beim Benchmarking wird somit externes Wissen auf praxisinterne Problemstellungen übertragen, um davon zu profitieren und gleichzeitig den Aufwand für die eigene Erarbeitung bestmöglicher Lösungen zu reduzieren. Die Vorgehensweise des

Tab. 3.2 Prozess der Konkurrenz- und Wettbewerbsanalyse für die Zahnarztpraxis

Schritte	Erläuterung
Informationsbedarf feststellen	Definition des Informationsbedarfs, von Ziel und Zweck der Konkurrenz- und Wettbewerbsanalyse
Informationen sammeln	Auswertung von Primärquellen (Patienten, Branchenexperten, Lieferanten, ehemalige Mitarbeiter etc.) und Sekundärquellen (Geschäftsberichte, Homepages, Fachkongresse, Veröffentlichungen, Fachartikel etc.)
Informationen auswerten	Strukturierung, Speicherung der gewonnenen Informationen; Selektion im Hinblick auf die gewünschten Erkenntnisse und deren Analyse
Ergebnisse aufbereiten	Informationen zu Aussagen verdichten; Aussagen evaluieren und zu entscheidungsreifen Grundlagen verarbeiten

Benchmarking umfasst in der Regel zehn Schritte, die sich in die vier Phasen Planung, Analyse, Integration und Aktion gliedern (Abb. 3.3). Durch die Verknüpfung des letzten Schritts mit dem ersten Schritt wird deutlich, dass sich Benchmarking als fester Bestandteil im Sinne eines ständigen Bemühens in eine Zahnarztpraxis integrieren lässt.

Das Benchmarking muss vorbereitet sein. Deshalb muss im Rahmen der Planung zunächst definiert werden, was mit dem Benchmarking erreicht und welche Bereiche der Zahnarztpraxis dabei berücksichtigt werden sollen. Für den Vergleich ist es wichtig, dass die herangezogenen Praxen oder relevante Organisationseinheiten aus anderen Branchen mit der eigenen Praxis strukturell identisch sind. Ferner müssen die zu vergleichenden Daten (= Benchmarks) in ausreichendem Maße zur Verfügung stehen und sollten direkt bei dem Vergleichspartner erhoben werden. In der anschließenden Analysephase lassen sich die Abweichungen der verglichenen Daten in Form von Leistungslücken feststellen. Dabei sind Messfehler auszuschließen und anhand der Ergebnisse die Vergleichbarkeit der Daten abschließend zu überprüfen (Feststellung von Plausibilität und Validität der Daten). Der fünfte Schritt umfasst die Einschätzung, ob sich die Leistungsfähigkeit in den Bereichen mit deutlichen Abweichungen verbessern lässt. Es ist wichtig, die Ergebnisse des Benchmarking mit den Praxisangehörigen zu diskutieren. Nur auf diese Weise lassen sich die nötige Einsicht erzeugen und beispielsweise dringende Maßnahmen umsetzen. Hierfür sind Ziele in Form gewünschter Sollzustände zu setzen und in der Aktionsphase

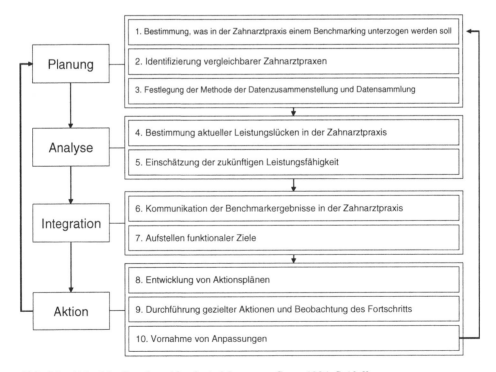

Abb. 3.3 Ablauf des Benchmarking in Anlehnung an Camp 1994, S. 12 ff.

Maßnahmenpläne aufzustellen. Aus Ihnen sollte hervorgehen, was wie verändert werden kann, ohne die Vergleichspraxis kopieren zu müssen, und wer in der eigenen Praxis dafür zuständig ist. Es ist zweckmäßig in den Aktionsplänen neben den Zuständigkeiten Termine, Einzelaufgaben und deren Umsetzungskontrolle festzuhalten. Die Umsetzung der Maßnahmen und der Ergebnisfortschritt sind zu überwachen und im Bedarfsfall Anpassungen vorzunehmen, wenn beispielsweise die Verbesserungen unwirtschaftlich erscheinen, nur mit einem unvertretbar hohen Aufwand zu erreichen sind oder sich die angestrebten Ziele als unrealistisch erweisen. Während beim Performance-Benchmarking eher die Zahnarztpraxis als Ganzes mit betriebsbezogenen Leistungskennzahlen verglichen wird, ist das funktionale Benchmarking dadurch gekennzeichnet, dass bestimmte betriebliche Funktionen (beispielsweise Einkauf von zahnmedizinischem Verbrauchsmaterial, Kassen- und Privatliquidation) als Objekte des Benchmarking zugrunde gelegt werden. Im Rahmen des funktional ausgerichteten Benchmarking werden dadurch Leistungslücken zwischen den Benchmarking-Praxen auf der Ebene der betrieblichen Funktionen ermittelt. Beim Prozessbenchmarking stehen hingegen funktionsübergreifende Prozesse im Vordergrund (beispielsweise die Gesamtverweilzeit bzw. „Durchlaufzeit" des Patienten in der Zahnarztpraxis).

3.2.3 Bedürfnisse der Patienten

Um die Bedürfnisse der Patienten in den Mittelpunkt aller Marketingaktivitäten stellen zu können, ist zuvor eine Analyse der **Patientenbedürfnisstruktur** erforderlich. Eine marktorientierte Marketingpolitik für die Zahnarztpraxis kann nicht umhin, den Patienten zu Richt- und Angelpunkt aller Überlegungen zu machen. Ferner ist es wichtig zu wissen, ob es einen größeren Teil von Patienten gibt, die vergleichbare Service- und Behandlungsleistungen wünschen. Die Entwicklung von Angeboten für diese Gruppe ermöglicht die Konzentration auf gefragte Behandlungskonzepte sowie die Profilierung der Praxis im Wettbewerbsumfeld. Die zielgruppenorientierte Gestaltung des Leistungsangebots ermöglicht ferner eine gezielte Ausrichtung der praxisinternen Abläufe, der Weiter- und Fortbildungsbildungsmaßnahmen, wodurch sich wiederum Möglichkeiten zur einer verstärkten Praxisrationalisierung eröffnen.

Bei der Durchführung der Analyse der Patientenbedürfnisstruktur beginnt man zweckmäßigerweise damit, die Patienten nach allgemeinen und insbesondere demografischen Merkmalen aufzugliedern und zu differenzieren:

- Wer sind die Patienten?
- Wie setzen sie sich zusammen?
- Welche Patientengruppen kommen vorwiegend?
- Welche Gruppen kommen gar nicht?

Als demografische Analysemerkmale kommen vor allem folgende in Frage:

- Geschlecht,
- Alter,
- Familienstand,
- Beruf,
- soziale Herkunft,
- Privat-/Kassenpatient.

Informationen hierzu können zum Großteil direkt aus dem eigenen Patientendatenbestand, den Abrechnungsunterlagen oder Befragungen der Patienten entnommen werden. Eine entsprechende Analyse der Unterlagen gibt in der Regel wertvolle Anhaltspunkte darüber, welchen (potenziellen) Patientengruppen künftig in verstärktem Maße Aufmerksamkeit geschenkt werden muss.

Hat man sich einen Überblick über die Zusammensetzung der Patienten verschafft, lautet die nächste Überlegung: Was veranlasst sie ausgerechnet diese Praxis und keine andere aufzusuchen oder was könnte sie dazu veranlassen? Um die Gründe für eine mögliche oder auch tatsächliche Bevorzugung der Praxis herauszufinden, ist zweckmäßigerweise eine **Patientenbefragung** durchzuführen (Tab. 3.3).

Die Ergebnisse einer derartigen Befragung ergeben zudem Aufschluss über mögliche Verbesserungen in der Praxis. Ein entsprechender Patientenfragebogen mit Fragen zu den Patientenbedürfnissen könnte beispielsweise während des Aufenthaltes im Wartezimmer ausgefüllt werden.

Diese Patientenumfrage sollte über einen längeren Zeitraum hin erfolgen, bis ausreichend Datenmaterial vorhanden ist. Die Sammlung von 50 Fragebogen ist dabei sicherlich zu wenig. Mehrere hundert oder gar tausend zu sammeln und auszuwerten ist natürlich ebenfalls nicht erforderlich. Auch sollte die Umfrage in regelmäßigen Abständen wiederholt durchgeführt werden. Das Datenmaterial einer einmalig durchgeführten Fragebogenaktion ist nach mehreren Monaten oder Jahren als veraltet anzusehen, da sich die Patientenbedürfnisse und das Praxisumfeld bis dahin verändert haben dürften. Eine Verwendung derartiger, älterer Befragungsergebnisse ist daher gefährlich und kann zu falschen Schlussfolgerungen für zu ergreifende Marketing-Aktivitäten führen.

Während aktuelle Patienten zu Beginn einer Behandlung in der Regel die Zahnarztpraxis noch nicht umfassend beurteilen können, kann das Befragungsergebnis am Ende einer längeren Behandlungsmaßnahme durch Beurteilungseffekte, wie das Frohsein darüber, unangenehme zahnmedizinische Eingriffe hinter sich gebracht zu haben, beeinträchtigt werden. Einzelne Eindrücke können dabei zudem überbewertet oder aber abgeschwächt wiedergegeben werden, was insgesamt zu Verzerrungen führen kann. Die Befragung ehemaliger Patienten beinhaltet zwar die Rückmeldemöglichkeit über die gesamte Behandlung einschließlich des Entlassungsvorgangs, ist aber mitunter durch Erinnerungsfehler gekennzeichnet. Eine stichtagsbezogene Patientenbefragung aktueller Patienten hat den Vorteil, dass aktuelle Behandlungszeiten der einzelnen Patienten zufällig vermischt werden und es keine Abweichungen von Erwartungswerten aufgrund des Befragungstermins gibt. Eine

Tab. 3.3 Patientenbefragung in der Zahnarztpraxis

Liebe Patienten! Es ist unser Ziel, Ihnen die bestmögliche zahnmedizinische Versorgung zukommen zu lassen. Ihre ehrliche Meinung über Ihre Erfahrungen in unserer Praxis hilft uns dabei herauszufinden, wie gut wir dieses Ziel erreichen und was wir noch für Sie verbessern können. Wir bitten Sie daher unsere folgenden Fragen zu beantworten. Für Ihre Mithilfe bei der Bewertung unserer Leistungen danken wir Ihnen sehr!	
Ihr Praxisteam	
Ihre Meinung (Kreuzen Sie bitte an!)…	
…über das Praxispersonal:	
Ist das Praxispersonal…	…freundlich und hilfsbereit □, gleichgültig □, unfreundlich □?
Wie sind Sie während ihres Praxisaufenthaltes behandelt worden,…	…rücksichts- und respektvoll □, gleichgültig □, ohne Rücksichtnahme und Respekt □?
Waren Sie über Ihren Befund und die Behandlung …	…gut informiert □, angemessen informiert □, schlecht informiert □?
Fühlten Sie sich bei Fragen über die Praxis und Ihre Behandlung unbeschwert und wussten Sie, wen Sie fragen mussten,…	…ja □, nein □, keine Fragen □?
Wurden Ihre Fragen zufriedenstellend beantwortet,…	…ja □, nein □, teilweise □?
…über die Praxisräumlichkeiten:	
Sind die Temperaturen im Wartezimmer und in den Behandlungsräumen…	…angenehm □, zu heiß □, zu kalt □?
Empfinden Sie die Luftfeuchtigkeit als…	…angenehm □, zu trocken □?
Ist das Wartezimmer…	…gut □, ausreichend □, schlecht ausgestattet □?
Sind die Sitzgelegenheiten…	…bequem □, unbequem □?
Gefällt Ihnen die Farbgestaltung der Praxisräume…	…sehr gut □, ganz gut □, überhaupt nicht □?
…über die zahnmedizinische Versorgung:	
Wurden Ihnen Ihre Untersuchungen und Behandlungen so erklärt, dass Sie verstanden, was Sie zu tun hatten, was durchgeführt wurde und wozu das nötig war,…	…immer □, teilweise □, nie □?
Wie würden Sie allgemein Ihre zahnmedizinische Versorgung in unserer Praxis bezeichnen,…	…gut □, mittelmäßig □, schlecht □?
Haben Sie das Gefühl, dass für Ihre Zahngesundheit in der Praxis alles Mögliche nach dem neuesten Stand der Zahnmedizin getan wird,…:	…ja □, zum Teil □, eigentlich nicht □?
…über die Praxis im Vergleich:	
Gefallen Ihnen andere Praxen hinsichtlich Patientenservice, Ausstattung, Personal etc. besser,…	…ja □, nein □? Wenn ja, was gefällt Ihnen an diesen Praxen besser:
Sind Sie der Meinung, dass Sie in einer anderen Praxis eine optimalere zahnmedizinische Betreuung erfahren würden,…	…ja □, nein □?
Allgemeine Verbesserungsvorschläge:	

stichtagsbezogene Mehrfacherhebung mit aktuellen Patienten lässt sich zudem durch eine schriftliche Befragung ehemaliger Patienten ergänzen, um Beurteilungseffekte und -defizite zu vermeiden.

Das Ergebnis einer derartigen Befragung hängt natürlich auch von der Gestaltung des Fragebogens und der Formulierung der Fragen ab. Vielfach wird die Ansicht vertreten, dass ein derartiger Fragebogen nicht mehr als etwa dreißig Fragen enthalten sollte. Ferner ist bei der Zusammenstellung eines derartigen Fragebogens die Berücksichtigung von Gestaltungsregeln ratsam (Tab. 3.4).

3.2.4 Markteinschätzungen der Mitarbeiter

Da es nicht nur wichtig ist zu wissen, wie die Zahnarztpraxis im externen Umfeld zu sehen ist, sondern auch wie sich die interne Einschätzung der Situation der Praxis aus der Sicht der Mitarbeiter darstellt, sollten deren Erfahrungen in die Marktanalyse der Zahnarztpraxis einbezogen werden. Die **Mitarbeiterbefragung** wird dazu als effektives Instrument zur Beschaffung von Steuerungsdaten für das Marketing der Zahnarztpraxis genutzt. Ihre in dieser Erhebung ermittelte Einschätzung ermöglicht die Verbesserung oder Korrektur der marktgerechten Ausrichtung der Zahnarztpraxis und ihrer Behandlungsleistungen. Sie trägt zur Feststellung der eigenen Marktstellung und Wettbewerbsposition der Zahnarztpraxis bei und dient zur Verbesserung der eigenen Stellung im Wettbewerb durch Ausschöpfung des vorhandenen Potenzials.

Wie bei der Patientenbefragung kann auch die Mitarbeiterbefragung mit Hilfe von standardisierten Fragebögen oder strukturierten Interviews erfolgen, anonym oder auf freiwilliger Basis, direkt bei allen Mitarbeitern oder in Form von repräsentativen Stichproben und in der Regel in Zusammenarbeit mit bei größeren Praxen eventuell vorhandenen Arbeitnehmervertretungen. Die ideale Anzahl der Fragen bei einer schriftlichen Mitarbeiterbefragung liegt bei bis zu 50, so dass der Mitarbeiter in 15 bis 30 Minuten die Beantwortung des Fragebogens bewältigen kann. Die Fragen können inhaltlich auf die Möglichkeit der Einflussnahme auf die Verbesserung von Arbeitsabläufen, die Beachtung der Patientenzufriedenheit oder auf die Zufriedenheit mit dem gesellschaftlich-sozialen Engagement der Zahnarztpraxis zielen.

Tab. 3.4 Regeln für die Gestaltung von Patientenfragebögen

Kriterium	Regel
Fragengestaltung	Einzelfragen zu Fragenkomplexen zusammenziehen
Fragestellungen	Allzu abstrakte Fragestellungen vermeiden
Formulierung	Fragen deutlich und klar verständlich formulieren
Befragte	Bildungsstand und sozialer Herkunft der Befragten bei der Fragenformulierung berücksichtigen
Antwortmöglichkeiten	Auf Fragen ohne Antwortalternativen verzichten
Suggestivfragen	Suggestivfragen, die die Antwort nahe legen, vermeiden

Typische Fragestellungen einer Mitarbeiterbefragung in Gesundheitseinrichtungen sind beispielsweise (vgl. Berufsgenossenschaft für Gesundheitsdienst und Wohlfahrtspflege 2006, S. 3 ff):

- Arbeitszeit der Beschäftigten,
- Dienstplangestaltung – Wünsche der Beschäftigten,
- Vorschläge der Mitarbeiter/-innen zur Verbesserung der arbeitszeitlichen Rahmenbedingungen,
- Themenvorschläge für die hausinterne Fortbildung,
- allgemeine Vorschläge der Mitarbeiter/-innen,
- Wie sehen die Beschäftigten ihre Arbeitsaufgaben?
- Wie sehen die Beschäftigten ihren Arbeitsbereich?
- Wie sehen die Beschäftigten die Rahmenbedingungen in ihrem Hause?
- Wie beurteilen die Beschäftigten die Zusammenarbeit mit anderen Berufsgruppen?
- Wie beurteilen die Beschäftigten die Ausstattung und den Arbeitsschutz?
- Wie beurteilen die Beschäftigten die Arbeitszufriedenheit?
- Welche Veränderungen halten die Mitarbeiter/-innen für wichtig?
- Wie beurteilen die Beschäftigten ihre Gesundheit und das Unfallrisiko?
- „Benchmarking": Wie gut könnten wir sein?
- Wie können die Arbeitsbedingungen in Krankenhäusern noch weiter verbessert werden?

Es sollte versucht werden, möglichst alle Mitarbeiter zu befragen. Die Mitarbeiter der Zahnarztpraxis sollten die Ziele der marktorientierten Befragung kennen und mittragen, um möglichst hohe Rücklaufquoten von 70 % und mehr zu erzielen. Die Wirksamkeit und Akzeptanz der Mitarbeiterbefragung hängt sehr stark davon ab, welche Maßnahmen für die Mitarbeiter als Konsequenz daraus ersichtlich sind. Auch ist es von Bedeutung durch eine Evaluierung festzustellen, wie sich die erhobenen Werte im Laufe der Zeit verändern, wobei es wichtig ist, bedeutende Fragen identisch zu wiederholen, um vergleichbare, aussagekräftige Ergebnisse über einen längeren Zeitraum zu erhalten.

Manche Mitarbeiter kommen entweder von anderen Zahnarztpraxen oder haben dort ihnen bekannte Berufskollegen, die sie vielleicht noch aus der gemeinsamen Ausbildungszeit oder von gemeinsam besuchten Weiterbildungsveranstaltungen her kennen. Mit Ausnahme derjenigen, die bislang keine andere Zahnarztpraxis kennen gelernt haben, können sie sich ein ganz gutes Bild darüber machen, wie andere Praxen geführt werden und welches Behandlungs- bzw. Serviceangebot sie leisten. Durch einen Vergleich mit der eigenen Zahnarztpraxis sind sie in der Lage, sehr genaue Verbesserungsvorschläge, Alternativen oder auch eine Bestätigung der Praxisleitung zu geben. Aufgrund ihrer zum Teil langjährigen Mitarbeit kennen sie Stärken und Schwächen der eigenen Zahnarztpraxis sowie die Bedürfnisse der Patienten, denn nicht alles dringt bis an das Ohr der Praxisleitung vor. Oftmals trauen sich die Patienten auch gar nicht, behandelnden Zahnärzten gegenüber Kritik zu äußern oder gar Verbesserungsvorschläge zu machen. Die Mitarbeiter bekommen Unmut, aber natürlich auch Lob eher und direkter mit. Dieses Erfahrungspotenzial ist auch bei der Marktanalyse der Zahnarztpraxis zu berücksichtigen.

Eine weitere Möglichkeit der Analyse der Mitarbeitereinschätzung ist das Treffen zu einer Art Brainstorming-Sitzung. In dieser Sitzung sollten dann alle Gedanken, die die einzelnen Mitarbeiter zur internen Einschätzung der Situation der Zahnarztpraxis haben, zunächst gesammelt und anschließend geordnet werden. Gleiche Gedanken sind dabei zusammenzufassen, unwichtiges ist zu entfernen, sich wiederholende Äußerungen sind zu Kernaussagen zu formulieren. Wichtig bei einem **Brainstorming** ist, dass zunächst alle Gedanken, die sich auf das Thema Situation der Zahnarztpraxis beziehen, auch wenn sie noch so abwegig und „entfernt" sein mögen, festgehalten werden. Oft sind unwichtig erscheinende Nebensächlichkeiten ausschlaggebend für den Erfolg oder Misserfolg eines sensiblen Bereichs, wie dem Marketing. Von besonderer Bedeutung ist ferner, dass sich die Mitarbeiter frei äußern können und nicht mit Sanktionen durch die Praxisleitung rechnen müssen. Sie müssen in der Lage sein, auch Kritik äußern zu dürfen. Ansonsten ist eine Befragung der Mitarbeiter zur Situation der Zahnarztpraxis, die an der Realität vielleicht völlig vorbeigeht, hinfällig.

3.3   Ziele und Strategien für das Praxismarketing

3.3.1   Praxisleitbild und -zielgruppen

Zu den wichtigsten konzeptionellen Aufgaben des Managements einer Zahnarztpraxis im Rahmen ihrer Strategiebildungs, zählen zunächst die Festlegung von Praxisphilosophie und -leitbild. Mit ihnen werden die für die Zahnarztpraxis maßgeblichen ethischen und moralischen Richtlinien dokumentiert und die Grundlage für ihr Handeln gebildet. Die allgemeine Philosophie mündet häufig in ein ausformuliertes **Praxisleitbild**, welches oft erst später, wenn die Praxis mitunter bereits lange existiert, schriftlich festgehalten wird. Es stellt eine Ausformulierung der gelebten oder zumindest angestrebten betrieblichen Kultur dar, an deren Normen und Werten sich die Mitarbeiter der Zahnarztpraxis orientieren können, die im Sinne einer abgestimmten, einheitlichen Identität (Corporate Identity) und einheitlicher Verhaltensweisen (Corporate Behaviour) integrativ wirken und gleichzeitig Entscheidungshilfen und –spielräume aufzeigen soll (siehe hierzu auch 3.3.4 Strategische Praxispositionierung). Gleichzeitig dient das Praxisleitbild als eine Art Oberziel für das Praxismarketing, um den abgestimmten, kombinierten Einsatz der Marketinginstrumente zu ermöglichen (Tab. 3.5).

Tab. 3.5 Beispiele für Elemente von Praxisleitbildern

Marketingeckwerte	Leitbildformulierungen
Marktanteil	„Wir streben einen mengenmäßigen Marktanteil von 50% in unserem Einzugsgebiet an"
Praxisimage	„Unser Praxisprofil soll auf folgenden Säulen aufgebaut werden: Hoher zahnmedizintechnischer Standard, hervorragender Patientenservice, gute Erreichbarkeit, patientenfreundliche Praxisöffnungszeiten"
Bekanntheitsgrad	„Jeder zweite erwachsene Einwohner unseres Einzugsgebiets sollte uns kennen"

Leitbild des freien Berufs Zahnarzt: „Als Zahnärztinnen und Zahnärzte sind wir Angehörige eines Freien Berufes und Teil einer liberalen Gesellschaft.

Wir tragen ein hohes Maß an Verantwortung und gewährleisten ein individuell ausgerichtetes besonderes Vertrauensverhältnis zu unseren Patienten. Grundlage hierfür sind die gesetzlich geschützte ärztliche Schweigepflicht und die im universitären Studium sowie in Fort- und Weiterbildungen vermittelten detaillierten zahnmedizinischen Kenntnisse, die Bedürfnisse und Erkrankungsformen unserer Patienten und des damit verbundenen Therapiebedarfs erfüllen.

Wir begleiten und therapieren unsere Patienten als unabhängige und kompetente Zahnärztinnen und Zahnärzte bei allen zahnmedizinischen und fachverwandten Fragestellungen mit dem Ziel der Vorbeugung und Vermeidung von Erkrankungen in unserem Fachbereich, sowie Heilung bzw. Wiederherstellung der verloren gegangenen Strukturen und Funktionen.

Als medizinische Dienstleister sehen wir uns im besonderen Maße dem Gemeinwohl verpflichtet.

Unserem „Professionellen Kodex" folgend üben wir unseren Beruf eigenverantwortlich, gewissenhaft und therapeutisch unabhängig aus.

Durch hohe Qualifikation, verbunden mit lebenslanger konsequenter Fort- und Weiterbildung sowie qualitätsfördernden und qualitätssichernden Maßnahmen schaffen wir die Grundlagen, um auch zukünftigen Anforderungen flexibel und patientenorientiert begegnen zu können.

Dies bedingt effektive und effiziente zahnärztliche Praxisstrukturen und eine leistungsgerechte Vergütung zum Erhalt der Therapiefreiheit." (Arbeitsgemeinschaft der Kassenzahnärztlichen Vereinigungen Baden-Württemberg, Bayern, Niedersachsen, Schleswig-Holstein 2015, S. 1 ff).

Unter der **Zielgruppe** des Marketings einer Zahnarztpraxis sind jene Bevölkerungsteile im Praxisumfeld zu verstehen, die durch die Marketingaktivitäten bevorzugt angesprochen werden sollen.

Das Praxismarketing stützt sich auf die Gestaltung des Behandlungs- und Serviceangebots mit Rücksicht auf die Bedürfnisse der zu erreichenden Zielgruppen und nicht etwa mit Rücksicht auf die persönlichen Vorlieben des Zahnarztes oder der Zahnärztin. Es basiert auf der Überzeugung, dass kein Erfolg zu erwarten ist, wenn das Behandlungs- oder das Patientenserviceangebot nicht auf die Vorstellungen, Wünsche und Vorlieben der Patienten angepasst wurde. Eine auf Gewinnerzielung ausgerichtete Praxis muss daher mit einem eingeschränkten Patientenkreis rechnen, wenn sie keine Marktanalyse betreibt, sondern lediglich nach ihrer Sicht geeignete Behandlungs- und Serviceleistungen anbietet. Werden neue Leistungen ohne vorherige Marktanalyse angeboten, so kann es vorkommen, dass von diesen Neuerungen gar nicht oder nur wenig Gebrauch gemacht wird. Ein wirksames Praxismarketing ist daher zielgruppenorientiert und orientiert sich nicht in erster Linie an persönlichen Zielen einzelner Praxisangehöriger.

Im Allgemeinen bilden die (möglichen) Patienten einer Praxis keine homogene Einheit, sondern sie unterscheiden sich unter anderem hinsichtlich ihrer Bedürfnisse, Präferenzen und der ihnen zur Verfügung stehenden finanziellen Mittel. Der „Patientenmarkt" ist daher nicht als Einheit zu betrachten, sondern als Gebilde, das aus einzelnen Bevölkerungsgruppierungen, wie beispielsweise Senioren, Familien mit kleinen Kindern, junge, gut verdienende Singles usw. besteht, die sich hinsichtlich bestimmter nachfragerelevanter Merkmale unterscheiden und auf die die Aktivitäten des Praxismarketings auszurichten sind.

Die Frage ist nun, ob die Aktivitäten des Praxismarketings lediglich auf eine Zielgruppe, einige wenige oder mehrere – im Extremfall alle – Zielgruppen ausgerichtet werden sollen? Welcher Alternative der Vorzug gegeben wird, hängt im Wesentlichen von den vorhandenen finanziellen Mitteln der Praxis, der Bedeutung der einzelnen Zielgruppen und vom Verhalten konkurrierender Praxen ab.

Der Vorteil der Beschränkung auf eine Zielgruppe liegt vor allem in der Bündelung der Kräfte. Die Praxis kann sich hinsichtlich ihrer Marketing-Aktivitäten voll auf die ausgewählte Zielgruppe konzentrieren. Darüber hinaus ist die Ausrichtung auf nur eine Zielgruppe in der Regel mit geringeren finanziellen Aufwendungen verbunden, als die gleichzeitige Ausrichtung auf mehrere Gruppierungen. Aus diesem Grund erscheint eine solche Vorgehensweise besonders attraktiv. Es ist allerdings hierbei darauf zu achten, dass die ausgewählte Zielgruppe Wachstumschancen bietet und bei der Ausrichtung auf diese Zielgruppe auch Wettbewerbsvorteile gegenüber konkurrierenden Praxen aufgebaut werden können. So ist die Zielgruppe gut verdienende Privatpatienten sicherlich sehr lukrativ. In Zeiten einer Rezession wird es allerdings davon nicht so viele geben, die Wachstumschancen sind somit nicht allzu rosig einzuschätzen. Auch ist der Privatpatientenmarkt von anderen, vergleichbaren Praxen stark umworben. Zu einer Konzentration auf diese Zielgruppe ist daher nicht zu raten. Die Ausrichtung auf eine einzelne Zielgruppe ist zudem aufgrund der hohen Abhängigkeit von der Entwicklung dieser Zielgruppe mit einem hohen Risiko verbunden.

Die Berücksichtigung mehrerer Zielgruppen eröffnet die Chance, größere Teile des Patientenmarkts zu erreichen, indem die Praxis auf die unterschiedlichen Bedürfnisse der einzelnen Zielgruppen differenziert eingeht. Zudem trifft eine Umsatzstagnation oder gar -rückgang bei einer Zielgruppe die Praxis nur in vergleichsweise geringem Maße. Allerdings ist im Allgemeinen der mit einer Ausrichtung auf mehrere Zielgruppen verbundene Marketingaufwand (beispielsweise für Planung, Durchführung und Kontrolle der differenzierten Marketing-Aktivitäten) vergleichsweise höher. Mitunter schließt sich die gleichzeitige Ausrichtung auf Zielgruppen mit unterschiedlichen Bedürfnissen und Interessenlagen auch aus: Eine Praxis, die versucht gleichzeitig Senioren und junge Familien mit Kindern als Zielgruppen anzusprechen, wird unter Umständen Probleme bekommen, denn oft gehen ältere Menschen nicht gerne in Praxen, in denen es laut zugeht und viele Kinder umhertollen.

3.3.2 Marketingziele für die Zahnarztpraxis

Ausgangspunkt der Marketingziele sind die allgemeinen Ziele der Zahnarztpraxis. Sie stellen, darauf aufbauend, angestrebte, zukünftige Zustände dar, die eine Zahnarztpraxis auf der Basis der in der Marktanalyse ermittelten internen und externen Rahmenbedingungen für ihr Marketing definiert. Aus den allgemeinen betrieblichen Zielen und den zu erreichenden Zielgruppen sind die Marketingziele der Zahnarztpraxis abzuleiten. Ihnen kommt eine besondere Steuerungs- und Koordinationsfunktion zu, denn sie kennzeichnen die für das Marketing der Zahnarztpraxis festgelegten Endzustände, die durch den Einsatz absatz-politischer Instrumente erreicht werden sollen (Tab. 3.6).

Die konkrete Bildung der Marketingziele für die Zahnarztpraxis ist ein komplexes Problem, da es eindimensionale Zielsetzungen (monovariable Zielbildung) oft nicht gibt. Werden hingegen mehrere Marketingziele (multivariable Zielbildung) verfolgt, so sind ihre **Zielverträglichkeiten** zu untersuchen. Die Gesamtzielsetzung im Bereich des Marketings einer Zahnarztpraxis besteht daher immer aus einer Kombination von quanti-tativen und qualitativen Marketingzielen, die miteinander abgestimmt werden müssen. Die einzelnen Ziele definieren sich in der Regel über Zielinhalt, Zielausmaß und Zeitpunkt.

Zum einen haben die Marketingziele der Zahnarztpraxis unterschiedliche Ausprägungen und unterscheiden sich hinsichtlich der **Zielart** beispielsweise in strategische und operative Marketingziele oder auch in langfristige und kurzfristige Marketingziele.

Die einzelnen Marketingziele der Zahnarztpraxis stehen zueinander in unterschiedli-chen Zielbeziehungen. Sie können beispielsweise verschiedene Ränge aufweisen oder unterschiedlich aufeinander einwirken. So lässt sich beispielsweise eine Erhöhung des Bekanntheitsgrads einer Praxis (Oberziel) erreichen, wenn eine erfolgreiche Werbung durch Praxis-Flyer (Unterziel) verfolgt wird. Das Marketingziel der erfolgreichen Werbung durch Praxis-Flyer wirkt in Bezug auf das Ziel der Erhöhung des Bekanntheitsgrads kom-plementär, da es dieses ergänzt bzw. fördert. Die Marketingziele, sich als Seniorenpraxis zu positionieren und gleichzeitig Familien mit kleinen Kindern zu umwerben, stellen unter Umständen ein konkurrierende, sich gegenseitig behindernde Zielverhältnisse dar, da die Patientenzielgruppen unterschiedlich sind und Senioren auf Kinderlärm in der Praxis empfindlich reagieren könnten. Eine indifferente Zielbeziehung liegt vor, wenn die Erreichung des einen Marketingziels keinerlei Einfluss auf die Erfüllung eines anderen Marketingziels hat.

Die besonderen Schwierigkeiten im Umgang mit derartigen Zielbeziehungen liegen darin begründet, dass sich die Auswirkungen der Verfolgung unterschiedlicher Marke-tingziele zum einen sachlich und zum anderen auch zeitlich nicht immer genau beurteilen lassen.

Tab. 3.6 Beispiele für die Ausrichtung von Marketingzielen der Zahnarztpraxis

	Marketinginstrumente	Märkte/Leistungen	Marktteilnehmer
Elemente	Behandlungsangebot Patientenservice Information	Derzeitige Behandlungsleistungen Neue Behandlungsleistungen Bisherige Märkte Neue Märkte	Konkurrierende Praxen Patienten
Ziele	Umsatzerzielung Umsatzsicherung	Marktdurchdringung Marktentwicklung Entwicklung neuer Behandlungsleistungen Diversifikation	Konkurrenz ausweichen Konkurrenz begegnen Patientengewinnung Patientenbindung

Die **Zielinhalte** von Marketingzielen sind unterschiedlicher Natur, wobei in einer Zahnarztpraxis, in der eine Anzahl von Menschen miteinander arbeitet, neben wirtschaftlich orientierten Marketingzielen auch soziale und persönliche Ziele existieren. Da jeder Mensch, wenn oft auch unbewusst, auf die Verwirklichung seiner persönlichen Ziele hinarbeitet, ist es wichtig, sie in einer Organisation wie der Zahnarztpraxis möglichst mit den Marketingzielen in Einklang zu bringen, denn dies wirkt förderlich und sichert den langfristigen Praxiserfolg. Die Realisierung sozialer Ziele, wie die Existenzsicherung und Sicherung eines angemessenen Lebensstandards für alle Mitarbeiter durch eine angemessene und gerechte Entlohnung oder die Realisierung und Entwicklung individueller Fähigkeiten und Fertigkeiten durch eine entsprechende Tätigkeit und Aufgabenzuteilung, trägt in hohem Maß zur Arbeitszufriedenheit bei, was sich positiv auf die Persönlichkeitsentwicklung, den Arbeitseinsatz und die Arbeitsbereitschaft der Mitarbeiter und damit auch positiv auf das Marketing der Zahnarztpraxis auswirkt. Konkurrierende Ziele einzelner Mitarbeiter können durch ihre Gegenläufigkeit den Marketingzielen schaden.

Damit die einzelnen Marketingziele nicht isoliert nebeneinander stehen, sind sie in einem **Zielsystem** für die Zahnarztpraxis zusammenzuführen, aufeinander abzustimmen und aus ihnen resultierende Zielkonflikte zu lösen. Dabei hilft oft ihre Bewertung in Haupt- und Nebenziele, die eine Rangfolge hinsichtlich ihrer Bedeutung darstellt. Langfristige strategische Marketingziele sind zu operationalisieren und von der Praxisleitung über die einzelnen Bereiche hinweg bis zu Marketingzielen für den einzelnen Mitarbeiter zu konkretisieren. Ihre möglichst genaue Quantifizierung ist zudem von erheblicher Bedeutung für die spätere Messbarkeit des jeweiligen Zielerreichungsgrads (Tab. 3.7).

Die angestrebte **Zielerreichung** der Marketingziele der Zahnarztpraxis kann sich orientieren an vorgegebenen Intervallen, Extremwerten, Maximalwerten, Minimalwerten, vorgegebenen unteren oder oberen Schwellenwerten etc.

Die letztendliche Festlegung der Marketingziele unterliegt zudem vielerlei **Zielrestriktionen**, die vielen Praxisinhabern gar nicht bewusst sind. So wird eine Zahnarztpraxis aufgrund ihrer langjährigen Tradition nicht so ohne weiteres aufgrund von Marketingüberlegungen aus ihrem angestammten Behandlungsgebiet ausbrechen. Sie dürfte auch in der Regel eine spezifische Kompetenz bei der zahnmedizinischen Versorgung einzelner Zielgruppen bzw. Bevölkerungsschichten aufgebaut haben. Auch dürften langjährig „gepflegte" Grundeinstellungen und Grundhaltungen dazu führen, das Angebot bestimmter Behandlungsangebote (beispielsweise extreme Abkehr von der Schulmedizin und ausschließliche Hinwendung zu ganzheitlichen Heilmethoden) von vornherein auszuschließen, auch wenn sie noch so Erfolg versprechend und ohne allzu großen Aufwand zu realisieren wären.

Eine weitere Restriktion kann die Identifizierung von Zielgruppen darstellen. Ist eine eindeutige Identifizierung möglich, so lässt sich daraus eine mögliche Spezialisierungsstrategie ableiten, um genau dieser Zielgruppe gerecht zu werden. Steht hingegen keine eindeutige Identifizierung von Erfolg versprechenden Zielgruppen in Aussicht, so bleibt im Grunde genommen nur der Weg einer Generalistenstrategie, um die gesamte Bandbreite

Tab. 3.7 Beispiele für Marketingziele der Zahnarztpraxis

Zielbereich	Zielformulierung	Zielmessung
Behandlungsfall-zahlen	Erreichen bestimmter Behandlungsfallzahlen zu einem bestimmten Zeitpunkt	Anzahl Behandlungsfälle
Patientenstruktur	Erreichen einer bestimmten Patientenstruktur zu einem bestimmten Zeitpunkt. (z. B. Anteil Privat-/Kassenpatienten)	Anteilswerte
Privatpatienten	Erreichen einer möglichst hohen Privatpatientenanzahl zu einem bestimmten Zeitpunkt	Anzahl Privatpatienten
Image	Erreichen eines bestimmten Praxisimages zu einem bestimmten Zeitpunkt	Befragung zum Image
Bekanntheitsgrad	Erreichen eines bestimmten Bekanntheitsgrades der Zahnarztpraxis zu einem bestimmten Zeitpunkt	Befragung zum Bekanntheitsgrad
Patientenzufriedenheit	Erreichen einer möglichst hohen Patientenzufriedenheit zu einem bestimmten Zeitpunkt	Patientenbefragung
Mitarbeiter-zufriedenheit	Erreichen einer möglichst hohen Mitarbeiterzufriedenheit zu einem bestimmten Zeitpunkt	Mitarbeiterbefragung

möglicher Patientenbedürfnisse abzudecken. Das Vorhaben, Zielgruppen zu entwickeln, ist in der Regel mit großem Aufwand und entsprechenden Risiken behaftet.

3.3.3   Marketingstrategien für die Zahnarztpraxis

Auf der Grundlage des Praxisleitbilds und anhand der strategischen Ziele der Zahnarztpraxis lassen sich ihre Strategien entwickeln. Ausgehend von strategischen Erfolgspotenzialen, die überragende, wichtige Eigenschaften der Zahnarztpraxis darstellen und mit denen sie sich auch dauerhaft von vergleichbaren Praxen abgrenzen kann, wie beispielsweise Stärken im Bereich Patientenservice, alternativen Behandlungsangeboten, fortschrittlichen Prothetikmethoden, Einsatz neuester Dentaltechnik etc., ist das längerfristig ausgerichtete, planvolle Anstreben der strategischen Ziele zu entwickeln.

Marketingstrategien für die Zahnarztpraxis sind mittel- bis langfristige Grundsatzentscheidungen, wie, mit welcher Vorgehensweise und unter Einsatz welcher Marketinginstrumente die festgelegten Ziele des Praxismarketings erreicht werden sollen. Das strategische Praxismarketing ist dadurch gekennzeichnet, dass eine Route vorgegeben wird, in der sich der Einsatz der Marketinginstrumente vollzieht. Marketingstrategien für die Zahnarztpraxis sind also Richtlinien oder Leitmaximen, durch welche ein Rahmen sowie eine bestimmte Stoßrichtung der Marketingmaßnahmen vorgegeben sind. Damit stellen Marketingstrategien für die Zahnarztpraxis einen langfristigen Verhaltensplan dar, dessen Hauptzielsetzung es ist, im lokalen Gesundheitsmarkt die richtigen Entscheidungen zu treffen.

Die Zielsetzung der Marketingstrategie besteht in der Schaffung eines strategischen Wettbewerbsvorteils für die Zahnarztpraxis. Der ist gegeben, wenn durch den bewussten Aufbau von wichtigen und dominierenden Fähigkeiten langfristig und dauerhaft der überdurchschnittliche Erfolg der Praxis gewährleistet ist. Das wird insbesondere dann gelingen, wenn sich die Marketingstrategie an wichtigen Elementen wie den Bedürfnissen der Patienten, den Leistungen der Konkurrenz sowie dem eigenen Leistungsvermögen orientiert (Abb. 3.4).

Eine weitere Ausrichtungsgrundlage sind die Möglichkeiten, die sich im Hinblick auf das Verhältnis von Leistungsangebot und Markt ergeben und die daraus mögliche Ableitung von Marketingstrategien (Tab. 3.8).

Anhand der in Tab. 3.8 aufgezeigten Möglichkeiten lassen sich nun unterschiedliche Marketingstrategien zusammenstellen:

- Die Bewahrungsstrategie sieht vor, das bisherige Angebot von Behandlungsleistungen auf den bisherigen Märkten auch weiterhin beizubehalten. Dies ist dann richtig, wenn die Praxis mit ihren bisherigen Behandlungsangeboten erfolgreich war und die gesteckten Praxisziele dadurch auch erreicht wurden.
- Die Durchdringungsstrategie stellt den Versuch dar, durch geeignete Marketingmaßnahmen den Patientenzuspruch bei den vorhandenen Zielgruppen zu erhöhen.
- Die Neuheitsstrategie (Innovationsstrategie) betrifft neue Behandlungsangebote auf den bisherigen Märkten. Es geht dabei also nicht darum, neue Patientenkreise als Zielgruppen zu erschließen, sondern den bisherigen Zielgruppen neue Behandlungs- und Serviceleistungen anzubieten.
- Bei der Marktentwicklungsstrategie sind hingegen für die bisherigen Leistungsangebote neue Patientenzielgruppen zu finden.
- Bei der Ausbruchstrategie liegt der Entschluss vor, sowohl neue Behandlungs- und Serviceleistungen anzubieten, als auch neue Patientenzielgruppen damit erreichen zu wollen.

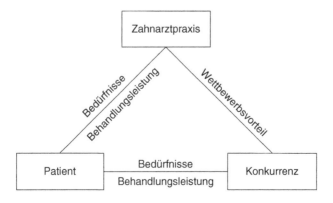

Abb. 3.4 Basiselemente für die Ausrichtung von Strategien für das Praxismarketing

Tab. 3.8 Ableitung von Strategien für das Praxismarketing

Markt Leistungsangebot	Bisherige Märkte/ Patientenzielgruppen	Neue Märkte/ Patientenzielgruppen
Bisheriges Behandlungsangebot	Durchdringung: Behandlungsangebot beibehalten Patientenzielgruppe beibehalten = Minimalstrategie	Marktentwicklung: Behandlungsangebot beibehalten Neue Patientenzielgruppe erschließen = Intensivierungsstrategie
Neues Behandlungsangebot	Neuheit: Behandlungsangebot erweitern Patientenzielgruppe beibehalten = Innovationsstrategie	Ausbruch: Behandlungsangebot erweitern Neue Patientenzielgruppe erschließen = Diversifikationsstrategie

- In diesem Zusammenhang ist auch die sogenannte Streustrategie (Diversifikation) zu nennen: Hierbei werden gleichzeitig mehrere neue Behandlungs- und Serviceleistungen angeboten („verstreut"), in der Hoffnung, dass das eine oder andere Angebot ein sicherer Erfolg wird. Man weiß jedoch nicht, welches neue Angebot besonderen Anklang findet. Die Verfolgung dieser Strategie ist für die Praxis aufgrund der notwendigen umfangreichen Angebotserweiterung natürlich sehr aufwendig und mit erheblichen Kosten verbunden.
- Dem steht die Konzentrationsstrategie gegenüber, bei der sich die Praxis ganz gezielt auf eine bestimmte Erweiterung der Angebotspalette festlegt. Die Gefahr, dass bei dieser Einengung durch Fehleinschätzungen etc. ein Misserfolg zu erwarten ist, ist bei Auswahl dieser Strategie natürlich groß.

Tab. 3.9 fasst die wichtigsten Unterscheidungsmerkmale der einzelnen aufgezeigten Strategien nochmals zusammen.

Die Entwicklung von Marketingstrategien für die Zahnarztpraxis ist auch eine kreative Aufgabe, denn es muss versucht werden, soviel Strategievarianten wie möglich aufzustellen. Je größer die Zahl der alternativen Strategien ist, desto wahrscheinlicher wird es, dass sich eine Strategie finden lässt, die dicht neben der besten liegt. So gibt es beispielsweise mehrere Wege zur Steigerung des Praxisgewinns: Bei gleichbleibendem Umsatz können einerseits die Praxiskosten gesenkt werden oder andererseits der Umsatz bei gleichbleibendem Einnahmenniveau und Behandlungsfallkosten erhöht werden. Letzteres als Marketingstrategie für die Zahnarztpraxis zu verfolgen, wäre sicherlich der falsche Weg, da durch die Budgetierung faktische Umsatzgrenzen vorgegeben sind und die Behandlungsfallkosten keineswegs gleich bleiben, sondern vielmehr eher eine steigende Tendenz aufweisen. Die bessere Strategie zur Erreichung dieses Zieles ist somit zweifelsohne die nachhaltige Senkung der Praxiskosten. Der Maßstab für die Auswahl der aussichtsreicheren Strategien sollte daher auch in enger Beziehung zu den Marketingzielen der Zahnarztpraxis stehen.

Tab. 3.9 Abgrenzung der Strategien für das Praxismarketing

Merkmale Strategien	Bisheriges Behandlungs- angebot beibehalten	Neues Behandlungs- angebot einführen	Bisherige Patientenziel- gruppen beibehalten	Neue Patienten- zielgruppen suchen	Mehrere neue Behandlungs- angebote	Ein neues Behandlungs- angebot
Be- wahrung	X		X			
Neuheit		X	X			
Marktent- wicklung	X			X		
Durch- dringung			X			
Ausbruch		X		X		
Streuung		X			X	
Konzent- ration		X				X

Der Ausdruck Strategie beinhaltet zudem die Annahme, dass mögliche Konkurrenzpraxen mit Gegenstrategien reagieren. Es sollte daher auch versucht werden, die Gegenstrategien des Konkurrenten vorauszusehen, um auch hierfür alternative Antworten bereitzuhalten. Dadurch kann eine spätere Reaktionszeit erheblich verkürzt werden.

3.3.4   Strategische Praxispositionierung

Das Ergebnis der strategischen Überlegungen zum Praxismarketing ist die Positionierung der Praxis. Sie beschreibt die Stellung, die die Praxis gegenüber den Patienten, im lokalen Gesundheitsmarkt und damit gegenüber der unmittelbaren Konkurrenz einnimmt. Ziel ist es dabei, eine möglichst Erfolg versprechende Positionierung anzustreben, einzunehmen, sie zu festigen und auszubauen. Die **Praxispositionierung** ist insbesondere abhängig von den Zielgruppen, der Patientenstruktur, den Behandlungsmethoden und vom übrigen Leistungsangebot der Praxis (vgl. Tab. 3.10).

Je nach Ausrichtung der Praxis anhand wichtiger Kriterien ergibt sich das individuelle **Praxisprofil**. Es zeichnet sich idealerweise durch ein unverwechselbares Erscheinungsbild, standesgemäßes Auftreten, klare Akzente und glaubwürdige Vermittlung gegenüber dem relevanten Umfeld, den Patienten und den Nachbarschaftspraxen aus.

Das Praxisprofil hat entscheidenden Einfluss darauf, welche Position die Praxis im Wettbewerb mit anderen Praxen einnimmt. Es ist grundsätzlich nicht starr und sollte erfolgs-

Tab. 3.10 Beispiele für Ausprägungsmöglichkeiten der Praxispositionierung

Ausprägungsformen Kriterium	konventionell	speziell
Honorierung	Kassenpraxis	Privatpraxis
Standort	Landpraxis	Citypraxis
Angebotsumfang	Generalistenpraxis	Spezialpraxis
Methoden	Schulmedizinpraxis	Ganzheitl. Praxis
Nachhaltigkeit	Behandlungspraxis	Prophylaxepraxis
Kooperation	Alleinpraxis	Ärztehauspraxis
Größe	Normalpraxis	Groß-/Kleinpraxis
Patientenstruktur	Familienpraxis	Single-/Senioren-/Prominentenpraxis
Ablauforganisation	Wartepraxis	Terminpraxis

abhängig orientiert sein. Allerdings ist eine allzu häufige Änderung des Praxisprofils und damit der Praxispositionierung aufgrund der notwendigen Veränderung der Patientenstruktur und -akzeptanz kaum möglich.

In engem Zusammenhang mit dem Praxisprofil steht ihre **Corporate Identity** (CI). Auf der Grundlage des Praxisprofils stellt sie das einheitliche, koordinierte und unverwechselbare Erscheinungsbild der Zahnarztpraxis dar, das auf eine stabile, positive Wahrnehmung sowohl nach außen als auch innerhalb der Praxis abzielt. Die abgestimmte, konsistente Identität erhält die Zahnarztpraxis durch die Gesamtheit ihrer Charakteristika, ihrer Kommunikation, ihr Verhalten, und nicht zuletzt das Auftreten ihrer Mitarbeiter. Unterstrichen wird dies üblicherweise durch eine entsprechende Visualisierung im Rahmen eines **Corporate Designs** (CD). Während die visuelle Gestaltung von Briefpapieren, Visitenkarten, Logos der Zahnarztpraxis bis hin zu einheitlicher Arbeitskleidung, Gebäudearchitektur (Corporate Architecture, CA), Raumgestaltung, Farbgebung, Leuchtbeschriftung etc. zum CD gehört, zählt das allgemeine Verhalten gegenüber den Patienten, wie auch gegenüber deren Angehörigen oder Lieferanten und allgemein in der Öffentlichkeit zum sog. Corporate Behaviour (CB) und ist als Bestandteil der allgemeinen Kultur der Zahnarztpraxis, ihrer Entscheidungsstrukturen, dem praktizierten Umgangston, Führungsstil etc. durch Personal- und Organisationsentwicklungsmaßnahmen beeinflussbar.

„Ein zentrales Kriterium zur Gewinnung und langfristigen Bindung des Patienten ist das Vertrauen, das er der Zahnarztpraxis entgegenbringt. Denn schließlich sucht der Patient die Praxis mit der Erwartungshaltung auf, in seinen Wünschen und Ängsten absolut ernst genommen zu werden und sich rundum wohl zu fühlen. Um dem entsprechen zu können, ist nicht nur eine erstklassige fachliche und soziale Kompetenz des Behandlers, sondern auch ein stimmiges, an authentisch vermittelten Werten orientiertes Praxiskonzept erforderlich. Und das muss stimmen, um die Praxis gegenüber ihrer Patientenklientel als kompetente Ansprechpartner in Sachen Zahnmedizin und unverwechselbare Marke zu positionieren. Der Corporate Identity kommt dabei besondere Bedeutung zu." (Kriens 2004, S. 22).

3.4   Instrumente des Praxismarketings

3.4.1   Patientenbindung

Immer mehr Patienten sind heutzutage anspruchsvoll, gut informiert und wissen oft sehr genau, welche Leistungen sie von ihrem Zahnarzt oder ihrer Zahnärztin erwarten können. Aus Sicht des Praxismarketings ist daher eine konsequente Patientenorientierung für den Erfolg einer Praxis von besonderer Bedeutung. Sie hat das Ziel der langfristigen **Patientenbindung**, die eine Behandlung nicht als einmalige Leistung versteht, sondern durch das Erreichen von Zufriedenheit in ihr den Anfang einer Vertrauensbeziehung zwischen Zahnärzten und Patienten sieht. Diese Zufriedenheit lässt sich erzielen, in dem der Zahnarzt oder die Zahnärztin die Erwartungen und Vorstellungen des Patienten dauerhaft erreicht und am besten sogar noch übertrifft, was aus betriebswirtschaftlicher und strategischer Sicht eine wichtige Praxisinvestition in die Zukunft bedeutet. Schließlich wird ein zufriedener Patient vielmehr bereit sein, auch einen angemessenen Preis für eine gute Behandlung zu zahlen. Dazu muss die Qualität der zahnärztlichen Behandlung so dargestellt werden, dass sie der Patient auch bewusst wahrnimmt, was im Übrigen für den Einsatz aller Instrumente im Praxismarketing gilt. Zufriedene Patienten sind in der Regel auch loyale Patienten. Erst diese Treue führt auch dazu, dass Patienten „Stammkunden" der Praxis werden.

Die Möglichkeit zur Patientenbindung hängt in hohem Maße von Informationen über die Wirkung der Praxis auf die Patienten ab und auf was sie Wert legen, wenn sie zahnärztliche Behandlung in Anspruch nehmen. Nur wenn die Praxisleitung über diese Informationen verfügt, können die Verhaltensweisen des Patienten bei der Praxisauswahl ergründet, verstanden und der Versuch unternommen werden, durch geeignete Marketingmaßnahmen darauf Einfluss zu nehmen.

Patienten lassen sich langfristig dann an die Praxis binden, wenn der Aufenthalt in ihr, die Erfahrungen mit dem Praxispersonal und die Behandlung grundsätzlich positiv belegt und mit einem angenehmen Gefühl verbunden werden. Das bezieht sich natürlich nicht etwa auf die Schmerzsymptome als Anlass, die Praxis aufsuchen zu müssen, sondern vielmehr auf die Verlässlichkeit, geholfen zu bekommen, sowie auf die Gewissheit, dass das Praxispersonal trotz aller zahnmedizinischen Notwendigkeiten versuchen wird, den Aufenthalt in der Praxis so angenehm wie möglich zu gestalten.

Insofern setzt die Patientenbindung emotionale Reaktionen voraus, die den Vergleich zwischen den Erwartungen, die die Patienten mit der Praxis verbinden, und den tatsächlichen Erfahrungen, die sie mit der Praxis machen, begleiten. Diese subjektive Einschätzung ist somit das Ergebnis eines komplexen Vergleichsprozesses, in dessen Verlauf die individuell wahrgenommene Praxisleistung einem Maßstab gegenübergestellt und mit seiner Hilfe bewertet wird (Abb. 3.5).

Von besonderem Interesse für die Patientenbindung sind nun die Beschaffenheit und das Zustandekommen dieses Maßstabs. Woran misst also der Patient seinen Grad der Unzufriedenheit oder Zufriedenheit mit der Praxis?

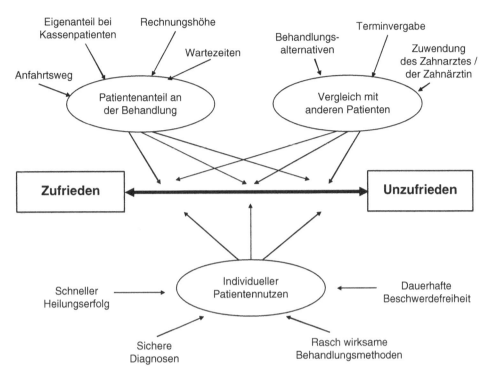

Abb. 3.5 Mögliche Maßstäbe der Patientenzufriedenheit

Eine Möglichkeit ist der Anteil des Patienten an der Behandlung und am Praxisaufenthalt: Was muss er bei dieser Praxis im möglichen Vergleich zu anderen Praxen leisten, um einen gewünschten verbesserten zahnmedizinischen Gesundheitszustand zu erreichen? Dazu zählen beispielsweise der Vergleich von Eigenanteilen bei Kassenpatienten, die Höhe der Rechnung bei Privatzahlern, der Anfahrtsweg zur Praxis oder die Wartezeiten.

Ein weiterer Maßstab kann der Vergleich mit anderen Patienten sein: Wie werde ich als Patient im Vergleich zu anderen in dieser Praxis behandelt? Kriterien können dabei etwa sein die Möglichkeit, einen kurzfristigen Termin zu bekommen, das Angebot alternativer Behandlungsmethoden oder die Zeit, die sich der Zahnarzt oder die Zahnärztin für den jeweiligen Patienten nimmt.

Ein besonders wichtiger Maßstab ist schließlich der Nutzen, den der Patient aus dem Besuch in der Praxis zieht: Warum hat er vom Besuch in dieser Praxis mehr, als wenn er eine andere Praxis aufsucht? Dazu zählen als Kriterien ein möglichst schneller in Aussicht gestellter Heilungserfolg, sichere Diagnosen, rasch wirkende Behandlungsmethoden oder dauerhafte Beschwerdefreiheit.

Insbesondere dann, wenn der Patient den subjektiven Eindruck negativer Erlebnisse empfindet, wie etwa in der Praxis schnell abgefertigt worden zu sein, kann dies einen bisherigen positiven Eindruck sehr schnell zunichte machen. Ein negatives Erlebnis reicht dazu oft schon aus. Umgekehrt sind viele dauerhaft positive Erfahrungen notwendig, um einen hohen Grad der Patientenzufriedenheit zu erreichen.

Das bedeutet, dass Patientenbindung keine einmalige Werbeaktion darstellt, sondern ein dauerhaftes Bemühen um den Patienten voraussetzt. Dazu gehören eine konsequente Patientenorientierung und ein wirksames Qualitätsmanagement, welche die Grundlagen für ein langfristig gesichertes Leistungsniveau der Praxis und damit eine hohe Patientenzufriedenheit bieten.

Manche Patienten sagen zwar, dass sie mit ihrer Zahnärztin oder ihrem Zahnarzt zufrieden sind, würden aber bei Kenntnis von besseren Leistungen auch durchaus einen Praxiswechsel in Erwägung ziehen. Andere Patienten wiederum zeichnen sich durch ein überzogenes Anspruchsdenken aus. Schließlich gibt es auch Patienten, die einen Vergleich mit anderen Praxen noch scheuen, was aber nicht dauerhaft auszuschließen ist.

Die **Erwartungshaltung** von Patienten ist für die Patientenbindung insgesamt von großer Bedeutung. Damit ein möglichst hoher Zufriedenheitsgrad erzielt werden kann, ist es wichtig für die Praxisleitung zu wissen, wie sie zustande kommt.

Ein wesentlicher Einflussfaktor auf die Erwartungshaltung ist die eigene Erfahrung, die der Patient mit der Praxis oder auch mit anderen Zahnärzten bereits gemacht hat. Waren es schlechte Erfahrungen in „seiner" Praxis, so erwartet er zukünftig eine Besserung der Leistungen. Hat er Erfahrungen aus anderen Praxen, so erwartet er dass er mindestens ebenso gut oder gar noch besser behandelt wird.

Oftmals liegen jedoch bei einer Auswahlentscheidung für eine Praxis oder einem ersten Besuch gar keine Erfahrungen vor. Hat der Patient gerade erst den Wohnort gewechselt oder für ihn neue Zahnbeschwerden, die den Besuch einer Zahnarztpraxis erforderlich machen, so wird er versuchen Informationen darüber einzuholen, welche Praxis denn zu empfehlen sei. Grundlage seiner Erwartungshaltung sind dann diese Empfehlungen, die bereits ein gewisses Vorstellungsspektrum auslösen, welches die Praxis erst einmal erfüllen muss, um Zufriedenheit beim Patienten zu erzeugen.

Ferner ist die Erwartungshaltung vom Wissen des Patienten abhängig, welches er sich etwa in Hinblick auf Behandlungsmethoden, Krankheitsverlauf oder auch Arbeits- und Rahmenbedingungen des Praxisbetriebs aneignet. Oft glauben zahnmedizinisch und/oder heilkundlich orientierte Patienten zumindest beurteilen zu können, welche Ansprüche an Behandlungsmethoden oder Patientenservice zu stellen sind und fordern diese ein. Der Grad ihrer Erfüllung beeinflusst dann in hohem Maße die Patientenzufriedenheit.

Schließlich weist jeder Patient individuelle Bedürfnisse auf, die seine Erwartungshaltung beeinflussen. Sie beschreiben Wünschenswertes, oft auch emotionale Dinge, die in Zusammenhang mit der Behandlungsleistung und dem Praxisaufenthalt aus Sicht des Patienten möglich sein sollten. Ein Beispiel hierzu ist die Zuwendung des Praxispersonals und damit das Gefühl, in der Praxis gut aufgehoben und optimal versorgt zu sein. Es kann aber auch das konkrete Bedürfnis nach einer dauerhaften Schmerzfreiheit für eine bevorstehende Reise des Patienten sein.

Die Erwartungen des Patienten werden mit den konkreten Erfahrungen und Wahrnehmungen in Zusammenhang mit seinem Praxisaufenthalt abgeglichen. Hierzu definiert er unwillkürlich minimale und maximale Erwartungswerte. Die Abweichungen hiervon können sich im Spektrum von nichterfüllten bis weit übertroffenen Erwartungen bewegen. Die Erfahrungen und Wahrnehmungen, die zwischen den maximalen und minimalen Werten liegen, wird der Patient möglicherweise mehr oder weniger tolerieren. Der jeweilige individuelle Toleranzbereich kann dabei sehr eng aber auch recht weit gefasst sein.

Im Falle von Über- und Unterschreitung der Werte ist jedoch häufig eine Tendenz zur Übertreibung festzustellen: Der Patient wird entweder gegenüber Anderen von der Praxis in höchsten Tönen schwärmen, so dass womöglich bei potenziellen Neupatienten überzogene Erwartungshaltungen entstehen, oder er wird die Praxis samt Personal in Grund und Boden verdammen. Was Letzteres für das Empfehlungsmarketing bedeutet, braucht an dieser Stelle nicht weiter erläutert zu werden. Zudem entsteht in solchen Fällen sehr rasch eine Rufschädigung durch Gerüchte, was eine echte Gefahr für den Praxisfortbestand darstellen kann (Abb. 3.6).

Da die Wahrnehmungen und subjektiven Empfindungen häufig unabhängig vom objektiven Qualitätsniveau der Behandlungsleistung erfolgen, reicht es aus Sicht einer langfristigen Patientenbindung nicht aus, „nur" gute Behandlungsleistungen zu erbringen. Häufig fehlt auch das dazu notwendige Urteilsvermögen, oder die zahnärztliche Leistung wird unter dem Eindruck der persönlichen gesundheitlichen Situation emotional bewertet.

Der alte Marketing-Spruch „Ein gutes Produkt verkauft sich von alleine!" gilt somit für die Zahnärztin oder den Zahnarzt und ihre Arbeit nicht uneingeschränkt. Ein qualitativ hochwertiges dentales Behandlungsniveau ist zwar die wesentliche Voraussetzung für den Praxiserfolg. Darüber hinaus ist dieses gegenüber dem Patienten jedoch immer wieder hervorzuheben und zusammen mit den anderen Leistungen der Praxis darzustellen, um die

Abb. 3.6 Erwartungshaltung von Patienten

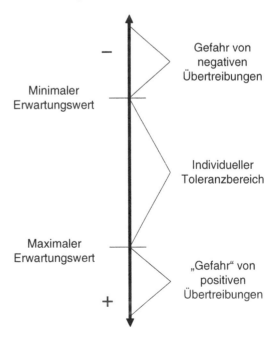

Patienten langfristig an sich zu binden. Denn: Grundsätzlich besteht immer die Gefahr der Abwanderung von Patienten, wenn Konkurrenten andere und höhere Erwartungen erfüllen.

Schließlich ist die Frage zu klären, durch welche Äußerungsformen der Patient auf die Erfüllung oder Nichterfüllung seiner Erwartungen reagiert, damit wiederum die Praxisleitung entsprechende Maßnahmen ergreifen kann.

Das Erfüllen oder sogar Übertreffen der Erwartungen äußert sich nicht selten in dem erwünschten Effekt der Referenz. In diesem Falle empfiehlt der Patient die Praxis weiter, was einerseits aus Sicht der Patientenbindung erfolgreich ist, andererseits im Sinne eines Empfehlungsmarketings zu neuen Patienten führt. Auf die Gefahr der Übertreibung im Falle einer Übererfüllung der Erwartungen wurde bereits hingewiesen. Sie kann dazu führen, dass der Patient gegenüber Anderen von der Praxis in höchsten Tönen schwärmt, so dass womöglich bei potenziellen Neupatienten überzogene Erwartungshaltungen entstehen.

Im Falle der Erfüllung der Erwartungen, kann von der Zufriedenheit des Patienten ausgegangen werden. Eine gewisse Treue zur Praxis ist die Folge, zumindest so lange der Patient keine Veranlassung zu einem Wechsel sieht. In solch einem Stadium der Patientenbindung besteht mit zunehmender gesellschaftlicher Mobilität, steigendem Wettbewerb der Praxen untereinander und einer verbesserten Information der Patienten jedoch die Gefahr, dass diese Verbundenheit mit der Praxis über kurz oder lang bröckelt. Insbesondere nur scheinbar zufriedene Patientinnen oder Patienten, die sich sogar eher in einem Abhängigkeitsverhältnis zu ihrem Zahnarzt oder ihrer Zahnärztin sehen, werden eine sich bietende Gelegenheit nutzen, die Praxis zu wechseln.

Das Verlassen der Praxis, die Abwanderung zu einer anderen Zahnarztpraxis, ist schließlich die absolute Form der Äußerung von Unzufriedenheit. In solch einer Situation ist es kaum möglich, den Patienten zu einer Rückkehr zu bewegen. Auch ist es fraglich, ob sich Aufwand und Einsatz in solch einem Fall lohnen würden. Wichtig ist es jedoch, die Gründe für diese Entscheidung des Patienten herauszubekommen, insbesondere dann, wenn es sich um langjährige Patienten handelt. Nicht immer hängt eine Abwanderung mit der eigentlichen Behandlungstätigkeit zusammen, sondern resultiert etwa aus Wechsel im Praxispersonal und einem nachlassenden Patientenservice.

Auch kann die Praxisleitung nicht davon ausgehen, dass Patienten, bevor sie abwandern, ihre Unzufriedenheit durch Beanstandungen äußern. Nur dann erhält die Praxisleitung die Chance rechtzeitig korrigierend eingreifen zu können. Beschwerden über Missstände in der Praxis sollten daher nicht als lästiges Übel unwissender Patienten abgetan werden. Vielmehr sollte sich die Praxisleitung bemühen, die dabei nicht selten einhergehenden Emotionen von dem eigentlichen objektiven Beanstandungsgrund zu trennen. Denn oft ist ein sich äußernder einzelner Patient oft nur das Sprachrohr einer schweigenden Mehrheit, die sich nicht traut, die Dinge die sie an der zahnärztlichen Behandlung oder in der Praxis stören, beim Namen zu nennen. Durch das Abstellen eines einzelnen Beanstandungsanlasses kann auf diese Weise die Bindung aller Patienten an die Praxis intensiviert werden.

Auch kann es dazu kommen, dass ein sich bereits in der Praxis negativ äußernder Patient die Unzufriedenheit in das Praxisumfeld trägt, als Multiplikator wirkt und dadurch eine Art negative Agitation betreibt. Auf die Gefahr einer Rufschädigung durch Gerüchte wurde in solch einem Fall bereits hingewiesen. Bis die Gerüchte zur Praxis vordringen, ist es meistens schon zu spät. Ist eine derartige Situation eingetreten, sollte sie aktiv angegangen werden, was Gegendarstellungen, zivilrechtliche Schritte und anderes mehr einschließen kann.

Die mögliche Anwendung gezielter Maßnahmen zur Verstärkung der Patientenbindung setzt die Kenntnis über die Zufriedenheit der Patienten voraus. Von besonderer Wichtigkeit sind dabei Gesamturteile, die Auskunft darüber geben, ob die Patienten mit den Leistungen des zahnärztlichen Personals und ihrer Praxis insgesamt zufrieden sind und die Bedeutungsreihenfolge einzelner Leistungen aus Sicht der Patienten, um aus diesen Prioritäten zielgerichtete Schwerpunkte für Maßnahmen der Patientenbindung setzen zu können.

Um die **Patientenzufriedenheit** festzustellen, lassen sich zunächst neutrale Methoden anwenden, die die Berücksichtigung von objektiv erhobenen Werten zugrunde legen.

So kann beispielsweise der Patientenstand und dabei insbesondere etwa die Anzahl der in einer Periode neu hinzugekommenen Patienten oder auch die Anzahl derjenigen, die die Praxis verlassen haben, einen Hinweis über den Zufriedenheitsgrad der Patienten mit ihrer Praxis geben.

Patientenstand und Praxisumsatz lassen sich auch mit von den Standesorganisationen regelmäßig ermittelten Referenzzahlen vergleichen, um daraus abzuleiten, ob es sich bei der ein oder anderen negativen Entwicklung um einen allgemeinen Trend oder um ein tatsächliches Problem der eigenen Praxis handelt.

Die persönlichen Methoden zur Feststellung der Patientenzufriedenheit orientieren sich an den subjektiven Wahrnehmungen der Patienten.

Das kann zum einen den gesamten Ablauf des Praxisaufenthaltes einschließlich vor- und nachgelagerter Tätigkeiten in der Praxis umfassen. Hierbei ist darauf zu achten, dass nicht nur das Gespräch mit dem Zahnarzt oder der Zahnärztin und die Behandlung selbst zur Zufriedenheit des Patienten beitragen können, sondern alle Arbeitsschritte von der Anrufbeantwortung über die Terminvergabe bis hin zur Rechnungsstellung und Recall-Maßnahmen die Patientenzufriedenheit beeinflussen. Im Ablauf kann sich auch die Zufriedenheit verändern: Negative und positive persönliche Wahrnehmungen können auf vor- und nachgelagerte Prozessschritte ausstrahlen, so dass die Freude über einen kurzfristigen Behandlungstermin aufgrund negativer Wahrnehmungen in Zusammenhang mit der eigentlichen Behandlung sich insgesamt in Unzufriedenheit niederschlagen kann. Besondere negative Ereignisse bleiben dabei eher haften als normale Vorkommnisse, die sich erst in ihrer Gesamtheit auch auf die Patientenzufriedenheit auswirken können. Um den Zufriedenheitsgrad feststellen zu können, lässt sich nach der ablauforientierten Methode etwa eine Patientenbefragung anhand des gesamten Ablaufs des Praxisaufenthaltes einschließlich vor- und nachgelagerter Tätigkeiten, in die der Patient einbezogen wird, durchführen.

Eine weitere Möglichkeit besteht in der persönlichen Wahrnehmung der Qualität der Behandlungsleistungen, die sich anhand von direkten oder indirekten Indikatoren in Erfahrung bringen lässt.

Zu den direkten Indikatoren zählt etwa die Anzahl von Beschwerden oder von erforderlichen Nachbehandlungen. Eine weitere Möglichkeit der direkten Bestimmung der Patientenzufriedenheit ist die Nutzung von Maßeinheiten, bei der die Patienten insgesamt auf einer Skala, die beispielsweise von „großer Zufriedenheit" bis „Unzufriedenheit" reicht, ihren jeweiligen Eindruck von der Leistung des zahnärztlichen Personals und der Praxis insgesamt oder in Hinblick auf Einzelaspekte wie Terminvergabe, Praxisausstattung, Patientenservice oder Behandlungsangebot wiedergeben können.

Bei den indirekten Indikatoren werden die Erwartungen vor und die tatsächlichen Erfahrungen nach der Behandlung erfragt. Die Abweichungen lassen Rückschlüsse auf die Behandlungsqualität zu, gegeben jedoch keinen Hinweis auf den genauen Grund der Abweichung: Entweder haben sich die Erwartungen des Patienten zwischenzeitlich geändert oder negative Wahrnehmungen während der Behandlung sind für die Abweichungen ausschlaggebend. Werden die Erwartungen und die Wahrnehmungen beide erst nach der Behandlung erfragt, so lässt sich eine zwischenzeitliche Änderung der Erwartungshaltung ausschließen.

Die mit den genannten Methoden ermittelten Kenntnisse über die Zufriedenheit der Patienten geben nun Hinweise auf den Handlungsbedarf bei der Patientenbindung.

Um Sicherheit in der Anwendung der Methoden und der daraus resultierenden Ergebnisse zu gewinnen, kann ihr Einsatz zunächst bei einem begrenzten Patientenkreis erfolgen, bevor sie auf den gesamten Patientenstamm ausgedehnt werden.

Im Rahmen der Anwendung von Maßeinheiten besteht bei der Bildung von Durchschnittswerten die Gefahr der Ergebnisnivellierung, was auf einen verminderten Handlungsbedarf schließen lassen könnte.

Insbesondere dann, wenn die Bewertungen bei als von Patienten wichtig angesehenen Einzelaspekten deutlich unter der Erwartungshaltung liegen, sind Maßnahmen zu ergreifen, um die Patientenbindung zu verbessern. Negative Ergebnisse sollten hierbei keinesfalls unter den Tisch gekehrt oder in Frage gestellt werden. Für die langfristige Patientenbindung ist es wichtig den Ursachen hierfür auf den Grund zu gehen und vorhandene Mängel abzustellen.

Geht man davon aus, dass sich die Erwartungen der Patienten unterscheiden in Anforderungen, die unbedingt erfüllt sein sollten und solche, die wünschenswert wären, so lassen sich für die Praxis zunächst **Grunderwartungen** definieren. Sie stellen somit die Basis für die Patientenzufriedenheit dar, und ihre Nichterfüllung sollte auf jeden Fall vermieden werden, da alle darüber hinaus gehenden Leistungen nicht mehr zur Zufriedenheit des Patienten führen. Als vorausgesetzte Selbstverständlichkeiten umfassen sie beispielsweise einen freundlichen Empfang, kurze Wartezeiten oder eine gut ausgestattete Praxis.

Die **Zusatzerwartungen** richten sich zunächst an die Potenziale des zahnärztlichen Personals und der Praxis. Hierunter fallen die Behandlungsleistung, die Behandlungsqualität, die Qualität der Beratung durch die Zahnärztin oder den Zahnarzt oder auch die Beherrschung neuer Heilmethoden. Die Zufriedenheit bei den Zusatzerwartungen hängt in hohem Maße davon ab, wie die Leistungsfähigkeit der Praxis wahrgenommen wird. Insbesondere die Potenziale bieten hierbei eine Möglichkeit zur Abgrenzung und Hervorhebung gegenüber dem Wettbewerb.

Zusätzliche positive Überraschungen sind im Grunde genommen unerwartet. Sie prägen sich ein und tragen in hohem Maße zur Patientenzufriedenheit bei. Umgekehrt ist ihr Ausbleiben kein Anlass für Unzufriedenheit, da diese Leistungen vom Patienten nicht ausdrücklich formuliert und gefordert wurden. Insbesondere zählen dazu Leistungen aus dem Bereich des Patientenservices, spezielle Angebote für Senioren, Familien, Singles, wie sie in der Patientenkommunikation beschrieben werden. Positive Überraschungen unterliegen jedoch der Gefahr der Gewöhnung. Die Praxis muss einerseits innovativ sein, um sich immer wieder etwas Neues einfallen zu lassen, und der Patient wird diese Leistungen nach einer gewissen Zeit im Sinne von Grund- oder Zusatzerwartungen als Standard empfinden.

Für die Zahnarztpraxis bedeutet das, dass sie diejenigen Potenziale, die am besten auf die Zufriedenheit der Patienten einwirken, feststellt. Dadurch können gezielt Schwerpunkte gesetzt und das Behandlungs- und Serviceangebot an den jeweiligen Zielgruppen ausgerichtet werden. Neue Behandlungsangebote lassen sich anhand ihres Beitrages zur Patientenzufriedenheit bewerten und in Hinblick auf die Grund- und Zusatzerwartungen zielgruppenspezifisch ausrichten. Innovationen im Sinne positiver Überraschungen können gezielt zur Abgrenzung vom Wettbewerb genutzt werden (Abb. 3.7).

3.4.2 Patientenkommunikation

Die **Patientenkommunikation** der Zahnarztpraxis umfasst die planmäßige Gestaltung und Übermittlung der auf den Patientenmarkt gerichteten Informationen, mit dem Zweck, die Meinungen, Einstellungen und Verhaltensweisen der Patientenzielgruppe im Sinne der

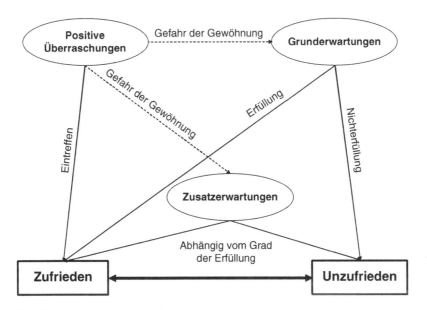

Abb. 3.7 Maßnahmen zur Patientenbindung

Zielsetzung der Zahnarztpraxis zu beeinflussen. In einem zielgerichteten Dialog zwischen Patienten und Praxis geht es dabei auch um die Steuerung der Beeinflussung zur Veränderung von Einstellungen, Wissen, Erwartungen und Verhaltensweisen der derzeitigen und zukünftigen Patienten. Ziele sind die die Erhöhung der Absicht beim Patienten, die Zahnarztpraxis für Behandlungsmaßnahmen oder sonstige zahnmedizinische Leistungen auszuwählen, die Verbesserung der Einstellungen und des Images der Zahnarztpraxis, die Erhöhung des Bekanntheitsgrades bei der Patientenzielgruppe und die Positionierung der Zahnarztpraxis am Gesundheitsmarkt neben den Wettbewerbern.

Die Patientenkommunikation umfasst im Einzelnen:

- Die kommunikative Herstellung von Vertrauen in die Zahnarztpraxis,
- die strategische Planung der Patientenkommunikation,
- die Festlegung ihrer Inhalte,
- die kommunikative Steuerung der Patientennachfrage und der Erschließung neuer Patientenmärkte,
- die Definition der Wege, über die die Patienten kommunikativ erreicht werden sollen,
- die Bestimmung von Verantwortlichkeiten in der Zahnarztpraxis für die Kommunikationsprozesse und ihre Umsetzung,
- der kommunikative Umgang mit Behandlungsfehlern, Störungen, Krisen, Reklamationen,
- die Kommunikation mit der Umwelt der Zahnarztpraxis über den eigentlichen Dialog mit dem Patienten hinaus (Corporate Communication),
- die kommunikative Begleitung bei der Einführung neuer zahnmedizinischer Praxisangebote.

Die Ansätze, die dem Einsatz der Kommunikationsinstrumente zugrunde liegen, sind einerseits das Versprechen der Zahnarztpraxis von Vorteilen ihrer Behandlungsangebote, die Angebote von Wettbewerbern nicht haben, und andererseits die werbliche Hervorhebung von Alleinstellungsmerkmalen ihrer Behandlungsangebote, was insbesondere bei gesättigten Gesundheitsmärkten, auf denen bestimmte Behandlungsangebote nahezu austauschbar sind, zum Einsatz gelangt.

Ein wesentliches Ziel der Patientenkommunikation ist es, die Zahnarztpraxis möglichst als eigenständige, wieder erkennbare und unverwechselbare **Marke** bei den Patienten zu etablieren. Das bedeutet, dass sie über tatsächliche und vermeintliche Eigenschaften verfügt, die sie von der Konkurrenz unterscheiden. Anhand von Markenzeichen erkennt der Patient seine Praxis beispielsweise bei Marketingaktionen wieder und assoziiert damit möglichst positive Eigenschaften, so dass er sich bei Bedarf gezielt für die Inanspruchnahme ihrer medizinischen Leistungen entscheiden kann. Er kann anderen potenziellen Patienten in Form von Mundpropaganda von seinen Erfahrungen mit der Zahnarztpraxis berichten, was ihrerseits ebenfalls zu einer Inanspruchnahme von deren Leistungen führen kann. Für die Zahnarztpraxis bedeutet das Markenimage aber auch, dass sie im Interesse einer

langfristigen Patientenbeziehung und im Sinne einer daraus resultierenden Selbstver-
pflichtung bemüht sein muss, die Patienten nicht nur einmalig, sondern mit jeder weiteren
Behandlungsleistung zufrieden zu stellen, um damit ihre gerechtfertigten Erwartungen zu
erfüllen. Die Zahnarztpraxis als Marke suggeriert dem Patienten dauerhafte Verlässlichkeit,
dass die ihm angebotenen Leistungen jederzeit in der zugesagten und beworbenen Qualität
erfolgen. Andererseits muss die Zahnarztpraxis zum Zwecke der Patientenbindung weniger Überzeugungsarbeit leisten, da sie über das Vertrauen der Patienten in ihre Zuverlässigkeit verfügt, was sich auch in einer höheren Honorierung der Leistungen oder auch
in einer verbesserten Nachfrage zeigen kann.

Die Instrumente der Patientenkommunikation stellen darüber hinaus Medien zur Gestaltung des Dialoges zwischen zahnmedizinischem Personal und Patienten dar und dienen
zur gegenseitigen Übermittlung der Informationen, Botschaften und zur Entscheidungsfindung.
In der Regel werden verschiedene Instrumente je nach Ziel der Patientenkommunikation und
Patientenzielgruppe möglichst wirkungsvoll miteinander kombiniert.

Die Instrumente der **Werbung** (Anzeigen in Printmedien, Tageszeitungen, Broschüren,
Flyer, Plakate, Außenwerbung etc.) gelten als klassische Instrumente der Patientenkommunikation und sind für den Patienten direkt als solche erkennbar. Ihr wesentlicher Vorteil liegt
darin, dass man mit ihnen eine große Zahl von potenziellen Patienten erreichen kann.

Das **Logo**, als aus einem oder mehreren Buchstaben, einem Bild oder auch aus einer
Kombination dieser Elemente bestehendes Wort- und Bildsignet, übernimmt im Rahmen
der Werbung für die Zahnarztpraxis gleich mehrere wichtige Funktionen:

- Es trägt zur verbesserten Wiedererkennung des Gesundheitsbetriebs als Marke bei,
- ist ein wesentliches Gestaltungsmittel des Corporate Designs (CD) der Zahnarztpraxis und
- spricht die Patienten emotional an und gestaltet den Werbeauftritt der Praxis visuell
  unverwechselbar.

Von der klassischen Werbung unterscheiden sich Instrumente, die versuchen die Patientenzielgruppe mittels unkonventioneller Kommunikationswege und -maßnahmen direkt
und persönlich anzusprechen: Öffentlichkeitsarbeit, Internet-Werbung, Sponsoring, Ge-
sundheitsmessen und -ausstellungen, Verteilung von Proben (Sampling), persönliche Ansprache etc.

Dazu zählen auch Ansätze wie durch Verfassen von Artikeln in zahnmedizinischen
Fachzeitschriften, Leserbriefen, Teilnahme an Podiumsdiskussionen zu Gesundheitsthe-
men, die Gründung von Initiativen im Gesundheitswesen, mit dem Ziel, das Angebot der
Zahnarztpraxis herauszustellen, oder die Nutzung von Netzwerken und elektronischen
Medien. Diese Instrumente, die sich von der klassischen Werbung im Rahmen der Patientenkommunikation unterscheiden, gelten als direkter, persönlicher und zielgruppenspezi-
fischer. Der Kontakt zwischen der Zahnarztpraxis und der Patientenzielgruppe ist enger,
was auch oft genauere Rückmeldungen über den Maßnahmenerfolg ermöglicht.

Zunehmend an Bedeutung gewinnt die Werbung von Zahnarztpraxen im **Internet**. Optimiertes Webdesign für Zahnarztpraxen führt zu relevanten Anfragen von potenziellen Patienten. Es eröffnet neue Wege, Patienten zu gewinnen, denn gerade, wenn es um Spezialgebiete der Zahnmedizin geht, möchten sich viele Patienten vorab über Leistungen und Möglichkeiten informieren. Die professionelle Homepage im Internet dient der Marken- und Imagebildung, stärkt die Patientenbindung, stellt das Angebot an Behandlungsleistungen vor und trägt somit als zusätzlicher „Kommunikationskanal" zur Patientengewinnung bei. Sie sollte folgende Funktionen für die Zahnarztpraxis erfüllen:

- Grundinformationen: Öffnungszeiten, Adresse, Erreichbarkeit, Lageplan, Parkplatzsituation, Mitarbeiter, Pflichtangaben, Haftungsausschluss etc.
- Angebotsdarstellung: Behandlungsschwerpunkte, Methodendarstellung, einzelne Zahnkrankheitsbilder, dentaltechnische Ausstattung etc.
- Interaktive Elemente: Online-Möglichkeiten zur Kontaktaufnahme, Terminvereinbarungen, Anfragen etc.

Die Homepage der Zahnarztpraxis muss bekannt gemacht werden, bspw. indem Hinweise auf die Website auf Visitenkarten, Rechnungen, Aushängen, in Wartezonen etc. enthalten sind. Auch ist es wichtig, dass die Homepage der Zahnarztpraxis in den Suchmaschinen auf den vorderen Plätzen gefunden werden kann. Hierzu sind beispielsweise in den Inhalten der Start-, als auch der Unterseiten Suchbegriffe an den richtigen Stellen und in der optimalen Dichte zu platzieren.

Zu den Pflichtangaben für die Praxis-Homepage zählen (vgl. Sawilla 2013, S. 51):

- Vor- und Nachname: Vollständiger Name bzw. vollständige Bezeichnung der Berufsausübungsgemeinschaft.
- Anschrift der Praxis: Vollständige Anschrift des Praxissitzes bzw. Hauptsitzes.
- Angaben, die eine schnelle elektronische Kontaktaufnahme und unmittelbare Kommunikation ermöglichen: E-Mail-Adresse und Telefonnummer.
- Angaben zur zuständigen Kammer bzw. Aufsichtsbehörde: Jeweilige Landeszahnärztekammer; zuständige Bezirksregierung als Approbationsbehörde; jeweilige kassenzahnärztliche Vereinigung (nur bei vertragszahnärztlicher Tätigkeit).
- Bei Partnerschaftsgesellschaften nach dem Partnerschaftsgesellschaftsgesetz: Angabe der zuständigen Registerbehörde und der Registernummer.
- Angabe der gesetzlichen Berufsbezeichnung und des Staates, in dem diese verliehen wurde: Angaben „Zahnarzt" und „Bundesrepublik Deutschland".
- Bezeichnung der berufsrechtlichen Regelungen und Angabe, wie diese zugänglich sind: Zahnheilkundegesetz, Heilberufe-Kammergesetz, Gebührenordnung für Zahnärzte, jeweilige Länder-Berufsordnung für die Zahnärzte.
- Umsatzsteueridentifikationsnummer nach Umsatzsteuergesetz und Wirtschafts-Identifikationsnummer nach Abgabenordnung, falls vorhanden.

3.4.3 Behandlungsleistungen

Die Instrumente der Gestaltung von **Behandlungsleistungen** haben die Aufgabe, die Bedürfnisse und Wünsche der Patienten mit den Leistungen der Zahnarztpraxis zu befriedigen. Dazu zählen alle Tätigkeiten, die mit der Auswahl und Weiterentwicklung von Behandlungsleistungen sowie deren Vermarktung zusammenhängen. Die Gestaltung von Behandlungsleistungen ist von zentraler Bedeutung für die Stellung der Zahnarztpraxis im Wettbewerb, denn ihr obliegt die zweckmäßige, attraktive Gestaltung des Behandlungsangebots.

Die Gesamtheit aller zahnmedizinischen Leistungen der Zahnarztpraxis lassen sich als **Leistungsprogramm** bezeichnen. Es lässt sich hinsichtlich der Menge angebotener Leistungsarten in der Programmbreite gestalten und hinsichtlich der Art und Weise der einzelnen Behandlungsart in der Programmtiefe. Wenn beispielsweise ein Eigenlabor betrieben wird, kann die Praxis Laborleistungen in der nötigen Leistungstiefe gegebenenfalls selbst erstellen, was auch mehrwertsteuerpflichtige Leistungen beinhalten kann.

„Werden im Rahmen der Behandlungen von Verletzungen und Erkrankungen des Gesichtsschädels und bei Kiefergelenkserkrankungen Schienen oder Aufbissbehelfe hergestellt, fällt für die Material- und Laborkosten der Modelle und dieser Schienen, sofern sie im Praxislabor hergestellt werden, keine Mehrwertsteuer an." … „Die tatsächlich entstandenen Praxismaterialkosten gehören zu den mehrwertsteuerfreien zahnärztlichen Leistungen. Bei der Abrechnung ist deshalb darauf zu achten, dass die Abrechnung der Praxismaterialkosten nicht zusammen mit den 7 Prozent steuerpflichtigen Praxislaborleistungen erfolgt.

Als Beispiel führen wir einzelne Material-Kategorien auf, ohne Anspruch auf Vollständigkeit:

- Alginat, Silikone, Polyäther, Hydrokolloid
- Funktions-Abformung
- Doppelmisch-Abformung
- Kunststoff für direkte Unterfütterung
- provisorische Krone/Brückenglied
- provisorische Stiftkronen
- Glasfaserstifte, Radixanker, sonstige Stifte
- Kunststoff für direkte Verblendungserneuerung

Ein vorgefertigter Wurzelstift aus einer angussfähigen Edelmetall-Legierung ist ein Teil eines gegossenen Stiftaufbaus/einer Stiftkrone und verringert anteilmäßig den Edelmetallverbrauch." (Böhm 2008, S. 16 f.)

Wenn sich die Patientenbedürfnisse ändern oder das Leistungsangebot der Konkurrenz, so ist das Leistungsprogramm hinsichtlich Programmbreite oder -tiefe anzupassen.

Die Gestaltung von Behandlungsleistungen umfasst im Wesentlichen folgende Instrumente:

- Die Einführung neuer Leistungsangebote (Innovation),
- die Veränderung bestehender Leistungsangebote (Variation, Differenzierung, Diversifikation etc.) sowie
- die Reduzierung des bisherigen Leistungsangebotes (Eliminierung).

Die Einführung neuer Leistungsangebote (Innovation) kann ihren Ursprung in Patientenwünschen haben oder aufgrund von dentaltechnologischen Entwicklungen erfolgen. **Leistungsinnovationen** können am Patientenmarkt erstmals verfügbar sein oder lediglich für die Zahnarztpraxis ein Novum darstellen, wenn sie diese Leistung im Gegensatz zu anderen Praxen bislang nicht im Angebot hatte. Leistungsinnovationen können darin bestehen, dass neue Behandlungsmethoden oder neben schulzahnmedizinischen Methoden beispielsweise zukünftig auch ganzheitliche Verfahren angeboten werden. Beispiele sind häufig auch Leistungen, die über die eigentliche zahnärztliche Tätigkeit hinausgehen: Ein zunehmender Bedarf an zahnmedizinischen Produkten und Behandlungsleistungen, die dem Wunsch nach besseren Aussehen, allgemeiner Gesundheit, Wellness und Vitalität Rechnung tragen. Für Leistungsinnovationen besteht die Möglichkeit einer Abschöpfungspreisstrategie, zugleich aber auch ein Risiko wegen der Ungewissheit über die weitere Entwicklung des Patientenmarktes. Das Risiko lässt sich durch einen zeitlich verzögerten Markteintritt und, damit verbunden, der Möglichkeit Marktnischen zu besetzen, Entwicklungsaufwendungen zu reduzieren und Anfangsfehler zu vermeiden, begrenzen.

Als **Leistungsvariation** werden Änderungen des Leistungsangebots im Zeitablauf zur Anpassung an geänderte Erwartungen der Patienten oder Häufigkeiten der Inanspruchnahme. Variationen können auch dadurch erfolgen, indem das bisherige Leistungsangebot durch zusätzliche Patientenserviceleistungen ergänzt oder vorhandene Leistungen verändert werden.

Eine Form der Leistungsvariation und Ergänzung bestehender Leistungsangebote um neue Varianten stellt die **Leistungsdifferenzierung** dar. Sie wird verwendet, um den unterschiedlichen Bedürfnissen einzelner Patientengruppen gezielter nachzukommen. Ziel ist dabei, die Patienten stärker an die Zahnarztpraxis zu binden sowie die Patientenzielgruppe zu erweitern. Im Rahmen der Leistungsdifferenzierung werden beispielsweise neben standardmäßigen Behandlungsleistungen beispielsweise auch Sonderleistungen, etwa im Bereich prophylaktischer oder kosmetischer Behandlung angeboten.

Die **Leistungsdiversifikation** stellt ausgehend vom bisherigen Leistungsprogramm die Einführung neuer Leistungsangebote auf neuen Märkten dar, was im Grunde auch eine Leistungsinnovation bedeutet. Bei der Eigenentwicklung generiert die Zahnarztpraxis das neue Leistungsangebot selbst, während sie es bei einer Übernahme von einer anderen Praxis adaptiert oder gar hinzukauft. Bei einer Kooperation wird das neue Leistungsangebot mit Partnern entwickelt. Die horizontale Leistungsdiversifikation ist dadurch gekennzeichnet, dass ein sachlicher Zusammenhang zum bisherigen Leistungsprogramm besteht, während die vertikale Diversifikation die Erweiterung des Angebots um Leistungen aus vor- und nachgelagerten Prozessen bezeichnet. Bei der lateralen Diversifikation handelt es sich um für die Zahnarztpraxis völlig neue Leistungsangebote, die in keinem direkten Zusammenhang mit den bisherigen Leistungen stehen.

Die **Leistungseliminierung** stellt die Herauslösung von Leistungen aus dem Leistungsprogramm der Zahnarztpraxis dar. Dabei handelt es sich üblicherweise um Leistungen mit
geringen Deckungsbeiträgen, Marktanteilen, Umsatzanteilen, die in abnehmenden Umfang
nachgefragt werden. Eine Reduzierung bisheriger Leistungsangebote kann zum Beispiel
dann erfolgen, wenn die Nachfrage nach bestimmten Leistungen sinkt oder auch die Kosten
für die Bereithaltung/Anschaffung von dentaltechnischen Apparaten und Instrumenten in keinem Verhältnis zu deren Nutzung steht. Beispielsweise können Modeerscheinungen im Bereich der Zahnästhetik zu Angebotserweiterungen, aber auch zur langfristigen Eliminierung
von Leistungen führen, wie etwa Behandlungen in Zusammenhang mit der Anbringung bzw.
Entfernung von Zahnpiercings.

3.4.4 Patientenbetreuung

Die richtige Betreuung der Patienten in und außerhalb der Praxis ist ein wichtiges
Aufgabengebiet der Distributionspolitik im Rahmen des Praxismarketings. Der Patient ge-
winnt seinen Eindruck von der Praxis nicht zuletzt aufgrund der Betreuung, Zuwendung
und Aufmerksamkeit, die er erfährt. Im Rahmen der **Patientenbetreuung** geht es daher um
die konsequente Ausrichtung der Zahnarztpraxis auf ihre Patienten sowie die systematische
Gestaltung der Abläufe im Patientenbeziehungsmanagement. Ein besonderes Merkmal von
Zahnarztpraxen ist die dauerhafte und langfristige Ausrichtung der Beziehungen zum
Patienten. Dabei steht die persönliche Betreuung und Zuwendung im Vordergrund, während mediale Instrumente wie beispielsweise Internet, soziale Netzwerke etc., eine eher
untergeordnete Rolle spielen. Ziel der Patientenbetreuung ist eine stärkere Patientenbindung
und damit die Steigerung der Loyalität der Patienten zur Zahnarztpraxis.

Die Patientenbetreuung nimmt einen hohen Stellenwert ein, da die Gewinnung neuer
Patienten einen wesentlich höheren Aufwand verursachen kann, als ihre langfristige
Bindung an die Zahnarztpraxis. Die Patientendaten dienen hierzu nicht nur zu Behand-
lungszwecken, sondern auch um Schwachstellen im Dialog mit den Patienten herauszufinden und die Aufmerksamkeit auf die Patientenbeziehungen zu konzentrieren. Zu den
wesentlichen Aufgaben im Rahmen der Patientenbetreuung zählen daher

- Schaffung von Mehrwerten für die Patienten,
- Analyse des Patientenverhaltens im Hinblick auf veränderte Bedürfnisse,
- Bindung der Patienten durch individuelle, ihren Bedürfnissen entsprechende Angebote,
- Gewinnung von Neupatienten durch das Wecken von Interesse,
- Ausschöpfung des Patientenpotenzials,
- Verbesserung der allgemeinen Patientenorientierung der Zahnarztpraxis.

Zur **Patientengewinnung** dient in erster Linie die persönliche Ansprache und die Fortführung des Dialogs aufgrund erster Kontakte oder Befragungen. Daraus lassen sich
Schlüsse auf das mögliche Potenzial von Patientengruppen, ihre Anforderungen oder die

mögliche Inanspruchnahme von zahnmedizinischen Leistungen schließen. Dem dabei entstehenden Bild über den potenziellen Patienten und dessen Bedürfnisse gilt es durch auf ihn individuell abgestimmte Leistungen möglichst nahe zu kommen. Die langfristige Patientenbindung erfolgt durch regelmäßigen Kontakt, auch nach dem Abschluss von Behandlungsmaßnahmen, durch Beratung und Hilfestellungen, Patienteninformationen über Hauszeitschriften oder Newsletter, Einräumen besonderer Konditionen, sowie Öffentlichkeits- und Pressearbeit.

Einfache Instrumente der Patientenbetreuung und -bindung sind auch die Terminerinnerungen, die der Patient als „Merkzettel" für seinen nächsten Behandlungstermin bekommt, oder das **Recall-System**, bei dem die Patienten mit einer Erinnerung und Terminvereinbarung beispielsweise zu den jährlichen zahnärztlichen Vorsorgeuntersuchungen eingeladen werden. Dadurch, dass der Patient die Terminmerkzettel mit nach Hause nimmt und vielleicht an seine Pinnwand heftet, um den nächsten Zahnarzttermin nicht zu versäumen, stellen sie einen idealen Werbeträger dar. Leider werden oft z. B. einfallslose Werbeblöcke von Dentaldepots verwendet. Sie bieten zwar den Vorteil, dass sie in der Regel kostenlos von den Lieferanten zur Verfügung gestellt werden. Diese Werbeflächen könnte die Praxis jedoch besser für sich nutzen: Eine lustige Schriftform, ein pfiffiger Spruch, ein Zahnarztwitz, ein Horoskop oder ein Lebensratschlag lassen den Zettel interessant erscheinen und der Patient wird feststellen, dass sich seine Praxis etwas einfallen lassen hat, wodurch sie sich von anderen unterscheidet. Das Recall-System ist eine Möglichkeit zur langfristigen Patientenanbindung. Durch ein konsequent angewendetes Recall-System ist die anzusprechende Patientenzielgruppe beispielsweise selektierbar. Der Patient, der in ein solches System eingebunden werden soll, muss eine Einverständniserklärung unterschreiben und damit zum Ausdruck bringen, dass er mit einer Erinnerung und Terminvereinbarung einverstanden ist.

Ein weiteres Aushängeschild einer Zahnarztpraxis ist eine einheitliche, flotte **Berufskleidung**. Die Praxisangehörigen sollten nicht nur im Team zusammenarbeiten, sondern diese Zusammengehörigkeit auch optisch zum Ausdruck bringen. Hosen, Röcke, Kittel und Shirts müssen nicht immer die Farbe Weiß tragen. Bei vielen Patienten erzeugt die weiße Arbeitskleidung eine Hemmschwelle. Farbige Arbeitskleidung, im Fachhandel überall erhältlich, bringt in jeder Beziehung Abwechslung in den Praxisalltag. Zentraler Einkauf senkt zudem die Beschaffungskosten, zu denen die Praxisleitung zumindest einen Zuschuss gewähren kann.

Wichtige Instrumente der Patientenbetreuung sind auch zielgruppenorientierte Serviceleistungen, die auf die jeweilige Patientenzielgruppe zugeschnitten sind (Tab. 3.11).

Unter der **Patientenrückgewinnung** ist das gezielte Ansprechen ehemaliger Patienten zu verstehen und die Hinterfragung ihrer Wechselgründe. Von besonderer Bedeutung ist dabei das **Patientenbeschwerdemanagement**, welches alle Maßnahmen umfasst, die die Zufriedenheit des Patienten wiederherstellen und Stabilität in die gefährdete Patientenbeziehung bringen. Da es wichtige Hinweise auf Stärken und Schwächen der Zahnarztpraxis aus Sicht des Patienten offenbart, ist es sinnvoll, nicht nur die artikulierte

Tab. 3.11 Beispiele für zielgruppenorientierte Patientenserviceleistungen in der Zahnarztpraxis

Zielgruppe „Junge Familie mit Kindern"	Zielgruppe „Ältere Patienten/Senioren"
Kindergerechte Toiletten	Hilfe beim Aus- und Ankleiden
Möglichkeit zum Babywickeln	Verleih von Schirmen
Spielecke im Wartezimmer, bzw. eigenes Spielzimmer	Parkplatzreservierung
Anbringung von Steckdosen-Sicherungen	Begleitung zu den Behandlungsräumen, zum Wartezimmer oder Fahrstuhl
Vorhandensein von Fläschchenwärmern, Krabbeldecken, Reinigungstüchern etc.	Vergrößerungsgläser
Möglichkeit der Kinderwagenaufbewahrung	Besondere Ausschilderung
Kindergerechte Dentaltechnik	Luftbefeuchter
Kleine Geschenke/Spielzeug als „Belohnung"	Erfrischungstücher
Kindertrickfilme auf Video	Hinweise auf Seniorenveranstaltungen, in der Nähe befindliche Cafés, Gesundheitsvorträge
Malwettbewerbe usw.	usw.

Unzufriedenheit dabei zu berücksichtigen, sondern auch Folgebeschwerden, Anfragen oder Verbesserungsvorschläge. Dies trägt dazu bei, das Feedback der Patienten zu erfassen und es für den Lernprozess der Zahnarztpraxis nutzbar zu machen. Somit lassen sich mit dem Beschwerdemanagement

- die Patientenzufriedenheit erhöhen,
- Leistungsmängel feststellen,
- von durch Fehler oder deren Folgen entstehende Kosten reduzieren,
- Fehler von Mitarbeitern aufdecken,
- unzufriedene Patienten identifizieren, die sich ansonsten abwenden würden,
- die Servicequalität der Zahnarztpraxis steigern,
- negative Auswirkungen aufgrund von Patientenunzufriedenheiten begrenzen,
- die Patientenbindung aufgrund zügiger Problemlösung langfristig positiv beeinflussen,
- das Risikomanagement der Zahnarztpraxis verbessern.

Für das interne Beschwerdemanagement, ist es wichtig, dass für die Patienten eine ihnen bekannte Anlaufstelle eingerichtet ist, bei der ihre Beschwerde entgegengenommen und protokolliert wird. Ferner sind klare Zuständigkeiten und Prozessdefinitionen für das Prüfen und für den Umgang mit dem Anliegen notwendig, damit dem Patienten im Ergebnis eine Problemlösung angeboten werden kann.

> „Eine Patientenbeschwerde an- oder aufzunehmen, heißt nicht, dass diese als wichtiger Hinweis verstanden sowie bearbeitet wird und Konsequenzen im Handeln für die Praxis nach sich zieht. Eine Beschwerde zu managen drückt hingegen einen bewussten, konstruktiven und systematischen Umgang mit Beschwerden aus, also das Gegenteil von An- oder Hinnehmen ohne Folgen. Die Grundstrukturen des Beschwerdemanagements sind branchenunabhängig und können ohne weiteres auf den Praxisbetrieb niedergelassener Zahnärzte übertragen werden." (Amting 2011, S. 1)

3.4.5 Honorargestaltung

Die Honorargestaltung in Zahnarztpraxen umfasst alle Maßnahmen zur Bestimmung und
Durchsetzung von monetären Gegenleistungen der Patienten für die von der Praxis ange-
botenen Sach- und Dienstleistungen. Sie wird einerseits durch das System der Versi-
cherungsleistungen von GKV und PKV reglementiert und ist andererseits außerhalb der
Versicherungsleistungen im Gesundheitsmarkt für Individuelle Gesundheitsleistungen
(IGeL) überwiegend an marktwirtschaftliche Gesichtspunkte geknüpft.

So regelt beispielsweise die **Gebührenordnung für Zahnärzte** (GOZ 1987) die
Abrechnung aller zahnmedizinischen Leistungen außerhalb der gesetzlichen Krankenversicherung und stellt damit die Abrechnungsgrundlage für selbstzahlende Privatpatienten,
als auch für alle anderen zahnärztlichen Leistungen dar.

> „Die Gebührenordnung für Zahnärzte bestimmt die Vergütung der zahnärztlichen Leistungen
> für Privatversicherte. Darüber hinaus regelt sie die Abrechnungshöhe für den Anteil von
> Behandlungen, die von den Kassenpatienten selbst übernommen werden müssen. Die novel-
> lierte Gebührenordnung für Zahnärzte ist seit dem 01.01.2012 gültig." (Bundeszahnärztekammer
> 2015, S. 1)

Nach § 1 GOZ darf der Zahnarzt Vergütungen nur für Leistungen berechnen, die nach
den Regeln der zahnärztlichen Kunst für eine zahnmedizinisch notwendige zahnärztliche
Versorgung erforderlich sind. Leistungen, die über das Maß einer zahnmedizinisch notwendigen zahnärztlichen Versorgung hinausgehen, darf er nur berechnen, wenn sie auf
Verlangen des Zahlungspflichtigen erbracht worden sind.

Nach § 2 GOZ kann durch Vereinbarung zwischen Zahnarzt und Zahlungspflichtigem
eine von dieser Verordnung abweichende Gebührenhöhe festgelegt werden. Die Vereinbarung einer abweichenden Punktzahl oder eines abweichenden Punktwertes ist jedoch nicht zulässig. Notfall- und akute Schmerzbehandlungen dürfen nicht von einer
solchen Vereinbarung abhängig gemacht werden. Eine entsprechende Vereinbarung ist
nach persönlicher Absprache im Einzelfall zwischen Zahnarzt und Zahlungspflichtigem
vor Erbringung der Leistung des Zahnarztes schriftlich zu treffen. Sie muss neben der
Nummer und der Bezeichnung der Leistung, dem vereinbarten Steigerungssatz und
dem sich daraus ergebenden Betrag auch die Feststellung enthalten, dass eine Erstattung
der Vergütung durch Erstattungsstellen möglicherweise nicht in vollem Umfang gewährleistet ist. Die Leistungen nach der GOZ müssen in einem Heil- und Kostenplan
(HKP) schriftlich vereinbart werden. Er muss vor Erbringung der Leistung erstellt werden und die einzelnen Leistungen und Vergütungen sowie die Feststellung enthalten,
dass es sich um Leistungen auf Verlangen handelt und eine Erstattung möglicherweise
nicht gewährleistet ist.

Als Vergütungen stehen nach § 3 GOZ dem Zahnarzt Gebühren, Entschädigungen und
Ersatz von Auslagen zu.

Nach § 4 GOZ handelt es sich bei den Gebühren um Vergütungen für die im Gebührenverzeichnis genannten zahnärztlichen Leistungen. Damit sind die Praxiskosten
einschließlich der Kosten für Füllungsmaterial, für den Sprechstundenbedarf, für die

Anwendung von Instrumenten und Apparaten sowie für Lagerhaltung abgegolten, soweit nicht im Gebührenverzeichnis etwas anderes bestimmt ist.

Nach § 5 GOZ bemisst sich die Höhe der einzelnen Gebühr nach dem Einfachen bis Dreieinhalbfachen des Gebührensatzes. Gebührensatz ist der Betrag, der sich ergibt, wenn die Punktzahl der einzelnen Leistung des Gebührenverzeichnisses mit dem Punktwert vervielfacht wird. Der Punktwert beträgt 5,62421 Cent. Innerhalb des Gebührenrahmens sind die Gebühren unter Berücksichtigung der Schwierigkeit und des Zeitaufwandes der einzelnen Leistung sowie der Umstände bei der Ausführung nach billigem Ermessen zu bestimmen. Der 2,3fache Gebührensatz bildet die nach Schwierigkeit und Zeitaufwand durchschnittliche Leistung ab.

Neben den für die einzelnen zahnärztlichen Leistungen vorgesehenen Gebühren können nach § 9 GOZ als Auslagen die dem Zahnarzt tatsächlich entstandenen angemessenen Kosten für zahntechnische Leistungen berechnet werden, soweit diese Kosten nicht nach den Bestimmungen des Gebührenverzeichnisses mit den Gebühren abgegolten sind. Dazu ist dem Zahlungspflichtigen vor der Behandlung einen Kostenvoranschlag des gewerblichen oder des praxiseigenen Labors über die voraussichtlich entstehenden Kosten für zahntechnische Leistungen anzubieten und auf dessen Verlangen in Textform vorzulegen, sofern die Kosten insgesamt voraussichtlich einen Betrag von 1.000 Euro überschreiten. Der Kostenvoranschlag muss die voraussichtlichen Gesamtkosten für zahntechnische Leistungen und die dabei verwendeten Materialien angeben. Art, Umfang und Ausführung der einzelnen Leistungen, Berechnungsgrundlage und Herstellungsort der zahntechnischen Leistungen sind dem Zahlungspflichtigen auf Verlangen näher zu erläutern.

Nach § 10 GOZ wird die Vergütung fällig, wenn dem Zahlungspflichtigen eine dieser Verordnung entsprechende Rechnung erteilt worden ist. Die Rechnung muss unter anderem insbesondere enthalten:

- Das Datum der Erbringung der Leistung,
- bei Gebühren die Nummer und die Bezeichnung der einzelnen berechneten Leistung einschließlich einer verständlichen Bezeichnung des behandelten Zahnes und einer in der Leistungsbeschreibung oder einer Abrechnungsbestimmung gegebenenfalls genannten Mindestdauer sowie den jeweiligen Betrag und den Steigerungssatz,
- bei Ersatz von Auslagen Art, Umfang und Ausführung der einzelnen Leistungen und deren Preise sowie die direkt zurechenbaren Materialien und deren Preise, insbesondere Bezeichnung, Gewicht und Tagespreis der verwendeten Legierungen,
- bei nach dem Gebührenverzeichnis gesondert berechnungsfähigen Kosten Art, Menge und Preis verwendeter Materialien; die Auslagen sind dem Zahlungspflichtigen auf Verlangen näher zu erläutern.

Das Gebührenverzeichnis für zahnärztliche Leistungen enthält als Anlage 1 der GOZ unter anderem die Leistungsnummer, den Leistungstext und die Punktzahl für

- allgemeine zahnärztliche Leistungen,
- prophylaktische Leistungen,
- konservierende Leistungen,

- chirurgische Leistungen,
- Leistungen bei Erkrankungen der Mundschleimhaut und des Parodontiums,
- prothetische Leistungen,
- kieferorthopädische Leistungen,
- Eingliederung von Aufbissbehelfen und Schienen,
- funktionsanalytische und funktionstherapeutische Leistungen,
- implantologische Leistungen.

Der **Einheitliche Bewertungsmaßstab für zahnärztliche Leistungen** (BEMA) bildet die Grundlage für die Abrechnung zahnärztlicher Leistungen innerhalb der gesetzlichen Krankenversicherung.

> „Grundsätzlich gilt, dass alle zahnärztlichen Leistungen nach der GOZ zu bezahlen sind, so-weit nicht durch Bundesgesetz etwas anderes bestimmt ist. „Etwas anderes" bestimmt bei-spielsweise das Sozialgesetzbuch V, wonach gesetzliche Krankenkassen zahnärztliche Leistungen für ihre Mitglieder auf der Basis des BEMA zu vergüten haben. Der BEMA ist Bestandteil der Bundesmantelverträge und wird zwischen den Vertragspartnern KZBV und Spitzenverband der Krankenkassen vereinbart." (Kassenzahnärztliche Bundesvereinigung 2015, S. 1)

Inhalte des BEMA sind neben allgemeinen Abrechnungsbestimmungen unter anderem

- konservierende und chirurgische Leistungen und Röntgenleistungen,
- Behandlungen von Verletzungen des Gesichtsschädels (Kieferbruch), Kiefergelenk-serkrankungen (Aufbissbehelfe),
- kieferorthopädische Behandlung,
- systematische Behandlung von Parodontopathien,
- Versorgung mit Zahnersatz und Zahnkronen.

Die Honorargestaltung bei Leistungen außerhalb der Versicherungsleistungen im Gesund-heitsmarkt kann das absatzwirtschaftliche Ziel verfolgen, mit Hilfe der Honorargestaltung Anreize für eine Inanspruchnahme durch die Patientenzielgruppe zu setzen. Während die Honorarobergrenze durch die Nachfrage nach dem Leistungsangebot der Zahnarztpraxis festgelegt wird, stellt die Festlegung der Untergrenze ein Entscheidungsproblem dar.

Die kostenorientierte Gestaltung der Honoraruntergrenze hat die Kostenrechnung der Zahnarztpraxis als Grundlage. Die kurzfristige Honoraruntergrenze berücksichtigt le-diglich die Deckung der variablen Kosten der Leistungserstellung (Kosten für zahnme-dizinisches Verbrauchsmaterial, Personalaufwand, Energiekosten etc.), während die langfristige Honoraruntergrenze zusätzlich die fixen Kosten der Leistungserstellung (Abschreibungen für Behandlungseinrichtungen, Miete von Praxisräumen etc.) einbe-zieht und somit die Gewinnschwelle kennzeichnet, was eine wesentliche Auskunft dar-über gibt, ob das zahnmedizinische Angebot nur Kostendeckungsbeiträge erwirtschaftet oder auch Gewinne abwirft.

Die marktorientierte Gestaltung der Honoraruntergrenze orientiert sich sowohl an den Preisen der Konkurrenz als auch am Verhalten der Patienten. Sie verfolgt in der Regel die Gewinnmaximierung und muss dazu die Marktform, das Verhalten von Konkurrenzpraxen und die Entwicklung des Patientenmarkts berücksichtigen. Aufgrund der Preiselastizität der Nachfrage lässt sich ermitteln, in welchem Ausmaß Patienten auf unterschiedliche Preisänderungen reagieren. Bei niedriger Elastizität können sich die verlangten Honorare ändern, ohne dass die Patienten übermäßig reagieren. Auch bei Erhöhungen führen die Patientenpräferenzen dazu, dass sie nicht abwandern, sondern bereit sind, ein höheres Honorar zu zahlen, was den Gestaltungsspielraum für die Zahnarztpraxis erhöht.

Die Honorargestaltung für Leistungen außerhalb der Versicherungsleistungen im Gesundheitsmarkt beinhaltet die Entscheidung, welche **Preisstrategie** für neue zahnmedizinische Angebote verwendet werden soll (Tab. 3.12).

Weitere Maßnahmen aus dem Bereich der Honorargestaltung sind beispielsweise die Stundung von Honorarrechnungen oder das Einräumen von Teilzahlungen. Der Zahnarzt oder die Zahnärztin möchten einerseits für ihre Leistungen zwar möglichst schnell und richtig honoriert werden. Oft sind die Zuzahlungen, die die Patienten selbst leisten müssen jedoch so hoch, dass sie beispielsweise vor einer entsprechenden Behandlung zurückschrecken. Wäre die Möglichkeit von Teilzahlungen gegeben, würde die teure Behandlung hingegen vielleicht

Tab. 3.12 Honorargestaltungsstrategien für die Zahnarztpraxis

Strategie	Erläuterung
Honorarabschöpfung	Planmäßige, sukzessive Absenkung anfänglich hoher Honorare, um für jede Patientenzielgruppe das maximale Honorar abzuschöpfen
Honorardifferenzierung	Forderung unterschiedlicher Honorare für gleiche Leistung, beispielsweise auf Patiententeilmärkten mit spezifischem Nachfrageverhalten, auf Patientenmärkten mit reduzierter Markttransparenz, zur Versorgung von Patientenmärkten, die sonst ohne Angebot blieben
Honorarpenetration	Niedriges Anfangshonorar, das zu hohem Marktanteil führt, um später bei dadurch reduzierter Konkurrenz höhere Honorare am Patientenmarkt durchzusetzen
Honorarbündelung	Gesamthonorar für mehrere Leistungen, die bei einer Einzelhonorierung teurer wären, um beispielsweise den Gesamtumsatz zu erhöhen
Honorarführerschaft	Steigerung der Strategie niedriger Honorare, um die konkurrenzlos niedrigsten Vergütungen
Hohes Honorar	Für Spezialleistungen, die in besonderer zahnmedizinischer Qualität angeboten werden oder ein besonders hochwertiges Leistungsniveau vermitteln sollen
Niedriges Honorar	Zur Umsatzsteigerung, Steigerung von Patientenzahlen, Behauptung in einem Verdrängungswettbewerb etc.
Honorarfolge	Regelmäßige Anpassung der Honorare an die Konkurrenz

durchgeführt werden. Von eher geringer Bedeutung für die Honorargestaltung sind die Mittel der Rabattgewährung (beispielsweise Mengen-, Treuerabatte), Honorarpräsentation, -optik und -garantie, Zahlungsmodalitäten etc., die vorzugsweise für Leistungen in den Bereichen Wellness, Anti-Aging, Zahnästhetik, Schönheitschirurgie usw. in Frage kommen.

Die im Rahmen der **Selbstzahlermedizin** vorkommenden individuellen Gesundheitsleistungen (IGeL) sind für Zahnarztpraxen überwiegend nicht relevant und sind nicht in Zusammenhang mit privaten Zusatzleistungen zu sehen. So ist z. B. die professionelle Zahnreinigung (PZR) nicht mit IGeL-Leistungen vergleichbar, obwohl sie in der GOZ als zahnmedizinisch indizierte Leistung enthalten ist, jedoch als präventive Maßnahme nicht zum Leistungskatalog der gesetzlichen Krankenversicherung zählt.

> „Private Zusatzleistungen beim Zahnarzt dürfen auf keinen Fall mit so genannten IGeL-Leistungen verwechselt werden.' Darauf wies der Vorsitzende des Vorstandes der Kassenzahnärztlichen Bundesvereinigung (KZBV), Dr. Jürgen Fedderwitz heute angesichts der laufenden Diskussion um so genannte ‚Individuelle Gesundheitsleistungen' hin. IGeL-Leistungen, so Fedderwitz weiter, seien Leistungen, die nicht von der Krankenkasse bezuschusst würden, und bei denen weder die Notwendigkeit noch die Wirksamkeit klar anerkannt sei. Solche Leistungen gebe es in der Zahnmedizin fast gar nicht. ‚Hier sind das in der Regel Zusatzleistungen, die nicht im Grundleistungskatalog der gesetzlichen Krankenkassen enthalten sind, bei denen aber die Wirksamkeit erwiesen ist. In den allermeisten Fällen liegt eine Behandlungsnotwendigkeit vor und die Krankenkasse beteiligt sich an den Kosten." (Kassenärztliche Bundesvereinigung 2012, S. 1)

Zusammenfassung Kapitel 3

Während über Jahrzehnte hinweg Behandlungsleistungen und medizinische Beratungen als besondere Formen der Dienstleistung im Vordergrund standen und sich die Zahnarztpraxis weitestgehend auf ihre hauptsächliche Aufgabe konzentrieren konnte, Patienten zu behandeln und zu heilen, hat sich die Situation nach und nach verändert: Wirtschaftliche Probleme, Budgetierung, Fallpauschalen, Kostensteigerungen, steigende Anforderungen, Patientenwahlfreiheit, abnehmende Patientenzahlen pro Arzt, verstärkte Konkurrenz durch neue zahnmedizinische Organisationsformen und die mit dieser Entwicklung einhergehende abnehmende Attraktivität der Heilberufe haben dazu geführt, dass sich die einzelne Praxis verstärkt um ihre Attraktivität, die aktive Absatzförderung ihres Leistungsangebots und ihre positive Selbstdarstellung kümmern muss. Das Kapitel zeigt Ansätze für das Praxismarketing auf, weist auf den Marketingprozess mit der Marktanalyse der Gesundheitsmärkte, sowie dem Entwickeln von Marketingzielen und -strategien für die Zahnarztpraxis hin und stellt Einsatzmöglichkeiten der Marketinginstrumente dar.

Literatur

Amting, U. (2011). Chancen des Beschwerdemanagements. In ZWP-online vom 04.03.2011. http://www.zwp-online.info/de/zwpnews/wirtschaft-und-recht/qualitaetsmanagement/chancen-des-beschwerdemanagements. Oemus-Media. Leipzig. Zugegriffen am 02.10.2015.

Arbeitsgemeinschaft der Kassenzahnärztlichen Vereinigungen Baden-Württemberg, Bayern, Niedersachsen, Schleswig-Holstein (Hrsg.) (2015). Leitbild des freien Berufs Zahnarzt. https://www.kzvb. de/zahnarztpraxis/standardwerke/index.php?eID=tx_nawsecuredl&u=0&g=0&t=1443617598&hash =a67570a838d04b63b5bf0994a4412c3f835a9acb&file=/fileadmin/user_upload/KZVB/ Standardwerke/Leitbild_Freiberuflichkeit.pdf. Stuttgart. Zugegriffen am 27.09.2015.

Benz, C. (2012). Zahnmedizin bis 2030 – Trends und Prognosen. In Bayerische Landeszahnärztekammer (Hrsg.), *Bayerisches Zahnärzteblatt* (S. 12–14). Ausgabe Juli/August 2012. München.

Berufsgenossenschaft für Gesundheitsdienst und Wohlfahrtspflege – BGW (Hrsg.) (2006). BGW-Betriebsbarometer: Bericht zur Mitarbeiterbefragung im DRK-Krankenhaus Teterow im Juni – Juli 2006. Berlin/Hamburg: Erstellt durch das Institut für Gesundheits- und Sozialforschung GmbH (IGES).

Böhm, S. (2008). Der Böhmsche Rat: Eigenlabor: Mehrwertsteuer – ja oder nein? In Kassenzahnärztliche Vereinigung Bayerns (Hrsg.), *kzvb Transparent* (S. 16–17). Ausgabe 17/2008. München.

Bundeszahnärztekammer (Hrsg.) (2015). Gebührenordnung für Zahnärzte (GOZ). http://www. bzaek.de/fuer-zahnaerzte/gebuehrenordnung-fuer-zahnaerzte-goz.html. Berlin. Zugegriffen am 04.10.2015.

Camp, R. (1994). *Benchmarking*. München: Hanser-Verlag.

Deutscher Industrie- und Handelskammertag (Hrsg.) (2011) Demografischer Wandel und Gesundheitswirtschaft – Herausforderungen und Chancen. Papier des DIHK-Ausschusses für Gesundheitswirtschaft vom 16.11.2011. Berlin.

Frodl, A. (2012). Marketing im Gesundheitsbetrieb. In S. Hoffmann, U. Schwarz & R. Mai (Hrsg.), *Angewandtes Gesundheitsmarketing* (S. 329–343). Wiesbaden: Springer/Gabler-Verlag.

Frodl, A. (2011). *Marketing im Gesundheitsbetrieb*. Wiesbaden: Gabler-Verlag.

Gebührenordnung für Zahnärzte vom 22. Oktober 1987 (BGBl. I S. 2316), zuletzt durch Artikel 1 der Verordnung vom 5. Dezember 2011 (BGBl. I S. 2661) geändert.

Gesetz gegen den unlauteren Wettbewerb (UWG) in der Fassung der Bekanntmachung vom 3. März 2010 (BGBl. I S. 254), zuletzt durch Artikel 6 des Gesetzes vom 1. Oktober 2013 (BGBl. I S. 3714) geändert.

Heilmittelwerbegesetz (HWG) in der Fassung der Bekanntmachung vom 19. Oktober 1994 (BGBl. I S. 3068), zuletzt durch Artikel 1a des Gesetzes vom 7. August 2013 (BGBl. I S. 3108) geändert.

Kassenzahnärztliche Bundesvereinigung (Hrsg.) (2015). Gebührenverzeichnisse. http://www.kzbv. de/gebuehrenverzeichnisse.334.de.html. Berlin. Zugegriffen am 04.10.2015.

Kassenzahnärztliche Bundesvereinigung (Hrsg.) (2012). Kein IGeL bei Zahnärzten. Presseinformation vom 16.10.2012. Berlin. Zugegriffen am 04.10.2015.

Kriens, J. (2004). Corporate Identity – Hier bin ich König. In Zahnarzt Wirtschaft Praxis (ZWP). 10. Jahrg. Heft 7/8, (S. 22–25). Oemus-Media: Leipzig. .

Musterberufsordnung der Bundeszahnärztekammer. Stand: 07.11.2014. Berlin.

Sawilla, T. (2013). Impressum für die Praxis-Homepage – Übersicht über die benötigten Angaben nach dem Telemediengesetz. In Bayerische Landeszahnärztekammer (Hrsg.), *Bayerisches Zahnärzteblatt* (S. 51). Ausgabe März 2013. München

Schlüter, C. (2013). So entwickeln Sie sich vom Zahnarzt zur Marke. In Die Zahnarzt Woche vom 15.12.2013. http://www.dzw.de/artikel/so-entwickeln-sie-sich-vom-zahnarzt-zur-marke. Zahnärztlicher Fachverlag. Herne. Zugegriffen am 27.09.2015.

Zahnärztekammer Berlin (Hrsg.) (2015). Werbung von Zahnärzten. http://www.zaek-berlin.de/ zahnaerzte/aktuelles/aktuelles-detail/article/247/werbung-von-zahnaerzten.html?no_ cache=1&cHash=9becb4d2d47adea8e33cf756ec937391. Berlin. Zugegriffen am 27.09.2015.

Praxispersonal

4

4.1 Grundlagen des Personalmanagements in der Zahnarztpraxis

4.1.1 Personalwirtschaftliche Modelle und Theorien

Das **Personalmanagement** in Zahnarztpraxen wird beeinflusst durch die sich immer schneller verändernden ökonomischen, technologischen, rechtlichen und sozialen Bedingungen der Praxisumwelt, sowie durch spezielle Einflüsse, die von der Struktur des öffentlichen Gesundheitssystems, höheren Erwartungen der Patienten und verstärkten Bedürfnissen der Praxisangehörigen ausgehen. Die Einflüsse dieser Umweltfaktoren nehmen zu, was insbesondere für das Tempo des technischen Fortschritts, den Trend zur vermehrten Qualifikation der Mitarbeiter/-innen sowie die immer umfangreichere Gesetzgebung in arbeits-, sozial- und tarifgesetzlicher Hinsicht zutrifft. Es ist daher wichtig, neben der klassischen Personalarbeit auch bedeutende, grundsätzliche Erfolgsfaktoren des modernen Personalmanagements in eine Zahnarztpraxis einzubeziehen (vgl. Frodl 2011, S. 17 ff).

Wie in kaum einer anderen Branche machen die Praxisangehörigen einen wesentlichen Teil der Leistungsfähigkeit einer Zahnarztpraxis aus. Sie stellen das entscheidende Potenzial für die Bewältigung der hohen Anforderungen in der heutigen und zukünftigen Arbeitswelt einer Zahnarztpraxis dar. Die Zielsetzung jeder Zahnarztpraxis, den Praxiserfolg langfristig zu sichern und auszubauen, kann deshalb nur dann erreicht werden, wenn alle Praxisangehörigen besondere Anstrengungen unternehmen und in vertrauensvoller Zusammenarbeit gemeinsam die gestellten Aufgaben im Rahmen ihrer Kenntnisse und Fähigkeiten bestmöglich erfüllen.

Da die menschliche Arbeitskraft wertvoll und teuer ist, muss sie in der Zahnarztpraxis effizient und wirtschaftlich eingesetzt werden. Auf der einen Seite gilt es dabei, die betrieblichen Bedürfnisse zu berücksichtigen: Die Zahnarztpraxis muss beispielsweise bestmöglich mit geeigneten Mitarbeitern und Mitarbeiterinnen ausgestattet und die Personalkosten

© Springer Fachmedien Wiesbaden GmbH 2016
A. Frodl, *Praxisführung für Zahnärzte,*
DOI 10.1007/978-3-658-11060-4_4

im Auge behalten werden. Auf der anderen Seite ist gleichzeitig den Bedürfnissen der Praxisangehörigen Sorge zu tragen: Die Mitarbeiter/-innen müssen betreut, entwickelt, geführt, verwaltet und entlohnt werden.

Im Mittelpunkt des Personalmanagements in der Zahnarztpraxis stehen die Praxisangehörigen, die Mitarbeiterinnen und Mitarbeiter. Anders als die in der Zahnarztpraxis eingesetzten Sachmittel, wie Behandlungseinrichtungen, zahnmedizinische Materialien, Behandlungstechniken usw., sind sie durch eine Reihe von Besonderheiten gekennzeichnet, die für die erfolgreiche Führung einer Zahnarztpraxis von wesentlicher Bedeutung sind:

- Die Praxisangehörigen sind aktiv: Sie sind keine passiven Erfolgsfaktoren über die man beliebig verfügen kann. Sie haben ihren eigenen Willen, verfolgen eigenständig vorgegebene oder selbst gesteckte Ziele und entwickeln Initiativen, die es gezielt zu nutzen gilt.
- Die Praxisangehörigen sind individuell: Jede Mitarbeiterin und jeder Mitarbeiter unterscheiden sich von anderen in einer Vielzahl von Merkmalen, von Eigenschaften und Fähigkeiten. Diese Eigenschaften und Fähigkeiten müssen erkannt und richtig zur Geltung gebracht werden.
- Alle Praxisangehörigen sind grundsätzlich motiviert: Sie streben alle eigenständige Ziele an. Diese können mit den Zielen der Zahnarztpraxis übereinstimmen, es kann aber auch auf dieser Ebene zu Zielkonflikten kommen. Die Mitarbeitermotivation hängt somit wesentlich von der Übereinstimmung der persönlichen Ziele mit der Ziele der Zahnarztpraxis ab. Aufgabe des Personalmanagements muss es somit auch sein, diese Ziele in Einklang zu bringen.
- Die Praxisangehörigen sind beeinflussbar: Sie sind sowohl von psychologischen als auch von physischen Einflüssen abhängig. Das Personalmanagement muss negative Einflüsse stoppen und positive Einflussmöglichkeiten fördern.
- Schließlich zeichnen sich die Praxisangehörigen durch Zugehörigkeiten aus: Sie sind auch Mitglieder anderer sozialer Gruppierungen, beispielsweise von Familien, Vereinen, Parteien, Gewerkschaften und sonstigen Gruppen. Nicht selten bilden sich auch innerhalb von Praxisteams kleinere Gruppierungen, die durch Sympathie/Antipathie geprägt sind, und die das Personalmanagement in der Zahnarztpraxis in besonderem Maße zur Sicherung des langfristigen Praxiserfolgs berücksichtigen muss.

Für das Personalmanagement und für die Praxisinhaber oder leitende Praxismitarbeiter als Vorgesetzte sind zunächst **Führungstheorien** von Bedeutung.

Intrinsische Führungstheorien gehen davon aus, dass der Führungserfolg von Führungskräften im Gesundheitswesen auf ihrer Persönlichkeit, ihrer Qualifikation, ihrem Engagement und ihren Eigenschaften beruhen. So sind im übertragenen Sinne beispielsweise Motivationsfähigkeit, Fachkompetenz und Auftreten persönliche Eigenschaften, die häufig genannt werden, wenn es darum geht, erfolgreiche Führungskräfte von weniger erfolgreichen zu unterscheiden oder überhaupt zu identifizieren, wer sich als Führungskraft im besonderen Maße eignet (vgl. Schanz 2015, S. 661 ff.).

Gerade im Gesundheitswesen muss im Rahmen intrinsischer Führungstheorien somit zwischen einem **Charisma** und damit einem auf überzeugenden, motivationssteigernden Persönlichkeitseigenschaften basierenden Führungsverhalten in Bezug auf die Patientenführung einerseits und die Mitarbeiterführung andererseits unterschieden werden: Ein charismatischer Zahnarzt ist nicht zwangsläufig auch als Vorgesetzter in Leitungsfunktionen erfolgreich, was gleichermaßen auch umgekehrt gilt. Das bedeutet für die Zahnarztpraxis, dass ihre Führungskräfte möglichst über Persönlichkeitseigenschaften verfügen müssen, die sowohl bei Patienten, als auch bei den Mitarbeitern zu einem Führungserfolg führen. Wie stark die zahnmedizinische Fachkompetenz einerseits und die Vorgesetzteneignung andererseits ausgeprägt sein müssen, hängt von der jeweiligen Leitungsfunktion, der Führungssituation und der aufbauorganisatorischen Position in der Zahnarztpraxis ab. Letztendlich wird sich nicht eindeutig bestimmen lassen, in welchem prozentualen Verhältnis sie zueinander stehen oder wann sie etwa genau gleichgewichtig austariert sein müssen. Der intrinsische Ansatz kann jedoch nicht nur für die Führungskraft als Grundlage ihres Verhaltens herangezogen werden, sondern auch für die Praxisangehörigen, wenn man annimmt, dass sie auch geführt werden wollen. Ihre Bereitschaft, sich führen zu lassen, ist gerade in einer Zahnarztpraxis von grundlegender Bedeutung, denn zahnmedizinische Behandlungen am Patienten erfordern in der Regel gemeinsame, aufeinander abgestimmte Handlungen von mehreren Beteiligten, die es zu koordinieren gilt. Diese Koordinationsfunktion kann als wichtige Führungsaufgabe in der Zahnarztpraxis angesehen werden, die in Bezug auf einen konkreten Behandlungsprozess dem Streben des einzelnen Mitarbeiters nach individueller Selbstbestimmung nur wenig Raum lässt, ja mitunter auch keinen Spielraum lassen darf, wenn es beispielsweise um kurzfristig zu treffende Entscheidungen über die Gesundheit eines Patienten geht.

Das eigentliche Führungsverhalten steht an der Grenze zu den **Extrinsischen Führungstheorien**, die weniger die Persönlichkeit der Führungskraft, als vielmehr die Art und Weise des Umgangs mit den Geführten, die sich daraus ergebenden Interaktionen sowie die Einflussfaktoren der Führung in den Mittelpunkt stellen. Während sich das Führungsverhalten an den Aufgaben, den Patienten, den Mitarbeitern und deren Einbeziehung ausrichten kann und insbesondere bei Letzteren in der Regel durch den sich daraus ergebenden Führungsstil manifestiert wird, bezieht sich der Austausch im Rahmen der Führung sowohl auf einzelne Mitarbeiter und Patienten, als auch auf ganze Patienten- und Mitarbeitergruppen. Die Interaktionen zwischen Ihnen und der Führungskraft beeinflussen sich gegenseitig, wobei auch noch die jeweilige Führungssituation zu berücksichtigen ist, so dass im Rahmen des extrinsischen Ansatzes in erster Linie von den Wechselwirkungen zwischen diesen zahlreichen „Führungsfaktoren" ausgegangen wird.

Zum extrinsischen Führungsansatz zählen auch die situativen Führungstheorien, die weniger die Persönlichkeit der Führungskraft, als vielmehr die Führungssituation und deren Einflussfaktoren auf die Führung in den Mittelpunkt stellen. Man kann dabei zwischen grundlegenden Einflussfaktoren unterscheiden, die die Führungssituation dauerhaft und nachhaltig kennzeichnen, sowie Einflussfaktoren, die sich in der jeweiligen, konkreten Situation speziell ergeben können (Tab. 4.1).

Tab. 4.1 Beispiele für Einflussfaktoren der Führungssituation in der Zahnarztpraxis

Faktorenart	Beispiele
Grundlegende Einflussfaktoren	Hierarchieposition in der Zahnarztpraxis, Arbeitsklima, Aufgabenverteilung, personalwirtschaftliche Rahmenbedingungen, Führungskultur usw
Individuelle Einflussfaktoren	Verborgene oder offen ausgetragene Konflikte, Gesprächssituation in einem Mitarbeitergespräch, vorliegende Patientenbeschwerden, persönliche Situation des Geführten usw

Situative Führungstheorien verstehen Führung somit mehrdimensional und versuchen weniger die Führungskraft, als vielmehr den Geführten und das zu sehen, was alles auf ihn einwirkt, um letztendlich daraus Rückschlüsse für ein erfolgreiches Führungsverhalten ziehen zu können. Patienten, deren Angehörige, Überstunden, Konflikte mit Kolleginnen und Kollegen, persönliche Lebensumstände und vieles mehr wirken auf die Praxisangehörigen ein, und der sie führende Vorgesetzte ist aus dieser Sichtweise ebenfalls nur ein weiterer Einflussfaktor. Nach diesem Ansatz stellt sich der Führungserfolg insbesondere dann ein, wenn möglichst situativ geführt, das heißt, mit einem auf die jeweilige Führungssituation angemessenen Führungsverhalten reagiert wird. Das erfordert von der Führungskraft nicht nur eine große Flexibilität, sondern auch die Beherrschung unterschiedlicher Führungsstile, die es je nach Führungssituation anzuwenden gilt. Eine der bekanntesten Theorien ist in diesem Zusammenhang das Konstrukt von P. Hersey und K. Blanchard, das zwischen einem aufgabenorientierten und einem beziehungsorientierten Führungsstil unterscheidet, wobei der aufgabenbezogene Führungsstil durch klare Anweisungen und Ergebniserwartungen gekennzeichnet ist und der beziehungsorientierte durch Lob, enge Kontakte und bestmögliche Unterstützung. Der jeweils anzuwendende situative Führungsstil bewegt sich zwischen diesen beiden extremen Ausprägungen und orientiert sich zudem an der unterschiedlichen sachlichen und psychologischen Reife der Mitarbeiter, die bei einem hohe Reifegrad Verantwortung anstreben und darauf bedacht sind ihr zahnmedizinisches Fachwissen weiterzuentwickeln, sowie Engagement und Motivation zu zeigen (vgl. Hersey und Blanchard 1982, S. 11 ff). Der Führungserfolg ist dann gegeben, wenn die Mitarbeiter die Führungskraft anerkennen, sich kooperationsbereit zeigen und ihre Aufgaben erledigen, wobei sie bei unterschiedlichen Aufgaben auch unterschiedliche Reifegrade an den Tag legen können (Tab. 4.2).

Systemische Führungstheorien gehen davon aus, dass die Führungskraft nur ein Einflussfaktor ist, der auf die Geführten einwirkt, dass seine direkten Einwirkungsmöglichkeiten daher eher begrenzt erscheinen und dass die Orientierung an einer Vielzahl vernetzter Subsysteme vielmehr einen wesentlich größeren Einfluss auf die Geführten hat. Führung ist somit ganzheitlich zu sehen, verursacht zahlreiche Wechselwirkungen und steht im Kontext mit der aus Zahnarztpraxis, Gesundheitsmarkt, Patienten, Kollegen, Gesellschaft und vielen weiteren Elementen bestehenden Umwelt der Mitarbeiter. Der Praxisinhaber als Führungskraft ist dabei nicht mehr „Macher", sondern eher „Förderer" von Selbstorganisations-, Kommunikations- und Kooperationsprozessen. Die Zahnarztpraxis

Tab. 4.2 Situatives Führungsverhalten

Reifegrad der Mitarbeiter	Aufgaben-orientierung	Beziehungs-orientierung	Führungs-verhalten	Beispiel
niedrig	hoch	niedrig	„telling"	Klare Anweisung an eine Auszubildende bei der Gerätesterilisation, ggf. durch Vormachen
gering bis mäßig	hoch	hoch	„selling"	Überzeugung von Praxisangehörigen über die Notwendigkeit der Händedesinfektion
mäßig bis hoch	niedrig	hoch	„participating"	Beteiligung an der Neustrukturierung eines Praxisprozesses
hoch	niedrig	niedrig	„delegating"	Übertragung der Hygieneverantwortung

ist dabei als soziales System anzusehen, in dem täglich eine Vielzahl von Handlungen, Wirkungen und Folgewirkungen vielfältige Rückkopplungen und sich selbst verstärkende Mechanismen erzeugen.

Auf der Basis der Kybernetik lassen sich wichtigen Elementen eines Führungssystems kybernetische Funktionen zuordnen (Tab. 4.3).

In einer Zahnarztpraxis ist der systemische Führungsansatz sicherlich als nicht unproblematisch anzusehen, da sich die Umsetzung im Alltag als schwierig gestalten dürfte und die Sichtweise und Denkinstrumente der Systemtheorie sich aufgrund des kausalen Denkens und gelernter Wahrnehmungsmuster insbesondere in der Schulmedizin ohnehin erst seit jüngerer Zeit durchsetzen. Doch genauso wie beispielsweise vielfältige Wechselwirkungen beim Medikamenteneinsatz zu beachten sind, ist auch die Mitarbeiterführung in vernetzten Zusammenhängen zu sehen, deren Berücksichtigung aufgrund ihrer Komplexität für die jeweilige Führungskraft in einer Zahnarztpraxis keine leichte Herausforderung darstellt.

Führung wird oft gleichgesetzt mit Motivation und somit wird das Motivieren der Mitarbeiter in der Regel als wesentliche Führungsaufgabe angesehen. Der große Teil der **Motivationstheorien** geht allerdings davon aus, dass das menschliche Verhalten zunächst von eigenen Antrieben geprägt ist. Motivation ist danach ganz allgemein der Oberbegriff für jene Vorgänge, die in der Umgangssprache mit Streben, Wollen, Begehren, Drang usw. umschrieben und somit auch als Ursache für das Verhalten der Mitarbeiter in Zahnarztpraxen angesehen werden können.

Als Antwort auf die grundlegenden Fragen, wie und was die Mitarbeiter in Zahnarztpraxen zur Arbeitsleistung antreibt oder „motiviert", können die hinreichend bekannten Motivationstheorien dienen (Abb. 4.1):

Tab. 4.3 Kybernetisches Führungssystem nach Rahn 2008, S. 23ff.

Systembestandteil	Zuordnung	Funktion
Regler	Führungskraft	Beeinflusst Geführten
Stellgrößen	Führungsstile und -modelle	Eingesetzte Führungsinstrumente
Einflussgröße	Führungssituation	Ist durch Führungskraft zu beachten
Führungsgröße	Führungsziele	Sind durch Führungskraft zu beachten
Regelstrecke	Geführter	Wird durch Führungskraft beeinflusst
Regelgröße	Führungserfolg	Ist durch Führungskraft anzustreben

<table>
<tr><td>

Bedürfnishierarchie
nach *Abraham Maslow*
(1908-1979)
Primärbedürfnisse:
physiologische Bedürfnisse
wie Essen, Trinken, Schlafen etc.
Sekundärbedürfnisse:
Sicherheitsbedürfnisse, soziale Bedürfnisse,
Wertschätzung, Selbstverwirklichung

</td><td>

**Zweifaktorentheorie der
Arbeitszufriedenheit**
nach *Frederick Herzberg*
(1923-2000)
Motivatoren in der Zahnarztpraxis erzeugen
Arbeitszufriedenheit:
Leistung, Anerkennung, Verantwortung etc.;
Hygienefaktoren vermeiden
Unzufriedenheit:
Entlohnung, Führungsstil,
Arbeitsbedingungen etc.

</td></tr>
<tr><td>

X-Y-Theorie
nach *Douglas McGregor*
(1906-1964)
Mitarbeiter sind entweder antriebslos, träge und
erwarten Anweisungen, Belohnung, Bestrafung
(X-Theorie) oder sie sind fleißig, interessiert
und haben Freude an ihrer Tätigkeit in der
Zahnarztpraxis (Y-Theorie).

</td><td>

Anreiz-Beitrags-Theorie
nach *James March* (geb. 1928) und
Herbert Simon (1916-2001)
Mitarbeiter empfangen in der Zahnarztpraxis
Anreize, die nicht nur monetärer Natur sein
müssen, und erbringen dafür gewisse Beiträge
(beispielsweise Arbeitsleistung).

</td></tr>
</table>

Abb. 4.1 Beispiele für Motivationstheorien

- Bedürfnishierarchie von A. Maslow (1908–1979): Nach dieser Theorie sucht der Mensch zunächst seine Primärbedürfnisse (physiologische Bedürfnisse wie Essen, Trinken, Schlafen etc.) zu befriedigen und wendet sich danach den Sekundärbedürfnissen zu, wobei er in folgender Reihenfolge zunächst Sicherheitsbedürfnisse, auf der nächsten Stufe soziale Bedürfnisse, danach Wertschätzung und schließlich auf der höchsten Stufe seine Selbstverwirklichung zu erreichen versucht.
- Zweifaktorentheorie der Arbeitszufriedenheit von F. Herzberg (1923–2000): Sie geht davon aus, dass es einerseits so genannte Motivatoren gibt, wie beispielsweise Leistung, Anerkennung, Verantwortung etc., die sich auf den Arbeitsinhalt beziehen und die

Arbeitszufriedenheit erzeugen und andererseits so genannte Hygienefaktoren (Rand- und Folgebedingungen der Arbeit, beispielsweise Entlohnung, Führungsstil, Arbeitsbedingungen etc.), die Unzufriedenheit vermeiden. X-Y-Theorie nach D. McGregor (1906–1964): Nach ihr gibt es zwei Arten von Mitarbeitern, die entweder antriebslos, träge sind und Anweisungen, Belohnung, Bestrafung und einen eher autoritären Führungsstil erwarten (X-Theorie) oder sie sind fleißig, interessiert, übernehmen aktiv Verantwortung, haben Freude an ihrer Tätigkeit in der Zahnarztpraxis und erwarten ein eher kooperatives Führungsverhalten (Y-Theorie).

• Anreiz-Beitrags-Theorie von J. March (geb. 1928) und H. Simon (1916–2001): Sie geht davon aus, dass die Mitarbeiter von der Zahnarztpraxis Anreize empfangen, die nicht nur monetärer Natur sein müssen, und dass sie dafür gewisse Beiträge (beispielsweise Arbeitsleistung) erbringen.

Auf der Grundlage dieser Theorien unterscheidet die neuere Motivationsforschung zwischen intrinsischer Motivation, die durch die Freude an einer Aufgabe, an der damit verbunden Herausforderung oder durch Selbstverwirklichung gekennzeichnet ist, und extrinsischer Motivation, bei der die Erwartung von Vorteilen und die Vermeidung von Nachteilen im Vordergrund steht (vgl. Barbuto und Scholl 1998, S. 1011 ff.).

Somit ist das Heilen und anderen Menschen damit zu helfen sicherlich als wesentliche intrinsische Motivationsquellen in einer Zahnarztpraxis anzusehen, während die Führungskräfte in einer Zahnarztpraxis nach dieser Theorie hauptsächlich die extrinsischen Motivationsquellen durch Belohnungen, Erwartungsgestaltungen und Zielsetzungen verstärken können.

Aufbauend auf die motivationstheoretischen Erkenntnisse versucht man üblicherweise durch ein System von Anreizen das Leistungspotenzial der Mitarbeiter zu aktivieren. Man unterscheidet dabei in der Regel zwischen materiellen und immateriellen Anreizen. So ergibt sich beispielsweise die Gelegenheit zur Motivation durch Sachleistungen häufig und muss nicht kostspielig sein. Wichtig ist dabei die Geste und nicht der Sachwert. Dazu zählen auch der Blumenstrauß, der Praxisausflug oder die Weihnachtsfeier. Der Bereich der monetären Anreize ist unter den Anreizmöglichkeiten als wohl bedeutsamster Bereich anzusehen. Dazu zählt zunächst das Gehalt, welches sich in der Zahnarztpraxis in der Regel nach den geltenden Tarifverträgen richtet. Die Überstundenvergütung ist tariflich ebenfalls geregelt, bietet aber die Gelegenheit zu großzügigeren Vergütungsregelungen. Darüber hinaus gibt es die Möglichkeit, neben den gesetzlich und tarifvertraglich vorgeschriebenen Sozialleistungen freiwillige Sozialleistungen zu gewähren. Dazu zählen die Gewährung von Urlaubsgeldern, Geburts- und Heiratsbeihilfen und anderes mehr. Ein erfolgsorientiertes Prämiensystem, welches sich beispielsweise nach Ergebnisvorgaben, Patientenzahlen oder dem Arbeitsaufkommen richtet, bietet ebenfalls materielle Motivationsanreize. Diese vorher in der Höhe festgelegten Prämienzahlungen werden dann geleistet, wenn eine bestimmte, ebenfalls vorher festgelegte Zielgröße erreicht oder übertroffen wird. Das Prämiensystem sollte dabei je nach Übertreffungsweite der vorher festgelegten Werte gestaffelt und so ausgestaltet sein, dass der durch das Prämiensystem erzielte Ergebniszuwachs nicht durch überhöhte Zahlungen an die

Mitarbeiter kompensiert wird. Auch sollte auf die Nachhaltigkeit des Erfolgs geachtet werden, wobei qualitative Aspekte der Patientenversorgung in jedem Fall ebenfalls einbezogen werden müssen, um eine Fehlleitung zu verhindern. Immaterielle Anreize bieten ebenfalls ein breites Einsatzspektrum für motivationsfördernde Einzelmaßnahmen. Dazu zählen beispielsweise Ansätze für Mitwirkungsmöglichkeiten, Arbeitsumfeldgestaltungen, Möglichkeiten zu einer langfristige Urlaubsplanung, Vermeidung von Überstunden, ansprechende Sozialräume und vieles andere mehr. Aus dem Bereich motivationsfördernder Ausbildungs- bzw. Aufstiegsanreize sind die Möglichkeiten zu Beförderungen einzelner Praxisangehöriger auf höherwertige Stellen zu nennen oder die Teilnahmemöglichkeit an Fort- und Weiterbildungsmaßnahmen, wenn deren Kosten die Praxis übernimmt.

4.1.2 Arbeitsverhältnisse in der Zahnarztpraxis und individuelles Arbeitsrecht

Zu den wichtigsten rechtlichen Rahmenbedingungen des Personalmanagements in der Zahnarztpraxis zählt das **Arbeitsrecht**, das sich aus einer Vielzahl von rechtlichen Grundlagen zusammensetzt, die das Arbeitsleben und die Beschäftigungsverhältnisse in einer Zahnarztpraxis berührenden Rechtsfragen regelt.

Das individuelle Arbeitsrecht regelt das Arbeitsverhältnis zwischen dem Zahnarzt oder der Zahnärztin als Praxisinhaber und Arbeitgeber und den einzelnen Praxisangehörigen. Im Mittelpunkt des individuellen Arbeitsrechts steht der **Arbeitsvertrag**. Er ist als schuldrechtlicher Vertrag ein besonderer Fall des Dienstvertrages nach dem Bürgerlichen Gesetzbuch (BGB 2002), durch den sich der Arbeitnehmer (ZFA, ZMF, ZMV usw.) verpflichtet, im Dienste des Arbeitgebers (Zahnarzt oder -ärztin als Praxisinhaber) nach dessen Weisungen Arbeit zu leisten, wofür der Arbeitgeber ein Entgelt zu zahlen hat (vgl. § 611 ff. BGB). Im Arbeitsvertrag werden die Rechte und Pflichten von Arbeitgeber und -nehmer geregelt, insbesondere Beginn und Ende der täglichen Arbeitszeit, die Verteilung der Arbeit auf die Wochentage, eine eventuelle Probezeit, Gehalt, Urlaub, Sonderzuwendungen und Kündigungsmöglichkeiten. Das im Arbeitsvertrag begründete Arbeitsverhältnis endet durch vertragliche Vereinbarungen (Aufhebungsvertrag, Befristung usw.) Kündigung, Invalidität oder Tod. Der Arbeitsvertrag ist grundsätzlich formlos und kann durch die formlose Willenserklärung von Arbeitgeber und -nehmer durch das Vertragsangebot und dessen Annahme auch mündlich zustande kommen. Zur Wirksamkeit eines Ausbildungsvertrags ist zwar keine Schriftform vorgeschrieben, nach dem Berufsbildungsgesetz (BBiG 2013) ist der ausbildende Arzt jedoch verpflichtet, nach Vertragsabschluss den wesentlichen Inhalt des Arbeitsvertrages schriftlich niederzulegen (vgl. § 11 BBIG).

Je nach arbeitsvertraglicher Regelung unterscheidet man verschiedene Arten des Arbeitsverhältnisses. Der befristete Arbeitsvertrag kann für einen kalendermäßig festgelegten Zeitraum abgeschlossen werden, wenn hierfür ein sachlicher Grund in der Zahnarztpraxis vorliegt (längere Krankheitsvertretung, Mutterschaftsvertretung usw.). Er endet sodann automatisch (ohne Ausspruch einer Kündigung) mit dem Ablauf der Zeit, für die er eingegangen wurde. Ein Dauerarbeitsverhältnis in einer Zahnarztpraxis wird durch einen Arbeitsvertrag begründet, der nicht auf Probe oder befristet, sondern auf unbestimmte Zeit abgeschlossen ist und damit den gesetzlichen Kündigungsfristen unterliegt. **Arbeitsverhältnisse** mit einer kürzeren als der regelmäßigen praxisüblichen Arbeitszeit sind Teilzeitarbeitsverhältnisse.

Im Rahmen der Pflichten der Praxisangehörigen als Arbeitnehmer ist die Arbeitsleistung als Hauptpflicht anzusehen. Sie muss erbracht werden, wie sie im Arbeitsvertrag vorgesehen ist. Jedoch sind nur dem Arbeitgeber gegenüber die Leistungen zu erbringen. Die Praxisangehörigen müssen sich von diesem keinen anderen Arbeitgeber aufdrängen lassen (beispielsweise „Ausleihen" einer ZFA an einen befreundeten Praxisinhaber, der in Personalnöten steckt). Meist wird die Arbeitszeit im Arbeitsvertrag unter Berücksichtigung der gesetzlichen Bestimmungen (bspw. Arbeitszeitgesetz 2013) sowie die Verpflichtung zur Leistung von Überstunden festgelegt. Neben der Arbeitspflicht als Hauptpflicht haben die Praxisangehörigen Treue- und Verschwiegenheitspflichten zu erfüllen. Diese erstrecken sich auf die Interessen des Zahnarztes oder der Zahnärztin als Arbeitgeber, die zu berücksichtigen sind, sowie auf Betriebs- und Geschäftsgeheimnisse der Zahnarztpraxis (ärztliche Schweigepflicht, Schutz von Patientendaten usw.), die nicht an Außenstehende weitergegeben werden dürfen. Auch sind die Praxisangehörigen dazu verpflichtet alles zu unterlassen, was dem Ruf ihres Arbeitgebers schaden könnte. Sie dürfen auch keine Sachgeschenke und sonstigen Vorteile von Außenstehenden annehmen, es sei denn, es handelt sich um kleine Aufmerksamkeiten (etwa von Patienten oder Vertretern von Lieferanten für Praxisbedarf) von geringem wirtschaftlichem Wert. Alle Praxisangehörigen sind verpflichtet, drohende Schäden (beispielsweise durch Materialfehler usw.) ihrem Arbeitgeber mitzuteilen. Für Schäden, die aus einer unerlaubten Handlung entstehen, haften sie nach den Grundsätzen des BGB. Der Ort der Arbeitsleistung ist im Allgemeinen die Zahnarztpraxis. Jedoch können sich aus der Eigenart des Praxisbetriebs auch andere Einsatzorte ergeben (beispielsweise Besuche im Pflegeheim usw.). Verletzen Praxisangehörige ihre arbeitsvertraglichen Pflichten, so kann sie der Praxisinhaber und Arbeitgeber zur Einhaltung dieser Pflichten ermahnen (Abmahnung). Da Abmahnungen häufig die Vorstufe zu Kündigungen darstellen, kommt ihnen eine Warn- und Ankündigungsfunktion zu. Die Abmahnung darf mit keiner weiteren Sanktion verbunden sein.

Im Rahmen der Pflichten des Zahnarztes als Arbeitgeber ist die **Entlohnung** für die vom Arbeitnehmer erhaltene Leistung als Hauptpflicht anzusehen. Die Höhe des Arbeitsentgelts wird in erster Linie in Tarifverträgen geregelt, wie beispielsweise der Tarifvertrag für Zahnmedizinische Fachangestellte/Zahnarzthelferinnen.

„Der Verband medizinischer Fachberufe e.V. handelt für die Zahnmedizinischen Fachangestellten/ZahnarzthelferInnen mit der Arbeitsgemeinschaft zur Regelung der Arbeitsbedingungen für Zahnmedizinische Fachangestellte und ZahnarzthelferInnen (AAZ) auf der Länderebene Tarifverträge aus. Seit dem 1. Juli 2011 besteht die AAZ aus den Ländern Hamburg, Hessen, Saarland und dem Landesteil Westfalen-Lippe." (Verband Medizinischer Fachberufe eV 2015, S. 1)

Die Zahlung von **Gratifikationen** (bspw. für Jubiläen, Honorierung besonderer Leistungen) ist nicht gesetzlich geregelt, sondern beruht in Zahnarztpraxen in der Regel auf arbeitsvertraglicher Abmachung. Sie kann auch freiwillig ohne Anerkennung einer Rechtspflicht und ohne Übernahme einer Verpflichtung für die Zukunft gezahlt werden. Bei freiwillig gewährten Gratifikationen steht es grundsätzlich im Ermessen des Arbeitgebers, wem er diese Leistung zukommen lassen möchte.

Überstunden sind die über die regelmäßige betriebliche Arbeitszeit der Zahnarztpraxis hinaus geleisteten Stunden. Ein Zuschlag für Überstunden bedarf einer gesonderten Regelung unter Berücksichtigung des Grundsatzes der Gleichberechtigung.

Wird an Sonn- und Feiertagen in der Zahnarztpraxis Arbeit geleistet (beispielsweise bei Notfalldienst), so erhalten die Praxisangehörigen hierfür das an Werktagen übliche Entgelt und in der Regel einen Sonn- bzw. Feiertagszuschlag, der aufgrund von tariflichen oder praxisbetrieblichen Regelungen zu zahlen ist.

Vom Arbeitsgehalt sind kraft Gesetzes bestimmte **Gehaltsabzüge** durch den Zahnarzt oder die Zahnärztin als Arbeitgeber einzubehalten und abzuführen (Lohnsteuer, Kirchensteuer, Beiträge zur Kranken-, Pflege-, Renten- und Arbeitslosenversicherung). Grundlage für die Berechnung der Abzüge ist das Bruttoentgelt der Praxisangehörigen. Unterlässt der Arbeitgeber beispielsweise die Abführung, so kann die Lohnsteuer vom Arbeitnehmer nachgefordert werden, denn er und nicht der Arbeitgeber ist Lohnsteuerschuldner.

Der Zeitpunkt der Gehaltszahlung wird in erster Linie durch Tarif- oder arbeitsvertragliche Vereinbarung geregelt.

Die in der Regel als Angestellte beschäftigten Praxisangehörigen verlieren den Anspruch auf das Arbeitsentgelt (Entgeltfortzahlungspflicht) nicht, wenn sie nur für eine kurze Zeit durch einen in ihrer Person liegenden Grund ohne ihr Verschulden an der Arbeitsleistung verhindert sind. Die häufigsten Fälle der Verhinderung an der Arbeitsleistung sind Arztbesuche, soweit der Arztbesuch nicht außerhalb der Arbeitszeit möglich ist, Familienereignisse, wie schwere Erkrankung oder Tod des Ehegatten oder naher Verwandter, Geburt von Kindern, Wohnungswechsel, Vorladung zum Gericht oder zu Behörden, Wahrnehmung staatsbürgerlicher Pflichten, Verkehrsstörungen. Die Praxisangehörigen haben im übrigen Anspruch auf **Entgeltfortzahlung** im Krankheitsfall.

Der Arbeitgeber hat auch besondere **Fürsorgepflichten**: Er hat gemäß der Arbeitsstättenverordnung (ArbStättV 2004) dafür zu sorgen, dass die Behandlungs-, Pausen- und Arbeitsräume ausreichend belüftet und geheizt sind, die Fußböden keine Stolperstellen haben, Sitzgelegenheiten zur Verfügung stehen, unzulässige Mengen von Dämpfen, Nebeln und Stäuben (etwa im Eigenlabor) vermieden werden. Er muss seine Mitarbeiter/-innen korrekt behandeln und ihre ihm anvertrauten und bekannt gewordenen persönlichen Daten geheim halten. Er ist weiterhin verpflichtet, das von den Praxisangehörigen an die Arbeitsstelle üblicherweise mitgebrachte persönliche Eigentum (Taschen, Geldbörsen, Kleidung) durch geeignete Maßnahmen (abschließbarer Personalraum, Spinde) zu sichern.

Nach dem Bundesurlaubsgesetz (BUrlG 2013) hat jeder Arbeitnehmer Anspruch auf einen **Urlaub** von mindestens 24 Werktagen je Kalenderjahr. Sonn- und Feiertage gelten nicht als Urlaubstage. In der Zahnarztpraxis beschäftigte Jugendliche als Auszubildende erhalten Urlaub nach den Bestimmungen des Jugendarbeitsschutzgesetzes (JArbSchG 1976): Den Auszubildenden sollte der Urlaub in der Zeit der Berufsschulferien gewährt werden. Bei der zeitlichen Festlegung des Urlaubs sind die zeitlichen Wünsche der Praxisangehörigen zu berücksichtigen. Der Urlaub muss im laufenden Kalenderjahr gewährt und genommen werden. Ein übertragener Urlaub muss in den ersten drei Monaten des Folgejahres gewährt und genommen werden (vgl. § 3 ff. BUrlG).

Die für die Zahnarztpraxis wichtigste Sonderform eines Arbeitsverhältnisses stellt das **Ausbildungsverhältnis** dar. Das Ausbildungsverhältnis beispielsweise zur Berufsausbildung angehender ZFA wird durch den Ausbildungsvertrag zwischen dem Zahnarzt oder der Zahnärztin als Ausbilder und den Auszubildenden begründet. Die Vertragsniederschrift muss folgende Angaben enthalten:

• Art und Ziel der Ausbildung, insbesondere die Berufstätigkeit,
• sachliche und zeitliche Gliederung der Ausbildung,
• Beginn und Dauer der Ausbildung,
• vorgesehene Ausbildungsmaßnahmen außerhalb der Zahnarztpraxis,
• Dauer der regelmäßigen täglichen Arbeitszeit,
• Dauer der Probezeit,
• Zahlung und Höhe der Ausbildungsvergütung,
• Dauer des Urlaubs,
• Voraussetzungen unter denen der Ausbildungsvertrag gekündigt werden kann.

Der Praxisinhaber als Ausbilder ist ferner verpflichtet, den Ausbildungsvertrag unverzüglich in das bei der jeweiligen Zahnärztekammer zu führende Verzeichnis der Berufsausbildungsverhältnisse eintragen zu lassen. Der Ausbildungsvertrag wird, wenn die Auszubildenden noch minderjährig sind, was in Zahnarztpraxen häufig der Fall ist, von einem gesetzlichen Vertreter geschlossen (Eltern oder Vormund).

Die Pflichten als Ausbilder erstrecken sich auf:

• Vermittlung der erforderlichen Kenntnisse, Fähigkeiten und Erreichen des Ausbildungsziels (einschließlich der Abschlussprüfung) in der vorgesehenen Ausbildungszeit,
• Freistellung der Auszubildenden für die Teilnahme am Berufsschulunterricht und an Prüfungen,
• kostenlose Bereitstellung der Ausbildungsmittel,
• Anhalten der Auszubildenden zum Besuch der Berufsschule und Überwachung der Führung der Berichtshefte,
• Sicherstellung, dass die Auszubildenden charakterlich, sittlich und körperlich nicht gefährdet werden,
• Ausstellung von Zeugnissen bei Beendigung der Ausbildungsverhältnisse mit Ausführungen (auf Verlangen) zu Führung, Leistung und besondere fachliche Fähigkeiten.

Den auszubildenden Praxisangehörigen dürfen keine Arbeiten zugewiesen werden, die dem Ausbildungszweck zuwider laufen. Körperliche Züchtigungen und jede gesundheitsgefährdende Behandlung sind verboten.

Zu den Pflichten der auszubildenden Praxisangehörigen zählen:

- Sorgfältige Ausführung der im Rahmen der Ausbildung übertragenen Verrichtungen,
- Teilnahme am Berufsschulunterricht und Ablegen der vorgesehenen Prüfungen und Zwischenprüfungen,
- Führen des Berichtshefts über Ausbildungsverlauf und -fortschritt,
- sich an alle Weisungen halten, die der ausbildende Zahnarzt oder eine andere weisungsberechtigte Person innerhalb des Rahmens der Ausbildung erteilen,
- alle in der Zahnarztpraxis geltenden Ordnungsregeln beachten (beispielsweise bei Fernbleiben unverzüglich über die Gründe unterrichten),
- mit Behandlungseinrichtungen, -geräten, Materialien und sonstigen Gegenständen der Zahnarztpraxis sorgsam umgehen,
- über alle Geschäfts- und Betriebsgeheimnisse der Zahnarztpraxis (Patientendaten, ärztliche Schweigepflicht) Stillschweigen bewahren.

Die auszubildenden Praxisangehörigen haben Anspruch auf eine Ausbildungsvergütung. Im Allgemeinen endet das Ausbildungsverhältnis mit der im Ausbildungsvertrag vereinbarten Ausbildungszeit. Ein Anspruch auszubildender Praxisangehöriger auf Weiterbeschäftigung nach bestandener Abschlussprüfung besteht grundsätzlich nicht.

Die **Beendigung** des Arbeitsverhältnisses kann in einer Zahnarztpraxis beispielsweise erfolgen durch Kündigung, bei Befristung durch Zeitablauf oder auch Auflösung in gegenseitigem Einvernehmen.

4.1.3 Arbeitsschutz in der Zahnarztpraxis und kollektives Arbeitsrecht

Das kollektive Arbeitsrecht umfasst das Arbeitsrecht zwischen allen Praxisangehörigen und der Praxisleitung als Arbeitgeber, wie beispielsweise das Tarifvertrags- und Mitbestimmungsrecht, sowie arbeitsschutzrechtliche Bestimmungen.

Im **Tarifvertragsrecht** regelt das Tarifvertragsgesetz (TVG 1969) das Recht der Tarifverträge (vgl. § 1 ff. TVG). Für das Personalmanagement in der Zahnarztpraxis von Bedeutung sind die Tarifverträge für das Praxispersonal, welche in der Regel eine Mischung aus Rahmentarifvertrag und Verbandtarifvertrag darstellen: Sie enthalten einerseits als Rahmentarifvertrag die Bedingungen für die Ermittlung des Entgeltes für in der Praxis angestellte Fachkräfte und Auszubildende und werden andererseits als Verbandstarifvertrag zwischen „Arbeitgeberverbänden" (bspw. Arbeitsgemeinschaft zur Regelung der Arbeitsbedingungen für Zahnmedizinische Fachangestellte und ZahnarzthelferInnen – AAZ) und der Vertretungen des Personals von Zahnarztpraxen (bspw. Verband medizinischer Fachberufe e.V.) abgeschlossen.

Ein Arbeitsverhältnis in der Zahnarztpraxis ist dann den Bestimmungen des Tarifvertrags unterworfen, wenn die folgenden zwei Voraussetzungen erfüllt sind: Zunächst müssen die Mitarbeiter als Arbeitnehmer und auch der Zahnarzt oder die Zahnärztin als Praxisinhaber und Arbeitgeber mit ihrer Praxis Mitglied der Verbände sein, die den Tarifvertrag abgeschlossen haben. Als weitere Voraussetzung muss das Arbeitsverhältnis vom Geltungsbereich des Tarifvertrags erfasst sein. Der Geltungsbereich ist im Tarifvertrag festgelegt. Man unterscheidet dabei

- den räumlichen Geltungsbereich: Gebiet, in dem der Tarifvertrag gilt (bspw. gesamtes Bundesgebiet, einzelne Bundesländer),
- den fachlichen/betrieblichen Geltungsbereich: Zahnarztpraxen, Tätigkeiten, Gesundheitsbereiche für die/den der Tarifvertrag gilt,
- den persönlichen Geltungsbereich: Er bestimmt, auf welches gesundheitsbetriebliches Personal der Tarifvertrag Anwendung findet (Zahnärzte, ZFA, ZMF, ZMV, Reinigungskräfte usw.)

Sind nicht beide Partner des Arbeitsvertrags Mitglied der Tarifvertragspartner, so gelten die tariflichen Bestimmungen in der Regel auch dann, wenn im Arbeitsvertrag auf den entsprechenden Gehaltstarifvertrag in der jeweils gültigen Fassung ausdrücklich oder auch stillschweigend Bezug genommen wird.

Die betriebliche **Mitbestimmung** für Zahnarztpraxen in privater Rechtsform ist im Betriebsverfassungsgesetz (BetrVG 2001) geregelt. So kann in privatwirtschaftlich organisierten Praxen (bspw. GmbH) ein Betriebsrat alle vier Jahre in geheimer und unmittelbarer Verhältnis- oder Mehrheitswahl von der Praxisbelegschaft gewählt werden. Die mitbestimmungspflichtige Regelungen werden in Betriebsvereinbarungen festgehalten, die Vereinbarungen zwischen Praxis und Betriebsrat über eine betriebliche Angelegenheit, die betriebsverfassungsrechtlich zu regeln ist, darstellen. Sie gelten für alle Mitarbeiter unmittelbar und enden durch Zeitablauf oder durch Kündigung (vgl. § 1 ff. BetrVG).

Ein weitläufiges Teilgebiet des kollektiven Arbeitsrechts ist das **Arbeitsschutzrecht**. Es erstreckt sich auf allgemeine Vorschriften, die für alle Mitarbeiter der Zahnarztpraxis gelten, wie beispielsweise das Arbeitszeitrecht, sowie auf Sonderregelungen für einzelne Mitarbeitergruppen: Jugendarbeitsschutzrecht, Mutterschutzrecht, Schwerbehindertenschutzrecht usw.

Das **Arbeitszeitrecht** ist zwar kein Arbeitsschutzrecht im engeren Sinne, bewahrt aber die Mitarbeiter der Zahnarztpraxis vor ausufernden Arbeitszeiten. So enthält das Arbeitszeitgesetz (ArbZG) Regelungen über die werktägliche Arbeitszeit, Verlängerungsmöglichkeiten, Ruhepausen, Ausnahmeregelungen, etwa bei ärztlichen Notdiensten an Wochenenden, erforderlichen Zeitausgleich und vieles andere mehr (vgl. § 3 ff. ArbZG).

Rechtsgrundlage des **Jugendarbeitsschutzrechts** ist das Jugendarbeitsschutzgesetz (JArbSchG). Es betrifft in erster Linie die in der Regel noch jugendlichen Auszubildenden in Zahnarztpraxen und regelt das Mindestalter für ein Beschäftigungsverhältnis in der Zahnarztpraxis, sowie die höchstzulässigen täglichen und wöchentlichen Arbeitszeiten. Ferner umfasst es beispielsweise Regelungen über die Teilnahme am Berufsschulunterricht, der Freistellung für die Teilnahme an Prüfungen und der Einhaltung von Ruhepausen (vgl. § 5 ff. JArbSchG).

Das **Mutterschutzrecht** basiert im Wesentlichen auf dem Mutterschutzgesetz (MuSchG). Zur Inanspruchnahme des Schutzes hat die werdende Mutter die Zahnarztpraxis über die Schwangerschaft zu unterrichten. Es enthält Beschäftigungsverbote in der Zeit vor und nach der Niederkunft sowie im Falle der Gefährdung von Leben oder Gesundheit von Mutter oder Kind. Werdende Mütter dürfen nur dann stehend beschäftigt werden, wenn Sitzgelegenheiten zum Ausruhen zur Verfügung stehen. Stillende Mütter haben Anspruch auf Stillzeiten, die auch nicht auf Ruhepausen angerechnet werden dürfen oder vor- oder nachzuarbeiten sind (vgl. § 3 ff. MuSchG).

Rechtsgrundlage für das **Schwerbehindertenschutzrecht** sind im Wesentlichen die Inhalte des Sozialgesetzbuchs (SGB 2001) IX über die Rehabilitation und Teilhabe behinderter Menschen. Da in Einzelbereichen von Zahnarztpraxen durchaus auch Schwerbehinderte beschäftigt werden können bzw. in großen ärztlichen Berufsausübungsgemeinschaften zur Vermeidung von Ausgleichsabgaben beschäftigt werden müssen, gilt es, ihre Tätigkeit so zu gestalten, dass sie ihre Fähigkeiten und Fertigkeiten möglichst voll verwerten und weiterentwickeln können. Die Räume der Zahnarztpraxis, Arbeitsplätze und Gerätschaften sind im jeweiligen Fall so einzurichten, dass Schwerbehinderte dort beschäftigt werden können. Ferner sind nötige Arbeitshilfen anzubringen (vgl. § 71 ff. SGB IX).

Der allgemeine **Kündigungsschutz** gilt nach dem Kündigungsschutzgesetz (KSchG 1969) erst in Zahnarztpraxen mit einer größeren Mitarbeiterzahl. Im Rahmen des allgemeinen Kündigungsschutzes sind ordentliche, fristgemäße Kündigungen dann rechtsunwirksam, wenn sie sozial ungerechtfertigt sind. Dies ist der Fall, wenn sie nicht in der Person oder dem Verhalten der Mitarbeiter begründet sind bzw. nicht durch dringende betriebliche Erfordernisse der Zahnarztpraxis einer Weiterbeschäftigung entgegenstehen. Eine Kündigung aufgrund dringender betrieblicher Erfordernisse kann nur erfolgen, wenn bei Weiterbeschäftigung der Fortbestand der Praxis beispielsweise aus wirtschaftlichen Gründen gefährdet würde (vgl. § 1 ff. KSchG).

Einige Personengruppen genießen in großen Praxen Kündigungsschutz durch besondere Kündigungsvorschriften. So ist nach dem Mutterschutzgesetz (MuSchG 2002) die Kündigung während der Schwangerschaft und nach der Entbindung unzulässig, wenn der Zahnarztpraxis zum Zeitpunkt der Kündigung die Schwangerschaft oder Entbindung bekannt war oder unmittelbar nach Zugang der Kündigung mitgeteilt wurde. Die Kündigung von in der Zahnarztpraxis beschäftigten Schwerbehinderten bedarf der Zustimmung der jeweiligen Hauptfürsorgestelle.

Der **Mitarbeiterdatenschutz** ist der Schutz des Rechts auf informationelle Selbstbestimmung der Mitarbeiter. Da die Zahnarztpraxis dem Mitarbeiter in der Regel wirtschaftlich und strukturell überlegen ist, die konkrete Ausgestaltung des Arbeitsvertrags bestimmt und die Arbeitsbedingungen festlegt, versucht der Mitarbeiterdatenschutz einen Ausgleich zwischen den unterschiedlichen Interessen der Fremdbestimmung durch die Praxis und der Selbstbestimmung des Mitarbeiters zu finden, durch Regelungen, welche

Eingriffe der Praxis in das Persönlichkeitsrecht des Mitarbeiters zulässig sind. Auf der Grundlage von Gesetzen (bspw. Bundesdatenschutzgesetz, BDSG 2003) und Grundsatzurteilen des Bundesarbeitsgerichts werden in der Regel aufgrund von Betriebsvereinbarungen beispielsweise die Nutzung von E-Mail- und Internetdiensten in der Zahnarztpraxis, der Einsatz von Anzeigen auf Telefonanlagen oder die Themen Videoüberwachung am Arbeitsplatz, Mithören von dienstlichen Telefongesprächen oder der Datenschutz bei Leistungs- und Verhaltenskontrollen geregelt (vgl. § 4 ff. BDSG).

4.2   Führung des Praxispersonals

4.2.1   Führungsstile und Führungsprinzipien

Nicht nur der Zahnarzt oder die Zahnärztin als Praxisinhaber sind in ihrer Praxis Vorgesetzte. Jede Fachkraft mit abgeschlossener Berufsausbildung steht beispielsweise in der Regel in einem Vorgesetztenverhältnis zu den Auszubildenden. Kernelemente der Mitarbeiterführung sind Führungsstil und Führungsprinzipien. Führung beinhaltet einen Prozess der steuernden Einflussnahme von Personen (Führer, Führende) auf das Verhalten anderer Personen (Geführte) zum Zweck der Erreichung bestimmter Ziele. Unter **Mitarbeiterführung** sind somit alle jene Aktivitäten eines Vorgesetzten zu verstehen, die er im Umgang mit seinen Mitarbeitern verwirklicht, um diese im Sinne der Aufgabenerfüllung zu beeinflussen. Dabei geht es zum einen um die positive Beeinflussung des Leistungsverhaltens der Mitarbeiter zur Erfüllung der Praxisziele. Ferner geht es um die Förderung ihrer persönlichen, sozialen Ziele zur Herbeiführung von Arbeitszufriedenheit. Die Arbeitszufriedenheit ist Gegenstand vieler motivationstheoretischer Ansätze. Sie wird durch den Einsatz von Führungsinstrumenten beeinflusst. Der optimale Einsatz der Führungsinstrumente ist dann gewährleistet, wenn eine Identifikation der Zielsetzung der Praxis mit den persönlichen Wünschen der Mitarbeiter herbeigeführt werden kann.

Ein wichtiges Führungsinstrument ist der **Führungsstil**. Ebenso wie das Führungspersonal in anderen Branchen, prägt z. B. ein Zahnarzt als Praxisleiter durch sein Verhalten bewusst oder unbewusst seinen eigenen Führungsstil. Er stellt die Art und Weise des Umgangs mit den Mitarbeitern dar und bringt durch wiederkehrende Verhaltensmuster in gewisser Weise auch die innerer Haltung und Einstellung der Führungskraft, ihren Charakter, ihre Denkweise, aber auch ihren Anstand und ihr Benehmen zum Ausdruck. Der wahrgenommene Führungsstil ist zudem abhängig von der Sichtweise der jeweiligen Mitarbeiter und ihrer persönlichen Empfindung. Er wird ferner durch sich ändernde Aufgaben, Ressourcen und Strukturen geprägt, sowie durch Erfolgskriterien, die ebenfalls Anpassungen unterliegen.

Je nachdem, ob die vorgesetzte Person mehr mit den Mitteln der Autorität, des Drucks und Zwangs oder mehr mit den Mitteln der Überzeugung, der Kooperation und Partizipation am Führungsprozess vorgeht, wendet sie einen unterschiedlichen Führungsstil an.

Für autoritäre Führungsstile ist kennzeichnend, dass der Vorgesetzte sämtliche Entscheidungen trifft und sie in Form von unwiderruflichen Anweisungen oder Befehlen weitergibt. Der Vorgesetzte erteilt die Weisungen aufgrund der mit seiner Stellung verbundenen
Macht und erzwingt deren Befolgung durch die Anordnung von Sanktionen. Der persönliche Freiheitsbereich der Geführten ist gering. Es herrschen klare Verhältnisse der Über- und
Unterordnung, Ausführungsanweisungen, enge Kontrolle sowie soziale Distanz zwischen
Vorgesetzten und Mitarbeitern.

Kooperative Führungsstile gehen dagegen von einer Mitwirkung der Mitarbeiter an den
Entscheidungen des Vorgesetzten aus, die so weit gehen kann, dass der Führende nur den
Entscheidungsrahmen absteckt. Der persönliche Freiheitsbereich der Mitarbeiter wächst,
und die Übernahme von Verantwortung wird auf sie verlagert. Kennzeichnend für kooperative Führungsstile sind daher Kollegialität, Delegation, Partizipation sowie ein Verhältnis
gegenseitiger Achtung und Anerkennung zwischen Vorgesetzten und Mitarbeitern.

Im Vergleich beider extremen Führungsstil-Ausprägungen weist der kooperative
Führungsstil folgende Vorteile auf:

• Das Zusammengehörigkeitsgefühl der Praxisangehörigen wird gestärkt,
• die Gefahr möglicher Konflikte wird verringert,
• das Klima zwischen Vorgesetzten und Untergebenen verbessert sich,
• die persönliche Entfaltung der Praxisangehörigen, deren Kreativität und aktive Mitarbeit werden gefördert.

Der Grundtypus eines möglicherweise als zeitgemäß angesehenen Laissez-faire-Führungs-
stils führt in Zahnarztpraxen nicht zwangsläufig zu einer hohen Arbeitszufriedenheit oder
hervorragenden Arbeitsresultaten. Als antiquiert geltende autoritäre Stilelemente bedeuten
auch nicht unbedingt, dass sich die Praxisangehörigen dadurch demotiviert fühlen müssen.
Auch muss die Führungskraft ihren eigenen Stil finden, der ihrer Persönlichkeit entspricht,
um für ein gutes Arbeitsklima zu sorgen, die Mitarbeiter zu aktivieren, gemeinsam mit ihnen die gesetzten Ziele zu erreichen und dabei ihre Wünsche, Bedürfnisse, und Kompetenzen
zu berücksichtigen.

Da der kooperative Führungsstil im Vergleich zum autoritären Führungsstil eine Reihe
von überwiegenden Vorteilen aufweist, sollte daher in Zahnarztpraxen vorzugsweise auf
der Praktizierung eines kooperativen Führungsverhaltens aufgebaut werden. Es ist aber
auch durchaus denkbar, dass bei einzelnen Mitarbeitern vorhandene Bedürfnisse nach
Orientierungsmöglichkeiten und Leitung am besten durch eher autoritäre Elemente Rechnung getragen wird. In der Praxis hat sich daher häufig ein mehrdimensionaler Führungsstil
mit einer situationsbezogenen Führung bewährt, in der die jeweils notwendigen Stilelemente angewendet werden. Auf der Grundlage situativer Führungstheorien erscheint unter
den mehrdimensionalen Führungsstilen der Situative Führungsstil als besonders Erfolg
versprechend. Nach diesem Ansatz stellt sich der Führungserfolg insbesondere dann ein,
wenn möglichst situativ geführt, das heißt mit einem auf die jeweilige Führungssituation
angemessenen Führungsverhalten reagiert wird. Das erfordert von der Führungskraft in

der Zahnarztpraxis nicht nur eine große Flexibilität, sondern auch die Beherrschung unterschiedlicher Führungsstile, die es je nach Führungssituation anzuwenden gilt (Abb. 4.2).

Die Veränderung der **Arbeitsstrukturierung** kann als weiteres Führungsinstrument angesehen werden:

- Dabei gibt es zunächst die Möglichkeit der Aufgabenerweiterung (Job Enlargement). Wird eine Auszubildende neben Reinigungs- und Materialpflegearbeiten nach wenigen Wochen bereits mit kleineren Aufgaben im Rahmen der Abrechnungsorganisation betraut, so steigt mit dieser Aufgabenerweiterung ihr Verantwortungs- und Selbstwertgefühl, was wiederum eine Motivationsförderung darstellt.
- Die gleiche Wirkung kann mit einer Arbeitsbereicherung (Job Enrichement) erzielt werden. Hierbei soll die Verantwortung mit Hilfe erhöhter Entscheidungs- und Kontrollbefugnisse erweitert werden, was zu einer qualitativen Aufwertung der Stelle führt. Das typische Beispiel aus einer Zahnarztpraxis ist hierzu die Ernennung einer bewährten Mitarbeiterin zur Leitenden ZFA oder beispielsweise die Übertragung der alleinigen Verantwortung für die Materialbewirtschaftung.
- Ferner gibt es die Möglichkeit eines Arbeitsplatzwechsels (Job Rotation) innerhalb der betrieblichen Organisation. Dieses Führungsinstrument kann jedoch nur in größeren Zahnarztpraxen angewendet werden und ist beispielsweise dann gegeben, wenn eine ZFA zur Unterstützungsleistung der ZMV eingeteilt und diese Position nach einer gewissen Zeit durch eine weitere ZFA besetzt würde, so dass jede Mitarbeiterin einmal Verwaltungstätigkeiten wahrnimmt.

Eng verknüpft mit der Anwendung eines bestimmten Führungsstiles als Führungsinstrument ist die Verwirklichung von **Führungsprinzipien** (Führungsmodellen). Sie bauen in der

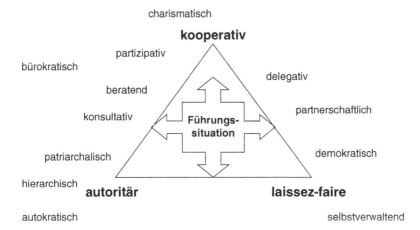

Abb. 4.2 Situativer Führungsstil in der Zahnarztpraxis

Regel alle auf dem kooperativen Führungsstil auf und schließen sich gegenseitig nicht aus. Im Laufe der letzten Jahre ist eine Vielzahl von Führungsmodellen entwickelt worden, die meist unter der Bezeichnung „Management by …" zum Teil längst bekannte Prinzipien mit neuen Namen belegen, zum Teil aber auch neue Konzepte darstellen. Inhalt dieser Führungsprinzipien sind in erster Linie organisatorische Probleme und ihre Lösung im Rahmen der Führungsaufgabe:

- Das Prinzip Führung durch Aufgabendelegation (Management by Delegation) besagt, dass Entscheidungsfreiheit und Verantwortung auf die Mitarbeiter übertragen werden. Um mögliche Konflikte zu vermeiden ist dabei darauf zu achten, dass die übertragenen Aufgabenbereiche hinsichtlich Kompetenz und Verantwortung klar abgegrenzt sind. Unter Anwendung dieses Prinzips überträgt der Praxisinhaber beispielsweise einer ZFA im Rahmen der Materialwirtschaft Entscheidungsfreiheit und Verantwortung für den Materialeinkauf. Er kontrolliert in diesem Fall nicht mehr jede einzelne Material-beschaffung auf Preis, Menge, Art und Lieferant, sondern behält sich hierbei nur stich-probenartige Kontrollen vor.
- Im System der Führung nach dem Ausnahmeprinzip (Management by Exception) greift der Vorgesetzte nur bei unvorhergesehenen Ausnahmesituationen und ungewöhnlichen Fällen ein, während bei der Durchführung aller „normalen" Aufgaben, wie beispielswei-se für die Terminplanung, die damit verbundene Verantwortung alleine bei der ZMV an der Rezeption liegt. Nur im Ausnahmefall, wenn etwa zu viele Leerlaufzeiten entstehen oder eine dringende Behandlung aus Sicht des Zahnarztes eingeschoben werden muss, sollte er in Absprache mit der Rezeptionshelferin in die Terminplanung eingreifen.
- Beim Führungsprinzip Führen durch Zielvereinbarung (Management by Objectives) legen Vorgesetze und Unterstellte gemeinsam bestimmte Ziele fest, die beispielsweise die ZFA in ihrem Arbeitsbereich realisieren soll. Die ZFA kann dabei im Rahmen ihres Aufgabenbereichs selbst entscheiden, auf welchem Weg die vorgegebenen Ziele erreicht werden.
- Das Prinzip Führung durch Ergebnisorientierung (Management by Results) basiert auf der Vorgabe von Zielen und stellt somit die stärker autoritäre Ausrichtung der Führung durch Zielvereinbarung dar. So verlangt beispielsweise die Leitende ZFA von der Auszubildenden, dass das Behandlungszimmer in Ordnung gebracht wird. Ob die Auszubildende nun zu-nächst die benutzten Instrumente entfernt oder das Zimmer aufräumt bleibt ihr vorbehalten. Die Leitende ZFA beschränkt sich hierbei auf die Ergebniskontrolle, d. h. sie kontrolliert nach einiger Zeit die Aufräumungsarbeiten der Auszubildenden.

4.2.2   Arbeitsklima und Teamgeist

Zahlreiche Forschungsergebnisse der Organisationspsychologie weisen darauf hin, dass Lohn, Arbeitszeit, Arbeitsplatzgestaltung usw. nicht allein ausschlaggebend für die Arbeitsattraktivität sind. Grundlegende Einflüsse ergeben sich vielmehr aus den zwischen-menschlichen Beziehungen

- des Zahnarztes oder der Zahnärztin als Führungskräfte zu einzelnen Praxisangehörigen bzw. Mitarbeitergruppen,
- der Praxisangehörigen untereinander,
- sowie der Praxisangehörigen zu Patienten.

Trägt der Praxisinhaber als Führungskraft dazu bei, diese Beziehungen durch Hilfsbereitschaft, Verständnis und Toleranz zu prägen, so kann sich daraus ein positives **Betriebsklima** entwickeln. Es handelt sich dabei um die von den Praxisangehörigen individuell empfundene Qualität der Zusammenarbeit, die für deren Motivation von wesentlicher Bedeutung ist. Die Praxisangehörigen richten bewusst oder unbewusst ihr Arbeits- und Sozialverhalten an der Art und Weise des Zusammenwirkens aus, passen sich an oder widersetzen sich. Ebenso wie ein negatives Betriebsklima Phänomene wie Unlust, erhöhte Krankenstände oder gar Mobbing hervorbringen kann, trägt ein positives Betriebsklima zu Arbeitsfreude, erhöhter Motivation und damit zu besseren Arbeitsergebnissen in einer Zahnarztpraxis bei.

Herrschen zwischen den Praxisangehörigen Neid, Missgunst und Misstrauen, anstatt Kameradschaft, Verständnis, Vertrauen und Hilfsbereitschaft, so wirkt sich ein solchermaßen gestörtes Betriebsklima auch hemmend auf den Arbeitsprozess aus. Fühlt sich eine ZFA durch die Praxisleitung falsch beurteilt und ungerecht behandelt, ist sie der Meinung, dass man ihren Problemen verständnislos gegenübersteht, dann überträgt sich das in der Regel auch auf ihr Arbeitsverhalten und die Praxisleitung wird nicht mehr mit ihrem vollen Arbeitseinsatz, der in starkem Maße vom Arbeitswillen abhängt, rechnen können.

> „Die Art und Weise, wie die Praxisleitung ihre Mitarbeiter führt, hat Auswirkungen auf die Mitarbeitermotivation, das Arbeitsklima und letztlich auf den wirtschaftlichen Erfolg der Praxis. Untersuchungen haben ergeben, dass Unternehmen mit einem positiven Arbeitsklima ein um 20 bis 30 Prozent besseres Betriebsergebnis erzielen als Unternehmen mit einem schlechten Arbeitsklima. Gleiches gilt für Zahnarztpraxen. Bemerkenswert ist hierbei, dass die Praxisleitung einen erheblichen Einfluss auf das Arbeitsklima hat. Es hängt zu mehr als 50 Prozent von der Praxisleitung ab, sprich: von deren Führungsverständnis." (Brenneis und Römer 2014, S. 1)

Das Problem der Schaffung optimaler Arbeitsbedingungen durch den Zahnarzt oder die Zahnärztin als Praxisinhaber lässt sich somit nicht allein dadurch lösen, indem sie sich um eine optimale Gestaltung der äußeren Arbeitsbedingungen, also um die Gestaltung des Arbeitsablaufs, des Arbeitsplatzes und um die Regelung der Arbeitszeit und der Arbeitspausen bemühen. Dies trägt zwar in erster Linie zu einer Verbesserung des **Arbeitsklimas** bei, das die spezielle Situation am jeweiligen Arbeitsplatz bezeichnet, unmittelbar auf den einzelnen Mitarbeiter wirkt und dadurch für den Einzelnen auch leichter veränder- und beeinflussbar ist. Wichtiger sind jedoch Anerkennung und Sinnvermittlung in der Zahnarztpraxis.

Teamgeist bedeutet in diesem Zusammenhang, dass sich alle Praxisangehörigen einer Gruppe angehörig fühlen, in der sie eine bestimmte Rolle wahrnehmen, die von allen anderen Gruppenmitgliedern akzeptiert wird. Diese Gruppe stellt das Team dar, sei es auf Dauer als Praxisteam oder auf Zeit als Arbeitsgruppe einer Praxis. Der Zahnarzt oder die Zahnärztin als Praxisinhaber sind Teil dieses Gruppengefüges. Idealerweise identifizieren sich die Gruppenmitglieder mit ihrer Arbeit, mit den Aufgaben ihres Teams und darüber letztendlich mit ihrer Praxisleitung.

Für den Leistungswillen der Praxisangehörigen, für ihre Bereitschaft, die volle Leistungsfähigkeit für die Zahnarztpraxis einzusetzen, ist ein gutes Verhältnis untereinander und zur Praxisleitung mindestens ebenso wichtig, wie die äußeren Bedingungen. Dabei ist nicht nur die Vermeidung von Konflikten von wesentlicher Bedeutung, sondern vielmehr der richtige Umgang mit ihnen, so dass sie nicht mehr zu Eskalation und Unfrieden in der Zahnarztpraxis führen. Diese **Betriebskultur** spiegelt den Umgang, das Auftreten und Benehmen der Mitarbeiter und Führungskräfte einer Zahnarztpraxis untereinander sowie gegenüber den Patienten wider und wirkt stark auf das Betriebsklima. Dieses positive Gesamtbild wirkt auch nach außen auf den Patientenkreis. Der Patient sieht in der Praxisleitung und den Praxisangehörigen nicht nur Ansprechpartner, sondern vielmehr Bezugspersonen, auf deren gute und zuverlässige Arbeit er mehr als in irgendeiner anderen Branche angewiesen ist. Nicht zuletzt aufgrund seiner Erfahrungen mit ihnen gewinnt er seinen Gesamteindruck von der Zahnarztpraxis und gibt diesen in Multiplikatorfunktion an Andere weiter.

Die Betriebskultur ist sicherlich zum Teil auch ein zufälliges Ergebnis der Interaktion der Praxisangehörigen und entzieht sich insofern gezielten Veränderungen durch die Praxisleitung. Auch kann eine kritische Situation, in der sich eine Zahnarztpraxis befindet, dazu beitragen, ihre bisherigen Werte und Normen in Frage zu stellen, überkommene Regeln durch neue zu ersetzen und dadurch einen reibungslosen Arbeitsalltag mit produktivem Betriebsklima herzustellen. Prinzipiell erscheint die Betriebskultur jedoch durch die Praxisleitung durchaus beeinflussbar zu sein, mit den gewünschten Resultaten innerhalb eines gewissen Rahmens veränderbar und durch gezielte Interventionen nach den Vorstellungen der Leitung verbesserungsfähig, wobei immer auch unerwünschte Nebenfolgen der Einflussnahme nicht gänzlich auszuschließen sind.

Die Praxisleitung muss somit berücksichtigen, dass die Praxisangehörigen eine Vielzahl individueller und situationsspezifischer Ziele verfolgen, die sich zu einem komplexen Zielsystem zusammensetzen, so dass es auf das Zusammenspiel zahlreicher Faktoren bei der angestrebten Erreichung eines positiven Betriebsklimas und einer vertrauensvollen Betriebskultur ankommt:

* Vermeidung von starren hierarchischen Strukturen,
* Klarheit der Aufgaben,
* Vermeidung von autoritärem Führungsverhalten,
* Beachtung der sozialen Beziehungen am Arbeitsplatz,
* Vermeidung eines Klima des Misstrauens,
* Eigenverantwortung der Praxisangehörigen,
* Vermeidung von schlecht kommunizierten Top-Down-Entscheidungen,

- Beachtung der Bedürfnisse der einzelnen Praxisangehörigen,
- Vermeidung der ausschließlichen Ausübung von Organisations-, Planungs- und Kontrollfunktionen durch die Praxisleitung,
- Sorgen für Akzeptanz, Wohlbefinden und Identität,
- Individualisierung der Arbeitsgestaltung zur Leistungssteigerung,
- Ausübung sozialer Moderatorfunktion durch die Praxisleitung.

Somit liegt es auch in der Verantwortung der Praxisleitung, zu einem positiven Betriebs- und Arbeitsklima, zu Teamgeist und einer positiven Betriebskultur beizutragen. Steigende Fehlzeiten, erhöhte Fluktuationszahlen etc. wären ansonsten die Folge von Defiziten in diesem Bereich.

4.2.3 Konfliktbewältigung im Praxisteam

Eine der wesentlichen Herausforderungen der Zusammenarbeit in einer Zahnarztpraxis, ist der Umgang mit Meinungsverschiedenheiten und Differenzen, Auseinandersetzungen und Streitereien. Sie alle stellen als **Konflikte** gegensätzliches Verhalten dar, das auf mangelnder gegenseitiger Sympathie, unterschiedlichen Interessen, Widerstreit von Motiven oder Konkurrenzdenken beruht. Es gibt beispielsweise Konflikte zwischen Praxisleitung und Mitarbeitern, Praxisangehörigen und Patienten, Praxisleitung und externen Vertragspartnern, Praxisangehörigen untereinander und viele andere mehr. Sie verursachen verborgene Kosten, die die Wettbewerbsfähigkeit von Zahnarztpraxen beeinträchtigen können. Aufgabe der Praxisleitung ist es daher, Konflikte in Verhandlungs- und Schlichtungsprozessen einer zumindest vorläufigen Lösung zuzuführen, damit das Arbeitsergebnis nicht darunter leidet. Eine wesentliche Führungsaufgabe ist es dabei, positive Wirkungen durch eine richtige Konflikthandhabung zu nutzen, um letztendlich gestärkt aus einer derartigen Auseinandersetzung hervorzugehen.

Weit verbreitet ist die Meinung, dass Konflikte stets negative Auswirkungen auf die Zusammenarbeit und die Arbeitsergebnisse der Zahnarztpraxis aufweisen. Dies ist nicht uneingeschränkt richtig. Sicherlich können sie zu Frustration, Verschlechterung der sozialen Beziehungen, physischen und/oder psychischen Belastungen mit Auswirkungen auf den Leistungsprozess oder zu einer Verschlechterung von Behandlungs- oder Patientenserviceleistungen führen. Daneben führen Konflikte aber auch nicht selten zu positiven Effekten, wie

- Verbesserung des Betriebsklimas durch Beseitigung aufgestauter Spannungen, durch Aneignung von Diskussions- und Kooperationsfähigkeit sowie Toleranz, durch Klärung der Kompetenz-, Verantwortungs- und Aufgabenbereiche,
- bessere Berücksichtigung von Mitarbeiterbedürfnissen,
- Leistungssteigerung und Loyalität,
- Auffinden innovativer Problemlösungen.

Tab. 4.4 Ursachenbeispiele für Konflikte in Zahnarztpraxen

Ursache	Beispiele
Als unangemessen empfundene Kritik	Ungezielte, vorschnelle, unsachliche und zu allgemein gehaltene Kritik; kritisiert wird die Persönlichkeit und nicht das Fehlverhalten
Beziehungsprobleme zwischen den Praxisangehörigen	Vorgesetztenverhältnisse, Bildung von informellen Gruppen, Klüngeleien, unzulässige Machtausübung
Koordinations- und Abstimmungsprobleme zwischen den Praxisangehörigen	Mangelhafte Absprachen, Verheimlichungen, unzureichende Weitergabe von Informationen
Probleme bei der Abgeltung erbrachter Leistungen	Niedriges Gehalt, tatsächlich erbrachte Überstunden, fehlende Anerkennung von Arbeitseinsatz und Mehrarbeit
Probleme bei der Arbeitsstrukturierung	Aufgabenhäufung, schlechte Arbeitsbedingungen, häufige Stresssituationen, häufige Überstunden
Probleme bei der Aufgabenwahrnehmung	Fehlende Qualifikation, fehlende Leistungsbereitschaft, mangelnde Sorgfalt, Unzuverlässigkeit, mangelhafte Leistungen

Die **Konfliktursachen** sind in der Tatsache begründet, dass die einzelnen Mitarbeiter nicht gleichzeitig alle ihre Vorstellungen und Erwartungen verwirklichen können (Tab. 4.4).

Persönlichkeitsmerkmale, wie etwa Aggressionsneigung, Harmoniebedürfnis, Hemmungen, Angst, Stimmungen, Sympathie- und Antipathiegefühle sind meist nicht die alleinige Ursache von personellen Konflikten, sie können aber deren Auslöser bzw. Verstärker sein, oder aber auch, trotz objektiv vorhandenem Anlass, die Entstehung von Konflikten verhindern bzw. den Verlauf und die Auswirkungen von Konflikten glätten. So wird eine harmoniebedürftige Praxisangehöriger versuchen, im Streit zwischen ihren Kolleginnen zu schlichten. Ein aggressiver, streitsüchtiger Praxisangehöriger wird versuchen, mit wem auch immer, eine Auseinandersetzung zu entfachen.

Je nachdem, wie viele Praxisangehörige an einem Konflikt beteiligt sind, unterscheidet man folgende **Konflikttypen**:

- Interpersonelle Konflikte: Konflikte treten überwiegend zwischen zwei oder mehreren Praxisangehörigen auf.
- Gruppenkonflikte: Zwischen einer Gruppe und einzelnen Praxisangehörigen (beispielsweise zwischen den Auszubildenden und einer ZFA als ihre Vorgesetzte) sowie zwischen einzelnen Gruppen von Praxisangehörigen (beispielsweise zwischen den Auszubildenden und den ausgelernten Kräften).
- Intrapersoneller Konflikt: Konflikte, die in einer einzelnen Person begründet sind.

Verborgene Konflikte lassen kein Konfliktgeschehen, wie etwa eine lautstarke Auseinandersetzung zwischen zwei Praxisangehörigen, erkennen, obwohl ein Konfliktpotenzial und auch ein Konfliktanlass häufig vorhanden sind. Diese Verborgenheit kann verschiedene Ursachen haben:

- Die beiden gegenüberstehenden Seiten nehmen das Konfliktpotenzial bzw. den -anlass noch nicht wahr,
- die beiden gegenüberstehenden Seiten sehen den Anlass als nicht so wichtig an, offen darüber zu streiten,
- die beeinträchtigte Seite fürchtet, ein offenes Austragen eines Streits würde ihre Situation verschlechtern,
- beide Seiten sehen sich außerstande, einen offenen Konflikt auszutragen.

Auch derartige unterschwellige, nicht sichtbare Konflikte können zum offenen Ausbruch kommen. Das aufgestaute Konfliktpotenzial kann dann zu besonders heftigen Konflikten führen. Anzeichen für solche Konflikte sind oft untypische Verhaltensweisen von Praxisangehörigen, kleine Sticheleien, Randbemerkungen oder aber auch psychosomatisch bedingte Krankheitssymptome, die nicht selten zum Fernbleiben von der Arbeit führen.

Im Allgemeinen weisen Auseinandersetzungen in Zahnarztpraxen somit unterschiedliche **Konfliktverlaufsformen** auf (Tab. 4.5).

Offene Konfliktaustragungen führen oft zu regelrechten „Machtkämpfen" in Zahnarztpraxen. Lassen sich keine Kompromisse erzielen, kann der erlangte Vorteil der einen Seite völlig zu Lasten der anderen Seite gehen. Folgen einer Konfliktvermeidung durch Vorwegnahme eines negativen Ergebnisses bzw. Einnahme der Verliererposition sind in der Regel ein Rückzugsverhalten, dass im Extremfall bis zur Kündigung führen kann. Bei der Konfliktumleitung kann die aufgestaute Frustration anderen Praxisangehörigen gegenüber oder auch im familiären Kreis ein aggressives Verhalten hervorrufen.

Eine offene Konfliktaustragung ist daher häufig einer Konfliktunterdrückung, -vermeidung oder -umleitung vorzuziehen. Sie kann als „reinigendes Gewitter" durchaus auch positive Folgen für die zukünftige Zusammenarbeit aller Praxisangehörigen haben.

Tab. 4.5 Verlaufsformen von Konflikten in Zahnarztpraxen

Form	Beschreibung
Offene Austragung	Beide Konfliktseiten versuchen ihre gegensätzlichen Interessen ganz oder teilweise zu verwirklichen
Unterdrückung	Die Praxisleitung lässt einen offenen Konflikt nicht zu oder setzt ihre Interessen unmittelbar und beendet den Konflikt dadurch
Vermeidung	Trotz eines vorhandenen „Spannungspotenzials" werden keine Konfliktaktivitäten ergriffen
Umleitung	Ein Konflikt wird mit einer anderen als der Anlass gebenden Seite ausgetragen

„Wo Menschen zusammenarbeiten, entstehen Konflikte – deshalb sind Konflikte auch in einer Zahnarztpraxis nichts Ungewöhnliches und haben nicht unbedingt mit einer schlechten Praxiskultur zu tun. Vielmehr sorgen manchmal unterschiedliche Vorstellungen und Wünsche einfach dafür, dass ein Konflikt entsteht. Wichtig ist jetzt, dass dieser erkannt, richtig gehandhabt und so zeitnah aufgelöst wird. Ansonsten ist die Gefahr groß, dass Konflikte immer wieder auflodern und nicht nur intern enormen Schaden anrichten, sondern sich auch auf die Patienten auswirken." (Häseli 2015, S. 1)

Jedoch können Konflikte oft nicht endgültig gelöst werden, daher erscheint der Begriff **Konflikthandhabung** für den Umgang mit ihnen in der Zahnarztpraxis besser geeignet. Ziel ist es dabei, Konflikte durch Schlichtung zwischen den konträren Seiten zumindest zeitweise beizulegen, ihre Ursachen zu ermitteln und diese soweit möglich zum Zwecke einer langfristigen Beruhigung der Situation und eines möglichst konfliktfreien Arbeitens zu beseitigen. Hierzu stehen verschiedene Maßnahmen zur Verfügung (Tab. 4.6).

Bei Strafandrohungen (Zurechtweisungen, Verweigerung von Gehaltserhöhungen, Drohung mit Kündigung etc.) werden vorhandene Konfliktursachen nicht beseitigt, sondern in ihrer Wirkung eher verstärkt. Auch Zufallsurteile (Münzwurf, Los etc.) stellen eine unzuverlässige Konfliktlösung dar, weil die unterlegene Seite oftmals weiterhin an der von ihr vertretenen Position festhält, so dass eine erneute Auseinandersetzung droht.

4.3 Gewinnung von Praxispersonal

4.3.1 Personalbedarfsermittlung

Der **Personalbedarf** einer Zahnarztpraxis lässt sich nach quantitativen, qualitativen und zeitlichen Gesichtspunkten einteilen:

Tab. 4.6 Maßnahmen zur Konflikthandhabung in der Zahnarztpraxis

Maßnahme	Beschreibung
Vorgezogene Schlichtung	Versuch, erkannte Konfliktpotenziale und deren Ursachen zu beseitigen
Vorgabe von Verlaufsregeln	Steuerung dahingehend, dass durch Auseinandersetzungen nicht die Leistungen der Zahnarztpraxis beeinträchtigt werden
Steuerung des Verlaufs	Aufzeigen bisher in der Auseinandersetzung nicht berücksichtigter Lösungsalternativen
Schlichtung	Beide Seiten werden gezwungen, die vom Schlichter genannte Problemlösung zu akzeptieren
Gemeinsame Problemlösung	Beide Seiten werden dazu bewegt, gemeinsam das Problem zu definieren und Lösungsmöglichkeiten zu entwickeln, wobei der Prozess erst endet, wenn für beide Seiten eine akzeptable Problemlösung gefunden wurde

- Zur Ermittlung des quantitativen Personalbedarfs ist die Frage zu stellen: Wie viel Personal wird zur Erfüllung der Aufgaben der Zahnarztpraxis benötigt?
- Bei der Ermittlung des qualitativen Personalbedarfs ist zu fragen: Welche Qualifikationen muss das errechnete Personal besitzen?
- Schließlich ist bei der Ermittlung des zeitlichen Personalbedarfs danach zu fragen: Wann wird das errechnete Personal mit den ermittelten Qualifikationen benötigt?

Zur Berechnung der Anzahl der für die Zahnarztpraxis benötigten Mitarbeiter, geht man von unterschiedlichen Personalbedarfsarten aus:

- Bruttopersonalbedarf: Benötigte Leistungsstunden zuzüglich alle anderen Arbeitszeiten, wie vorgeschriebene Pausen, Rüstzeiten für das Vorbereiten von Eingriffen oder die Einrichtung von Behandlungsräumen, Übergabezeiten, Zeiten für Krankenstand und Urlaub.
- Nettopersonalbedarf: Benötigte Leistungsstunden.
- Ersatzbedarf: Durch ausscheidende Praxisangehörige verursachter Bedarf.
- Zusatzbedarf: Über den derzeitigen Bestand hinausgehender zeitlich befristeter oder unbefristeter Bedarf.
- Reservebedarf: Für Notsituationen bereit gehaltenes Stammpersonal.

Ein Ersatzbedarf entsteht durch das Ausscheiden von Praxisangehörigen infolge von Kündigung, Freistellung, Verrentung, Schwangerschafts- und Erziehungszeit usw. Die ausscheidenden Praxisangehörigen sind als Arbeitskräfte zu ersetzen. Ein Zusatzbedarf kann sich als Folge von Ausweitungen der Behandlungskapazitäten ergeben, oder auch aufgrund von Arbeitszeitverkürzungen oder neuen Aufgaben, die durch das vorhandene Personal nicht abgedeckt werden können. Der gesamte quantitative Personalbedarf lässt sich somit zunächst folgendermaßen ermitteln:

Aktueller Personalstand – Abgänge + Zugänge + Zusatzbedarf = Personalgesamtbedarf

Mit der Ermittlung des Ersatz- bzw. Zusatzbedarfes ist aber nur ein Teil der Frage „Wie viel Personal wird zur Erfüllung der Aufgaben der Zahnarztpraxis benötigt?" beantwortet, denn dabei wird von der Annahme ausgegangen, dass der gegenwärtige bzw. zukünftige Belegschaftsstand stimmt: Die Praxisangehörigen sind einerseits nicht überlastet und sitzen andererseits aufgrund zu geringen Arbeitsanfalls auch nicht untätig herum. Es muss also zusätzlich der Frage nachgegangen werden „Wie groß ist der optimale Personalbestand, damit arbeitsmäßige Über- und Unterauslastungen vermieden werden?"

Grundlage für die quantitative Bedarfsermittlung ist somit das Arbeitsaufkommen, das sich aus dem gewünschten Serviceniveau der Zahnarztpraxis und ihrem angestrebten Leistungsvolumen ergibt. Zu berücksichtigen sind dabei Urlaub, Pausen, Krankheitsausfälle, Abwesenheiten wegen Fortbildungsmaßnahmen etc. und die Entwicklung der Personalkosten im Verhältnis zu den Praxisgesamtkosten. Die eigentliche Bedarfsberechnung erfolgt häufig in Personentagen (PT) oder Vollzeitkapazitäten (VZK). In einem stark vereinfachten Ansatz sind zur Errechnung des optimalen Personalstands zunächst die unterschiedlichen zu verrichtenden Aufgaben und Tätigkeiten in der Zahnarztpraxis zu ermitteln. Die einzelnen Aufgaben sind mengenmäßig zu bewerten, um die durchschnittliche (∅) Arbeitsmenge zu bestimmen. Die durchschnittliche Arbeitsmenge ist anschließend mit der durchschnittlichen Bearbeitungszeit je Aufgabe oder Tätigkeit zu multiplizieren. Ferner ist ein Ausfallzeitfaktor (Fehlzeiten, FZ) zu berücksichtigen, der sich als Erfahrungswert aus im Arbeitsprozess unregelmäßig anfallenden Ausfallzeiten, wie Ermüdung, Wartezeiten, Nebenarbeiten usw. zusammensetzt. Zum Schluss ist durch die durchschnittlichen Arbeitsstunden zu teilen (Tab. 4.7).

Die qualitative Personalbedarfsermittlung hat die Erfassung der Arbeitsanforderungen an die einzelnen Arbeitsplätze in der Zahnarztpraxis zum Gegenstand, um dadurch das benötigte Qualifikationspotenzial zu ermitteln. Dabei sind fachliche und persönliche Qualifikationsmerkmale gleichermaßen zu berücksichtigen.

Die **Arbeitsanalyse** bildet dabei die Grundlage für die Gewinnung von Informationen über die fachlichen und persönlichen Leistungsanforderungen eines Aufgabenbereichs. Sie umfasst die systematische Untersuchung der Arbeitsplätze und Arbeitsvorgänge in der Zahnarztpraxis, sowie jener persönlichen Eigenschaften, die die jeweilige Praxisangehörige als Stelleninhaberin zur Erfüllung der an sie gerichteten Leistungserwartungen besitzen sollte. Die Arbeitsanalyse dient der Ermittlung sowohl der Arten als auch des jeweiligen Ausmaßes der Arbeitsanforderungen, der Ableitung von Anforderungsprofilen, dem Entwurf von Arbeitsplatzbeschreibungen, der Arbeitsablaufgestaltung und der Einarbeitung neuer Mitarbeiterinnen und Mitarbeiter.

Im Rahmen der Arbeitsanalyse werden **Anforderungsarten** definiert. Unter Anforderung ist zunächst die Beherrschung gewisser Teilarbeitsvorgänge zu verstehen, die aus der Zerlegung der Aufgaben und Tätigkeiten in einzelne Arbeitsschritte gewonnen werden. Die einzelnen Anforderungsarten lassen sich unterschiedlich klassifizieren (vgl. Scholz 2013, S. 327 ff.). Je nach verwendetem Schema können einzelne Anforderungsarten sein (Abb. 4.3):

Tab. 4.7 Vereinfachter Ansatz zur quantitativen Personalbedarfsermittlung in einer Zahnarztpraxis

Aufgabe/Tätigkeit	Behandlungsassistenz
∅ Arbeitsmenge	40 Behandlungsfälle/Tag
∅ Bearbeitungszeit	30 min (=0,5 Stunden) inklusive Vor-/ Nachbereitung
FZ	1,18
∅ Arbeitsstunden	8/Tag
Formel	(∅ Arbeitsmenge × ∅ Bearbeitungszeit × FZ) ÷ ∅ Arbeitsstunden
Berechnung	$(40 \times 0,5 \times 1,18) \div 8 = 2,95$
Ergebnis	Für die Aufgabe Behandlungsassistenz werden 3 VZK benötigt

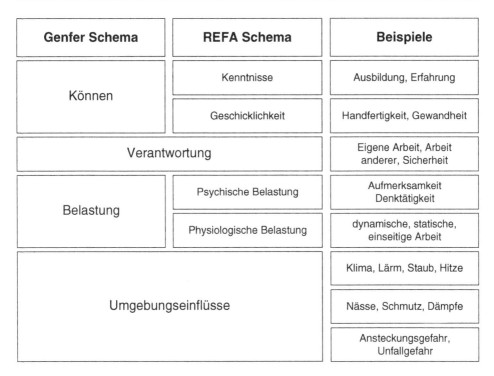

Genfer Schema	REFA Schema	Beispiele
Können	Kenntnisse	Ausbildung, Erfahrung
	Geschicklichkeit	Handfertigkeit, Gewandheit
Verantwortung		Eigene Arbeit, Arbeit anderer, Sicherheit
Belastung	Psychische Belastung	Aufmerksamkeit Denktätigkeit
	Physiologische Belastung	dynamische, statische, einseitige Arbeit
Umgebungseinflüsse		Klima, Lärm, Staub, Hitze
		Nässe, Schmutz, Dämpfe
		Ansteckungsgefahr, Unfallgefahr

Abb. 4.3   Allgemeine Personalanforderungsmerkmale.

- Geistige Fähigkeiten (Schulausbildung, Fachkenntnisse, Abstraktionsvermögen, Flexibilität),
- körperliche Fähigkeiten (Kraft, Geschicklichkeit, manuelle Fertigkeiten, Sportlichkeit),
- Verantwortung (Verantwortungsbewusstsein, Sorgfalt, eigenverantwortliches Handeln),
- geistige Arbeitsbelastung (Stressbewältigung, Arbeitsbewältigung, Schwerpunktsetzung),
- körperliche Arbeitsbelastung (Ausdauer, Anstrengungsbereitschaft, Einsatzwille),
- persönliche Eigenschaften (Führungsfähigkeit, Überzeugungsvermögen, Durchsetzungsfähigkeit, soziale Kompetenz (kann zuhören, nimmt sich Zeit für Gespräche, zeigt Verständnis, geht auf andere zu, bringt anderen Vertrauen entgegen, nimmt Rücksicht auf die Gefühle anderer, überschätzt sich selber nicht, Umgangsformen).

Anhand der Anforderungsarten lassen sich **Anforderungsprofile** für das Praxispersonal entwickeln. Je nach Aufgaben und Tätigkeiten in der Zahnarztpraxis sehen die einzelnen Profile unterschiedlich aus und die Bedeutung der einzelnen Anforderungsmerkmale lässt sich unterschiedlich bewerten (Abb. 4.4).

Sicherlich besitzen die beispielhaft aufgezeigten Anforderungsprofile keine Allgemeingültigkeit, denn Zahnärztinnen und -ärzte als Arbeitgeber haben ihre eigenen Vorstellungen, welche Anforderungen die Mitarbeiterinnen und Mitarbeiter erfüllen müssen. Die unterschiedlichen Anforderungsprofile zeigen jedoch deutlich, dass die Praxisangehörigen je

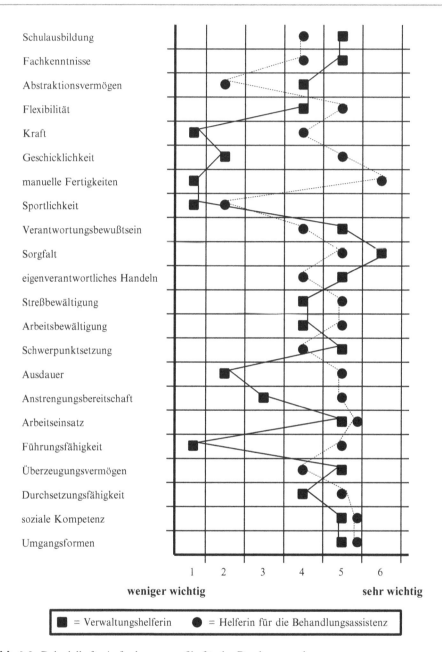

Abb. 4.4 Beispielhafte Anforderungsprofile für das Praxispersonal

nach Aufgabe die passenden Qualifikationsmerkmale aufzeigen sollten: Eine ZFA, die keinerlei praktisches Geschick aufweist, kann wohl kaum für Arbeiten im Eigenlabor eingesetzt werden; eine andere Helferin, die Probleme im schriftlichen Ausdruck hat oder mit den Abrechnungsarbeiten auf Kriegsfuß steht, ist nicht für die Praxisverwaltung geeignet. Gleichwohl können beide Mitarbeiterinnen für andere Aufgaben aber umso besser geeignet sein.

Deshalb ist die richtige Ermittlung des qualitativen Personalbedarfs für die reibungslose Arbeit in der Zahnarztpraxis von großer Bedeutung: Eine fehlerhafte qualitative Personalbedarfsermittlung führt zur Einstellung des falschen Personals und damit möglicherweise zu dauerhaften Problemen.

Neben den quantitativen und qualitativen Aspekten hat der Personalbedarf auch eine zeitliche Komponente. Der zeitliche Personalbedarf in der Zahnarztpraxis ergibt sich im Wesentlichen aus den Veränderungen

- des Personalbestands und
- des Arbeitsanfalls.

Die Veränderungen des Personalbestands resultieren, wie bereits dargestellt, aus Zu- und Abgängen der Belegschaft der Zahnarztpraxis. Diese **Personalfluktuation**, die den Ersatzbedarf verursacht, ist in der Regel zeitlich absehbar, denn Kündigungen (es sei denn, sie sind fristlos), Verrentungen, Erziehungs- oder Mutterschaftsurlaub treten nicht plötzlich auf. So können rechtzeitig bei Kenntnis des Ausscheidens von Praxisangehörigen entweder

- eine Regeneration mit vorhandenen Auszubildenden oder
- die Stellenwiederbesetzung durch eine Neueinstellung

geplant werden. Bei der Regeneration sind die noch zu absolvierenden Ausbildungszeiten der Auszubildenden, die übernommen werden sollen, zu berücksichtigen. Ferner sind die dann frei werdenden Ausbildungsplätze wieder zu besetzen. Bei Neueinstellungen ist der Zeitraum zwischen der Personalwerbung, -auslese und dem tatsächlichen Arbeitsbeginn zu berücksichtigen. Die Personalrekrutierung sollte daher unmittelbar nach bekannt werden des Ausscheidens von Praxisangehörigen eingeleitet werden, zumal der jeweilige, regionale Arbeitsmarkt für Gesundheitsberufe nicht immer die sofortige Nachbesetzung einer frei werdenden Stelle erwarten lässt. Auch ein Zusatzbedarf ist absehbar, denn Planungen zur Erweiterung der Zahnarztpraxis oder deren Leistungsangebots lassen ebenfalls einen höheren Personalbedarf nicht kurzfristig entstehen.

Anders verhält es sich mit unvorhergesehenen Veränderungen des Arbeitsanfalls, die unterschiedliche Ursachen haben können. Handelt es sich dabei nur um eine vorübergehende Veränderung des Arbeitsanfalls, so sollte sorgfältig geprüft werden, ob tatsächlich mehr Praxisangehörige zur Bewältigung der zusätzlichen Arbeit nötig sind, oder, bei geringerem Arbeitsanfall, ob auf Arbeitskräfte verzichtet werden soll.

Kurzfristig lässt sich ein höherer Arbeitsanfall durch **Mehrarbeit** (Überstunden, verkürzte Pausenzeiten, Verkürzung von Leerlaufzeiten, Arbeitsintensivierung, Schwerpunktsetzung usw.) bewältigen. Allerdings ist dabei darauf zu achten, dass dies nicht zum Dauerzustand wird, denn darunter leiden mittel- und langfristig die Motivation der Praxisangehörigen und damit die Qualität der Arbeitsleistungen in der Zahnarztpraxis.

Eine vorübergehende geringere Arbeitsauslastung bringt in der Regel auch eine Einnahmenverringerung mit sich und führt bei gleich bleibenden Personalkosten zumindest zu einer geringeren Kostendeckung. Es ist jedoch gründlich zu überlegen, ob derartige vorübergehende Entwicklungen direkt zu einer Reduzierung des Personalbestandes führen sollten. Wird voreilig auf hoch qualifiziertes Personal verzichtet, kann es bei einem Anstieg der Arbeitsauslastung in der Regel nicht mehr zurück gewonnen werden. Vorübergehende Veränderungen der Arbeitsauslastung werden daher häufig durch kurzfristig verfügbare Mitarbeiter, Leiharbeitskräfte oder auch durch zeitlich befristete Arbeitsverhältnisse bewältigt.

Bei dauerhaften Veränderungen des Arbeitsanfalls ist einer erhöhten Arbeitsbelastung aus den bereits genannten Gründen durch zusätzliche Arbeitskräfte Rechnung zu tragen. Auf Dauer halten die Praxisangehörigen Überstunden, Stress und Mehrarbeit nicht durch. Sie werden entweder davon krank oder suchen sich einen anderen Arbeitgeber. Ein alternativ möglicher Produktivitätszuwachs ist in der Regel nur langfristig realisierbar. Ein dauerhaft verringertes Arbeitsaufkommen muss ebenfalls personelle Konsequenzen haben, denn auf Dauer kann keine Zahnarztpraxis mit zu viel Personal wirtschaftlich arbeiten. Dies würde die Existenz der Praxis und damit alle dort vorhandenen Arbeitsplätze gefährden. Im Falle eines dauerhaften Personalüberhangs sind Maßnahmen bis hin zur betriebsbedingten Personalfreistellung daher kaum vermeidbar.

4.3.2 Personalwerbung

Die Personalbeschaffung gehört zu den herausforderndsten Aufgaben des Personalmanagements in der Zahnarztpraxis. Ein Grund ist die angespannte Arbeitsmarktsituation für zahnmedizinische Assistenzberufe, die es in zunehmendem Maße schwierig macht, offene Stellen in Zahnarztpraxen zeit- und anforderungsgerecht zu besetzen. Aber auch in Zeiten geringerer Beschäftigung und hoher Arbeitslosenzahlen ist die Bedeutung der Personalbeschaffung für die Zahnarztpraxis keineswegs kleiner. Schließlich stellen die Einstellung und der Einsatz einer jeden Arbeitskraft für die Zahnarztpraxis eine möglichst langfristige Investition dar, deren Entscheidung sorgfältig geprüft werden sollte.

Aufgabe der **Personalwerbung** für die Zahnarztpraxis ist es, geeignete Arbeitnehmer und Arbeitnehmerinnen zur Bewerbung um einen freien Arbeitsplatz in der Zahnarztpraxis zu bewegen. Bei der Personalwerbung werden entweder eingehende Blind- bzw. Initiativbewerbungen herangezogen oder über verschiedene Medien aktiv Personalbeschaffungsmaßnahmen durchgeführt. Eine Personalwerbung trägt dazu bei, neue Mitarbeiter und damit auch neue Ideen und Kreativität in die Zahnarztpraxis zu integrieren und quantitative Bedarfsprobleme zu lösen.

Die für die Bereitstellung des Personals in Zahnarztpraxen notwendigen Maßnahmen der Personalwerbung setzen sich im Wesentlichen aus folgenden Möglichkeiten zusammen:

- Rekrutierung über Personalmarketingmaßnahmen: Informationsveranstaltungen bei Bildungsträgern und beruflichen Fachschulen, Berufskontaktmessen für Gesundheitsberufe, Recruiting-Veranstaltungen zur Rekrutierung von Berufsanfängern nach der Ausbildung.
- Stellenanzeigen: Offene Stellenanzeigen, Chiffre-Anzeigen, Wortanzeigen, gesetzte Anzeigen in Tageszeitungen, Fachzeitschriften, Verbandsorganen mit Angaben zu treffend formulierter Schlagzeile, Informationen zur Zahnarztpraxis, Anlass der Personalsuche, gesuchtes Berufsbild Erwartungen, Angebote des Betriebes und Kontaktadresse.

Beispiele für Anzeigentexte

Wir suchen ab sofort für unsere junge, moderne Zahnarztpraxis in … eine(n) ZMA/ ZMF in Vollzeit zur Verstärkung unseres sehr netten Teams. Schicken Sie die Bewerbung an … Bei Fragen rufen Sie bitte einfach unter … an. Wir bieten einen abwechslungsreichen und sicheren Arbeitsplatz in einem sehr angenehmen Arbeitsklima und guter Bezahlung. Wir freuen uns auf Ihre Bewerbung.

Zur weiteren Verstärkung suchen wir ein(e) ZFA im wunderschönen … in Vollzeit für die Behandlungsassistenz und Mitwirkung in der Prophylaxe. Freuen Sie sich auf faire und leistungsbezogene Vergütung, Teamwork, modernes Arbeiten und gute Fortbildungsmöglichkeiten.

- Abwerbung: Nach einem Urteil des Bundesgerichtshofs (BGH) ist das **Abwerben** von Mitarbeitern aus anderen Praxen erlaubt, so lange dies nicht mit unlauteren Mitteln geschieht (vgl. Bundesgerichtshof 2006).
- Stellenbörse/E-Recruiting: Über die eigene Website der Zahnarztpraxis, als auch über eine Job-Börse im Internet.
- Zu den Job-Börsen für Zahnarztpraxen zählen beispielsweise: www.zahnjob.de, www. zahn_luecken.de, www.jobdental.de, www.jobboerse.arbeitsagentur.de, www.medi-jobs.de und viele andere mehr.
- Vermittlung durch Arbeitsagenturen: Stellensuchende Arbeitslose sind hier ebenfalls registriert, wie von Zahnarztpraxen gemeldete offene Stellen, so dass neben einer fachgerechten Beratung auch eine positionsbezogene Vorauslese der Stellensuchenden erfolgen kann, wobei für die Vermittlung keine Gebühren erhoben werden.
- Einschaltung von Personalberatern: Erarbeiten von Arbeitsplatzanforderungen, Gestaltung und Formulierung von Stellenanzeigen, Führen der notwendigen Korrespondenz mit den Bewerbern, Sichtung und Bewertung von Bewerbungsunterlagen, Durchführen und

Auswerten von Bewerbergesprächen, Mitwirkung beim Vorstellungsgespräch, Beratung des Arbeitgebers bei der Entscheidung, Beratung bei der Erstellung des Arbeitsvertrages.

- Zeitarbeitsfirmen: Zahnarztpraxen wird Personal zeitweilig zur Arbeitsleistung gegen Entgelt überlassen, wobei die Arbeitskräfte von der Zeitarbeits- oder Verleihfirma eingestellt und alle Arbeitgeberpflichten von ihr übernommen werden.

4.3.3 Personalauswahl

Aufgabe der **Personalauswahl** in Zahnarztpraxen ist es, einen geeigneten Bewerber oder eine geeignete Bewerberin der freien Stelle mit Hilfe von eignungsdiagnostisch fundierten Auswahltechniken zuzuweisen. Dazu sind im Rahmen des Auswahlprozesses Erkenntnisse über die Bewerber zu gewinnen, aufgrund von

- Analysen vergangenheitsbezogener Merkmale (Erfahrung im relevanten zahnmedizinischen Berufsbild, Ausbildung, Spezialkenntnisse, Arbeitszeugnisse bisheriger Praxen als Arbeitgeber etc.), um vom früherem Verhalten auf das zukünftige Verhalten schließen zu können,
- Eigenschaften der Bewerber, die aufgrund von psychologischen Verfahren (bspw. Ermittlung von Persönlichkeitsmerkmalen, Konzentrationsfähigkeit, persönliche Einstellungen, Interessen etc.) erfasst werden,
- Simulationen möglichst realitätsnaher, konkreter Situationen des arbeitstypischen Alltags in der Zahnarztpraxis, um das Verhalten der Bewerber und ihre Leistungsfähigkeit bei konkreten beruflichen Herausforderungen zu ermitteln.

Auf der Grundlage von Analysen vergangenheitsbezogener Merkmale, der Eigenschaften der Bewerber sowie den Simulationen möglichst realitätsnaher, konkreter Situationen des arbeitstypischen Alltags in Zahnarztpraxen stehen verschiedene Auswahlverfahren zur Verfügung (Tab. 4.8).

Arbeitszeugnisse informieren über die vorhergehende Beschäftigung in Zahnarztpraxen. Zum einen geben sie Aufschluss über die Dauer der bisherigen Beschäftigungsverhältnisse, Art und Umfang der bisherigen Tätigkeiten sowie Termine und Gründe der Beendigung dieser Arbeitsverhältnisse. Ferner gehen aus den Zeugnissen die Leistung sowie die Führung der Bewerber hervor. Jedoch erweist sich ihre Auswertung mitunter schwierig, weil die Aussagen indirekt erfolgen und eher zwischen den Zeilen zu lesen sind (Tab. 4.9). Häufig vorkommende und gebräuchliche Formulierungen werden jedoch nicht immer einheitlich verwendet. Sie sind daher in jedem Fall mit Vorsicht zu lesen und zu bewerten.

Mit dem **Vorstellungsgespräch** sollen persönliche Eindrücke über die Bewerber gewonnen, Eignungspotenziale festgestellt, Interessen und Wünsche in Erfahrung gebracht sowie Informationen und ein positiver Gesamteindruck über die Zahnarztpraxis und damit den zukünftigen Arbeitsplatz vermittelt werden. Zur Vorbereitung des Vorstellungsgesprächs empfiehlt es sich, noch vorhandene Lücken und Unklarheiten bei

Tab. 4.8 Auswahlverfahren für Personal in Zahnarztpraxen

Verfahren	Beschreibung
Analyse von Bewerbungs- unterlagen	Durchsicht mit Überprüfung von äußerem Eindruck (Zusammenfügung, Ordnung, Art der Unterlagen etc.), Bewerbungsschreiben (Gestaltung, Inhalt, Sprachstil etc.), Foto (Art, Herstellung, Aktualität des Fotos etc.), Lebenslauf (tabellarische Zeitabfolge einzelner aufgeführter Lebensstationen, Tätigkeiten und Positionen etc.), Schulzeugnisse, Arbeitszeugnisse (Dauer der bisherigen Beschäftigungsverhältnisse, Art und Umfang der bisherigen Tätigkeiten, Termine und Gründe der Beendigung, Aussagen zu Leistung und Führung etc.)
Führen von Vorstellungs- gesprächen	Freies Vorstellungsgespräch: Gesprächsinhalt und -ablauf sind nicht vorgegeben, der Verlauf ist somit flexibel und situationsabhängig gestaltbar; strukturiertes Vorstellungsgespräch: Der Verlauf oder unbedingt zu klärende Fragen bzw. einzelnen Gesprächsthemen sind vorzugeben
Durchführen von Arbeitsproben	Eignet sich für praktische Tätigkeiten; vermittelt einen unmittelbaren Eindruck in die fachlichen Qualifikationen und praktischen Fähigkeiten der Bewerber

Tab. 4.9 Typische Zeugnisformulierungen

Formulierung	Bedeutung
„...stets vollste Zufriedenheit..."; „...in jeder Hinsicht und in allerbester Weise entsprochen..."	sehr gute Leistungen
„...stets volle Zufriedenheit..."; „...in jeder Hinsicht und in bester Weise entsprochen..."	gute Leistungen
„...volle Zufriedenheit..."; „...in jeder Hinsicht entsprochen..."	befriedigende Leistungen
„...Zufriedenheit..."	ausreichende Leistungen
„...im großen und ganzen zur Zufriedenheit..."; „...hat den Erwartungen entsprochen..."	mangelhafte Leistungen
„...hat sich bemüht..."	ungenügende Leistungen

den Bewerbungsunterlagen zu erfassen, die Anforderungen an die zu besetzende Stelle zu formulieren sowie Ruhe und ausreichend Zeit einzuräumen. Das Vorstellungs- gespräch sollte in einer freundlichen Atmosphäre geführt werden, ohne das Gefühl einer Prüfung zu vermitteln. Wichtig bei dem Führen von Vorstellungsgesprächen ist das Zuhören. Folgende, häufig vorkommende Fehler bei Vorstellungsgesprächen gilt es zu vermeiden:

- Der Zahnarzt oder die Zahnärztin als Gesprächsführer geben Werturteile über die Be- werber ab.
- Sie stellen Suggestiv-Fragen, die eine bestimmte Antwort erwarten oder nahe legen.
- Sie verfallen in einen Prüfungsstil.
- Eine bereits feststehende Ablehnung wir gegen Ende des Vorstellungsgespräches direkt ausgesprochen.

Gerade in der Zahnarztpraxis ist es wichtig, praktische **Arbeitsproben** durchzuführen. Sie vermitteln einen unmittelbaren Eindruck in die fachlichen Qualifikationen und praktischen Fähigkeiten der Bewerber. Dazu bieten sich insbesondere praktische Tätigkeiten bei der Behandlungsassistenz, bei Eigenlaborarbeiten, im Verwaltungs- oder im Hygienebereich an. Die Art und Weise einer Arbeitsprobe sollte darauf beschränkt bleiben, einen vorläufigen Eindruck zu verschaffen. Längere unentgeltliche Beschäftigungen, die als Probearbeit deklariert werden, sind unzulässig.

Methodische Anforderungen an den Prozess der Personalauswahl sind ferner beispielsweise in der Norm DIN 33430 enthalten, die sich allgemein mit der berufsbezogenen **Eignungsfeststellung** befasst. Sie betrifft die Qualifikation der an der Personalauswahl in der Zahnarztpraxis beteiligten Personen, die Qualität der dabei verwendeten Auswahlverfahren sowie die Einhaltung geeigneter Auswahlprozesse. Die Personalentscheidung selbst bleibt dabei in der Verantwortung der Praxisleitung. Die Anwendung dieser Norm kann der Zahnarztpraxis als Maßstab zur Bewertung externer Bewerbungen im Rahmen auf die Gesundheitsberufe bezogener Eignungsfeststellungen dienen, der Praxisleitung bei der Qualitätssicherung und -optimierung ihrer Personalentscheidungen nützen und schützt die Bewerber zugleich vor unsachgemäßer oder missbräuchlicher Anwendung von Verfahren zur Eignungsfeststellung. Die Anwendung der Norm ist freiwillig, und Zahnarztpraxen können sich durch Selbsterklärung zu ihrer Einhaltung verpflichten.

4.4   Personaleinstellung

Bei der Einstellung neuer Mitarbeiter geht die Zahnarztpraxis weit reichende Verpflichtungen ein, die sich kostenmäßig niederschlagen und daher gründlich durchdacht sein sollten.

Zunächst ist der **Arbeitsvertrag** (oder bei Auszubildenden der Berufsausbildungsvertrag) zu formulieren, wobei auf das Vorhandensein der wichtigsten Inhalte zu achten ist:

- Zahnarztpraxis und Arbeitnehmer mit Vorname, Name und Anschrift als Vertragsparteien,
- Beginn ds Arbeitsvertrages (bei befristeten Arbeitsverhältnissen auch deren Ende),
- Berufs-/Tätigkeitsbezeichnung (ZFA, ZMF, ZMP, ZMV usw.),
- Tätigkeitsbeschreibung mit Aufführung der Tätigkeiten (in allgemein gehaltener Formulierung) und eventuellen Vollmachten,
- Vergütung mit Art, Höhe, Steigerung, Fälligkeit und Auszahlungsweise des Gehalts,
- zusätzliche Leistungen, wie beispielsweise Gratifikationen, Beiträge zur Vermögensbildung, Unfallversicherung, Verpflegungszuschuss, Arbeitskleidung usw.,
- regelmäßige Arbeitszeit,
- Ort der zu erbringenden Arbeit,
- Überstundenregelung,
- Urlaub,

- besondere Pflichten, wie beispielsweise besondere Schweigepflicht in Bezug auf den Schutz der Patientendaten, ärztliche Schweigepflicht usw.,
- Probezeit mit Dauer und Kündigungsfrist während der Probezeit,
- allgemeine Kündigungsfrist,
- eventuelle Einbeziehung sonstiger Vereinbarungen, bspw. von Tarifverträgen,
- Ort, Datum und Unterschrift von Praxisleitung und Arbeitnehmer.

Bei der Personaleinstellung in der Zahnarztpraxis muss der neue Mitarbeiter verschiedene Unterlagen vorlegen:

- Sozialversicherungsausweis,
- Bescheinigung über die Mitgliedschaft in einer Krankenkasse,
- Angaben zu Einkommensteuerklasse,
- Urlaubsbescheinigung des letzten Arbeitgebers,
- berufsbedingte Sondernachweise (Röntgenschein, Nachweise über die spezifischen Berufsexamina etc.), sofern nicht bereits Bestandteil der Bewerbungsunterlagen,
- bei Ausländern, die nicht aus EU-Ländern stammen, die Aufenthalts- und Arbeitserlaubnis.

Die Zahnarztpraxis ist verpflichtet, den neuen Mitarbeiter zur Arbeitslosen-, Kranken-, Pflege- und Rentenversicherung bei der jeweiligen Krankenkasse anzumelden, gegebenenfalls bei der Knappschaft sowie bei der zuständigen Berufsgenossenschaft zur Unfallversicherung. Sie hat treuhänderisch für den Mitarbeiter verschiedene Abgaben an die zuständigen Stellen abzuführen, wie beispielsweise die Einkommensteuer, die Kirchensteuer und den Solidaritätszuschlag an das zuständige Betriebsfinanzamt.

Grundsätzlich hat die Zahnarztpraxis die Möglichkeit, die Höhe der Löhne und Gehälter frei mit neuen Mitarbeitern zu vereinbaren, in der Regel geschieht dies jedoch nach Maßgabe der jeweils gültigen Tarifverträge.

Nach § 2 des zwischen der Arbeitsgemeinschaft zur Regelung der Arbeitsbedingungen der Zahnmedizinischen Fachangestellten/Zahnarzthelferinnen und dem Verband medizinischer Fachberufe e.V. geschlossenen Vergütungstarifvertrags für Zahnmedizinische Fachangestellte/Zahnarzthelferinnen in Hamburg, Hessen, Landesteil Westfalen-Lippe richtet sich beispielsweise das Gehalt nach den Berufsjahren der Angestellten. Als Berufsjahre rechnen die Jahre nach der bestandenen Abschlussprüfung zur Zahnmedizinischen Fachangestellten/Zahnarzthelferin, Stomatologischen Schwester. Die Zeit des gesetzlichen Erziehungsurlaubs/der gesetzlichen Elternzeit wird zur Hälfte auf die Berufsjahre angerechnet. (vgl. Verband medizinischer Fachberufe e.V. 2012).

Die tarifvertraglich vereinbarten Gehälter stellen Mindestsummen dar, von denen nach oben abgewichen werden kann. Auch ist es möglich, im Arbeitsvertrag mit neuen Mitarbeitern die Anwendung des in Frage kommenden Tarifvertrags zu vereinbaren.

Neben den vereinbarten Lohn- und Gehaltskosten entstehen der Zahnarztpraxis mit der Personaleinstellung weitere Kosten: Größter Faktor sind hier die Sozialversicherungsbeiträge. Sie gliedern sich auf in Arbeitslosen-, Kranken-, Pflege- und Rentenversicherung. Gesetzliche Personalnebenkosten sind auch die Kosten der Arbeitssicherheit sowie für Entgeltfortzahlungen im Krankheitsfall. Tarifliche Personalnebenkosten sind beispielsweise vermögenswirksame Leistungen sowie Urlaubs- und Weihnachtsgeld. Ferner fallen Fort- und Weiterbildungskosten an.

Zur Personaleinstellung in der Zahnarztpraxis gehört auch die **Personaleinführung** neuer Mitarbeiter in die Tätigkeit und ihren neuen Arbeitsplatz und damit auch die soziale Eingliederung in das Arbeitsumfeld, ihre direkte Arbeitsgruppe und das Sozialsystem der Zahnarztpraxis.

Hierzu sollten alle Praxisangehörigen vorab über die neuen Kolleginnen und Kollegen, den Zeitpunkt ihrer Arbeitsaufnahme und ihre zukünftigen Aufgaben informiert werden. Ferner sollten am ersten Arbeitstag die neuen Praxisangehörigen begrüßt und allen weiteren Kollegen vorgestellt werden. Diese Phase ist im Rahmen der Einführung besonders wichtig, da hier erste emotionale Beziehungen und Einschätzungen entstehen. Die Personaleinführung ist deshalb als Sozialisationsprozess zu sehen, da sich die neuen Mitarbeiter in der Zahnarztpraxis mit einer für sie fremden und neuartigen Arbeits- und Sozialumgebung konfrontiert sehen, mit der sie sich auseinandersetzen müssen. Dies bedeutet für die neuen Mitarbeiter ein hohes Stressaufkommen; negative Erlebnisse können in dieser Phase die Eingliederung gefährden und zu einer inneren Abwendung von der Zahnarztpraxis führen. Einerseits haben sie sich an die vorhandenen Normen und Werte der Praxis anzupassen, andererseits bringen sie aber auch selbst eigene Vorstellungen und neue Ideen mit ein, die die in der Zahnarztpraxis vorhandenen Mitarbeiter beeinflussen. Für die Praxis besteht bereits während des Auswahlprozesses die erste Möglichkeit aktiv auf die potenziellen neuen Mitarbeiter einzuwirken und vor Arbeitsbeginn Erwartungen über ihre zukünftigen Tätigkeiten und das zukünftige Arbeitsumfeld zu vermitteln. Für die Zeit zwischen Vertragsabschluss und Arbeitsaufnahme ist eine aktive Betreuung durch die Zahnarztpraxis zu empfehlen, beispielsweise durch möglichst viele Informationen über die neue Arbeitsumgebung, Informationsbroschüren, Arbeitsplatzbesichtigungen oder erste Einweisungsgespräche.

Anhand eines **Einarbeitungsplans**, in dem die Reihenfolge der zunächst zu erledigenden Aufgaben (Einweisung in Arbeitszeiterfassung, Zutrittsregelung, Formalitäten etc.), die Zeitabschnitte für ihre Erledigung, die Kriterien für die Beherrschung der eigentlichen Arbeitsaufgaben und auch zusätzlich angestrebte Qualifikationen enthalten sind, sollte durch eine erfahrene, langjährige Fachkraft eine Einführung in die Ordnung der Praxis (Arbeitszeiten, Urlaubsplanung, Pausenzeiten usw.), in Arbeitsabläufe und Räumlichkeiten erfolgen. Danach sind die einzelnen Arbeitsaufgaben darzustellen, der Arbeitsbereich aufzuzeigen und abzugrenzen und auf eigenständig zu erledigende Arbeiten hinzuweisen. Das in den ersten Stunden und Tagen erfolgende Anlernen am Arbeitsplatz kann entweder durch Vor- und Nachmachen durchgeführt werden, oder, insbesondere bei berufserfahrenen Kräften, durch Einweisung und selbstständige Einarbeitung erfolgen. Dabei steht der Umgang mit neuen Techniken (Praxisinformationssysteme, Behandlungstechniken usw.) ebenso im Vordergrund, wie das Ablegen bisheriger Arbeitsgewohnheiten und -prozeduren. Der

Einarbeitungsfortschritt sollte regelmäßig kontrolliert und aufkommende Fragen und Unklarheiten frühzeitig geklärt werden, damit sich nicht gleich zu Beginn Arbeitsfehler einschleichen, die unter Umständen zu schlechten Beurteilungen der Arbeitsqualitäten der neuen Mitarbeiter führen können.

Die Einarbeitung durch erfahrene Kollegen in **Patenfunktion** wird von neuen Mitarbeitern häufig als positiv empfunden, birgt andererseits die Gefahr, dass sich daraus ein Ersatzvorgesetztenverhältnis entwickelt und sich direkte Vorgesetzte aus der Verantwortung für die Einführung zurückziehen. Sie übernehmen aber eine wichtige Rolle im Einführungsprozess: Sie müssen sich dem Anpassungsprozess bewusst sein, in dem sich neue Mitarbeiter befinden und individuell auf ihre neuen Aufgaben und ihrem Feedback eingehen.

Eine gelungene Integration neuer Mitarbeiter liegt dann vor, wenn diese mit ihrer neuen Situation zufrieden sind und auch die anderen Praxisangehörigen ihre Einstellungen und Arbeitsleistungen als positiv empfinden.

4.5   Personaleinsatz in der Zahnarztpraxis

4.5.1   Personalorganisation und Arbeitsstrukturierung

Im Mittelpunkt der Personalorganisation steht der **Personaleinsatz**, die zeitliche, räumliche, qualitative und quantitative Zuordnung der Mitarbeiterinnen und Mitarbeiter zu den einzelnen Stellen in der Zahnarztpraxis und den damit verbundenen Arbeitsaufgaben: Wer macht in der Praxis was, wie viel, wann und wo? Im Rahmen des Personaleinsatzes sind also die Praxisangehörigen zu organisieren, anforderungsgerecht und ihren Fähigkeiten entsprechend einzusetzen, die Arbeit ist zeitlich zu gestalten und die Arbeitsplätze und -räume sind anspruchsgerecht auszustatten.

Die personelle Organisationsstruktur richtet sich nach der gesamten Struktur der Praxisorganisation. Sie gibt zum einen Aufschluss darüber, wie die Praxis aufgebaut ist, d. h., wie viele Praxisangehörige beispielsweise vorhanden sind und welche Aufgaben sie wahrnehmen. Diesen für die personelle Organisationsstruktur der Zahnarztpraxis wichtigen Teilbereich der Praxisorganisation nennt man deshalb Aufbauorganisation. Ferner sind die einzelnen Arbeitsabläufe in der Praxis zu regeln und zu organisieren. Dementsprechend ist von der Ablauforganisation die Rede (siehe auch Kap. 5 „Praxisorganisation"). Durch die Aufbauorganisation einer Zahnarztpraxis wird festgelegt welche Aufgaben die Praxisangehörigen wahrzunehmen haben und in welchem (Vorgesetzten-)Verhältnis sie zueinander stehen.

Um eine gut strukturierte Organisation zu erreichen, zerlegt man zunächst die einzelnen Aufgaben der Zahnarztpraxis in möglichst kleine Teilaufgaben. Anschließend werden zueinander passende Teilaufgaben in einem Aufgabenpaket zusammengefasst und einem Arbeitsplatz (auch „Stelle" genannt) zugeordnet. Bei der Zusammenstellung der Aufgabenpakete ist darauf zu achten, dass die Praxisangehörigen, die die jeweiligen

Aufgabenpakete bewältigen sollen, auch den damit verbundenen Anforderungen gewachsen sind und nicht zu viele oder zu umfangreiche Aufgaben auf einzelne Praxisangehörige übertragen werden.

Beispiel zur Zerlegung der Praxisaufgaben in Teilaufgaben und der Zusammenfassung zu Aufgabenpaketen

In jeder Zahnarztpraxis gibt es die Aufgabe der Materialwirtschaft. Diese Gesamtaufgabe lässt sich beispielsweise in die Teilaufgaben Materiallagerung, Materialbeschaffung, Materialpflege etc. unterteilen. Es ist sinnvoll einzelne Teilaufgaben, wie beispielsweise die Materialpflege, weiter zu zerlegen, um dieses umfangreiche Aufgabengebiet auf mehrere Praxisangehörige zu verteilen. Eine einzelne Mitarbeiterin wäre mit der Pflege und Wartung aller in der Praxis verwendeten Geräte und Instrumente möglicherweise überfordert.

So lassen sich nach der Aufgabenzerlegung Aufgabenpakete für einzelne Arbeitsplätze schnüren, wie etwa die Zuständigkeit einer Arbeitskraft für die Materiallagerung und -beschaffung, einer weiteren für die Reinigung und Pflege des Behandlungszimmers I sowie der darin befindlichen Geräte und Instrumente und einer dritten für Reinigung und Pflege des Behandlungszimmers II.

Sicherlich lässt sich auch die Materiallagerung in weitere Teilaufgaben unterteilen, wie etwa das Führen einer Materialübersicht, Überwachung der Lagerzeiten und Ablaufdaten etc.

Diese Teilaufgaben werden aber sinnvollerweise zum Aufgabenpaket für nur einen Arbeitsplatz zusammengefasst, damit kein Durcheinander entsteht, wenn mehrere Praxisangehörige beispielsweise gleichzeitig Materialbestellungen durchführen würden.

Diese Aufgabenpakete sollten insbesondere in größeren Zahnarztpraxen in Stellenbeschreibungen (auch: Tätigkeitsdarstellungen oder Arbeitsplatzbeschreibungen genannt) festgehalten werden. Dadurch werden beispielsweise unnötige Diskussionen darüber, wer nun was zu machen hat, vermieden. Ferner kann bei Neueinstellungen der Bewerberin bereits ein vollständiges Bild über den zukünftigen Arbeitsplatz gegeben werden (Tab. 4.10).

Durch die Ablauforganisation einer Zahnarztpraxis wird festgelegt wann, wie und wo die einzelnen Aufgaben in der Zahnarztpraxis verrichtet werden. Sicherlich weiß jede ZFA, welche Aufgaben sie in welcher Reihenfolge zu erledigen hat. Es lohnt sich aber in jedem Fall, sich die Zeit zu nehmen und über einzelne Arbeitsabläufe in Ruhe nachzudenken, ob nicht das ein oder andere noch verbessert werden könnte. Grundlage hierzu ist wiederum die bereits angesprochene Aufgabenzerlegung aus der Aufbauorganisation. Die dabei gewonnenen Teilaufgaben werden in einzelne Arbeitsschritte zerlegt, die dann in eine zeitlich (wann) und räumlich (wo) richtige Reihenfolge gebracht werden. Als Hilfsmittel für die Darstellung und Verdeutlichung von Arbeitsabläufen dienen Arbeitsablaufpläne und -diagramme.

Bei der Frage, wie der Personaleinsatz in der Zahnarztpraxis am effizientesten zu organisieren ist, steht zunächst das Ergebnis der **Arbeitsanalyse** als Analyse der Anforderungen einzelner Tätigkeiten an die sie verrichtenden Praxisangehörigen im Mittelpunkt. Die

Tab. 4.10 Inhalte von Stellenbeschreibungen in Zahnarztpraxen

Inhalt	Beispiel Verwaltungsstelle
Arbeitsplatz-/Stellenbezeichnung	Praxisverwaltung/-rezeption
Rang	Leitung Praxisverwaltung/-rezeption
Unterstellungsverhältnis	Praxisleitung
Überstellungsverhältnis	Auszubildende
Ziel des Arbeitsplatzes/der Stelle	Erledigung aller Verwaltungsarbeiten in der Zahnarztpraxis
Stellvertretungsregelung	ZFA
Aufgabenbereich im Einzelnen	– Kassen und Privatliquidation – Patientenverwaltung – Patientenempfang – Korrespondenz – Terminvergabe – Telefondienst
Sonstige Aufgaben	Einkauf zahnmedizinischen Verbrauchsmaterials
Besondere Befugnisse	Einkaufsberechtigung bis 1.000 Euro
Arbeitsplatz-/Stellenanforderungen	ZMV

aus der Arbeitsanalyse gewonnen Anforderungsprofile einzelner Tätigkeiten in der Zahnarztpraxis sind bei der Organisation des Personaleinsatzes zu berücksichtigen. Das Praxispersonal kann dort effizient eingesetzt werden, wo persönliche Eigenschaften, Fähigkeiten und Fertigkeiten der einzelnen Praxisangehörigen ideal mit dem jeweiligen Anforderungsprofil übereinstimmen. Die Ermittlung der persönlichen Eigenschaften, Fähigkeiten und Fertigkeiten setzt eine Beurteilung der Praxisangehörigen durch die Praxisleitung voraus. Hierzu sind die Arbeitsqualifikation, die geistigen Fähigkeiten, das persönliche Auftreten sowie das Verhalten gegenüber Patienten und den übrigen Kolleginnen und Kollegen einzubeziehen.

4.5.2 Festlegung von Praxisöffnungs- und Arbeitszeiten

Gerade bei anlagenintensiven Zahnarztpraxen lässt sich durch die Ausdehnung der **Praxisöffnungszeiten** die Auslastung der vorhandenen Gerätekapazitäten oft deutlich erhöhen. Dies wird insbesondere durch eine Flexibilisierung der Arbeitszeiten möglich, die häufig mit folgenden Vorteilen in Verbindung gebracht wird:

- Ausdehnung der Praxisöffnungszeit mit dem Ziel, die Fixkosten pro Behandlungsfall zu vermindern.
- Überbrückung von Differenzen zwischen längeren Praxisöffnungszeiten und kürzeren täglichen Arbeitszeiten.
- Aufrechterhaltung bestehender Praxisöffnungszeiten trotz tariflicher Arbeitszeitverkürzungen.

- Vermeidung von Arbeitsunterbrechungen (Pausen-, Erholungszeiten mit Schließung der Praxis).
- Anpassung der Arbeitszeit an kurzfristig schwankenden Arbeitsanfall (beispielsweise wegen Quartalsabrechnung, Abwesenheiten von Zahnärzten).
- Verbesserung der Erreichbarkeit von und für Patienten durch Ausdehnung bzw. attraktive Lage der Praxisöffnungszeiten.
- Bewältigung von Personalengpässen durch zeitlich flexible Einsatzmöglichkeiten.
- Reduzierung von Fehlzeiten, Fluktuation und eine Verbesserung der Motivation der Beschäftigten durch Berücksichtigung ihrer persönlichen Arbeitszeitwünsche.

Der rechtliche Rahmen für eine **Arbeitszeitflexibilisierung** wird durch das Arbeitszeitgesetz (ArbZG) bestimmt. Es enthält unter anderem Regelungen zur höchstzulässigen täglichen Arbeitszeit, zu Ruhepausen während der Arbeitszeit, zu Ruhezeiten zwischen Beendigung und Wiederaufnahme der Arbeit und zur Arbeitsruhe an Sonn- und Feiertagen.

Nach § 3 ArbZG darf die werktägliche Arbeitszeit der Arbeitnehmer acht Stunden nicht überschreiten. Sie kann auf bis zu zehn Stunden nur verlängert werden, wenn innerhalb von sechs Kalendermonaten oder innerhalb von 24 Wochen im Durchschnitt acht Stunden werktäglich nicht überschritten werden. Nach § 4 ArbZG ist die Arbeit durch im Voraus feststehende Ruhepausen von mindestens 30 Minuten bei einer Arbeitszeit von mehr als sechs bis zu neun Stunden und 45 Minuten bei einer Arbeitszeit von mehr als neun Stunden insgesamt zu unterbrechen. Die Ruhepausen können in Zeitabschnitte von jeweils mindestens 15 Minuten aufgeteilt werden. Länger als sechs Stunden hintereinander dürfen Arbeitnehmer nicht ohne Ruhepause beschäftigt werden. Nach § 5 ArbZG müssen die Arbeitnehmer nach Beendigung der täglichen Arbeitszeit eine ununterbrochene Ruhezeit von mindestens elf Stunden haben.

Für den zeitlichen Einsatz des Personals in Zahnarztpraxen eignen sich unterschiedliche **Arbeitszeitmodelle**, die je nach Bedarf zur Anwendung gelangen können. In ihnen werden die Dauer der täglichen Arbeitszeit und die gleichmäßige oder ungleichmäßige Verteilung auf die Wochentage festgelegt.

- Vollzeit: Vollzeitarbeitskraft mit 100 %igem Beschäftigungsgrad (Praxisangehörige, die vertraglich zu acht Stunden Tagesarbeitszeit verpflichtet sind, erbringen demnach an einem Tag acht Stunden, in der Woche 40 Stunden etc.) (vgl. § 2 ff. TzBfG).
- Teilzeit: Nach dem Teilzeit- und Befristungsgesetz (TzBfG 1966) sind Arbeitnehmer dann teilzeitbeschäftigt, wenn ihre regelmäßige Wochenarbeitszeit kürzer ist, als die regelmäßige Wochenarbeitszeit vergleichbarer vollzeitbeschäftigter Arbeitnehmer der Zahnarztpraxis (Halbtagsarbeit, Teilzeitschichten, Blockteilzeit, Bandbreitenmodell, Jahresteilzeit, qualifizierte Teilzeitarbeit, Altersteilzeit etc.) (vgl. § 2 ff. TzBfG).
- Gleitende Arbeitszeit: Die Lage von Arbeitsbeginn und -ende innerhalb einer Zeitspanne ist individuell wählbar.
- Schichtarbeit: Liegt vor, wenn mindestens zwei Arbeitnehmer ein und dieselbe Arbeitsaufgabe erfüllen, indem sie sich regelmäßig nach einem feststehenden für sie

überschaubaren Plan ablösen, sodass der eine Arbeitnehmer arbeitet, während der andere arbeitsfreie Zeit hat, beispielsweise zur Kapazitätsausweitung im Prophylaxebereich (permanente Schichtsysteme, Wechselschichten: Zwei- oder Mehr-Schichtsysteme).

- Mehrfachbesctzungs-Modell: Variante der Schichtarbeit, bei der mehr Mitarbeiter beschäftigt werden, als Arbeitsplätze vorhanden sind.
- Versetzte oder Staffelarbeitszeiten: Die Zahnarztpraxis stellt mehrere aufeinander folgende, gleichlang andauernde Arbeitszeiten zur Auswahl (Versetzte Arbeitszeit: Anwesenheitspflicht für eine Gruppe von Mitarbeitern zu einem vorgeschlagenen Zeitpunkt, gestaffelte Arbeitszeit: Mitarbeiter können Zeitpunkt selbst wählen).
- „Freie Tage" –Modell (häufig in Kombination mit Schichtmodellen): Die Differenz von täglicher Arbeits- und Betriebszeit wird durch freie Tage bzw. Freischichten ausgeglichen (Varianten: Mitarbeiter wählt freie Tage selbst, Zahnarztpraxis bestimmt die freien Tage, Betriebsferien etc.).
- Job Sharing: Mehrere Arbeitskräfte teilen sich eine bestimmte Anzahl von Arbeitsplätzen, beispielsweise bei der Privat- und (Job Splitting: eine Vollzeitstelle teilt sich in zwei selbstständige Teilzeitstellen, Job Pairing: Arbeitnehmer erledigen die Arbeit zusammen).
- Jahresarbeitszeitmodell: Variabler Bestandteil eines normalen Arbeitsvertrages, der die einem Jahr zu erbringende Stundenzahl an Arbeitszeit festlegt; ermöglicht eine ungleichmäßige Verteilung der Arbeitszeit, beispielsweise zur Anpassung an den Kapazitätsbedarf einer orthopädischen Praxis bei der Versorgung von Ski-Unfällen in den Wintermonaten.
- Kapazitätsorientierte variable Arbeitszeit: Abrufarbeit, bei der die Zahnarztpraxis die Arbeitsleistung auf der Grundlage eines Einzelvertrages und eines vorgegebenen Arbeitszeitkontingentes entsprechend dem gegebenen betrieblichen Arbeitsanfall anpasst.

Schichtsysteme haben den Vorteil, dass sie die Kapazitätsauslastung und auch das Leistungsangebot steigern. Durch eine verbesserte Kapazitätsauslastung sinken in der Regel die Fixkosten und damit die Kosten je Behandlungsfall. Bei der Einführung eines Schichtsystems sollten folgenden Schritte berücksichtigt werden:

- Klärung der Rahmenbedingungen für das beabsichtigte Schichtsystem: Ausreichende Mitarbeiteranzahl für ein Schichtsystem, Akzeptanz bei den Mitarbeitern, erforderliche Ausdehnung der Gesamtarbeitszeit.
- Bestimmung der neuen Gesamtarbeitszeit: Wochentage, Gesamtarbeitszeit pro Tag, Pausen.
- Festlegung der Anzahl und Zeiten der einzelnen Schichten: Früh- und Spätschicht, Zeitdauer der einzelnen Schichten, Überlappungszeiten für die einzelnen Schichten.
- Festlegung der einzelnen Schichtstärken: Leitungsfunktionen, Anzahl, Qualifikationen pro Schicht.
- Entwicklung von Schichtplänen: Regelmäßige Wechsel, Berücksichtigung persönlicher Freizeitinteressen, Urlaubszeiten und Feiertage.

Die Bedeutung der genauen **Arbeitszeiterfassung** liegt nicht so sehr im Umgang mit Streitfällen, etwa dann, wenn in der Zahnarztpraxis häufig Überstunden anfallen oder es einzelne Praxisangehörige mit der Pünktlichkeit nicht so genau nehmen. Sie stellt zwar ein wirksames Mittel dar, um derartige Auseinandersetzungen oder Ungerechtigkeiten bezüglich der tatsächlichen Arbeitszeit zu vermeiden, ist aber in erster Linie für die Ermittlung der Personalkosten unverzichtbar. In der Zahnarztpraxis sind am häufigsten folgende Systeme anzutreffen:

- Selbstaufschreibung mit anschließender manueller Auswertung: Sie ist ein häufig verwendetes Zeiterfassungssystem und setzt ein großes Maß an Vertrauen voraus.
- Elektronische Zeiterfassung mit Hilfe von Ident-Karten: Hierbei identifizieren die Ident-Karten im Scheckkartenformat die jeweiligen Praxisangehörigen mit den ihnen hinterlegten Arbeitszeitmodellen.
- Zeiterfassung durch das Praxisinformationssystem: Hier sind Arbeitszeiterfassungsprogramme als Standardsoftware installiert; die Arbeitszeiten werden dabei durch tägliches persönliches An- und Abmelden am System erfasst und zu direkt abrufbaren Arbeitszeitprotokollen ausgewertet.

Durch alle Systeme lassen sich Arbeitsbeginn und -ende sowie die Pausen exakt erfassen und die tatsächlich geleisteten Arbeitszeiten genau berechnen.

4.5.3 Gestaltung der Praxisarbeitsplätze

Mit der Schaffung geeigneter Arbeitsbedingungen und Gestaltung der Arbeitsplätze in der Zahnarztpraxis befasst sich die **Arbeitsergonomie**. Damit sollen möglichst eine effiziente und fehlerfreie Arbeitsausführung sichergestellt und die Praxisangehörigen vor gesundheitlichen Schäden auch bei langfristiger Ausübung ihrer Tätigkeit geschützt werden.

In den letzten Jahrzehnten haben sich die Arbeitsbedingungen für die Mitarbeiter und Mitarbeiterinnen in Zahnarztpraxen erheblich verbessert. Die ergonomische Gestaltung von Arbeits- und Behandlungseinrichtungen, d.h. die bestmögliche Anpassung der Arbeitsbedingungen an den Menschen als Zahnärztin oder -arzt, ZFA oder Patient, hat einen wesentlichen Teil dazu beigetragen. Moderne zahnmedizinische Technik, Behandlungseinheiten, Praxiseinrichtungen oder Eigenlaborausstattungen berücksichtigen die Forderung, die fachliche Methodik und ihre zahnmedizinischen, dentaltechnischen und hygienischen Gesichtspunkte mit optimalen physiologischen Arbeitsbedingungen weitestgehend in Einklang zu bringen. Sie erfüllen in der Regel alle DIN-Vorgaben der 33400er Reihe, die beispielsweise Anforderungen an Arbeitsplätze und -mittel enthält:

- Höhenverstellbarkeit der Arbeitsflächen-, Sitz- oder Standhöhe,
- Anpassung von Sitzgelegenheiten an die anatomischen und physikalischen Gegebenheiten des Menschen,

- ausreichender Bewegungsraum für Arme, Beine und Füße,
- Berücksichtigung individueller und genereller Abmessungen,
- Vermeidung unnötig hoher Belastungen von Muskeln, Gelenken, Bändern, Herz- und Kreislaufsystemen,
- Ermöglichen eines häufigen Wechsels zwischen Sitzen und Stehen,
- weitestgehende Vermeidung von Zwangshaltungen durch Wechsel mit entlastenden Körperhaltungen und -bewegungen,
- Vermeidung statischer Muskelarbeit,
- Angleichung von Krafteinsatz und Bewegungsmaß,
- Anpassung der Bewegungsanforderungen an die natürlichen Bewegungen.

„Zahnärzte legen großen Wert darauf, dass ihre Patienten während der Behandlung stabil und bequem sitzen. Die eigene Haltung steht oft weniger im Fokus. Dabei ist eine vernünftige Arbeitsposition für jedes einzelne Teammitglied der Praxis mindestens ebenso wichtig. Schließlich arbeitet man hier über viele Jahre mehrere Stunden am Tag. Grund genug, bei einer Investitionsentscheidung in einen neuen Arbeitsplatz auch ergonomische Erwägungen mit zu berücksichtigen. Insbesondere moderne Behandlungseinheiten können durch intelligente Konzepte bei der langfristigen Gesunderhaltung helfen." (Meurer 2011, S. 1).

Die **Ausrüstung** der Behandlungs- und Arbeitsplätze in der Zahnarztpraxis ist je nach Arbeitsweise in Zusammenhang mit der Arbeitshaltung und -stellung von Zahnärztin oder -arzt und ZFA, Lagerung des Patienten sowie der Arbeitsmethodik auszuwählen. Vorhandene Basiskonzepte (mögliche Ausrüstungskombinationen) und Ausstattungsmöglichkeiten (beispielsweise Art und Zahl der Behandlungseinheiten, Größe und Auflösungsdichte der Bildschirme des Praxiscomputers usw.) sind in alle Überlegungen einzubeziehen.

Neben der unmittelbaren Arbeitsplatzgestaltung geht es in der Gestaltung des Arbeitsumfeldes in der Zahnarztpraxis darum, eine möglichst angenehme Arbeitsatmosphäre zu schaffen und Belastungen zu vermeiden (vgl. § 6 Arbstätiv). Ein erster Aspekt sind dabei akustische Einflüsse, wobei von **Lärm** eine Belastung für den arbeitenden Menschen ausgehen kann. Je nach Intensität, Frequenzbereich und Dauer der Einwirkung gehen von Lärm unterschiedliche psychische und körperliche Reaktionen aus.

Während die Lärmeinwirkung in der Zahnarztpraxis sicherlich eine untergeordnete Rolle spielt, ist hingegen die **Farbgebung** ein wichtiger Aspekt der Arbeitsplatzgestaltung in der Zahnarztpraxis. Die im Rahmen farbpsychologischer Forschung gewonnenen Erkenntnisse zur Raumwirkung, physiologischen und psychologischen Wirkung von Farben sind zwar informativ, können jedoch keinen Aufschluss darüber geben, bei welchen Praxisangehörigen und in welcher Intensität sie auftreten.

Da ein großer Teil aller Sinneseindrücke, die im Laufe eines Arbeitstags auf den Menschen am Arbeitsplatz in der Zahnarztpraxis einwirken, optischer Natur sind und von den Augen wahrgenommen werden müssen, spielt der Sehprozess und in diesem Zusammenhang insbesondere die richtige **Beleuchtung** eine wesentliche Rolle. Für den

Behandlungsbereich ist eine Beleuchtungsstärke von mindestens 500 Lux bis 2000 Lux (im Einzelfall, bei Kieferchirurgie etwa, bis zu 5000 Lux und mehr) angebracht. Für den Verwaltungsbereich, in dem vorwiegend Büroarbeit verrichtet wird, ist für die Tätigkeiten Lesen, Buchführung und Abrechnungsarbeiten am Bildschirm eine Beleuchtungsstärke von mindestens 500 Lux erforderlich. In Praxisräumen beträgt die allgemeine Beleuchtungsstärke mindestens 100 Lux.

Auch das **Raumklima** beeinflusst die Arbeitsatmosphäre nicht unwesentlich. Zu kalte oder überhitzte Räume, die Höhe der Luftfeuchtigkeit sowie die Raumbe- und -entlüftung tragen zu Arbeitsermüdung, aber auch zur Entstehung von Krankheiten bei. Die Raumtemperatur sollte bei den als körperlich leicht einzustufenden Arbeiten in der Zahnarztpraxis zwischen 19 und 23 °C liegen. Höhere Raumtemperaturen sind umso leichter zu ertragen, je niedriger die Luftfeuchtigkeit ist. Die Luftwechselrate – das ist das Verhältnis der in einer Stunde zugeführten Frischluftmenge zum Rauminhalt – sollte in den Behandlungsräumen 3 bis 6, im Praxislabor 6 bis 16 und in den Toilettenräumen der Praxis 4 bis 8 betragen.

4.6   Entwicklung des Praxispersonals

4.6.1   Aufgaben der Personalentwicklung in der Zahnarztpraxis

Die **Personalentwicklung** in der Zahnarztpraxis stellt ein umfassendes Konzept der Einwirkung auf die Praxisangehörigen mit dem Ziel dar, die Qualifikationen aufzubauen und weiterzuentwickeln, die sie für die Erfüllung ihrer beruflichen Aufgaben in der Zahnarztpraxis benötigen. Personalentwicklung ist damit die systematisch vorbereitete, durchgeführte und kontrollierte Förderung der Anlagen und Fähigkeiten der Praxisangehörigen in Abstimmung mit ihren Erwartungen und den Veränderungen der Arbeitsplätze und Tätigkeiten in der Zahnarztpraxis.

Aufgabenorientierte Lernprozesse der klassischen zahnmedizinischen Aus- und Weiterbildung sind wichtig. Darüber hinaus müssen jedoch auch eine ganze Reihe von personenorientierten Entwicklungs- und Veränderungsprozessen unterstützt werden, die das Potenzial der Praxisangehörigen weiterentwickeln. Patientenorientiertes Denken und Handeln von Praxisangehörigen kann nicht befohlen und angeordnet werden. Die Personalentwicklung in der Zahnarztpraxis muss daher längerfristige Entwicklungsprozesse auslösen, die es den Praxisangehörigen erlauben, sich mit der Zielsetzung der Praxis auseinander zu setzen und aus der eigenen Überzeugung heraus Verhaltensweisen zu entwickeln, die die Umsetzung der Ziele im eigenen Aufgabengebiet möglich machen.

Die Patientenorientierung der Zahnarztpraxis erfordert engagierte und eigenverantwortliche Praxisangehörige. Sie selbst sind mitverantwortlich für die eigene Entwicklung und dadurch gewissermaßen verpflichtet zu eigenverantwortlichen, permanenten Lernen für den Praxisbetrieb (Abb. 4.5).

Abb. 4.5   Rollen von Praxisangehörigen und Praxisleitung in der Personalentwicklung

Verstärkte Marktorientierung, die Anwendung neuer Behandlungs- und Informations-technologien und das sehr dynamische gesundheitspolitische Umfeld verändern die Aufgaben und Arbeitsabläufe in der Zahnarztpraxis. Die Fähigkeiten der Praxisangehörigen werden in vielen Bereichen der Praxis immer weniger von Routinetätigkeiten und immer stärker von komplexen Aufgabenstellungen beansprucht. Die Routineaufgaben stellen heutzutage mehr und mehr die eigentlichen Basisfunktionen dar, die sie ohnehin beherrschen müssen. Das Anforderungsprofil insgesamt ist für alle umfangreicher und anspruchsvoller geworden. Die Praxisangehörigen müssen sich auf ein fachübergreifendes, profund angelegtes Wissen auf dem jeweils aktuellen Kenntnisstand stützen. Was angesichts einer immer stärkeren Patientenorientierung neben solidem Wissen erwartet wird, sind Eigenschaften, die unter den Begriffen methodische und soziale Kompetenzen diskutiert werden. Zur sozialen Kompetenz gehören gegenüber den Patienten Kommunikationsfähigkeit, Einfühlungsvermögen und Flexibilität, um den individuellen Bedürfnissen der Patienten gerecht werden zu können. Gegenüber den übrigen Praxisangehörigen äußert sich soziale Kompetenz vor allem durch Kooperationsbereitschaft und Teamfähigkeit.

Die Inhalte der Personalentwicklung umfassen:

- Praxisziele und -grundsätze der Personalentwicklung: Situation der Zahnarztpraxis, Veränderung/Situation der Umfeldbedingungen, Praxisphilosophie, Ziele der Personal-entwicklung, Stellenwert der Personalentwicklung.
- Planungsgrundlagen und Handlungsfelder: Entwicklungsbedarf, Mitarbeiterbeurteilung, Entwicklungsmöglichkeiten.
- Lernziele und Inhalte: Grundsätze der Erwachsenenbildung, Verhältnis Fach-/Verhal-tensqualifikation, geeignete Lernmethoden.
- Maßnahmeangebot: Zusammenstellung, Zeit, Ort, Durchführung.

- Rolle der Beteiligten: Grundsatz der Beteiligung aller, Aufgabenverteilung.
- Organisatorische Rahmenbedingungen: Zeitl. Restriktionen, Kosten/Budget, konkrete Planung, Ablauf.
- Sofern es sich nicht um eine rein fachliche Qualifikationsmaßnahme wie einen Röntgenkurs oder ähnliches handelt, findet die Personalentwicklung nicht mehr vorwiegend „Off-the-Job" in Seminaren, sondern möglichst „Near-the-Job" statt. Man unterscheidet bei einzelnen Personalentwicklungsmaßnahmen:
- Into-the-Job: Hinführung zu einer neuen Tätigkeit.
- On-the-Job: Direkte Maßnahme am Arbeitsplatz (planmäßiger Arbeitsplatzwechsel, Urlaubs-/Krankheitsvertretung, Sonderaufgaben).
- Near-the-Job: Regelmäßige Abwechslung von externer Schulung und praktischer Umsetzung am Arbeitsplatz (duales Ausbildungssystem).
- Off-the-Job: Externe Weiterbildung (Seminare, Lehrgänge, Tagungen).

Gerade die Förderung wichtiger Schlüsselqualifikationen wie patientenorientiertes Denken und Handeln oder Kommunikationsfähigkeit kann nur gelingen, wenn das Lernen am Grundsatz „Erleben und Erfahren" orientiert ist. Die Fähigkeit von Praxisangehörigen, Probleme selbstständig lösen zu können, setzt voraus, dass sie an ihrem Arbeitsplatz mit Situationen konfrontiert werden, die Problemlösungsverhalten erfordern. Wenn von einer Fachkraft mit Leitungsfunktion erwartet wird, ein kleines Team zu führen, dann muss sie im Rahmen der Vorbereitung auf diese Führungsaufgabe auch Gelegenheit haben, ihre sozialen Fähigkeiten zu trainieren. Im Mittelpunkt moderner Personalentwicklung steht somit nicht das Faktenlernen, sondern das Verhaltenslernen. Nicht die Stoffvermittlung durch Unterricht, sondern Hilfestellung und Anwendungsberatung vor Ort sowie die Organisation und Moderation selbstständiger Lernprozesse sind die Aufgaben der Praxisleitung. Sie muss die Praxisangehörigen anregen, sich Kenntnisse und Fähigkeiten selbstständig zu erarbeiten. Sie begreift sich daher selbst eher als Entwicklungspartner der Praxisangehörigen.

4.6.2 Beurteilung der Praxisangehörigen

Um die Personalentwicklung zielgerichtet und effizient durchführen zu können, ist die Einschätzung der Fähigkeiten und des Leistungsvermögens der Praxisangehörigen erforderlich. Diese Einschätzung wird im Rahmen der klassischen Personalbeurteilung ermöglicht. Wesentliche **Beurteilungskriterien** können dabei sein (vgl. Stopp und Kirschten 2012, S. 451 ff.):

- Fachkönnen: Fachkenntnisse, Fertigkeiten.
- Geistige Fähigkeiten: Auffassungsgabe, Ausdrucksvermögen, Dispositionsvermögen, Improvisationsvermögen, Kreativität, Organisationsvermögen, Selbstständigkeit, Verhandlungsgeschick.

- Arbeitsstil: Arbeitsqualität, Arbeitsplanung, Arbeitstempo, Aufmerksamkeit, Verhalten gegenüber Patienten, Ausdauer, Belastbarkeit, Einsatzbereitschaft, Genauigkeit, Initiative, Kostenbewusstsein, Materialbehandlung, Ordentlichkeit, Pünktlichkeit.
- Zusammenarbeit: Verhalten gegenüber Kollegen und Kolleginnen, Auftreten, Einweisen neuer Praxisangehöriger, Gruppeneinordnung, Informationsintensität, Kontaktvermögen, Umgangsformen, Verhalten gegenüber Vorgesetzten.
- Führungsqualitäten: Delegationsvermögen, Durchsetzungsvermögen, Entscheidungsfähigkeit, Förderung und Entwicklung von Unterstellten, Gerechtigkeitssinn, Motivationsfähigkeit, persönliche Integrität, Repräsentation, Selbstbeherrschung, Verantwortungsbewusstsein, Vertrauenswürdigkeit, Zielsetzung.

Das Festlegen von **Beurteilungsstufen** dient dazu, die Beurteilung graduell einzuordnen. Anhand der vorher ausgewählten Kriterien erfolgt an dieser Stelle somit eine Bewertung des Erreichungsgrades des jeweiligen Kriteriums (Tab. 4.11).

Bei der Personalbeurteilung besteht die Gefahr, dass bestimmte positive oder negative Ereignisse in der Praxis sich zu Unrecht auf das Gesamtbild der zu beurteilenden Person auswirken. Folgende, häufig vorkommende Beurteilungsfehler (vgl. Berthel und Becker 2013, S. 288 ff.) sind daher zu vermeiden:

- Wahrnehmungsverzerrungen:
  - Halo-Effekt: Ein Beurteilungsmerkmal strahlt auf mehrere andere aus.
  - Recency-Effekt: Beurteiler stellt auf Ereignisse ab, die erst kürzlich stattgefunden haben.

Tab. 4.11 Beispiele für Beurteilungsstufen

Stufe	Bedeutung	Beispiel „Arbeitsqualität"
1	Leistung und Befähigung übertreffen beträchtlich die Anforderungen; die Person ist über ihr Aufgabengebiet weit hinausgewachsen	Arbeitet in jeder Hinsicht fehlerfrei
2	Leistung und Befähigung reichen über die Anforderungen hinaus; die Person überragt ihr Aufgabengebiet	Arbeitet selbstständig, sorgfältig und termingerecht
3	Leistung und Befähigung entsprechen den Anforderungen; die Person beherrscht ihr Aufgabengebiet	Arbeitet meist selbstständig, sorgfältig und termingerecht
4	Leistung und Befähigung müssen teilweise den Anforderungen noch angepasst werden; die Person beherrscht ihr Aufgabengebiet überwiegend	Arbeitet manchmal flüchtig und dadurch fehlerhaft; ist hin und wieder nicht selbständig genug; muss gelegentlich an Termine erinnert werden
5	Leistung und Befähigung entsprechen noch nicht/nicht den Anforderungen; die Person ist ihren Aufgaben nicht gewachsen	arbeitet fehlerhaft; arbeitet unselbstständig; hält Termine nicht ein

- – Primacy-Effekt: Beurteiler stellt auf Ereignisse ab, die vor langer Zeit stattgefunden haben.
- – Kleber-Effekt: Längere Zeit schlecht beurteilte Mitarbeiter werden unterschätzt.
- – Hierarchie-Effekt: Je höher die Position, desto besser fällt die Beurteilung aus.
- Maßstabsanwendung:
  - – Tendenz zur Mitte: Bevorzugung mittlerer Urteilswerte bei Einstufungsverfahren.
  - – Tendenz zur Strenge/Milde: Zu hohes/zu niedriges Anspruchsniveau.
  - – Sympathie/Antipathie: Sympathische/unsympathische Praxisangehörige werden besser/schlechter beurteilt.
- Bewusste Verfälschung

Die möglichst gerechte und objektive Beurteilung von Mitarbeitern ist eine der schwierigsten Führungsaufgaben, auch wenn sie von vielen Führungskräften nicht als problematisch angesehen wird. Das liegt oft daran, dass Beurteilungsfehler nicht als solche erkannt und damit auch nicht vermieden werden, was zu in der Regel auch noch vorschnell gefassten Fehlurteilen führt. Es besteht somit immer die Gefahr, dass bestimmte positive oder negative Ereignisse sich zu Unrecht auf das Gesamtbild des zu beurteilenden Mitarbeiters auswirken.

Die Beurteilung dient zugleich als Standortbestimmung für die Praxisangehörigen und die Praxisleitung gleichermaßen. Ein regelmäßiges, etwa jährliches **Beurteilungsgespräch** gewinnt daher eine besondere Bedeutung im Hinblick auf die Personalentwicklung und -führung (Tab. 4.12). Ziele eines Beurteilungsgespräches sollten daher sein:

- Persönliches Gespräch unter vier Augen.
- Einblick in den Leistungsstand vermitteln.
- Möglichkeit, Anerkennung auszusprechen.
- Fähigkeiten aufzeigen.

Tab. 4.12 Beispielhafter Ablauf eines Beurteilungsgesprächs

Phase	Bezeichnung	Inhalt
1	Einleitung und Einstimmung	Offene und vertrauensvolle Gesprächsatmosphäre schaffen; bisherige gute Zusammenarbeit betonen; auf gute Arbeitsergebnisse hinweisen; Gesamtbewertung vorab mitteilen
2	Schwerpunkte und Diskussion	Stärken und Schwächen des Mitarbeiters offen darlegen und begründen; Gelegenheit geben, dazu Stellung zu nehmen
3	Überein-stimmung	Einigung über Leistungsstand, Leistungsentwicklung im Beurteilungszeitraum und realistische Entwicklungsmöglichkeiten
4	Folgerungen und Ziel-setzungen	Ziele für eventuell notwendige Qualifizierung formulieren und fixieren; konkrete Entwicklungsmaßnahmen vereinbaren
5	Zusammen-fassung	Zentrale Inhalte des Gesprächs kurz zusammenfassen; Gespräch positiv ausklingen lassen

- Eigene Leistungseinschätzung des Mitarbeiters kennen lernen.
- Vorgesetzten-Mitarbeiter-Verhältnis verbessern.
- Leistungsziele und Maßnahmen zur Leistungsverbesserung festhalten (Personalentwicklungsmaßnahmen).
- Positive Grundhaltung zur Praxis fördern.

Die Basis für ein Beurteilungsgespräch sollte eine offene Gesprächskultur sein, die von Verantwortung und Fairness geprägt ist, da es in erster Linie um die Weiterentwicklung der Praxisangehörigen geht und um mögliche Verbesserungen von Arbeitsprozessen bzw. Arbeitsergebnissen. Vertrauen und Respekt zählen bekanntermaßen zu den wichtigsten Grundlagen einer positiven und erfolgreichen Zusammenarbeit. Diese werden nicht durch ein „von oben herab" geführtes Gespräch vermittelt, sondern in erster Linie durch Zuhören und Verbindlichkeit.

Zielvereinbarungsgespräche hingegen dienen der aktiven Beteiligung und Übertragung von Verantwortung an Praxisangehörige. In ihnen geht es allerdings nicht um einseitige Zieldiktate, sondern vielmehr um die gemeinsame Festlegung von Arbeitszielen und Ergebnissen zwischen Praxisleitung und Praxisangehörigen. Dazu müssen die Ziele eindeutig und konkret formuliert sein, dürfen keine Unter- oder Überforderung für die Praxisangehörigen darstellen, müssen dokumentiert und vereinbart und nach Ablauf einer gewissen Zeit in einem Gespräch hinsichtlich ihrer Erreichung überprüft werden. Oft ist die Zielvereinbarung Bestandteil jährlicher Mitarbeitergespräche, was die Gefahr einer einseitigen Ausrichtung der Gesprächsführung und -inhalte birgt, zumal wenn sie durch mitunter verwendete Vordrucke in diese Richtung beeinflusst werden. Die Führungskraft sollte sich die Freiheit nehmen, die Gespräche so zu führen, dass auch die Mitarbeiterinteressen hinreichend zur Geltung kommen. Wenn beispielsweise vorgegebene Formulare nur die Zielorientierung, Leistungsbeurteilung und Weiterbildungsmaßnahmen beinhalten, entsteht sehr schnell der Eindruck, dass das Gespräch ausschließlich der Produktivitätssteigerung dient. Die Mitarbeiter merken rasch, wenn nur vorgeschobenes oder gar kein Interesse an ihrer Person besteht, wobei auch die Führungskraft selbst schon alleine aus Glaubwürdigkeitsgründen in der Lage sein muss, sich ein Stück weit gegenüber dem ihr anvertrauten Personal zu öffnen.

Potenzialentwicklungsgespräche orientieren sich an der zukünftigen Entwicklungen der Zahnarztpraxis, an den derzeitigen und zukünftigen Aufgaben der Praxisangehörigen, ihren persönlichen Vorstellungen und Erwartungen über die berufliche Weiterentwicklung, um letztendlich ein möglichst genaues Bild von ihren genutzten bzw. ungenutzten Qualifikationen und sozialen Kompetenzen zu erhalten und sie ihren Fähigkeiten entsprechend, mit dem Ziel einer höheren Arbeitszufriedenheit und verbesserter Arbeitsziele, einzusetzen.

Wichtiger als die klassische Leistungsbeurteilung einzelner Praxisangehöriger ist jedoch der Beitrag aller zum gemeinsamen Praxiserfolg. Das jährliche Ritual der Einzelbeurteilung erzeugt oft nur Frust, Unmut und Stress, weil sie entweder wie erwartet ausfällt, sich mehr erhofft wurde und sie nie gänzlich frei von subjektiven

Einflüssen ist. Der Beitrag zur Verbesserung der Gesamtleistung ist nur gering. Viele Unternehmen mit jahrelanger (negativer) Erfahrung auf diesem Gebiet gehen zu einer Würdigung der Gesamtleistung aller Mitarbeiter über, die auch für alle gleichermaßen honoriert wird, oder eben auch nicht, wenn sich Kennziffern nachweislich nicht verbessert haben.

4.6.3   Aus- und Weiterbildung

Die berufliche **Ausbildung** in der Zahnarztpraxis erfolgt in der Regel in einem dualen System, d. h. die praktische Ausbildung in der Praxis wird durch einen ausbildungsbegleitenden Schulbesuch ergänzt. Die Ausbildungsinhalte richten sich nach den jeweiligen Verordnungen über die Berufsausbildung, die allerdings nur den betrieblichen Teil der Ausbildung regelt. Der schulische Teil fällt in die Zuständigkeit der einzelnen Bundesländer und richtet sich nach dem jeweiligen Lehrplan für die einzelnen Schularten. Lerninhalte der Ausbildung sind in der betrieblichen Praxis und in den Schulen im Hinblick auf den Zeitpunkt ihrer Vermittlung aufeinander abgestimmt.

Zu den **Ausbildungsinhalten** einer Zahnmedizinischen Fachangestellten zählen nach § 3 der Verordnung über die Berufsausbildung zum Zahnmedizinischen Fachangestellten/ zur Zahnmedizinischen Fachangestellten (ZahnmedAusbV) mindestens folgende Fertigkeiten und Kenntnisse (vgl. § 3 ZahnmedAusbV):

- Ausbildungsbetrieb:
  - Stellung der Zahnarztpraxis im Gesundheitswesen
  - Organisation, Aufgaben, Funktionsbereiche und Ausstattung des Ausbildungsbetriebes
  - Gesetzliche und vertragliche Regelungen der zahnmedizinischen Versorgung
  - Berufsbildung, Arbeits- und Tarifrecht
  - Sicherheit und Gesundheitsschutz bei der Arbeit
  - Umweltschutz
- Durchführen von Hygienemaßnahmen:
  - Infektionskrankheiten
  - Maßnahmen der Arbeits- und Praxishygiene
- Arbeitsorganisation, Qualitätsmanagement
  - Arbeiten im Team
  - Qualitäts- und Zeitmanagement
- Kommunikation, Information und Datenschutz
  - Kommunikationsformen und -methoden
  - Verhalten in Konfliktsituationen
  - Informations- und Kommunikationssysteme
  - Datenschutz und Datensicherheit
- Patientenbetreuung
- Grundlagen der Prophylaxe

- Durchführen begleitender Maßnahmen bei der Diagnostik und Therapie unter Anleitung und Aufsicht des Zahnarztes
  - Assistenz bei der zahnärztlichen Behandlung
  - Röntgen und Strahlenschutz
- Hilfeleistungen bei Zwischenfällen und Unfällen
- Praxisorganisation und -verwaltung
  - Praxisabläufe
  - Verwaltungsarbeiten
  - Rechnungswesen
  - Materialbeschaffung und -verwaltung
- Abrechnung von Leistungen

Die während der Ausbildungszeit zu vermittelnden Fertigkeiten und Kenntnisse sind verbindlich für alle Ausbildungsstätten festgelegt. Es handelt sich dabei um Mindestqualifikationen, die zur Erlangung des Berufsausbildungsabschlusses notwendig sind, und zwar unabhängig davon, um welche Zahnarztpraxis es sich handelt. Es ist Aufgabe der Praxis, auf der Grundlage des Ausbildungsrahmenplans einen sachlich und zeitlich gegliederten Ausbildungsplan zu erstellen; darin sind die praxisspezifischen Besonderheiten festzuhalten.

Im Hinblick auf eine erfolgreiche und gezielte Personalentwicklung ist jedoch nicht nur die Tatsache, dass in der Zahnarztpraxis ausgebildet wird wichtig, sondern vielmehr die Art und Weise, wie diese Ausbildung vollzogen wird. Bei der betriebspraktischen Ausbildung in der Zahnarztpraxis kommen beispielsweise häufig folgende **Ausbildungsmethoden** zum Einsatz:

Die **Arbeitsunterweisung** dient der Vermittlung von praktischem Wissen und zur Erläuterung einzelner Arbeitsverfahren in der Zahnarztpraxis. Dabei wird gleichzeitig das Arbeitsverhalten geschult und die Durchführung der einzelnen Tätigkeiten trainiert. Zunächst werden die Arbeitsaufgabe und ihre Bedeutung erläutert sowie die einzelnen Arbeitsschritte dargestellt. Danach wird die Arbeitsdurchführung zunächst langsam, dann mit der üblichen Arbeitsgeschwindigkeit z. B. vom ausbildenden Zahnarzt vorgemacht. Anschließend führt die Auszubildende zunächst langsam und unter Kontrolle die Arbeit aus. Dabei auftretende Fragen und Unklarheiten werden gemeinsam mit dem Zahnarzt geklärt. Zum Schluss wird die Arbeitsaufgabe von der Auszubildenden ohne direkte Aufsicht ausgeführt. Die Arbeitsergebnisse werden durch den Zahnarzt kontrolliert, und notwendigenfalls greift er korrigierend ein.

Das **Lehrgespräch** hat in der berufspraktischen Ausbildung in der Zahnarztpraxis besondere Bedeutung und stellt einen gesteuerten Dialog zwischen dem Zahnärztin oder dem Zahnarzt als Ausbilder und den Auszubildenden dar. Es eignet sich besonders für die Umsetzung praktische Tätigkeiten in der Zahnarztpraxis in gesichertes Wissen, die Abrundung und Ergänzung vorhandener Kenntnisse, das Erkennen und Verstehen von Zusammenhängen sowie die Motivation der Auszubildenden. Die Auszubildenden werden dabei zur Aufmerksamkeit und Mitarbeit aktiviert, vorhandene Kenntnisse werden ergänzt und gefestigt, die sprachliche Ausdrucksweise wird geübt und der Zahnarzt oder die Zahnärztin als Ausbilder können durch den persönlichen Kontakt individueller auf die Auszubildenden eingehen.

Bei der Ausbildung in der Zahnarztpraxis haben sich beispielsweise folgende Regeln im Rahmen der Methodik und Didaktik bei der Erwachsenenpädagogik bewährt:

• Klare Strukturierung der Ausbildung mit wohldosierten Ausbildungseinheiten.
• Bildhaft sprechen, Beispiele und Vergleiche benutzen.
• Ausbildungsinhalte visualisieren: Anschauungsmaterial wie Modelle, Abbildungen, Instrumente gebrauchen.
• Einfach sprechen und, soweit wie möglich, auf die Verwendung von Fremdwörtern verzichten.
• Ausbildungskontrolle durch das häufige Stellen von Verständnisfragen.

Zur optimalen Durchführung ihrer Aufgaben benötigen die Praxisangehörigen eine gute Ausbildung. Sie alleine reicht jedoch nicht aus, um langfristig ein hohes Qualitätsniveau der Behandlungs- und Arbeitsleistungen in der Zahnarztpraxis sicherzustellen. Hierzu ist eine ständige Weiterentwicklung des Praxispersonals in fachlicher und persönlicher Hinsicht zu betreiben. Die **Weiterbildung** aller Praxisangehörigen stellt eine Investition zur Schaffung qualitativen Personalpotenzials dar, das dazu dient, zukünftige Anforderungen an die Zahnarztpraxis besser zu bewältigen. Aus Kostengründen auf notwendige Bildungsmaßnahmen zu verzichten wäre der falsche Weg. Die berufliche Weiterbildung der Praxisangehörigen schult die Anwendung neuer Behandlungsmethoden, Technologien, den Umgang mit Patienten oder Abrechnungsarbeiten. Sie dient der besseren Qualifikation und sorgt dafür, dass die Praxisangehörigen auf dem „Stand der Zeit" bleiben. Investitionen in das Humankapital der Zahnarztpraxis sind mindestens ebenso wichtig, wie Investitionen in Sachanlagen. Die zunehmend komplexer werdenden Aufgabenstellungen in der Zahnarztpraxis erfordern entsprechend qualifizierte Praxisangehörige. Die sich immer schneller ändernden Umweltbedingungen (neue Behandlungsmethoden, neue Materialien, veränderter rechtlicher Rahmen, verschärfte Konkurrenzsituation) lassen ein einmaliges Lernen für Leben und Beruf in Zukunft nicht mehr zu. Eine Zahnarztpraxis, die auf die Weiterbildung ihrer Mitarbeiterinnen verzichtet, wird über kurz oder lang den veränderten Anforderungen nicht mehr genügen können und erhebliche Probleme im Wettbewerb bekommen. Schließlich zeigen Weiterbildungsmaßnahmen den Praxisangehörigen die Bedeutung, die sie für die Zahnarztpraxis haben, und erhöhen so ihre Motivation.

„Die Qualifikation des Praxispersonals stellt für den Erfolg einer Praxis einen wichtigen Erfolgsfaktor dar. Dieser Bereich nimmt daher im Fortbildungsangebot der eazf einen breiten Raum ein. Für die Mitarbeiterinnen und Mitarbeiter in Zahnarztpraxen und Zahnkliniken bieten wir Anpassungs- und Aufstiegsfortbildungen nach den entsprechenden Fortbildungsordnungen der BLZK, strukturierte Weiterqualifizierungen der eazf, fachspezifische Kompendien sowie Fortbildungen zu zahnmedizinischen Fachbereichen und managementbezogenen Themen.
   Aufstiegsfortbildungen mit Prüfung vor der BLZK bzw. Weiterqualifizierungen mit Prüfung durch die eazf eröffnen den zahnmedizinischen Mitarbeiterinnen weitere fachliche und berufliche Perspektiven." (Europäische Akademie für zahnärztliche Fort- und Weiterbildung (eazf) der Bayerischen Landeszahnärztekammer 2015, S. 1)

Da wesentliche zahnmedizinische Entwicklungen oftmals erst mehrere Jahre nach ihrer Einsatzreife umfassend publiziert werden, können sich die Praxisangehörigen den aktuellen Wissenstand nicht ausschließlich aus der Fachliteratur aneignen. Aktuelles und zukunftsweisendes Wissen und Können wird vornehmlich durch Kongresse, Lehrgänge, Seminare und Vorträge vermittelt.

Im Mittelpunkt der Weiterbildung in der Zahnarztpraxis steht die Verbesserung der persönlichen und fachlichen Qualifikation der Praxisangehörigen:

- Die Erhaltungsweiterbildung zielt dabei auf den Ausgleich von Kenntnis- und Fertigkeitsverlusten ab, welche durch fehlende Berufsausübung oder von Teilen des Berufs entstanden sind.
- Die Erweiterungsweiterbildung dient dem Erwerb von zusätzlichen Berufsfähigkeiten, wie etwa die Erlangung der Röntgenerlaubnis.
- Die Anpassungsweiterbildung dient dem Angleich an veränderte Anforderungen am Arbeitsplatz in der Zahnarztpraxis. Wird in der Praxis beispielsweise ein neues Praxisverwaltungssystem eingeführt, so müssen alle Praxisangehörigen in Anwendung und Bedienung der installierten Software geschult werden.

Als Weiterbildungsinstrumente der Praxisangehörigen lassen sich festhalten:

- Entsendung zu Kursen und Seminaren der Zahnärztekammern (Tab. 4.13) oder anderweitiger Veranstalter.
- Abonnement von zahnmedizinischen Fachzeitungen und -zeitschriften.
- (Elektronische) Praxisbibliothek mit Fachliteratur und fachbezogenen Link-Verweisen im Internet.
- Besuch von Kongressen, Fachmessen und Ärztetagen.
- Teilnahme an zweckgerichteten Volkshochschulkursen.
- Praxisinterne Schulung durch den Zahnarzt, die Zahnärztin oder kundige Praxisangehörige.
- Besichtigung anderer Praxen, klinischer Einrichtungen oder sonstiger geeigneter Einrichtungen.

4.7 Administration des Praxispersonals

4.7.1 Personalakte und Schutz der Personaldaten

Die Abwicklung der personalverwaltenden, routinemäßigen Aufgaben innerhalb des Personalmanagements einer Zahnarztpraxis stellt eine unerlässliche Tätigkeit dar, weil gesetzliche Bestimmungen und organisatorische Sachzwänge die Wahrnehmung von Personalverwaltungsaufgaben erforderlich machen:

Tab. 4.13 Aufstiegschancen für Zahnmedizinische Fachangestellte (vgl. Landeszahnärztekammer Baden-Württemberg 2015, S. 1)

Thema	Vermittelte Handlungskompetenzen
Zahnmedizinische Prophylaxe-Assistentin (ZMP)	Die Zahnmedizinische Prophylaxe-Assistentin (ZMP) ist eine qualifizierte Mitarbeiterin des Zahnarztes, die nach seiner Anweisung sowie unter seiner Aufsicht und Verantwortung Hilfe bei der Behandlung von Zahn, Mund- und Kieferkrankheiten leistet. Sie verfügt über eine zusätzliche Qualifikation im Bereich Prophylaxe
Zahnmedizinische Fach-Assistentin (ZMF)	Die Zahnmedizinische Fach-Assistentin (ZMF) ist eine qualifizierte Mitarbeiterin des Zahnarztes, die nach seiner Anweisung sowie unter seiner Aufsicht und Verantwortung Hilfe bei der Behandlung von Zahn, Mund- und Kieferkrankheiten leistet. Außerdem verfügt die Zahnmedizinische Fach-Assistentin über eine zusätzliche Qualifikation in den Bereichen Praxisorganisation und Prophylaxe
Dentalhygienikerin	Die gegenwärtige Spitze der Fortbildungsmöglichkeiten im Bereich der Behandlungsassistenz bildet die Dentalhygienikerin. Ihr Aufgabenspektrum umfasst die Assistenz bei der gesamten zahnärztlichen Behandlung, schwerpunktmäßig bei der zahnärztlichen Prophylaxe und bei systemischen Parodontalbehandlungen. Sie ist eine wichtige Ansprechpartnerin bei der Ausbildung in der Praxis
Zahnmedizinische Verwaltungs-Assistentin (ZMV)	Die gegenwärtige Spitze der Fortbildungsmöglichkeiten im administrativen Bereich bildet die Zahnmedizinische Verwaltungs-Assistentin (ZMV). Ihre Tätigkeit besteht in der gesamten Verwaltungsarbeit und Praxisorganisation. Sie entlastet den Praxisinhaber sachkundig und verantwortlich von vielen Aufgaben. Durch die Kenntnisse hat die Zahnmedizinische Verwaltungs-Assistentin eine Schlüsselfunktion im Praxismanagement

- Kenntnis und Anwendung der Regelungen des allgemeinen Rechts und speziell des Arbeits- und Sozialrechts.
- Erledigung aller Formalitäten und Einzelaufgaben von der Personaleinstellung bis zur Verrentung bzw. Personalfreisetzung.
- Klärung persönlicher Sachverhalte zur Entscheidungsvorbereitung bspw. von Nebentätigkeiten etc.
- Einrichtung und Führung von Personalakten/Personaldaten mit Bewerbungsunterlagen, Arbeitsvertrag, Zeugnissen, Verwarnungen oder besonderen Vorkommnissen.
- Abwicklung des Entgeltwesens (Gehaltsabrechnung).
- Aufgaben im Rahmen der Personalbetreuung mit Bearbeitung von Arbeits-, Urlaubs- und Fehlzeiten, vermögenswirksamen Leistungen, Gestellung/Reinigung von Berufsbekleidung usw.
- Betriebsexterne Meldeaufgaben, wie Einkommensteuermeldungen beim Finanzamt, Entgeltnachweis an die Sozialversicherungen usw.
- Betriebsinterne Meldeaufgaben, wie Ablauf der Probezeit, Geburtstage, Jubiläen, Personalstatistik.

- Überwachungsaufgaben, wie Krankenstand, Überstundenanfall, Urlaubsinanspruchnahme, Arbeitszeiterfassung.

Diese Aufgaben verlangen besondere Sorgfalt, denn Fehler in diesem Bereich können schwerwiegende Auswirkungen haben. Insbesondere gilt besonderes Augenmerk der zu führenden **Personalakte** und dem Schutz der darin befindlichen personenbezogenen Daten. Weder die Form noch der exakte Inhalt von Personalakten sind gesetzlich geregelt, zumal sich aufgrund fortschreitender Digitalisierung immer seltener umfangreiche Papierunterlagen darin befinden. Welche Dokumente und Einträge darin aufgenommen werden, bestimmt die Praxisleitung daher weitgehend selbstständig (Tab. 4.14).

Die Zahnarztpraxis hat die Persönlichkeitsrechte der Praxisangehörigen zu wahren und für den Datenschutz ihrer personenbezogenen Daten zu sorgen. Sie ist verpflichtet, die

Tab. 4.14 Personalaktenführung in der Zahnarztpraxis

Merkmal	Inhalte
Person	Familienname, Vorname, Geburtstag, Geburtsort, Staatsangehörigkeit, Konfession, Geschlecht, Familienstand, Kinderzahl, Anschrift (Straße, Postleitzahl, Wohnort, Telefonnummer), persönliche Veränderungen (Heirat, Scheidung, Geburt von Kindern)
Schulausbildung	Schulart, Abschluss, Zeitpunkt
Beruf	Erlernter Beruf, Ausbildungsabschluss, Berufspraxis
Weiterbildung	Besuchte Kurse/Seminare, Dauer, Abschluss
Eintritt in den Gesundheitsbetrieb	Eintrittsdatum, Bewerbungsanschreiben, Schul- und Arbeitszeugnisse, Lebenslauf und Passbild
Vertragliche Vereinbarungen	Arbeitsvertrag, zusätzliche Vereinbarungen, Einverständniserklärungen, Aufenthaltserlaubnis und Arbeitserlaubnis (soweit erforderlich), Erklärung zu Nebenbeschäftigungen
Bezüge und Abgaben	Gehalt, Zulagen, Kreditinstitut, Bankleitzahl, Kontonummer Nachweis zur Anlage vermögenswirksamer Leistungen
Steuern	Steuerklasse, Steuerfreibetrag, Finanzamt, Kirchensteuerschlüssel, Gehaltsbescheinigungen
Sozialversicherung	Sozialversicherungsausweis/Ausweis zur Versicherungsnummer, Arbeitslosenversicherung, Rentenversicherungsträger, Versicherungsnummer, Pflegeversicherung, Anmeldung zur Krankenkasse, Krankenkassenschlüssel, Entgeltnachweis Sozialversicherungen, Beitragsnachweise für Krankenkassen
Abwesenheiten	Urlaub, Krankheit, Arbeitsunfähigkeitsbescheinigungen
Ausländische Mitarbeiter	Aufenthaltserlaubnis und Arbeitserlaubnis (soweit erforderlich)
Kopien amtlicher Urkunden	Schwerbehindertenausweis, Kopie der Fahrerlaubnis (Führerschein), evtl. Heiratsurkunde, Geburtsurkunden für Kinder, Gesundheitsausweis
Entwicklung	Beurteilungen und Bewertungen, Ermahnungen, Rügen (Missbilligungen) und Abmahnungen, Weiterbildungsnachweise

Personalakte sorgfältig zu verwahren und ihren Inhalt vertraulich zu behandeln. Die Mitarbeiterdaten sind mit geeigneten Mitteln gegen unbefugte Einsichtnahme zu sichern und nur den unmittelbar mit der Bearbeitung dieser Unterlagen beauftragten Personen ist der Zugang zu ermöglichen. Die Personalakte enthält Unterlagen über wahre Tatsachen; nachweisbar falsche oder ehrverletzende Fakten sind zu entfernen. Die Entfernung von Abmahnungen nach einer bestimmten Zeitspanne untadeligen Verhaltens, richtet sich nach der Situation im Einzelfall, so dass es für die Wohlverhaltensphase keine Regelfrist gibt. Die Praxisangehörigen haben das Recht zur uneingeschränkten Einsicht in ihre Akten.

> „Auch in Zahnarztpraxen werden persönliche Daten heute in der Regel elektronisch verarbeitet und gespeichert. Das erleichtert die Praxisabläufe, bringt aber zugleich neue Verpflichtungen für Zahnarzt und Praxisteam mit sich. Bei der Dokumentation des Behandlungsgeschehens müssen die Auflagen des Bundesdatenschutzgesetzes beachtet werden. Der Einsatz von elektronischer Datenverarbeitung in der Praxis unterliegt damit schon aus straf- und haftungsrechtlichen Gründen ganz anderen Anforderungen als der private Einsatz eines Computers." (Bundeszahnärztekammer/Kassenzahnärztliche Bundesvereinigung 2015, S. 3)

Das Bundesdatenschutzgesetz (BDSG) versteht ebenso wie bei den Patientendaten unter Datenschutz in Bezug auf die Personaladministration in der Zahnarztpraxis alle Maßnahmen zum Schutz vor dem Missbrauch personenbezogener Daten. Ziele dabei sind, die Sicherung der Privatsphäre der Praxisangehörigen, der Vertraulichkeit ihrer persönlichen Daten sowie das Verhüten des Missbrauchs dieser Daten. Werden personenbezogene Daten in der Zahnarztpraxis maschinell verarbeitet und in Dateien gespeichert, so sind nach dem BDSG verschiedene Kontrollmaßnahmen erforderlich:

- Zugangskontrolle: Unbefugte dürfen keinen Zugang zu Datenverarbeitungsanlagen der Zahnarztpraxis haben, auf denen personenbezogene Daten verarbeitet werden.
- Entfernungskontrolle: Eine unbefugte Entfernung von personenbezogenen Daten der Mitarbeiter muss ausgeschlossen sein.
- Veränderungskontrolle: Verhinderung der unbefugten Eingabe, Speicherung und Löschung personenbezogener Daten der Praxisangehörigen.
- Benutzerkontrolle: Verhinderung des unbefugten Zugriffs auf Personaldaten und installierte Verarbeitungssysteme.
- Eingabekontrolle: Es muss jederzeit nachvollziehbar sein, wer in der Zahnarztpraxis welche personenbezogenen Daten wann eingegeben oder verändert hat.

4.7.2   Personalverwaltung und -controlling

In allen Phasen des Berufslebens in der Zahnarztpraxis sind für die Praxisangehörigen personalbetreuende Aufgaben zu erledigen. Bei der Einstellung sind zunächst unterschiedliche Unterlagen auszutauschen. Die Zahnarztpraxis benötigt von der neu eingestellten Arbeitskraft

Steuer- und Sozialversicherungsdaten, Urlaubsbescheinigungen und bei ausländischen Arbeitskräften die Arbeitserlaubnis. Die neue Arbeitskraft erhält im Gegenzug Schlüssel, Zuweisung von Garderobenfächern oder Kleiderspind, Berufskleidung, Namensschilder und anderes mehr. Während der Zugehörigkeit zur Zahnarztpraxis ist beispielsweise Mithilfe bei der Wohnungssuche anzubieten. Zahlreiche Termine, wie Geburtstage, Zugehörigkeitsjubiläen, Probezeitabläufe sind zu beachten. Namensänderungen, Anschriftenänderungen oder Veränderungen bei Familienangehörigen müssen bei den Personaldaten berücksichtigt werden. Die Urlaubsinanspruchnahme, Überstundenhäufung und Fehlzeitenentwicklung sind für die einzelnen Praxisangehörigen zu überwachen. Bei Beendigung des Arbeitsverhältnisses sind Zeugnisse auszustellen und die Personalpapiere auszuhändigen. Die ausscheidende Arbeitskraft muss im Gegenzug alle der Zahnarztpraxis gehörenden und während des Arbeitsverhältnisses anvertrauten Gegenstände, wie Schlüssel, Berufskleidung usw. zurückgeben, es sei denn, sie werden dauerhaft überlassen.

Bei der **Gehaltsabrechnung** muss das Gehalt für die Praxisangehörigen sowie die Ausbildungsvergütung für die Auszubildenden der Zahnarztpraxis ermittelt werden. Hierzu ist zunächst das Bruttogehalt zu errechnen. Es setzt sich aus dem arbeitsvertraglich festgelegten Gehalt, das sich in der Regel an den jeweils gültigen Tarifverträgen orientiert, und ebenfalls vertraglich festgelegten oder frei gewährten Zulagen und Zuschlägen zusammen. Die Praxisangehörigen sind, mit Ausnahme der kurzfristig Beschäftigten, sozialversicherungspflichtig. Mini-Jobber sind pauschal sozialversicherungspflichtig und ausländische Arbeitnehmer unterliegen grundsätzlich der Sozialversicherungspflicht, sofern sie nach deutschem Recht in einem Beschäftigungsverhältnis stehen. Die Beiträge zu den Sozialversicherungen werden von Arbeitgeber und Arbeitnehmer nahezu zur Hälfte getragen. Nur die Beiträge zur gesetzlichen Unfallversicherung entrichtet ausschließlich die Zahnarztpraxis. Sie ist für die Abwicklung der Beitragszahlungen verantwortlich und muss die Versicherungsbeiträge bereits vor der Gehaltsauszahlung abziehen und dann ihren und den Arbeitnehmeranteil zusammen an die Versicherungsträger zahlen.

Zur Ermittlung des Nettogehalts sind vom errechneten Bruttogehalt somit folgende Abzüge vorzunehmen:

• Lohnsteuer,
• Kirchensteuer,
• Rentenversicherungsbeitrag,
• Krankenversicherungsbeitrag,
• Arbeitslosenversicherungsbeitrag und
• Pflegeversicherungsbeitrag.

Hierzu ist die jeweilige Steuerklasse, Familienstand, Steuerfreibeträge, Konfession und das zuständige Finanzamt wichtig. Zu den notwendigen Sozialversicherungsdaten zählen die Angabe des Rentenversicherungsträgers, Versicherungsnummer sowie die Krankenkasse. Anschließend müssen die Zahlungsbeträge ermittelt werden. Dazu sind noch

der Mitarbeiteranteil an vermögenswirksamen Leistungen, sowie eventuelle Vorschuss-
zahlungen oder auch Lohnpfändungen abzuziehen. Das Ergebnis ist der auszuzahlende
Betrag. Für jeden Mitarbeiter muss eine Gehaltsabrechnung erstellt werden. In ihr sind
alle Abrechnungsdaten des Brutto-, Nettogehalts sowie der Zahlungsbeträge auszuweisen.
Zur Zahlung ist es ferner notwendig, die entsprechenden Überweisungen auszustellen. Für
die Zahnarztpraxis und die Lohnsteuerprüfung ist ein Lohn- bzw. Gehaltsnachweis zu erstellen. In ihm sind das Bruttogehalt, Lohn- und Kirchensteuerdaten, Sozialversicherungsdaten, Abzüge und Zulagen, Nettogehalt sowie der Zahlungsbetrag festzuhalten.
Dieser Nachweis kann auch zum Jahresende erstellt werden. Für die Einbehaltung der
Lohn- und Kirchensteuer zur Abführung an das Finanzamt ist ebenfalls die Zahnarztpraxis
zuständig. Sie behält sie bei jeder Gehaltszahlung vom Arbeitslohn ein. Bemessungs-
grundlage für die einzubehaltende Lohnsteuer sind der Arbeitslohn und gegebenenfalls zu
berücksichtigende Freibeträge. Die Höhe der Steuer ist gemäß Einkommenssteuergesetz
(EStG 2009) den Lohnsteuertabellen zu entnehmen. Die Mitarbeiter sind grundsätzlich
Schuldner der Lohnsteuer. Die Zahnarztpraxis haftet aber für die richtige Einbehaltung
und Abführung (vgl. § 36 ff. EStG).

Das Personalcontrolling in der Zahnarztpraxis ist eine spezielle Form des allgemeinen
Controllings zur Analyse der gegebenen Informationen von und über die Praxisangehörigen,
zur Vorbereitung und Kontrolle von personalrelevanten Entscheidungen auf der Grundlage
dieser Informationen, sowie zur Steuerung und Koordination der Informationsflüsse im
personellen Bereich. Eine wesentliche Grundlage des Personalcontrollings bilden
Personalkennzahlen. Es handelt sich dabei um vordefinierte Zahlenrelationen, die regelmäßig ermittelt werden und aus denen sich Aussagen zu personalwirtschaftlichen Sachverhalten der Zahnarztpraxis komprimiert und prägnant ableiten lassen. Sie dienen dazu, aus
der Fülle personeller Informationen wesentliche Auswertungen herauszufiltern, die Praxissituation zutreffend widerzuspiegeln und einen schnellen und komprimierten Überblick
über die Personalstrukturen der Zahnarztpraxis zu vermitteln (Tab. 4.15).

Durch den Vergleich der regelmäßig ermittelten Personalkennzahlen mit Bezugsgrößen,
lassen sich Tendenzen erkennen, die gegebenenfalls ein Gegensteuern erforderlich machen. Einzelne Bezugswerte können dabei sein:

- Vergangenheitswerte aus vorhergehenden Perioden,
- Personalkennzahlen anderer Zahnarztpraxen,
- Durchschnittswerte nach Angaben von ärztlichen Berufsverbänden oder Standesorganisationen,
- eigene Sollvorgaben der Zahnarztpraxis.

Im Rahmen eines Zeitvergleichs lassen sich etwa zweckmäßigerweise Personalkennzahlen
eines Quartals mit denen eines anderen Quartals vergleichen. Je höher dabei die Zahl der
Vergleichsdaten ist, desto eher lässt sich ein Trend erkennen und bewahrt zugleich die
Zahnarztpraxis vor übertriebenem Aktionismus. Mit zunehmender Vergleichshäufigkeit und
je kürzer die Abstände der Vergleichszeiträume sind, desto genauer lässt sich der Zeitvergleich

Tab. 4.15 Personalkennzahlen in der Zahnarztpraxis

Kennzahl	Beschreibung	Berechnungsbeispiel
Mitarbeiteranzahl	Anzahl der Praxisangehörigen anhand bestimmter Kriterien: bspw. Gesamtzahl, VZK, Teilzeitbeschäftigte	Summe aller Praxisangehörigen, VZK, Teilzeitbeschäftigte etc.
Krankenquote	Anteil krankheitsbedingter Ausfälle an der Gesamtmitarbeiterzahl der Zahnarztpraxis	(Anzahl aller Kranken ÷ Summe aller Praxisangehörigen) × 100
Fehlzeitenquote	Fehlstunden im Verhältnis zur Sollarbeitszeit	(Fehlzeiten ÷ Sollarbeitszeit) × 100
Abwesenheitsstruktur	Gibt den relativen Anteil Abwesender an allen nach dem Abwesenheitsgrund an	(Abwesende nach Ursachen ÷ Summe aller Praxisangehörigen) × 100
Fluktuationsquote	Verhältniszahl, die sich aus der Anzahl der Kündigungen und der durchschnittlichen Mitarbeiteranzahl zusammensetzt und als Indikator für die Mitarbeiterzufriedenheit dienen kann	(Anzahl der Personalaustritte ÷ durchschnittl. Zahl der Praxisangehörigen) × 100
Beschäftigungsgrad	Verhältnis von Plan- zur Ist-Beschäftigung	(Ist-Beschäftigung ÷ Plan-Beschäftigung) × 100
Mitarbeiterumsatz	Verhältniszahl, welche die betriebliche Leistung je Mitarbeiter darstellt und als Indikator für die Mitarbeiterproduktivität der Zahnarztpraxis verwendet werden kann (Personalaufwand, Verwaltungsaufwand je Mitarbeiter).	(Umsatzerlöse ÷ durchschnittl. Zahl der Praxisangehörigen) × 100
Mehrarbeitsquote	Liefert einen Wert, welche die Überstunden der Praxisangehörigen darstellt, um die Mehrarbeit von zusätzlichen Patienten oder zusätzlichen Personalbedarf darstellen.	(Überstunden ÷ Summe Soll-Arbeitsstunden) × 100
Weiterbildungskosten	Hinweis, über die Intensität der Fort- und Weiterbildung der Praxisangehörigen und wie sehr sich die Zahnarztpraxis dafür einsetzt	(Weiterbildungskosten ÷ Summe aller Praxisangehörigen) × 100
Gehaltsentwicklung	Durchschnittliche Gehälter je Mitarbeiter zur Darstellung der Entwicklung von Gehältern und als wichtige Kennzahl für die Planung	(Gehaltssumme ÷ Summe aller Praxisangehörigen) × 100
Krankheitsleistungen	Zeigt an, wie viel für einen Mitarbeiter aufgebracht werden muss, wenn dieser krankheitsbedingt ausfällt (bspw. Krankheitsleistungen ins Verhältnis zu den erkrankten Praxisangehörigen oder zu den Krankheitstagen)	(Krankheitsaufwand ÷ Summe aller erkrankten Praxisangehörigen) × 100

als Kontrollinstrument einsetzen. Für einen Betriebsvergleich werden beispielsweise Personaldaten in regelmäßigen Abständen in den Berichten des Statistischen Bundesamtes zum Gesundheitswesen, von Verbänden und Standesorganisationen oder von Institutionen wie der KZBV veröffentlicht. Für das Benchmarking muss zunächst definiert werden, was damit erreicht und welche Bereiche der Zahnarztpraxis berücksichtigt werden sollen. Es ist wichtig, dass die herangezogenen Praxen oder relevante Organisationseinheiten aus anderen Zahnarztpraxen mit der eigenen Praxis vergleichbar sind. Ferner müssen die zu vergleichenden Personaldaten (= benchmarks) in ausreichendem Maße zur Verfügung stehen und sollten direkt bei dem Vergleichspartner erhoben werden. Anschließend lassen sich die Abweichungen der verglichenen Personaldaten feststellen. Dabei sind Messfehler auszuschließen und anhand der Ergebnisse die Vergleichbarkeit der Personaldaten abschließend zu überprüfen (Feststellung von Plausibilität und Validität der Personaldaten). Zum Schluss erfolgt die Einschätzung, ob sich die Leistungsfähigkeit in den Bereichen mit deutlichen Abweichungen verbessern lässt. Ein Soll-/Ist-Vergleich kann problematisch sein, wenn alte oder unterschiedlich zustande gekommene Soll- und Ist-Personalwerte miteinander verglichen werden, da die Aussagefähigkeit des Vergleichs verloren geht. Bei im Rahmen der Differenzanalyse auftretenden Abweichungen liegen die Ursachen nicht immer etwa in tatsächlichen Personalkostensteigerungen oder Veränderungen in der Personalstruktur. Mitunter liegen auch Berechnungsfehler, Ermittlungsfehler, Falschbuchungen oder die fehlerhafte Weitergabe von Personaldaten vor. Toleranzbereiche für die Sollwerte können als relative Bandbreiten definiert werden (beispielsweise +/−5 %) oder als maximaler bzw. minimaler absoluter Wert.

4.7.3   Fluktuation und Beendigung von Arbeitsverhältnissen

Die **Personalfluktuation** in einer Zahnarztpraxis ergibt sich durch die Eintritts- bzw. Austrittsrate von Praxisangehörigen, die den Personalbestand, über einen bestimmten Zeitraum gemessen, verändert. Die Möglichkeit, den Arbeitsplatz zu wechseln sowie Beruf, Arbeitsplatz und Ausbildungsstätte frei wählen zu können, ist grundgesetzlich geschützt. Die Arbeitsmobilität ist einzel- und gesamtwirtschaftlich gesehen ein durchaus förderungswürdiges Verhalten und ermöglicht der Zahnarztpraxis, sich an wandelnde Anforderungen und Veränderungen personell anzupassen. Die Arbeitnehmerinnen und Arbeitnehmer sind ihrerseits in der Lage einen Arbeitsplatz zu suchen, der ihren Vorstellungen und Fähigkeiten entspricht. Aus der Sicht einer personalaufnehmenden Praxis ist ein Personalwechsel durchaus positiv zu beurteilen, da es zu einer Mischung zwischen von außen kommenden Mitarbeitern und solchen aus den eigenen Reihen herangebildeten kommt, was vielfach zu neuen Ideen und Ansichten in eingefahrenen Betriebsabläufen führt. Die personalabgebende Praxis kann dem Personalverlust dann keine positiven Aspekte abgewinnen, wenn die abgewanderten Praxisangehörigen ersetzt werden müssen, was immer mit erheblichen Kosten und einem Abfluss von Erfahrung verbunden ist. Unter diesem Gesichtspunkt wünscht sich die Zahnarztpraxis immer eine möglichst geringe Personalfluktuation.

„Ein besonderes Problem in Zahnarztpraxen stellt eine hohe Mitarbeiterinnenfluktuation dar. Bedingt ist diese häufig durch lange Arbeitszeiten (oft entgegen vertraglicher Inhalte) ohne zeitlichen oder finanziellen Ausgleich, mangelnde Führungsstrategien, fehlende Boni-Systeme oder Fehler in Personalangelegenheiten. Auch Schwangerschaften führen in dieser Berufssparte zu häufigem Ausfall eingearbeiteter und engagierter Mitarbeiterinnen. Im Allgemeinen zieht eine hohe Fluktuation große Nachteile nach sich. Zum einen entstehen Kosten durch die Freistellung und verbliebene Urlaubsansprüche gekündigter Mitarbeiterinnen sowie gegebenenfalls Mehrkosten bei höheren Gehaltsforderungen neuer Mitarbeiterinnen. Zudem schadet ein ständiger Mitarbeiterinnenwechsel dem Praxisimage. Der Verlust von Mitarbeiterinnen wird von Patienten stets wahrgenommen. Viele Patienten bauen zu Mitarbeiterinnen in Zahnarztpraxen ein Vertrauensverhältnis auf, was die gewünschte Patientenbindung fördert. Ein ständiger Mitarbeiterinnenwechsel kann – im Gegenzug – Patienten dazu veranlassen, die Praxis zu wechseln." (Schmiemann 2011, S. 1)

Gezielte Maßnahmen zum Abbau einer übermäßigen Fluktuation in einer Zahnarztpraxis setzen voraus, dass die Ursachen und Motive bekannt sind. Fluktuationsursachen können beispielsweise sein:

• Ursachen außerhalb der Zahnarztpraxis:
  – Anziehungskraft eines anderen Praxisstandorts (Großstadt, Gemeinde, Region, Freizeitwert, Lebenshaltungskosten usw.),
  – Bessere Infrastruktur eines anderen Praxisstandorts (Verkehrsanbindung, Wohnverhältnisse, Schulangebot),
  – Anziehungskraft verwandter Berufe (Verkaufsberaterin bei Lieferanten von Praxisbedarf, Sachbearbeiterin für Abrechnung bei Krankenkassen/Abrechnungsgesellschaften, Trainerin für die Einführung von Praxisinformationssystemen etc.).
• Persönliche Ursachen:
  – Wechsel des Berufes,
  – Rückkehr in den ehemaligen Beruf,
  – dauerhafte Krankheit,
  – ungünstige Verkehrsanbindung,
  – Wohnungswechsel,
  – Veränderung der Familienverhältnisse (Heirat, Geburt, Trennung).
• Ursachen innerhalb der Zahnarztpraxis:
  – Unbefriedigende Arbeit (Über-/Unterforderung, schlechte Arbeitsbedingungen),
  – Arbeitszeit (häufige Überstunden, Schichtarbeit),
  – Urlaub (zu geringe Dauer, fehlende zeitl. Flexibilität),
  – Gehalt (zu gering, unpünktliche Zahlung, falsche Berechnung, keine Entwicklungsmöglichkeiten, fehlende Leistungsanreize),
  – unbefriedigende Zusammenarbeit (mit Praxisleitung, Kolleginnen und Kollegen),
  – berufliche Entwicklung (keine Aufstiegsmöglichkeiten, mangelnde Weiterbildungsmöglichkeiten),
  – Führung (unklare Kompetenzverteilung, ungerechte Aufgabenverteilung, mangelhafte Information).

Bei der Bekämpfung der Ursachen für eine hohe Fluktuationsquote in einer Zahnarztpraxis sind Maßnahmen aus nahezu der gesamten Palette des Personalmanagements erforderlich. So sollten nicht immer die Bewerber mit den besten Zeugnissen bzw. Qualifikationen eingestellt werden, sondern die für die jeweilige Tätigkeit am besten geeigneten, um Unter- bzw. Überqualifizierung und damit einhergehende Arbeitsunzufriedenheit möglichst zu vermeiden. Auf die Einführung neuer Praxisangehöriger sollte besondere Sorgfalt gelegt werden, da ansonsten bereits schon in der Probezeit Gründe für einen frühen Wiederaustritt geschaffen werden können. In die gleiche Richtung wirken das fachliche Anlernen und die Einarbeitung neuer Praxisangehöriger. Außerdem ist ständig das Lohn- und Gehaltsgefüge der Zahnarztpraxis zu überwachen, die Arbeitsanforderungen sowie Aufstiegs- und Weiterbildungsmöglichkeiten. Die Optimierung von Arbeitsbedingungen und -zeiten ist in diesem Zusammenhang ebenso wichtig, wie das Vertrauen in eigenverantwortliches und selbstständiges Handeln der Praxisangehörigen.

Die Beendigung des Arbeitsverhältnisses in einer Zahnarztpraxis kann unterschiedliche Ursachen haben, wie beispielsweise

- Kündigung,
- Zeitablauf,
- Auflösung in gegenseitigem Einvernehmen.

Die für die Zahnarztpraxis bedeutsamste Form der Beendigung eines Arbeitsverhältnisses, die zum Personalaustritt bzw. zur Personalfreistellung führt, ist die **Kündigung**. Sie stellt eine einseitige, empfangsbedürftige Willenserklärung dar, durch die das Arbeitsverhältnis in der Zahnarztpraxis von einem bestimmten Zeitpunkt an aufgehoben wird und sowohl von der Praxisleitung als Arbeitgeber als auch von Praxisangehörigen als Arbeitnehmer ausgesprochen werden kann. Sie muss dem jeweils anderen zugegangen sein, damit sie rechtswirksam ist. Grundsätzlich sind auch mündliche Kündigungen gültig. Durch besondere Vereinbarungen im Arbeitsvertrag, in einer Betriebsvereinbarung für die Zahnarztpraxis oder in dem jeweils gültigen Tarifvertrag kann jedoch die Schriftform vorgeschrieben sein.

Einzelnen Praxisangehörigen kann nicht aus einem geringfügigen Grund gekündigt werden. Das verbietet der Grundsatz der Verhältnismäßigkeit des Arbeitsrechts. Da eine Kündigung immer das letzte Mittel darstellen soll, mit der die Praxisleitung auf eine Verletzung arbeitsvertraglicher Pflichten reagiert, muss den betreffenden Praxisangehörigen vorher unmissverständlich klargemacht werden, welche Versäumnisse oder welches Fehlverhalten sie begangen haben und was zukünftig von ihnen erwartet wird. Dies geschieht üblicherweise mit einer **Abmahnung**, die eine Rüge durch die Praxisleitung darstellt, mit der in einer für die betreffenden Praxisangehörigen deutlich erkennbaren Weise deren Fehlverhalten beanstandet und gleichzeitig angedroht wird, im Wiederholungsfall die Fortsetzung des Arbeitsverhältnisses aufzuheben. Sie gilt als unverzichtbare Voraussetzung bei verhaltensbedingten Kündigungen, beispielsweise aufgrund von unentschuldigtem Fernbleiben oder der Beleidigung von Patienten oder Kollegen. Die Abmahnung ist einsetzbar, wenn zum Beispiel folgende Gründe vorliegen:

- Häufige Arbeitsfehler,
- Störung des Betriebsfriedens in der Zahnarztpraxis,
- Unfreundlichkeit gegenüber Patienten,
- häufige Unpünktlichkeit,
- Alkoholgenuss während der Arbeitszeit (trotz Verbot),
- extrem langsames Arbeiten,
- unzureichende Leistungen.

Auf eine Abmahnung als Vorbereitung einer Kündigung kann unter Umständen verzichtet werden, wenn folgendes vorliegt:

- Bereits mehrfach wiederholte Abmahnung,
- schwerer Vertrauensbruch durch Betrug, Diebstahl etc.,
- deutliche Verhaltensmissbilligung: Bestechungsgeldannahme, unerlaubte Nebentätigkeiten, Arbeiten für Konkurrenten etc.,
- schwerwiegende betriebliche Störungen durch ungenehmigten Urlaub, Beeinflussung von Kontrolleinrichtungen etc.

Die Abmahnung sollte schriftlich und präzise formuliert erfolgen und als Kopie zusammen mit einem Empfangsvermerk in die Personalakte Eingang finden. Eine mündliche Abmahnung ist ebenfalls zulässig, die allerdings aus Beweisgründen in Anwesenheit von Zeugen ausgesprochen werden sollte. In jedem Fall besteht sie zweckmäßigerweise aus folgenden Inhalten:

- Hinweis: Nennung des konkreten Fehlverhaltens unter Angabe von Ort, Datum und Uhrzeit.
- Beanstandung: Erläuterung der Vertragswidrigkeit des Verhaltens und die Aufforderung, dieses nicht zu wiederholen.
- Warnung: Ankündigung, dass im Wiederholungsfalle mit einer Kündigung zu rechnen ist.

Grundsätzlich darf jeder Weisungsbefugte der Zahnarztpraxis eine Abmahnung aussprechen, was unverzüglich nach dem Fehlverhalten erfolgen sollte. Vor einer Kündigung muss dem Abgemahnten ausreichend Zeit zur Bewährung gegeben werden. Auch sollte ihm im Rahmen einer Anhörung vor einer Abmahnung die Gelegenheit zur Stellungnahme gegeben werden.

Die Zahnarztpraxis hat bei Beendigung von Arbeitsverhältnissen die Pflicht, den betroffenen Mitarbeitern darauf hinzuweisen, dass sie sich aktiv an der Suche nach einem neuen Arbeitsplatz beteiligen und sich sofort arbeitssuchend melden müssen, ansonsten droht eine Sperre des Arbeitslosengeldes. Dazu sind sie freizustellen und ihnen ist die Möglichkeit zu geben, an Qualifizierungsmaßnahmen teilzunehmen. Um Schadensersatzforderungen zu vermeiden, ist es sinnvoll sich quittieren zu lassen, dass die Gekündigten auf ihre Pflichten hingewiesen wurden.

Für die Zahnarztpraxis sind insbesondere folgende **Kündigungsarten** bedeutsam:

- Ordentliche Kündigung,
- außerordentliche Kündigung,
- Änderungskündigung.

Mit einer ordentlichen Kündigung werden in der Regel auf unbestimmte Zeit abgeschlossene Arbeitsverträge unter Einhaltung von Kündigungsbedingungen gelöst. Wichtigste Kündigungsbedingungen sind hierbei die Einhaltung der Kündigungsfristen und der Bestimmungen des Kündigungsschutzes. Befristete Verträge können nicht ordentlich gekündigt werden, es sei denn dies wurde ausdrücklich vertraglich vereinbart.

Eine verhaltensbedingte, ordentliche Kündigung kann in der Regel nur nach einer vorhergehenden Abmahnung erfolgen, wobei dem Mitarbeiter zwischen zwei Abmahnungen oder einer Abmahnung und der Kündigung ausreichend Zeit und Gelegenheit eingeräumt werden muss, das Fehlverhalten zu korrigieren. Auch ist ein eventuell vorhandener Betriebsrat vor jeder Kündigung anzuhören. Wird die Kündigung ohne Anhörung ausgesprochen, ist sie rechtsunwirksam. Die Zahnarztpraxis hat den Betriebsrat über die Person des zu Kündigenden, über die Art der Kündigung sowie die Kündigungsgründe umfassend zu informieren. Der Betriebsrat kann einer ordentlichen Kündigung widersprechen, wenn die Zahnarztpraxis beispielsweise bei der Auswahl der zu kündigenden Mitarbeiter soziale Gesichtspunkte nicht berücksichtigt hat, sie an einem anderen Arbeitsplatz in der Praxis nicht weiterbeschäftigt werden können oder eine Weiterbeschäftigung nach zumutbaren Weiterbildungsmaßnahmen bzw. unter geänderten Vertragsbedingungen mit Einverständnis der betroffenen Praxisangehörigen nicht möglich ist. Die ordentliche Kündigung kann trotz Widerspruch ausgesprochen werden, allerdings besteht dann eine Weiterbeschäftigungsverpflichtung, bis der zu erwartende Rechtsstreit vor dem Arbeitsgericht zu einem rechtskräftigen Abschluss gekommen ist. Dies setzt allerdings einen frist- und ordnungsgemäßen Widerspruch sowie eine Klage der betroffenen Praxisangehörigen voraus. Das Arbeitsgericht kann die Zahnarztpraxis von der Weiterbeschäftigungspflicht entbinden, wenn die Klage der betroffenen Mitarbeiter keine Aussicht auf Erfolg bietet, die Weiterbeschäftigung zu einer unzumutbaren wirtschaftlichen Belastung für die Praxis führt oder der Widerspruch offensichtlich unbegründet ist.

Die außerordentliche Kündigung ist eine fristlose Kündigung. Sie beendet das Arbeitsverhältnis vorzeitig und ohne Beachtung der sonst geltenden Kündigungsfristen. Dafür muss ein wichtiger Grund vorliegen. Das ist jeder Anlass, der der Zahnarztpraxis die Fortsetzung des Arbeitsverhältnisses bis zum nächsten ordentlichen Kündigungstermin unzumutbar macht. Die Kündigung muss unverzüglich nach Kenntnis dieses Grundes in schriftlicher Form und unter dessen Angabe ausgesprochen werden, ansonsten ist eine außerordentliche Kündigung ausgeschlossen. Ein Betriebsrat ist auch vor einer außerordentlichen Kündigung zu hören. Äußert er sich nicht, so gilt seine Zustimmung als erteilt. Ein Widerspruch kann bei einer außerordentlichen Kündigung nicht eingelegt werden. Die Praxis kann auch bei einer außerordentlichen Kündigung eine gewisse Frist einräumen.

Darauf ist allerdings besonders hinzuweisen, um den Eindruck zu vermeiden, es handle sich um eine ordentliche Kündigung.

Wichtige Gründe für außerordentliche Kündigungen können beispielsweise sein:

- Preisgabe von Arzt- oder Patientendaten und -geheimnissen,
- Diebstahl in der Zahnarztpraxis,
- grobe Fahrlässigkeit beim Umgang mit Behandlungseinrichtungen und -instrumenten,
- unerlaubtes Verlassen des Arbeitsplatzes,
- Tätlichkeiten,
- grobe Beleidigungen,
- Verleitung anderer Praxisangehöriger zu schlechten Arbeitsleistungen oder Vergehen,
- Unehrlichkeit und Untreue im Arbeitsverhältnis,
- beharrliche Arbeitsverweigerung.

Von Arbeitsgerichten in der Regel nicht anerkannte Gründe für eine außerordentliche Kündigung sind:

- Schlechte Arbeitsleistung,
- Streitigkeiten in der Zahnarztpraxis,
- Absinken der Leistungsfähigkeit,
- mangelnde Kenntnisse und fehlende Fertigkeiten.

Sie können allerdings Gründe für eine ordentliche Kündigung darstellen.

Eine Änderungskündigung zielt nicht auf die Beendigung eines Arbeitsverhältnisses ab, sondern auf dessen Fortsetzung unter anderen arbeitsvertraglichen Bedingungen. Anders als bei der Kündigung kommt es bei einem Aufhebungsvertrag darauf an, ob die andere Vertragspartei mit der Beendigung des Arbeitsverhältnisses einverstanden ist. Werden die neuen Bedingungen von der Zahnarztpraxis oder von den Praxisangehörigen nicht akzeptiert, so muss der Weg der ordentlichen Kündigung beschritten werden. Gegen die Wirksamkeit von Änderungskündigungen kann beim Arbeitsgericht geklagt werden.

Eine Kündigung ist nur wirksam, wenn sie in einer Kündigungserklärung schriftlich und unterschrieben erfolgt, denn eine mündliche Kündigung hat keine Rechtsfolgen. Die Kündigungserklärung muss deutlich und zweifelsfrei sein, denn Unklarheiten gehen zu Lasten der Zahnarztpraxis. Ist der Zeitpunkt, zu dem das Arbeitsverhältnis enden soll, nicht eindeutig angegeben, ist von einer ordentlichen Kündigung zum nächstmöglichen Termin auszugehen. Die Kündigungsfrist läuft ab dem Zeitpunkt des Zugangs der Kündigung, entweder per Übergabe oder Postzustellung in den Einflussbereich des Kündigungsempfängers. Die Angabe des Kündigungsgrundes ist zwingend erforderlich,

- wenn sich dies aus dem Arbeitsvertrag, der Betriebsvereinbarung oder dem Tarifvertrag ergibt,
- wenn es sich um Auszubildende handelt,

- auf Antrag des Mitarbeiters bei einer betriebsbedingten Kündigung,
- bei einer fristlosen Kündigung.

Scheiden Praxisangehörige aus dem Arbeitsverhältnis aus, so haben sie Anspruch auf Erstellung einer Arbeitsbescheinigung oder eines qualifizierten Zeugnisses. Die Übergabe der Arbeitspapiere und eines eventuellen restlichen Gehaltes sollten durch eine Ausgleichsquittung bestätigt werden. In ihr lässt sich die Praxis versichern, dass gegenüber ihr keine weiteren Forderungen bestehen, keine Einwände gegen die Kündigung des Arbeitsvertrages vor Gericht erhoben werden und keinerlei Ansprüche aus dem Arbeitsverhältnis mehr bestehen. Allerdings besteht keinerlei Verpflichtung zur Unterschrift einer solchen Ausgleichquittung durch die, die Zahnarztpraxis verlassenden Mitarbeiter.

Zusammenfassung Kapitel 4

Die Praxisangehörigen machen einen wesentlichen Teil der Leistungsfähigkeit einer Zahnarztpraxis aus. Sie stellen das entscheidende Potenzial für die Bewältigung der hohen Anforderungen im Praxisalltag dar. Die Zielsetzung jeder Zahnarztpraxis, den Erfolg langfristig zu sichern und auszubauen, kann deshalb nur dann erreicht werden, wenn alle Praxisangehörigen besondere Anstrengungen unternehmen und in vertrauensvoller Zusammenarbeit gemeinsam die gestellten Aufgaben im Rahmen ihrer Kenntnisse und Fähigkeiten bestmöglich erfüllen. Das moderne Personalmanagement in einer Zahnarztpraxis bietet hierzu ein breites Instrumentarium, das in diesem Kapitel dargestellt wird: Personalentwicklung, Mitarbeitermotivation, Personalführung, Konfliktbewältigung, Arbeitsstrukturierung, Personaladministration bis hin zu Personalgewinnung und -einsatz. Anhand von zahlreichen Beispielen werden die verschiedenen Methoden und Verfahren erläutert.

Literatur

Arbeitsstättenverordnung (ArbStättV) vom 12. August 2004 (BGBl. I S. 2179), zuletzt durch Artikel 4 der Verordnung vom 19. Juli 2010 (BGBl. I S. 960) geändert.

Arbeitszeitgesetz (ArbZG) vom 6. Juni 1994 (BGBl. I S. 1170, 1171), zuletzt durch Artikel 3 Absatz 6 des Gesetzes vom 20. April 2013 (BGBl. I S. 868) geändert.

Barbuto, J., & Scholl, R. (1998). Motivation sources inventory: Development and validation of new scales to measure an integrative taxonomy of motivation. *Psychological Reports, 82*. Jahrg. 1998. Ammons Scientific-Verlag. Missoula (USA), S. 1011–1022.

Berthel, J., & Becker, F. (2013). *Personal-Management – Grundzüge für Konzeptionen betrieblicher Personalarbeit* (10. Aufl.). Stuttgart: Schäffer-Poeschel-Verlag.

Berufsbildungsgesetz (BBiG) vom 23. März 2005 (BGBl. I S. 931), zuletzt durch Artikel 22 des Gesetzes vom 25. Juli 2013 (BGBl. I S. 2749) geändert.

Betriebsverfassungsgesetz (BetrVG) in der Fassung der Bekanntmachung vom 25. September 2001 (BGBl. I S. 2518), zuletzt durch Artikel 3 Absatz 4 des Gesetzes vom 20. April 2013 (BGBl. I S. 868) geändert.

Brenneis, D., & Römer, M. (2014). Gutes Arbeitsklima hängt zu mehr als 50 Prozent von der Praxisleitung ab. In: Die Zahnarzt Woche dzw vom 07.04.2014. Online im Internet: http://www. dzw.de/artikel/gutes-arbeitsklima-haengt-zu-mehr-als-50-prozent-von-der-praxisleitung-ab. Zahnärztlicher Fach-Verlag. Herne. Zugegriffen am 04.10.2015.

Bürgerliches Gesetzbuch (BGB) in der Fassung der Bekanntmachung vom 2. Januar 2002 (BGBl. I S. 42, 2909; 2003 I S. 738), zuletzt durch Artikel 1 des Gesetzes vom 21. April 2015 (BGBl. I S. 610) geändert.

Bundesdatenschutzgesetz (BDSG) in der Fassung der Bekanntmachung vom 14. Januar 2003 (BGBl. I S. 66), zuletzt durch Artikel 1 des Gesetzes vom 25. Februar 2015 (BGBl. I S. 162) geändert.

Bundesgerichtshof (2006); urteil des 1. Zivilsenats „Telefonische Direktausprace am Arbeitsplatz zu Abbartungswerhen auch auf dienstlichen Mobiltelefonen" vom 09.02.2006. AZ 1 ZR 73/02. Karlstuhe.

Bundeszahnärztekammer/Kassenzahnärztliche Bundesvereinigung (Hrsg.) (2015). Datenschutz- und Datensicherheits-Leitfaden für die Zahnarztpraxis. 3. Aufl. Berlin.

Bundesurlaubsgesetz (BurlG) in der im Bundesgesetzblatt Teil III, Gliederungsnummer 800-4, ver- öffentlichten bereinigten Fassung, zuletzt durch Artikel 3 Abs. 3 des Gesetzes vom 20. April 2013 (BGBl. I S. 868) geändert.

Einkommensteuergesetz (EStG) in der Fassung der Bekanntmachung vom 8. Oktober 2009 (BGBl. I S. 3366, 3862), zuletzt durch Artikel 2 Absatz 7 des Gesetzes vom 1. April 2015 (BGBl. I S. 434) geändert.

Europäische Akademie für zahnärztliche Fort- und Weiterbildung – eazf (Hrsg.) (2015). Veran- staltungsprogramm Praxispersonal. Online im Internet: http://www.eazf.de/service/oav10/artikel. asp?lnr=37. München. Zugegriffen am 01.11.2015.

Frodl, A. (2011). *Personalmanagement im Gesundheitsbetrieb*. Wiesbaden: Gabler-Verlag.

Häseli, S. (2015). Als Zahnarzt Konflikte rechtzeitig erkennen. In: ZWP-online vom 17.03.2015. Online im Internet: http://www.zwp-online.info/de/zwpnews/wirtschaft-und-recht/praxismanagement/ als-zahnarzt-konflikte-rechtzeitig-erkennen. Oemus-Media. Leipzig. Zugegriffen am 17.10.2015.

Hersey, P., & Blanchard, K. (1982). *Management of organizational behavior* (4. Aufl.). New York: Prentice-Hall-Verlag.

Jugendarbeitsschutzgesetz (JArbSchG) vom 12. April 1976 (BGBl. I S. 965), zuletzt durch Artikel 2 Absatz 7 des Gesetzes vom 21. Januar 2015 (BGBl. I S. 10) geändert.

Kündigungsschutzgesetz (KSchG) in der Fassung der Bekanntmachung vom 25. August 1969 (BGBl. I S. 1317), zuletzt durch Artikel 3 Absatz 2 des Gesetzes vom 20. April 2013 (BGBl. I S. 868) geändert.

Landeszahnärztekammer Baden-Württemberg (Hrsg.) (2015). Aufstiegschancen – Allgemeines. Online im Internet: http://www.lzkbw.de/Praxisteam/Aufstiegschancen/Allgemeines/index.php. Stuttgart. Zugegriffen am 01.11.2015.

Meurer, M. (2011). Ergonomisch Arbeiten in der Zahnarztpraxis. In: ZWP-online vom 10.09.2011. Online im Internet: http://www.zwp-online.info/de/zwpnews/wirtschaft-und-recht/praxiseinrich- tung/ergonomisch-arbeiten-der-zahnarztpraxis. Oemus-Media. Leipzig. Zugegriffen am 24.10.2015.

Mutterschutzgesetz (MuSchG) in der Fassung der Bekanntmachung vom 20. Juni 2002 (BGBl. I S. 2318), zuletzt durch Artikel 6 des Gesetzes vom 23. Oktober 2012 (BGBl. I S. 2246) geändert.

Rahn, H.-J. (2008). Personalführung kompakt – Ein systemorientierter Ansatz. Oldenbourg-Verlag. München u. a.

Schanz, G. (2015). *Personalwirtschaftslehre* (3. Aufl.). München: Vahlen-Verlag.

Schmiemann, S. (2011). Führungsstrategien – Die Mitarbeiterinnen sehen. In: zm – Zahnärztliche
    Mitteilungen. Heft 10. Online im Internet: http://www.zm-online.de/hefte/Die-Mitarbeiterinnen-
    sehen_33717.html#1. Berlin. Zugegriffen am 01.112015.
Scholz, C. (2013). *Personalmanagement* (6. Aufl.). München: Vahlen Verlag.
Sozialgesetzbuch (SGB) IX – Rehabilitation und Teilhabe behinderter Menschen – (Artikel 1 des
    Gesetzes vom 19. Juni 2001, BGBl. I S. 1046, 1047), zuletzt durch Artikel 1a des Gesetzes vom
    7. Januar 2015 (BGBl. 2015 II S. 15) geändert.
Stopp, U., & Kirschten, U. (2012). *Betriebliche Personalwirtschaft – Aktuelle Herausforderungen,
    praxisorientierte Grundlagen und Beispiele* (28. Aufl.). Renningen: Expert-Verlag.
Tarifvertragsgesetz (TVG) in der Fassung der Bekanntmachung vom 25. August 1969 (BGBl. I S.
    1323), zuletzt durch Artikel 5 des Gesetzes vom 11. August 2014 (BGBl. I S. 1348) geändert.
Teilzeit- und Befristungsgesetz (TzBfG) vom 21. Dezember 2000 (BGBl. I S. 1966), zuletzt durch
    Artikel 23 des Gesetzes vom 20. Dezember 2011 (BGBl. I S. 2854) geändert.
Verband Medizinischer Fachberufe eV (Hrsg.) (2015). Tarife. Online im Internet: http://www.
    vmf-online.dc/zfa/zfa-tarife. Bochum. Zugegriffen am 04.10.2015.
Verband medizinischer Fachberufe e.V. (2012). Vergütungstarifvertrag für Zahnmedizinische
    Fachangestellte/Zahnarzthelferinnen in Hamburg, Hessen, Landesteil Westfalen-Lippe. Dortmund,
    Münster.
Verordnung über die Berufsausbildung zum Zahnmedizinischen Fachangestellten/zur Zahnme-
    dizinischen Fachangestellten vom 4. Juli 2001 (BGBl. I S. 1492).

Praxisorganisation

5

5.1 Grundlagen der Praxisorganisation

5.1.1 Organisation des Praxisaufbaus

Der Rahmen für die Organisation einer Zahnarztpraxis ist in Form von Gesetzen, Verordnungen und Bestimmungen vorgegeben. Neben diesen externen Ordnungsfaktoren benötigt die Zahnarztpraxis wie jedes System, in dem Menschen arbeiten, um Leistungen zu erstellen, eine interne Ordnung der einzelnen Arbeitsabläufe und Regeln, die die tägliche Arbeit bestimmen. Diese Regelungen und Ordnung der Arbeitsabläufe in einer Zahnarztpraxis können durch das Praxisteam selbst festgelegt werden. Davon hängt die erfolgreiche und störungsfreie Arbeit in einer Praxis wesentlich ab (vgl. Frodl 2011, S. 15 ff.).

Organisationsprinzipien beschreiben in diesem Zusammenhang, wie die Organisation der Zahnarztpraxis beschaffen und nach welchen Grundsätzen sie ausgerichtet sein soll:

- Klarheit: Die organisatorischen Regelungen müssen für die Praxisangehörigen eindeutig erkennbar und nachvollziehbar sein, da Unklarheiten zu Verzögerungen, Rückfragen und Fehlern führen.
- Zweckmäßigkeit: Die organisatorische Regelungen müssen den Zwecken der Zahnarztpraxis dienen und an ihre individuellen Bedürfnisse angepasst sein, um einerseits eine Überregulierung und andererseits eine fehlende Ordnung zu vermeiden.
- Stabilität und Flexibilität: Die organisatorischen Regelungen müssen einerseits eine beständige, dauerhafte Strukturierung garantieren und andererseits aber auch notwendige Veränderungen und Anpassungen der Prozesse in der Zahnarztpraxis ermöglichen.
- Wirtschaftlichkeit: Die organisatorischen Regelungen müssen zum wirtschaftlichen Erfolg der Praxis beitragen, indem sie dazu führen, dass ein gegebener Ertrag mit möglichst geringem Aufwand oder ein möglichst maximaler Ertrag mit einem gegebenen Aufwand erreicht wird.

© Springer Fachmedien Wiesbaden GmbH 2016
A. Frodl, *Praxisführung für Zahnärzte*,
DOI 10.1007/978-3-658-11060-4_5

Im Rahmen der Organisationsgestaltung ist zunächst die Frage zu klären, wie die Praxisorganisation beschaffen sein muss, um die oben beschriebenen Ziele und Aufgaben zu erreichen bzw. zu bewältigen. Dabei gilt es einerseits zu klären, wie die Praxis aufgebaut ist, d. h., wie viele Praxisangehörige beispielsweise vorhanden sind und welche Aufgaben sie wahrnehmen. Diesen Teilbereich der Praxisorganisation nennt man deshalb **Aufbauorganisation**. Sie befasst sich mit der Strukturierung des Systems Zahnarztpraxis, wobei sie einerseits als Gestaltungsaufgabe und andererseits als fertige oder gegebene Praxisstruktur aufgefasst werden kann.

Um die Aufbauorganisation einer Praxis zu gestalten, ist zunächst eineStellenbildung vorzunehmen. Hierzu wird in der Aufgabenanalyse eine schrittweise Zerlegung oder Aufspaltung der Gesamtaufgabe in ihre einzelnen Bestandteile anhand von alternativen Gliederungsmerkmalen wie Verrichtung, Objekt, Rang, Phase, Zweckbeziehung durchgeführt. Eine Analyse nach Verrichtungen gliedert die Praxisaufgaben nach Tätigkeitsarten, wie beispielsweise die Beschaffung von zahnmedizinischem Verbrauchsmaterial, als Aufgabe in: Angebotsvergleich, Auftragserteilung, Rechnungskontrolle, Bezahlung. Bei der Objektanalyse wird davon ausgegangen, dass jede Verrichtung an einem Objekt vorgenommen werden muss. In unserem Beispiel könnendas Kataloge von Dental-Depots, Auftragsmail, Rechnung, Überweisungsträger sein. Bei der Analyse des Ranges wird dem Umstand Rechnung getragen, dass bei jeder Ausführungsaufgabe eine Entscheidungsaufgabe vorhergehen muss: Entscheidung über die Materialbeschaffung – Beschaffung des Materials. Die Entscheidungsaufgabe ist der Ausführungsaufgabe vor- und übergeordnet, wobei dies jedoch nicht unter zeitlichen, sondern unter qualitativen Aspekten zu sehen ist. Bei der Phasenanalyse wird davon ausgegangen, dass eine Aufgabenerledigung üblicherweise in den Phasen Planung, Durchführung und Kontrolle erfolgt: Planung der Materialbeschaffung, Beschaffen des Materials, Kontrolle der Materialbeschaffung. Schließlich kann bei der Zweckbeziehungsanalyse die Gesamtaufgabe in Zweckaufgaben zerlegt werden, die primär und unmittelbar den Praxiszielen dienen und Verwaltungsaufgaben, die nur sekundär und indirekt den Praxiszielen nützen: Behandlungsleistung als Zweckaufgabe und Gehaltsabrechnung des Praxispersonals als Verwaltungsaufgabe.

In der anschließenden Aufgabensynthese werden die in der Aufgabenanalyse ermittelten Elementaraufgaben zu **Stellen** zusammengefügt. Diese sind folgendermaßen gekennzeichnet:

- Kleinste organisatorische Einheit zur Erfüllung von Aufgaben,
- verfügt über Kennzeichen, wie Aufgabe, Aufgabenträger, Dauer, Abgrenzung,
- beinhaltet den Aufgabenbereich einer Person,
- bezieht sich auf die Normalkapazität einer Fachkraft mit der erforderlichen Eignung und Übung,
- bezieht sich auf eine gedachte, abstrakte Person, nicht auf bestimmte Praxisangehörige.

Beispiel zum Vorgang der Zerlegung der Praxisaufgaben in Teilaufgaben und der Zusammenfassung zu Aufgabenpaketen

In jeder Zahnarztpraxis gibt es die Aufgabe der Materialwirtschaft. Diese Gesamtaufgabe lässt sich beispielsweise in die Teilaufgaben Materiallagerung, Materialbeschaffung, Materialpflege etc. unterteilen. Es ist sinnvoll einzelne Teilaufgaben, wie beispielsweise die Materialpflege, weiter zu zerlegen, um dieses umfangreiche Aufgabengebiet auf mehrere Praxisangehörige zu verteilen. Eine einzelne Person wäre mit der Pflege und Wartung aller in einer größeren Praxis verwendeten Geräte und Instrumente sicherlich überfordert. So lassen sich nach der Aufgabenzerlegung Aufgabenpakete für einzelne Arbeitsplätze schnüren, wie etwa die Zuständigkeit einer ZFA für die Materiallagerung und -beschaffung, einer Auszubildenden für die Reinigung und Pflege des Behandlungszimmers sowie der darin befindlichen Geräte und Instrumente und einer weiteren Auszubildenden für Reinigung und Pflege des Röntgenraumes. Sicherlich lässt sich auch die Materiallagerung in weitere Teilaufgaben unterteilen, wie etwa das Führen einer Materialkartei, Überwachung der Lagerzeiten und Ablaufdaten etc. Diese Teilaufgaben werden aber sinnvollerweise zum Aufgabenpaket für nur einen Arbeitsplatz zusammengefasst, damit kein Durcheinander entsteht, wenn mehrere Praxisangehörige beispielsweise gleichzeitig Materialbestellungen durchführen würden.

Man kann bei der Aufgabensynthese eine Zentralisation anstreben, indem gleichartige Aufgaben in einer Stelle zusammengefasst werden oder eine Dezentralisation, die die Verteilung gleichartiger Aufgaben auf mehrere Stellen vorsieht. So könnte die Aufgabe „Kassen- und Privatliquidation" zentral der Stelle „Praxisverwaltung" zugeordnet werden oder etwa die Aufgabe „Materialwirtschaft" dezentral auf mehrere Stellen verteilt werden. Bei der Stellenstruktur ist wichtig den Aufgabenumfang so zu bemessen, dass er durch eine Person auf dieser Stelle auch kapazitativ bewältigt werden kann. Das gleiche gilt für die Aufgabenkomplexität.

Das Ergebnis der Stellenbildung ist eine bestimmte Anzahl von Stellen in der Praxis, die nun strukturiert werden müssen, um die Aufbauorganisation zu gestalten.

Die Aufbaugestaltung umfasst diese Strukturierungsaufgabe und muss den einzelnen Stellen zunächst immaterielle und materielle **Stellenelemente** zuordnen. Zu den immateriellen Stellenelementen zählen: Aufgaben, Verantwortung und Befugnisse (Entscheidung, Anordnung, Verpflichtung, Verfügung, Information). Bei den Aufgaben handelt es sich um die Verpflichtung zur Vornahme bestimmter, der Stelle zugewiesener Verrichtungen wie beispielsweise die Privat- und Kassenliquidation. Die Entscheidungsbefugnis beinhaltet das Recht, bestimmte Entscheidungen treffen zu können, ohne etwa den Zahnarzt oder die Zahnärztin rückfragen zu müssen. Die Anordnungsbefugnis begründet das Vorgesetzten-Untergebenen-Verhältnis und somit beispielsweise das Recht einer berufserfahrenen ZFA, den Auszubildenden Weisungen erteilen zu dürfen. Die Verpflichtungsbefugnis umfasst das Recht, die Zahnarztpraxis rechtskräftig nach außen vertreten zu können (auch: Unterschriftsvollmacht). Die Verfügungsbefugnis begründet das Recht auf Verfügung über Sachen und Werte der Praxis. Die Informationsbefugnis beinhaltet den Anspruch auf den Bezug bestimmter Informationen.

Die materiellen Stellenelemente umfassen die zugeordneten Praxisangehörigen und die Sachmittel. Aufgabenträger einer Stelle ist in der Praxis in der Regel eine Person allein, es sein denn, mehrere Praxisangehörige sind beispielsweise einer Stelle zugeordnet (beispielsweise zwei Teilzeitkräfte der Stelle „Praxisverwaltung"). Zur Erfüllung von Aufgaben der Stelle benötigen die Praxisangehörigen bestimmte Eigenschaften, die in der Stellenbeschreibung dokumentiert sind. Darin sind insbesondere die Kenntnisse, Fähigkeiten und Fertigkeiten, Erfahrungen und erforderlichen Kapazitäten (Vollzeit, Halbtagsstelle etc.) festzuhalten. Zu den zuzuordnenden Sachmitteln zählen Basissachmittel, die üblicherweise zur Aufgabenerledigung benötigt werden (beispielsweise Raum, Mobiliar etc.), entlastende Sachmittel, die die Praxisangehörigen bei der Aufgabenerledigung entlasten, ohne sie jedoch davon zu befreien (beispielsweise Terminplaner für die Vergabe von Patiententerminen) sowie automatische Sachmittel, die die Helferinnen von der Aufgabenerledigung befreien, ohne jedoch deswegen Kontrollfunktionen und Verantwortung abzugeben (beispielsweise Praxisverwaltungssystem).

Die unterschiedlichen **Stellenarten** in der Zahnarztpraxis richten sich nach Befugnisumfang (beispielsweise Entscheidungsbefugnis, Anordnungsbefugnis), Aufgabenart (beispielsweise Ausführungsaufgaben, Leitungsaufgaben) und Aufgabenumfang (beispielsweise Praxisverwaltung als Hauptaufgabe, Sicherheitsbeauftragte als Nebenaufgabe). In der Praxis kommen demnach hauptsächlich Stellen mit Leitungsaufgaben vor, die auch als Instanzen bezeichnet werden (beispielsweise Leitende ZFA) oder Ausführungsstellen, die keine Leitungsbefugnis besitzen.

Die **Organisationsstruktur** kommt schließlich durch die Zusammenfassung von mehreren Stellen zu hierarchischen Einheiten zustande. Aufgrund der geringen Größe von Zahnarztpraxen ist die Bildung derartiger Organisationseinheiten eher selten. Ein Beispiel wäre die Bildung einer Gruppe (oder gar Abteilung) Verwaltung und einer Gruppe Behandlungsassistenz mit jeweils einer Leitung. Bei dieser Hierarchiegestaltung ist ein wesentliches Kriterium die Leitungsspanne (auch: Führungs- oder Kontrollspanne). Sie beschreibt die Anzahl der optimal betreubaren direkten Untergebenen, da jede Führungskraft nur eine begrenzte Zahl von direkten Untergebenen optimal betreuen kann. Ihre Größe ist von verschiedenen Merkmalen abhängig, wie Komplexität der Aufgaben, Qualifikation der Mitarbeiter, Umfang und Art des Sachmitteleinsatzes, aber auch etwa der Art des angewendeten Führungsstils.

Das Ergebnis der Strukturierung können verschiedene Formen der Aufbauorganisation sein (Abb. 5.1).

Die Linienorganisation ist die klassische Organisationsform der Zahnarztpraxis. Sie zeichnet sich durch klare Zuständigkeitsabgrenzung und einen einheitlichen Instanzenweg aus und ist daher sehr übersichtlich. Ihre Nachteile können in einer gewissen Schwerfälligkeit und einer Überlastung der Führungskräfte liegen.

Die Stablinienorganisation ist in der Praxis eher selten anzutreffen. Sie wird in erster Linie eingesetzt, um den Nachteil der Überlastung der Führungskräfte zu mindern. Vorteile hierbei sind ebenfalls der einheitliche Instanzenweg, die Entlastung der Linieninstanzen durch die Stabsstelle und die klare Zuständigkeitsabgrenzung. Es kann eine Konfliktgefahr geben durch die Trennung von Entscheidungsvorbereitung und eigentlicher Entscheidung sowie durch Spezialisierungseffekte der Stabstelle.

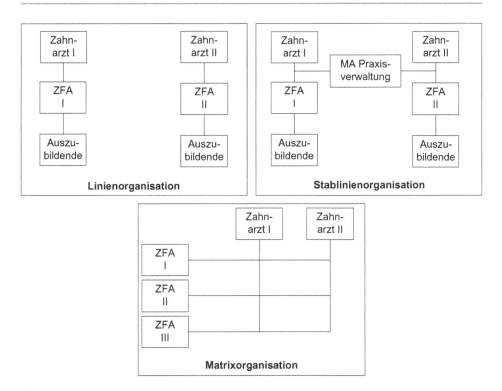

Abb. 5.1 Formen der Aufbauorganisation in der Zahnarztpraxis

Bei der Matrixorganisation kann es zu Konflikten aufgrund der Mehrfachunterstellung kommen.

Die Dokumentation der Aufbauorganisation lässt sich mit verschiedenen Inhalten und in verschiedenen Darstellungsarten erstellen. Das Organigramm ist eine grafische Darstellungsform, die das Verteilungssystem der Aufgaben und die Zuordnung von Teilaufgaben auf die einzelnen Stellen einer Zahnarztpraxis veranschaulicht. Aus ihm ist ferner die Stellengliederung, die mögliche Zusammenfassung von Stellen, die hierarchische Ordnung sowie das System der Informationswege zu erkennen. Seine Symbolik ist nicht genormt. Vorzufinden sind in der Regel vertikale oder horizontale Darstellungsarten sowie Mischformen (Abb. 5.2).

Eine weitere Möglichkeit der Dokumentation der Aufbauorganisation ist die **Stellenbeschreibung**. Sie stellt eine formularisierte Fixierung aller wesentlichen Merkmale einer Stelle dar. Die Stellenbeschreibung dient somit der aufbauorganisatorischen Dokumentation, der Vorgabe von Leistungserfordernissen und Zielen an die Stelleninhaber sowie der Objektivierung der Lohn- und Gehaltsstruktur. Die Stellenbeschreibung sollte folgendes enthalten:

- Arbeitsplatz-/Stellenbezeichnung,
- Rang,

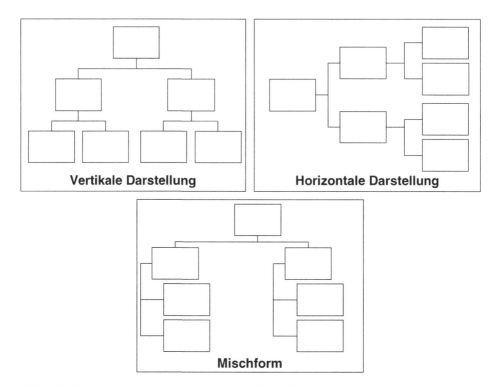

Abb. 5.2 Darstellungsarten von Organigrammen für die Zahnarztpraxis

- Unterstellungsverhältnis,
- Überstellungsverhältnis,
- Ziel des Arbeitsplatzes/der Stelle,
- Stellvertretungsregelung,
- hauptsächlicher Aufgabenbereich,
- sonstige Aufgaben,
- besondere Befugnisse,
- Arbeitsplatz-/Stellenanforderungen.

Der **Stellenbesetzungsplan** ist ein Ausweis der personalen Besetzung der eingerichteten Stellen. Aus ihm gehen die Stellenbezeichnungen sowie die Namen der Stelleninhaber/-innen hervor (Tab. 5.1).

Das **Funktionendiagramm** verknüpft die Aufgaben und Befugnisse der Praxis mit ihren Stellen. Es handelt sich somit um einen matrizenmäßigen Ausweis von Aufgaben und Befugnissen von Stellen. Üblicherweise werden dabei in den Spalten die Stellen und in den Zeilen die Aufgaben ausgewiesen. Im Schnittpunkt zwischen Spalten und Zeilen wird mit Hilfe eines Symbols die Art der Aufgaben und/oder Befugnisse dargestellt (Tab. 5.2).

Tab. 5.1 Stellenbesetzungsplan in einer Zahnarztpraxis

Stellenbezeichnung	Stelleninhaber/-in
Behandlung I	Schäfer, D.
Verwaltung I	Conrad, B.
Eigenlabor	Funke, A.
Verwaltung II	Blank, O.
Behandlung II	Hausmann, W.
Patientenempfang	Weinert, P.
Behandlung III	Stolz, H.

Tab. 5.2 Funktionendiagramm für eine Zahnarztpraxis

Stelle Aufgabe	Behand- lung I	Verwal- tung I	Eigen- labor	Verwal tung II	Behand lung II	Patienten empfang	Behand lung III
Behandlungs- arbeiten	E/A/K				A		A
Kassen- und Privatliquidat.		E/K		A			
Röntgen	E/K						A
Mahnungen, Rechnungswesen		A					
Personalad- ministration		A					
Terminvergabe	E/K					A	
Zahntechn. Arbeiten			A				
Materialwirtschaft	E/K			A			

A = Ausführung; E = Entscheidung; K = Kontrolle

5.1.2 Organisation der Praxisabläufe

Die **Ablauforganisation** strukturiert den Arbeitsprozess in der Zahnarztpraxis. Sie beantwortet somit die Frage:„Wer macht was, wie, wann und wo?" Um Abläufe in der Praxis zu strukturieren, sind zunächst die einzelnen Vorgänge zu ermitteln:

- Vorgangsermittlung: Hierzu ist festzustellen, aus welchen Vorgängen sich der Arbeitsablauf zusammensetzt und welche Arbeitsschritte jeder Vorgang einschließt. Am Beispiel „Beschaffung von medizinischem Verbrauchsmaterial" könnten das die groben Arbeitsschritte Auftragserteilung, Angebotsvergleich, Bezahlung, Rechnungskontrolle sein.
- Reihenfolgefestlegung: Die Arbeitsschritte und Vorgänge werden üblicherweise in einer bestimmten Reihenfolge durchgeführt. Diese Reihenfolge ist festzustellen: Erst Angebotsvergleich, dann Auftragserteilung, danach Rechnungskontrolle und zum Schluss die Bezahlung.

- Arbeitsplatzzuordnung: Die Vorgänge werden an einem oder mehreren Arbeitsplätzen ausgeführt. Für jeden Vorgang sind daher die zugehörigen Arbeitsplätze und deren aufbauorganisatorische Einordnung zu ermitteln. In unserem Beispiel könnte das der Arbeitsplatz der Verwaltungshelferin sein.
- Input-Definition: Da jeder Vorgang in der Regel durch eine bestimmte Informationseingabe, durch das Eintreffen einer Bedingung oder durch Formulare, Belege ausgelöst wird, sind diese notwendigen Eingaben/Input festzuhalten. So würde beispielsweise der Vorgang „Beschaffung von zahnmedizinischem Verbrauchsmaterial" durch die Information, dass der Lagerplatz des jeweiligen Verbrauchmaterials aufgefüllt werden muss, ausgelöst.
- Arbeitsregelung: Jeder Vorgang beinhaltet einen bestimmten Arbeitsauftrag. Diese Verarbeitung muss nach bestimmten, zu beschreibenden Arbeitsregeln oder für die Durchführung der Vorgänge erfolgen. In unserem Beispiel müsste definiert werden, welche Kataloge zu durchforsten sind, in welcher Weise der Auftrag erteilt wird und wie die Materialeingangskontrolle durchgeführt wird.
- Output-Definition: Schließlich sind die Informationen/Ergebnissen/Belege als Ausgabe/Output zu definieren, die aus dem Vorgang hervorgehen sollen: Überweisungsbeleg, Rechnung zur Buchhaltung und Information an den Chef und die Kolleginnen, dass das benötigte Material eingetroffen ist.

Um den Ablauf auch quantitativ richtig zu gestalten, kann es auch wichtig sein, die **Arbeitsmengen**, die bei dem Ablauf bearbeitet werden, festzuhalten. Dabei ist zunächst die Festlegung repräsentativer Bezugsgrößen von Bedeutung, um die einzelnen Vorgänge quantifizieren zu können (z. B. Abrechnungen pro Quartal, Behandlungsfälle pro Tag etc.). Zum einen sind dabei die aktuellen Mengen als die zum Zeitpunkt der Analyse/Gestaltung der Ablauforganisation gegeben Arbeitsmengen zu ermitteln und andererseits die zukünftigen Mengen, da Ablaufsysteme für einen längeren Zeitraum geplant werden und daher während ihrer Einsatzdauer Veränderungen der aktuellen Menge erfolgen können. Hierzu bieten sich die Berücksichtigung von Mittelwerten, gleitenden Mittelwerten, der exponentielle Glättung oder auch der Regressionsanalyse an.

Die Ermittlung der Zeiten bei einem Arbeitsablauf schließt mehrere Aufgaben ein. Zum einen ist die Arbeitszeit je Vorgang (auch: Auftragszeit) zu definieren. Sie umfasst nach REFA die Zeitspanne vom Beginn bis zum Ende eines Vorganges ohne Liege- und Transportzeiten. Am Beispiel von zahntechnischen Arbeiten wäre das die reine Arbeitszeit ohne etwa die Zeitanteile für den Transport der Arbeit ins Dental-Labor oder die „Liegezeit", bis die Arbeit durchgeführt wird. Die Summe der Arbeitszeiten aller Vorgänge ergibt die Gesamtarbeitszeit.

Weiterhin ist die **Durchlaufzeit** zu bestimmen. Sie stellt nach REFA die Differenz zwischen End- und Starttermin eines Vorganges dar und ist somit die Summe aus Arbeitszeit, Liege- und Transportzeit je Vorgang.

Auch der Zeitpunkt, zu dem Arbeiten vorgenommen werden, ist von Bedeutung. Zum einen gibt es die kontinuierliche/ständige Arbeitsdurchführung, die eine andauernde Arbeitsdurchführung während der ganzen Arbeitszeit bedeutet. Das wäre etwa bei langwierigen, kieferchirurgischen Eingriffen die Folge, die im normalen Praxisbetrieb eher selten und in Zahnkliniken häufiger vorkommen. Die diskontinuierliche/unterbrochene Arbeitsdurchführung hingegen beinhaltet eine immer wieder aufgenommene Bearbeitung. Man spricht hierbei auch von einer Stapelbearbeitung, bei der eine Bearbeitung nur dann erfolgt, wenn ein Bearbeitungsstapel gegeben ist, wie etwa bei der Bearbeitung mehrerer zahntechnischer Arbeiten hintereinander im Dental-Labor.

Schließlich ergibt sich bei einer regelmäßig diskontinuierlichen Arbeitsdurchführung aus den Durchführungszeitpunkten ihre Häufigkeit oder Frequenz: Täglich, wöchentlich, monatlich, vierteljährlich etc., wie beispielsweise die tägliche Grundreinigung der Praxisräume. Wird dagegen eine unregelmäßige, diskontinuierliche Arbeitsdurchführung vorgenommen, so kann nur deren durchschnittliche Frequenz oder der Mittelwert der Häufigkeit ermittelt werden.

Die Strukturierung eines Ablaufs schließt auch die Feststellung der in diesem Arbeitsablauf eingesetzten Sachmittel ein. Aus Praktikabilitätsgründen ist bei der **Sachmittelzuordnung** auf die Zuordnung allgemein üblicher Sachmittel zu verzichten und nur die ablaufspezifischen sind zu erfassen. Die Zuordnung kann anhand der Merkmale Sachmittelart (beispielsweise Röntgengerät), Menge (1), Einsatzart (Dauereinsatz), verfügbare und benutzte Kapazität (10 Röntgenaufnahmen/Stunde) und Mehrfacheinsatz bei anderen Arbeitsabläufen (Mitbenutzung des Gerätes durch andere Praxen) erfolgen.

Im Rahmen der Kapazitäten sind nun noch die **Personalkapazitäten** zu ermitteln. Dies umfasst die verfügbare Personalkapazität und die benötigte Personalkapazität. Beide müssen grundsätzlich für jeden Arbeitsgang ermittelt werden. Zweckmäßigerweise ist dabei eine Maßeinheit wie „Stunden je Arbeitstag", „Wochenstunden" oder „Personentage je Monat" zu wählen. Neben dieser quantitativen Ermittlung der Personalkapazität sind weiterhin das Vorhandensein und die Erfordernis von Merkmalen wie Qualifikation, Spezialkenntnisse, Befugnisse etc. festzustellen und auch diese auf den einzelnen Arbeitsvorgang zu beziehen.

Zur Dokumentation und als Hilfsmittel für die Darstellung und Verdeutlichung von Arbeitsabläufen dienen Arbeitsablaufpläne und -diagramme (Abb. 5.3).

Mit Hilfe von Listen lassen sich vorzugsweise lineare Abläufe darstellen, die keine Alternativbearbeitung, Schleifenbearbeitungen oder Parallelbearbeitungen aufweisen. Ablaufdiagramme stellen eine Kombination zwischen tabellarischer und symbolischer Darstellungstechnik dar. Sie eignen sich allerdings auch nur für die Abbildung linearer Abläufe. Bei einem Blockschaltbild werden in einer Matrix Tätigkeiten, Stellen und Aufgaben miteinander verknüpft. Im jeweiligen Schnittpunkt von Zeilen und Spalten können dann beispielsweise Aufgaben, Eingabedaten, Ergebnisdaten oder Datenträger genannt werden. Das Blockschaltbild eignet sich ebenfalls vornehmlich für lineare Abläufe. Jedoch können auch einfache Alternativen oder Schleifen mit ihm dargestellt werden. Das Flussdiagramm ist an die Symbolik eines Datenflussplanes nach DIN 66001 angelehnt und bietet den Vorteil, auch Alternativen, Schleifen und Parallelbearbeitungen gut darstellen zu können. Es ist eine häufig eingesetzte Dokumentationstechnik, die für vielfältige Ablaufarten gut verwandt werden kann.

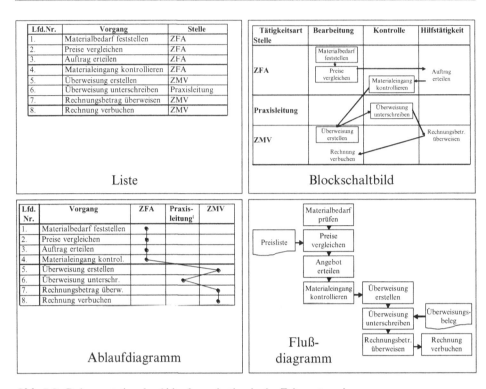

Abb. 5.3 Dokumentation der Ablauforganisation in der Zahnarztpraxis

5.1.3 Spezielle Organisations- und Rechtsformen der Heilberufe

Die Möglichkeiten und Grenzen ärztlicher Zusammenarbeit ergeben sich für Privatzahnärzte aus dem allgemeinen Berufsrecht und für zugelassene Kassenzahnärzte zusätzlich aus den spezifischen Normen des Kassenzahnarztrechts. Die Organisation der Zusammenarbeit unter niedergelassenen Zahnärzten ist grundsätzlich in verschiedenen Formen möglich.

Die **Praxisgemeinschaft** stellt den Zusammenschluss niedergelassener Zahnärzte zur gemeinsamen Nutzung von Praxiseinrichtung und Personal bei der Behandlung von Patienten dar. Es handelt sich dabei um keine eigenständige zivilrechtliche Rechtsform. Zivilrechtlich gesehen stellt sie eine Gesellschaft bürgerlichen Rechts (GbR) dar, sofern sie nicht als Partnerschaft gegründet ist. Es ist eine Rechtsform des Kassenzahnarztrechts, in der die Praxiskosten nach einem zu vereinbarenden Schlüssel verteilt werden. Die jeweiligen Patientengruppen sind dabei strikt voneinander zu trennen, da eine gemeinsame Karteiführung unzulässig ist. Eine Behandlung der jeweils anderen Kassenpatienten macht daher eine Überweisung erforderlich. Der Gewinn wird in der Praxisgemeinschaft getrennt ermittelt. Eine gegenseitige Vertretung ist möglich. Zu den wichtigsten Inhalten eines Praxisgemeinschaftsvertrags gehören (vgl. Landeszahnärztekammer Baden-Württemberg 2014, S. 2 ff.):

- Gegenstand des Vertrages
- Name und Sitz der Praxisgemeinschaft
- Arbeitsweise
- Patientenunterlagen
- Beginn und Dauer
- Apparate, Geräte und Einrichtungsgegenstände
- Einlagen; Beteiligung
- Betriebsausgaben
- Liquidation, Deckung der Betriebskosten
- Praxispersonal
- Arbeitszeit, Arbeitsteilung, Raumteilung
- Abwesenheit und Vertretung
- Geschäftsführung und Vertretungsbefugnis
- Buchführung und Jahresabschluss
- Erweiterung der Praxisgemeinschaft
- Versammlung und Beschlüsse der Gesellschafter
- Haftung
- Versicherungen
- Kündigung und Ausscheiden eines Gesellschafters
- Auflösung der Gesellschaft
- Kosten des Vertrages

„Eine Praxisgemeinschaft ist dagegen der Zusammenschluss mehrerer Zahnärzte zur gemeinsamen Nutzung von Praxisräumen, Personal sowie Praxiseinrichtungen, wobei jeder „Partner" seine Praxis mit eigenem Patientenstamm und eigener Kartei selbstständig führt und getrennt abrechnet.

Daher ist eine gesamtschuldnerische Haftung nur dann gegeben, soweit die Partner in den genannten Teilbereichen zusammenarbeiten. Allerdings können Zahnärzte wegen ihres gemeinsamen Auftretens als Gesamtschuldner anzusehen sein, wenn für den Patienten nicht erkennbar ist, dass jeder Arzt selbstständig arbeitet. Die simple Bezeichnung als „Praxisgemeinschaft" schließt eine Haftung nicht aus, da der Patient den rechtlichen Unterschied zu einer Gemeinschaftspraxis (Berufsausübungsgemeinschaft) nicht kennt bzw. nicht kennen muss." (Kassenzahnärztliche Vereinigung Berlin 2015, S. 1).

Die **Berufsausübungsgemeinschaft** ist auf die frühere Gemeinschaftspraxis gefolgt, die eine häufig vorkommende Kooperationsform zwischen niedergelassenen Zahnärzten darstellte. Die BAG erfolgt üblicherweise in folgenden Kooperationsformen:

- Örtlich: Mindestens zwei Vertragszahnärzte sind an einem Vertragszahnarztsitz tätig und haben eine gemeinsame Abrechnungsnummer.
- Überörtlich: Mindestens zwei Vertragszahnärzte mit unterschiedlichen Vertragszahnarztsitzen verfügen über eine gemeinsame Abrechnungsnummer. Zwei Drittel der vertragszahnärztlichen Tätigkeit müssen am eigenen, bis zu einem Drittel kann am jeweils anderen Vertragszahnarztsitz erbracht werden.

- KZV-übergreifend überörtlich: Mindestens zwei Vertragszahnärzte mit Vertragszahnarztsitzen in unterschiedlichen KZV-Bereichen verfügen über eine gemeinsame
Abrechnungsnummer. Zwei Drittel der vertragszahnärztlichen Tätigkeit müssen am eigenen, bis zu einem Drittel kann am jeweils anderen Vertragszahnarztsitz erbracht werden. Die Abrechnung der Leistungen erfolgt über die gewählte KZV.

„Die Kooperationsform der Berufsausübungsgemeinschaft bringt Zahnärzten zahlreiche Vorteile. In ihren Genuss kommt aber nur, wer die Rahmenbedingungen der Gemeinschaft bei
der Gründung auch steuerlich und rechtlich absichert. Vergleichsweise unproblematisch stellt
sich, wie nachfolgend beschrieben, die sogenannte Bargründung dar." …

„In ihrer Freizeit entwickelten sie das gemeinsame Praxiskonzept und suchten den passenden
Standort sowie den dritten Partner, einen Oralchirurgen und erfahrenen Implantologen. Keiner der drei Zahnärzte brachte Praxisräume oder Praxisausstattung direkt in die neue Berufsausübungsgemeinschaft ein. Stattdessen leisteten alle ihren Beteiligungsanteil von je
einem Drittel direkt, nämlich in Form des zuvor vereinbarten Geldbetrags. Daher rührt auch
die Bezeichnung „Bargründung". Den Geldbetrag finanzierte jeder für sich bei einer großen
Standesbank. Das hat den Vorteil, dass jeder für sich die Tilgung an seine Bedürfnisse anpassen kann." (Bischoff 2011, S. 1)

Erfolgt die Berufsausübungsgemeinschaft in der Form einer **GbR** nach dem Bürgerlichen
Gesetzbuch (BGB), so handelt es sich dabei um eine Personengesellschaft, bei der sich
mindestens zwei Gesellschafter durch einen Gesellschaftsvertrag zur gemeinsamen Berufsausübung verpflichten. Da der Vertragsabschluss formfrei und auch ohne ausdrückliche Absprache (konkludent) erfolgen kann, liegt rechtlich oftmals eine GbR vor, ohne dass dies den
Beteiligten bewusst ist. Auch wenn in den letzten Jahren eine zunehmende Tendenz zur
Anerkennung der Rechtsfähigkeit der GbR in Teilbereichen erkennbar ist, so ist die GbR als
solche im Allgemeinen nicht rechtsfähig und auch nicht parteifähig, so dass sämtliche Gesellschafter beispielsweise Kläger bzw. Beklagte in gerichtlichen Verfahren sind. Für die ein-
zelnen Gesellschafter bestehen die aus der Beteiligung an der GbR folgenden Vermögensrechte,
wie beispielsweise das Recht auf Gewinnbeteiligung. Sie sind untereinander und zur
Gesellschaft in einer Treuepflicht verbunden, die das Erreichen des verfolgten gemeinsamen
Zwecks sichern soll. Für die Verbindlichkeiten der GbR haften nicht nur das gemeinsame
Vermögen, sondern ferner die Gesellschafter unbeschränkt und unmittelbar mit ihrem
Privatvermögen als Gesamtschuldner.

Die **Partnerschaft** ist eine eigenständige Kooperationsform nach dem Partnerschaftsgesellschaftsgesetz (PartGG 1994), die ebenfalls als Rechtsform einer zahnärztlichen Berufsausübungsgemeinschaft in Betracht kommt und zu der sich Angehörige freier Berufe
zur Berufsausübung zusammenschließen können. Als Personengesellschaft setzt sie den
Abschluss eines schriftlichen Partnerschaftsvertrags voraus, der rechtlich dem Gesellschaftsvertrag anderer Personengesellschaften entspricht und nach § 3 PartGG folgenden
Mindestinhalt haben muss:

- Schriftform,
- Namen und den Sitz der Partnerschaft,

- Namen und den Vornamen sowie den in der Partnerschaft ausgeübten Beruf und den Wohnort jedes Partners,
- Gegenstand der Partnerschaft.

Im Außenverhältnis wird sie erst durch gerichtliche Eintragung in das Partnerschaftsregister wirksam. Sie kann beispielsweise unter ihrem Namen Rechte erwerben und Verbindlichkeiten eingehen, klagen und verklagt werden und wird grundsätzlich durch jeden Partner allein vertreten. Zwar haften die Partner neben dem Gesellschaftsvermögen persönlich als Gesamtschuldner, in Abweichung zu den übrigen Personengesellschaften sind aber Haftungsbeschränkungen zugelassen

> „Als neue Rechtsform für Berufsausübungsgemeinschaften wurde die vom Partnerschaftsgesellschaftsgesetz (PartGG) bereits vorgesehene Partnerschaftsgesellschaft mit beschränkter Berufshaftung (PartG mbB) nun auch für Zahnärzte, Ärzte, Psychotherapeuten und Tierärzte in Bayern eröffnet. …
>
> Die Rechtsform der (einfachen) Partnerschaftsgesellschaft nach dem PartGG gibt es für zahnärztliche Berufsausübungsgemeinschaften schon lange. Eine Erweiterung findet dies nun durch die PartG mbB als Sonderform der Partnerschaftsgesellschaft. Kennzeichnend für die PartG mbB ist, dass für Verbindlichkeiten der Partnerschaft aus Schäden wegen fehlerhafter Berufsausübung den Gläubigern nur das Gesellschaftsvermögen haftet, wenn die Partnerschaft eine zu diesem Zweck durch Gesetz vorgegebene Berufshaftpflichtversicherung unterhält." (Bayerische Landeszahnärztekammer 2015, S. 1)

Öffentlich-rechtlich geregelt ist auch das **Medizinische Versorgungszentrum** (MVZ). Es stellt den Zusammenschluss von zur kassenzahnärztlichen Versorgung zugelassenen Zahnärzten und anderen Leistungserbringern im Gesundheitswesen dar, um gesetzlich und privat versicherte Patienten zu behandeln. Nach § 95 SGB V sind sie fachübergreifende ärztlich geleitete Einrichtungen, in denen Zahnärzte, die in das Zahnarztregister eingetragen sind, als Angestellte oder Vertragszahnärzte tätig sind. Der zahnärztliche Leiter muss in dem Medizinischen Versorgungszentrum selbst als angestellter Zahnarzt oder als Vertragszahnarzt tätig sein; er ist in zahnmedizinischen Fragen weisungsfrei. Sind in einem Medizinischen Versorgungszentrum Angehörige unterschiedlicher Berufsgruppen, die an der vertrags(zahn)ärztlichen Versorgung teilnehmen, tätig, ist auch eine kooperative Leitung möglich. Die Zulassung erfolgt für den Ort der Niederlassung als Zahnarzt oder den Ort der Niederlassung als Medizinisches Versorgungszentrum (Vertragszahnarztsitz). MVZ können von zugelassenen Ärzten oder Zahnärzten, von zugelassenen Krankenhäusern, von Erbringern nichtärztlicher Dialyseleistungen oder von gemeinnützigen Trägern, die aufgrund von Zulassung oder Ermächtigung an der vertrags(zahn)ärztlichen Versorgung teilnehmen, gegründet werden. Ihre Gründung ist nur in der Rechtsform einer Personengesellschaft, einer eingetragenen Genossenschaft oder einer Gesellschaft mit beschränkter Haftung möglich.

> „Das am 11. Juni 2015 vom Bundestag verabschiedete und am 23. Juli 2015 in Kraft getretene Versorgungsstärkungsgesetz (GKV-VSG) eröffnet zahnärztlichen Einzelpraxen neue Wachstumsmöglichkeiten. Der Weg zur Zahnärzte-MVZ-GmbH ist damit frei. Was bei der rechtlichen und steuerlichen Gestaltung der Umwandlung beachtet werden sollte.

Bislang durfte ein Medizinisches Versorgungszentrum (MVZ) nur fachübergreifend geführt werden, das heißt von Ärzten verschiedener Facharzt- oder Schwerpunktbezeichnungen. Vereinzelt wurden in der Vergangenheit zwar Zusammenschlüsse von Zahnärzten und Kieferorthopäden zugelassen, beispielsweise im Kammerbezirk Nordrhein. Grundsätzlich war das MVZ aber keine Versorgungsform für Zahnärzte.

Im neuen GKV-Versorgungsstrukturgesetz fällt nun diese Gründungsbarriere mit der Einführung des Begriffs „fachgruppengleich" weg – und entzieht damit Kassenzahnärztlichen Vereinigungen (KZVen) und Gerichten die Argumentationsgrundlage für ihre bislang ablehnende Haltung. Das eröffnet insbesondere Einzelpraxen die Chance, strukturierter und ohne rechtliche Verrenkungen wachsen zu können, da sie als MVZ eine unbeschränkte Anzahl von Zahnärzten anstellen können." (Bischoff 2015, S. 1)

5.1.4 Organisationstechniken und -instrumente

Erhebungsinstrumente sind Methoden zur Ermittlung des aktuellen Zustandes (Ist-Zustand) der Aufbau- und Ablauforganisation einer Zahnarztpraxis. Sie sollen insbesondere zur Informationsbeschaffung für die Problemlösung dienen.

Die **Interviewtechnik** ist die am häufigsten eingesetzte Ist-Aufnahmemethode. Sie stellt eine persönliche Befragung durch einen Interviewer dar und lässt sich einsetzen, um Arbeitsabläufe, Datenflüsse oder komplexe Sachverhalte in einer Zahnarztpraxis zu erheben. Zu ihrer Vorbereitung ist ein Katalog der benötigten Informationen zusammenzustellen, die Auswahl der relevanten Gesprächspartner zu treffen und ein Interviewplan festzulegen. Bei der Durchführung wird im Rahmen der Einführungsphase zunächst versucht eine positive Gesprächsatmosphäre zu erreichen, Aufgabe und Zweck des Gesprächs werden erläutert. In der Befragungsphase versucht der Interviewer alle benötigten Informationen zu erlangen. Die Schlussphase wird dazu benutzt, die Einstellung der z. B. befragten Praxisangehörigen in Erfahrung zu bringen und sie positiv für die beabsichtigte Verbesserung der Organisation der Zahnarztpraxis zu motivieren. Im Rahmen der Auswertung müssen das durchgeführte Interview zunächst auf Vollständigkeit im Hinblick auf die benötigten Informationen und die Interviewaussagen auf Fehler (Plausibilität) geprüft werden. Die wesentlichen Interviewergebnisse sind zweckmäßigerweise schriftlich festzuhalten. Die wichtigsten Vorteile des Interviews liegen in der Ermittlung des tatsächlichen Istzustandes, der Vertiefungsmöglichkeiten durch Zusatz- und Verständnisfragen sowie in der Motivation der befragten Person. Auch können Hilfsmittel (Aufzeichnungsgeräte etc.) eingesetzt und Interviewerbeobachtungen (bspw. Interesse, Desinteresse beim Befragten) festgehalten werden. Die Nachteile liegen vorwiegend in dem hohen Zeitaufwand (in der Regel 1–2 Std.), der Auswertung der mitunter ungenauen Antworten und in der Tatsache, dass der interviewte Mitarbeiter in seiner Arbeit gestört wird.

Die **OSSAD-Methode** (OSSAD: Office Support Systems Analysis and Design) ist ursprünglich eine Analyse- und Designmethode für Informationssysteme im Büro. Zentrales Anliegen ist die Optimierung von organisatorischen Systemen und Abläufen, damit neue Technologien bestmöglich eingesetzt werden können. Sie eignet sich im Übrigen sehr gut für die Erhebung und Dokumentation von Abläufen in einer Zahnarztpraxis, da sie die Vorteile des Interviews nutzt. Bei der Erhebung von Abläufen auf der Basis von OSSAD eignet sich folgende Vorgehensweise:

- Mehrere Teilnehmer(innen),
- jeder soll für sich den gefragten Ablauf beschreiben,
- jeweils 1 Vorgang wird dabei auf 1 Kärtchen notiert,
- ausschließliches Beschreibungsprinzip: Hauptwort + Verb (Beispiel: „Vorgang notieren"),
- Zeitbegrenzung,
- Moderator liest jedes einzelne Kärtchen vor,
- Reihenfolge der einzelnen Vorgänge (Kärtchen) wird im Praxisteam diskutiert,
- gemeinsam wird der Ablauf anhand der Kärtchen an einer Pinnwand abgebildet.

Die **Fragebogenerhebung** eignet sich, um für statistisch zuverlässige Aussagen eine größere Anzahl von Praxisangehörigen zu befragen. Durch die Standardisierung von Fragen und Antwortmöglichkeiten lässt sich zwar eine große Anzahl von Praxisangehörigen erfassen, allerdings kann auf diese Weise nicht individuell auf jeden Befragten eingegangen werden, da durch die Vorgabe von Antwortmöglichkeiten eine Einflussnahme und Einschränkung stattfindet.

Die **Dokumentenanalyse** dient zur Erhebung bereits dokumentierter Daten. Die schriftlichen Informationsquellen können sämtliche Arten von Unterlagen sein. Auch die Beschaffenheit von Dokumenten kann Gegenstand einer Dokumentenanalyse sein, beispielsweise das Qualitätsmanagementhandbuch der Praxis als Dokument und gleichzeitig als Teil eines verarbeitenden Prozesses, dessen Zustand sich je nach Bearbeitungsstand ändert. Die Vorteile der Dokumentenanalyse liegen in der Regel bei dem verhältnismäßig geringem Aufwand für die Datenerhebung und der Tatsache, dass die Abläufe in der Zahnarztpraxis ungestört bleiben. Die Nachteile liegen im Wesentlichen in einer möglicherweise geringeren Aktualität der Dokumente, sowie der Unvollständigkeit der Informationen für die Erhebung. Die Dokumen-

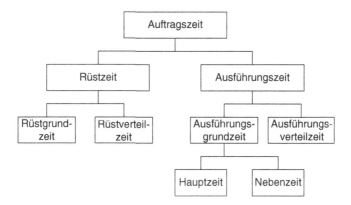

Abb. 5.4 Vorgabezeiten nach REFA

tenanalyse eignet sich daher in erster Linie für die Kontrolle und Ergänzung anderer Erhebungsinformationen.

Bei der **Zeitaufnahme** werden Sollzeiten durch Messen und Auswerten von Ist-Zeiten ermittelt. Nach REFA werden die gemessenen Ist-Zeiten dokumentiert und anschließend ausgewertet, wobei die gemessene Leistung einer Bezugsleistung (Normalleistung) gegenübergestellt wird, die von geübten und voll eingearbeiteten Praxisangehörigen auf Dauer und als Durchschnittsleistung einer Arbeitszeit in einer Zahnarztpraxis erbracht werden kann. Sie dient dazu die Sollzeit für eine Arbeitsdurchführung zu bestimmen. Die Sollzeit setzt sich nach REFA aus folgenden Vorgabezeiten zusammen (Abb. 5.4):

* Auftragszeit: Zeit, die für die Herstellung der Leistung insgesamt zur Verfügung steht.
* Rüstzeit: Vorbereitung der Leistungserstellung (bspw. Behandlungszimmer herrichten, Instrumente bereit legen, Patient vorbereiten, Einmalhandschuhe anlegen etc.).
* Rüstgrundzeit: Regelmäßig auftretende Rüstzeiten.
* Rüstverteilzeit: Durch Störungen unregelmäßig auftretende Rüstzeiten.
* Ausführungszeit: Gesamtzeit für die Durchführung des Vorgangs der Leistungserstellung.
* Ausführungsgrundzeit: Regelmäßig auftretende Arbeitszeit, die in Form von Richtzeiten vorgebbar ist.
* Ausführungsverteilzeit: Durch Störungen unregelmäßig auftretende Arbeitszeit.
* Nebenzeit: bspw. Ausspülen, Materialhärtung, Veränderung der Liegeposition des Patienten.
* Hauptzeit: Zeitraum, in dem der Patient behandelt wird.

Da die Dauer der Verteilzeiten von persönlichen Bedürfnissen oder Störungen von Dentalgeräten etc. abhängig ist, werden sie mit Hilfe einer Verteilzeitaufnahme ermittelt oder durch statistische Methoden geschätzt. Die Zeitaufnahme zeigt zwar objektive und genaue ermittelte Daten auf, geht jedoch mit der Fremdbeobachtung der Praxisangehörigen einher und kann bspw. keine geistige Tätigkeiten erfassen. Auf jeden Fall sollten die Praxisangehörigen vorab informiert und in die Aufnahme einbezogen werden, um eine möglichst hohe Akzeptanz bei allen Beteiligten zu erzielen.

Beim **Multimomentverfahren** handelt es sich um ein Stichprobenverfahren, bei dem aus einer Vielzahl von Augenblickbeobachtungen statistisch gesicherte Mengen- oder Zeitangaben abgeleitet werden können. Zur Vorbereitung sind die in der Zahnarztpraxis zu beobachtenden Arbeitsplätze, Arbeitsabläufe, Sachmittel, Zeitpunkte festzulegen. Für zu beobachtende Tätigkeiten eignet sich in diesem Zusammenhang oft die Erstellung eines Formulars als Strichliste. Bei der Durchführung wird die jeweilige Beobachtung zum festgelegten Zeitpunkt in die Strichliste eingetragen. Im Rahmen der Auswertung werden Häufigkeiten im Hinblick auf Zeitbedarf, Arbeitsauslastung oder Arbeitsstruktur ermittelt. Die wichtigsten Vorteile des Multimomentverfahrens liegen in den guten Ergebnissen im Rahmen der Wahrscheinlichkeitsrechnung, seinem geringen Aufwand und den geringen Störungen im betrieblichen Ablauf der Zahnarztpraxis. Ein wesentlicher Nachteil liegt in möglichen Akzeptanzproblemen der Mitarbeiter, ihre Tätigkeiten „messen" zu lassen.

Die **Selbstaufschreibung** stellt die Erstellung von Berichten durch die Praxisangehörigen über ihre ausgeführten Arbeiten dar. Zur ihrer Vorbereitung sind die einzubeziehenden Praxisangehörigen zu bestimmen und ein Formular zu erstellen, das mit geringem Aufwand ausgefüllt werden kann. Die Durchführung umfasst die tägliche/wöchentliche Selbstaufschreibung über längeren Zeitraum von mindestens 4 Wochen. Im Rahmen der anschließenden Auswertung werden die Tätigkeiten in Abhängigkeit von Aufgaben, Qualifikation, Sachmitteleinsatz zur Ermittlung von Auslastungsgrad oder Zeitbedarf ermittelt. Die wesentlichen Vorteile der Selbstaufschreibung liegen in der Totalaufnahme ohne allzu großen Aufwand und in den unangreifbaren, da selbst aufgeschriebenen Ergebnissen. Als wesentlicher Nachteil ist die Gefahr einer bewussten und gezielten Verfälschung anzusehen.

Mit den **Analyseverfahren** versucht man in erster Linie organisatorische Schwachstellen in der Zahnarztpraxis zu entdecken und Möglichkeiten zu deren Behebung aufzuzeigen.

Bei der **ABC-Analyse** handelt es sich um ein Verfahren zur Analyse von Objekten, um knappe finanzielle oder personelle Ressourcen der Zahnarztpraxis auf die Objekte zu konzentrieren, die den höchsten Erfolgsbeitrag erwarten lassen. Am Beispiel der Kapitalbindung in zahnmedizinischen Verbrauchsmaterialien wird die Vorgehensweise der ABC-Analyse deutlich: Im Rahmen der Vorbereitung wird zunächst die Wertermittlung durchgeführt, mit dem Ziel, den Wert für jedes Objekt durch Multiplikation der Menge mit seinem Preis zu ermitteln. In der Durchführung werden der relative Anteil jeder Position am Gesamtwert ermittelt, die Positionen nach fallendem Wert sortiert und die Werte und Anteile kumuliert. Die Auswertung umfasst den Vergleich der kumulierWten Prozentanteile des Wertes und der Positionen sowie die Einteilung in die ABC-Klassen. Anhand der Klasseneinteilung können nun Schwerpunkte für organisatorische Maßnahmen abgeleitet werden (beispielsweise intensive Preisvergleiche bei A-Materialien, weniger Aufwand bei C-Materialien). Wesentliche Vorteile der ABC-Analyse sind das Erkennen von Schwerpunkten und die Konzentration auf das Wesentliche. Als Nachteil kann der damit verbundene Rechenaufwand angesehen werden (Tab. 5.3).

Die **Ursache-Wirkungs-Analyse** untersucht Kausalitätsbeziehungen, indem Problemursachen und ihre Auswirkungen in einem Diagramm grafisch dargestellt werden. Mit Pfeilen werden in der Regel die Abhängigkeiten zwischen in der Zahnarztpraxis auftretenden Problemen und den identifizierten Ursachen aufgezeigt. Durch das Ermitteln und gewichten von Haupt- und Nebenursachen erfolgt eine systematische und vollständige Analyse der Kausalität von Problemen (Abb. 5.5).

Ein relativ einfaches Analyseverfahren stellt die **Checklistentechnik** dar. Sie ist eine Methode zum Auffinden von Schwachstellen in der Zahnarztpraxis durch Zusammenstellung logisch abgeleiteter und aus der Erfahrung gewonnener Fragen. Checklisten bestehen häufig aus Fragenkatalogen, die möglichst geschlossene Fragen mit nur wenigen Antwortalternativen in Form von ankreuz- oder anklickbaren Feldern enthalten. Sie lassen sich bei komplexen, immer wiederkehrenden Fragestellungen und Aufgaben in der Zahnarztpraxis einsetzen, wobei sich oft als Problem erweist, dass sich allgemeine Fragen vielfältig anwenden lassen, aber oftmals noch der Interpretation bedürfen. Spezielle Fragen lassen sich hingegen nur für ganz

Tab. 5.3 ABC-Analyse zur Kapitalbindung von Praxisverbrauchsmaterialien

Mat. Nr.	Jahresbedarf in Stück	Preis/Stück	Jahresbedarf in €	Rangfolge	Rang	Mat. Nr.	Jahresbedarf in €	Anteil vom Gesamtwert in %	kumuliert	Wertgruppe
101	200	80,00	16.000	2	1	102	20.000	39	39	A
102	1.000	20,00	20.000	1	2	101	16.000	31	70	
103	500	5,00	2.500	4	3	107	5.000	10	80	
104	100	2,00	200	12	4	103	2.500	5	85	B
105	3.000	0,80	2.400	5	5	105	2.400	5	90	
106	2.000	0,70	1.400	7	6	108	1.500	2	92	
107	10.000	0,50	5.000	3	7	106	1.400	2	94	
108	5.000	0,30	1.500	6	8	110	900	2	96	C
109	4.000	0,20	800	9	9	109	800	2	98	
110	15.000	0,06	900	8	10	111	700	1	99	
111	14.000	0,05	700	10	11	112	360	0,5	99,5	
112	12.000	0,03	360	11	12	104	200	0,5	100	
			51.760							

Von 12 Positionen sind 3 (25 %) A-Positionen (80 % Wertanteil)
Von 12 Positionen sind 4 (33 %) B-Positionen (14 % Wertanteil)
Von 12 Positionen sind 5 (42 %) C-Positionen (6 % Wertanteil)

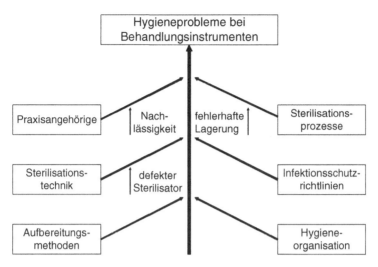

Abb. 5.5 Ursache-Wirkungs-Analyse von Hygieneproblemen in der Zahnarztpraxis

spezielle Analysegebiete nutzen, zielen jedoch direkt auf mögliche Schwachstellen ab. Aufgrund negativ beantworteter Fragen im Rahmen der Auswertung lassen sich diese aufdecken.

Die **Netzplantechnik** umfasst unter Berücksichtigung von Aufgaben, Zeiten, Kosten, Ressourcen etc. grafische oder tabellarische Verfahren zur Analyse von Abläufen und deren Abhängigkeiten auf der Grundlage der Graphentheorie. Mit Hilfe von Netzplänen lassen sich die logischen Beziehungen zwischen den Vorgängen und ihre zeitliche Lage darstellen, wodurch Dauer, zeitliche Risiken, kritische Aktivitäten und Maßnahmenauswirkungen von Abläufen in der Zahnarztpraxis ermittelt werden können. Auf diese Weise lassen sich kritische Pfade und Ressourcenengpässe, welche die Einhaltung des Endtermins gefährden können, identifizieren, logische Zusammenhänge von Vorgängen vom Anfang bis zum Abschluss einer Behandlungsleistung aufzeigen oder eine laufende Fortschrittskontrolle und Terminüberwachung durchführen. Unter Berücksichtigung der Dauer der einzelnen Vorgänge und unter Berücksichtigung ihrer Abhängigkeiten ermittelt die Netzplantechnik, wann die jeweiligen Vorgänge stattfinden. Bei der Vorwärtsplanung beginnt der Analyseprozess bei den Startvorgängen und ermittelt von diesen ausgehend den frühestmöglichen Starttermin der nachfolgenden Vorgänge. Bei der Rückwärtsplanung beginnt der Analyseprozess bei den letzten Vorgängen des Netzes (die keinen Nachfolger mehr haben), und ermittelt dann die spätesten Fertigstellungstermine der jeweils vorgelagerten Vorgänge. Ausgehend von einem definierten Start- und einem definierten Endtermin lassen sich so die frühesten und spätesten Anfangs- und Endzeitpunkte der einzelnen Vorgänge feststellen. Der Anfang und das Ende eines Vorganges sind Ereignisse, die allgemein als Zeitpunkte beschrieben werden können, zu denen bestimmte Teilvorgänge beendet sind oder andere beginnen sollen. Anordnungsbeziehungen kennzeichnen in der Netzplantechnik die logischen Abhängigkeiten zwischen Ereignissen oder Vorgängen

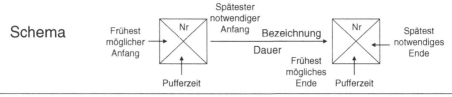

Schema

Prozess

Kurzbezeichnung	Vorgang	Vorgänger	Dauer
A	Befunderhebung	-	2
B	Heil- und Kostenplanung	A	15
C	Bedarfsermittl. Behandlungsmat.	A	10
D	Beschaffung Behandlungsmat.	C	10
E	Behandlungsdurchführung	B, D	30
F	Nachkontrolle	E	2

Netzplan

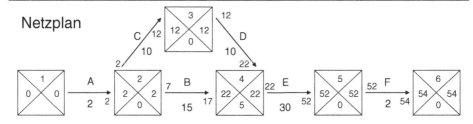

Abb. 5.6 Analyse von Abläufen in der Zahnarztpraxis mit Hilfe der Netzplantechnik

(Abb. 5.6). Die Analyse von Pufferzeiten als Zeitreserven dient der Ermittlung des zeitlichen Spielraums für die Ausführung von Vorgängen. Als kritischer Pfad wird die Verkettung derjenigen Vorgänge in der Zahnarztpraxis bezeichnet, bei deren zeitlicher Änderung sich der Endtermin des Netzplanes verschiebt. Ein Vorgang ist kritisch, wenn sein Gesamtpuffer gleich 0 ist.

Zu den für die Zahnarztpraxis geeigneten Organisationsinstrumentarien zählen auch **Suchtechniken**, die bei der Suche nach Problemlösungen Unterstützung leisten. Häufig sind die Problemstellungen komplex und wenig strukturiert, so dass in erster Linie Kreativität zum Auffinden möglichst innovativer Lösungsideen erforderlich ist.

Bei der **Morphologischen Analysetechnik** handelt es sich um ein Verfahren zur Generierung von Problemlösungsalternativen, wobei es dabei insbesondere um eine möglichst vollständige Erfassung der Problemlösungsalternativen für eine bestimmte organisatorische Problemstellung der Zahnarztpraxis geht. Dazu werden Lösungsmerkmale und ihre möglichen Ausprägungen in einer Matrix gegenübergestellt, so dass man durch die Kombination aller Merkmale mit allen Ausprägungen eine maximale Anzahl von Möglichkeiten erhält, mit denen Lösungsideen entwickelt werden können. Da die theoretisch mögliche maximale Anzahl an Kombinationen kaum beherrschbar ist, beschränkt man die Zahl der Merkmale und deren Ausprägungen in der Anwendungspraxis dieses Verfahrens.

Die **Relevanzbaum-Analysetechnik** eignet sich insbesondere für Problemstellungen mit großer Komplexität und versucht ähnlich wie die Ursache-Wirkungs-Analyse die Problemstellung zu strukturieren. Dabei geht sie folgendermaßen vor:

- Abgrenzung und Definition der Problemstellung,
- Festlegung geeigneter Beurteilungskriterien,
- Sammlung verschiedener Merkmale,
- hierarchische Ordnung und Gewichtung der Merkmale im Hinblick auf die Problemstellung,
- graphische Darstellung der Beurteilungskriterien und Merkmale in einer Baumstruktur,
- Auswertung der Baumstruktur,
- Ableitung von Problemlösungsalternativen aus den einzelnen Verästelungen.

Einerseits basiert die Relevanzbaum-Analysetechnik auf einer sachlichen Bewertung der Merkmale und führt zu einer großen Anzahl von Problemlösungsalternativen. Andererseits wird die Zahl der Verzweigungen im Relevanzbaum willkürlich beeinflusst, so dass eine rechnerisch maximale Anzahl von Lösungsalternativen in der Anwendungspraxis in der Regel nicht erreicht wird. Dadurch besteht die Gefahr, dass wichtige Lösungsvorschläge unentdeckt bleiben (Abb. 5.7).

Zu den bekanntesten Techniken problemlösungsorientierter Suchverfahren zählt zweifelsohne das **Brainstorming**. Es dient zur Ideenfindung und beruht auf der Schaffung einer kreativen Situation, bei der möglichst viele Ideen in kürzester Zeit durch möglichst freies

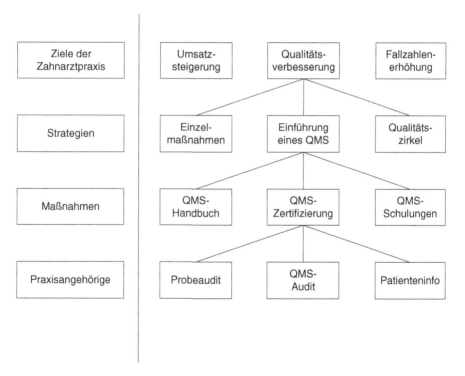

Abb. 5.7 Relevanzbaum-Analysetechnik am Beispiel der Qualitätsverbesserung in der Zahnarztpraxis

Assoziieren und fantasieren entwickelt werden sollen. Das gegenseitige Inspirieren sowie
das Kombinieren und Aufgreifen von bereits geäußerten Ideen, um neue Lösungsansätze
zu finden, sind dabei ausdrücklich gewünscht. Alle Ideen werden zunächst protokolliert
und erst später durch alle Teilnehmer im Hinblick auf ihre Relevanz zur Problemstellung
bewertet. Das Verfahren eignet sich insbesondere für einfachere Problemstellungen, die
keine allzu komplexen Lösungsvorschläge erforderlich machen.

Die **Bewertungsverfahren** sind Methoden zur Beurteilung von Sachverhalten der
Organisation der Zahnarztpraxis mit dem Ziel, möglichst quantitativ begründbare Entscheidungen zu erreichen.

Bei der **Nutzwertanalyse** (NWA) handelt es sich um ein Instrument zur quantitativen
Bewertung von Entscheidungsalternativen in der Zahnarztpraxis. Zur Vorbereitung werden
die Ziele (bzw. Auswahlkriterien), die im Rahmen der Entscheidung berücksichtigt werden
sollen, festgelegt. Anschließend sind Kategorien für den Erfüllungsgrad der Ziele zu formulieren und die einzelnen Ziele zu gewichten (Summe = 100 %). Die Durchführung umfasst
die Bewertung der Alternativen und Erstellung der Zielwertmatrix. Zur Auswertung werden
die Zielwerte je Alternative addiert. Der wesentliche Vorteil der NWA liegt in ihrem eindeu-
tigen Ergebnis, aus dem die Entscheidung dirckt abgeleitet werden kann. Als Nachteil ist
auch hier der damit verbundene Rechenaufwand zu konstatieren (Tab. 5.4).

5.2   Entwicklung der Praxisorganisation

5.2.1   Organisationsentwicklung in der Zahnarztpraxis

Im Zentrum der **Organisationsentwicklung** in der Zahnarztpraxis steht der Versuch, gemeinsam mit den Praxisangehörigen Ursachen vorhandener Schwierigkeiten zu erforschen
und neue, bessere Formen der Zusammenarbeit zu entwickeln. Die Organisationsaufgabe ist
nicht einmalig, denn Praxisbereiche und Arbeitsabläufe lassen sich aufgrund neuer Entwicklungen und Erfahrungen ständig besser gestalten. Die Bedeutung der Organisationsentwicklung ist vor diesem Hintergrund nicht zu unterschätzen, denn mangelnde Organisation führt
oft zu Unzufriedenheit bei den Patienten und bei den Praxisangehörigen. Eine Erhöhung des
Arbeitstempos ersetzt nicht wichtige organisatorische Maßnahmen und führt nicht zu grundlegenden Änderungen. Auch ist der Nutzeneffekt nur vereinzelter, hier und da durchgeführter organisatorischer Optimierungsmaßnahmen nicht sehr hoch.

> „Mit zunehmender Anzahl der Mitarbeiter und gegebenenfalls auch der Mitinhaber geht dieses
> starke verbindende Element der gemeinsamen, wenn auch nicht explizit ausgesprochenen Vi-
> sion häufig verloren – es ist eben schwierig, mit 20 Personen spontane, kreative Kaffeepausen
> zu veranstalten. Ein erstes Warnzeichen, dass etwas nicht stimmt, sind zunehmende Konflikte
> zwischen den Mitarbeitern. Dabei kann es um unklare Arbeitszuweisungen gehen, um Sta-
> tusdenken („Ich bin seit Anfang an dabei und bin besser als die Neuen"), um das Abblocken
> neuer Gedanken, wie sie gerade von jungen Mitarbeitern eingebracht werden, oder auch um die
> (berechtigte) Sorge, ob die Praxis für den Einzelnen noch ein sicherer Arbeitsplatz sein kann.
> Häufige Mitarbeiterfluktuation, wenig motiviertes Personal oder steigende Krankheitsabsenzen

Tab. 5.4 Bewertung von Dentalprodukten mit Hilfe einer Nutzwertanalyse (NWA)

Kriterium	Gewicht	Produkt A	Produkt B
Qualität	20	Mindere Qualität	Hervorragende Qualität
Preis	30	39 €/Stück	78 €/Stück
Haltbarkeit	10	Geöffnet 6–8 Wochen	Geöffnet 6–8 Wochen
Verarbeitung	10	zufrieden stellend	gut
Verträglichkeit	20	Gegenreaktionen zu erwarten	Kaum Gegenreaktionen bekannt
Lieferzeit	10	6 Tage	8 Tage

	0 Punkte	2 Punkte	5 Punkte	8 Punkte	10 Punkte	Gewicht	Zielerfüllung A	Nutzwert A	Zielerfüllung B	Nutzwert B
Qualität	schlecht		ausreichend		hervorragend	20	2	40	10	200
Preis	>100	≤100	≤80	≤60	≤40	30	10	300	5	150
Haltbarkeit	wenige Tage		einige Wochen		unbegrenzt	10	5	50	5	50
Verarbeitung	äußerst schwierig		zufriedenstellend		sehr leicht	10	5	50	8	80
Verträglichkeit	heftige Gegenreaktionen		Gegenreaktionen möglich		keine Gegenanzeigen	20	2	40	8	160
Lieferzeit	mehrere Wochen		mehrere Tage		24 Std.	10	5	50	5	50
Nutzwert								**530**		**690**

können die Folge ungeklärter Konflikte sein. Die genannten Symptome sind nicht unabänderliche Krisenzeichen für die Praxis, sondern sollten als Hinweise darauf verstanden werden, dass sich ein Phasenwechsel abzeichnet, der mit entsprechenden Strategien in gute Bahnen gelenkt werden kann." (Eckes 2008, S. 15).

Die Organisationsentwicklung unterscheidet sich von den üblichen Formen der „klassischen" Organisationsplanung oder der Managemententwicklung. Häufig führen Normen wie Autorität und Arbeitsteilung zu Verhaltensanpassungen der Praxisangehörigen. Als Folge davon ist häufig schwindendes Engagement, Konformität, Gleichgültigkeit und Flucht in Routinetätigkeiten zu beobachten. Auch leiden die Bereitschaft zu Kooperation und vertrauensvoller Zusammenarbeit darunter. Konkurrenzdenken und Existenzangst führen regelrecht zu dysfunktionalem Verhalten.

Das Gegensteuern mit einschlägiger Fort- und Weiterbildung der Praxisleitung oder ausgewählter Praxisführungskräfte, hierarchisch sortiert und in Schulungseinrichtungen mit theoretischem Wissen konfrontiert, führt oft zu einer Transferproblematik im Hinblick auf die praktische Anwendung und einen ausbleibenden Veränderungsprozess in der Zahnarztpraxis. Auch von Organisationsfachleuten ausgearbeitete und von der Praxisleitung verordnete Veränderungen sind häufig nicht erfolgreich, weil sie Einstellungen und Verhalten der Mitarbeiter nicht berücksichtigen und von diesen nicht verstanden oder gar unterlaufen werden.

Dauerhafte und möglichst erfolgreiche Organisationsveränderungen lassen sich nicht durch aufgezwungene Einzelmaßnahmen und stärkerem Druck auf die Mitarbeiter erreichen. Das Praxisteam muss sich darum bemühen, offen zu sein für Veränderungen (Abb. 5.8).

Wenn gute Ideen nicht in die Tat umgesetzt werden, stehen oft Vorbehalte, Ängste und Unsicherheiten im Weg. Werden sie nicht hinterfragt und überwunden, bleibt alles so, wie es immer war. Begeisterungsfähigkeit für Veränderungen ist notwendig, eine gemeinsame

Abb. 5.8 Voraussetzungen für eine erfolgreiche Organisationsentwicklung

Vision, wie die Organisation in der Zukunft ausschauen soll. Nur wenn dieses Vorhaben von allen Praxisangehörigen gemeinsam getragen wird, lassen sich auch alle organisatorischen Aktivitäten auf ein gemeinsames Ziel ausrichten. Erst wenn die eigene Überzeugung deutlich wird, lassen sich auch andere überzeugen. Die Praxisleitung muss versuchen, ihren Veränderungswillen den Praxisangehörigen zu vermitteln. Wenn man organisatorische Probleme nur als eine Art Einzelteile betrachtet, läuft man Gefahr das Ganze aus den Augen zu verlieren und Effekte herbeizuführen, die hier und da sogar schädlich sein können. Der Patient ist wesentlicher Bestandteil des Gesamtsystems Zahnarztpraxis. Die Praxis muss sich nach ihm ausrichten und möglichst patientenorientiert organisieren.

Die Praxisangehörigen sind wertvolles Potenzial und nicht nur Ressourcen oder Produktionsfaktoren. Es muss erreicht werden, dass möglichst alle ihre Ideen einbringen. Wenn nur das ernst genommen wird, was die Praxisleitung vorschlägt und Ideen anderer ignoriert werden, bedeutet das einen völligen Verzicht auf die Erfahrung und das Potenzial der Praxisangehörigen. Das Praxisteam ist insbesondere dann über ein Mittelmaß hinaus leistungsfähig, wenn echte Diskussion und Dialogbereitschaft entstehen. Dazu gehört ein Klima gegenseitiger Wertschätzung, einander zuzuhören, frei seine Ansichten darlegen und kreative Vorschläge machen zu können sowie die Vorstellungen Anderer in die Problemlösung einzubeziehen. Das Praxispersonal darf von Entscheidungen nicht einfach nur betroffen sein. Vielmehr ist zu versuchen, die Praxisangehörigen zu beteiligen, damit sie bereit sind, ihre Erfahrung, ihre Kenntnisse, ihre Ideen und damit ihr Potenzial zu entfalten und in den Dienst der Praxis und der gemeinsamen Vision zu stellen. Wesentliche organisatorische Veränderungen werden nur wirksam, wenn sie auf die Interessen und Bedürfnisse der Praxisangehörigen Rücksicht nehmen, weil sie sie mit ihrer Arbeit und ihrem Denken letztlich realisieren müssen (Abb. 5.9).

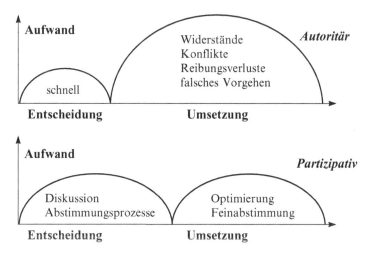

Abb. 5.9 Vorteil partizipativer Durchführung organisatorischer Veränderungen

Tab. 5.5 Phasen des Organisationsentwicklungsprozesses (vgl. Becker und Langosch 2002, S. 116 ff)

Hauptphasen	Unterteilung/Erläuterung
Vorphase	1. Entstehung des Veränderungsbedürfnisses (z. B. Auftauchen eines Problems) 2. Bestimmung der zu ändernden Praxisbereiche 3. Einbeziehung der Betroffenen
Diagnosephase	1. Sammeln und Aufbereiten von Daten (Struktur, Klima, Arbeitsabläufe) 2. Feedback der aufbereiteten Daten (gemeinsame Diskussion und Analyse, Ansätze für Veränderungen, Teamentwicklung)
Entwicklungsphase	1. Planung der erforderlichen Änderungen (gemeinsam: personale und strukturelle Maßnahmen; Konkretisierung) 2. Durchführung der Veränderungsaktion (Realisierung personaler und struktureller Maßnahmen)
Stabilisierungsphase	1. Stabilisierung (Absicherung durch Weiterbildungsmaßnahmen, Erfahrungsaustausch, Belohnungssystem) 2. Erfolgskontrolle (Bewertung und Beurteilung)

5.2.2 Organisationsentwicklungsprozess

Nicht selten herrscht in der Zahnarztpraxis jedoch die Vorgehensweise der Organisations-planung vor, indem die Praxisleitung ihre organisatorischen Vorstellungen durch Anweisungen „diktiert". Der Ablauf eines Organisationsentwicklungsprozesses (Tab. 5.5) beginnt jedoch in der Regel mit einem von den Praxisangehörigen empfundenen Problem, welches zu einem Veränderungsbedürfnis führt. In dieser Vorphase ist das Problem jedoch noch unscharf be-schrieben, gehen die Meinungen der Praxisangehörigen über Art und Ausmaß des Problems und die Lösungsmöglichkeiten nicht selten auseinander. Es ist daher wichtig, dass in dieser Phase ein Moderator versucht, die unterschiedlichen Wahrnehmungen und Vorstellungen zu strukturieren. Seine Aufgabe ist es somit nicht, zu leiten, zu führen und inhaltliche Empfeh-lungen gegenüber den Praxisangehörigen auszusprechen, weil nur er vermeintlich weiß, wo es langgeht, sondern vielmehr dafür zu sorgen, dass der Weg zu einer Problemlösung und die dabei erforderliche Kommunikation im Praxisteam zustande kommt.

In der Diagnosephase geht es um die Sammlung und Aufbereitung von problemrelevanten Daten, um das empfundene Problem für alle Praxisangehörigen möglichst zu objektivieren. In der Entwicklungsphase sind strukturelle und personelle Veränderungen in der Praxis zu planen und durchzuführen. Den Abschluss des Organisationsentwicklungsprozesses bildet die Stabilisierungsphase, in der die eingeleiteten Maßnahmen fortlaufend überprüft und wenn nötig durch ergänzende Aktivitäten in ihrer Wirkung abgesichert werden.

Die Rolle eines Moderators in einem Organisationsentwicklungsprozess können die Pra-xisleitung selbst, geeignete Praxisangehörige oder auch eine externe Person übernehmen. Wichtige dabei ist, dass der Moderator folgendes beachtet:

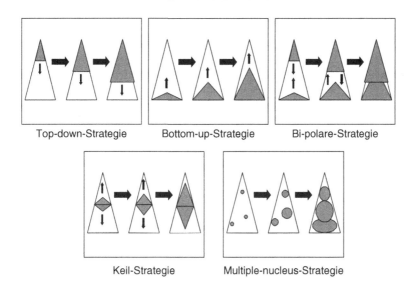

Top-down-Strategie   Bottom-up-Strategie   Bi-polare-Strategie

Keil-Strategie   Multiple-nucleus-Strategie

Abb. 5.10 Strategiemodelle der Organisationsentwicklung in der Zahnarztpraxis

- Eigene Meinungen, Ziel und Werte zurückstellen.
- Weder Meinungsäußerungen noch Verhaltensweisen bewerten; es gibt kein „richtig" oder „falsch" während der Moderation.
- Fragende Haltung einnehmen.
- Keine behauptende Haltung; durch Fragen werden die Beteiligten füreinander und für das Thema geöffnet und aktiviert.
- Äußerungen der Beteiligten als Signale auffassen.
- Teilnehmern ihr eigenes Verhalten bewusst machen, so dass Störungen und Konflikte bearbeitet werden können; auf moralische Appelle verzichten.
- Rechtfertigungen für Handlungen und Aussagen vermeiden.
- Schwierigkeiten klären, die hinter Angriffen und Provokationen stecken.

Um einen Organisationsentwicklungsprozess in Gang zu setzen ist es oft entscheidend, an welcher Stelle in der Zahnarztpraxis mit seiner Einleitung begonnen wird (Abb. 5.10). Bei der Top-down-Strategie ist die Praxisleitung der Auslöser für den Organisationsentwicklungsprozess. Aufgrund der Konzentration der Macht in der Praxisleitung lässt diese Strategie eine gute Prozesssteuerung zu. Die Probleme werden dort angegangen, wo die Verantwortung für die gesamte Praxis liegt und die notwendigen Kompetenzen vorhanden sind. Allerdings müssen die Veränderungen auch bei der Praxisleitung ansetzen und dort vorgelebt werden, damit alle Praxisangehörigen als Betroffene zu Beteiligten gemacht werden können. Die Bottom-up-Strategie geht von einem Beginn des Veränderungsprozesses auf der unteren Basis der Praxisangehörigen

Tab. 5.6 Maßnahmen der Organisationsentwicklung (vgl. Bösel 1995, S. 577)

Bezugsebenen für Änderungen	Typische Maßnahmen	Angestrebte Ergebnisse
Einzelne Mitarbeiter	Aus-, Fort- und Weiterbildung Führungs- und Verhaltenstraining Gruppendynamik Sensitivity-Training	Erweiterung des fachlichen und technischen Wissens Steigerung der sozialen, kommunikativen und Führungsqualifikation Erhöhung der physischen Belastbarkeit, Stressstabilität
Soziale Beziehungen der Mitarbeiter	Teamentwicklungs-Veranstaltungen Beratung Coaching	Verbesserung der Zusammenarbeit und Effizienz Konflikt- und Problemlösung Aufgabenklärung und -abgrenzung
Organisatorische, technologische Struktur und Aufgabenstruktur der Zahnarztpraxis	Änderung von technostrukturellen Bedingungen, die Einfluss auf das Arbeitsverhalten der Mitarbeiter haben	Verbesserung der Arbeitsbedingungen Reibungsloser und effizienter Arbeitsablauf Klare Kompetenz- und Aufgabenabgrenzung

aus. Sie berücksichtigt somit auf jeden Fall die Probleme und Bedürfnisse der Praxisangehörigen auf der Ausführungsebene und führt zu einer optimalen Identifikation mit dem Organisationsentwicklungsprozess. Die Schwierigkeit besteht in der Regel darin, die Praxisleitung von dem Veränderungsbedarf zu überzeugen. Bei der Bi-polaren-Strategie geht der Organisationsentwicklungsprozess gleichzeitig von der Praxisleitung und von den Mitarbeiterinnen aus, was eine ideale Unterstützung der organisatorischen Veränderungen erwarten lässt. Bei größeren Praxen mit einer mittleren Führungsebene kann der Organisationsentwicklungsprozess im Sinne einer Keil-Strategie auch von diesen Praxisangehörigen ausgehen. Ein klarer Vorteil der Multiple-nucleus-Strategie ist, dass die Praxisangehörigen, die an Veränderungen interessiert sind, sich unverzüglich am Organisationsentwicklungsprozess beteiligen und die anderen „mitreißen" können.

Zur Umsetzung von Veränderungen lassen sich Organisationsentwicklungsmaßnahmen auf verschiedenen Ebenen durchführen. Auf der Ebene einzelner Praxisangehöriger geht es in erster Linie um die Gestaltung der individuellen Arbeitssituation, der Steigerung sozialer Kompetenzen und der Bewältigung hoher Arbeitsbelastungen. Die Fähigkeit zu zielbewusstem Handeln ist dabei ebenso von Bedeutung, wie die persönliche Entwicklungs- und Lebensplanung. Der Lernprozess der Praxisangehörigen beginnt dabei mit dem Erfassen und Reflektieren des eigenen Handelns, des Erlernens neuer Verhaltensalternativen und deren praktischer Umsetzung. Auf der Ebene der Mitarbeitergruppen konzentrieren sich Organisationsentwicklungsmaßnahmen auf die Steigerung der Effektivität der Zusammenarbeit und der Verbesserung der Beziehungen untereinander. Die Ebene der

Tab. 5.7 Prozessoptimierung in der Zahnarztpraxis

Schritt	Maßnahme	Beschreibung
1	Stoßrichtung festlegen	Was braucht die Zahnarztpraxis, um ihre Ziele zu erreichen?
2	Transparenz herstellen	Wie werden die Personal- und Materialressourcen in der Zahnarztpraxis eingesetzt? Wo liegen die Kernprobleme/die größten Potenziale?
3	Abläufe optimieren	Wie kann schneller, besser, einfacher gearbeitet werden?
4	Strukturen anpassen	Wie muss die Aufbauorganisation angepasst werden? Welche Systemunterstützung wird benötigt?
5	Optimierungsmaßnahmen umsetzen	Was ist zu tun, damit die Umsetzung erfolgreich ist?

Tab. 5.8 Phasen des Change-Management-Prozesses (vgl. Lewin 1975)

Phase	Erläuterung
Unfreezing	Einsicht, dass Veränderungen notwendig sind und Handlungsbedarf besteht
Moving	Entwicklung und Test von Problemlösungen
Reefreezing	Dauerhafte Integration der gefundenen und erfolgreich implementierten Problemlösungen

Aufbau- und Ablauforganisation beinhaltet in erster Linie die Reorganisation ineffizienter Prozesse und Strukturen, unter Beachtung der Entwicklungserfordernisse zur Anpassung an künftige Anforderungen, an die Entwicklung des Gesundheitsmarkts und die Ziele der Zahnarztpraxis (Tab. 5.6).

5.2.3 Methoden der Organisationsentwicklung

Wie in jedem Betrieb ist auch in der Zahnarztpraxis die Ablauforganisation der Gefahr ausgesetzt, zur Routine zu werden und nicht auf veränderte Rahmenbedingungen rechtzeitig zu reagieren. Langjährig unveränderte Arbeitsprozesse bergen Verbesserungspotenziale, die es aufzudecken gilt. In diesem Zusammenhang übernimmt die **Prozessoptimierung** eine wichtige Funktion, wenn es darum geht, Abläufe in der Zahnarztpraxis zu optimieren, die aufbauorganisatorischen Strukturen anzupassen und Verbesserungsmaßnahmen umzusetzen (Tab. 5.7).

Die dauerhafte Integration der Organisation von Veränderungen in der Zahnarztpraxis wird als **Change Management** bezeichnet. Darunter ist somit die Institutionalisierung der Organisationsentwicklung zu verstehen und damit alle Aufgaben, Maßnahmen und Tätigkeiten, die eine umfassende, bereichsübergreifende und inhaltlich weit reichende Veränderung zur

Umsetzung von neuen Strukturen, Strategien, Systemen, Prozessen oder Verhaltensweisen in einer Organisation bewirken sollen. In Anlehnung an das weithin bekannte Modell von K. Lewin läuft der Veränderungsprozess in der Regel in drei Phasen ab (Tab. 5.8).

Ähnlich wie beim Organisationsentwicklungsprozess geht das Veränderungsmanagement in einer ersten Phase des „Auftauens" (Unfreezing) von der Einsicht aus, dass Veränderungen notwendig werden. Das alte Verhalten wird in Frage gestellt, gleichzeitig werden die nach Veränderung strebenden Kräfte unterstützt, um ein Veränderungsbewusstsein auszulösen. In dieser Phase findet die Vorbereitung einer Veränderung statt, Pläne werden mitgeteilt und die von der Änderung Betroffenen in die Diskussion einbezogen. Gleichzeitig müssen Unterstützung in der Zahnarztpraxis für die Veränderungen entwickelt und ausreichend Zeit eingeräumt werden, um sich darauf vorzubereiten. In der Veränderungs- oder Bewegungsphase (Moving) werden Problemlösungen entwickelt und ausprobiert. Dazu gehört auch, diese durch Training zu verstärken und den Prozess zu überwachen. In der dritten Phase wird die erfolgreiche Implementierung der gefundenen Problemlösungen „eingefroren" (Refreezing) und damit dauerhaft integriert. Dazu müssen die Veränderungen vollständig eingepasst und auch über die Einführungsphase hinaus weiterhin überwacht werden, ob sie nachhaltig funktionieren. Umsetzungsverantwortliche (Change Agents) sollen diesen Veränderungsprozess überwachen und sind zu diesem Zweck in Konfliktmanagement, Projektmanagement und Kommunikationstechniken geschult.

Der Begriff des **Business Process Reengineering** wurde 1993 von den Amerikanern M. Hammer und J. Champy geprägt. Im Mittelpunkt stehen dabei nicht die verschiedenen organisatorischen Einheiten der Zahnarztpraxis, sondern deren Prozesse. Business Process Reengineering bedeutet eine grundlegende, radikale Neugestaltung und Flexibilisierung aller in der Zahnarztpraxis ablaufenden Prozesse, um ihre Kostensituation und Handlungsgeschwindigkeit zu verbessern. Im Gegensatz zu einer Prozessoptimierung, die eine effektivere Gestaltung der Abläufe zum Ziel hat, findet ein grundlegendes Überdenken der Praxis und ihrer gesamten Prozessorganisation statt. Im Einzelnen geht es dabei um die Verkürzung der Patientendurchlaufzeiten und der Lieferzeiten von zahnmedizinischem Verbrauchsmaterial, der Beschränkung der Leistungserstellung der Praxis auf ihre Kernkompetenzen, die

Tab. 5.9 Grundregeln des Business Process Reengineering (vgl. Hammer und Champy 2003, S. 190 ff)

Regel	Erläuterung
Restrukturierung (Restructuring)	Neugestaltung und Änderung des Leistungsportfolios
Erneuerung (Renewing)	Verbesserung der Schulung und organisatorischen Einbindung von Mitarbeitern in die Unternehmung durch Erwerb von Fertigkeiten und Fähigkeiten sowie verbesserter Motivation
Einstellungsänderungen (Reframing)	Überwindung herkömmlicher Denkmuster durch neue Visionen und Entschlusskraft
Revitalisierung (Revitalizing)	Grundlegende Neugestaltung aller Prozesse

Steigerung von Qualität, Patientenservice und Produktivität, sowie die Beschleunigung der Leistungsprozesse durch Abbau von Hierarchien. Die Neugestaltung erfolgt dabei nach bestimmten Grundregeln (Tab. 5.9).

Die Kritik an diesem Konzept erstreckt sich auf die Missachtung der erworbenen Erfahrungswerte, die in den bestehenden Prozessen der Zahnarztpraxis abgebildet sind sowie auf die zu geringe Berücksichtigung des notwendigen Lernprozesses der Praxisangehörigen.

Lean Management stellt die Führung der Zahnarztpraxis nach einem schlanken Organisationskonzept dar, das auf den Abbau unnötiger Kostenbereiche ausgerichtet ist. Diese Form der Betriebsführung stammt aus Japan, ist durch flache Hierarchien, die Vermeidung von Verschwendung und der Konzentration auf die wertschöpfenden Tätigkeiten gekennzeichnet. Aufgespürt und vermieden werden sollen insbesondere vermeidbare Wartezeiten von Patienten, Leistungserstellungen über den Bedarf hinaus, unergonomische Bewegungen im Arbeitsablauf sowie unnötiges Mehrfachhandling von Dentalprodukten und zahnmedizinischen Materialien. Zu diesem Zweck werden im Lean Management alle Abläufe in der Zahnarztpraxis auf ihren Beitrag zur Wertschöpfung untersucht und gegebenenfalls verbessert. Ziel ist dabei, in Anlehnung an das ökonomische Prinzip mit einem minimalen Einsatz von Personal, Zeit und Investitionen ein durch den Patienten vorgegebenes Ergebnis bzw. bei gegebenem Einsatz ein optimales Behandlungsergebnis für den Patienten zu erreichen. Als wichtige Kriterien für eine Struktur mit optimierten Abläufen des Lean Management werden häufig interne Leitprinzipien, wie Patientenorientierung und Führung als Service an den Praxisangehörigen, Prozesse mit niedriger Fehleranfälligkeit, transparente Informations- und Rückkopplungsprozesse, Einsatz von Gruppenarbeit, verstärktes Mitarbeiterengagement durch Eigenverantwortung und Teamarbeit, permanente Qualitätsverbesserung genannt.

Eine populäre Methode der Organisationsverschlankung ist **KAIZEN**, die nach Imai (1986) als eine patientenorientierte Verbesserungsstrategie, die im Bewusstsein der Praxisangehörigen verankert sein soll, beschrieben werden kann. Sie geht von der japanischen Lebensphilosophie aus, dass die Art zu leben – sei es das Arbeitsleben, das soziale Leben oder das häusliche Leben – und somit auch die Zahnarztpraxis einer ständigen Verbesserung bedarf. KAIZEN stellt für die Umsetzung von organisatorischen Verbesserungsmaßnahmen eine Reihe standardisierter Werkzeuge bereit, von denen hier nur die wichtigsten kurz benannt werden sollen. Sie sollen in Form von Checklisten vorliegen und, angepasst an die konkreten Erfordernisse, den Organisationsentwicklungsprozess in der Zahnarztpraxis unterstützen. Bekannte Instrumente dieser Art sind:

- 3-Mu-Checkliste: Verschwendung (MUDA), Überlastung (MURI) und Abweichungen (MURA) in einem Arbeitsprozess ermitteln, um so Ansatzpunkte für Verbesserungen in der Zahnarztpraxis zu erkennen.
- 4-M-Checkliste: Gliederung des Arbeitsprozesses nach den beteiligten Elementen Mensch, Maschine, Material, Methode und Analyse der Einhaltung vorgegebener Standards und Prognose zukünftiger Entwicklungen.
- 5-S-Bewegung: Positive Werte in den Mittelpunkt der Vorgehensweise stellen und am Arbeitsplatz in der Zahnarztpraxis visualisieren: Ordnung schaffen (SEIRI), Ordnung

halten (SEITON), Sauberkeit (SEISO), persönlicher Ordnungssinn (SEIKETSU) und
Disziplin (SHITSUKE).
• 6-W-Leitfragen: Umfassender Katalog qualitätsrelevanter Fragen nach dem Wer, Was,
  Wo, Wann, Warum und Wie in der Zahnarztpraxis.

Es wird deutlich, dass KAIZEN ein ständiger Prozess unter Einbeziehung aller Mitarbeiter
ist und einen Abschied vom ergebnisorientierten Denken bedeutet. Dabei geht es nicht um
radikale Veränderungen, sondern eher um eine behutsame Weiterentwicklung der Gesamtor-
ganisation der Zahnarztpraxis in kleinen Schritten. Obwohl bei KAIZEN in der Praxis von
der Grundphilosophie her die Patientenzufriedenheit im Mittelpunkt stehen soll, handelt es
sich bei diesem Ansatz doch im Wesentlichen um ein System von betriebsinternen Verbesserungen, wie die Orientierung der praktischen KAIZEN-Werkzeuge deutlich aufzeigt. Ihre
Anwendung erbringt zunächst nur Veränderungen in der Organisation der Praxis, die dann
mittelbar auch die Patientenzufriedenheit positiv beeinflussen sollen.

5.3   Behandlungsplanung

5.3.1   Behandlungsorganisation und Behandlungsplanerstellung

Die Behandlungsorganisation hat einen möglichst ökonomischen Umgang mit der Behandlungszeit und der Straffung der Behandlung durch gezielte Vorbereitungsmaßnahmen
zum Ziel.
Wesentliche behandlungsorganisatorische Grundlagen sind beispielsweise im Rahmen
der vertragszahnärztlichen Versorgung gegeben:

• Zahnärztliche Behandlung und kieferorthopädische Behandlung: Die zahnärztliche Be-
  handlung umfasst die Tätigkeit des Zahnarztes, die zur Verhütung, Früherkennung und
  Behandlung von Zahn-, Mund- und Kieferkrankheiten nach den Regeln der zahnärztlichen Kunst ausreichend und zweckmäßig ist; sie umfasst auch konservierendchirurgische
  Leistungen und Röntgenleistungen, die im Zusammenhang mit Zahnersatz einschließlich
  Zahnkronen und Suprakonstruktionen erbracht werden. Nicht zur zahnärztlichen
  Behandlung gehört die kieferorthopädische Behandlung von Versicherten, die zu Beginn
  der Behandlung das 18. Lebensjahr vollendet haben. Dies gilt nicht für Versicherte mit
  schweren Kieferanomalien, die ein Ausmaß haben, das kombinierte kieferchirurgische
  und kieferorthopädische Behandlungsmaßnahmen erfordert. Ebenso gehören funktionsanalytische und funktionstherapeutische Maßnahmen nicht zur zahnärztlichen
  Behandlung. Versicherte haben Anspruch auf kieferorthopädische Versorgung in medizinisch begründeten Indikationsgruppen, bei denen eine Kiefer- oder Zahnfehlstellung vorliegt, die das Kauen, Beißen, Sprechen oder Atmen erheblich beeinträchtigt oder zu
  beeinträchtigen droht.

- Versorgung mit Zahnersatz einschließlich Zahnkronen und Suprakonstruktionen: Die Bestimmung der Befunde erfolgt auf der Grundlage einer international anerkannten Klassifikation des Lückengebisses. Dem jeweiligen Befund wird eine zahnprothetische Regelversorgung zugeordnet. Diese hat sich an zahnmedizinisch notwendigen zahnärztlichen und zahntechnischen Leistungen zu orientieren, die zu einer ausreichenden, zweckmäßigen und wirtschaftlichen Versorgung mit Zahnersatz einschließlich Zahnkronen und Suprakonstruktionen nach dem allgemein anerkannten Stand der zahnmedizinischen Erkenntnisse gehören. Bei der Zuordnung der Regelversorgung zum Befund sind insbesondere die Funktionsdauer, die Stabilität und die Gegenbezahnung zu berücksichtigen. Zumindest bei kleinen Lücken ist festsitzender Zahnersatz zu Grunde zu legen. Bei großen Brücken ist die Regelversorgung auf den Ersatz von bis zu vier fehlenden Zähnen je Kiefer und bis zu drei fehlenden Zähnen je Seitenzahngebiet begrenzt. Bei Kombinationsversorgungen ist die Regelversorgung auf zwei Verbindungselemente je Kiefer, bei Versicherten mit einem Restzahnbestand von höchstens drei Zähnen je Kiefer auf drei Verbindungselemente je Kiefer begrenzt. Regelversorgungen umfassen im Oberkiefer Verblendungen bis einschließlich Zahn fünf, im Unterkiefer bis einschließlich Zahn vier. In die Festlegung der Regelversorgung einzubeziehen sind die Befunderhebung, die Planung, die Vorbereitung des Restgebisses, die Beseitigung von groben Okklusionshindernissen und alle Maßnahmen zur Herstellung und Eingliederung des Zahnersatzes einschließlich der Nachbehandlung sowie die Unterweisung im Gebrauch des Zahnersatzes. (Vgl. § 73 SGB V „Kassenärztliche Versorgung" in Verbindung mit §§ 28, 29 und 56 SGB V).

Wichtige Voraussetzungen für eine erfolgreiche Behandlungsplanung sind die Klarheit über den Zeitbedarf für die einzelnen Behandlungsmaßnahmen. Bei der Planung von Behandlungskapazitäten wird die Kapazitätsbelastung durch geplante Behandlungsmaßnahmen dem Kapazitätsangebot an zahnmedizinischem Personal, benötigter dentaltechnischer Geräteausstattung, Behandlungszimmern etc. gegenübergestellt. Anhand der aktuellen Auslastung der Behandlungskapazitäten werden geeignete Instrumente zum Kapazitätsabgleich eingesetzt, um einerseits eine möglichst gleichmäßig hohe Kapazitätsauslastung zu erreichen und andererseits für möglichst viele Behandlungsmaßnahmen die vereinbarten oder erforderlichen Termine einzuhalten.

Das **Kapazitätsangebot** gibt beispielsweise an, welche Leistung an einem Behandlungsplatz in einem bestimmten Zeitraum erbracht werden kann. Es wird bestimmt durch:

- Arbeitsbeginn, Arbeitsende,
- Pausendauer,
- Nutzungsgrad der Kapazität (beispielsweise 80 % der theoretisch nutzbaren Zeit, 20 % entfallen auf Rüstzeiten, Verteilzeiten etc.),
- Anzahl der Einzelkapazitäten (beispielsweise Anzahl der Geräte für Zahnsteinentfernung, Röntgen, Endodontie etc.).

Tab. 5.10 Beispiel für die Kapazitätsbelastung einer ZFA an einem Behandlungsplatz

Kapazitätsart: ZFA					Behandlungsplatz: Behandlungsraum I		
Kalender-woche	Kap. Einheit	Bedarf	Kap. Angebot brutto	Nutzungs-grad in %	Kap.-Angebot netto	Belastungs-grad in %	Freie Kapazität
38.	Std.	50,25	38,00	80,00	30,40	165,30	−19,85
39.	Std.	48,30	34,00	80,00	27,20	177,57	−21,10
40.	Std.	32,15	38,00	80,00	30,40	105,76	−1,75
41.	Std.	40,10	38,00	70,00	26,60	150,75	−13,50
42.	Std.	23,30	38,00	80,00	30,40	76,64	7,10
43.	Std.	35,40	36,00	80,00	28,80	122,92	−6,60
44.	Std.	48,20	38,00	50,00	19,00	253,68	−29,20
45.	Std.	21,35	38,00	80,00	30,40	70,23	9,50
46.	Std.	46,15	34,00	80,00	27,20	170,67	−18,95
47.	Std.	28,45	38,00	80,00	30,40	27,80	1,95
Gesamt	Std.	373,65	370,00	76,00	280,80	132,13	−92,40

Je Behandlungsplatz können verschiedene Kapazitätsarten definiert werden, zum Beispiel:

- Kapazität der dentaltechnischen Einrichtungen,
- Personalkapazität,
- Reservekapazität für Eilbehandlungen,
- Kapazität für Reinigungs- und Hygienearbeiten,
- Kapazität für Wartungsarbeiten.

Der **Kapazitätsbedarf** gibt an, welche Leistung die einzelnen Behandlungsmaßnahmen an einem Behandlungsplatz benötigen.

Um beurteilen zu können, in wieweit die Personal- oder Behandlungsplatzkapazitäten ausgelastet sind, ist eine Verdichtung der Kapazitätsangebote und Kapazitätsbedarfe auf einer Stufe notwendig (Tab. 5.10).

Um die unterschiedlichen Auslastungsgrade anzupassen, ist ein Kapazitätsabgleich erforderlich. Dazu stehen für die Erhöhung bzw. Senkung des Kapazitätsangebotes verschiedene Möglichkeiten zur Verfügung, wie beispielsweise:

- Ausweichbehandlungsplätze mit freien Kapazitäten suchen,
- Änderungen der Behandlungsmenge,
- Behandlungstermine verschieben,
- Überstunden,
- Einsatz von Leihpersonal,
- Vorziehen/Verschiebung von dentaltechnischen Wartungsarbeiten,
- zusätzliche Schichten bzw. Reduzierung der Schichtzahl,
- Kurzarbeit etc.

Für jede zu terminierende Behandlung ist zu prüfen, ob für sie zum zuvor berechneten Termin ausreichend freie Kapazität zur Verfügung steht. Ist ausreichend freie Kapazität vorhanden, kann die Behandlung ohne Änderungen eingeplant werden. Bei fehlenden Kapazitäten ist die Behandlung auf einen Termin zu verschieben, zu dem sie durchgeführt werden kann. Die Reihenfolge der eingeplanten Behandlungsmaßnahmen beeinflusst wesentlich das Ergebnis der gesamten Behandlungsplanung, da später einzuplanende Behandlungsmaßnahmen nur noch vorhandene Kapazitätslücken nutzen können.

5.3.2 Terminplanung und -vergabe

Die Behandlungszeiten sind von zu vielen Faktoren abhängig, als dass sie minutiös geplant werden könnten. Die **Behandlungsterminierung** ist zweckmäßigerweise so vorzunehmen, dass auf der einen Seite nicht zu viele Leerlaufzeiten entstehen, aber auf der anderen Seite die Termine nicht zu eng liegen und dadurch Wartezeiten produziert werden.

Die benötigten Behandlungszeiten lassen sich in der Regel schätzen oder über einen längeren Zeitraum beobachten. Dadurch können Zeitwerte für gleiche Behandlungsarten dokumentiert und deren rechnerischer Mittelwert als zeitlicher Anhalt für eine bestimmte Behandlung genommen werden. Die auf diese Weise ermittelten Zeiten eignen sich für die Planung, obwohl beispielsweise auftretende Komplikationen das Einhalten der Termine erschweren können.

Die Vorteile einer bestmöglichen Behandlungsterminierung bestehen in einer gleichmäßigen Arbeitsauslastung der Zahnarztpraxis, der Vermeidung von Zeitdruck und dadurch verbesserter Arbeitsqualität. Der Patient erlebt geringere Wartezeiten und erhält gleichzeitig den Eindruck, dass die Praxis auf ihn eingestellt ist. Andererseits besteht für ihn eine Terminabhängigkeit, da er bis auf Ausnahmesituationen, etwa bei Notfällen, nur zu den vereinbarten Zeitpunkten behandelt wird.

Um einen Behandlungstermin pünktlich und zügig ablaufen zu lassen, sind einige Vorbereitungen zu treffen:

- Abschluss der Beratung mit dem Patienten (unter Verwendung der Untersuchungsergebnisse, von Bildtafeln, Kostendarstellungen etc.) und Entscheidung über die Behandlungsmaßnahme,
- Abschluss notwendiger Voruntersuchungen,
- Bereithalten von Röntgenbildern, Heil- und Kostenplänen, Anschauungsmaterial, Instrumenten etc.,
- rechtzeitige Anfertigung und Eröffnung von Kostenvorausschätzungen für selbst zahlende Patienten,
- Planung verschiedener Behandlungsarten unter Berücksichtigung von Tageszeiten, Wochenenden oder Feiertagen (beispielsweise unter Berücksichtigung der Möglichkeit, Nachkontrollen durchzuführen),

- Berücksichtigung von Vorlaufzeiten bei Änderungen, damit die Ablaufplanung des betreffenden Tages rechtzeitig geändert und die Termine anderweitig belegt werden können,
- Information aller Beteiligten bei auftretenden Verzögerungen über deren Grund,
- Verdecken auftretender Verzögerungen gegenüber Patienten durch fraktionierte Wartezeiten (beispielsweise durch zeitliche Streckung von Maßnahmen der Behandlungsvorbereitung etc.),
- Einbeziehung von Zeitpuffern und Notfallzonen.

Für die Behandlungsterminierung schwierige Zeiträume sind beispielsweise die Tage vor und nach Ferien- und Urlaubszeiten. An den ersten Arbeitstagen nach einem Praxisurlaub kommen erfahrungsgemäß zu den bestellten Patienten häufig Patienten mit Beschwerden, die an dem vorhergehenden Wochenende aufgetreten sind, sowie Patienten, die auf die Rückkehr ihres Zahnarztes oder ihrer Zahnärztin gewartet haben, zusammen. Weitere schwierige Tage in einer Zahnarztpraxis sind beispielsweise die Abrechnungstermine oder allgemein Tage mit krankheitsbedingtem Personalausfall.

Für die Terminvergabe verwendete Systeme sollten über folgende Eigenschaften bzw. Möglichkeiten verfügen (vgl. Lamers 2003, S. 8 f):

- Möglichkeit der Tagesübersicht, Langzeitübersicht, Stunden-/Feinübersicht, Wochenübersicht/Monatsübersicht.
- Anzeige sämtlicher Termine eines Patienten.
- Zugang zum Eintrag von möglichst vielen Schnittstellen.
- Mehrere Spalten/unterschiedliche Kalender für verschiedene Praxisbereiche/Zahnärzte.
- Beachtung korrespondierender Termine bei zeitlichen oder sachlichen Kollisionen zwischen mehreren Zahnärzten.
- Plausibilitätsprüfung Urlaub, Feiertage etc.
- Abfrage/Verwaltung Termindauer, Zeitbedarf.
- Freie Gestaltung Zeiteinheiten, Urlaub, Bestellrhythmus etc.
- Feste Vorgaben für Pufferzeiten.
- Suchfunktion innerhalb der Kalender nach freien Terminen.
- Langzeit-Terminierung mehrerer Termine je Patient.
- Einträge per frei wählbarem Kürzel zur Reduzierung des Erfassungsaufwands.
- Texte als Termin eintragbar, damit es nicht zu Kollisionen kommt, wenn dazu ein eigener Planer verwendet werden muss.
- Automatische Übergabe an Wartezimmerliste.

Wenn verschiedene Praxisangehörige Termine vergeben, ist das Chaos oft vorprogrammiert. Das Praxisteam schadet sich dadurch nur selbst, denn geregelte Arbeitszeiten sind bei Fehlplanungen nahezu unmöglich.

Auch müssen Pufferzeiten oder sog. Notfallzonen bei der Terminplanung berücksichtigt werden. Die Erfahrung zeigt, dass im Laufe eines Behandlungstages nicht immer Patienten absagen und Notfälle dadurch problemlos eingeschoben werden können.

Besonders vor Wochenenden oder einer längeren Reihe von Feiertagen ist der Patienten-
andrang hoch.

Bei „Notfällen" sollte genau geprüft werden, ob sich etwa ein Patient unter Schmerz-
vorwand vordrängeln möchte. Um dies herauszubekommen, sind einige Suggestiv-Fragen
sehr hilfreich. So kann man etwa fragen: „Seit wann haben Sie Schmerzen?" Hat der Patient
sie schon einige Tage oder gar Wochen, so kann der Behandlungstermin nicht so dringend
sein, dass er nicht vielleicht noch einen weiteren Tag damit aushalten könnte. Weicht er auf
die Aufforderung „Kommen Sie sofort!" aus und sagt, er habe jetzt keine Zeit, dann ist dem
dringenden Schmerzempfinden ebenfalls eher skeptisch zu begegnen.

Aus Rücksicht auf den Terminplan sollte auch wirklich nur die Schmerzursache behandelt werden. Ist diese beseitigt, wird der Patient wie jeder andere eingeplant.

Können die Behandlungszeiten nicht richtig eingeschätzt werden, helfen nur die Zeitaufnahme und die Beobachtung über einen längeren Zeitraum. Die Zeitwerte für gleiche
Behandlungsarten können so festgehalten und der rechnerische Mittelwert als zeitlicher Anhalt
für eine bestimmte Behandlung angenommen werden. Mit diesen so ermitteln Zeiten kann
dann recht gut geplant werden, obwohl natürlich auftretende Komplikationen oder mitunter
redselige Patienten und Praxisangehörige das Einhalten von Terminen erschweren.

Mitunter ist von langjährigen Patienten bekannt, dass sie kurzfristig abkömmlich sind
und schon länger auf einen Termin warten. Um zeitlichen Leerlauf aufgrund von Absagen
anderer Patienten zu vermeiden, genügt oft ein kurzer Anruf und der Patient ist sicherlich
erfreut darüber, den einen oder anderen Termin kurzfristig zu erhalten.

Bei Langzeitterminen sollten die Patienten am Tag vorher kurz angerufen und daran
erinnert werden, damit die Vorbereitungen für die Behandlung sowie die Reservierung der
Behandlungszeit bei eventuellem Nichterscheinen des Patienten nicht vergebens sind.

5.3.3 Information der Patienten

Der überwiegende Teil aller Zahnarztpraxen arbeitet mit einem **Bestellsystem**. Im
Gegensatz zum reinen Sprechstundensystem, in dem jeder Patient innerhalb der
Praxisöffnungszeiten kommen kann, wann er will, werden die Patienten bei einem
Bestellsystem zu vereinbarten Terminen behandelt. Die Vorteile der Anwendung eines
Bestellsystems liegen klar auf der Hand: Dadurch, dass das Patientenaufkommen durch
die Terminvergabe gesteuert wird, unterliegt die Zahnarztpraxis einer gleichmäßigen
Arbeitsauslastung. Bei richtiger und konsequenter Anwendung des Bestellsystems ent-
steht kein stoßweiser Stress, die Behandlungen können ohne Zeitdruck und mit dadurch
verbesserter Arbeitsqualität vorbereitet und durchgeführt werden, der Patient erlebt geringere Wartezeiten und hat gleichzeitig das Gefühl, dass die Praxis auf ihn eingestellt ist.
Als Nachteile könnte man eine gewisse Abhängigkeit vom Patienten und die Gefahr von
Leerzeiten herausstellen. Für den Patienten besteht ebenfalls eine Terminabhängigkeit, da
er bis auf Ausnahmesituationen, etwa bei Notfällen, nur zu dem vereinbarten Termin behandelt wird.

Sehr geehrte Patienten,

Sie möchten doch sicherlich bei uns nicht lange warten müssen und legen Wert auf eine
unverzügliche Behandlung.

Helfen Sie uns dabei, indem Sie uns rechtzeitig darüber informieren, wenn Ihnen die
Einhaltung eines vereinbarten Termins nicht möglich ist.

Ihr Behandlungstermin ist ein für Sie reservierter Zeitraum, der bei Nichterscheinen unsere tägliche
Ablaufplanung durcheinander bringt. Dadurch wird auch anderen Patienten, die schon länger auf
einen Termin warten, die Möglichkeit zu einer frühestmöglichen Behandlung genommen.

Bei Verspätungen Ihrerseits müssen Sie daher damit rechnen, dass Ihre Behandlung auch erst zu
einem späteren Zeitpunkt durchgeführt werden kann.

Wir werden uns gleichzeitig bemühen, Ihre Wartezeiten bei uns so gering wie möglich zu halten.

Ihr Praxisteam

Abb. 5.11 Patienteninformation Bestellsystem

Ein gut funktionierendes Bestellsystem liegt im Interesse der Patienten. Sie erwarten möglichst kurze Wartezeiten, einen zügigen Behandlungsablauf und eine flexible Terminplanung
unter weitest gehender Berücksichtigung ihrer persönlichen Belange. Es liegt aber auch in
ihrem Interesse und im Interesse des gesamten Praxisteams, dass das Bestellsystem gut funktioniert: Die Patienten sind zufrieden, wenn sie zügig behandelt werden, und geregelte
Arbeitszeiten mit einem pünktlichen Feierabend für das Praxisteam sind die Regel und nicht
die Ausnahme.

Damit ein Bestellsystem gut funktioniert, ist es wichtig, die Patienten darüber richtig zu
informieren. Die Patienten sollten darauf aufmerksam gemacht werden, dass die abgesprochenen und eingetragenen Termine auch eingehalten werden. Nur wenn der Patient seinen
Termin rechtzeitig wahrnimmt, hat er auch Anspruch auf einen pünktlichen Behandlungsbeginn. Die Patienten sind ferner darauf hinzuweisen, dass sie die Nichteinhaltung eines
Behandlungstermins ihrerseits unverzüglich, spätestens jedoch 24 Std. vor dem Termin
mitteilen sollten, damit die Ablaufplanung des betreffenden Tages rechtzeitig geändert und
der Termin anderweitig vergeben werden kann. Bleiben Patienten ohne Ankündigung aus,
entstehen ungenutzte Leerlaufzeiten, die auch durch Umbestellungen oder kurzfristige
Terminvergaben oft nicht überbrückt werden können.

Als Informationsmaterial für die Patienten kann der Terminzettel dienen, der neben
Datum und Uhrzeit des nächsten Behandlungstermins auch allgemeine Informationen zum
Bestellsystem enthalten kann. Es ist ferner ratsam für die Patienten ein Merkblatt zu entwi-

ckeln, in dem das Bestellsystem kurz erläutert und auf die dringende Notwendigkeit des Mitteilens von Terminabsagen hingewiesen wird (Abb. 5.11).

Einige Zahnarztpraxen erheben eine **Ausfallgebühr** bei trotz Terminvereinbarung nicht erscheinenden Patienten. Der Patient ist in diesem Fall darüber zu informieren, dass er pünktlich zu erscheinen oder rechtzeitig abzusagen hat. Ferner muss er damit einverstanden sein, dass er bei Fernbleiben zumindest für einen Teil der laufenden Kosten, die durch Reservierung von Behandlungszeiten und -kapazitäten entstehen, aufkommen muss. Zur Erhebung der Ausfallgebühr ist ein gesondert abzuschließender Vertrag zwischen Zahnarzt oder -ärztin und Patient notwendig. Dieser Vertrag kann sowohl mit Privat- als auch mit Kassenpatienten vereinbart werden, denn die Versicherungsträger ersetzen nicht die entstehenden Kosten, wenn eine für ihn reservierte Behandlungszeit durch den Patienten nicht wahrgenommen wird. Die Erhebung einer Ausfallgebühr ist jedoch nicht unproblematisch. So könnte beispielsweise auch der Patient seinerseits Ansprüche erheben, wenn er, obwohl er zu seinem Termin pünktlich erschienen ist, aufgrund praxisinterner Verzögerungen verhältnismäßig lange warten muss. Auch dürfte das Praxisimage unter der Erhebung dieser Ausfallgebühr leiden.

„Der Zahnarzt muss eine Praxis besitzen, die mit längeren Terminvorläufen arbeitet. Das heißt, die Terminvergabe darf nicht lediglich der besseren Organisation dienen und die Patienten werden trotz Terminvergabe nach der Reihenfolge ihres Eintreffens behandelt. Des Weiteren muss ein fester Termin für die Behandlung vereinbart und der Patient muss informiert gewesen sein, dass der Termin ausschließlich für ihn reserviert wurde. Erforderlich ist auch, dass der Termin aufgrund kurzfristiger Absage oder nicht Erscheinen des Patienten nicht anderweitig vergeben werden konnte. Der Patient sollte darauf aufmerksam gemacht worden sein, dass bei Nichterscheinen und nicht rechtzeitiger Absage ein Ausfallhonorar in Rechnung gestellt werden kann, es sei denn, das Nichterscheinen ist unverschuldet (vgl. den Patientenerhebungsbogen der Landeszahnärztekammer Baden-Württemberg unter Praxishandbücher für die Zahnarztpraxis, Anhang", unter Formulare „Praxisverwaltung").

Der Zahnarzt hat darzulegen, dass ihm durch die verspätete Absage ein Verdienstausfall entstanden ist. Dies ist nach Auffassung des OLG Stuttgart nur dann der Fall, wenn er bei einer rechtzeitigen Absage die Möglichkeit gehabt hätte, einen bestimmten anderen Patienten in der frei gewordenen Zeit zu behandeln, den er tatsächlich nicht, auch nicht später, behandeln konnte. Entscheidend ist, wie wäre es gewesen, wenn der Patient rechtzeitig abgesagt hätte, wäre dann ein anderer Patient behandelt worden, der wegen der verspäteten Absage nun nicht behandelt werden konnte? Er muss behaupten, dass sich andere Patienten in der Praxis mit der Bitte um einen kurzfristigen Termin gemeldet hatten, die er wegen der anstehenden Behandlung des absagenden Patienten abweisen musste oder dass eine kurzfristige Vergabe von Terminen (innerhalb von 24 Stunden) bei Wegfall einer geplanten Behandlung dem gewöhnlichen Verlauf der Dinge entspricht.

Es muss weiterhin behauptet und konkret belegt werden, dass dies dem gewöhnlichen Verlauf der Dinge entspricht. Wenn eine Praxis als reine Bestellpraxis in der Weise organisiert ist, dass Termine großräumig vergeben werden und daher auf kurzfristige Absagen in der Regel nicht reagiert werden kann, dann aber entspricht es gerade nicht dem gewöhnlichen Verlauf, dass bei Wegfall von Behandlungen andere Patienten kurzfristig „eingeschoben" werden können, die andernfalls abgewiesen werden müssten." (Landeszahnärztekammer Baden-Württemberg 2011, S. 2).

Bei längeren Behandlungszeiten, wie etwa bei Implantaten, Wurzelbehandlungen, kieferchirurgischen Eingriffen etc., ist es erforderlich, die voraussichtliche Länge der Behandlung den Patienten vorher mitzuteilen, damit sich dieser die Zeit dafür freihalten kann. Den Patienten sollten zuvorkommender Weise hierüber so genaue Angaben wie möglich gemacht werden.

Ferner empfiehlt es sich, Patienten, die vor größeren Behandlungsvorhaben stehen, kurz vorher nochmals an ihren Termin zu erinnern. Dies kann in schriftlicher Form geschehen oder durch ein kurzes Telefonat. Dadurch kann man sich vergewissern, ob der Patient an den Termin gedacht hat oder man diesen Termin anderweitig vergeben kann.

Erfordert eine Behandlung mehrere Termine, ist es unverzichtbar, die Zeiten mit Zahnarzt und Patienten genau abzusprechen und langfristig zu planen. Der Patient wird über den Behandlungsablauf in Kenntnis gesetzt und kann sich zeitmäßig darauf einstellen. Die Praxisorganisation kann hinsichtlich vorbereitender Maßnahmen auf die Behandlung abgestimmt werden.

Treten Verzögerungen auf, sollten die Patienten unverzüglich über den Grund ihres Wartens informiert werden. Dadurch kann mitunter Verständnis geweckt werden, und die Patienten bekommen das Gefühl, nicht vergessen worden zu sein.

Die fraktionierte Wartezeit ist ein gutes Mittel, um auftretende Verzögerungen zu verdecken. Der Patient wird dabei von Praxisangehörigen bereits in ein Behandlungszimmer geleitet und auf die Behandlung vorbereitet. Dadurch entsteht in ihm der Eindruck, dass man sich um ihn kümmert und die Behandlung bereits beginnt oder zumindest unmittelbar bevorsteht.

Bei der Verabschiedung an der Rezeption sollte der Patient im Hinblick auf seinen nächsten Termin nochmals auf pünktliches Erscheinen bzw. rechtzeitige Absage hingewiesen werden.

5.4   Organisation der Materialwirtschaft

5.4.1   Logistik zahnmedizinischer Verbrauchs- und Nichtverbrauchsmaterialien

Die **Logistik** zählt in der Zahnarztpraxis zu den wichtigen Unterstützungsfunktionen. Ihre Optimierung trägt dazu bei, dass sich die Praxis auf ihre Kernkompetenzen in Zahnersatz, Schmerzbehandlung und Prophylaxe konzentrieren kann. Dadurch werden Material- und Prozesskosten reduziert sowie finanzielle und personelle Ressourcen freigesetzt, die dann für die Hauptleistungen verwendet werden können. Die langfristigen Erfolgspotenziale in diesem Bereich liegen neben den erzielbaren Kostenvorteilen vor allen Dingen auch in einer verbesserten Prozessoptimierung sowie der Steigerung der Dienstleistungsqualität der Zahnarztpraxis (vgl. Frodl 2012, S. 17 ff.).

Zu den typischen Logistikdienstleistungen in einer Zahnarztpraxis zählen beispielsweise die Sicherstellung der Verfügbarkeit sämtlicher benötigter Ressourcen (Dentalprodukte, Behandlungseinrichtungen etc.), die Bewirtschaftung von zahnmedizinischem Verbrauchs- material, die Beschaffung, der Einsatz und die Wartung von dentaltechnischen Betriebsmitteln, die Entsorgung von zahnmedizinischen Abfällen und vieles andere mehr. Gleichzeitig übernimmt die Logistik in der Zahnarztpraxis die Aufgaben der Koordinierung und Planung von Prozessabläufen, wobei sie möglichen Konflikten, die sich aus der Gleichzeitigkeit zu erreichender Ziele, wie hoher Kapazitätsauslastung, kurzen Patientenwartezeiten, geringen Leerständen, hoher Materialverfügbarkeit und hoher Einsatzflexibilität ergeben, unterliegt. Sie muss ferner versuchen, diese Ziele unter Beachtung technischer und wirtschaftlicher Rahmenbedingungen sowie möglichst niedriger Logistikkosten bzw. weitgehender Vermeidung zusätzlicher Kosten zu erreichen.

Zahnarztpraxen bewegen und lagern beispielsweise größere Mengen an zahnmedizinischem Material in den Bereichen Abformung, Desinfektion, Sterilisation, Endodontie, Füllungsmaterialien, Finieren, Polieren, rotierendes Instrumentarium, Kieferorthopädie, Röntgen, Unterfüllung, Befestigung, Pharmazeutika, Prophylaxe oder temporäre Versorgung. Dental-Depots bieten teilweise ein Sortiment von bis zu 200.000 Produkten für den Einsatz in der Zahnarztpraxis an.

Die **Materialwirtschaft** der Zahnarztpraxis umfasst alle Vorgänge der Bewirtschaftung von zahnmedizinischen, medikamentösen, pharmazeutischen Heilmitteln und sonstigen Stoffen sowie dentaltechnischen und sonstigen Betriebsmitteln, unabhängig davon, für welche Teilbereiche des Praxisbetriebs diese durchgeführt werden. Ihre Aufgabe ist es, alle in der Zahnarztpraxis benötigten Materialien zur Sicherstellung der Bereitschaft zur Erbringung der Behandlungsleistungen zur richtigen Zeit, am richtigen Ort, in der richtigen Qualität und Menge bereitzustellen. Sie ist ein wesentlicher Bestandteil der gesamten logistischen Versorgungskette, die die Höhe der Bestände bzw. den Materialfluss planen und überwachen muss, um insbesondere durch Fragmentierung und ungenügende Abstimmung entstehende Über- und Unterbestände, Stillstands-, Warte- und Fehlzeiten zu vermeiden.

Ausgehend von der Materialwirtschaft herrscht in der Zahnarztpraxis üblicherweise eine funktionsorientierte Betrachtungsweise vor, sodass sich die Aufgabenbereiche der Logistik im Wesentlichen nach Beschaffungs-, Bereitstellungs-, Leistungserstellungs- und Entsorgungslogistik unterscheiden lassen:

* Beschaffungslogistik: Angebotseinholung, Lieferantenauswahl, Preisverhandlungen, Bestellung, Bestellüberwachung etc.
* Bereitstellungslogistik: Bedarfsermittlung, Beschaffungs- und Bestellrechnung, Ermittlung der Bedarfstermine, Bedarfsauslösung, Bestandsreservierung, Eingangsprüfung, Reklamationsbearbeitung, Einlagerung, Bestandsüberwachung, Bereitstellung der eingehenden Lieferungen etc.
* Leistungserstellungslogistik: Planung des Leistungsprogramms, Standardisierung zahnmedizinischer Leistungen in der Zahnarztpraxis, Planung von Behandlungskapazitäten, Behandlungsterminierung, Erstellung der Behandlungsleistungen, Einsatz dentaltechnischer Betriebsmittel, Betriebsmittelplanung, Betriebsmittelinstandhaltung, elektronischer Informations- und Datenaustausch, behandlungsorientiertes eHealth etc.
* Entsorgungslogistik: Sammeln, Verpacken, Bereitstellen, Lagern, Transportieren, Behandeln, Verwerten oder Beseitigen von Abfällen der Zahnarztpraxis etc.

Tab. 5.11 Logistische und qualitative Zielbereiche der Zahnarztpraxis

Ziele	Zieldefinition
Leistungsqualität	Anteil der ausgeführten Behandlungsleistungen ohne qualitative Mängel
Informationsbereitschaft	Fähigkeit, in allen Stadien der Behandlung auskunftsbereit zu sein und zahnmedizinische Informationen über unterschiedliche Medien austauschen bzw. verarbeiten zu können
Leistungszeit	Zeitspanne von der Bedarfsfeststellung (Befunderhebung) bis zur vollständigen bzw. erfolgreichen Erbringung einer Behandlungsleistung
Termintreue	Grad der Übereinstimmung zwischen zugesagtem und tatsächlichem Behandlungstermin
Leistungsfähigkeit	Grad der Übereinstimmung zwischen Patientenwunschtermin und zugesagtem Behandlungstermin
Leistungsflexibilität	Fähigkeit, auf Änderungen hinsichtlich Behandlungsart, Patientenanforderungen, Behandlungssituation, Patientenzustand, Spezifikationen, Terminen etc. einzugehen

Das wichtigste Ziel der Logistik zahnmedizinischer Verbrauchs- und Nichtverbrauchsmaterialien ist es somit, jederzeit die Versorgung der Zahnarztpraxis und seiner Patienten mit den nötigen zahnmedizinischen Leistungen und Materialien sicherzustellen. Der enge Zusammenhang mit der Qualität der Erstellung von Behandlungsleistungen in der Zahnarztpraxis wird anhand einzelner logistischer und qualitativer Zielausprägungen deutlich (Tab. 5.11).

Gleichzeitig setzt sich immer häufiger die Erkenntnis durch, dass eine Optimierung der Prozess-, Struktur-, und Ergebnisqualität in der Zahnarztpraxis nur durch eine übergreifende Betrachtung und Optimierung der zahnmedizinischen Leistungsprozesse in Verbindung mit einer effektiven informations- und kommunikationstechnologischen Unterstützung sowie schlanker organisatorischer Abläufe ermöglicht wird.

5.4.2 Beschaffung von Praxisbedarf

Bei der **Beschaffung** von Praxisbedarf geht es um die Verfügbarmachung aller für die Erstellung der Behandlungs- und Patientenserviceleistungen benötigten Objekte und Dienstleistungen. Dazu ist die Lieferstruktur für zahnmedizinische Bedarfe zu ermitteln, hinsichtlich relevanter Merkmale wie Sortiment, Lieferzuverlässigkeit, Preise oder Lieferkonditionen. Ziel ist es dabei, Markttransparenz der zahnmedizinischen Beschaffungsmärkte hinsichtlich Preis-, Qualitäts- und Kostenniveau zu schaffen, neue Beschaffungsquellen für Dentalbedarfe zu erschließen, Substitutionsgüter als zahnmedizinisch mögliche Verwendungsalternative zu ermitteln, zukünftige Marktentwicklungen der zahnmedizinischen Beschaffungsmärkte zu erkennen sowie die optimale Versorgung der Zahnarztpraxis dauerhaft sicherzustellen.

Dies ist einerseits ein permanenter Prozess der Beobachtung von Mengen-, Preis- und Qualitätsentwicklungen auf den relevanten Märkten bei der Beschaffung von zahnmedizinischen Bedarfen und ist andererseits aber auch immer wieder erneut bei Einzelbeschaffungen durchzuführen. So findet eine kontinuierliche Beobachtung beispielsweise bei der häufig wiederkehrenden Beschaffung von zahnmedizinischen Verbrauchsmaterialien für Behandlungen statt und eher eine „ereignisabhängige" bei der einmaligen Beschaffung hochwertiger dentaltechnischer Betriebsmittel beispielsweise für die bildgebende Diagnostik und Befunderhebung. Zu den wesentlichen Informationsquellen zur Deckung von Zahnärztebedarfen zählen insbesondere Online-Datenbanken, Kataloge, Fachzeitschriften, Messebesuche und vieles andere mehr.

Auslöser für den Beschaffungsprozess ist die **Bedarfsermittlung**, die die zukünftig in der Zahnarztpraxis benötigten Materialmengen anhand unterschiedlicher Verfahren plant:

- Einzelbedarfsermittlung anhand der Planung konkreter, umfangreicher Behandlungsmaßnahmen,
- Bedarfsfestlegung anhand von Erfahrungswerten über den Verbrauch an zahnmedizinischem Material vergangener Perioden,
- Bedarfsfestlegung anhand von Schätzungen, wie viel zahnmedizinisches Material in einer bestimmten Periode verbraucht werden könnte.

Je hochwertiger die Materialien sind, desto genauer sollte die Bedarfsermittlung erfolgen, um Fehlmengen einerseits und Überbestände andererseits zu vermeiden.

Die Aufgabe der Bedarfsermittlung besteht nun darin, den Materialbedarf für alle Behandlungsmaßnahmen in der Zahnarztpraxis nach Art und Zeit unter Beachtung der Terminplanung so zu bestimmen, dass eine gesicherte und dabei möglichst wirtschaftliche Leistungserstellung resultiert. Eine möglichst genaue Bedarfsermittlung kann beispielsweise in folgenden Schritten ablaufen:

- Bestimmung der durch die Terminplanung der Praxis nach Zeit und Menge vorgegebenen Behandlungsmaßnahmen.
- Ableitung der für die einzelnen Behandlungen notwendigen zahnmedizinischen Betriebsmitteln bzw. Verbrauchsmaterialien.
- Berücksichtigung von Lagerbeständen.
- Berücksichtigung von offenen Bestellungen bspw. bei einem Dentallabor, die nur noch geliefert werden müssen.
- Berücksichtigung von Reservierungen, die beispielsweise für geplante Behandlungsmaßnahmen bereits vorgemerkt sind und zu einem vorgesehenen Termin dem Bestand entnommen werden sollen.
- Berücksichtigung des Sicherheitsbestands, der für außergewöhnliche Ereignisse, wie Notfälle, Komplikationen etc. reserviert ist.

Bestand an Verbrauchsmaterialien
für zahnmedizinische Behandlungen

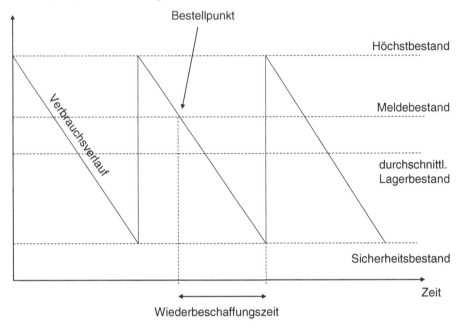

Abb. 5.12 Wiederbeschaffungszeit von zahnmedizinischen Verbrauchsmaterialien

Eine möglichst exakte, deterministische Bedarfsermittlung für alle zahnmedizinischen Verbrauchsmaterialien ist natürlich viel zu aufwendig. Ein geeignetes Prognoseverfahren für die Bedarfsermittlung von Verbrauchsmaterialien für Behandlung ist
daher beispielsweise die bereits beschriebene Mittelwertbildung (Abschn. 2.3.2).

Im Anschluss an die Bedarfsermittlung ist der richtige Zeitpunkt von Bestellungen
von zahnmedizinischen Verbrauchsmaterialien zu bestimmen, um einerseits Fehlmengen, andererseits aber auch unnötig hohe Lagermengen zu vermeiden. Eine
Bestandsüberwachung trägt dazu bei, die benötigten Materialien bereitzuhalten, mit
den Zielen einer sicheren Lieferbereitschaft und -fähigkeit für alle geplanten und unge-
planten Behandlungsleistungen, sowie der Vermeidung von Fehlmengenkosten. Dabei
wird der Zeitpunkt der Bestellung so gelegt, dass der verfügbare Bestand an zahnmedizinischen Verbrauchsmaterialien ausreicht, um den Bedarf in der erforderlichen
Wiederbeschaffungszeit zu decken (Abb. 5.12).

Bei der Wiederbeschaffungszeit handelt es sich um den Zeitraum vom Erkennen der
Bestellnotwendigkeit bis zur Verfügbarkeit der Verbrauchsmaterialien für die Behandlung
in der Zahnarztpraxis. Sie umfasst auch die Zeiträume für die praxisinterne Abwicklung
einer Bestellung und vom Eingang der Bestellung beim Lieferanten bis zur Anlieferung in
die Praxis.

Mit dem **Einkauf** von zahnmedizinischen Betriebsmitteln und Verbrauchsmaterial werden zahlreiche Beschaffungsmaßnahmen bzw. Beschaffungsaufgaben durchgeführt. Ziel des Materialeinkaufs ist der Erwerb bzw. die Verfügbarmachung der für die Behandlungs- und Patientenserviceleistungen der Zahnarztpraxis erforderlichen dentaltechnischen Betriebsmittel, Verbrauchsmaterialien für Behandlung, Dienstleistungen und anderes mehr.

Steigende Bedeutung bei der Beschaffung von Verbrauchsmaterialien für die Zahnarztpraxis gewinnt das so genannte **E-Procurement**, der elektronische Materialeinkauf über das Internet. Dies geschieht in der Regel über Produktkataloge und Lieferantensysteme, bei denen die Zahnarztpraxis sich hinsichtlich Bestellmodalitäten und Zahlungsabwicklung am vorgegebenen System des jeweiligen Lieferanten orientiert.

Bei Nichtverbrauchsmaterialien, wie beispielsweise dentaltechnische Einrichtungen, lassen sich aus der Festlegung des Aufgabenspektrums die Anforderungen an die anzuschaffende Dentaltechnik ableiten. Als Anforderungsspezifikation ist die zu erwartende Leistung möglichst genau zu definieren, in dem es die Forderungen an die Lieferung und Leistung eines Auftragnehmers innerhalb eines Auftrages beschreibt, was als Grundlage für eine spätere **Angebotseinholung** dienen kann. Dazu sind üblicherweise Informationen zu Zielsetzung der Anschaffung, deren Einsatzbedingungen, Anforderungen an Lieferumfang, Benutzbarkeit, Effizienz, Zuverlässigkeit, Änderbarkeit, Risikoeigenschaften sowie Abnahmekriterien erforderlich. Anhand der Angebotsprüfung ist eine Auswahlentscheidung unter Berücksichtigung zahnmedizinischer, wirtschaftlicher und ergonomischer Kriterien zu treffen, wie beispielsweise

* Anforderungserfüllung,
* Ausstattung/Patientenkomfort/Leistung,
* Bedienfreundlichkeit,
* Preis,
* Wartungsaufwand,
* Serviceumfang.

Zur Entscheidungsunterstützung bietet sich beispielsweise die Anwendung einer Nutzwertanalyse an, die anhand von Kategorien für den Erfüllungsgrad der Kriterien, deren Gewichtung und der anschließenden Bewertung der einzelnen Angebotsalternativen zu einer quantitativen Ergebnismatrix gelangt (Tab. 5.12 und Abschn. 5.1.4).

Für Zahnarztpraxen, die häufig und in großen Mengen zahnmedizinisches Verbrauchsmaterial beschaffen, ist möglicherweise ein **Rahmenvertrag** günstig. Er regelt grundsätzliche Aspekte der Zusammenarbeit mit dem Lieferanten und beinhaltet jedoch Flexibilität für konkrete Beschaffungsfälle. So können Material, Preis und Qualität fest vereinbart werden, die Liefermenge und der Lieferzeitpunkt jedoch zunächst offen bleiben (beispielsweise Abruf- oder Sukzessivlieferungsvertrag). Dies bedeutet für die Zahnarztpraxis in der Regel niedrigere Preise und eine Preisgarantie für einen längeren Zeitraum.

Die konsequente Durchführung von **Preisvergleichen** ist ein wichtiges Instrument zur Kostensenkung im Rahmen des Materialeinkaufs. Dazu gehört die Anforderung von Katalogen

Tab. 5.12 Nutzwertanalyse zur Beschaffungsentscheidung über Dentaltechnik

Kriterium	Gewicht	Dental-System A	Dental-System B
Anforderungs-erfüllung (1)	25	Übererfüllt die gestellten Anforderungen	Erfüllt die gestellten Anforderungen
Ausstattung/Patientenkomfort/Leistung (2)	30	Neuester Stand der Dentaltechnik	Auslaufmodell
Bedienfreundlichkeit (3)	5	Einfache Bedienung	Umfangreiche Einweisung notwendig
Preis (4)	25	150.000	120.000
Wartungsaufwand (5)	10	einmal jährlich	alle 6 Monate
Serviceumfang (6)	5	Service nach Terminvereinbarung durch Fremdfirma	24 Std. Rufbereitschaft d. Herstellers
Summe	100		

Kriterium	0 Punkte	2 Punkte	5 Punkte	8 Punkte	10 Punkte	Gewicht	Erf. grad A	Nutzwert A	Erf. grad B	Nutzwert B
1	nicht erfüllt	…	ausr. erfüllt	…	vollst. erfüllt	25	10	250	10	250
2	gering. Komf./Leistg.	…	ausr. Komf./Lstg.	…	hoher Komf./Lstg.	30	10	300	5	150
3	schlecht	…	ausreichend	…	sehr gut	5	8	40	2	10
4	überteuert	…	angemessen	…	preisgünstig	25	2	50	8	200
5	hoch	…	akzeptabel	…	gering	10	8	80	2	20
6	schlecht	…	ausreichend	…	sehr gut	5	2	10	10	50
						Nutzwert		730		680

und Preislisten verschiedener Händler für Zahnärztebedarf. Jeder Produktvertreter versucht mit Mitteln der Verkaufsförderung, wie beispielsweise Werbegeschenken etc. die Zahnarztpraxis an sich zu binden. Die Praxisangehörigen sollten sich jedoch in keine Abhängigkeit dieser Art begeben. Auch wenn ein Lieferant von Praxisbedarf die Praxisräume eingerichtet hat, sollte überdacht werden, ob es zwingend notwendig ist, gleichzeitig von diesem das gesamte benötigte Verbrauchsmaterial zu beziehen.

Das benötigte Material sollte konsequent nur da bestellt werden, wo es bei Preis-Mengen-Vergleichen auch am günstigsten zu bekommen ist. Hierbei sind Sonderangebote zu berücksichtigen, auch wenn der Materialbedarf noch nicht unmittelbar bevorsteht. Bei größeren Abnahmemengen erzielt man in der Regel einen günstigeren Einkaufspreis. Größere Abnahmemengen sind aber nur dann sinnvoll, wenn das Material auch häufig benötigt wird und richtig gelagert werden kann. Sperrige Hygieneartikel und Reinigungsmittel beanspruchen vergleichbar großen Lagerraum.

Manche Praxisangehörige wollen es mitunter besonders gut machen und legen Vorräte an, die auf Monate und Jahre hin ausreichen. Eine zu große Lagerhaltung führt jedoch zu Lagerkosten und bindet unnötig Kapital. Ferner können Angebote nicht ausgenutzt werden, weil das Lager zu voll ist. Auch nützen der Einkauf großer Mengen und die Wahrnehmung von Mengenrabatten nichts, wenn das Material in diesem Umfang gar nicht benötigt wird. Die Materialbeschaffung sollte deshalb ständig auf den tatsächlichen Bedarf hin ausgerichtet sein.

Mitunter besteht die Möglichkeit, mit Dental-Depots bei Erreichen bestimmter, jährlicher Einkaufsmengen Sonderkonditionen und Rabatte auszuhandeln. Diese Rabatte können so hoch sein, dass ein Einkauf bei diesen Depots trotz höherer Preise günstiger sein kann.

Oftmals gewähren Händler für Zahnärztebedarf bei Einhaltung bestimmter Zahlungsziele (Zahlungsfristen) Skonto-Nachlässe. In der Regel wird bei Zahlung innerhalb von 7–10 Tagen ein Skonto-Nachlass von 2–3 % gewährt. Bei den oft umfangreichen Bestellmengen und den damit verbundenen Auftragssummen zahlt sich ein solcher Preisnachlass aus.

Vor jeder Bestellung sollten die mit dem Materialeinkauf beauftragten Praxisangehörigen überprüfen, ob ein bestimmter Artikel nach wie vor bestellt werden soll. Vielleicht ist die Qualität nicht zufriedenstellend und ein vergleichbarer Artikel soll getestet werden. Auch sollten die anderen Praxisangehörigen befragt werden, ob bestimmte Materialien ausgetauscht oder nicht mehr beschafft werden sollen. Durch diese Vorgehensweise lassen sich kostenintensive „Lagerleichen", d. h. Material, das zwar eingekauft wurde, aber nicht mehr verwendet wird, vermeiden.

Um zahnmedizinische Verbrauchsartikel zu testen, müssen dieselben oft gar nicht gleich eingekauft werden. Die Hersteller geben den Depots und Verkäufern in der Regel Muster an die Hand, die kostenlos angefordert werden können. Erst nach einem erfolgreichen Test sollte entschieden werden, ob mit diesem Material auch in Zukunft gearbeitet werden soll, und wo es am günstigsten zu beziehen ist.

Mit der **Bestellung** wird die Aufforderung der Zahnarztpraxis an einen Lieferanten zur Bereitstellung eines Produkts oder einer Leistung übermittelt. Sie mündet in ein Vertragsverhältnis, durch das sich beide Seiten zur Erfüllung der gegenseitigen Vereinbarungen verpflichten. Ihre Form (über Lieferantenhomepage, per Mail, telefonisch etc.) wird durch die

Tab. 5.13 Reklamationsmöglichkeiten der Zahnarztpraxis

Reklamationsart	Erläuterung
Umtausch	Lieferant nimmt die reklamierten Materialien zurück und händigt der Zahnarztpraxis solche aus, die den Fehler nicht aufweisen
Reparatur	Lieferant behebt den Mangel auf seine eigenen Kosten, so dass der Reklamationsgrund entfällt (Nachbesserung bei Dienstleistungen)
Wandlung	Lieferant nimmt die fehlerhaften Materialien zurück und händigt der Zahnarztpraxis den Kaufpreis aus
Minderung	Lieferant erstattet einen Teilbetrag, die Zahnarztpraxis behält die fehlerhaften Materialien

Zahnarztpraxis und Lieferant vereinbart und umfasst in der Regel Leistungs- bzw. Materialart, Lieferort, -termin, und -menge, Mengeneinheit, Verpackung, Preise für Material und Nebenleistungen, Zahlungsbedingungen sowie sonstige Vereinbarungen.

Die **Bestellüberwachung** umfasst die Überwachung von Liefertermineinhaltung, das Mahn- und Erinnerungswesen sowie die Maßnahmeneinleitung bei Unter- oder Überdeckung der Bestellmenge. Die **Wareneingangskontrolle** erfolgt auch im Sinne einer Qualitätskontrolle als Abnahmeprüfung mit dem Ziel, Gefährdungen und Störungen zu vermeiden, die durch Materialfehler in Behandlungsprozessen auftreten können. Bei der Kontrolle wird das angelieferte Material übernommen und abgeladen. Bevor der Lieferant die Empfangsbestätigung für die komplette Lieferung erhält und das angelieferte Material eingelagert wird, sollte mit dem Lieferschein die Lieferung auf Vollzähligkeit und Vollständigkeit kontrolliert werden. Ist dies aus Zeitgründen nicht möglich, sollte diese Empfangskontrolle jedoch so bald wie möglich durchgeführt werden, um Reklamationsfristen etc. zu wahren. Die Einlagerung der Materialien erfolgt in jedem Fall erst nach durchgeführter Eingangskontrolle. Der Eingang wird anhand der Lieferpapiere überprüft, der richtigen Menge, Lieferadresse und äußeren Beschaffenheit. Bei einer optisch erkennbaren Beschädigung der Materialien kann eine Annahme verweigert werden. Auch nach dem Handelsrecht muss der Käufer als Kaufmann sofort bei der Übernahme, spätestens vor der Benutzung, prüfen, ob die gelieferten Verbrauchsmaterialien für den Behandlungseinsatz fehlerfrei sind, da sie sonst als fehlerfrei gelten. Eine **Reklamation** kann erforderlich sein, wenn die Materialien fehlerhaft sind und damit zugesicherte oder zu erwartende Eigenschaften nicht erfüllen. Die Zahnarztpraxis hat in diesem Fall rechtliche Möglichkeiten gegen den Mangel vorzugehen (Tab. 5.13).

Auch wenn üblicherweise die Allgemeinen Geschäftsbedingungen (AGB) der Lieferanten von zahnmedizinischen Verbrauchsmaterialien eine Vorgehensweise regeln, muss die Lösung für die Zahnarztpraxis zumutbar sein. Unbegrenzt erfolglose Reparaturversuche oder die Aushändigung ganz anderer Materialien oder eines Gutscheins sind ohne das Einverständnis der Praxis unzulässig.

Schließlich sind die eingehenden Lieferantenrechnungen für die dentaltechnischen Betriebsmittel, Verbrauchsmaterialien für Behandlung, Dienstleistungen und anderes mehr auf sachliche und rechnerische Richtigkeit zu kontrollieren und den jeweiligen Aufwandskonten buchhalterisch zuzuordnen. Erst danach erfolgt in der Regel die Zahlung des Rechnungsbetrags als Teil der Vertragserfüllung in Form der Übermittlung eines Entgelts für die Lieferung.

Eine kooperative Beziehung zu den Lieferanten der Zahnarztpraxis hat die Zusammenarbeit insbesondere auf den Gebieten Preisbildung, Qualitätsanforderungen, Bestell- und Lieferkonditionen in Rahmenverträgen zum Ziel. Andererseits entstehen durch die langfristigen Bindungen zu Lieferanten auch gegenseitige Abhängigkeiten. Werden beispielsweise wichtige dentaltechnische Betriebsmittel oder Verbrauchsmaterialien für die Behandlung nur von einem einzigen Lieferanten bezogen, so besteht die Gefahr, sich zu sehr auf die Leistungsfähigkeit, das Wissen, das Entwicklungspotenzial und die Zuverlässigkeit dieses Lieferanten zu verlassen.

„Ein Lieferantenbeurteilungssystem nutzt vor allem dann, wenn daraus die entsprechenden Konsequenzen gezogen werden. Zuweilen ist es notwendig, sich von einem langjährigen Lieferanten zu trennen. Zuvor aber sollte das Gespräch gesucht werden – vielleicht lässt sich die etablierte Lieferantenbeziehung doch noch retten. Des Weiteren sollten bei der Bewertung nicht alle Kriterien über einen Kamm geschoren werden. Bei einem Lieferanten wichtiger Medizinprodukte ist die Freundlichkeit des Ansprechpartners nicht so bedeutsam. Vielmehr sollten die Qualität, die Erreichbarkeit und die Liefertreue im Vordergrund stehen. Bei der Beschaffung von Schreibblöcken wiederum mag der Preis eine gewichtigere Rolle spielen." (Letter 2010, S. A 1424).

5.4.3 Materialbewirtschaftung und -lagerung

Die Materialbewirtschaftung in der Zahnarztpraxis wird durch eine **Bestandsführung** erleichtert, mit deren Hilfe die Übersicht über das in der Praxis verwendete Material verbessert wird und die gleichzeitig Kontrollfunktionen ermöglicht, wie beispielsweise die Überwachung

- des Bestellzeitpunkts,
- der Lagerzeit und
- des Materialbestands.

Zum einen ist damit ersichtlich, wann welches Material beim Lieferanten bestellt werden muss, um Engpässe im Praxisbetrieb zu vermeiden (Bestellzeitpunkt). Ferner ist eine Überwachung lagerzeitbefristeter Materialien möglich (Lagerzeitüberwachung). Schließlich sind dem System Informationen darüber zu entnehmen, wie viel von welchem Material noch auf Lager liegt (Bestandsüberwachung). Dazu sollten je Artikel in dem Bestandsführungssystem wichtige Informationen enthalten sein, wie beispielsweise

- Produktname mit genauer Artikelbezeichnung, Bestellnummer und Packungsgröße,
- Tag und Menge der Bestellung,

- ggf. Preis des Produkts,
- Tag und Menge der Lieferung,
- bei lagerzeitbefristeten Materialien das Verfallsdatum bzw. das Mindesthaltbarkeitsdatum,
- Name des Lieferanten,
- Sicherheitsbestand (Mindestreservemenge), die nicht unterschritten werden darf.

Jeder Hersteller bzw. jeder Lieferant hat eigene Artikelnummern nach denen die Bestellung abgewickelt wird. Dieser, auf jedem Artikel vorhandene Zahlencode sollte ebenso wie die Packungs- oder Bezugsgröße ebenfalls verzeichnet sein, damit die Bestellung reibungslos funktioniert. Die Angabe des Produktpreises ist notwendig, um bei Preisvergleichen insbesondere mit Angeboten nicht lange nach den bisherigen Einkaufspreisen suchen zu müssen. Ferner ist die Eintragung von Bestellzeitpunkt (Bestelltag) und Bestellmenge wichtig, um bei regelmäßiger Kontrolle rechtzeitig ausstehende Lieferungen und fehlende Artikel beim Lieferanten anzumahnen oder etwa Lieferunstimmigkeiten hinsichtlich der bestellten Menge problemlos klären zu können. Ein regelmäßiger Bestelltermin ist in diesem Zusammenhang eine wesentliche Arbeitserleichterung. Gesamtbestellungen ersparen im Vergleich zu Einzelbestellungen Zeit und Mühe. Ebenso sollten bei erfolgter Lieferung Tag und Menge (Lieferdatum) erfasst werden, um bei Teillieferungen gegebenenfalls rechtzeitig anmahnen zu können. Die Eintragung des Verfalldatums bzw. des Mindesthaltbarkeitsdatums dient zur Überwachung kritischer Materialien, die unbrauchbar werden können. Bei regelmäßiger Kontrolle muss deshalb auf das jeweilige Verfallsdatum besonders geachtet werden. Da es in einer Zahnarztpraxis in der Regel nicht allzu viele dieser Produkte gibt, ist auch eine besondere Kennzeichnung innerhalb der Bestandsführung möglich. Mitunter ist kein Verfallsdatum, sondern lediglich eine Chargennummer auf der jeweiligen Packung angegeben. Deren Aufschlüsselung kann aber beim Lieferanten erfragt werden. Die Festlegung einer Mindestreservemenge hat den Zweck, das entsprechende Material bei unvorhergesehenen höheren Verbräuchen oder auch Lieferengpässen in der Praxis vorrätig zu haben. Diese Reservemenge hat sich an den durchschnittlichen Lieferzeiten der Händler und nach dem Verbrauch des jeweiligen Materials zu richten. Grundlage hierfür sind Erfahrungswerte, die durch Beobachtung über einen längeren Zeitraum hin gesammelt werden können. Mindestreserven sollten auf der jeweiligen letzten Packung beispielsweise durch einen roten Punkt gekennzeichnet werden, damit sie als solche erkannt und erforderliche Nachbestellungen eingeleitet werden. Es ist zweckmäßig innerhalb der Bestandsführung zwei zusätzliche Bereiche einzurichten: Einen Bereich für Material, das sich gerade in Bestellung befindet, aber noch nicht geliefert wurde, und einen zweiten Bereich für Material, das zum nächsten Bestelltermin angefordert werden muss.

Die **Lagerung** von zahnmedizinischem Verbrauchsmaterial, insbesondere von Arzneimitteln in Zahnarztpraxen richtet sich nach zahlreichen rechtlichen Rahmenbedingungen, wie beispielsweise

- dem Betäubungsmittelgesetz (BtMG 1994),
- der dazugehörigen Verschreibungsverordnung (BtMVV 1998),
- dem Arzneimittelgesetz (AMG 2005),

- dem Chemikaliengesetz (ChemG 2013),
- der Gefahrstoffverordnung (GefStoffV 2010) sowie zahlreichen
- Leitlinien und Empfehlungen von Fachverbänden und Berufsgenossenschaften.

Die Lagerung übernimmt für die Zahnarztpraxis verschiedene Funktionen: Sie schafft einen Ausgleich und Puffer, wenn aus beschaffungslogistischen Gründen mehr Verbrauchsmaterialien beschafft, als für Behandlungsmaßnahmen tatsächlich gebraucht werden. Auch dient sie zur Sicherstellung der Behandlungsmaßnahmen, da in der Regel in der Zahnarztpraxis nur zum Teil Klarheit über zukünftige Mengenbedarfe oder Bedarfs- und Lieferzeitpunkte herrscht, etwa bei planbaren umfangreicheren Behandlungsmaßnahmen. Bei zu erwartenden extremen Preisschwankungen, besonders niedrigen Einstandspreisen, Mengenrabatten und Größendegressionen durch deutlich sinkende Bestellkosten pro Einheit, übernimmt das Lager in der Zahnarztpraxis auch eine mögliche Kostensenkungsfunktion, wobei die Kostensenkung in ihrer Höhe ungewiss ist. Durch die Rücknahme und Sammlung von Mehrwegverpackungen der zahnmedizinischen Verbrauchsmaterialien, von Wertstoffen die nach Abschluss von Behandlungsmaßnahmen der Wieder- bzw. Weiterverwendung, der Verwertung oder der Entsorgung zugeführt werden, sowie der sicheren Lagerung von zahnmedizinischen Chemikalien und Gefahrstoffen, übernimmt die Lagerung in der Zahnarztpraxis auch wichtige Funktionen des Umweltschutzes.

Bei der **Lagerorganisation** in der Zahnarztpraxis herrscht in der Regel das Prinzip der Festplatzlagerung (beispielsweise im „Apothekerschrank": Das zahnmedizinische Verbrauchsmaterial liegt immer auf demselben Lagerplatz) vor. Die „chaotische" bzw. dynamische Lagerung (beispielsweise automatisierte Zentrallagerung in einem Großklinikum: Die Lagerorte für die Materialien werden nach Abmessungen, Lagerbedingungen, Haltbarkeit, Zugriffshäufigkeit etc. von einem Lagerverwaltungssystem immer wieder neu vergeben) würde in einer Zahnarztpraxis eher zur Unübersichtlichkeit, unnötigem Suchen und häufigen Rückfragen führen. Entsprechend häufig kommen je nach Beschaffenheit der zu lagernden zahnmedizinischen Verbrauchsmaterialien statische Lagersysteme wie bspw. Schubladenregale sowie dynamische Systeme (bspw. Durchlaufregale) nach dem „first-in-first-out-Prinzip" (fifo) zur Anwendung. Während bei der Festplatzlagerung das zahnmedizinische Verbrauchsmaterial aufgrund der festen Lagerplatzzuordnung für die Praxisangehörigen zwar einfach auffindbar ist, kommt es aufgrund der sich ändernden Lagerbestände und ungenutzten Lagerplätzen zu Auslastungsschwankungen bei den Lagerkapazitäten. Bei der dynamischen Lagerung ist zwar die Kapazitätsauslastung aufgrund der beliebigen Einlagerung auf einem freien Lagerplatz besser, jedoch erfordert dies eine genaue Lagerübersicht, sowie einen größeren Aufwand bei der Beachtung von Lagerbeschränkungen und Zusammenlagerverbote von Chemikalien und Gefahrgut.

Häufiges Verbrauchsmaterial sollte in jedem Behandlungsraum in ausreichender Menge vorhanden sein. Dadurch werden unnötige Laufwege zum zentralen Lagerraum in der Praxis vermieden. Für diese dezentrale Auslagerung muss in den Behandlungsräumen Platz vorhanden sein, und die dortigen Bestände müssen täglich aufgefüllt werden.

Da die Haltbarkeit von Arzneimitteln eine besondere Rolle bei der Lagerung von zahnmedizinischem Verbrauchsmaterial spielt, gewinnt das fifo-Prinzip an Bedeutung. Zur besseren

Überwachung von Chargen-Nummer, Laufzeit und Verfallsdatum eignen sich insbesondere schräg angeordnete Schubläden und Kassetten, bei der die Materialien automatisch zur Bedienerseite in Griffnähe vorrutschen, was gleichzeitig die Lagerdichte erhöht.

Eine ausschließlich zentrale Lagerhaltung ist in der Zahnarztpraxis nahezu unmöglich. Dies würde bedeuten, dass alle zahnmedizinischen Verbrauchsmaterialien und dentaltechnischen Betriebsmittel an einem einzigen Ort in der Praxis gelagert werden. Gebräuchlicher ist hingegen die dezentrale Lagerorganisation, bei der die Materialien möglichst nahe am Ort des Bedarfs gelagert werden, was eine höhere Flexibilität und kürzere Transportwege für die einzelnen Behandlungsprozesse bedeutet.

Die **Lagerbedingungen** für Arzneimittel werden durch Licht, Feuchtigkeit, Temperatur, mechanische Einwirkungen, hygienische Bedingungen und Luftsauerstoff beeinflusst und müssen so beschaffen sein, dass Wirkstoffgehalt, Reinheit, pH- und Elektrolytwerte, Gleichförmigkeit von Masse und Gehalt des Lagergutes nicht verändert werden, es zu keiner Partikelkontamination kommt und die mikrobiologische Qualität und Virussicherheit nicht beeinträchtigt werden. Daraus ergeben sich Anforderungen an die Lagerbehältnisse (Eindosisbehältnisse, Mehrdosenbehältnisse etc.), die das Lagergut vor Verschmutzung, Zersetzung, Lichteinfall etc. schützen, somit den Inhalt nicht verändern und gleichzeitig in geeigneter Weise eine Entnahme ermöglichen.

Lagerkennzahlen für die Zahnarztpraxis bieten Möglichkeiten, die Kapazitätsauslastung und Kapitalbindung der Lagerung zu überwachen und zu steuern. So gibt die Lagerumschlagshäufigkeit (Lagerabgänge ÷ durchschnittl. Lagerbestand) das Verhältnis aus Menge an zahnmedizinischen Verbrauchsmaterialien pro Zeiteinheit und dem durchschnittlichen Lagerbestand an; geringe Werte deuten auf eine lange Verweildauer der Verbrauchsmaterialien für Behandlungen und hohe Sicherheitsbestände hin. Die Lagerreichweite (durchschnittl. Lagerbestand ÷ durchschnittl. Periodenverbrauch) zeigt auf, wie lange der durchschnittliche Lagerbestand an zahnmedizinischen Verbrauchsmaterialien bei einem durchschnittlichen Verbrauch ausreicht.

Bei der **Materialkommissionierung** in der Zahnarztpraxis werden aus der (eingelagerten) Gesamtmenge der zahnmedizinischen Verbrauchsmaterialien bedarfsorientierte Teilmengen zusammengestellt, die für einzelne Behandlungsmaßnahmen notwendig sind. In der Zahnarztpraxis überwiegen manuelle Kommissioniertätigkeiten auf der Basis von Mitarbeiter-zum-Verbrauchsmaterial-Systemen, bei denen einzelne Praxisangehörige die Verbrauchsmaterialien für die jeweilige Behandlung aus Regalen im Behandlungszimmer oder aus Lagerräumen holen. Eher selten kommen beispielsweise technisch unterstützte Kommissioniersysteme vor, bei denen das entnommene Material z. B. mithilfe von Barcodes identifiziert und durch eine direkte Verbindung in einem Lagerverwaltungssystem registriert wird.

5.4.4 Pflege und Instandhaltung von Praxismaterial

Zur Organisation der regelmäßigen Instandhaltungs- und Pflegearbeiten, die für die meisten in Gebrauch befindlichen zahnmedizinischen Geräte nötig sind, sollten Verantwortungsbereiche für einzelne Praxisangehörige eingeteilt werden, damit die Geräte und Instrumente genau zugeordnet werden können. Regelmäßige Wartung und Pflege verlängert die Lebensdauer der eingesetzten Geräte und trägt dazu bei, kostenintensive Reparaturen zu vermeiden und den Ersatzbedarf auf das unbedingt notwendige Maß einzuschränken.

Beim Gebrauch dentaltechnischer Geräte und Systeme können eine Reihe von Gefahren für den Patienten, den Bediener und die Umgebung auftreten. Um diese weitestgehend zu reduzieren, ist eine fachgerechte Wartung und Instandhaltung der in der Zahnarztpraxis eingesetzten Medizinprodukte nötig. Wesentliche Grundlagen hierfür sind die Bestimmungen des Medizinproduktegesetzes (MPG) und der Medizinprodukte-Betreiberverordnung (MPBetreibV 2002).

Aktive Medizinprodukte in einer Zahnarztpraxis sind beispielsweise
- Behandlungseinheit als Ganzes,
- Patientenstuhl,
- Behandlungs-(Op)leuchte,
- Glasfiber-Kaltlicht-Leuchte für sich oder kombiniert,
- Ultraschall-Zahnsteinentfernungsgerät,
- Zahnfilm-Röntgen-Gerät,
- Panorama-Röntgen-Gerät,
- Ultra-Violett-Licht-Härte-Gerät,
- Vitalitäts-Sensibilitäts-Prüfungsgerät – elektrisch und Akku,
- Wurzelkanallängen-Messgerät elektrisch,
- Absaug-Gerät
- Speichelsauger,
- Wasser- und/oder Luftbläser,
- Bestrahlungsgeräte – Infrarot – Kurzwelle (Radar-med.) Ultrakurzwelle,
- die gesamte Luftdruck- und Absauganlage einschließlich Kompressor,
- Heißluftsterilisator
- Autoclav,
- Chemiclav,
- Ultraschall-Reinigungsgerät,
- Thermo-Desinfektor
- als Einzelteil (Turbine, Mikromotoren als Träger der rotierenden Instrumente mit Hand- und Winkelstück). (Vgl. Zahnärztekammer Bremen 2015, S. 4 f)

Während das MPG allgemein die Anforderungen an Medizinprodukte und deren Betrieb (u.a. klinische Bewertung und Prüfung, Sicherheitsbeauftragter für Medizinprodukte, Verfahren zum Schutz vor Risiken) regelt, ist die MPBetreibV für das Errichten, Betreiben, Anwenden und Instandhalten von Medizinprodukten nach den Bestimmungen des MPG maßgeblich und damit das Regelwerk für alle Anwender und Betreiber von Medizinprodukten. Nach ihr dürfen dentaltechnische Betriebsmittel nur nach den Vorschriften der Verordnung, den allgemein anerkannten Regeln der Technik und den Arbeitsschutz- und Unfallverhütungsvorschriften und nur von Personen, die eine entsprechende Ausbildung, Kenntnis und Erfahrung besitzen, errichtet, betrieben, angewendet und in Stand gehalten werden.

Besondere Regelungen trifft die MPBetreibV für aktive Medizinprodukte und Medizinprodukte mit Messfunktion. Für sie ist unter anderem nach § 7 MPBetreibV ein **Medizinproduktebuch** zu führen, das folgende Angaben enthalten muss:

- Bezeichnung und sonstige Angaben zur Identifikation des Medizinprodukts,
- Beleg über Funktionsprüfung und Einweisung,
- Name des Beauftragten, Zeitpunkt der Einweisung sowie Namen der eingewiesenen Personen,
- Fristen und Datum der Durchführung sowie das Ergebnis von vorgeschriebenen sicherheits- und messtechnischen Kontrollen und Datum von Instandhaltungen sowie der Name der verantwortlichen Person oder der Firma, die diese Maßnahme durchgeführt hat,
- soweit mit Personen oder Institutionen Verträge zur Durchführung von sicherheits- oder messtechnischen Kontrollen oder Instandhaltungsmaßnahmen bestehen, deren Namen oder Firma sowie Anschrift,
- Datum, Art und Folgen von Funktionsstörungen und wiederholten gleichartigen Bedienungsfehlern,
- Meldungen von Vorkommnissen an Behörden und Hersteller.

Alle aktiven nichtimplantierbaren Medizinprodukte der jeweiligen Zahnarztpraxis sind nach § 8 MPBetreibV in ein **Bestandsverzeichnis** mit folgenden Angaben einzutragen:

- Bezeichnung, Art und Typ, Loscode oder die Seriennummer, Anschaffungsjahr des Medizinprodukts,
- Name oder Firma und die Anschrift des für das jeweilige Medizinprodukt Verantwortlichen nach MPG,
- die der CE-Kennzeichnung hinzugefügte Kennnummer der benannten Stelle, soweit diese nach den Vorschriften des MPG angegeben ist,
- soweit vorhanden, betriebliche Identifikationsnummer,
- Standort und betriebliche Zuordnung,
- die vom Hersteller angegebene Frist oder die vom Betreiber festgelegte Frist für die sicherheitstechnische Kontrolle.

Während bei der **Wartung** der in der Zahnarztpraxis eingesetzten dentaltechnischen Betriebsmittel die Abnutzungsreduzierung im Vordergrund steht, um beispielsweise durch fachgerechten, planmäßigen Austausch von Verschleißteilen funktionserhaltendes Reinigen, Konservieren oder Nachfüllen von Verbrauchsstoffen eine möglichst lange Lebensdauer und einen geringen Verschleiß der gewarteten Medizinprodukte zu erzielen, ist die **Instandhaltung** als übergeordnete Aufgabe der Zahnarztpraxis insgesamt stärker auf die Vorbeugung zur Vermeidung von Systemausfällen ausgerichtet. Sofern herstellerseitig oder rechtlich nicht anderweitige Regelungen bestehen, sind dabei grundsätzlich in Abhängigkeit von Gefahrenpotenzial und Eintrittswahrscheinlichkeit eines Fehlerereignisses und den daraus entstehenden möglichen Folgen für Patienten oder Mitarbeiter bei dentaltechnischen Betriebsmitteln folgende Vorgehensweisen möglich:

- Betrieb bis zum Eintreten eines Fehlers mit Schwerpunkt auf einer möglichst schnellen Instandsetzung.
- Betriebsstunden, Zählerstände oder Zeitintervalle als Auslöser für Wartungs- und Instandhaltungsmaßnahmen.
- Wartungs- und Instandhaltungsmaßnahmen auf der Basis von Gerätezustandsmeldungen, Datenabfragen oder Teleservice (Datenaustausch mit entfernt stehenden medizin-technischen Anlagen zum Zweck der Zustandsdiagnose, Fernwartung Datenanalyse oder Optimierung).
- Intervall- und zustandsbasierte Instandhaltung unter zusätzlicher Berücksichtigung möglicher Risiken aus Umwelteinflüssen, Einsatzbedingungen und sonstigen Daten, die mögliche Besonderheiten der Nutzungsumgebung (beispielsweise Stromschwankungen, Strahleneinfluss, klimatische Bedingungen etc.) widerspiegeln.

Während bei der vorbeugenden Instandhaltung von Medizinprodukten nach den Herstellervorgaben häufig die Intervall- und Zustandsorientierung im Vordergrund stehen, macht eine vorausschauende Instandhaltung eine erweiterte Risikobewertung zur Festlegung von Instandhaltungsmethoden und -zyklen durch die Zahnarztpraxis notwendig. Nicht eine mögliche Kostenersparnis, Ersatzteilminimierung oder Abschreibungsoptimierung stehen dabei im Vordergrund, sondern die Sicherheit, Funktionsfähigkeit und Verfügbarkeit der dentaltechnischen Ausstattung. Die Risikoorientierung soll letztendlich dazu führen, dass bei Betriebsmitteln mit gleichen technischen Zuständen dasjenige in der Instandsetzung priorisiert wird, dessen Ausfall den höheren gesundheitlichen Schaden verursachen kann.

Vor diesem Hintergrund und den Zielen einer Erhöhung und optimale Nutzung der Lebensdauer von Medizinprodukten, der Optimierung ihrer Betriebssicherheit und Verfügbarkeit sowie der Reduzierung möglicher Störungen gewinnen auch das Wissen und die Erfahrung der Praxisangehörigen im Umgang mit der Dentaltechnik für die Zahnarztpraxis an Bedeutung, insbesondere wenn es darum geht, aktuelle Systemzustände aufgrund der Erfahrung aus dem täglichen Umgang mit den Geräten zu bewerten. Praxiseigenes Know-how wird immer wichtiger, da es aufgrund des technischen Fortschritts in der Dentaltechnik, der Zunahme von Elektronik und Digitalisierung und der damit verbundenen Schwachstellen immer schwieriger wird, den tatsächlichen Zustand einzelner Bauteile oder Baugruppen zu erfassen. Mikrotechnologien in immer kleineren, Platz sparenderen und leichteren Medizinprodukten reagieren häufig auch sensibler auf Verschleißerscheinungen und mögliche Defekte.

5.5 Abrechnungsorganisation

5.5.1 Abrechnungsgrundlagen und Verfahrensgrundsätze

Eine richtige, vollständige und zeitgerechte **Kassen- und Privatliquidation** ist für eine Zahnarztpraxis von wesentlicher Bedeutung. Zum einen stellt das Ergebnis der Privat- und

Kassenliquidation die Haupteinnahmequelle der Zahnarztpraxis dar. Zum anderen dient sie gleichzeitig als Kontrolle des Behandlungs- und Patientenaufkommens. Die quartalsweise Form der Kassenliquidation ist vorgegeben und bindet die Zahnarztpraxis an Termine und Verfahren. Die Stresssituationen für die damit befassten Praxisangehörigen sind also zu den Quartalsenden vorprogrammiert.

Die **Elektronische Gesundheitskarte** (eGK) dient als Versichertennachweis und Abrechnungsunterlage. Sie enthält nach § 291 SGB V neben der Unterschrift und einem Lichtbild des Versicherten in einer für eine maschinelle Übertragung auf die für die vertragszahnärztliche Versorgung vorgesehenen Abrechnungsunterlagen und Vordrucke geeigneten Form folgende Angaben:

- Bezeichnung der ausstellenden Krankenkasse, einschließlich eines Kennzeichens für die Kassenärztliche Vereinigung, in deren Bezirk das Mitglied seinen Wohnsitz hat,
- Familienname und Vorname des Versicherten,
- Geburtsdatum,
- Geschlecht,
- Anschrift,
- Krankenversichertennummer,
- Versichertenstatus,
- Zuzahlungsstatus,
- Tag des Beginns des Versicherungsschutzes,
- bei befristeter Gültigkeit der Karte das Datum des Fristablaufs.

Nach § 293 SGB V führt die Kassenzahnärztliche Bundesvereinigung ein bundesweites Verzeichnis der an der vertragszahnärztlichen Versorgung teilnehmenden Zahnärzte sowie Einrichtungen. Das Verzeichnis enthält unter anderem folgende Angaben:

- Zahnarztnummer (unverschlüsselt),
- Teilnahmestatus,
- Geschlecht des Zahnarztes,
- Titel des Zahnarztes,
- Name Zahnarztes,
- Vorname Zahnarztes,
- Geburtsdatum des Zahnarztes,
- Straße der Zahnarztpraxis oder der Einrichtung,
- Hausnummer der Zahnarztpraxis oder der Einrichtung,
- Postleitzahl der Zahnarztpraxis oder der Einrichtung,
- Ort der Zahnarztpraxis oder der Einrichtung,
- Beginn der Gültigkeit der Zahnarztnummer und
- Ende der Gültigkeit der Zahnarztnummer.

Auf der Grundlage der Daten über Befunde, Behandlungen sowie der Daten über in Anspruch genommene Leistungen und deren vorläufige Kosten für die Versicherten, erfolgt die Abrechnung zahnärztlicher Leistungen nach § 295 SGB V. Dazu sind die an der vertrags-zahnärztlichen Versorgung teilnehmenden Praxen unter anderem verpflichtet, in den Abrech-nungsunterlagen die von ihnen erbrachten Leistungen einschließlich des Tages der Behandlung, bei zahnärztlicher Behandlung mit Zahnbezug und Befund sowie auf den Vordrucken für die vertragszahnärztliche Versorgung ihre Zahnarztnummer maschinenlesbar aufzuzeichnen und zu übermitteln. Für die Erfüllung der Aufgaben zur Abrechnungsprüfung sind die an der vertragszahnärztlichen Versorgung teilnehmenden Zahnärzte verpflichtet und befugt, auf Verlangen der Kassenzahnärztlichen Vereinigungen die für die Prüfung erforderlichen Be-funde vorzulegen.

Für die Abrechnung der Vergütung übermitteln die Kassenzahnärztlichen Vereinigungen (KZV) im Wege elektronischer Datenübertragung oder maschinell verwertbar auf Datenträgern den Krankenkassen für jedes Quartal für jeden Behandlungsfall unter anderem folgende Daten:

- Bezeichnung der ausstellenden Krankenkasse,
- Krankenversichertennummer,
- Versichertenstatus,
- Zahnarztnummer,
- Art der Inanspruchnahme,
- Art der Behandlung,
- Tag der Behandlung,
- abgerechnete Gebührenpositionen mit Zahnbezug und Befunden,
- Kosten der Behandlung.

Die an der vertragsärztlichen Versorgung teilnehmenden Zahnärzte haben die für die Ab-rechnung der Leistungen notwendigen Angaben der Kassenzahnärztlichen Vereinigung im Wege elektronischer Datenübertragung oder maschinell verwertbar auf Datenträgern zu übermitteln.

Nach § 106a SGB V führen die Kassenzahnärztlichen Vereinigungen und die Krankenkassen eine **Abrechnungsprüfung** durch, indem sie die Rechtmäßigkeit und Plausibilität der Abrechnungen in der vertragszahnärztlichen Versorgung prüfen. Die Kassenzahnärztliche Vereinigung stellt die sachliche und rechnerische Richtigkeit der Abrechnungen der Vertragszahnärzte fest; dazu gehört auch die zahnarztbezogene Prüfung der Abrechnungen auf Plausibilität sowie die Prüfung der abgerechneten Sachkosten.

Ferner erfolgt nach § 106 SGB V eine **Wirtschaftlichkeitsprüfung** der Wirtschaft-lichkeit der zahnärztlichen Versorgung. Gegenstand der Beurteilung der Wirtschaftlichkeit ist unter anderem bei Leistungen des Zahnersatzes und der Kieferorthopädie die Verein-barkeit der Leistungen mit dem Heil- und Kostenplan.

5.5.2   Besonderheiten bei der Kassen- und Privatliquidation

Die **Kassenliquidation** über die jeweilige Kassenzahnärztliche Vereinigung richtet sich zunächst nach dem BEMA (siehe hierzu auch Abschn. 3.4.5. Honorargestaltung) indem alle Behandlungen aufgeführt sind, die gesetzliche Krankenkassen aufgrund ihrer Leistungspflicht vollständig oder anteilig übernehmen. Die Punktzahl jeder Leistung wird mit dem jährlich neu festgesetzten Punktwert multipliziert, der zwischen der jeweiligen KZV eines jeden Bundeslandes und den Krankenkassen ausgehandelt wird. Je nach Leistungsart erfolgt die Abrechnung unterschiedlich:

- Konservierende und chirurgische Leistungen (KCH): Sie werden je Behandlung dokumentiert und quartalsweise bei der KZV abgerechnet.
- Parodontalbehandlungen (PAR) und Kieferbruchbehandlungen (KBR): Sie sind vor Behandlungsbeginn bei der Krankenkasse per Heil- und Kostenplan (HKP) einzureichen und zu genehmigen.
- Individualprophylaxe (IP) und Früherkennungsleistungen (FU): Sie müssen als Privatleistungen abgerechnet werden.
- Zahnersatz (ZE): Für ihn muss anhand des Befunds der durch die Krankenkasse zu leistende Festzuschuss ermittelt werden, unter Berücksichtigung von Wirtschaftlichkeitsgebot, Stabilität, Gegenbezahnung und Funktionsdauer.

Die Vergütung erfolgt in der Regel durch

- Zusammenfassung von KCH, PAR und KBR in einer Gesamtvergütung je Quartal,
- Zahlung in Abschlägen in Höhe von jeweils 25 %,
- Restvergütung nach Überprüfung und ggf. Anpassung im ersten Monat des übernächsten Quartals.

Auch alle Begleitleistungen, die bei einer Regelversorgung anfallen, werden nach BEMA und dem Bundeseinheitlichen Leistungsverzeichnis (BEL) für zahntechnische Leistungen abgerechnet. Die Kosten von den Patienten gewünschter höherwertiger Leistungen, die über diese Regelversorgung hinausgehen, müssen von diesen selbst getragen werden. Leistungen der höherwertigen Versorgung werden nach GOZ und der Bundeseinheitlichen Benennungsliste (BEB) abgerechnet. In diesen Fällen handelt es sich um eine Mischabrechnung oder eine reine Privatabrechnung. Die GOZ enthält nicht nur Standardleistungen, sondern auch aufwändige Diagnose- und Therapiemethoden, deren Inanspruchnahme den gesetzlich Versicherten frei steht. Kassenpatienten, die sich für eine schriftlich zu vereinbarende Privatbehandlung entschieden haben, zahlen die Rechnung direkt an die Praxis.

Die Online-Abrechnung und Übermittlung der Daten läuft je nach KZV unterschiedlich ab, beispielsweise in folgenden Schritten (vgl. Kassenzahnärztliche Vereinigung Rheinland-Pfalz 2015, S. 1):

- Aktuelles BKV einlesen,
- Fallverarbeitung durchführen,

- Abrechnung erstellen und dabei auf korrekte Nummerierung achten,
- Fallzahlübersicht erstellen und ausdrucken,
- abgesicherten KZV-Bereich mit Passwort öffnen,
- Abrechnungsart auswählen
- Abrechnungsdatei auswählen
- Datenversand durchführen,
- Fallzahlübereinstimmung prüfen.

Bei der **Privatliquidation** ist die GOZ (siehe hierzu auch Abschn. 3.4.5. Honorargestaltung) die wesentliche Abrechnungsgrundlage für zahnärztliche Leistungen, die nicht im BEMA enthalten sind, sowie für Behandlungen von Privatversicherten. Sie beinhaltet für jede Behandlung einen Basisbetrag (Einfachsatz), der je nach individuellen Zeitaufwand und Schwierigkeitsgrad einer Behandlung mit Steigerungsfaktoren multipliziert wird, wie beispielsweise:

- 2,3-facher Gebührensatz: Behandlung ohne Komplikationen.
- bis zu 3,5-facher Gebührensatz: Schwierige Behandlungen.
- mehr als 3,5-facher Gebührensatz: Ausnahmefälle, die mit dem Patienten in einer Vergütungsvereinbarung schriftlich vereinbart werden müssen, die die Nummer und Bezeichnung der Leistung, den vereinbarte Steigerungssatz, den sich daraus ergebeden Betrag sowie den Hinweis der möglicherweise nicht in vollem Umfang durch Erstattungsstellen gegebenen Vergütungserstattung.

Von der **Umsatzsteuer** befreit sind grundsätzlich heilkundliche zahnärztliche Leistungen, bei denen das therapeutische Ziel im Vordergrund steht. Werden jedoch Leistungen erbracht, die der Umsatzsteuerpflicht unterliegen, dann gelten die umsatzsteuerrechtlichen Regelungen.

„Vor diesem Hintergrund besteht auch keine Umsatzsteuerbefreiung für solche zahnärztlichen Leistungen, die ohne jegliche therapeutische Zielsetzung erbracht werden (z.B. Bleaching zu kosmetischen Zwecken ohne medizinische Indikation). Dies gilt auch für unmittelbar im Zusammenhang erbrachte Leistungen (z.B. Anästhesieleistungen). Die Umsatzsteuer muss bei diesen Leistungen daher im Rahmen der GOZ-Rechnungslegung gegenüber dem Patienten ausgewiesen werden, sofern nicht die Ausnahme der Besteuerung als Kleinunternehmer nach § 19 UStG in Betracht kommt. Der ermäßigte Steuersatz von sieben Prozent kommt nach § 12 Abs. 2 Nr. 6 UStG nur für zahntechnische Leistungen sowie die Lieferung oder Wiederherstellung von Zahnprothesen und kieferorthopädischen Apparaten in der Praxis in Betracht; für alle anderen zahnärztlichen Leistungen ist der Regelsteuersatz von 19 Prozent in Ansatz zu bringen." (Janke 2012, S. 522 f).

Nach § 14 Umsatzsteuergesetz (UStG 2005) muss in diesen Fällen die Rechnung beispielsweise unter anderem folgende Angaben enthalten:

- Den vollständigen Namen und die vollständige Anschrift des leistenden Unternehmers und des Leistungsempfängers,
- die dem leistenden Unternehmer vom Finanzamt erteilte Steuernummer oder die ihm vom Bundeszentralamt für Steuern erteilte Umsatzsteuer-Identifikationsnummer,
- das Ausstellungsdatum,

- eine fortlaufende Nummer mit einer oder mehreren Zahlenreihen, die zur Identifizierung der Rechnung vom Rechnungsaussteller einmalig vergeben wird (Rechnungsnummer),
- die Menge und die Art (handelsübliche Bezeichnung) der gelieferten Gegenstände oder den Umfang und die Art der sonstigen Leistung,
- den Zeitpunkt der Lieferung oder sonstigen Leistung,
- das nach Steuersätzen und einzelnen Steuerbefreiungen aufgeschlüsselte Entgelt für die Lieferung oder sonstige Leistung sowie jede im Voraus vereinbarte Minderung des Entgelts, sofern sie nicht bereits im Entgelt berücksichtigt ist,
- den anzuwendenden Steuersatz sowie den auf das Entgelt entfallenden Steuerbetrag oder im Fall einer Steuerbefreiung einen Hinweis darauf, dass für die Lieferung oder sonstige Leistung eine Steuerbefreiung gilt.

Mit der Durchführung der **Abrechnungsarbeiten** sollte möglichst frühzeitig vor dem Einreichungstermin begonnen werden. In manchen Zahnarztpraxen scheint es aufgrund des starken Patientenandrangs sicherlich schwierig, die Abrechnung parallel zum laufenden Praxisbetrieb durchzuführen. Bei Schließung der Praxis für Abrechnungszwecke entstehen jedoch Einnahmeausfälle, denen laufende Kosten gegenüber stehen. Unvermeidliche Schließungszeiten sollten daher so kurz wie möglich gehalten werden. Gemäß der geltenden Ausbildungsordnung sind angehende ZFA in die Abrechnungsarbeiten einzubeziehen. Sie erfahren dadurch nicht nur die praktische Anwendung ihrer in der Berufsschule vermittelten Kenntnisse, sondern lernen auch gleichzeitig die enorme Bedeutung des Abrechnungswesens für die Zahnarztpraxis kennen. Um Stresssituationen bei bevorstehenden Abrechnungsterminen zu vermeiden, sollte, ähnlich, wie bei der Materialbewirtschaftung, ein Mindestvorrat aller notwendigen Einreichungs-Formblätter und sonstigen Abrechnungsmaterialien angelegt und aufgefüllt werden. Alle Behandlungsarbeiten, die nicht ausführlich dokumentiert sind, können bei der Abrechnung als zahnärztliches Honorar auch nicht geltend gemacht werden. Daraus ist ersichtlich, wie wichtig das genaue Festhalten der Behandlungsmaßnahmen ist. Nicht erfasste oder nicht vollständig erfasste Leistungen können nicht abgerechnet werden. Dadurch geht zustehendes Honorar verloren. Rechnungen von Zahntechnikern und Dentallabors sind frühzeitig anzufordern. Es hat sich bewährt, wenn diese mit der Rücklieferung der fertigen Dental-Arbeiten gleich mitgeschickt werden. Dadurch wird unnötiges Nachfragen bei den Labors vermieden, und die Rechnungen liegen rechtzeitig zu den Abrechnungsterminen vor.

Mit Ausnahme großer Rechnungssummen (in Abhängigkeit erbrachter Teilleistungen) sollten Privatabrechnungen erst nach Beendigung der gesamten Behandlung geschrieben werden. Dadurch können Teilrechnungen vermieden und zusätzliche Behandlungserfordernisse berücksichtigt werden. Kleinere Rechnungen sind zweckmäßigerweise quartalsmäßig, etwa mit der Kassenabrechnung, zu erstellen. Auf diese Weise binden sie während der normalen Tagesarbeit nicht unnötig Zeit. Zur Kontrolle offener Rechnungen sind zumindest folgende Daten zweckmäßigerweise aufzulisten und zu überwachen:

- Jede Rechnung mit fortlaufender Rechnungsnummer,
- der Name des jeweiligen Patienten,

- der jeweilige Rechnungsbetrag,
- das Datum der Rechnungserstellung,
- der Zahlungseingang mit Datum,
- ggf. Zahlungserinnerungen/Mahnungen,
- ggf. Teilzahlungen.

5.6 Hygieneorganisation in der Zahnarztpraxis

5.6.1 Rechtliche Grundlagen der Hygieneorganisation

Hygienegerechtes Arbeiten in der Zahnarztpraxis ist eine wichtige Form der Gesundheitsvorsorge für Praxisangehörige und Patienten. Beispielsweise können in Praxen vermehrt Krankheitskeime auftreten, die in Wunden gelangen und Infektionen auslösen, wie etwa das Eindringen und Vermehren pathogener Mikroorganismen, z. B. Bakterien, Viren, Pilze oder Protozoen, die über die Haut oder Schleimhaut in den Körper gelangen. Nach einem Urteil des Bundesgerichtshofs BGH (vom 20.3.2007, AZ: VI ZR 158) kommt bei Hygienerisiken, die beispielsweise durch die Zahnarztpraxis gesetzt und durch sachgerechte Organisation und Koordinierung des Behandlungsgeschehens objektiv voll beherrscht werden können, der Rechtsgedanke des § 282 BGB zur Anwendung, wonach die Darlegungs- und Beweislast für Verschuldensfreiheit bei der Behandlungsseite liegt.

Das **Infektionsschutzgesetz** (IfSG 2000) regelt die Verhütung und Bekämpfung von Infektionskrankheiten. Für die Zahnarztpraxis enthält es beispielsweise neben begrifflichen Definitionen Aussagen zu behördlich angeordneten Desinfektionsmaßnahmen, zur Erfassung nosokomialer Infektionen und resistenter Erreger einschließlich deren Bewertung und Dokumentation sowie zur Einhaltung der Infektionshygiene, zu Hygieneplänen und Begehungen.

Tab. 5.14 Beispiele für praxisrelevante Empfehlungen des RKI (vgl. Robert-Koch-Institut 2015, S. 1)

Hygienebereiche	Einzelne Empfehlungen
Infektionsprävention in Diagnostik und Therapie	Empfehlungen zur Händehygiene
Reinigung, Desinfektion, Sterilisation	Reinigung und Desinfektion von Flächen, Anforderungen an die Aufbereitung von Medizinprodukten
Abfallbeseitigung	Vollzugshilfe zur Entsorgung von Abfällen aus den Einrichtungen des Gesundheitsdienstes
Betriebsorganisation in speziellen Bereichen	Anforderungen an die Hygiene bei der Aufbereitung flexibler Endoskope und endoskopischen Zusatzinstrumentariums, Anforderungen der Hygiene an die baulich-funktionelle Gestaltung und apparative Ausstattung von Endoskopieeinheiten, Anforderungen der Hygiene bei Operationen und anderen invasiven Eingriffen

Ergänzt werden die Regelungen des IfSG durch die **Richtlinien** und Empfehlungen des Robert-Koch-Instituts (RKI). Die Kommission für Krankenhaushygiene und Infektionsprävention (KRINKO) erstellt Empfehlungen zum Hygienemanagement, die unter anderem für ambulante Einrichtungen im Gesundheitswesen und damit auch für Zahnarztpraxen gültig sind. Sie dienen bei der behördlichen Überwachung als Grundlage, sodass Abweichungen hiervon fachlich begründet sein müssen und nicht zu einem niedrigeren Schutzniveau für Mitarbeiter oder Patienten führen dürfen (Tab. 5.14).

Während das **Medizinproduktegesetz** (MPG 2002) unter anderem regelt, dass Zahnarztpraxen, die Medizinprodukte betreiben oder anwenden der Überwachung des zuständigen Gewerbeaufsichtsamts unterliegen und das die technischen, medizinischen und Informations-Anforderungen für das Inverkehrbringen von Medizinprodukten enthält, schreibt die Medizinproduktebetreiberverordnung (MPBetreibV) zum einen die Voraussetzungen für die Instandhaltung, Wartung und Aufbereitung von Medizinprodukten (beispielsweise Sachkenntnis, erforderliche Mittel etc.) vor und zum anderen die Aufbereitung von keimarm oder steril zur Anwendung kommenden Medizinprodukten, die unter Berücksichtigung der Herstellerangaben mit geeigneten Verfahren so durchzuführen ist, dass die Sicherheit und Gesundheit von Patienten oder anderer nicht gefährdet wird. Zusätzlich zu den Richtlinien des RKI gibt die MPBetreibV die Empfehlungen des Bundesinstitutes für Arzneimittel und Medizinprodukte (BfArM) zu den Anforderungen an die Hygiene bei der Aufbereitung von Medizinprodukten vor.

Die **Biostoffverordnung** (BioStoffV 2013) regelt den Umgang und die Arbeit mit biologischen Arbeitsstoffen in der Zahnarztpraxis, worunter nach § 2 BioStoffV unter anderem beispielsweise Mikroorganismen, Zellkulturen und Endoparasiten einschließlich ihrer gentechnisch veränderten Formen zu verstehen sind, die den Menschen durch Infektionen, übertragbare Krankheiten, Toxinbildung, sensibilisierende oder sonstige, die Gesundheit schädigende Wirkungen gefährden können. Für den Umgang und die Arbeit mit derartigen Stoffen hat der Praxisinhaber eine Gefährdungsbeurteilung der Arbeitsplätze zu erstellen und entsprechende hygienische Schutzmaßnahmen durchzuführen.

> „Die Tätigkeit in der zahnärztlichen Praxis gilt im Sinne der BioStoffV als nicht gezielte Tätigkeit, von Bedeutung sind dabei biologische Arbeitsstoffe der Risikogruppe 1, bei denen es unwahrscheinlich ist, dass sie beim Menschen eine Erkrankung verursachen, und der Risikogruppe 2, die zwar eine Erkrankung beim Menschen hervorrufen und eine Gefahr für Beschäftigte darstellen können, bei denen eine wirksame Vorbeugung oder Behandlung aber möglich ist." (Zahnärztekammer Mecklenburg-Vorpommern 2013, S. 4.3).

Die **Technischen Regeln** für Biologische Arbeitsstoffe (Biologische Arbeitsstoffe im Gesundheitswesen und in der Wohlfahrtspflege, TRBA 250 2014) geben den Stand der sicherheitstechnischen, arbeitsmedizinischen, hygienischen sowie arbeitswissenschaftlichen Anforderungen bei Tätigkeiten mit Biologischen Arbeitsstoffen wieder. Nach Ziff. 1 TRBA 250 finden diese Regelungen Anwendung auf Tätigkeiten mit biologischen Arbeitsstoffen in Bereichen des Gesundheitswesens und der Wohlfahrtspflege, in denen Menschen medizinisch untersucht, behandelt oder gepflegt werden. Für Tätigkeiten in Zahnarztpraxen ist es nicht zwingend erfor-

Tab. 5.15 Beispiele für praxisrelevante DIN-Normen

Norm	Bezeichnung
DIN EN 285	Sterilisation – Dampf-Sterilisatoren – Groß-Sterilisatoren
DIN EN 1500	Chemische Desinfektionsmittel und Antiseptika – Hygienische Händedesinfektion – Prüfverfahren und Anforderungen
DIN EN 1946	Raumlufttechnik – Teil 4: Raumlufttechnische Anlagen in Gebäuden und Räumen des Gesundheitswesens
DIN 5034	Tageslicht in Innenräumen
DIN 5035	Innenraumbeleuchtung mit künstlichem Licht
DIN EN 13060	Dampf-Klein-Sterilisatoren
DIN EN 11140	Sterilisation von Produkten für die Gesundheitsfürsorge – Chemische Indikatoren – Teil 1: Allgemeine Anforderungen
DIN EN 11607	Verpackungen für in der Endverpackung zu sterilisierende Medizinprodukte – Teil 1: Anforderungen an Materialien, Sterilbarrieresysteme und Verpackungssystem
DIN EN 15883-1	Reinigungs-Desinfektionsgeräte- Teil 1: Allgemeine Anforderungen, Begriffe und Prüfverfahren
DIN EN 17664	Sterilisation von Medizinprodukten – Vom Hersteller bereitzustellende Informationen für die Aufbereitung von resterilisierbaren Medizinprodukten
DIN EN 17665	Sterilisation von Produkten für die Gesundheitsfürsorge - Feuchte Hitze – Teil 1: Anforderungen an die Entwicklung, Validierung und Lenkung der Anwendung eines Sterilisationsverfahrens für Medizinprodukte
DIN EN 58929	Betrieb von Dampf-Klein-Sterilisatoren im Gesundheitswesen – Leitfaden zur Validierung und Routineüberwachung der Sterilisationsprozesse
DIN 58946-7	Sterilisation – Dampf-Sterilisatoren – Teil 7: Bauliche Voraussetzungen sowie Anforderungen an die Betriebsmittel und den Betrieb von Dampf-Sterilisatoren im Gesundheitswesen

derlich, die TRBA 100 (Schutzmaßnahmen für Tätigkeiten mit biologischen Arbeitsstoffen in Laboratorien) heranzuziehen, sofern diese in Art und Umfang geringfügig sind, da diese Tätigkeiten von der TRBA 250 abgedeckt werden. Derartige Labortätigkeiten sind z. B.:

- Tätigkeiten der Präanalytik wie die Probenvorbereitung und Aufarbeitung für die Analyse (z. B. Zugabe von Reagenzien, wie EDTA, Zentrifugieren zur Plasmagewinnung oder für das Urin-Sediment),
- die Anwendung einfacher Laborschnelltests und mikroskopischer Nachweismethoden,
- die Anwendung orientierender diagnostischer Kultivierungsverfahren in geschlossenen Systemen wie z. B. Eintauchnährboden ohne weiterführende Diagnostik,
- die Probenlagerung und Probenverpackung zum Transport.

Im Einzelfall ist im Rahmen der Gefährdungsbeurteilung zu ermitteln, welche TRBA anzuwenden ist. Weitere Regelungen finden sich unter anderem auch in der TRBA 300

(Arbeitsmedizinische Vorsorge) sowie der TRBA 400 (Handlungsanleitung zur Gefährdungsbeurteilung bei Tätigkeiten mit biologischen Arbeitsstoffen).

Vom Deutschen Institut für Normung veröffentlichte **DIN-Normen** können ebenfalls für das Hygienemanagement von Zahnarztpraxen relevant sein (Tab. 5.15).

Weitere rechtliche Grundlagen lassen sich aus dem **Arbeitsschutzrecht** ableiten, insbesondere aus dem Arbeitsschutzgesetz 1996 und der Arbeitsstättenverordnung 2004.

> „Das Arbeitsschutzgesetz verpflichtet den Praxisinhaber, die erforderlichen Maßnahmen des Arbeitsschutzes unter Berücksichtigung der Umstände zu treffen, die Sicherheit und Gesundheit der Mitarbeiter bei der Arbeit beeinflussen. Er hat die Maßnahmen auf ihre Wirksamkeit zu überprüfen und erforderlichenfalls sich ändernden Gegebenheiten anzupassen. Dabei hat der Praxisinhaber eine Verbesserung von Sicherheit und Gesundheitsschutz der Mitarbeiter anzustreben." (Landeszahnärztekammer Thüringen 2013, S. 2).

Nach § 5 ArbSchG muss der Praxisinhaber durch eine Beurteilung der für die Beschäftigten mit ihrer Arbeit verbundenen Gefährdung ermitteln, welche Maßnahmen des Arbeitsschutzes erforderlich sind. Er hat die Beurteilung je nach Art der Tätigkeiten vorzunehmen. Eine Gefährdung in der Zahnarztpraxis kann sich insbesondere ergeben durch

- die Gestaltung und die Einrichtung der Praxis und ihrer Arbeitsplätze,
- physikalische, chemische und biologische Einwirkungen,
- die Gestaltung, die Auswahl und den Einsatz von Arbeitsmitteln, insbesondere von Arbeitsstoffen, Maschinen, Geräten und Anlagen sowie den Umgang damit,
- die Gestaltung von Arbeitsverfahren, Arbeitsabläufen und Arbeitszeit und deren Zusammenwirken,
- unzureichende Qualifikation und Unterweisung der Beschäftigten,
- psychische Belastungen bei der Arbeit.

Nach § 6 ArbSchG muss der Praxisinhaber über die je nach Art der Tätigkeiten und der Zahl der Beschäftigten erforderlichen Unterlagen verfügen, aus denen das Ergebnis der Gefährdungsbeurteilung, die von ihm festgelegten Maßnahmen des Arbeitsschutzes und das Ergebnis ihrer Überprüfung ersichtlich sind.

5.6.2 Organisation der Praxishygiene

Infektionskrankheiten wie Hepatitis A/B oder Wundinfektionen zu vermeiden, ist eine der wichtigsten Aufgaben der Praxishygiene. Zum einen ist hierzu die persönliche Körperhygiene aller Praxisangehörigen erforderlich, denn ungewaschene Haut und Hände, ungeputzte Zähne, ungepflegte Fingernägel bilden einen idealen Nährboden für Mikroorganismen und deren unkontrollierte Vermehrung. Ebenso ist die Arbeitshygiene von besonderer Bedeutung, denn das Tragen von Handschuhen und Mundschutz führt zur Unterbrechung der Infektionskette, insbesondere bei Tröpfchen- oder Kontaktinfektionen als Formen direkter Infektion. Indirekte Infektionen wie beispielsweise Schmierinfektionen lassen sich dadurch vermeiden, dass die

Übertragung von Mikroorganismen über zahnärztliche Instrumente, Abdrücke, Möblierung des Behandlungszimmers durch Desinfektion bzw. Sterilisation ausgeschlossen wird.

Der Hygieneleitfaden des Deutschen Arbeitskreises für Hygiene in der Zahnmedizin (DAHZ) umfasst beispielsweise folgende Inhalte

- Rechtliche Rahmenbedingungen der Infektionsprävention,
- Grundregel der Nichtkontamination,
- Mundhöhlen-Antiseptik und Antibiotikaprophylaxe,
- Händehygiene,
- Handschuhe,
- Aufbereitung von Medizinprodukten (Dentalinstrumente),
- Flächen,
- Abformungen, zahntechnische Werkstücke,
- Wasser führende Systeme,
- Absauganlagen,
- Praxiswäsche,
- Schutzausrüstung,
- Abfälle,
- Postexpositionsprophylaxe,
- arbeitsmedizinische Vorsorge.

(Vgl. Deutscher Arbeitskreis für Hygiene in der Zahnmedizin 2014, S. 2).

In Zahnkliniken, insbesondere OP-Bereichen, wird zwischen septischen (mit Keimen behafteten) und aseptischen (keimfreien) Bereichen und Zuständen unterschieden. In einer

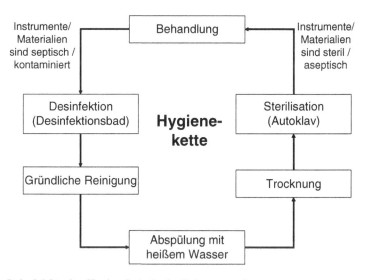

Abb. 5.13 Beispiel für eine Hygienekette in der Zahnarztpraxis

Tab. 5.16 Beispiel für die Einstufung von Medizinprodukten (vgl. Bundeszahnärztekammer 2014, S. 1)

Medizinprodukt	Anwendungsart	Aufbereitungsanforderung
unkritisch	nur Berührung mit der intakten Haut	
semikritisch	Berührung der Schleimhaut oder krankhaft veränderten Haut	ohne besondere Anforderungen
		mit erhöhten Anforderungen
kritisch	Durchdringung der Haut oder Schleimhaut und dabei Kontakt mit Blut, Wunden, inneren Geweben oder Organen; Medizinprodukte zur Anwendung von Blut, Blutprodukten und sterilen Arzneimitteln	ohne besondere Anforderungen
		mit erhöhten Anforderungen

Zahnarztpraxis ist diese räumlich strenge Unterscheidung nicht zu verwirklichen. Mit den septischen Materialien ist in der Zahnarztpraxis daher umso sorgfältiger umzugehen. Die einzelnen hierbei erforderlichen Hygienemaßnahmen sind gemäß einer „Hygienekette" unbedingt in der richtigen Reihenfolge durchzuführen (Abb. 5.13):

Aus den rechtlichen Vorgaben für die Organisation des hygienegerechten Arbeitens in Zahnarztpraxen ergibt sich, dass die Praxisleitung die Praxisangehörigen über mögliche Infektionsgefahren und den damit verbundenen Krankheitsrisiken aufzuklären und die Kosten für eine eventuelle Immunisierung zu tragen hat. Für das hygienegerechte Arbeiten ist geeignete Schutzkleidung zur Verfügung zu stellen und für deren Instandhaltung zu sorgen: Dünnwandige und flüssigkeitsdichte Handschuhe für die Assistenz, feste und flüssigkeitsdichte Handschuhe für Desinfektion und Reinigung, flüssigkeitsdichte Schürzen zum Desinfizieren und Reinigen, Gesichts- und Kopfschutz bei entsprechenden Behandlungsmaßnahmen.

Die Maßnahmen der Desinfektion und Sterilisation sind schriftlich festzulegen und zu überwachen. Dazu ist ein auf die Zahnarztpraxis abgestimmter **Hygieneplan** aufzustellen und seine Einhaltung ist zu überwachen. Dieser Plan enthält üblicherweise Angaben zum Objekt, Art, Mittel, Zeitpunkt und Verantwortlichkeit über einzelne Hygienemaßnahmen in der Praxis (vgl. Bundeszahnärztekammer 2014, S. 2 ff):

- Objekt (Was?),
- Maßnahme (Wie?),
- Mittel (Womit?),
- Zeitpunkt (Wann?),
- Anweisungen,
- Zuständigkeit (Wer?).

Hinsichtlich ihrer Wiederverwendung und damit verbundenen Aufbereitung sind Medizinprodukte anhand einer Risikobewertung einzustufen (Tab. 5.16).

In den Hygieneplan sind die einzelnen, jeweils geeigneten Maßnahmen, Desinfektionsmittel etc. einzutragen; als Anhaltspunkte für die Eintragungen dienen aktuelle Listen der vom Robert-Koch-Institut geprüften und anerkannten Desinfektionsmittel und -verfahren sowie von der Deutschen Gesellschaft für Hygiene und Mikrobiologie (DGHM). Der Hygieneplan muss die innerbetrieblichen Verfahrensweisen zur Infektionshygiene umfassen und auf die Situation in der jeweiligen Zahnarztpraxis angepasst und durch betriebsspezifische Details und Festlegungen ergänzt sein. Zu berücksichtigen sind dabei auch eventuell vorhandene regionale Regelungen und Landesvorschriften.

Der Musterhygieneplan von BZÄK und DAHZ umfasst unter anderem beispielsweise folgende Objekte:

- Händehygiene.
- Persönliche Schutzausrüstung: Handschuhe, Mund-Nasen-Schutz, Schutzbrille, Schutzkleidung.
- Aufbereitung für Medizinprodukte: Maschinelle Reinigung und Desinfektion im Reinigungs- und Desinfektionsgerät (RDG); manuelle Reinigung und Desinfektion (nach Standardarbeitsanweisungen); maschinelle Reinigung ohne Desinfektionsstufe; thermische Behandlung (Desinfektion) unverpackter Medizinprodukte im Dampfsterilisator; Sterilisation verpackter Medizinprodukte im Dampfsterilisator; Reinigung, Pflege, thermische Behandlung (Desinfektion) semikritischer Übertragungsinstrumente in einem Kombinationsgerät; Reinigung, Pflege und Sterilisation kritischer Übertragungsinstrumente in einem Kombinationsgerät.
- Sterilisationsverfahren: Verpackungen; Kennzeichnung; Beladung.
- Unkritische Medizinprodukte (maschinelle und manuelle Verfahren): z. B. extraorale Teile des Gesichtsbogens, Schieblehre.
- Semikritische Medizinprodukte ohne besondere Anforderungen (maschinelle und manuelle Verfahren): Instrumente und Hilfsmittel für allgemeine, präventive, restaurative oder kieferorthopädische (nichtinvasive) Maßnahmen; abnehmbare Teile von Geräten ohne Austritt von Flüssigkeiten und/oder Luft oder Partikeln (wenn vom Hersteller zugelassen).
- Semikritische Medizinprodukte mit besonderen Anforderungen (maschinelle und manuelle Verfahren): Rotierende oder oszillierende Instrumente für allgemeine, präventive, restaurative oder kieferorthopädische (nichtinvasive) Maßnahmen; Übertragungsinstrumente für allgemeine, restaurative oder kieferorthopädische (nichtinvasive) Behandlung; Geräten mit Austritt von Flüssigkeiten und/oder Luft oder Partikeln.
- Kritische Medizinprodukte ohne besondere Anforderungen (maschinelle und manuelle Verfahren): Instrumente und Hilfsmittel für chirurgische, paradontologische oder endotontische (invasive) Maßnahmen.
- Kritische Medizinprodukte mit besonderen Anforderungen (maschinelle und manuelle Verfahren): Rotierende oder oszillierende Instrumente für chirurgische, paradontologische oder endotontische (invasive) Maßnahmen; Übertragungsinstrumente für chirurgische, paradontologische oder endotontische (invasive) Behandlung.
- Flächen und Einrichtungsgegenstände: patientennahe Oberflächen; Flächen und Gegenstände, die sichtbar mit Blut oder Sekreten kontaminiert wurden; schwierig zu reinigende und zu desinfizierende Flächen und Gegenstände; Fußböden.

- Abformungen, zahntechnische Werkstücke.
- Wasserführende Systeme: Entnahmestellen für Kühl- und Spülwasser; externe Spühl-/ Kühlsysteme.
- Absauganlage: Innenflächen der Absauganlage einschließlich der Absaugschläuche; Außenflächen von festsitzenden Absaugschläuchen mit Saughandstücken; abnehmbare Absaugschläuche mit Saughandstücken; Mundspülbecken; Filter; Amalgamabscheider
- Praxiswäsche: Textile Praxiskleidung; textile Teile der Schutzausrüstung; Handtücher; Abdecktücher.
- Abfall: Hausmüllähnliche Abfälle; Abfall aus Untersuchungs- und Behandlungsräumen; Röntgenchemikalien; quecksilberhaltige Abfälle; Abscheidegut.
- Mundhöhlenantiseptik: Mundschleimhäute.
- Antibiotikaprophylaxe: Patienten mit Endokarditsrisiko, mit Endoprothesen zum Gelenkersatz, ohne Systemerkrankungen zur Vermeidung postoperativer Wundinfektion.
- Postexpositionsprophylaxe: Schnitt- und Stichverletzungen; Kontamination des Auges; Aufnahme in die Mundhöhle; Kontamination unverletzter Haut; Übertragung durch Blutkontakte; Dokumentation im Verbandbuch; Meldung an die Berufsgenossenschaft. (Vgl. Bundeszahnärztekammer 2014a, S. 2 ff.):

Die Hygieneplanung ist jährlich im Hinblick auf ihre Aktualität zu überprüfen und durch Begehungen routinemäßig sowie bei Bedarf zu kontrollieren. Sie muss für alle Mitarbeiter jederzeit zugänglich und einsehbar sein und diese sind mindestens einmal jährlich hinsichtlich der erforderlichen Hygienemaßnahmen zu belehren.

Die Organisation der **Hygienearbeiten** richtet sich überwiegend nach Art und Umfang der zahnmedizinischen Leistungserstellung. In der jeweiligen Praxis ist der organisatorische Aufwand für Reinigungs-, Desinfektions- und Sterilisationsarbeiten unterschiedlich hoch.

Für die Hygiene bei der Flächendesinfektion und -reinigung werden Anforderungen gestellt, die beispielsweise den Umgang, die Aufbereitung und Aufbewahrung von zum mehrmaligen Gebrauch bestimmter Reinigungs- und Wischtücher umfassen, den Reinigungsvorgang beschreiben (Nassreinigung mit ausreichender Menge des Desinfektionsmittels und Vermeidung von Feuchtreinigen bzw. nebelfeuchtem Wischen) oder den Einsatz von Sprühdesinfektion, den Umgang mit kontaminiertem Material und die Einhaltung der Einwirkzeiten regeln.

Bei der Händedesinfektion stehen beispielsweise der Einsatz von hochdosierten alkoholischen Präparaten auf Propanol- und/oder Ethanolbasis (Verbesserung der Viruswirksamkeit), von Spendereinrichtungen mit Ellenbogenbedienung sowie eine ausreichende Einwirkzeit im Vordergrund.

Die Anforderungen an die maschinelle Desinfektion bzw. Sterilisation beziehen sich hauptsächlich auf den Einsatz von Reinigungs-Desinfektions-Geräten (RDG), Sterilisatoren (Autoklaven), Ultraschallreinigungsgeräten und anderen mehr. Neben der sachgerechten Anwendung (Desinfektion, Spülung, Trocknung, Prüfung auf Sauberkeit, Unversehrtheit, Funktionsprüfung, Sterilisation, Verpackung, Kennzeichnung etc.) nehmen die Sachkunde (bei unkritischen und semikritischen Medizinprodukten) sowie die Fachkunde (bei kritischen Medizinprodukten) nach Maßgabe der Deutschen Gesellschaft für Sterilgutversorgung (DGSV) der Praxisangehörigen eine wichtige Rolle ein und sind beim organisatorischen Aufwand für die Reinigungs-, Desinfektions- und Sterilisationsarbeiten zu berücksichtigen (vgl. Robert-Koch-Institut 2004, S. 52 ff).

5.7 Nachhaltigkeitsorganisation in der Zahnarztpraxis

5.7.1 Umweltrechtliche Vorgaben und Konzepte

Zahnarztpraxen haben auch eine besondere Verantwortung im Bereich des Umweltschutzes, da sie Aufgaben im Rahmen der Gesundheitsvorsorge und Gesundheitsprophylaxe wahrnehmen. Bemühen sie sich nicht, die Belastungen der Umwelt bei der zahnmedizinischen Versorgung so gering wie möglich zu halten, konterkarieren sie ihre Aufgaben im Rahmen der Vorsorge und Heilung.

Ein nicht unbeträchtliches Problempotenzial stellen umweltrelevante Stoffe und Arbeitsabläufe im Praxisbetrieb dar. Es sind dabei nicht nur umweltrechtliche Vorgaben einzuhalten, sondern auch wirtschaftliche Gesichtspunkte zu berücksichtigen. Die Entsorgung von oft als Sondermüll zu deklarierenden Abfällen aus Zahnarztpraxen, der Energieverbrauch durch Klima-, Heizungs- und Lüftungsanlagen oder Gebühren für steigende Frischwasser- und Abwassermengen belasten die ökonomische Situation einzelner Praxen zusätzlich.

Insofern ist der **Umweltschutz** zwar nicht als primäre Aufgabe der Zahnarztpraxis anzusehen. Andererseits bestehen sowohl rechtliche als auch gesellschaftliche Anforderungen, die ein Umweltmanagement in der Zahnarztpraxis rechtfertigen.

Als Hauptaufgaben eines derartigen Umweltmanagements sind daher anzusehen:

- Risiken von Stör- und Unfällen reduzieren: Insbesondere durch umweltgerechte Prozesse beim Arbeiten im Eigenlabor, bei der Anwendung der Dentaltechnik, beim Umgang mit Chemikalien, zahnmedizinischen Abfällen, bei Abluft, Abwasser und Haustechnik.
- Einsparpotenziale realisieren: Verringerung von Kosten und der Umweltbelastung durch Material- und Energiesparmaßnahmen.
- Mitarbeitermotivation verbessern: Umsichtige, vorbildlich umweltgerechte Praxisführung fördert die Identifikation mit der Zahnarztpraxis.
- Haftungsrisiken vermindern: Nachweis der Einhaltung der Sorgfaltspflicht durch Dokumentationen, Vorschriften und Arbeitsanweisungen und sonstigen Nachweisen über einen ordnungsgemäßen Praxisbetrieb.

Beispielsweise schreiben Wasserhaushaltsgesetze häufig die Reinigung von Abwasserströmen nach dem Stand der Technik und möglichst wassersparende Verfahrensweisen vor. Sie enthalten oft rechtliche und technische Auflagen, sowie Einleitgrenzwerte für abwasserbelastende Stoffe wie Desinfektionsmittel, Laborchemikalien und Medikamente. Für den Umgang mit wassergefährdenden Stoffen gibt es in der Regel ebenfalls Vorschriften.

Für die Zahnarzt-praxis setzt das **Umweltrecht** die rechtlichen ökologischen Rahmenbedingungen. Es ist nicht in einem einheitlichen Umweltgesetzbuch geregelt, sondern besteht aus einer Vielzahl von Einzelgesetzen, die durch Verordnungen oder auch durch allgemeine Verwaltungsvorschriften konkretisiert und dem jeweiligen Kenntnisstand entsprechend angepasst werden. Die Verordnungen und Verwaltungsvorschriften enthalten im Vergleich zu den Gesetzen oft konkrete, technisch-naturwissenschaftlich begründete Inhalte, etwa zur erlaubten Luft- oder Lärmbelästigung. Zusätzlich werden technische Regelwerke, wie etwa DIN-Vorschriften oder VDI-Regelungen zum Ausfüllen unbestimmter Rechtsbegriffe herangezogen.

Das Kreislaufwirtschaftsgesetz (KrWG 2012) stellt eine wichtige rechtliche Grundlage der Organisation der Entsorgung und des Umweltschutzes in der Zahnarztpraxis dar. Nach § 6 KrWG stehen die Maßnahmen der Vermeidung und der Abfallbewirtschaftung in folgender Rangfolge:

- Vermeidung,
- Vorbereitung zur Wiederverwendung,
- Recycling,
- sonstige Verwertung, insbesondere energetische Verwertung und Verfüllung,
- Beseitigung.

Ausgehend von der Rangfolge soll diejenige Maßnahme Vorrang haben, die den Schutz von Mensch und Umwelt bei der Erzeugung und Bewirtschaftung von Abfällen unter Berücksichtigung des Vorsorge- und Nachhaltigkeitsprinzips am besten gewährleistet. Für die Betrachtung der Auswirkungen auf Mensch und Umwelt ist der gesamte Lebenszyklus des Abfalls zugrunde zu legen. Hierbei sind insbesondere zu berücksichtigen

- die zu erwartenden Emissionen,
- das Maß der Schonung der natürlichen Ressourcen,
- die einzusetzende oder zu gewinnende Energie sowie
- die Anreicherung von Schadstoffen in Erzeugnissen, in Abfällen zur Verwertung oder in daraus gewonnenen Erzeugnissen.

Die technische Möglichkeit, die wirtschaftliche Zumutbarkeit und die sozialen Folgen der Maßnahme sind zu beachten.

Für die Zahnarztpraxis gilt somit als wichtiges Gebot, Abfälle erst gar nicht entstehen zu lassen, sondern diese wenn möglich zu vermeiden. Wenn eine Vermeidung nicht möglich erscheint, so ist die Verwertung der Beseitigung vorzuziehen. Lediglich der Praxisabfall, der nicht mehr verwertet werden kann, ist auf Deponien oder durch Verbrennung zu beseitigen.

Der überwiegende Teil der in einer Zahnarztpraxis anfallenden und gebrauchten Stoffe ist als **Abfall** der Verwertung zuzuführen oder im abfallwirtschaftlichen Sinne zu beseitigen. Wertstoffe, wie Papier und Glas, können über die gleichen Erfassungssysteme wie für den Hausmüll, also in getrennten Containern oder in Recyclinghöfen entsorgt werden.

Grundsätzlich ist die Vermeidung von Abfall das vorherrschende Ziel in allen Bereichen der Zahnarztpraxis. Abfallvermeidung beginnt bereits bei der Beschaffung von zahnmedizinischem Verbrauchsmaterial; hierbei sollten alle Bestellpositionen überprüft und Wert auf umweltfreundliche Materialien gelegt werden.

Die Verwendung von Materialien erfordert Informationen und Kenntnisse über deren Eigenschaften und eventuell vorhandenen Gefahren; diese Informationen müssen allen Praxisangehörigen zur Verfügung stehen; nur dann ist ein sorgfältiger und verantwortlicher Umgang mit den verschiedensten Materialien möglich. Anhand von Beipackzetteln, der roten Liste, Sicherheitsdatenblättern etc. kann zusammengetragen werden, in welchen Arbeitsbereichen der Praxis mit problematischen Stoffen umgegangen wird und für welche Stoffe eine spezielle Entsorgung notwendig ist. Die getrennte Sammlung und Entsorgung von Rest- und Problemstoffen ist der letzte wichtige Schritt im Rahmen des Umweltschutzes in der Praxis. Abfälle, die nach Art, Beschaffenheit oder Menge in besonderem Maße gesundheits-, luft- oder wassergefährdend, explosiv oder brennbar sind, müssen als Sondermüll entsorgt werden.

So ist beispielsweise gemäß Anhang 50 „Zahnbehandlung" der Abwasserverordnung 2004 bei dem Abwasser, dessen Schadstofffracht im Wesentlichen aus Behandlungsplätzen in Zahnarztpraxen und Zahnkliniken, bei denen Amalgam anfällt, stammt, die Amalgamfracht des Rohabwassers aus den Behandlungsplätzen am Ort des Abwasseranfalls um 95 Prozent zu veringern. Dies gilt als erfüllt, wenn

- in den Abwasserablauf der Behandlungsplätze vor Vermischung mit dem sonstigen Sanitärabwasser ein durch eine allgemeine bauaufsichtliche Zulassung oder sonst nach Landesrecht zugelassener Amalgamabscheider eingebaut und betrieben wird und dieser einen Abscheidewirkungsgrad von mindestens 95 Prozent aufweist,
- Abwasser, das beim Umgang mit Amalgam anfällt, über den Amalgamabscheider geleitet wird,
- für die Absaugung des Abwassers der Behandlungsplätze Verfahren angewendet werden, die den Einsatz von Wasser so gering halten, dass der Amalgamabscheider seinen vorgeschriebenen Wirkungsgrad einhalten kann,
- der Amalgamabscheider regelmäßig entsprechend der Zulassung gewartet und entleert wird und hierüber schriftliche Nachweise (Wartungsbericht, Abnahmebescheinigung für Abscheidegut) geführt werden und
- der Amalgamabscheider vor Inbetriebnahme und in Abständen von nicht länger als 5 Jahren nach Landesrecht auf seinen ordnungsgemäßen Zustand überprüft wird.

Das abgeschiedene Amalgam ist in einem dazu geeigneten Behälter aufzufangen und gemäß den geltenden Hygienebestimmungen und, soweit es sich bei dem Abscheidegut um Abfälle im Sinne des Kreislaufwirtschaftsgesetzes handelt, nach den abfallrechtlichen Vorschriften einer Verwertung zuzuführen.

Tab. 5.17 Entsorgung von medizinischen Abfällen nach LAGA (vgl. Bund/Länder-Arbeitsgemeinschaft Abfall LAGA 2009, S. 2 ff)

Abfallart	Anfallstellen	Bestandteile	Sammlung/Lagerung	Entsorgung
Spitze und scharfe Gegenstände, auch als „sharps" bezeichnet	Gesamter Bereich der Patientenversorgung	Skalpelle, Kanülen von Spritzen und Infusionssystemen, Gegenstände mit ähnlichem Risiko für Schnitt- und Stichverletzungen	Erfassung am Abfallort in stich- und bruchfesten Einwegbehältnissen, kein Umfüllen, Sortieren oder Vorbehandeln	Keine Sortierung; ggf. Entsorgung gemeinsam mit Blut, Sekreten bzw. Exkreten behafteten Abfällen, wie Wundverbände, Gipsverbände, Einwegwäsche, Stuhlwindeln, Einwegartikel etc
Körperteile, Organabfälle, gefüllte Behältnisse mit Blut und Blutprodukten	z. B. Operationsräume, ambulante Einrichtungen mitentsprechenden Tätigkeiten	Körperteile, Organabfälle, Blutbeutel, mit Blut oder flüssigen Blutprodukten gefüllte Behältnisse	gesonderte Erfassung am Anfallort, keine Vermischung mit Siedlungsabfällen, kein Umfüllen, Sortieren oder Vorbehandeln, Sammlung in sorgfältig verschlossenen Einwegbehältnissen (zur Verbrennung geeignet). Zur Vermeidung von Gasbildung begrenzte Lagerung	Gesonderte Beseitigung in zugelassener Verbrennungsanlage, z. B. Sonderabfallverbrennung (SAV), einzelne Blutbeutel: Entleerung in die Kanalisation möglich (unter Beachtung hygienischer und infektionspräventiver Gesichtspunkte). Kommunale Abwassersatzung beachten
Abfälle, die mit meldepflichtigen Erregern behaftet sind, wenn dadurch eine Verbreitung der Krankheit zu befürchten ist	z. B. Operationsräume, Isoliereinheiten von Krankenhäusern, mikrobiologische Laboratorien, klinisch-chemische und infektionsserologische Laboratorien, Dialysestationen und –zentren bei Behandlung bekannter Hepatitisvirusträger, Abteilungen für Pathologie	Abfälle, die mit erregerhaltigem Blut, Sekret oder Exkret behaftet sind oder Blut in flüssiger Form enthalten. z. B.: mit Blut oder Sekret gefüllte Gefäße, blut- oder sekretgetränkter Abfall aus Operationen, gebrauchte Dialysesysteme aus Behandlung bekannter Virusträger. Mikrobiologische Kulturen aus z. B. Instituten für Hygiene, Mikrobiologie und Virologie, Labormedizin, Zahnarztpraxen mit entsprechender Tätigkeit	Am Anfallort verpacken in reißfeste, feuchtigkeitsbeständige und dichte Behältnisse. Sammlung in sorgfältig verschlossenen Einwegbehältnissen (zur Verbrennung geeignet, Bauartzulassung). Kein Umfüllen oder Sortieren. Zur Vermeidung von Gasbildung begrenzte Lagerung	Keine Verwertung. Keine Verdichtung oder Zerkleinerung. Entsorgung als gefährlicher Abfall mit Entsorgungsnachweis: Beseitigung in zugelassener Abfallverbrennungsanlage, z. B. Sonderabfallverbrennung (SAV)

| mit Blut, Sekreten bzw. Exkreten behaftete Abfälle, wie Wundverbände, Gipsverbände, Einwegwäsche, Stuhlwindeln, Einwegartikel etc. | Gesamter Bereich der Patientenversorgung | Wund- und Gipsverbände, Stuhlwindeln, Einwegwäsche, Einwegartikel (z. B. Spritzenkörper), etc.. Gering mit Zytostatika kontaminierte Abfälle, wie Tupfer, Ärmelstulpen, Handschuhe, Atemschutzmasken, Einmalkittel, Plastik-/Papiermaterial, Aufwischtücher, leere Zytostatikabehältnisse nach bestimmungsgemäßer Anwendung (Ampullen, Spritzenkörper ohne Kanülen etc.), Luftfilter und sonstiges gering kontaminiertes Material von Sicherheitswerkbänken. nicht: Getrennt erfasste, nicht kontaminierte Fraktionen von Papier, Glas, Kunststoffen (diese werden unter eigenen Abfallschlüsseln gesammelt) | Sammlung in reißfesten, feuchtigkeitsbeständigen und dichten Behältnissen. Transport nur in sorgfältig verschlossenen Behältnissen (ggf. in Kombination mit Rücklaufbehältern). Kein Umfüllen (auch nicht im zentralen Lager), Sortieren oder Vorbehandeln (ausgenommen Aufgabe in Presscontainer) | Verbrennung in zugelassener Abfallverbrennungsanlage (HMV) oder eine andere zugelassene thermische Behandlung. Behältnisse mit größeren Mengen Körperflüssigkeiten können unter Beachtung von hygienischen und infektionspräventiven Gesichtspunkten in die Kanalisation entleert werden (kommunale Abwassersatzung beachten). Alternativ ist durch geeignete Maßnahmen sicherzustellen, dass keine flüssigen Inhaltsstoffe austreten |
| Chemikalie-nabfälle | Diagnostische Apparate, Laborbereiche. Pathologie | Säuren, Laugen, halogenierte Lösemittel, sonstige Lösemittel, anorganische Laborchemikalien, einschließlich Diagnostikarestmengen, organische Laborchemikalien, einschließlich Diagnostikarestmengen, Fixierbäder, Entwicklerbäder, Desinfektions- und Reinigungsmittelkonzentrate, nicht restentleerte Druckgaspackungen, Formaldehydlösung | Vorzugsweise getrennte Sammlung der Einzelfraktionen unter eigenem Abfallschlüssel (AS). Bei größeren Anfallmengen. Entsorgung unter speziellerem AS. Sammlung und Lagerung in für den Transport zugelassenen verschlossenen Behältnissen. Lagerräume mit ausreichender Belüftung | Entsorgung als gefährlicher Abfall mit Entsorgungsnachweis (SAV, CPB) |

(Fortsetzung)

Tab. 5.17 (Fortsetzung)

Chemikalienabfälle	Diagnostische Apparate, Laborbereiche			Entsprechend der Abfallzusammensetzung
Chemikalienabfälle	Diagnostische Apparate, Laborbereiche	z. B. Reinigungsmittel, Händedesinfektionsmittel, verbrauchter Atemkalk. Abfälle aus diagnostischen Apparaten, mit geringer Chemikalienkonzentration und die nicht einem anderen AS zugeordnet werden müssen	Ggf. getrennte Sammlung der Einzelfraktionen unter eigenem AS. Sammlung und Lagerung in für den Transport zugelassenen Behältnissen verschlossen. Lagerräume mit ausreichender Belüftung	Entsprechend der Abfallzusammensetzung
CMR-Arzneimittel nach TRGS 525; Abfälle, die aus Resten oder Fehlchargen dieser Arzneimittel bestehen oder deutlich erkennbar mit CMR-Arzneimitteln verunreinigt sind	Bereich der Patientenversorgung mit Anwendung von Zytostatika und Virusstatika (z. B. Onkologie), Apotheken, Zahnarztpraxen, Laborbereich	Nicht vollständig entleerte Originalbehälter (z. B. bei Therapieabbruch angefallene oder nicht bestimmungsgemäß angewandte Zytostatika), verfallene CMR-Arzneimittel in Originalpackungen, Reste an Trockensubstanzen und zerbrochene Tabletten, Spritzenkörper und Infusionsflaschen/-beuteln mit deutlich erkennbaren Flüssigkeitsspiegeln/Restinhalten (>20 ml), Infusionssysteme und sonstiges mit Zytostatika kontaminiertes Material (>20 ml) z. B. Druckentlastungs- und Überleitungssysteme, durch Freisetzung großer Flüssigkeitsmengen oder Feststoffe bei der Zubereitung oder Anwendung von Zytostatika kontaminiertes Material (z. B. Unterlagen, persönliche Schutzausrüstung)	In bauartgeprüften, stich- und bruchfesten Einwegbehältnissen. Kein Umfüllen und Sortieren. Kein Vorbehandeln. Transport und Lagerung fest verschlossen	Entsorgung als gefährlicher Abfall mit Entsorgungsnachweis in zugelassenen Abfallverbrennungsanlagen, z. B. Sonderabfallverbrennung (SAV)

Altarzneimittel, einschließlich unverbrauchter Röntgenkont- rastmittel	Krankenhäuser, Apotheken, Zahnarztpraxen	Altarzneimittel, Röntgenkontrastmittel, Infusionslösungen	Getrennte Erfassung. Zugriffsichere Sammlung, um missbräuchliche Verwendung auszuschließen ·	Vorzugweise Verbrennung in zugelassenen Abfallverbrennungsanlagen (Hausmüllverbrennung, Sonderabfallverbrennung). Bei kleineren Mengen ist eine Entsorgung mit einem anderen AS möglich
Verpackungs- material aller Art	Gesamter Klinik- und Praxisbereich	Verpackungen aus: Papier, Pappe, Kunststoffe, Glas, Holz, Metall, Verbundmaterialien	Getrennte Sammlung der Einzelfraktionen unter eigenem AS. Verpackungen, die Rückstände gefährlicher Stoffe enthalten oder durch gefährliche Stoffe verunreinigt sind. Verpackungen von Zytostatika, etc. gem. eigenem AS	Entsorgung über Rücknahmesysteme der Vertreiber (z. B. DSD) Verwertung der nicht schädlich verunreinigten Fraktionen. Ansonsten Sammlung und Entsorgung unter eigenem AS als gefährlicher Abfall mit Entsorgungsnachweis

5.7.2   Umweltgerechter Umgang mit Praxismaterialien und -abfällen

Die Entsorgung von Verbrauchsmaterialien in Zahnarztpraxen variiert entsprechend dem Einsatzzweck der Materialien, ihrer Umweltbelastung, Zusammensetzung und ihrem Zustand erheblich, was sich auf die Art und Weise der Entsorgung auswirkt.

„Auch in Zahnarztpraxen fallen zahlreiche unterschiedliche Abfälle an. So entstehen bei der Verarbeitung von Amalgam und dem Entfernen alter Amalgamfüllungen Rückstande beispielsweise als Knet- und Stopfreste, als Kapseln mit Amalgamanhaftungen oder als extrahierte Zähne mit Amalgamfüllung. Auch Amalgamabscheiderinhalte fallen an. Aufgrund des hohen Anteils an Quecksilber müssen diese Abfälle gesondert als gefährlicher Abfall gemäß Abfallschlüssel AS 18 01 10 entsorgt werden. Meist nehmen die Hersteller oder Vertreiber bzw. deren beauftragte Firmen die Amalgamreste zurück und führen sie der stofflichen Verwertung zu. Zähne ohne Amalgamfüllung können dem AS 18 01 02 zugefügt werden.
  Nahezu jede Zahnarztpraxis verfügt außerdem über ein eigenes Röntgengerät. Die bei noch im Betrieb befindlichen analogen Röntgenverfahren entstehenden Negative werden in fotochemischen Bädern entwickelt, die alle vier bis sechs Wochen gewechselt werden müssen. Die dabei als Abfall anfallenden Fixierbäder und Entwicklerlösungen gelten als gefährlich und müssen nach einer der folgenden Abfallschlüsselnummern AS 09 01 01, AS 09 01 03, AS 09 01 04 bzw. AS 09 01 05 entsorgt werden. Bei jeder analogen, interoralen Röntgenaufnahme fällt zudem eine Bleifolie von der Größe des Negativs an, die zwar nicht als gefährlicher Abfall gilt, jedoch aufgrund ihres hohen Bleigehalts sachgerecht entsorgt werden muss. Empfehlenswert ist eine getrennte Sammlung der Folien mit anschließender Übergabe an den Entsorger zur Verwertung." (Berufsgenossenschaft für Gesundheitsdienst und Wohlfahrtspflege 2012, S. 41 f).

Zur Entsorgung werden die Abfälle von Einrichtungen des Gesundheitswesens nach der Vollzugshilfe der Bund/Länder-Arbeitsgemeinschaft Abfall LAGA je nach Art, Beschaffenheit, Zusammensetzung und Menge den Abfallarten verschiedene Sammlungs-, Lagerungs- und Entsorgungsmaßnahmen zugeordnet (Tab. 5.17).

5.8   Selbstorganisation der Praxisangehörigen

5.8.1   Selbstmanagement

Selbstmanagement ist die konsequente und zielorientierte Anwendung bewährter Arbeitstechniken im Praxisalltag, um sich selbst und die eigenen Lebensbereiche zu führen und zu organisieren. Die Basis hierzu ist die Kenntnis darüber, wie und wofür im Tagesablauf die Zeit verwendet wird, und die individuelle Veränderungsbereitschaft. Ohne diese Bereitschaft sind kaum eine Neuorientierung und eine erfolgreiche Anwendung von Selbstmanagement möglich.
  Alltägliche Problemstellungen im Praxisalltag und im privaten Bereich, die in ihrer Summe zu Überlastungen von Praxisangehörigen führen können, ergeben sich in der Regel durch Überschneidungen von Aufgaben. Es müssen oft viele Dinge gleichzeitig erledigt werden. Die Folge: Prioritäten werden, wenn überhaupt, falsch gesetzt, zweitrangige Aufgaben nicht delegiert, die Praxisangehörigen zu sehr durch das Tagesgeschehen (fremd-)bestimmt und durch Nebensächlichkeiten abgelenkt.

Ein erstes Element des Selbstmanagements sind Zielsetzungen. **Ziele** dienen der Konzentration der Kräfte auf Schwerpunkte. Sie stellen eine Herausforderung dar, lösen Handlungen aus und dienen als Maßstab. Ohne Ziel ist jede Tätigkeit und jedes Arbeitsergebnis richtig, ohne Ziele nutzt auch die beste Arbeitsmethode nichts. Wichtig ist dabei die Definition von Zieldimensionen, wie

- messbare Zielinhalte,
- das Zielausmaß (was minimal und was maximal erreicht werden soll), sowie
- die Zieldauer (bis wann das selbstgesteckte Ziel erreicht werden soll).

Der Prozess der Zielfindung ist dabei nicht immer ganz einfach. Wichtig ist es, sich Klarheit darüber zu verschaffen, was man denn tatsächlich erreichen will. Dazu dient eine Niederschrift aller persönlichen und beruflichen Ziele, um die notwendige Zielklarheit herzustellen.

Einen weiteren Beitrag dazu kann die Situationsanalyse leisten. Sie stellt eine Art Bestandsaufnahme dar und soll Aufschluss über Stärken und Schwächen geben. Persönliche Erfolge oder Misserfolge können in der Reflektion Klarheit darüber schaffen. Wichtig ist dabei, Schwächen zu erkennen und echte Stärken auszubauen.

In der Abweichungsanalyse werden die zur Zielerreichung notwendigen Mittel (persönliche, zeitliche, finanzielle Ressourcen) mit der Ist-Situation verglichen. Sie gibt somit Aufschluss darüber, ob Ziele realistisch sind oder aufgrund fehlender Möglichkeiten unrealistisch erscheinen.

Schließlich müssen im Rahmen der Zielformulierung Maßnahmen zur Zielerreichung abgeleitet werden. Das Ergebnis ist ein persönlicher und beruflicher Zielplan.

Ein weiteres Element des Selbstmanagements ist die persönliche **Planung**. Planung ist ein zielgerichteter, systematischer Vorgang, in dessen Verlauf Zufall und Intuition annähernd ausgeschaltet werden. Persönliche Planung erfordert ein schrittweises Vorgehen, um die verschiedenen Aktivitäten auf einzelne Zeitabschnitte verteilen zu können.

Im Rahmen der Aktivitätenplanung lässt sich ausgehend von den Zielen ein persönlicher Aktivitätenplan (tage-, wochen-, monatsweise) aufstellen:

- Was muss alles getan werden,
- wie groß ist der geschätzte Zeitbedarf je Aufgabe und
- wann muss die Aufgabe erledigt sein?

Die Zeitplanung umfasst die Verteilung der einzelnen Aufgaben nach Prioritäten. Dabei sind Soll-Zeiten tatsächlichen, aus der Erfahrung gewonnenen Ist-Werten gegenüberzustellen, denn die Genauigkeit der Planung hängt davon ab, wie realistisch die Zeitbedarfe prognostiziert werden. Wichtig dabei ist, nur einen bestimmten Teil der Arbeitszeit fest zu verplanen (60 %). Der Rest ist als Pufferzeit für unerwartete Besuche, Telefonate, kritische Situationen etc. freizuhalten.

Das wesentliche Problem bei Entscheidungen ist der ständige Versuch, zu viel auf einmal machen zu wollen und die Gefahr, sich in einzelnen Aufgaben zu verzetteln. Das

Ergebnis sind oft lange Arbeitstage, an denen dennoch viele Dinge liegen bleiben und nicht fertiggestellt werden. Eine Abhilfe ist die **Aufgabenkonzentration**, denn sowohl viele Dinge als auch ganz verschiedene Tätigkeiten lassen sich erledigen, indem man sich während einer bestimmten Zeit nur einer einzigen Aufgabe widmet. Das kann bedeuten, immer nur eine Sache auf einmal zu erledigen, diese jedoch konsequent und zielbewusst.

Eine weitere Möglichkeit ist die **Priorisierung**. Es handelt sich dabei um die Festlegung, welche Aufgaben erstrangig, zweitrangig etc. und welche nachrangig zu behandeln sind.

Schließlich erreicht man eine Aufgabenentlastung auch durch Entscheidungsfragen. Sie stellen Aufgaben infrage:

- Eliminieren: Warum überhaupt?
- Delegieren: Warum ich?
- Terminieren: Warum jetzt?
- Rationalisieren: Warum in dieser Form?

Um sich im **Tagesablauf** nicht allzu sehr fremdbestimmt treiben zu lassen, lassen sich Regeln festlegen:

- Mit der wichtigsten Tagesaufgabe beginnen,
- Tagespost später lesen, da Dinge enthalten sein können, die oft sofort erledigt werden,
- Vermeidung von Handlungen mit Rückwirkungen,
- gute Arbeitsvorbereitung,
- Probleme direkt angehen,
- Ausrichtung und Beachtung von Fixterminen,
- regelmäßige, kurze Entspannungspausen machen,
- angefangene Dinge sinnvoll abschließen,
- nachmittags Routinearbeiten erledigen.

Die Bildung von Aufgabenblöcken dient ebenfalls der Strukturierung des Tagesablaufs. So lassen sich dringende Aufgaben zum Block Soforterledigung zusammenfassen, Einzelerledigungen abstellen sowie Routinetätigkeiten und Kleinkram zu eigenen Aufgabenblöcken zusammenfassen.

Der Tagesablauf wird ferner durch den persönlichen **Arbeitsstil** bestimmt. Er lässt sich durch folgendes optimieren:

- Individuelle Leistungskurve berücksichtigen,
- Vorgänge nur einmal in die Hand nehmen und erst weglegen, wenn Aktivitäten eingeleitet sind,
- auf begonnenen Vorgang konzentrieren und erledigen, bevor der neue angefangen wird,
- mit wichtigen und unangenehmen Dingen anfangen und nur echte wichtige Dinge sofort erledigen,
- am Abend den nächsten Tag planen.

Kontrollen dienen der Verbesserung des Selbstmanagement-Prozesses durch einen Soll-Ist-Vergleich. Das ist zum einen die Selbstkontrolle, die zur Kontrolle und Reflektion des Tagesablaufs beiträgt: Wie war der Tagesablauf, wurden die im Rahmen des Selbstmanagement aufgestellten Regeln eingehalten, etc.? Bei der Zeitplan- und Erledigungskontrolle geht es um die Erledigung vorgenommener Ziele und Aufgaben. Wichtig ist dabei die Überprüfung, ob auch Ergebnisse erzielt wurden. Sind nach wie vor Dinge unerledigt geblieben, gilt es Ursachenforschung zu betreiben. Auch sollte die Aufmerksamkeit der Verschwendung von Zeit gelten, die Gründe dafür sind zu ermitteln und Schlussfolgerungen daraus zu ziehen. Schließlich ist der Versuch lohnenswert, im Rahmen der Störkontrolle unnötige Zeitfresser aufzuspüren. Dabei lässt sich beispielsweise hinterfragen, welche Telefonate zu langatmig geführt wurden, welche Besprechungen zu lange dauerten oder welche unangenehmen Unterbrechungen es gab.

Information und Kommunikation sind die Schlüsselfunktionen jedes Führungs- und (Selbst-) Managementprozesses. Dabei geht es um die möglichst rationelle Bewältigung von Informations- und Kommunikationsvorgängen und somit um eine möglichst rationelle **Information**. Dazu trägt rationelles Lesen bei, wie

- das Verzichten auf unnötige Lektüre,
- die Entscheidung, nach Durchsicht des Inhaltsverzeichnisses einen Fachaufsatz/eine Zeitschrift nicht zu lesen oder
- nur jeweils Zusammenfassungen zu lesen.

Gedächtnis und Konzentration spielen dabei ebenfalls eine wichtige Rolle. Hierbei können Konzentrationsübungen und gezieltes Training des Ultrakurz-, Kurz- und Langzeitgedächtnisses hilfreich sein. Im Bereich der Lerntechniken ist darauf zu achten, dass die verschiedenen Eingangskanäle (Hören, Lesen, Aufschreiben, selber nachmachen etc.) möglichst optimal berücksichtigt werden und dass eine bestmögliche Lernsituation (Ruhe, Musik, Tageszeit etc.) geschaffen wird.

Zu einer möglichst rationellen **Kommunikation** zählt zunächst die Begrenzung von Besprechungen. Hierbei sind

- Alternativen zur Besprechung zu prüfen,
- die Besprechung ist inhaltlich vorzubereiten,
- Ziele sind festzulegen,
- die Teilnehmerzahl sollte möglichst gering gehalten werden und
- eine zeitliche Begrenzung ist festzulegen.

Zu einem rationellen Besuchsmanagement zählen

- nur begründete Besuche zu „empfangen",
- die Priorität des jeweiligen Besuches festzulegen und
- gegebenenfalls auch mal einen „Stehempfang" abzuhalten.

Rationelles Telefonieren bedeutet

* eine Vorbereitung des Telefonats,
* die Straffung der Begrüßungsphase,
* Telefonate zu bündeln und
* auch den „Mut", Gespräche zu beenden.

Zu einer möglichst rationellen Korrespondenz tragen die Verwendung von elektron. Textverarbeitungssystemen, die Verwendung von Diktiergeräten und auch die Bündelung von Korrespondenzaufgaben bei.

5.8.2 Persönliche Zeitplanung

Im Rahmen der persönlichen Zeitplanung wird Zeit als ein Gut betrachtet, mit dem es zu wirtschaften gilt. Zeitphänomene, individuelle Formen des Zeitempfindens und die differenzierte Betrachtung von Zeittheorien stehen dabei nicht im Vordergrund. Ziel sollte es vielmehr sein, geeignete Methoden und Verfahren im erfolgreichen Umgang mit der zur Verfügung stehenden Zeit anzuwenden.

Ein erstes Element der persönlichen Zeitplanung ist die zunächst die Erfassung von **Aktivitäten**:

* Notwendige Routineaufgaben für die Planungsperiode,
* Unerledigtes vom Vortage,
* neu hinzukommende Tagesarbeiten,
* Termine, die wahrzunehmen sind,
* Telefonate, Korrespondenzen, die zu erledigen sind,
* periodisch wiederkehrende Aufgaben,
* Länge der Aktivitäten schätzen.

Der Zeitbedarf kann hinter jeder Aktivität notiert werden, wobei darauf zu achten ist, dass die geplante Gesamtzeit nicht überschätzt wird.

Deshalb sind **Pufferzeiten** zu reservieren und nur ein Teil der Arbeitszeit zu verplanen:

* 60 % für geplante Aktivitäten (Tagesplan),
* 20 % für unerwartete Aktivitäten (Störungen, Unvorhergesehenes),
* 20 % für spontane/soziale Aktivitäten (kreative Zeit, persönl. Kommunikation).

In diesem Zusammenhang sind Entscheidungen zu treffen:

* Prioritäten setzen,
* Kürzungen vornehmen,
* Aufgaben delegieren.

Die Prioritätensetzung bietet bei der Zeitplanung die Vorteile der Wichtigkeit, Dringlichkeit, Konzentration, Zeitersparnis und Zielerreichung, die allesamt Berücksichtigung finden.

Ein erstes Prinzip zur Prioritätensetzung ist das **Pareto-Prinzip** (auch 80:20–Regel) nach V. Pareto (1848–1923). Es beinhaltet die Konzentration auf wenige, wichtige Aktivitäten, statt die Zeit mit vielen, nebensächlichen Problemen zu verbringen. Dabei geht das Pareto-Prinzip von der allgemeinen Erkenntnis aus, dass häufig bereits 20 % der richtig eingesetzten Zeit und Energie 80 % des gewünschten Ergebnisses erbringen und ein weiterer, wesentlich größerer Aufwand erforderlich wäre, um ein oft nur ohnehin theoretisch mögliches, 100%iges Ergebnis zu erzielen (Abb. 5.14).

Ein weiteres Prinzip zur Prioritätensetzung ist die **ABC-Analyse**, die auch bei der Zeitplanung als Wertanalyse der Zeitverwendung und zur Einteilung in Aufgabenklassen eingesetzt werden kann (Abb. 5.15):

- A-Aufgaben: Wichtigste Aufgaben; können von der betreffenden Person nur allein durchgeführt werden; sind für die Funktionserfüllung von größtem Wert.
- B-Aufgaben: Durchschnittlich wichtige Aufgaben; delegierbar.
- C-Aufgaben: Aufgaben mit geringstem Wert, jedoch mit dem größten Anteil an der Menge der Arbeit.

Das **Eisenhower-Prinzip** nach D. Eisenhower (1890–1969), beinhaltet eine Prioritätensetzung nach Dringlichkeit und Wichtigkeit der Aufgabe (Abb. 5.14):

- Aufgaben von hoher Wichtigkeit, die noch nicht dringlich sind, können warten.
- Aufgaben ohne hohe Wichtigkeit, die dringend sind, können delegiert werden.
- Aufgaben, die sowohl dringend als auch wichtig sind, müssen persönlich sofort erledigt werden.
- Auf Aufgaben mit geringer Wichtigkeit und geringer Dringlichkeit kann verzichtet werden.

In der Zeitplanung ist auch die persönliche **Leistungskurve** zu berücksichtigen. Hierzu ist eine Anlehnung an die REFA-Normkurve der durchschnittlichen, täglichen Leistungsbereitschaft und ihrer Schwankungsbreite möglich. Sie besagt, dass am Vormittag der Leistungshöhepunkt liegt und dieses Niveau während des gesamten Tages nicht mehr erreicht wird: Am Nachmittag liegt bekanntermaßen ein Leistungstief nach dem Essen und auf das Zwischenhoch am frühen Abend folgt ein kontinuierlicher Abfall der Leistungskurve, um nach Mitternacht ihren absoluten Tiefpunkt zu erreichen.

Unabhängig von dieser Normkurve sind der persönliche **Tagesrhythmus** herauszufinden und der Tagesablauf danach einzustellen:

- Leistungshoch: A-Aufgaben,
- Leistungstief: C-Aufgaben,
- Zwischenhoch: B-Aufgaben.

Bei den Ruhezeiten ist anzumerken, dass **Pausen** keine Zeitverschwendung darstellen, sondern erholsames Auftanken von Energie. Deshalb sollte folgendes beachtet werden:

- Kurze, aber regelmäßige Pausen im Tagesablauf vorsehen.
- Bester Erholungswert nach etwa 1 Std. Arbeitszeit.
- 10 Min. Dauer der Pause, da der optimale Effekt in den ersten 10 Min. eintritt und danach eine sinkende Tendenz aufweist.
- Steigerung des Regenerationseffektes durch Entspannung, Bewegung, frische Sauerstoffzufuhr.

Daneben ist es wichtig persönliche **Sperrzeiten** einzurichten. Die permanente offene Tür wird zwar von den anderen Praxisangehörigen sehr geschätzt, erweist sich für die Betroffenen aber als Bärendienst. Auch gilt es den Sägezahneffekt zu vermeiden: Auch bei noch so kurzen Ablenkungen von der Aufgabe bedarf es zur erneuten Weiterarbeit an der gleichen Stelle zusätzliche Anlaufs- und Einarbeitungszeit. Auch sollte eigentliche, wichtige Arbeit nicht erst nach offiziellem „Dienstschluss" erledigt werden. Die persönlichen Sperrzeiten sind zweckmäßiger Weise bereits bei der Planung des Tagesablaufs zu berücksichtigen.

Die **Delegation** ist eine Schlüsseltätigkeit jeder Führungskraft und eine Möglichkeit, knappe Arbeitszeit einzusparen. Ihre Vorteile liegen in der Entlastung der Führungskraft, dem Gewinn zusätzlicher Zeit für wichtige Aufgaben, der verstärkten Nutzung der Fachkenntnisse und Erfahrungen der Praxisangehörigen, auf die delegiert wird, ihrem Beitrag zur Förderung und Entwicklung von Initiative, Selbständigkeit und Kompetenz sowie in der positiven Auswirkung auf Leistungsmotivation und Arbeitszufriedenheit der Mitarbeiter.

Auf folgende Delegationsregeln ist zweckmäßigerweise zu achten:

- Inhalt: Was soll getan werden?
- Person: Wer soll es tun?
- Motivation, Ziel: Warum soll eine bestimmte Person es tun?
- Umfang, Details: Wie soll sie es tun?
- Termine: Bis wann soll die Aufgabe erledigt sein?

„Management by Delegation" bedeutet im Praxisalltag, im Grunde genommen bei möglichst vielen Aufgaben zu entscheiden, ob sie nicht ebenso gut oder besser von anderen erledigt werden können. Auch mittel- und langfristige Aufgaben, die die Praxisangehörigen motivieren und fachlich fördern, lassen sich delegieren. Gerade wenn jedoch täglich so oft und so viel wie möglich delegiert wird, soweit es die Mitarbeiterkapazität zulässt, ist eine Überwachung der Ergebnisse, Aufgaben und Termine erforderlich.

Persönliches Zeitmanagement erfordert Selbstdisziplin und konsequentes Handeln. Dazu gehören:

- Angewöhnen, den kommenden Arbeitstag am Ende des aktuellen Arbeitstages zu planen.

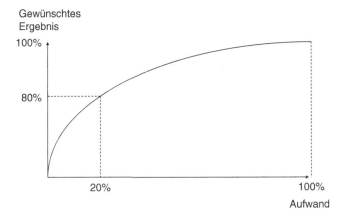

Abb. 5.14 Skizzierung des Pareto-Prinzips

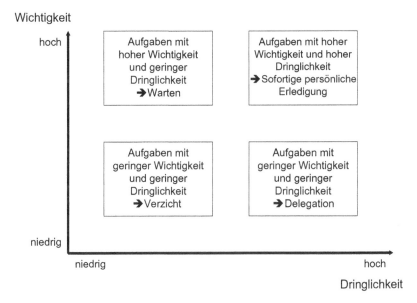

Abb. 5.15 Selbstorganisation der Aufgabenwahrnehmung nach dem Eisenhower-Prinzip

- In der Startphase Planungen, Aktivitäten und Zeitbedarfe schriftlich festhalten.
- Zeitplanung vollständig durchführen.
- Ablenkungen durch Nebensächlichkeiten vermeiden.
- Ruhezeiten nehmen und einhalten.
- Aufschieben von wichtigen, aber unangenehmen Aufgaben unterlassen.

Nicht-Erledigung erzeugt oft ein schlechtes Gewissen und Stress, den es durch persönliche Zeitplanung zu vermeiden gilt.

5.9 Telemedizin und elektronischer Datenaustausch im Dentalbereich

5.9.1 Telemedizin und eHealth in der Zahnarztpraxis

Der Begriff des **eHealth** fasst eine Vielzahl von Anwendungen, Entwicklungen, Vernetzungen sowie den Daten- und Informationsaustausch hauptsächlich auf der Basis des Internet in der Gesundheitsversorgung zusammen, die Zum Teil auch durch Begriffe wie Cybermedizin, E-Gesundheit oder Online-Medizin in der Vergangenheit gekennzeichnet worden sind. Die Bezeichnung eHealth steht dabei für „electronic Health" und stellt zum einen die elektronische Unterstützung bzw. Digitalisierung von Prozessen im Bereich von Medizin, Zahnmedizin und Pflege dar, zum anderen beinhaltet eHealth aber auch neue Leistungen und Problemlösungen, die erst aufgrund der dahinter stehenden informations- und kommunikationstechnologischen Entwicklung möglich werden.

> „ZOD steht für "Zahnärzte Online Deutschland", ein Projekt der Kassenzahnärztlichen Bundesvereinigung (KZBV) und der Kassenzahnärztlichen Vereinigungen (KZVen) in den Bundesländern. Hauptziel des Projektes ist es, allen Zahnärztinnen und Zahnärzten die sichere elektronische Kommunikation mit ihren Berufsorganisationen zu ermöglichen. Zusätzlich soll auch die sichere Kommunikation von Zahnärzten untereinander unterstützt werden.

> Das Internet ist heute das Medium, das einen schnellen Datenaustausch gewährleistet. Davon profitieren auch die Zahnärzte im Berufsalltag: Viele Verwaltungsvorgänge, die früher in Papier- oder Diskettenform abgewickelt wurden, lassen sich jetzt zeitsparend online erledigen. Allerdings birgt die moderne Technik auch Risiken bei der Datenübertragung. Daten, die ohne besondere Schutzvorkehrungen übers Internet transportiert werden, können leicht von Unbefugten gelesen und sogar verändert werden. Sensible Daten, die vertraulich behandelt werden müssen, sind deshalb mit besonderen Schutzmaßnahmen gegen den Zugriff Dritter zu versehen. Darüber hinaus sollten elektronische Dokumente auch mit einer rechtssicheren elektronischen Unterschrift (qualifizierte, elektronische Signatur) versehen werden können." (Kassenzahnärztliche Bundesvereinigung 2015, S. 1)

Lange Zeit stand für derartige Entwicklungen weitestgehend der Begriff der **Telemedizin**, die ausgehend von der in den 70er Jahren begründeten Telematik, die Überwindung räumlicher und zeitlicher Unterschiede mit Hilfe der Telekommunikation und Informatik zu Diagnose- und Therapiezwecken zum Ziel hat (Tab. 5.18).

> „Telemedizin ist ein vergleichsweise neues Tätigkeitsfeld im Gesundheitswesen. Man versteht darunter die Erbringung konkreter medizinischer Dienstleistungen in Überwindung räumlicher Entfernungen durch Zuhilfenahme moderner Informations- und Kommunikationstechnologien. Telemedizin ist ein Teilgebiet der Telematik. Der mittlerweile etablierte Begriff Telemedizin fällt unter den weiten Oberbegriff E-Health, der noch nicht endgültig definiert wurde. Man fasst heute viele Aktivitäten wie den Einsatz elektronischer Medien im Gesundheitswesen allgemein (Stichwort: elektronische Gesundheitskarte, elektronische Patientenakte, elektronische Fallakte, elektronischer Arztbrief oder eRezept u. a.), Telemedizin, Telematik u. a. unter diesem Begriff zusammen. So wird beispielsweise Telematik im Gesundheitswesen als ein Sammelbegriff für gesundheitsbezogene Aktivitäten, Dienste und Systeme definiert, die über räumliche Entfernung mit Mitteln der Informations- und Kommunikationstechnologie ausgeführt werden.

Telemedizinische Anwendungen haben großes Potential für eine Qualitätsverbesserung und -sicherung in der medizinischen Versorgung in fast allen medizinischen Disziplinen. Die Nutzung moderner Informations- und Kommunikationstechnologien vereinfacht die diagnostische und therapeutische Praxis, steigert die Qualität der medizinischen Versorgung und verbessert die Verfügbarkeit umfassenderen medizinischen Wissens auch in ländlichen Regionen und dünnbesiedelten Gebieten." (Deutsche Gesellschaft für Telemedizin 2015, S. 1).

Insofern erscheint eHealth als eine Fortführung und Erweiterung der Telemedizin unter Nutzung jeweils aktueller informations- und kommunikationstechnischer Entwicklungen. Aktuelle Nutzungs- und Entwicklungslinien des eHealth sind insbesondere:

- Vernetzungsbestrebungen im Gesundheitssystem,
- Anwendungen der Telemedizin, die sich auf die Infrastruktur oder Technologie des Internet stützen,
- Bereitstellung von Gesundheitsinformationen und Dienstleistungen über das Internet.
- direkte Interaktionen zwischen Patienten und Computer bzw. Internetanwendungen,
- Infrastrukturinitiativen auf informations- und kommunikationstechnologischer Basis im Gesundheitswesen.

Die Zahnarztpraxis ist zugleich Nutzer von eHealth-Anwendungen, als auch Bestandteil von eHealth-Netzwerken und Prozessen. Für die Zahnarztpraxis kann eHealth somit im Einzelfall lediglich das Bereitstellen von Informationen für Patienten, das eigene Personal oder andere Leistungserbringer über Informationsportale bedeuten. Ebenfalls mögliche Zielsetzungen im Rahmen des eHealth sind die lebenslange Aufzeichnung aller Daten eines Patienten über dessen Gesundheitszustand und die Zusammenführung aller Daten aus zahnmedizinischen Bereichen und Ergänzung der Informationen durch Angaben und Einträge des Patienten selbst. Es kann aber beispielsweise auch den elektronischen Austausch von Informationen zwischen Patient und Zahnarztpraxis oder Zahnarztpraxis und anderen Leistungserbringern ohne direkte und zeitnahe Reaktion des Kommunikationspartners – oder aber unmittelbare Reaktion des Kommunikationspartners – bedeuten, auch über räumliche Distanzen hinweg. Auch ist ein gezielter Datenaustausch zwischen verschiedenen Partnern des Gesundheitswesens möglich, um die zahnmedizinische Leistungserstellung vollständig elektronisch abbilden und erbringen zu können.

„Moderne Kommunikationstechnologien und dreidimensionale bildgebende Verfahren haben in der Zahn-, Mund- und Kieferheilkunde den Weg zu neuen diagnostischen und therapeutischen Verfahren gebahnt, an denen über telemedizinische Vernetzungen auch weit entfernte Kliniken und Praxen teilnehmen können.

Wenn niedergelassene Zahnärzte und Kieferorthopäden von weit entfernten Orten aus direkt online mit einem mund-, kiefer-, gesichtschirurgischen Spezialistenteam zusammenarbeiten können, lassen sich für Patienten mit Form- und Lageanomalien der Kiefer (angeborener oder erworbener Dysgnathie), die eine Korrekturoperation benötigen, nicht nur Zeit und Kosten einsparen, sondern auch optimale Behandlungsergebnisse erzielen." (Zeilhofer 2001, S. 36).

Da gerade in der Medizin und Zahnmedizin von einer regelrechten Wissensexplosion gesprochen werden muss und Schätzungen davon ausgehen, dass sich das relevante fachbezogene Wissen etwa alle zwei Jahre verdoppelt, ist die Informationsflut so überwältigend und verliert auch derartig immer schneller an Aktualität, dass sie für den Alltag in der Zahnarztpraxis kaum mehr zu bewältigen ist. Anwendungen im Rahmen des eHealth, wie Datenbanken, Online-Literaturdienste, Expertensysteme, elektronische Zeitschriften etc. ermöglichen die Digitalisierung zahnmedizinischen Wissens und dessen Verbreitung. Beispiele für einschlägige Literaturdatenbanken sind Cochrane Database of Systematic Reviews (CDSR) und Database of Abstracts of Reviews of Effectiveness (DARE), PubMed, Embase, Medpilot und viele andere mehr (Tab. 5.19).

Daneben unterstützt eine Vielzahl von weiteren Datenbanken die Zahnarztpraxis im Rahmen des eHealth. So bietet etwa das DIMDI auch umfangreiche Recherchemöglichkeiten im Bereich der Arzneimittelinformation mit Datenbanken zu zugelassenen und ehemals zugelassenen Arzneimitteln (AMIS) oder Informationen zu Fertigarzneimitteln, Stoffen, Interaktionen, aktuellen Mitteilungen (ABDA-Fertigarzneimittel). Das Internetangebot PharmNet.Bund stellt darüber hinaus beispielsweise Arzneimittel-Informationen der deutschen Arzneimittelzulassungsbehörden zur Verfügung. Das DIMDI bietet beispielsweise auch Datenbanken zur systematischen Bewertung gesundheitsrelevanter Prozesse und Verfahren der Deutschen Agentur für Health Technology Assessment (DAHTA), zur Sicherung der Qualität und Wirtschaftlichkeit im deutschen Gesundheitswesen.

Ein weiterer Bereich des eHealth ist die zahnmedizinische Informationsvermittlung. Hier sind für die Zahnarztpraxis insbesondere über krankheitsbezogene Portale die Möglichkeiten der Informationsvermittlung an Patienten gegeben, wenn beispielsweise ein Zahnarzt als Praxisinhaber gleichzeitig für derartige Portale zahnmedizinisches Fachwissen aufbereitet. Es gibt zahlreiche Beispiele von Portalen zur zahnmedizinischen Informationsvermittlung, die von Leistungserbringern betrieben werden und/oder kommerzieller Natur sind und meistens auch über die dentale Ausrichtung hinaus weitergehende Informationen rund um das Gesundheitswesen anbieten (www.zahnarztportal.org, www.portal-der-zahnmedizin.de,

Tab. 5.18 Beispiele für praxisrelevante telemedizinische Anwendungen

Anwendung	Erläuterungen/Beispiele
Telediagnostik	Begutachtung zahnmedizinischer Bilder von mehreren, voneinander entfernten Teilnehmern zur Ermittlung eines Befunds (bspw. bildgestützte Telediagnostiksysteme)
Telekonsultation	Live erfolgende oder auch zeitlich versetzt Diskussion von schwierigen, seltenen und ungewöhnliche Fällen auch über eine große Distanz mit Kollegen oder Spezialisten, um eine zweite Meinung einzuholen und zur Bestätigung, Verfeinerung oder auch Korrektur des Befunds (bspw. Kommunikation für die präoperative Planungsphase bei Patienten mit Form- und Lageanomalien der Kiefer)
Telemonitoring	Computergestützte 3D-Planung und -simulation komplexer mund-kiefer-gesichtschirurgischer Operationen im virtuellen Raum unter Nutzung exakt erstellter dreidimensionaler Planungen von skelettverlagernden Operationen direkt für eine intraoperative Navigation

www.2te-zahnarztmeinung.de, www.zahnarzt-hilfe.de, www.apotheken-umschau.de, www.gesundheit.de, www.vitanet.de, etc.).

Für Zahnarztpraxen übernehmen **Praxisverwaltungssysteme** (PVS) die dokumentierenden, informationsverarbeitenden Prozesse und beinhalten dazu in der Regel Patientendatenmanagementsysteme für Verwaltung und Verarbeitung von Patienten- und Behandlungsfalldaten, Arbeitsplatzsysteme für den/die Zahnärzte zur Falldokumentation, Befunderhebung, Berichtsdokumentation, Heil- und Kostenplänen, Verordnungen, etc., Privat- und Kassenliquidation, Buchführung, Personalverwaltung, sowie der Integration von zahnmedizinischen Wissensdatenbanken oder bildgebenden Verfahren.

5.9.2   Sicherheit der Patientendaten

Das Recht auf informationelle Selbstbestimmung ist im Bundesdatenschutzgesetz (BDSG 2003) verankert. Ebenso die Forderung nach geeigneten technischen und organisatorischen Maßnahmen, um personenbezogene Patientendaten zu schützen. Dem Patienten stehen Auskunftsrechte zu, das Recht auf Einsicht in die Patientenakte, Datenkorrektur, Datensperrung, Datenlöschung bzw. Aktenvernichtung, Schadensersatz bei unzulässiger Datenverarbeitung und vieles andere mehr. Neben der Einhaltung dieser rechtlichen Grundlage liegt es jedoch auch im Interesse der Zahnarztpraxis, zahlreiche weitere Gefährdungspotenziale im Hinblick auf seine Daten und Informationen weitestgehend zu begrenzen, wenn möglich auszuschließen: Systemausfälle, Fehlfunktionen, Datenverluste, technische Manipulationen, unbefugte Informationsbeschaffungen. Die Folgen von Schäden im Bereich der Informations- und Datensicherheit in der Zahnarztpraxis können erhebliche Ausmaße annehmen, die zu finanziellen Einbußen, Vertrauensverlust bei Patienten, Schadensersatzansprüche oder gar zu Behandlungsfehlern führen.

Patientendaten über den zahnmedizinischen Zustand sind zudem äußerst sensible Daten mit starkem Bezug zur Privat- und Intimsphäre, da sie Auskunft über seelische und körperliche Leiden, Eigenschaften und Dispositionen eines Menschen geben und daher über seine Persönlichkeit eine hohe Aussagekraft haben.

Die Verpflichtung zum Schutz der Patientendaten geht von der ärztlichen Schweigepflicht aus, die als berufsständischer Kodex bereits in Indien und Ägypten bekannt war, bevor sie etwa 400 v. Chr. im Eid des Hippokrates als im europäischen Rechtskreis ältester bekannter „Datenschutzregelung" niedergeschrieben wurde. Sie wurde im medizinischen Standesrecht fortentwickelt und ist beispielsweise in Berufsordnungen der Landeärztekammern und in § 7. in der zahnärztlichen Musterberufsordnung als ärztliche Schweigepflicht wieder zu finden.

„Der Zahnarzt hat die Pflicht, über alles, was ihm in seiner Eigenschaft als Zahnarzt anvertraut und bekannt geworden ist, gegenüber Dritten Verschwiegenheit zu wahren.

Der Zahnarzt ist zur Offenbarung befugt, soweit er von dem Betroffenen oder seinem gesetzlichen Vertreter von der Schweigepflicht entbunden wurde oder soweit die Offenbarung zum Schutze eines höheren Rechtsgutes erforderlich ist. Gesetzliche Aussage- und Anzeigepflichten bleiben davon unberührt.

Der Zahnarzt hat alle in der Praxis tätigen Personen über die gesetzliche Pflicht zur Verschwiegenheit zu belehren und dies zu dokumentieren." (Bundeszahnärztekammer 2014b).

Tab. 5.19 Beispiele für internationale (elektronische) Fachmedien

Land	Medien
Skandinavien	Swedish Dental Journal Periodontology 2000, Journal of Clinical Periodontology, Clinical Oral Implants Research, Journal of Periodontal Research, Community Dentistry and Oral Epidemiology, Oral Diseases, Oral Microbiology and Immunology, Journal of Oral Pathology & Medicine, Dental Traumatology, Acta Odontologica Scandinavica
USA	Journal of Orofacial Pain, Journal of Dental Research, Operative Dentistry, Journal of Endodontics, International Journal of Periodontics & Restorative Dentistry, Journal of Periodontology, International Journal of Oral & Maxillofacial Implants, Journal of The American Dental Association, Pediatric Dentistry, Oral Surgery Oral Medicine Oral Pathology Oral Radiology and Endodontology, International Journal of Prosthodontics, Journal of Oral and Maxillofacial Surgery, American Journal of Dentistry, American Journal of Orthodontics and Dentofacial Orthopedics, Angle Orthodontist, Cleft Palate-Craniofacial Journal, Journal of Public Health Dentistry, Quintessence International, Cranio-The Journal of Craniomandibular Practice
Großbritannien	Archives of Oral Biology, Dental Materials, Oral Oncology, International Endodontic Journal, Journal of Dentistry, Journal of Adhesive Dentistry, Journal of Oral Rehabilitation, European Journal of Orthodontics, British Dental Journal, Journal of Cranio-Maxillofacial Surgery, Dentomaxillofacial Radiology, British Journal of Oral & Maxillofacial Surgery, International Dental Journal, Community Dental Health, International Journal of Oral and Maxillofacial Surgery

Neben der standesrechtlichen Schweigepflicht ist das Arzt- bzw. Patientengeheimnis beispielsweise auch im Strafgesetzbuch (StGB 1998) festgelegt, das beispielsweise unter § 203 Abs. Freiheits- oder Geldstrafen für denjenigen vorsieht, der als Zahnarzt Geheimnisverletzung betreibt.

Die Verantwortlichkeit für den Schutz der Patientendaten liegt zunächst bei der Praxisleitung. Aber auch die Praxisangehörigen, die als so genannte berufsmäßig tätige Gehilfen weisungsgebunden tätig sind, tragen selbst höchstpersönlich für die Wahrung der Schweigepflicht Verantwortung.

In der Zahnarztpraxis werden zahlreiche personenbezogene Daten erhoben, wobei streng genommen nur die Daten zulässig sind, die für Behandlung und Abrechnung auch benötigt werden. Die Zahnarztpraxis ist zu dieser Datenerhebung nicht nur berechtigt, sondern im Rahmen einer fachgerechten Behandlung auch verpflichtet, denn ihr obliegt die vollständige Dokumentation des Behandlungsgeschehens. Die Erhebung weiterer Daten kann zweckmäßig sein, basiert letztendlich aber auf einer freiwilligen Entscheidung des Patienten.

Die Weitergabe von Patientendaten darf nur an diejenigen Personen erfolgen, die diese im Rahmen des Behandlungsvorganges benötigen. Die Speicherung der Behandlungsdaten hat daher so zu erfolgen, dass der Datenzugriff auch ausschließlich diesem Personenkreis ermöglicht wird. Allerdings sind darunter auch alle Maßnahmen zur Vorbereitung und zur Abwicklung des Behandlungsvertrages zu verstehen, so dass darunter etwa auch Schreibkräfte, Mitarbeiter des Dentallabors, der Verwaltung, die die Privat- und Kassenliquidation vornehmen, als weisungsgebundene Gehilfen anzusehen sind, denen im Rahmen der Erforderlichkeit Patientendaten mitgeteilt werden dürfen. Bei mitbehandelnden Zahnärzten, Kieferorthopäden oder Kieferchirurgen unterstellt das Standesrecht eine stillschweigende Einwilligung des Patienten. Bei vor- und nachbehandelnden Zahnärzten wird hinsichtlich der Übersendung des Entlassungsbefundes, aus dem sich die für die Nachbehandlung notwendigen therapeutischen Konsequenzen ergeben, die Einwilligung des Patienten unterstellt.

Grundsätzlich kann gesagt werden, dass eine Weitergabe der Daten zulässig ist, wenn der betroffene Patient hierin wirksam eingewilligt hat oder hierfür eine ausdrückliche gesetzliche Grundlage besteht (Tab. 5.20).

In der Regel sind alle Patientendaten, die während einer Behandlung erhoben wurden, in einer Patientenakte dokumentiert und im jeweiligen System abgespeichert, so das auch auf bereits vorhandene Daten von abgeschlossenen Behandlungen zugegriffen werden kann. Die Patientendaten sind jedoch in der Regel nach Abschluss der Behandlung zu sperren und gesondert zu speichern. Bei erneuter Behandlung dürfen nur solche Daten freigegeben werden, die in einem engen zahnmedizinischen Zusammenhang mit der aktuellen Behandlung stehen.

Eine **Löschung** von Patientendaten muss erfolgen, wenn ihre Speicherung unzulässig ist oder sobald deren Kenntnis für die Erfüllung des Zwecks der Speicherung nicht mehr erforderlich ist. Ansonsten sind diese aus Dokumentationsgründen in der Regel 10 Jahre lang aufzubewahren. Aufgrund von erst später verjährenden zivilrechtlichen Ansprüchen kann die Notwendigkeit einer Aufbewahrung zahnmedizinischer Unterlagen zu Beweiszwecken auch für längere Zeiträume geltend gemacht werden. Die Löschung von Patientendaten die zu Organisations- und Abrechnungszwecken gespeichert werden, richtet sich beispielsweise nach den Aufbewahrungsfristen des SGB, des Steuerrechts bzw. des Handelsgesetzbuches (HGB 2015).

Bei der **Verarbeitung** der Patientendaten ist durch die Schaffung von Diskretionszonen, Sicherstellung der Vertraulichkeit von Untersuchungs- und Behandlungsgesprächen, Verschluss von Patientenunterlagen zu gewährleisten, dass die Daten nicht von Unbefugten zur Kenntnis genommen werden können oder sind zumindest unvermeidliche Kenntnismöglichkeiten auf das Unerlässliche zu begrenzen.

Für die elektronische Verarbeitung von Patientendaten ist zu prüfen, ob die Datenverarbeitung mit den gesetzlichen Regelungen in Einklang steht und ob die erforderlichen technischen und organisatorischen Maßnahmen ausreichend sind, die Erarbeitung von Sicherheitskonzepten für neu entwickelte bzw. zu installierende Verfahren, deren ausführlicher Test, das Festlegen von Befugniskonzepten bei dem Zugriff auf Patientendaten, welche Anwender welche Rechte eingeräumt erhalten, oder die Erstellung eines Verzeichnisses für die von der Zahnarztpraxis angewendeten Datenverarbeitungsverfahren.

Bei der Zusammenarbeit mit externen Firmen ist darauf zu achten, dass keine unbefugte Offenbarung von Patientengeheimnissen erfolgt. Da es sich bei Externen weder um Gehilfen des behandelnden Zahnarztes bzw. der Zahnarztpraxis handelt, noch um Stellen, die selbst der Geheimnisverpflichtung nach StGB unterliegen, ist eine ausdrückliche Zustimmung der betroffenen Patientinnen und Patienten in einer Einwilligungserklärung bzw. durch wirksame Schutzmaßnahmen (bspw. wirksame Pseudonymisierung der Patientenstammdaten, Verschlüsselung des Patientendatensatzes) die Sicherstellung notwendig, dass das Hilfsunternehmen keine Kenntnis von den personenbezogenen Patientendaten nehmen kann. Liegt bspw. durch Ausblendung der Patientennamen keine ausreichende Pseudonymisierung vor, dürfen Patientendaten nicht von externen Aushilfskräften bearbeitet werden, sondern nur durch Angestellte der Zahnarztpraxis. Eine externe Systemadministration kann nur zugelassen werden, wenn technisch ausgeschlossen ist, dass die Systembetreuer auf Patientendaten lesenden Zugriff nehmen können. Wird die Vernichtung von Patientenakten durch externe Firmen vorgenommen, so ist die Sammlung der Akten, deren Transport bis hin zur Vernichtung so zu organisieren, dass eine unbefugte Kenntnisnahme auch durch die Mitarbeiter der Entsorgungsfirma nicht stattfinden kann.

Bei der **Dokumentation** von Patientendaten ist darauf zu achten, dass die Unterlagen vollständig sind, jederzeit nachvollzogen werden kann, wer welche Eintragungen gemacht hat, wo sich die Unterlagen gerade befinden und wer auf die Akten zugegriffen hat.

Die **Forschung** mit anonymisierten Patientendaten unterliegt keinerlei Restriktionen, wobei die Anonymisierung durch die Zahnarztpraxis erfolgen muss und nicht durch die externen Mitarbeiter eines Forschungsteams erfolgen darf. Für Forschungszwecke genutzte Daten dürfen ausschließlich für diese Zwecke verwendet werden, so dass nach dem BDSG ein absolutes Zweckänderungsverbot gilt. Eine personenbezogene Veröffentlichung von zahnmedizinischen Forschungsergebnissen ist nur nach Einwilligung der Patienten möglich.

In Zahnarztpraxen kommen häufig informations- und kommunikationstechnische Systeme (IuK-Systeme) zum Einsatz, die zum einen Identifikationsdaten, Versicherungsdaten, Leistungsdaten sowie zahnmedizinische Daten über die Patienten verwalten, aber auch Daten über das eigene Personal sowie Daten über die von der jeweiligen Person vorgenommenen zahnmedizinischen Maßnahmen. Sie bestehen in der Regel aus einer Vielzahl unterschiedlicher Subsysteme, auch von verschiedenen Herstellern, die über Kommunikationsserver miteinander verbunden sind.

Für die Vernetzung der unterschiedlichen Teilsysteme sind neben drahtgebundenen Verbindungen zunehmend drahtlose Vernetzungen im Einsatz, wie bspw. WLAN-Technologien, die Maßnahmen gegen das Abhören der Datenübertragung notwendig machen, um das unkontrollierte Aussenden von Funksignalen zu verhindern. Bei der Anbindung an externe Netze, wie bspw. das Internet, müssen Schutzmaßnahmen gegen den unbefugten Zugriff auf Daten ergriffen werden, wie der Einsatz einer Firewall, die nur erlaubte Datenströme zulässt. Bei einer Übermittlung patientenbezogener Daten von oder zur Praxis oder soweit Daten auf von außen zugänglichen Servern gespeichert werden, ist eine Verschlüsselung mit sicheren Schlüssellängen erforderlich.

Tab. 5.20 Beispiele für die zulässige Weitergabe von Patientendaten aus der Zahnarztpraxis

Adressat	Anlass	Rechtsgrundlage
Krankenkassen	Übermittlung gesetzlich genau definierter Daten über die Behandlung von gesetzlich Krankenversicherten an die zuständige Krankenkasse in maschinenlesbarer Form	SGB
Sozialamt	Anträge auf Kostenübernahme	SGB
Sozialleistungsträger	Medizinische Dienste, deren Finanzierung auf Antrag des Patienten von den Sozialsystemen erbracht werden	SGB
Datenschutzbehörde	Datenschutzkontrollzwecke	BDSG
Strafverfolgungsbehörde	Kein Beschlagnahmeverbot, wenn sich der strafrechtliche Vorwurf gegen den Zahnarzt selbst richtet	StPO
Gesundheitsamt	Meldung bei Vorliegen bestimmter übertragbarer Krankheiten	IfSG
Berufsgenossenschaft	Verdacht auf eine Berufskrankheit	SGB
Gesetzliche Vertreter (Betreuer)	Umfassendes Akteneinsichts- und Auskunftsrecht	BGB

Da in Praxisverwaltungssystemen (PVS) die Nutzer nur auf die Daten zugreifen dürfen, für die sie eine Berechtigung besitzen, müssen sie über eigene Kennungen verfügen, die eine eindeutige Identifikation des Benutzers und seiner ausgeführten Aktionen sicherstellen. Dazu ist für jede Kennung festzulegen, auf welche Datensätze, Untermengen eines Datensatzes oder bestimmten Feldern eines Datensatzes mit Lese- oder Schreibrechten zugegriffen werden darf. Die Authentifizierung geschieht in der Regel über Benutzername und Passwort bzw. persönlicher Chipkarte mit PIN, wie bspw. der elektronische Heilberufsausweis (eHBA).

Die **Systemwartung** oder Fehlerbeseitigung darf nicht mit Patientendaten, sondern nur mit Testdaten erfolgen. Im Störfall sollte dem Wartungspersonal der Einblick in Patientendaten nur in unvermeidlichen Ausnahmefällen ermöglicht werden. Es ist dabei zu beaufsichtigen, schriftlich auf Verschwiegenheit zu verpflichten, und die durchgeführten Wartungsmaßnahmen sowie der Name des Technikers sind zu dokumentieren. Ein Fernzugriff beispielsweise über Modem auf die Systeme der Zahnarztpraxis zu Wartungszwecken ist nur dann zulässig, wenn dabei kein Zugriff auf patientenbezogene Daten möglich ist.

Um im Nachhinein die Rechtmäßigkeit von Zugriffen überprüfen zu können, muss eine Nachvollziehbarkeit dahingehend gewährleistet sein, dass protokolliert wird, wer welche Daten zu welchem Zeitpunkt verarbeitet hat. Hierzu sollten die im PVS vorhandenen Benutzer und ihre Berechtigungen einschließlich der Historie (Anlegen und Löschen von Benutzern) in einer Datenbank gespeichert werden, um erkennen zu können, wer wann welche Berechtigungen besessen hat, wann die Rechte und durch wen vergeben oder geändert wurden. Wichtig ist auch die Protokollierung, um Sicherheitsverstöße zu verhindern, wie bspw. durch

Aufzeichnung von Fehlversuchen bei der Benutzeranmeldung, von Versuchen, auf Daten zuzugreifen, die für einen Benutzer nicht freigeschaltet sind, im Rahmen der Fernwartung, wann ein Verbindungsaufbau erfolgt ist und wie lange er gedauert hat, durch wen auf welche Daten zugegriffen wurde und welche Aktionen ausgeführt wurden oder bei einer allgemeinen Anbindung an externe Netze durch Protokollierung des Netzverkehrs auf der Firewall, um unbefugte Zugriffsversuche von außen festzustellen.

Für die effektive Durchsetzung von Sicherheitsmechanismen sind Transparenz und gutes Handling von PVS wichtige Voraussetzungen. Dazu gehören benutzerfreundliche Bedienbarkeit, Einfachheit, Übersichtlichkeit und schnelles Antwortzeitverhalten. Der technische Aufbau, die Benutzer- und Berechtigungsverwaltung und die Dokumentation müssen in einer vernünftigen Zeit nachvollziehbar und überprüfbar sein, um die Zulässigkeit der Datenzugriffe und die Sicherheitsmaßnahmen kontrollieren zu können.

Wichtige physikalische Sicherungsmaßnahmen, die als wichtige Grundvoraussetzungen insbesondere hardwaretechnische Einrichtungen wie Computeranlagen und Übertragungsleitungen schützen sollen, umfassen zumindest Brandschutz und Brandmeldeanlagen in Computerräumen, Vorkehrungen zur unterbrechungsfreien Stromversorgung, Kontrollen von Wartungsarbeiten durch fremdes Personal, gesicherte Entsorgung von Hardwarekomponenten, Datenträgern und DV-Auszügen auf Papier. Weiterhin muss sichergestellt sein, dass Unbefugte keinen Zutritt zu IuK-Anlagen und keinen Zugriff auf Datenträger in der Zahnarztpraxis haben.

5.9.3 Praxishomepage

Um das Internet auch als Plattform für die Patientenkommunikation nutzen und die Zahnarztpraxis dort präsentieren zu können, ist das Anlegen und Betreiben einer eigenen Praxishomepage erforderlich.

> „Der aufgeklärte Patient informiert sich heute schon vor dem Praxisbesuch „online" über seinen potenziellen Zahnarzt. Wer hier nicht „punktet", dem hilft das tollste Designer-Ambiente nichts, weil der Patient die Praxis gar nicht erst betritt. Dem Erfolg darf man nicht nachlaufen – man muss ihm aktiv entgegengehen. Eine attraktive Website, die sich schon beim Öffnen „abhebt" und einen positiven Eindruck hinterlässt, gehört genauso zum Marketingmix wie ein schickes Praxislogo.

> Bringt eine Website neue Patienten?

> Die Patienten, die in der Praxis eine Visitenkarte mit der Webadresse mitnehmen, muss ich nicht mehr „gewinnen". Eine gute Website zielt vielmehr auf Neupatienten ab, soll Spezialisierungen bekannt machen und bei bestehenden Patienten zusätzliche Nachfrage nach bestimmten Leistungen wie Prophylaxe wecken. Meine Praxis befindet sich „auf dem Land". Von den Neupatienten kommen circa 60 Prozent auf Empfehlung und 30 Prozent übers Internet. Etliche „Empfehlungs-Patienten" sagen aber bei der ersten „01": „Ich habe auf Ihrer Website gelesen, dass Sie …" Der Patient informiert sich also schon vorab im Internet und überprüft die Empfehlung. Eine gute Darstellung im Web bestätigt seine Entscheidung.

Je größer die Stadt ist, desto mehr neue Patienten können durch den Internetauftritt gewonnen werden. Wer gut in der Suchmaschine positioniert ist, spielt gewaltige Vorteile aus. Kunden aus Städten mit über 80.000 Einwohnern haben uns mehrfach bestätigt, dass sie inzwischen die meisten Neupatienten per Internet generieren." (Peiler 2010, S. 1).

Die Darstellungsmöglichkeiten der Praxis im Internet sind an rechtliche Vorgaben geknüpft (Tab. 5.21).

Die Verwendung graphischer Gestaltungsmittel und von Farbe auf der Homepage stellt keine Berufswidrigkeit dar, solange die Ausgestaltung der Homepage nicht entscheidend von den Formen abweicht, wie sie von seriösen Verbänden, öffentlich-rechtlichen Körperschaften, oder sonstigen Behörden bei ihrer Außendarstellung im Internet benutzt werden.

Die aktive Präsenz im Internet ist nicht nur ein Ziel des Praxismarketings, denn aus präventivzahnmedizinischer Sicht bietet die Patientenaufklärung über eine Praxishomepage und per E-Mail sicherlich große Chancen. Dennoch ergeben sich Probleme, wenn ein der Zahnarztpraxis unbekannter Patient sie von sich aus unaufgefordert kontaktiert. Dies ist bedingt durch die Tatsache, dass Patienten sich zunehmend mit direkten Fragen zu zahnmedizinischen Problemen an Praxen wenden, deren Homepage sie zufällig im Internet finden. Auch gibt es mittlerweile durch einzelne Zahnärztekammern eingerichtete Patienteninformationssysteme, die Angaben über niedergelassene Zahnärztinnen und -ärzte enthalten. Ziel ist es, Auskunft über gesicherte Qualifikationen zu geben und nicht einfach möglichst viele. Hyperlinks weisen auf die Homepages hin, auf denen Zahnarztpraxen über Sprechstunden, besondere Untersuchungsmethoden und die Möglichkeit, die Praxis mit öffentlichen Verkehrsmitteln zu erreichen, informieren. Der Bedarf an seriöser Information ist groß, zumal da die Anzahl der Patienten wächst, die Fragen zu Behandlungsalternativen haben.

Bei Praxen mit einem hohen Benutzeraufkommen können diese Anfragen ein beträchtliches Volumen erreichen und die Praxis vor erhebliche Probleme stellen, die Fragen zu beantworten oder unbeantwortet zu lassen. Schildert der Patient beispielsweise ein akutes zahnmedizinisches Problem, so hat der Zahnarzt grundsätzlich die Möglichkeit eine Befunderhebung per E-Mail abzulehnen, eine richtige oder falsche Verdachtsdiagnose zu stellen oder auf das E-Mail überhaupt nicht zu reagieren. Während nach deutschem Standesrecht eine telefonische Diagnosestellung und Beratung von Patienten, die ein Zahnarzt nicht kennt, verboten ist, ergibt sich bei der Patientenkommunikation über die Praxishomepage und ein entsprechendes Kontaktangebot doch zunächst eine gewisse Unsicherheit, ob derartige Anfragen ignoriert werden dürfen, ob der Standardhinweis, eine Praxis aufzusuchen, ausreicht oder ob eine zahnärztliche Beratung geboten und erlaubt ist. Obwohl sich das Verbot telefonischer Diagnosen auch auf die elektronische Kommunikation mit Patienten übertragen lässt, gibt es sicherlich Fälle, bei denen der Zahnarzt sich veranlasst sieht, auf ein Hilfegesuch zu reagieren. So gesehen lässt sich für eine Praxis mit einer entsprechenden Homepage, die Pflicht ableiten, Anfragen gewissenhaft im Hinblick auf Notfälle regelmäßig zu kontrollieren. Haftungsrechtliche Fragestellungen bei falsch oder missverständlicher Beratung per elektronischer Kommunikation oder Nichtreaktion auf Notfälle lassen sich allerdings sicherlich nur im Einzelfall beantworten.

Als wesentliche Voraussetzung einer Kommunikation mit Patienten über eine Praxishomepage ist anzusehen, dass der Zahnarzt oder die Zahnärztin den Patienten kennt und ihn schon mindestens einmal vorher gesehen hat. Es sollte also ein typisches Zahnarzt-Patienten-Verhältnis bestehen. In diesem Fall kann die Praxis mit Einverständnis und Erhalt der E-Mail-Adresse des Patienten elektronische Nachrichten etwa bezüglich Terminerinnerungen, Rechnungsstellung, Rückfragen zur Krankenversicherung, Verschreibungsfragen oder Recalls für periodische Kontrolluntersuchungen austauschen. Nicht nur aus den angesprochenen Sicherheitsaspekten sollten vertrauliche und sehr sensible Informationen wie Befunddetails möglichst nicht elektronisch übermittelt werden.

Es ist rechtlich nicht zwingend vorgeschrieben, mit dem Patienten eine schriftliche Vereinbarung über den Austausch elektronischer Nachrichten oder das Einrichten eines personalisierten Zugangs auf der Praxishomepage zu schließen. Möchte die Praxis dennoch ein entsprechendes Schriftstück zur Grundlage der elektronischen Kommunikation machen, so sollten einige wichtige Punkte dort enthalten und jegliche Haftung für eventuelle Sicherheitslücken ausgeschlossen sein. In der Vereinbarung sollte der Ablauf der Kommunikation in der Praxis und beim Patienten beschrieben sein, wer genau die ausgetauschten elektronischen Nachrichten liest und ob bzw. welche Sicherheitsmechanismen bestehen. Der Patient sollte mit seiner Unterschrift bestätigen, dass er auf eigenes Risiko eine derartige Kommunikation wünscht, potentielle Sicherheitslücken vorhanden sein können und er gegebenenfalls auf eine zusätzliche Verschlüsselung der Daten verzichtet. Schließlich sollte die Vereinbarung eine Befreiung für den Zahnarzt oder die Zahnärztin von der Verpflichtung enthalten, vertrauliche zahnmedizinische Daten, die elektronisch verschickt werden, auf eine bestimmte Art und Weise zu verschlüsseln, sowie eine Klausel, die Haftungsansprüche für jegliche Ereignisse, die jenseits des Einflusses der Zahnarztpraxis liegen, ausschließt.

Tab. 5.21 Pflichtangaben einer Praxishomepage (vgl. Zahnärztekammer Berlin 2015, S. 1)

Angabe	Inhalt
Name	Vollständiger Name und Praxisanschrift
Kommunikation/Kontaktaufnahme	Angaben zur schnellen elektronischen und unmittelbaren Kommunikation und Kontaktaufnahme (Telefonnummer und ggf. E-Mail-Adresse)
Kammerangaben	Angaben zur zuständigen Zahnärztekammer
Partnerschaft	Bei Partnerschaftsgesellschaften nach dem PartGG: Angabe der zuständigen Registerbehörde und der Registernummer
Berufsbezeichnung	Berufsbezeichnung (Zahnärztin/Zahnarzt) und Staat, in dem die Berufsbezeichung verliehen worden ist
Berufsrechtliche Regelungen	Bezeichnung der berufsrechtlichen Regelungen: Gesetz über die Ausübung der Zahnheilkunde (ZHG), Kammergesetze, Berufsordnung
Umsatzsteuer	Umsatzsteuer-Identifikationsnummer, soweit eine vom Finanzamt zugeteilt worden ist

Aus den bereits aufgezeigten Gründen sollte sich auf jeder Praxishomepage auch der Hinweis befinden, dass Anfragen zu zahnmedizinischen Problemen grundsätzlich nicht auf dem elektronischen Weg beantwortet werden. Bei dringenden zahnmedizinischen Problemen sollte der Patient aufgefordert werden, eine Praxis aufzusuchen.

Eine effektive Kommunikation zwischen Zahnarzt und Patienten setzt voraus, dass die Anfragen über die Praxishomepage regelmäßig abgerufen, gelesen und in akzeptablen Zeiten beantwortet werden. Hierzu sind in der Praxis klare Antwortzeiten und somit die maximale Antwortdauer zu definieren. Über diese zu erwartenden Reaktionszeiten sollte der Patient ebenso informiert werden, wie über die Praxisangehörigen, die seine Nachricht lesen. Denn nicht immer erlaubt es die Organisation des Praxisablaufs, dass die Zahnärztinnen und -ärzte eine Vielzahl von Anfragen persönlich bearbeiten. Es erscheint vielmehr sinnvoll, dass Praxisangehörige beauftragt werden, die Anfragen kontinuierlich oder zu bestimmten Zeiten zu überprüfen, Routineanfragen selbst zu bearbeiten und dringende bzw. spezielle Fälle an ihn weiterzuleiten.

Klare Regelungen hierfür sind allerdings dringend notwendig, denn grundsätzlich können alle Praxisangehörigen eingehende Anfragen lesen, bearbeiten und Antworten verschicken. Die Kontrolle der Kommunikation über die Praxishomepage durch die Praxisleitung und damit die Wahrung der Vertraulichkeit und Qualität ist dabei eine wesentliche Aufgabe.

So ist beispielsweise zu regeln:

- Wer darf in der Praxis die elektronischen Anfragen lesen?
- Wie geschieht die Weiterleitung von Informationen innerhalb der Praxis?
- Wer darf in der Praxis eigenverantwortlich E-Mails verschicken?
- Welche Nachrichten dürfen elektronisch verschickt werden?
- Welche Nachrichten dürfen elektronisch nicht behandelt werden?
- Wie sollen die elektronischen Nachrichten, die die Praxis verlassen, strukturiert sein?

So sollten die Betreffzeilen an Patienten gerichteter Nachrichten keinesfalls bereits vertrauliche Informationen beinhalten, da diese Überschriften auch von unberechtigten Dritten gelesen werden könnten. Auf möglichst diskrete Formulierungen ist daher hierbei besonders zu achten. Der ausdrückliche Hinweis in der Betreffzeile oder an anderer Stelle, dass es sich um eine vertrauliche Zahnarztnachricht handelt, kann erst recht die Neugier von unberechtigten Dritten auf die Nachricht ziehen. Andererseits ist es eine eindeutige Kennzeichnung, so dass sich ein Unberechtigter nicht darauf berufen kann, die Nachricht nur zufällig gelesen und nicht geahnt zu haben, dass es sich um vertrauliche zahnärztliche Informationen handelt. In der Zahnarztpraxis sollte die Verwendung von passwortgeschützten Bildschirmschonern vermeiden, dass auf einem unbeaufsichtigten Monitor mit geöffneten Patienten-Nachrichten Unbefugte mitlesen können.

Größte Vorsicht ist bei der Verwendung von Adressgruppen und Aliasbezeichnungen geboten! Hierbei besteht die nicht unerhebliche Gefahr, dass durch einen unbedachten Knopfdruck persönliche Daten eines Patienten an einen größeren Adressatenkreis verteilt werden. Mitunter kommt es vor, dass eine Aliasbezeichnung für eine größere Sammlung einzelner Adressen versehentlich in der to- oder cc-Kopfzeile landet und damit der Empfängerkreis einer Nachricht ungewollt vergrößert wird. Vor jedem Absenden einer Patienten-Nachricht sollte daher der eingetragene Empfänger nochmals überprüft werden.

Auch ist es unzulässig elektronische Anfragen oder Nachrichten von Patienten ohne deren ausdrückliche Einwilligung an Dritte weiterzuleiten. Ebenso ist zu unterlassen, dass Mailadressen von Patienten weitergegeben oder gar entgeltlich veräußert werden. Patienten-E-Mails sind wie alle anderen zahnmedizinischen Unterlagen ausschließlich in der Praxis zu belassen und möglichst auch nicht per Datenübertragung außerhalb der Praxis zu bearbeiten, es sei denn am Ort der Bearbeitung ist eine vergleichbare Sicherheit der Daten gegeben wie in der Praxis selbst.

Automatisch erzeugte Antworten sollten darauf hinweisen, wenn Anfragen beispielsweise aus Gründen des Praxisurlaubs für längere Zeit nicht beantwortet werden können, aufgrund von absehbaren Reparatur- oder Wartungsarbeiten der Praxishomepage die Erreichbarkeit der Praxis auf elektronischem Wege zu einem bestimmten Zeitpunkt nicht gewährleistet ist oder zu welchen Zeiten elektronische Nachrichten in der Praxis abgerufen und bearbeitet werden. Auch kann auf diese Weise die Praxisadresse mit Telefonnummer nochmals übermittelt werden, mit der Aufforderung, die Praxis anderweitig zu kontaktieren, falls in Zusammenhang mit den gesendeten Nachrichten Unklarheiten bestehen.

Das Einholen einer Lesebestätigung ist dann sinnvoll, wenn der Inhalt besonders wichtig ist und die Zahnarztpraxis ihrer Informationspflicht nachkommen muss. So lange keine Empfangsbestätigung durch den Patienten vorliegt, sollte die gesendete Nachricht auch noch nicht elektronisch archiviert werden. Andererseits sollte die Praxis die eingehenden Anfragen zumindest dahingehend beantworten, dass das Gewünschte veranlasst wurde, schon alleine um zusätzliche Anrufe oder Zusatznachrichten durch die Patienten zu vermeiden. Hierzu lässt sich die Praxishomepage in der Regel so konfigurieren, dass auf alle eingehenden Nachrichten eine automatische Antwort als Eingangsbestätigung versandt wird.

Zusammenfassung Kapitel 5

Der Rahmen für die Organisation einer Zahnarztpraxis ist in Form von Gesetzen, Verordnungen und Bestimmungen vorgegeben. Neben diesen externen Ordnungsfaktoren benötigt die Praxis wie jedes System, in dem Menschen arbeiten, um Leistungen zu erstellen, eine interne Ordnung der einzelnen Arbeitsabläufe sowie Regeln, die die tägliche Arbeit bestimmen. Die einzelnen Aufgaben in der Zahnarztpraxis sind so zu regeln, dass eine möglichst erfolgreiche und effiziente Funktionsfähigkeit erreicht wird. Dazu muss die Gestaltung der Arbeitsabläufe, die Zusammenarbeit zwischen den Praxisangehörigen sowie der Einsatz der organisatorischen Hilfsmittel in ein betriebliches Ordnungssystem gebracht werden. Das vorliegende Kapitel befasst sich mit den organisatorischen Grundlagen der Zahnarztpraxis, der Aufbau- und der Ablauforganisation, weist auf die Bedeutung der Prozessorganisation und der Organisationsentwicklung hin und zeigt die Einsatzmöglichkeiten von Organisationsinstrumenten und -techniken im Praxisalltag auf. Mit der Behandlungs-, Abrechnungs- und Hygieneorganisation werden beispielhaft organisatorische Besonderheiten in Zahnarztpraxen behandelt, ebenso wie die Organisation der Abfallentsorgung und des Umweltschutzes. Hinweise zur Selbstorganisation für die Praxisangehörigen und zur Telemedizin schließen die Darstellung ab.

Literatur

Abwasserverordnung (AbwV) in der Fassung der Bekanntmachung vom 17. Juni 2004 (BGBl. I S. 1108, 2625), zuletzt durch Artikel 1 der Verordnung vom 2. September 2014 (BGBl. I S. 1474) geändert.

Arbeitsschutzgesetz (ArbSchG) vom 7. August 1996 (BGBl. I S. 1246), durch Artikel 427 der Verordnung vom 31. August 2015 (BGBl. I S. 1474) geändert.

Arbeitsstättenverordnung (ArbStättV) vom 12. August 2004 (BGBl. I S. 2179), zuletzt durch Artikel 282 der Verordnung vom 31. August 2015 (BGBl. I S. 1474) geändert.

Arzneimittelgesetz (AMG) in der Fassung der Bekanntmachung vom 12. Dezember 2005 (BGBl. I S. 3394), zuletzt durch Artikel 3 des Gesetzes vom 17. Dezember 2014 (BGBl. I S. 2222) geändert.

Bayerische Landeszahnärztekammer (Hrsg.) (2015). Heilberufe-Kammergesetz novelliert – Zahnärztliche Berufsausübung und Berufsvertretung betroffen. In BLZK-Nachrichten vom 02.06.2015. Online im Internet: http://www.blzk.de/blzk/site.nsf/id/li_webb9x4jzk.html. München. Zugegriffen am 01.11.2015.

Becker, H., & Langosch, I. (2002). *Produktivität und Menschlichkeit* (5. Aufl.). Berlin: Lucius & Lucius-Verlag.

Berufsgenossenschaft für Gesundheitsdienst und Wohlfahrtspflege (Hrsg.) (2012). Abfallentsorgung – Informationen zur sicheren Entsorgung von Abfällen im Gesundheitsdienst. Erstveröffentlichung: Januar 2007. Stand: Juni 2012. Hamburg.

Betäubungsmittelgesetz (BtMG) in der Fassung der Bekanntmachung vom 1. März 1994 (BGBl. I S. 358), zuletzt durch Artikel 2 des Gesetzes vom 20. Mai 2015 (BGBl. I S. 725) geändert.

Betäubungsmittel-Verschreibungsverordnung (BtMVV) vom 20. Januar 1998 (BGBl. I S. 74, 80), zuletzt durch Artikel 2 der Verordnung vom 5. Dezember 2014 (BGBl. I S. 1999) geändert.

Biostoffverordnung (BioStoffV) vom 15. Juli 2013 (BGBl. I S. 2514).

Bischoff, G. (2011). Gründung einer Berufsausübungsgemeinschaft. In ZWP-Online vom 23.09.2011. Online im Internet: http://www.zwp-online.info/de/zwpnews/wirtschaft-und-recht/praxismanagement/gruendung-einer-berufsausuebungsgemeinschaft. Oemus media. Leipzig. Zugegriffen am 01.11.2015.

Bischoff, T. (2015). MVZ – Neue Chancen für Einzelpraxen? In dzw vom 28.08.2015. Online im Internet: http://www.dzw.de/artikel/mvz-neue-chancen-fuer-einzelpraxen. Zahnärztlicher Fach-Verlag. Herne. Zugegriffen am 01.11.2015.

Bösel, H. (1995). Organisation als soziales System – zwei Ansätze zur Gestaltung und Lenkung. In v. Stein J., u. a. (Hrsg.), *Handbuch Bankorganisation* (S. 553–581). 2. Aufl. Wiesbaden: Gabler-Verlag.

Bund/Länder-Arbeitsgemeinschaft Abfall – LAGA (Hrsg.) (2009). Vollzugshilfe zur Entsorgung von Abfällen aus Einrichtungen des Gesundheitsdienstes. Mitteilung der Bund/Länder-Arbeitsgemeinschaft Abfall (LAGA) 18. Stand: September 2009. Bd. 1. Stuttgart. S. 1–13.

Bundesdatenschutzgesetz (BDSG) in der Fassung der Bekanntmachung vom 14. Januar 2003 (BGBl. I S. 66), zuletzt durch Artikel 1 des Gesetzes vom 25. Februar 2015 (BGBl. I S. 162) geändert.

Bundeszahnärztekammer u.a. (Hrsg.) (2014a). Musterhygieneplan. Stand: April 2014. Berlin.

Bundeszahnärztekammer (Hrsg.) (2014b). Musterberufsordnung der Bundeszahnärztekammer. Stand: November 2014. Berlin.

Chemikaliengesetz (ChemG) in der Fassung der Bekanntmachung vom 28. August 2013 (BGBl. I S. 3498, 3991), zuletzt durch Artikel 1 der Verordnung vom 20. Juni 2014 (BGBl. I S. 824) geändert.

Deutsche Gesellschaft für Telemedizin – DGTelemed (Hrsg.) (2015). Was ist Telemedizin? Online im Internet: http://www.dgtelemed.de/de/telemedizin/. Berlin. Zugegriffen am 21.11.2015.

Deutscher Arbeitskreis für Hygiene in der Zahnmedizin – DAHZ (Hrsg.) (2014). Hygieneleitfaden. 9. Aufl. Stand: November 2014. Dresden.

Eckes, A. (2008). Organisationsentwicklung in Praxen – Veränderungen meistern. In *Deutsches Ärzteblatt*,105(3). (S.13–16). Köln: Deutscher Ärzte Verlag.

Frodl, A. (2012). *Logistik und Qualitätsmanagement im Gesundheitsbetrieb*. Wiesbaden: Gabler-Verlag.

Frodl, A. (2011). *Organisation im Gesundheitsbetrieb*. Wiesbaden: Gabler-Verlag.

Gefahrstoffverordnung (GefStoffV) vom 26. November 2010 (BGBl. I S. 1643, 1644), durch Artikel 2 der Verordnung vom 3. Februar 2015 (BGBl. I S. 49) geändert.

Hammer, M., & Champy, J. (2003). *Business Reengineering – Die Radikalkur für das Unternehmen* (6. Aufl.). Frankfurt a. M. : Campus-Verlag.

Gebührenordnung für Zahnärzte (GOZ) vom 22. Oktober 1987 (BGBl. I S. 2316), zuletzt durch Artikel 1 der Verordnung vom 5. Dezember 2011 (BGBl. I S. 2661) geändert.

Handelsgesetzbuch (HGB) in der im Bundesgesetzblatt Teil III, Gliederungsnummer 4100–1, veröffentlichen bereinigten Fassung, durch Artikel 8 des Gesetzes vom 3. Juli 2015 (BGBl. I S. 1114) geändert.

Infektionsschutzgesetz (IfSG) vom 20. Juli 2000 (BGBl. I S. 1045), zuletzt durch Artikel 2 Absatz 36 u. Artikel 4 Absatz 21 des Gesetzes vom 7. August 2013 (BGBl. I S. 3154) geändert.

Janke, K (2012). Umsatzsteuerpflicht von zahnärztlichen Leistungen. In *Rheinisches Zahnärzteblatt*, 58(10). (S. 522–523). Jahrgang.. Düsseldorf: Rheinische Post Verlagsgesellschaft GmbH.

Kassenzahnärztliche Bundesvereinigung (Hrsg.) (2015). Was ist ZOD? Online im Internet: http://www.kzbv.de/was-ist-zod.491.de.html. Köln. Zugegriffen am 20.12.2015.

Kassenzahnärztliche Vereinigung Berlin (Hrsg.) (2015). Haftung in Berufsausübungsgemeinschaften – Exkurs Praxisgemeinschaft. Online im Internet: http://www.kzv-berlin.de/praxis/recht/haftung-in-bagen.html. Berlin. Zugegriffen am 01.11.2015.

Kassenzahnärztliche Vereinigung Rheinland-Pfalz (Hrsg.) (2015). Online-Abrechnung – Schritt für Schritt. Online im Internet: https://www.kzv-rheinlandpfalz.de/fileadmin/wsp_file/OnlineAbr/Handout_Checkliste.pdf. Mainz. Zugegriffen am 14.11.2015.

Kreislaufwirtschaftsgesetz (KrWG) vom 24. Februar 2012 (BGBl. I S. 212), zuletzt durch § 44 Abs. 4 des Gesetzes vom 22. Mai 2013 (BGBl. I S. 1324) geändert.

Lamers, W. (2003). Praxisorganisation – EDV und Terminplanung. In *Deutsches Ärzteblatt*, *100*.(1), *(S. 8–9)*. Köln: Deutscher Ärzte Verlag.

Landeszahnärztekammer Baden-Württemberg (Hrsg.) (2014) Muster-Praxisgemeinschaftsvertrag. Stand: Juli 2014. Stuttgart.

Landeszahnärztekammer Baden-Württemberg (Hrsg.) (2011). Nichterscheinen des Patienten zum Termin: Ausfallhonorar? Information 01/2011 der Geschäftsstelle. Stuttgart.

Landeszahnärztekammer Thüringen (Hrsg.) (2013). Arbeitsschutz. Stand: September 2013. Erfurt.

Letter, K. (2010): Liferanten management – Zuverlässigkeit und Seliogität entscheiden. In Deutsches Ärzteblatt, 107. (28/29), (S.A 1423 – A 1424). Köln: Deutscher Ärzte Verlag.

Lewin, K. (1975). *Die Lösung sozialer Konflikte*. 4. Aufl. Bad Nauheim: Christian-Verlag.

Medizinprodukte-Betreiberverordnung (MPBetreibV) in der Fassung der Bekanntmachung vom 21. August 2002 (BGBl. I S. 3396), zuletzt durch Artikel 3 der Verordnung vom 11. Dezember 2014 (BGBl. I S. 2010) geändert.

Medizinproduktegesetz (MPG) in der Fassung der Bekanntmachung vom 7. August 2002 (BGBl. I S. 3146), zuletzt durch Artikel 16 des Gesetzes vom 21. Juli 2014 (BGBl. I S. 1133) geändert.

Partnerschaftsgesellschaftsgesetz (PartGG) vom 25. Juli 1994 (BGBl. I S. 1744), zuletzt durch Artikel Artikel 1 des Gesetzes vom 15. Juli 2013 (BGBl. I S. 2386) geändert.

Peiler, R. (2010). Bringt eine „Zahnarzt-Homepage" wirklich etwas? In ZWP-Online vom 05.12.2010. Online im Internet: http://www.zwp-online.info/de/zwpnews/wirtschaft-und-recht/praxismanagement/bringt-eine-zahnarzt-homepage-wirklich-etwas. Oemus media. Leipzig. Zugegriffen am 29.11.2015.

Robert-Koch-Institut (Hrsg.) (2015). Empfehlungen der Kommission für Krankenhaushygiene und Infektionsprävention (KRINKO). Online im Internet: http://www.rki.de/DE/Content/Infekt/ Krankenhaushygiene/Kommission/kommission_node.html. Berlin. Zugegriffen am 12.07.2015.

Robert-Koch-Institut (Hrsg.) (2004). Anforderungen an die Hygiene bei der Reinigung und Desinfektion von Flächen – Empfehlungen der Kommission für Krankenhaushygiene und Infektionsprävention. *Bundesgesundheitsblatt – Gesundheitsforschung -Gesundheitsschutz, 47*, 51–61.doi:10.1007/s00103-003-0752-9. Berlin: Springer-Verlag. S. 51–61.

Sozialgesetzbuch (SGB) V– Gesetzliche Krankenversicherung – (Artikel 1 des Gesetzes vom 20. Dezember 1988, BGBl. I S. 2477, 2482), zuletzt durch Artikel 2 des Gesetzes vom 15. April 2015 (BGBl. I S. 583) geändert.

Strafgesetzbuch (StGB) in der Fassung der Bekanntmachung vom 13. November 1998 (BGBl. I S. 3322), durch Artikel 1 des Gesetzes vom 20. November 2015 (BGBl. I S. 2025) geändert.

Technische Regel für Biologische Arbeitsstoffe 250 – Biologische Arbeitsstoffe im Gesundheitswesen und in der Wohlfahrtspflege (TRBA 250). Ausgabe: März 2014. GMBl. 2014 Nr. 10/11 vom 27. März 2014, S. 206, 1. Änderung: GMBl. Nr. 25 vom 22.05.2014, S. 535.

Umsatzsteuergesetz (UStG) in der Fassung der Bekanntmachung vom 21. Februar 2005 (BGBl. I S. 386), zuletzt durch Artikel 11 des Gesetzes vom 22. Dezember 2014 (BGBl. I S. 2417) geändert.

Zahnärztekammer Berlin (Hrsg.) (2015). Pflichteinträge nach dem Telemediengesetz. Online im Internet: http://www.zaek-berlin.de/zahnaerzte/berufsrecht/homepage-einer-zahnarztpraxis-telemediengesetz.html. Berlin. Zugegriffen am 29.11.2015.

Zahnärztekammer Bremen (Hrsg.) (2015). Leitfaden für die Medizinprodukte-Betreiberverordnung (MBetreibV). Online im Internet: http://www.zaek-hb.de/cms_sources/dateien/Downloads/Gesetzliche_ Grundlagen/32/32_Medizinprodukte_Leitfaden.pdf. Bremen. Zugegriffen am 08.11.2015.

Zahnärztekammer Mecklenburg-Vorpommern (Hrsg.) (2013). Arbeitsschutzgesetze/BuS-Handbuch. Stand: Oktober 2013. Schwerin.

Zeilhofer, F. (2001). Möglichkeiten der Telemedizin.- Wege zu neuen diagnostischen und therapeutischen Verfahren. In *Bayerisches Zahnärzteblatt,2001*(10). *(S. 36–38)*. Fuchstal: Teamwork Media.

Praxiskosten

6

6.1 Grundlagen des Kostenmanagements in der Zahnarztpraxis

6.1.1 Abgrenzung der Praxiskosten

„Die Kosten haben einen überproportional starken Einfluss auf das Gesamtergebnis der Praxis. Das gilt besonders bei sinkenden Umsätzen. Das Vorgehen der Großindustrie, durch Kostensenkung Gewinnmaximierung zu erzielen, ist auch für den Kleinunternehmer Zahnarzt nachahmenswert." (Thoma 2008, S. 44)

Geht man der Frage nach, was **Praxiskosten** darstellen oder aus was sie sich zusammensetzen, so lassen sich beispielsweise folgende Antworten finden:

- Geldausgaben der Zahnarztpraxis,
- Löhne und Gehälter der Praxisangehörigen,
- Ausgaben für Praxisbedarf, für Geräte, Instrumente oder die Miete für die Praxisräume,
- Aufwendungen, die für die Durchführung der Behandlung zu leisten sind. (vgl. Frodl 1999, S. 12 ff).

Die Liste möglicher Antworten ließe sich beliebig erweitern. Ihre unterschiedlichen Inhalte zeigen gleichzeitig die große Bandbreite des Praxiskostenbegriffs auf: Praxiskosten sind nicht nur Geldauszahlungen oder direkte Ausgaben der Zahnarztpraxis. Unter Praxiskosten ist vielmehr der Wert aller verbrauchten Materialien und Dienstleistungen pro Zeitperiode, die zur Erstellung der eigentlichen betrieblichen Leistung der Zahnarztpraxis nötig sind, zu verstehen. Unter dem Wert der verbrauchten Materialien und Dienstleistungen in einer Zahnarztpraxis ist zunächst der in Euro ausdrückbare Anschaffungswert der Materialien, also der Betrag der beim Kauf der Materialien bezahlt wurde, oder der Betrag der Vergütungen für die in Anspruch genommenen Dienstleistungen anzusehen. Bei langfristig

© Springer Fachmedien Wiesbaden GmbH 2016
A. Frodl, *Praxisführung für Zahnärzte,*
DOI 10.1007/978-3-658-11060-4_6

genutzten Praxisgeräten und -instrumenten sind hierbei in Euro ausdrückbare Zeitwerte anzusetzen, das heißt der Betrag, den ein länger genutztes Gerät beispielsweise nach einer Nutzungsdauer von 3 Jahren noch Wert ist. Diese jährlichen Wertminderungen langfristig genutzter ärztlicher Geräte und Behandlungseinrichtungen stellen die Abschreibungen dar.

Die verbrauchten Materialien in einer Zahnarztpraxis sind beispielsweise der Praxisbedarf, wie Medikamente, Einmalhandtücher, Briefumschläge, Kugelschreiber, Praxisbriefbögen bis hin zum Toilettenpapier. Zu den in der Zahnarztpraxis verbrauchten Dienstleistungen zählen beispielsweise die Arbeitsleistungen der Praxisangehörigen oder aber auch von außerhalb benötigte Dienstleistungen, wie Laboruntersuchungen, die Dienstleistung des Steuerberaters oder des Technikers für die Instandsetzung des Praxiscomputers.

Unter dem Ausdruck pro Zeitperiode ist die zeitliche Beschränkung in der Regel auf ein Betriebs- oder Arbeitsjahr oder auch auf einen einzelnen Monat zu verstehen. Diese zeitliche Beschränkung auf einen Zeitraum ist deshalb nötig, um Vergleiche der Höhe der Praxiskosten in unterschiedlichen Zeiträumen anstellen zu können. Dadurch lassen sich Fragen beantworten, wie beispielsweise „Wie hoch waren die Praxiskosten im Monat Mai eines Jahres im Vergleich zum Vormonat April?" oder „Wie hoch waren die Personalkosten 2017 im Vergleich zu 2016?"

Wichtig bei der Bestimmung, was alles zu den Praxiskosten zählt, ist auch die weitere Einschränkung, dass nur diejenigen Kosten als Praxiskosten anzusehen sind, die auch im Zusammenhang mit der Tätigkeit der Zahnarztpraxis entstehen (eigentliche betriebliche Leistungserstellung). Die eigentliche betriebliche Leistungserstellung einer Zahnarztpraxis stellt nicht nur die Durchführung der zahnärztlichen Behandlung dar. Zur betrieblichen Leistungserstellung zählen auch die Patientenberatung, Prophylaxemaßnahmen, Hausbesuche bspw. in Senioreneinrichtungen und anderes mehr. Um diese betrieblichen Leistungen der Zahnarztpraxis zu erstellen, sind zahlreiche Maßnahmen nötig, die mit Kosten verbunden sind, wie Aus- und Fortbildungen, die Bereithaltung von dentaltechnischen Instrumenten und Geräten, von Personal und Material. Alle derartigen Kosten zählen zweifelsohne zu den Praxiskosten.

Zusammenfassend ist nochmals festzuhalten: Der Begriff der Praxiskosten ist weit gefasst. Hierunter können auch Kosten fallen, die auf den ersten Blick gar nicht der Zahnarztpraxis zurechenbar scheinen. Allerdings gibt es auch wichtige Abgrenzungsmerkmale, wie die Notwendigkeit, dass die Kosten zur eigentlichen Leistungserstellung der Zahnarztpraxis beitragen müssen.

Der Umsatz einer Zahnarztpraxis stellt die Summe aller Erlöse aus Kassen- und Privatabrechnungen sowie sonstigen Einnahmequellen (Erlöse aus zahnärztlichen Nebentätigkeiten, Verkauf von Praxisgegenständen, Vortragshonorare, Erstattungen, Erzeugnisse für fremde Praxen usw.) dar:

	Erlöse aus Kassenabrechnung
+	Erlöse aus Privatabrechnung
+	sonstige Einnahmequellen
=	Praxisumsatz (U)

Der Begriff **Praxisumsatz** ist somit im weitesten Sinne den Begriffen Praxiserlöse, bzw. Praxiseinnahmen gleichzusetzen:

$$\text{Praxisumsatz} = \text{Praxiserlöse, Praxiseinnahmen}$$

Der Praxisumsatz nimmt grundsätzlich mit steigender Behandlungsmenge zu: Je mehr Patienten behandelt werden, desto höher sind die Erlöse aus der Kassen-/Privatabrechnung und damit auch der Praxisumsatz (Abb. 6.1). Begrenzt wird diese Entwicklung durch Budgetierungen.

Der Gewinn einer Zahnarztpraxis setzt sich aus dem Praxisumsatz abzüglich der Praxiskosten zusammen:

	Praxisumsatz (U)
–	Praxiskosten (K)
=	Praxisgewinn (G)

Bei z. B. einem Zahnarzt als alleinigen Praxisinhaber ist der **Praxisgewinn** mit dem zu versteuernden Einkommen des Zahnarztes gleichzusetzen, das sich um weitere Einnahmen erhöhen kann:

Praxisgewinn   =   (zu versteuerndes) Einkommen des Zahnarztes

„Der langfristige Rückgang der zahnärztlichen Einkommen in den alten Bundesländern im Zeitraum 1980–2011 dokumentiert sich auch im Vergleich des durchschnittlichen Zahnarzteinkommens mit den Einkommen anderer Facharztgruppen. Während sich das Zahnarzteinkommen 1980 noch im oberen Bereich der Facharzteinkommen bewegte, sank es im

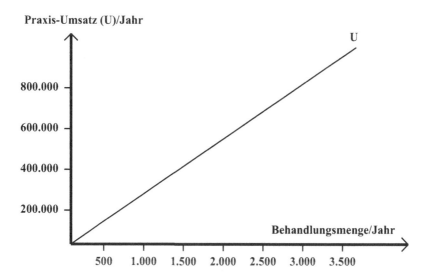

Abb. 6.1 Entwicklung des Praxisumsatzes

Laufe der Jahre (relativ zu den anderen Facharztgruppen) kontinuierlich ab. 1997 lagen die Zahnärzte mit ihrem Einkommen noch im Mittelfeld und im Jahr 2011 verschlechterte sich die Lage der Zahnärzte unter den Facharztgruppen nochmals deutlich, sodass die Zahnärzte nunmehr zu den Facharztgruppen mit den niedrigsten Einkommen gehören." (Kassenzahnärztliche Bundesvereinigung 2014, S. 102)

Eine Auszahlung in der Zahnarztpraxis stellt immer eine Bargeldzahlung oder eine Abbuchung vom Praxiskonto (oder anderen Sichtguthaben, wie Sparbücher, Termingelder usw.) dar.

Die Ausgaben einer Zahnarztpraxis setzen sich aus den Anschaffungswerten aller zugegangenen Materialien und Dienstleistungen pro Zeitperiode zusammen. Sie können durch eine sofortige Auszahlung oder aber auch durch eine spätere Zahlung, Ratenzahlung usw. beglichen worden sein.

Zu den Aufwendungen einer Zahnarztpraxis zählen die Werte aller verbrauchten Materialien und Dienstleistungen pro Zeitperiode. Hierzu zählen neben den Auszahlungen und Ausgaben der jeweiligen Zeitperiode auch etwa die Abschreibungswerte von Geräten und Instrumenten, die in einer früheren Zeitperiode gekauft wurden und gegenwärtig noch der Nutzung unterliegen.

6.1.2 Arten der Praxiskosten

Bei den Praxiskosten lassen sich mehrere **Kostenarten** unterscheiden. Zur Unterscheidung lassen sich drei wichtige Merkmale heranziehen:

- Unterscheidung nach einzelnen Kostenbereichen: Personalkosten, Kosten für Praxisbedarf, Raumkosten, Fort- und Weiterbildungskosten usw.
- Unterscheidung nach der Zuordnungsmöglichkeit: Einzelkosten (pro Behandlungsfall), Gemeinkosten. Jedem Behandlungsfall können in der Regel Einzelkosten zugeordnet werden (Behandlungsfallkosten). Sie entstehen bei dem jeweiligen Behandlungsvorgang und bei gleichen Behandlungsvorgängen in gleicher Höhe. Gemeinkosten der Praxis können nicht direkt einzelnen Behandlungsfällen zugeordnet werden (z. B. Kosten für Heizung, Licht, Wartezimmerlektüre usw.).
- Unterscheidung nach der Leistungsabhängigkeit: Fixe Kosten, variable Kosten. Die fixen Praxiskosten sind konstant und entstehen unabhängig von der Leistungsausbringung der Zahnarztpraxis. Sie hängen also nicht davon ab, ob am Tag 20 oder 40 Patienten behandelt werden, oder ob verschiedene Behandlungsarten mit unterschiedlichen Leistungsvergütungen durchgeführt werden. Zu den fixen Praxiskosten zählen beispielsweise die Raumkosten der Praxis, wie Miete, Reinigung, Instandhaltung usw., die Kosten für die Unterhaltung eines Eigenlabors, Kosten für Beiträge und Versicherungen aber auch der Großteil der Personalkosten, die ja beispielsweise auch dann anfallen und

konstant weiterlaufen, wenn aufgrund von Feiertagen, Praxisurlaub usw. nicht gearbeitet wird.

Der Verlauf der fixen Praxiskosten ändert sich auch bei zunehmender Behandlungsmenge nicht und bleibt in der Höhe konstant (Abb. 6.2).

Der Anteil der fixen Kosten an den Gesamtkosten einer Praxis wird auf ca. 40 % geschätzt. Je nachdem, ob eine Praxis etwa ein kostenintensives eigenes Labor betreibt oder etwa überwiegend einfachere Behandlungsleistungen erbringt, kann dieser Anteil höher oder niedriger liegen. Für die Praxisleitung ist die Höhe ihrer fixen Kosten deshalb von besonderer Bedeutung, da sie feste Kosten und Zahlungsverpflichtungen darstellen, auch wenn die Praxis keinen Umsatz (beispielsweise aufgrund Urlaubszeit, Krankheitsausfall) oder nur wenig Umsatz erwirtschaftet.

Ein Sonderfall sind „sprungfixe" Kosten, die ab einem bestimmten Zeitpunkt oder einer bestimmten Maßnahme „sprunghaft" ansteigen. Dies kann beispielsweise dann der Fall sein, wenn in der Praxis eine zusätzliche ZFA eingestellt wird. Die Personalfixkosten erhöhen sich ab diesem Zeitpunkt um den Kostenanteil für die neue Arbeitskraft.

Die variablen Praxiskosten hängen von der Menge der Behandlungsleistungen der Zahnarztpraxis ab. Hierzu zählen beispielsweise die Materialkosten: Je mehr Behandlungen durchgeführt werden, desto höher steigt der Verbrauch beispielsweise an Mundspülbechern, Patientenumhängen, Trayauflagen, Servietten, Einmal-Abdrucklöffeln oder Desinfektionsmitteln. Der Verlauf der variablen Praxiskosten erhöht sich bei zunehmender Behandlungsmenge (Abb. 6.3).

Eine Erhöhung der Behandlungsmenge (Anzahl der Behandlungen) führt somit nicht nur zu einer gleichzeitigen Erhöhung des Umsatzes der Zahnarztpraxis, sondern auch

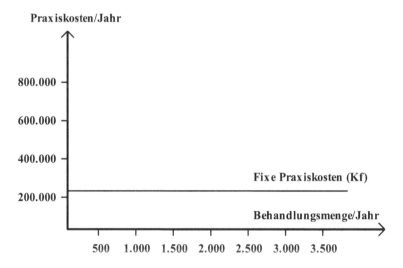

Abb. 6.2 Verlauf der fixen Praxiskosten bei zunehmender Behandlungsmenge

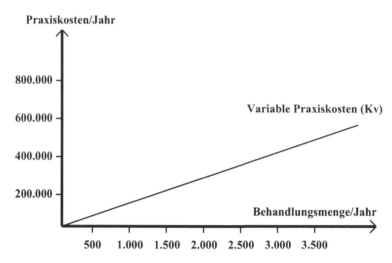

Abb. 6.3 Verlauf der variablen Praxiskosten bei zunehmender Behandlungsmenge

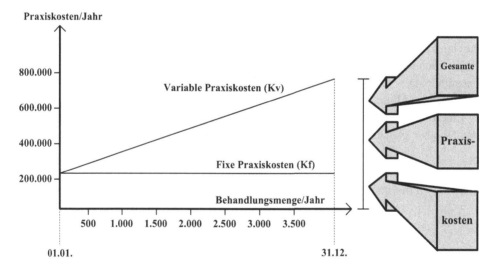

Abb. 6.4 Verlauf der Gesamtkosten einer Zahnarztpraxis bei zunehmender Behandlungsmenge

aufgrund des Mehrverbrauchs insbesondere an Material-. Energiekosten usw. zu einer Erhöhung der variablen Praxiskosten.

Die gesamten Praxiskosten setzen sich somit aus der Summe der fixen und variablen Praxiskosten zusammen (Abb. 6.4):

> Fixe Praxiskosten (Kf)
> + Variable Praxiskosten (Kv)
>
> ————————————————
>
> = Gesamtkosten (K) der Zahnarztpraxis

Der Verlauf der **Gesamtkosten** einer Zahnarztpraxis zeigt, dass bereits zu Beginn eines Jahres fixe Praxiskosten anfallen, ohne dass die Behandlungstätigkeit begonnen wurde. Der auch bei zunehmender Behandlungsmenge gleichbleibende Fixkostenanteil wird im Laufe des Jahres durch den behandlungsabhängigen variablen Kostenanteil erhöht, so dass sich zum Ende des Jahres die Gesamtkosten der Zahnarztpraxis als Summe aller fixen und variablen Praxiskosten des gesamten Kalenderjahres ergeben.

6.2   Praxiskostenrechnung

6.2.1   Kostenartenrechnung

„Die Kostenrechnung ist kein Buch mit sieben Siegeln. Es gibt drei Grundsätze, die die Arbeit und das Verständnis erleichtern. Eine Kostenrechnung muss klar, wahr und vollständig sein. Die Kostenrechnung ist ein Teil des betrieblichen Rechnungswesens und wird als Verfahren verstanden, mit dem die im Betrieb auftretenden Geld und Leistungsströme mengen- und wertmäßig erfasst und das so ermittelte Zahlenmaterial aufbereitet und weiterverarbeitet werden sollen. Bezogen auf diesen Beitrag ist sie das kaufmännische Spiegelbild einer Praxis." (von Wolff 2005, S. 7)

Die **Kostenartenrechnung** steht am Anfang jeder Kostenrechnung für die Zahnarztpraxis. Sie dient der Erfassung und Gliederung aller im Laufe der jeweiligen Abrechnungsperiode (Monat, Jahr) angefallenen Kostenarten. Die Fragestellung der Kostenartenrechnung lautet: „Welche Praxiskosten sind angefallen?". (vgl. Frodl 2011, S. 55 ff).

Wichtige Kostenarten, die hierbei erfasst werden müssen, sind beispielsweise:

- Praxis- und Laborbedarf: Zahnmedizinische Medikamente, Behandlungsmaterial, Material für das Eigenlabor, Büromaterial etc.
- Personalkosten: Gehälter, Ausbildungsvergütungen, Personalnebenkosten, freiwillige Zusatzleistungen, geringfügige Beschäftigungen etc.
- Raumkosten: Miete, Hypothekenbelastung, Heizung, Strom, Gas, Wasser, Reinigung, Instandhaltung, Renovierung etc.
- Gerätekosten: Anschaffungen zahnmedizinischer Geräte und Behandlungseinrichtungen, Abschreibungen, Wartung, Reparatur etc.
- Reise- und Fortbildungskosten: Fortbildungsmaterialien, Fortbildungsveranstaltungen, Übernachtungskosten, Reisekosten etc.
- Allgemeine Praxiskosten: Wartezimmerausstattung, Porto, Telefon, Führung der Praxiskonten etc.
- Versicherungen und Beiträge: Ausgaben für Versicherungen, Beiträge an Kammern, Vereinigungen, Verbände etc.

Bis auf die Materialkosten lassen sich alle übrigen Kosten der unterschiedlichen Kostenarten recht einfach anhand von Quittungen, Überweisungsbelegen, Rechnungen usw. ermitteln.

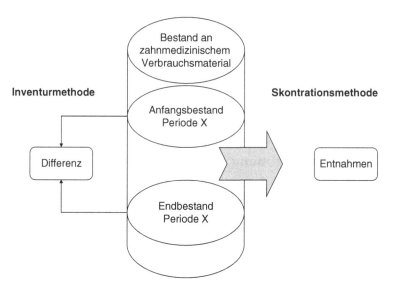

Abb. 6.5 Inventur- und Skontrationsmethode in der Zahnarztpraxis

Um den Umfang des Verbrauchs an Behandlungs-, Büro- und sonstigem Material zu bestimmen, müssen zunächst die Verbrauchsmengen ermittelt und anschließend kostenmäßig bewertet werden. Hierzu lassen sich in der Zahnarztpraxis im Wesentlichen die Inventur- und die Skontraktionsmethode anwenden (Abb. 6.5).

Bei der **Inventurmethode** wird der Materialverbrauch in einem Zeitraum (Monat/Jahr) als Differenz zwischen Anfangsbestand und Endbestand ermittelt:

Anfangsbestand – Endbestand = Verbrauch

Dazu muss zu Beginn und zum Ende des Zeitraumes der Materialbestand gezählt werden. So sind beispielsweise von dem Artikel „Einmalmundspiegel" zu Beginn der Periode 15 Packungen vorhanden. Am Ende der Periode sind es 3 Packungen. Bei einem Packungspreis von 32,00 € entspricht dies einem Verbrauchswert von 384,00 €.

Die **Skontrationsmethode** benötigt zur Anwendung eine dauerhafte, ständige Führung des Materialbestandes. Aus dieser Materialbestandsführung werden die jeweils entnommenen Materialmengen addiert, wobei die Summe den Materialverbrauch je kontrollierten Zeitraum ergibt:

Summe der Materialentnahmen = Verbrauch

Wird in der Zahnarztpraxis eine Materialbestandsführung vorgenommen, ist die Skontraktionsmethode ohne allzu großen Aufwand anwendbar. Der Materialverbrauch lässt sich dadurch monatlich oder zumindest vierteljährlich recht einfach ermitteln. Aufgrund der durchzuführenden Zählungen ist die Inventurmethode sehr aufwendig und somit lediglich für jährliche Ermittlungen des Materialverbrauchs geeignet. Anhand der Anschaffungspreise erfolgt beispielsweise die anschließend notwendige kostenmäßige Bewertung der Verbrauchsmengen: 1 Packung (50 Stck.) sterile, puderfreie OP-Handschuhe aus hellem Latex kostet 38,00 €. Wurden 10 Materialentnahmen getätigt (=Verbrauch von 10 Packungen), so betragen die Kosten für den Verbrauch 380,00 €.

Die Kosten, die einem Leistungsobjekt in der Zahnarztpraxis direkt zugerechnet werden können, werden als **Einzelkosten** bezeichnet. So lassen sich beispielsweise die anteiligen Kosten bei einer Behandlungsleistung unmittelbar zuordnen (Tab. 6.1). Einzelkosten bezeichnet man daher auch als direkte Kosten.

Bei der Berechnung der Einzelkosten wurde von durchschnittlichen Beschaffungsmengen und -preisen zur Deckung des Praxis- und Laborbedarfs ausgegangen. Bei den Personalkosten wurde für die Helferin ein Personalaufwand (Personaleinzel- + Personalgemeinkosten) von 60,00 Euro/Stunde und für den (angestellten) Zahnarzt von 90,00 Euro/Stunde ausgegangen. Abschreibungen auf Anlagen und Geräte sind nicht berücksichtigt.

Die Einzelkosten können anhand durchschnittlicher Beschaffungsmengen und -preise ermittelt werden. Die Personalkosten einer Zahnarztpraxis lassen sich zur möglichst genauen Kostenermittlung ebenfalls als Einzelkosten betrachten. Häufig werden sie jedoch als Gemeinkosten angesehen und über einen Schlüssel anteilig verrechnet. Je nach Behandlungsart und -verlauf weichen die Einzelkosten auch gleichartiger Behandlungsmaßnahmen insbesondere bei erhöhtem zeitlichen Aufwand oder Komplikationen erheblich voneinander ab.

Im Gegensatz zu den Einzelkosten lassen sich die **Gemeinkosten** der Zahnarztpraxis nur indirekt, unter Zuhilfenahme von Verteilungsschlüssel einzelnen Behandlungsleistungen zurechnen. Die einer einzelnen Kostenstelle nicht direkt zurechenbaren Gemeinkosten werden mit Hilfe von Verteilungsschlüsseln (bspw. über den Betriebsabrechnungsbogen BAB) auf die einzelnen Kostenstellen der Zahnarztpraxis umgelegt. Gemeinkosten, wie Miete, Klimatisierung, Wasserbedarf, Reinigung etc. sind somit nur indirekt auf die einzelnen Organisationsbereiche der Zahnarztpraxis verteilbar, während sich beispielsweise die Gehälter für das Praxispersonal recht einfach einer Kostenstelle zuordnen lassen. Als ein gebräuchlicher Verteilungsschlüssel lässt sich beispielsweise die Quadratmeterfläche des jeweiligen Organisationsbereiches anwenden. So lässt sich am Beispiel der Mietkosten in einer Zahnarztpraxis die Gemeinkostenverteilung anhand des Verteilungsschlüssels „beanspruchte Raumfläche" darstellen (Tab. 6.2).

Die Zahl der Behandlungsfälle pro Monat oder Jahr kann z. B. als ein weiterer, in der Zahnarztpraxis gebräuchlicher Verteilungsschlüssel angesehen werden.

6.2.2 Kostenstellenrechnung

In der auf die Kostenartenrechnung folgenden **Kostenstellenrechnung** werden die vorher erfassten und nach Arten gegliederten Kosten auf die einzelnen Organisationsbereiche der Zahnarztpraxis (Kostenstellen) verteilt, in denen sie angefallen sind. Die Frage der Kostenstellenrechnung lautet also: „Wo sind die Praxiskosten angefallen?"

Die Kostenstellenrechnung erfasst somit die Kosten am Ort ihrer Entstehung. Ihr Zweck ist die Kontrolle der Wirtschaftlichkeit an den Stellen in der Zahnarztpraxis, an denen die Kosten zu beeinflussen sind. So kann beispielsweise der im Eigenlabor ange-

Tab. 6.1 Beispiel für die Einzelkostenrechnung in einer Zahnarztpraxis: Kontrolluntersuchung bei einem Kassenpatienten mit Füllung an 16 mit Zahnsteinentfernung und Röntgenbild (01, Zst, Rö2, I, F3 mod)

Vorgang	Dauer	Personalbedarf.	Materialbedarf	Kosten in €
	(min = Minuten)			(P = Personalkosten)
Patientenempfang: Anforderung der Versichertenkarte Einlesen der Karte Anmelden im Praxis-Computer	10 min	1 ZFA	–	10,00 (P)
Zwischensumme: 10,00				
Behandlung I: Geleiten ins Behandlungszimmer Patientenumhang anlegen Bereitlegen der Instrumente für Behandlung Begrüßung Befunderhebung	15 min (ZFA) 10 min (Zahnarzt)	1 ZFA 1 Zahnarzt	Spülbecher Patientenumhang Einmalhandtuch Seife Desinfektionsmittel 4 Stck. Einmalhand-schuhe 2 Stck. Mundschutz Einmalspeichel-sauger	15,00 (P) 15,00 (P) 0,05 0,03 0,03 0,02 0,1 1,00 2,00 0,03
Zwischensumme: 33,26				
Röntgen Röntgengerät einstellen Röntgenbild anfertigen	10 min	1 ZFA	Röntgenbild, digital	10,00 (P)
Zwischensumme: 10,00				
Zahnstein: Zahnstein entfernen	10 min (ZFA)	1 ZFA		10,00 (P)
Zwischensumme: 10,00				

Behandlung II:				
Röntgenbild anschauen	20 min (ZFA)	1 ZFA	Kanüle	20,00 (P)
Injektion	15 min (Zahnarzt)	1 Zahnarzt	Ampulle	22,50 (P)
Entfernen der alten Füllung			3 Stck. Wattepellets	0,19
Kavität säubern			2 Stck. Watteröllchen	0,7
Unterfüllung legen			Füllmaterial für Unterfüllung	0,03
Füllung legen			Kunststoffüllung	0,3
Kaufläche ausarbeiten			Bohrerbad	1,00
Ausspülen, säubern			Desinfektionsmittel	3,40
Verabschiedung				1,50
Desinfizierung, Aufräumen, Herrichten				0,5
Evtl. neue Terminvergabe				

Zwischensumme: 50,12

Abrechnungsarbeiten:				
Erfassung der Leistung im PVS	15 min	1 ZFA	evtl. neuer Adressaufkleber	15,00 (P)
Quartalsabrechnung	(einschl. Quartals-abrechnung)			0,19

Zwischensumme: 15,19

Gesamte Einzelkosten: 128,57

Tab. 6.2 Beispiel für die Gemeinkostenverteilung in einer Zahnarztpraxis

Kostenstellen	qm	Anteil an der Gesamtmiete
Verwaltung (Büro, Rezeption)	17	425
Behandlung (3 Behandlungszimmer)	40	1000
Patientenservice (Wartezimmer, Garderobe, Patiententoiletten)	20	500
Eigenlabor	15	375
Personalraum	8	200
Summen	100	2500

stellte Zahntechniker zwar zur Kostensenkung im Labor beitragen, aber recht wenig zur Senkung der Verwaltungskosten. Kostenstellen sind hierbei die Orte der Kostenentstehung und damit die Orte, denen die Kosten zugerechnet werden können.

Bei der Zuordnung der Praxiskosten zu einzelnen Kostenstellen ist es wichtig, dass die Kostenstelle einen selbstständigen Verantwortungsbereich darstellt, um eine wirksame Kontrolle durchführen zu können. Beispiel hierzu wäre der Verwaltungsbereich einer Zahnarztpraxis, für den die Praxisangehörigen in der Verwaltung verantwortlich sind. Ferner müssen sich die Kostenbelege der jeweiligen Kostenstelle genau zuordnen lassen. So sind beispielsweise Belege für den Kauf von Speichelsaugern nicht dem Verwaltungsbereich der Zahnarztpraxis zuzuordnen.

Für die Zahnarztpraxis bietet sich die Einteilung der **Kostenstellen** nach den einzelnen Funktions- oder Organisationsbereichen an. Je nach Größe und Art der Praxis sind dies beispielsweise die Bereiche:

- Verwaltung: Patientenverwaltung, Privat-/Kassenliquidation, Terminvergabe, Schriftverkehr.
- Behandlung: Befunderhebung, bildgebende Diagnostik, Behandlungsmaßnahmen, Nachsorge.
- Patientenservice: Wartezimmerausstattung, Info-Material, Orientierungshilfen, Patientenaufklärung.
- Eigenlabor: Zahntechnische Arbeiten.
- Vorbeugung: Prophylaxe, zahnmed. Aufklärung, Beratung.

Ein individueller Kostenstellenplan (auch: Kostenstellenrahmen) ist daher eine gebräuchliche Grundlage für die Kostenstellenrechnung. Er legt fest, wie die in der Kostenartenrechnung erfassten Kostenarten als Stelleneinzelkosten und Stellengemeinkosten in der Zahnarztpraxis ermittelt und welchen Stellen sie zugeordnet werden.

Bei den Stelleneinzelkosten handelt es sich um die Kosten, die verursachungsgerecht und nachweisbar durch die Leistungserstellung innerhalb einer Kostenstelle entstanden sind. Als Stellengemeinkosten werden die Kosten bezeichnet, die durch die Leistungserstellung innerhalb mehrerer Kostenstellen entstanden und durch Kostenschlüsselungen so weit wie möglich verursachungsgerecht auf mehrere Kostenstellen aufgeteilt werden. Während sich beispielsweise die Gehälter für die Praxisangehörigen recht einfach zuornen lassen (Gehalt des Zahntechnikers → Kostenstelle: Labor; Gehalt der Bürokraft → Kostenstelle: Verwaltungsbereich), sind die Gemeinkosten, wie Praxismiete, -reinigung, Heizung, usw. nur indirekt auf die einzelnen Organisationsbereiche der Zahnarztpraxis verteilbar.

Da in der Kostenstellenrechnung nur die Stelleneinzelkosten der jeweiligen Kostenstelle eines Gesundheitsbetriebs direkt zugeordnet werden können, müssen die einer einzelnen Kostenstelle nicht direkt zurechenbaren Stellengemeinkosten mit Hilfe von Verteilungsschlüsseln auf die einzelnen Kostenstellen der Zahnarztpraxis umgelegt werden.

Von besonderem Nutzen kann dabei ein **Betriebsabrechnungsbogen** (BAB) sein, der ein Hilfsinstrument zur Verrechnung der Gemeinkosten darstellt. Er lässt sich als tabellarisch strukturiertes Formular mit einem Tabellenkalkulationsprogramm anlegen und verteilt die Gemeinkosten anteilig auf die einzelnen Verbrauchsstellen. In den Tabellenzeilen werden in der Regel die einzelnen Kostenarten mit den jeweils angefallenen Werten aufgeführt und in den Spalten die einzelnen Kostenstellen. Je Kostenart werden die Kosten mit einem Verteilungsschlüssel in jeder Zeile auf die Kostenstellen verursachungsgerecht verteilt und in der Schlusszeile je Kostenstelle zusammengezählt (Tab. 6.3).

Gerade bei größeren Praxen ist es wichtig zu wissen, wo die Kosten tatsächlich anfallen, um möglichst zielgenaue Maßnahmen ergreifen zu können. Zur Durchführung einer wirksamen Kontrolle, ist es bei der Zuordnung der Kosten zu einzelnen Kostenstellen

Tab. 6.3 Beispiel eines vereinfachten Betriebsabrechnungsbogens für eine Zahnarztpraxis

Kostenstelle Gemeinkostenart; Kostenhöhe; Verteilungsschlüssel	Prophylaxe	Verwaltung	Behandlung	Eigenlabor	Patientenservice
Personalgemeinkosten; 10.000; 1/2/5/1/1	1.000	2.000	5.000	1.000	1.000
Miete; 40.000; 1/1/5/2/1	4.000	4.000	20.000	8.000	4.000
Strom; 2.000; 1/1/3/4/1	200	200	600	800	200
Heizung; 3.000; 1/1/4/1/3	300	300	1.200	300	900
Versicherung; 500; 1/3/4/1/1	50	150	200	50	50
Summen: 55.500	5.550	6.650	27.000	10.150	6.150

von großer Bedeutung, dass die jeweilige Kostenstelle einen selbstständigen Verantwortungsbereich darstellt. Auch müssen sich die Kostenbelege der jeweiligen Kostenstelle genau zuordnen lassen, um nicht zu einer Zuordnung zur falschen Stelle und damit auch zu unrichtigen Ergebnissen zu führen. In diesem Zusammenhang macht es auch wenig Sinn, Sammelkostenstellen einzurichten, da ihre Aussagekraft sehr gering ist.

6.2.3 Kostenträgerrechnung

Die **Kostenträgerrechnung** ist die letzte Stufe der Kostenrechnung für die Zahnarztpraxis. Nachdem die Kosten bisher nach einzelnen Arten erfasst und auf die Kostenstellen verteilt wurden, gilt es nun die verursachten Kosten den einzelnen Kostenträgern in der Zahnarztpraxis zuzuordnen. Die Fragestellung der Kostenträgerrechnung lautet somit: „Wofür sind die Praxiskosten angefallen?"

Kostenträger in der Zahnarztpraxis sind die Leistungen am Patienten. Dazu zählen die eigentlichen zahnärztlichen Dienstleistungen der Patientenberatung, der Prophylaxe sowie der Behandlung. Die Aufgabe der Kostenrechnung besteht nun darin, die Kosten für die Erstellung dieser Leistungen durch Kalkulation zu bestimmen.

Ein einfaches Kalkulationsverfahren zur Bestimmung der Kosten je Behandlungsleistung (=Behandlungsfall) ist die **Divisionskalkulation**. Hierbei werden die gesamten jährlichen Praxiskosten durch die Gesamtzahl der Behandlungsfälle pro Jahr (=jährliche Behandlungsmenge) geteilt. Zweckmäßigerweise ist diese Kalkulation zur regelmäßigen Kontrolle auch monatlich durchführbar:

$$\frac{\text{Gesamte Praxiskosten/Jahr}}{\text{Behandlungsmenge/Jahr}} \quad \text{oder} \quad \frac{\text{Gesamte Praxiskosten/Monat}}{\text{Behandlungsmenge/Monat}}$$

Betragen die Praxiskosten in einem Jahr 350.000 € und werden in diesem Jahr 2.500 Behandlungen durchgeführt, so ergibt sich ein Durchschnittsbetrag von

350.000 €/2.500 = 140 € Kosten je Behandlungsfall,

die die Praxis zur Erstellung der zahnmedizinischen Leistung aufwenden muss. Aus diesem Ergebnis lassen sich beispielsweise zwei Schlussfolgerungen ableiten:

- Die Praxis muss somit je Behandlungsfall im Durchschnitt mindestens 140 € an Erlösen erzielen, um zumindest kostendeckend zu arbeiten.
- Behandlungsleistungen, die nicht mindestens 140 € an Erlösen erzielen, führen ohne anderweitige Kostendeckung zu Verlusten.

Dieses einfache Beispiel zeigt jedoch auch, dass die Durchführung der Divisionskalkulation nicht zuletzt aufgrund der Tatsache, dass hierbei die Art der erbrachten

Behandlungsleistung nicht berücksichtigt wird, zu ungenauen und wenig aussagekräftigen Ergebnissen der Kostenträgerrechnung führt: Insbesondere Behandlungen, bei denen hochwertige, teure Geräte zum Einsatz kommen, sind kostenintensiv. Sie können die oben errechneten durchschnittlichen Behandlungsfallkosten in Höhe von €140 deutlich übersteigen. Die Praxis wird somit bei aufwändigen Behandlungsleistungen weit höhere Erlöse zur Kostendeckung erzielen müssen, als etwa bei Routineuntersuchungen oder zahnärztlichen Beratungen. Ferner zeigt die tatsächliche Entwicklung der durchschnittlichen Behandlungsfallkosten einen degressiven Verlauf: Mit zunehmender Behandlungsmenge nimmt die Höhe der Kosten je Behandlungsfall ab (Abb. 6.6).

Aus der oben dargestellten Entwicklung der durchschnittlichen Behandlungsfallkosten lässt sich offensichtlich ableiten, dass eine Zahnarztpraxis umso wirtschaftlicher arbeitet, je größer ihre Behandlungsmenge und damit die Anzahl der Behandlungsfälle pro Jahr ist. Dies ist jedoch nicht uneingeschränkt richtig. Tatsächlich steigen die Praxiskosten nicht stetig, sondern sprunghaft. Dies ist etwa dann der Fall, wenn in der Praxis zur Bewältigung der Zunahme der Behandlungsfälle zusätzliches Personal erforderlich wird oder die Praxis mit einer zusätzlichen Behandlungseinheit ausgestattet werden muss. Die Praxiskosten steigen dann an dem Tag der ersten Gehaltszahlung an die neuen Helferinnen bzw. der Rechnungsbegleichung für die neue Behandlungseinheit mit einem Sprung an (Abschn. 6.1.2).

Zu im Vergleich zur Divisionskalkulation aussagekräftigeren und genaueren Ergebnissen der Kostenträgerrechnung führt dagegen die **Zuschlagskalkulation**. Hierbei

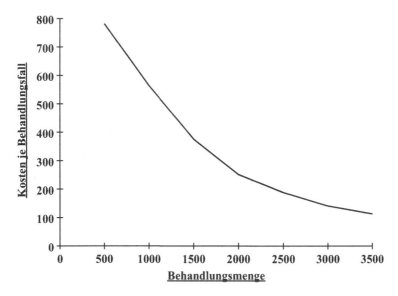

Abb. 6.6 Entwicklung der durchschnittlichen Behandlungsfallkosten bei zunehmender Behandlungsmenge

Tab. 6.4 Beispiel für einen Gemeinkostenzuschlag

Gemeinkostenart	Kosten monatl. (in €)	Verteilungsschlüssel.	Gemeinkostenanteil des Behandlungsfalles
Miete	3.000	Durchschnittliche Zahl an Behandlungsfällen pro Monat: 250	12,00
Strom	200		0,8
Wasser	100		0,4
Heizung	250		1,00
Reinigung	560		2,24
Verwaltungskosten (Telefon, Porto, Büromaterial usw.)	500		2,00
Abschreibungen (Behandlungseinrichtungen, Geräte)	2.000		8,00
		Gesamte Gemeinkosten:	26,44

sind zunächst die Einzelkosten für die jeweilige Behandlungsfallart zu ermitteln (Tab. 6.1). Die Gemeinkosten der Praxis werden dann gemäß den in der Kostenstellenrechnung erarbeiteten Verteilungsschlüsseln dem jeweiligen Behandlungsfall zugeschlagen (Tab. 6.4).

Die Gesamtkosten für diesen Behandlungsfall ergeben sich nun folgendermaßen:

	Gesamte Einzelkosten	128,57
+	Gesamte Gemeinkosten	26,44
=	Gesamtkosten	155,01

6.3   Erfolgsrechnung

6.3.1   Gesamtkostenrechnung

Die **Erfolgsrechnung** dient zur Ermittlung des wirtschaftlichen Erfolgs der Zahnarztpraxis innerhalb eines bestimmten Zeitabschnitts. Sie basiert auf der Kostenrechnung und gibt Aufschluss darüber, ob die Zahnarztpraxis positiv erfolgreich einen Gewinn erwirtschaftet oder, als Misserfolg, einen Verlust als Jahresergebnis erzielt hat. Sie liefert Antworten auf Fragestellungen, wie etwa nach dem Mindestumsatz, damit die Kosten überhaupt gedeckt werden, nach Behandlungsarten, die nicht kostendeckend sind oder nach gewinnbringenden Behandlungsarten.

Dazu werden in einer Wirtschaftsperiode die Aufwendungen und Erträge einander gegenübergestellt. Während in der Kostenrechnung die Kosten ermittelt werden, werden in der Erfolgsrechnung die erzielten Erlöse gegenüber gestellt. Dieser Vergleich der Kosten und Erlöse ist regelmäßig monatlich und nach Abschluss eines Rechnungsjahres durchzuführen, um den wirtschaftlichen Erfolg zu erreichen und sicherzustellen. Die **Gewinn-**

und **Verlustrechnung** (GuV) stellt eine externe Erfolgsrechnung zur Ermittlung des wirtschaftlichen Erfolgs einer Zahnarztpraxis dar. Sie hat im Wesentlichen nur eine Informationsfunktion und vermittelt ein den tatsächlichen Verhältnissen entsprechendes Bild der Ertragslage. Die GuV hat dabei die Aufgabe, die Quelle der Erträge und die Aufwandsstruktur ersichtlich zu machen. Die GuV ist klar und übersichtlich zu gliedern, wobei das Bruttoprinzip zu beachten ist: Erträge und Aufwendungen dürfen nicht saldiert werden. Außerdem ist der Grundsatz der Stetigkeit der Darstellung einzuhalten (Tab. 6.5).

Werden den Gesamtleistungen der Zahnarztpraxis die Gesamtkosten, gegliedert nach Kostenarten, gegenübergestellt, so erhält man eine **Gesamtkostenrechnung**. Sie ist ein Verfahren der Kostenrechnung zur Ermittlung des Betriebsergebnisses im Rahmen einer kurzfristigen Erfolgsrechnung und wird folgendermaßen durchgeführt:

Nettoerlöse aus Kassen- und Privatliquidation + Sonstige Erlöse − Gesamtkosten der Periode = Betriebserfolg

Tab. 6.5 GuV-Gliederung einer Zahnarztpraxis nach dem Gesamtkostenverfahren

1.	Umsatzerlöse
2.	Erhöhung oder Verminderung des Bestandes an fertigen oder unfertigen Eigenlaborerzeugnissen
3.	andere aktivierte Eigenleistungen
4.	sonstige betriebliche Praxiserträge
5.	Aufwand für zahnmedizinisches Verbrauchmaterial
6.	Personalaufwand
(a)	Löhne und Gehälter
(b)	Soziale Abgaben und Aufwendungen für Altersversorgung und Unterstützung
7.	Abschreibungen
(a)	auf immaterielle Gegenstände des Anlagevermögens und Sachanlagen sowie auf aktivierte Aufwendungen für die Instandsetzung und Erweiterung des Praxisbetriebes
(b)	auf Gegenstände des Umlaufvermögens, soweit diese in Kapitalgesellschaften übliche Abschreibungen überschreiten
8.	sonstige betriebliche Aufwendungen der Praxis
9.	Erträge aus Beteiligungen
10.	Erträge aus anderen Wertpapieren und Ausleihungen des Finanzanlagevermögens
11.	sonstige Zinsen und ähnliche Erträge
12.	Abschreibungen auf Finanzanlagen und Anlagen des Umlaufvermögens
13.	Zinsen und ähnliche Aufwendungen
14.	Ergebnis der gewöhnlichen mit der Praxis verbundenen Geschäftstätigkeit
15.	außerordentliche Erträge
16.	außerordentliche Aufwendungen
17.	außerordentliches Ergebnis
18.	Steuern vom Einkommen und vom Ertrag
19.	sonstige Steuern
20.	Jahresüberschuss/Fehlbetrag

Als wesentlicher Vorteil der Gesamtkostenrechnung ist die einfache Art und Weise der Bestimmung des Gewinns oder -Verlustes einer Zahnarztpraxis anzusehen. Die in der Kostenrechnung ermittelten Kosten lassen sich ohne allzu großen Rechenaufwand den Erlösen aus Kassen- und Privatliquidation sowie sonstigen Einnahmequellen gegenüberstellen. Die mangelnde Aussagefähigkeit ist der entscheidende Nachteil dieses Verfahrens: Es ist kaum feststellbar, welche Leistungen in welchem Umfang zum wirtschaftlichen Erfolg beigetragen haben und welche Leistungen mehr Kosten als Erlöse verursachen. Die Gesamtkostenrechnung lässt keine Aussage darüber zu, in welchem Maße einzelne Behandlungsleistungen zum Erfolg der Zahnarztpraxis beigetragen haben, da die Gesamtkosten nur nach Kostenarten aufgeteilt werden. Für eine Beurteilung der Gewinnträchtigkeit einzelner Behandlungsleistungen ist eine kostenträgerbezogene Kostengliederung (Ermittlung der Behandlungsfallkosten) vorzunehmen. Das Gesamtkostenverfahren mit seiner kostenartenbezogenen Kostenaufteilung bietet lediglich eine pauschale Ermittlung des Betriebserfolgs.

6.3.2 Deckungsbeitragsrechnung

Als kurzfristige Erfolgsrechnung wird häufig auch die **Deckungsbeitragsrechnung** bezeichnet, indem sie die Kosten und Leistungen der Zahnarztpraxis für einen festgelegten Zeitraum gegenüberstellt. Dadurch kann der wirtschaftliche Erfolg der Zahnarztpraxis und seine Zusammensetzung nach Behandlungsfallgruppen, Ertragsquellen etc. ermittelt werden. Daher ist die kurzfristige Erfolgsrechnung auch ein Instrument der laufenden betrieblichen Steuerung und Kontrolle.

Mit Hilfe der Deckungsbeitragsrechnung lassen sich die quantitativen Beziehungen zwischen Behandlungsmenge, Kosten und Gewinn verdeutlichen und für die Erfolgsanalyse bzw. die Gewinnplanung nutzen.

Die Deckungsbeitragsrechnung ist eine Teilkostenrechnung, bei der die Erlöse des Kostenträgers in die Betrachtung einbezogen werden: Die Differenz zwischen zurechenbarem Erlös und zurechenbaren Kosten des Kostenträgers bildet den **Deckungsbeitrag** (DB). Er gibt für die Zahnarztpraxis den Betrag an, um den sich der Erfolg bei der Mehr- oder Mindererstellung einer Behandlungsleistung ändert. Die Deckungsbeiträge müssen so groß sein, dass die nicht zugerechneten Kosten gedeckt werden und kein Verlust erzeugt wird.

Tab. 6.6 Ermittlung des Deckungsbeitrags

Schritte	Ermittlung
Deckungsbeitrag je Periode	Umsatz – variable Kosten
Ergebnis der Zahnarztpraxis	Deckungsbeitrag je Periode – fixe Kosten
Deckungsbeitrag je Behandlungsfall	Umsatz je Behandlungsfall – variable Kosten je Behandlungsfall

In einem möglichst pragmatischen Ansatz werden zunächst von den gesamten Erlösen (=Umsatz) alle variablen Kosten abgezogen. Dadurch erhält man den Deckungsbeitrag (Tab. 6.6).

Die ausschließliche Berücksichtigung der variablen Kosten birgt langfristig die Gefahr ruinöser Kostenstrukturen. Daher ist der Deckungsbeitrag mit den fixen Kosten zu vergleichen. Ist er höher als die fixen Kosten, so ist dieser wichtige Kostenblock durch den Umsatz gedeckt. Man unterscheidet dabei die einstufige Deckungsbeitragsrechnung und die mehrstufige Deckungsbeitragsrechnung. Die einstufige Deckungsbeitragsrechnung ermittelt zunächst die aufsummierten Deckungsbeiträge und zieht von diesen dann die kompletten Fixkosten ab. Bei der mehrstufigen Deckungsbeitragsrechnung werden die Fixkosten weiter aufgespalten und die Kosten den verursachenden Bereichen der Zahnarztpraxis zugerechnet (Tab. 6.7).

Eine **Break-Even-Analyse** beantwortet die Frage, ab welchem Umsatz zusätzlich auch die variablen Kosten und somit die Gesamtkosten gedeckt werden. Es handelt sich dabei um ein Verfahren zur Bestimmung der Gewinnschwelle: Der Break-Even-Point ist der Schnittpunkt von Gesamterlös- und Gesamtkostenkurve, das heißt, fixe und variable Kosten werden bei einem Gewinn von Null gerade durch die Erlöse (Umsatz) gedeckt. Unterhalb des Break-Even-Points befindet man sich in der Verlust-, oberhalb in der Gewinnzone. So lässt sich mit der Break-Even-Analyse beispielsweise ermitteln, bei welchem Umsatz und bei welcher Behandlungsmenge die Verlustzone verlassen und ein Gewinn erwirtschaftet wird. Zur Ermittlung des Break-Even-Points, in dem alle Kosten gedeckt werden, ist der Umsatz mit den Gesamtkosten in Beziehung zu setzen (Abb. 6.7).

Aus dem Beispiel in Abb. 6.7 ist ersichtlich, dass ab einer bestimmten Behandlungsmenge und einem damit erzielten Umsatz ein Gewinn in der Zahnarztpraxis erwirtschaftet wird. Bei weniger Behandlungsfällen erzielt die Praxis Verluste. Jeder zusätzliche Behandlungsfall über den „Durchbruchspunkt" (Break-Even-Point) hinaus trägt zum Gewinn bei.

Diese Analyse ist jedoch idealtypisch. Zum einen wurde bereits erwähnt, dass die Kosten nicht kontinuierlich, sondern sprunghaft ansteigen können. Bei einem plötzlichen Anstieg der Kosten, etwa durch Neueinstellung einer zusätzlichen ZFA, wird die Gewinnzone der Zahnarztpraxis erst bei einem entsprechend höheren Umsatz und einer größeren

Tab. 6.7 Beispiel für eine einstufige Deckungsbeitragsrechnung

	Behandlungsleistg. A	%	Behandlungsleistg. B	%	Behandlungsleistg. C	%	Gesamt	%
Umsatz	50.000	100	20.000	100	30.000	100	100.000	100
variable Kosten	20.000	40	10.000	50	6.000	20	36.000	36
DB	30.000	60	10.000	50	24.000	80	64.000	64
Fixe Kosten							40.000	40
Ergebnis							24.000	24

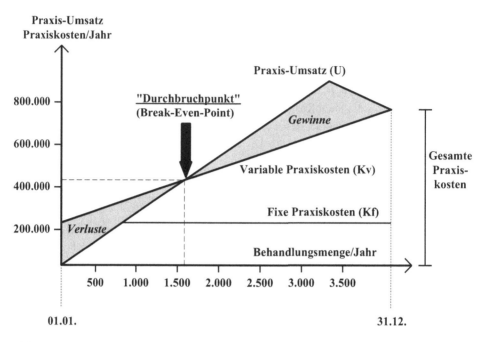

Abb. 6.7 Beispiel für die Break-Even-Analyse einer Zahnarztpraxis

Behandlungsmenge erreicht. Des Weiteren ist das Verhältnis zwischen Behandlungsmenge und Umsatz entscheidend von der Art der Behandlungsfälle abhängig. Überwiegt die Menge an Fällen, die vergleichsweise geringe Erlöse erzielen, so wird die Gewinnzone erst später erreicht, als bei einer Zahnarztpraxis, die mit einer geringeren Anzahl von Fällen höhere Einnahmen erzielt.

Entscheidend ist somit die Frage, welchen Deckungsbeitrag der einzelne Behandlungsfall erzielt und in welcher Höhe er zum Gewinn beiträgt. Um diese Frage zu beantworten, sind durch Anwendung der Zuschlagskalkulation die Einzelkosten für die jeweilige Behandlungsart zu ermitteln und um die Gemeinkostenanteile zu erhöhen. Mit den im Rahmen der Kassen- bzw. Privatliquidation erzielbaren Erlösen sind die so errechneten Kosten pro Behandlungsart anschließend zu vergleichen. Bei einem positiven Vergleichsergebnis erwirtschaftet die Zahnarztpraxis bei Durchführung dieser Behandlungsart Gewinne. Verluste werden bei einem negativen Ergebnis des Vergleichs erzielt.

Die Ermittlung der Kosten und Erlöse für die jeweilige Behandlungsart lassen sich nur für jede Zahnarztpraxis individuell durchführen. Sie sind von vielen Faktoren und Einflussgrößen abhängig, wie Personalumfang der Zahnarztpraxis, Arbeitsstil und -tempo der Praxisangehörigen, der individuelle Materialverbrauch je Behandlung, die Patientenstruktur (vorwiegend Privat- oder Kassenpatienten), die Größe, die Ausstattung der Zahnarztpraxis, verwendete Dentalgeräte und -instrumente und vieles andere mehr.

6.4   Steuerung der Praxiskosten

6.4.1 Überwachung der Praxiskostenentwicklung

Häufig ist in Zahnarztpraxen die Tendenz zu verzeichnen, dass die Fix- und Gemeinkostenblöcke zunehmen. Bei den Fixkosten liegt es beispielsweise daran, dass die Gehälter aufgrund der Arbeitsverträge unabhängig von der Behandlungsmenge gezahlt werden müssen und auch die sonstigen Abgaben, Energie- und Mietkosten sich in der Regel beschäftigungsunabhängig nach oben entwickeln.

Die häufig anzutreffende Gleichsetzung von Einzelkosten und variablen Kosten einerseits sowie Gemeinkosten und Fixkosten andererseits ist insofern nicht richtig, da unterschiedliche Differenzierungskriterien vorliegen: Fixe und variable Kosten entstehen in Abhängigkeit von einer Kostenbeeinflussungsgröße und Einzel- bzw. Gemeinkosten anhand der Zurechnungsfähigkeit zu einzelnen oder mehreren Bezugsgrößen. So können Gemeinkosten aus fixen oder variablen Kosten bestehen, etwa in Form der Personalkosten (überwiegend fixe Gemeinkosten) oder der Kosten für Behandlungsinstrumente (überwiegend variable Gemeinkosten).

Der **Kostenverlauf** einer Zahnarztpraxis kann grundsätzlich progressive, degressive und proportionale Verlaufsformen aufweisen (Abb. 6.8).

Es liegt auf der Hand, progressive und damit kaum kalkulierbare Kostenverläufe in der Zahnarztpraxis möglichst zu vermeiden: Eine derartige Verlaufssituation birgt unberechenbare Risiken.

Proportionale Kostenverläufe sind hingegen in der Regel gut kalkulierbar und stellen eine verlässliche Grundlage für die Kalkulation der Ergebniserzielung, für die Erfolgsrechnung sowie die Liquiditätsplanung in der Zahnarztpraxis dar.

Das Ziel der Kostenverlaufsbeeinflussung sollte jedoch sein, möglichst degressive Kostenverläufe zu erzielen und damit bei zunehmender Behandlungsmenge abnehmende Kosten je Fall. Derartige Degressionseffekte lassen sich beispielsweise im Rahmen der

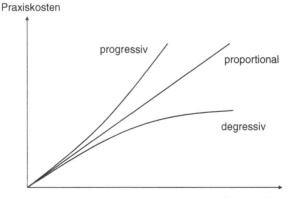

Abb. 6.8 Mögliche Kostenverläufe in der Zahnarztpraxis

Fixkostendegression erzielen, dadurch dass beispielsweise Leerlaufzeiten minimiert, die Kapazitätsauslastung der dentaltechnischen Geräte gesteigert oder Praxisöffnungs- sowie Arbeitszeiten flexibilisiert werden.

Ein weiterer Degressionseffekt kann sich aus der Erfahrungskurve ergeben, bei der man davon ausgeht, dass bei wiederholtem Auftreten identischer Behandlungssituationen es in der Regel zu einer Routienisierung und damit Effizienzsteigerung kommt. Die Erfahrungseffekte münden aufgrund von Übungserfolgen durch Wiederholung der Behandlungsvorgänge, zahnmedizinischem Fortschritt und Rationalisierung durch Prozessoptimierung in sinkenden Behandlungsfallkosten. Die Erfahrungsrate gibt dabei den Prozentanteil wieder, auf den sich bei einer angenommenen Verdopplung der Behandlungsmenge die Behandlungsfallkosten der letzten Behandlungseinheit senken lassen. Eine Erfahrungsrate von 90 % bedeutet beispielsweise, dass nach einer Verdopplung der Behandlungsmenge die Behandlungsfallkosten der letzten Behandlungseinheit auf 90 % des vorangegangenen Niveaus und damit um 10 % sinken (Tab. 6.8).

Da der Lernerfolg und damit der Erfahrungseffekt bei den ersten Behandlungsfällen naturgemäß größer ist und mit fortschreitender Zahl gleichartiger Behandlungsfälle abnimmt, entstehen sinkende Degressionseffekte. Auch tritt die Kosteneinsparung nicht automatisch ein, sondern ist eher als Kostensenkungspotenzial zu verstehen, dass es zu nutzen gilt. Ferner ist kritisch anzumerken, dass der Ansatz der Erfahrungskurve beispielsweise unvorhersehbare Komplikationen während einer Behandlung nicht berücksichtigt.

Eine allgemeinere Form der Kostenbeeinflussung ist die Einwirkung auf das **Kostenniveau**. Das Ziel ist dabei, die Höhe der Kosten der Zahnarztpraxis in Teilbereichen und damit die Gesamtkosten zu reduzieren. Ansatzpunkte können dabei sein die Gesamtkosten der Zahnarztpraxis, die Kosten einzelner Organisationseinheiten oder die Behandlungsfallkosten. Als Maßnahmen bieten sich beispielsweise an:

- Verschlankung von Abläufen in der Praxisverwaltung,
- Entscheidung zwischen Eigen- und Fremdlaborleistungen unter Kostengesichtspunkten,

Tab. 6.8 Entwicklung von Behandlungsfallkosten unter Berücksichtigung der Erfahrungsrate

Periode	Behand-lungsmenge	kumuliert	Erfahrungsrate	Behandlungsfallkosten der letzten Behandlungseinheit
1	1.000	1.000		100,00 €
2	1.000	2.000	Verdopplung; Behandlungsfallkosten: −10 % (100,00 € × 0,1 = 10,00 €)	90,00 €
3	2.000	4.000	Verdopplung; Behandlungsfallkosten: −10 % (90,00 € × 0,1 = 9,00 €)	81,00 €

- Realisierung von dentaltechnischen Automatisierungspotenzialen,
- Reduzierung von Patientendurchlaufzeiten,
- Vorschlagswesen zu Kostensenkungsmaßnahmen,
- Vermeidung unnötiger Doppelarbeiten,
- Auslagerung von Dienstleistungen (Outsourcing).

Spezielle Verfahren zur Kostensteuerung und damit auch zur Beeinflussung des Kostenniveaus sind das Target Costing sowie das Kostenbenchmarking. Beide bieten durch das Zielkostenmanagement bzw. die Orientierung an Bestmarken Ansatzmöglichkeiten, das allgemeine Niveau der Kosten der Zahnarztpraxis zu senken.

Die Aufgabe des **Kostencontrollings** besteht darin, die Praxisleitung mit Informationen zu versorgen, die für die betriebliche Planung, Steuerung und Kontrolle erforderlich sind. Insofern setzt das Kostencontrolling eine planungs- und zielorientierte Betriebsführung voraus, die die Ziele der Zahnarztpraxis im Rahmen der betrieblichen Planung festlegt. Die Ausgangsbasis für eine Führung der Zahnarztpraxis mit Hilfe des Kostencontrollings bilden ihre Ziele. Die unterschiedlichen Zielvorstellungen ergeben aus Ober- und Unterzielen das gesamte Zielsystem der Zahnarztpraxis, an dem sich das Kostencontrolling orientieren muss. Die Ziele müssen daher operationalisiert und hinsichtlich Zeit (wann?), Erreichungsgrad (wie viel?) und Inhalt (was?) möglichst eindeutig definiert sein. Wann in welchem Umfang was erreicht werden soll, lässt sich bei quantitativen Kostenzielen recht einfach beschreiben. Anhand der Kostenziele ist es Aufgabe des Kostencontrollings festzustellen, ob und wie die Ziele im Zeitablauf erreicht wurden, wie groß mögliche Abweichungen zwischen Soll- und Ist-Zielwerten sind und welche Ursachen es dafür gibt. Anschließend sind Gegensteuerungsmaßnahmen zu ergreifen, aber auch gegebenenfalls Zielkorrekturen, falls einzelne Ziele nicht realisierbar erscheinen.

Das kurzfristige Kostencontrolling ist auf einen Zeitraum von 1 bis 2 Jahren ausgerichtet und konzentriert sich auf den kurzfristigen wirtschaftlichen Erfolg der Zahnarztpraxis. Vordergründig sind dabei ihre kurzfristig gesteckten Ziele zu sehen (beispielsweise „Senkung der zahnmedizinischen Verbrauchsmaterialkosten im Jahresdurchschnitt um 5 %", „Stabilisierung der Personalkosten auf dem derzeitigen Kostenniveau" etc.), die eine Steuerung der innerbetrieblichen Funktionen und -abläufe erforderlich machen. Auf der Grundlage der Daten aus der Praxisbuchhaltung und der Kostenrechnung werden hierzu in erster Linie Soll-/Ist-Analysen durchgeführt, um mögliche Abweichungen zu erkennen und notwendige Gegensteuerungsmaßnahmen einleiten zu können.

Die Kostencontrolling-Instrumente umfassen unter anderem Koordinations-, Planungs- und Kontrollwerkzeuge. Oft genannt wird in diesem Zusammenhang die **Einnahmenüberschussrechnung** als steuerrechtliche Sonderform der Gewinnermittlung, bei der der Überschuss der Praxiseinnahmen über die Praxisausgaben ermittelt wird. Es handelt sich dabei um eine reine Geldrechnung, die den Gewinn/Verlust der Zahnarztpraxis durch Gegenüberstellung der Einnahmen und der Ausgaben errechnet (Tab. 6.9).

Bei der Durchführung der Einnahmenüberschussrechnung ist folgendes zu berücksichtigen:

Tab. 6.9 Beispiele für die Ausgestaltung der Einnahmenüberschussrechnung einer Zahnarztpraxis

Rechnungsart	Berechnung
Einnahmen-/ Ausgabenüberschuss	Betriebseinnahmen – Betriebsausgaben
Korrigierter Einnahmen-/ Ausgabenüberschuss	Einnahmen-/Ausgabenüberschuss + Ausgaben für Wirtschaftsgüter des Anlagevermögens – Abschreibungen auf abnutzbare Wirtschaftsgüter des Anlagevermögens – (Rest-) Buchwert entnommener oder veräußerter Wirtschaftsgüter des Anlagevermögens
Gewinn/Verlust	Korrigierter Einnahmen-/ Ausgabenüberschuss + Sachentnahmen + nicht abziehbare Ausgaben – Sacheinlagen – steuerfreie Einnahmen

Die Anschaffungskosten und Herstellungskosten für abnutzbares Anlagevermögen sind über die Nutzungsdauer zu verteilen, nicht abnutzbares Anlagevermögen ist zu aktivieren, durchlaufende Posten, die im Namen und für Rechnung eines anderen vereinnahmt oder verausgabt werden, sind nicht als Einnahmen bzw. Ausgaben abzusetzen und Finanzschulden sind zu passivieren, so dass in diesen Fällen der Geldzufluss aus der Aufnahme eines Darlehens keine Einnahmen und Tilgungen keine Ausgaben darstellen. Die Einnahmen bzw. Ausgaben sind dem Kalenderjahr zuzurechnen, in denen sie tatsächlich zu- oder abgeflossen sind, so dass die Zuordnung zu einer Periode grundsätzlich nach dem Zuflussprinzip erfolgt. Als in dem Kalenderjahr bezogen, zu dem sie wirtschaftlich gehören, gelten periodisch wiederkehrende Zahlungen (z. B. Miete, Löhne), die kurze Zeit vor oder nach dem Jahreswechsel fällig sind und zufließen.

Die Einnahmenüberschussrechnung bietet somit zwar die Möglichkeit des jährlichen Vergleichs, wie sich Umsatz, Kosten und Gewinn verändern. Als reine Vergangenheitsbetrachtung ist sie jedoch nur bedingt für die in die Zukunft gerichtete Steuerung der Kosten einer Zahnarztpraxis geeignet.

6.4.2 Maßnahmen zur Reduzierung der Praxiskosten

Die Kostensenkung ist zunächst als Daueraufgabe anzusehen, denn eine Zahnarztpraxis kann nur dann dauerhaft erfolgreich sein, wenn sie innovativ ist, ihren Patienten einen hohen Nutzen bietet und gleichzeitig ständig ihre Produktivität verbessert, um so dem Druck aus Kostensteigerungen und gedeckelten Leistungsvergütungen zu begegnen. Viele Patienten sind zwar bereit, einen Mehrpreis für zusätzliche zahnmedizinische Leistungen zu bezahlen, aber nicht jeden beliebigen Mehrpreis. Da zusätzliche Leistungen auch häufig einen Mehraufwand verursachen, bleibt der Druck zur Kostenreduzierung und damit zu einer Produktivitätssteigerung unverändert.

Die **Produktivität** zählt sicherlich zu den umstrittensten Begriffen im gesamten Gesundheitswesen. Im Allgemeinen wird sie mit dem Verhältnis von Output zu Input als

Quotient der einander zahlenmäßig gegenübergestellten Größen wiedergegeben. Bei dieser Art der Betrachtung würden jedoch alle Einsatzfaktoren gemeinsam einen Beitrag zu einer Erhöhung des Praxis- Outputs liefern und eine verursachungsgerechte Zuordnung einzelner Faktoren auf die Leistungsverbesserung wäre nicht möglich.

Im Vergleich zu produzierenden Betrieben, bei denen der technische Fortschritt oder hoher Kapitaleinsatz relativ leicht einen Produktivitätszuwachs bewirken können, überwiegt in Zahnarztpraxen zudem der menschliche Arbeitseinsatz, was bei vergleichsweise langwierigen dentaltechnologischen oder materiellen Entwicklungen in der Regel auch nur verzögerte bzw. geringere Produktivitätszuwächse bedeuten kann. Ferner erscheint ein Produktivitätszuwachs auch nur dann sinnvoll, wenn dieser ohne Verluste bei der Behandlungsqualität zu erzielen ist.

Da der Patient eine Behandlungsleistung beispielsweise von einem bestimmten Zahnarzt erbracht haben möchte, kann auch nicht sichergestellt werden, dass sich der Input hinsichtlich Qualität, Mengen- und Zeiteinsatz homogen darstellt, da jede Arbeitskraft in einer Zahnarztpraxis über ein unterschiedliches, individuelles Leistungsvermögen verfügt.

Neben der individuellen Beeinflussung durch den externen „Einsatzfaktor" Patient ist auch der Nutzungsgrad der bereitgestellten Leistungen in die Produktivitätsüberlegungen einzubeziehen. Mit einer Steigerung ungenutzter Leistungen würde sich schließlich auch eine rechnerische Produktivitätserhöhung erzielen lassen, dies wäre aber weder im Sinne der Zahnarztpraxis, noch des Patienten, der diese Leistungen ja auch nicht nachfragen würde.

Versucht man nun eine Antwort auf die Frage zu finden, wie sich dennoch die Produktivität in einer Zahnarztpraxis ohne Qualitätsabnahme und trotz begrenzter Einflussmöglichkeiten auf die menschliche Arbeit als Einsatzfaktor und dem Faktor Patient steigern lässt, so ergeben sich folgende Ansatzpunkte:

- Stärkere „Einbeziehung" des Patienten in den Behandlungsprozess (beispielsweise durch verstärkte Prophylaxe, Erhöhung des Patientenanteils an Heilungsprozessen, verstärkte Nutzung von eHealth-Instrumenten, statt Vor-Ort-Präsenz in der Zahnarztpraxis etc.): Dadurch werden „Aktivitäten" von der Zahnarztpraxis auf den Patienten verlagert, was zudem die Unsicherheit hinsichtlich des Nutzungsgrades reduziert. In Bezug auf die Produktivität bedeutet dies eine Umschichtung von den internen Einsatzfaktoren hin zum externen Faktor bei insgesamt gleich bleibenden Input und einer beabsichtigten Erhöhung des Outputs.
- Verbesserung der Mitarbeiterentwicklung durch Verbesserung ihrer Fähigkeiten und Fertigkeiten, sowie das Schließen von Wissenslücken und den Ausgleich von Informationsdefiziten: Dadurch wird die menschliche Arbeit auf der Inputseite aufgewertet, was sich durch eine Verringerung des Arbeitseinsatzes, von Arbeitsmengen und -zeiten bei gleich bleibendem Leistungsumfang ausdrücken kann.
- Maßnahmen zur Prozessoptimierung (beispielsweise durch schlankere Abläufe, Vermeidung von Doppeluntersuchungen, Entlastung der Zahnärzte von Dokumentations-

aufgaben etc.). Dadurch wird die menschliche Arbeit als Einsatzfaktor auf der Inputseite entlastet, was wiederum zu einer Verringerung des Faktoreinsatzes führen kann.

- Verstärkte Berücksichtigung der dentaltechnologischen Entwicklung durch Anwendung zeitgemäßer Behandlungsmaßnahmen, fortschrittlicher Zahnheilmittel und neuer Dentaltechnik. Auch dadurch wird auf der Inputseite der Betriebsmitteleinsatz optimiert und die menschliche Arbeitskraft als Einsatzfaktor entlastet.

Verfahren, Abläufe und Begleiterscheinungen von **Kostensenkungsmaßnahmen** hängen zudem stark von ihrer Ausgangssituation ab: Bei einer existenzbedrohenden wirtschaftlichen Krise der Zahnarztpraxis müssen in möglichst kurzer Zeit substanzielle Kostensenkungen erreicht werden. Dabei ist es falsch, die Praxisangehörigen möglichst lange im Unklaren über die Lage und über die erforderlichen Einschnitte zu lassen, da sehr schnell Gerüchte entstehen und irgendwann ohnehin die wahre Situation ans Tageslicht kommt, womit man leicht den Respekt der Mitarbeiter verliert, und was die Funktionsfähigkeit der Zahnarztpraxis gefährden kann. Daher sollte man ehrlich und möglichst schnell über die aktuelle Lage und das notwendige Vorgehen informieren und im weiteren Verlauf von Kostensenkungsmaßnahmen, zu denen auch Personalabbau gehören kann, mit allen direkt und indirekt Betroffenen vernünftig umgehen.

Kontinuierliche Produktivitätsverbesserungsansätze setzen voraus, dass sich die Produktivität im Vergleich mit dem Wettbewerb bereits auf einem akzeptablen Niveau befindet. Ist es allerdings notwendig, zur Wiederherstellung oder Verbesserung der Wettbewerbsfähigkeit kurzfristig eine deutliche Senkung des Kostenniveaus zu erreichen, ist der Aufbau eines kontinuierlichen Verbesserungsprozesses erst der nächste Schritt. Zuvor muss ein niedrigeres Kostenniveau erreicht werden.

Wird die Kostenreduzierung „lediglich" aus Gründen der Produktivitätssteigerung betrieben, so sind die Antworten auf die Fragen nach dem Warum und Wie immer wieder neu zu erarbeiten und die Praxisangehörigen von den eingeschlagenen Wegen zu überzeugen. Denn es handelt sich dabei nicht um einen Automatismus, sondern zunächst erst einmal um Möglichkeiten zur Effizienzsteigerung, die durch die richtigen Maßnahmen und deren entschlossene Umsetzung erreicht werden müssen. Oftmals gilt es dabei berechtigte Widerstände in der Belegschaft zu überwinden, denn die Forderung nach Kostenreduzierungen wirkt in der Regel beunruhigend, da höhere Anforderungen, unvergütete Mehrleistungen oder gar Arbeitsplatzverluste befürchtet werden. Häufig steht aus Sicht der Betroffenen auch der Vorwurf im Raum, dass in der Vergangenheit nicht effizient genug gearbeitet worden wäre.

Um derartigen möglichen Vorbehalten entgegnen zu können, lassen sich zur Kostenreduzierung Verfahren einsetzen, die einen möglichst objektiven Nachweis der Produktivitätsreserven gegenüber den Betroffenen aufzeigen können. Sie zielen nicht nur darauf ab, die Prozesse in einer Zahnarztpraxis effizienter durchzuführen, sondern darauf, sie von Grund auf und unter Einbeziehung der Betroffenen zu überdenken. Ziel ist es, dass die Praxisangehörigen ihre unmittelbaren Erfahrungen mit dem Arbeitsablauf und ihre Ideen zur Kosteneinsparung einbringen, statt gegen angeordnete Kostensenkungsmaßnahmen anzukämpfen. Bei ihrer Anwendung geht es darum, den Weg der Kostenreduzierung möglichst kooperativ zu gestalten und ihn so zu organisieren, dass die praktischen Erfahrungen der Praxisangehörigen bestmöglich genutzt werden. Dies sorgt für eine größere Realitätsnähe angedachter Lösungen, sowie für eine höhere Erfolgswahrscheinlichkeit. Um die Kostenanalyse, die Lösungsfindung und Umsetzung von Reduzierungsmaßnahmen einvernehmlich zu gestalten, dürfen die Praxisangehörigen nicht als „Kostenfaktoren" angesehen werden, sondern, im besten Sinne, als wesentlicher Teil des Praxisvermögens, dessen Ideen und Kreativität es für Kostensenkungszwecke, aber auch für sinnvolle Erweiterungen der Behandlungs- und Patientenserviceleistungen zu nutzen gilt. Auch ist es wichtig, klare und nachvollziehbare Kostenziele vorzugeben. Bei ungenauen Vorgaben ist die Wahrscheinlichkeit groß, dass größere Einsparungen im Arbeitsprozess gar nicht vorstellbar sind. Anspruchsvolle Zielvorgaben zwingen hingegen zu radikalem Umdenken und der Notwendigkeit, die bisherigen Arbeitsweisen und -abläufe grundlegend in Frage zu stellen.

Oft reichen allerdings Motivation und guter Wille alleine nicht aus, um die Kosten spürbar und nachhaltig zu senken. Veränderungen, die den gesamten Praxisbetrieb betreffen, scheitern mitunter an

- Zeitmangel,
- Abwehrhaltung Einzelner,
- ungeplante Zusatzaufgaben, die kleinere Effizienzsteigerungen neutralisieren.

Vor diesem Hintergrund ist es wichtig, die Kostenreduzierung nicht nur personenbezogen zu organisieren, sondern sie auch in Form von Einzelmaßnahmen und regelmäßigen Prozessen zu institutionalisieren. Dazu lassen sich in festgelegten Abständen mehrmals jährlich bspw. an sprechzeitenfreien Nachmittagen Zusammenkünfte aller Praxisangehörigen organisieren, in denen über Möglichkeiten zur Kostensenkung, Aufwandsreduzierung oder Prozessoptimierung nachgedacht wird.

Bei der **Gemeinkostenwertanalyse** (GWA) handelt es sich um ein systematisches Verfahren zur Kostensenkung im Gemeinkostenbereich. Dabei werden Kosten und Nutzen

Tab. 6.10 Beispiel für den Ablauf der Gemeinkostenwertanalyse in einer Zahnarztpraxis

Phase	Stufe	Inhalt
Vorbereitung	1	Schulung und Information der Praxisangehörigen
	2	Erfassung von Kosten und Leistungen
Analyse	3	Entwicklung von Rationalisierungsideen
	4	Prüfung der Realisierbarkeit
	5	Zusammenstellung der geprüften Ideen und Weiterverfolgung
Realisation	6	Erstellung eines Maßnahmenplans
	7	Umsetzung des Maßnahmenplans
	8	Vergleich der geplanten Einsparungen mit den tatsächlichen Daten

der Leistungen ausgewählter Gemeinkostenbereiche in der Zahnarztpraxis untersucht, um Möglichkeiten zum Abbau nicht notwendiger Leistungen sowie zur rationelleren Leistungserbringung zu finden. Die Praxisangehörigen werden dabei ausdrücklich aktiv mit einbezogen. Ihre Kreativität soll dabei in systematischer Weise gefördert werden, um unnötige Leistungen und Kosten zu reduzieren.

Der GWA-Prozess läuft wie in Tab. 6.10 dargestellt ab.

In der Vorbereitungsphase werden zunächst die erbrachten Leistungen sowie der hierzu anfallende Personal- und Sachaufwand erfasst und strukturiert. Dazu werden die angefallenen Kosten in der Regel gegliedert in:

- Personalkosten,
- personenabhängige Sachkosten,
- sonstige Sachkosten.

Die erbrachten Behandlungs- und Serviceleistungen der Zahnarztpraxis werden ebenfalls zusammengestellt und nach folgenden Kriterien erfasst:

- Beschreibung der Leistung,
- Zeitbedarf für die Erstellung der Leistung,
- Häufigkeit der ausgeführten Leistung,
- Empfänger der Leistung.

Aus diesen gewonnenen Daten lassen sich dann unter Berücksichtigung einer prozentualen Einsparungsvorgabe in der Analysephase Rationalisierungsideen entwickeln. Die Realisierbarkeit der Einsparungsideen wird unter Einbeziehung der organisatorischen Möglichkeiten innerhalb der Zahnarztpraxis, der möglichen Auswirkungen auf andere Bereiche sowie von Synergien oder Divergenzen überprüft. Weitere Überprüfungskriterien sind:

- Kosteneffekt,
- Wirtschaftlichkeit,
- Fristigkeit,
- Motivationswirkung auf die Praxisangehörigen,
- soziale Konsequenzen.

Überprüfte Einsparungsideen werden anhand der Kriterien „sofortige Realisierbarkeit", „Realisierbarkeit nach weiterer Untersuchung", sowie „nicht oder zur Zeit nicht realisierbar" zusammengestellt. Weitere Überprüfungen sind einzuleiten und terminlich zu verfolgen. Maßnahmen, die zur späteren Realisierung vorgesehen sind, müssen ebenfalls terminlich verfolgt werden. In der Realisierungsphase ist ein Maßnahmenplan zu erstellen, aus dem für die sofort realisierbaren Einsparungsideen einzelne Maßnahmen detailliert und terminlich geplant hervorgehen, mit der Zuordnung von Verantwortlichkeiten, sowie von Start- und Endterminen für die Maßnahmenumsetzung. Die Umsetzung des Maßnahmenplanes ist zu überwachen. Dazu erfolgt während der Umsetzungsphase eine permanente Maßnahmenkontrolle, bei der Soll-Ist-Abweichungen der Umsetzung gemessen und durch Plankorrekturen und Gegenmaßnahmen steuernd Einfluss genommen wird. Nach Abschluss der Einzelmaßnahmen sind die geplanten Einsparungen mit den tatsächlichen Daten zu vergleichen.

Ein weiterer Ansatz zur Reduzierung der Praxiskosten ist das **Fixkostenmanagement**, welches zur Erhöhung der Transparenz der Fixkosten in der Zahnarztpraxis dient, sowie zur möglichst vorteilhaften Gestaltung ihres Fixkostenblocks. Dazu sind neben einer differenzierten Kostenrechnung weitere Informationen nötig, die die Verursachung von Fixkosten betreffen. Hinsichtlich ihrer Reduzierbarkeit lassen sich die Fixkosten beispielsweise in folgende Klassen einteilen:

- Klasse I: Reduzierungszeitraum < 6 Monate,
- Klasse II: Reduzierungszeitraum 6 Monate bis 1 Jahr,
- Klasse III: Reduzierungszeitraum > 1 Jahr.

Ein wesentlicher Ansatzpunkt ist bspw. die Vertragsbindungsdauer, die die Zahnarztpraxis bei unterschiedlichen Verträgen eingegangen ist. Dazu zählen beispielsweise

- Wartungsverträge,
- Versicherungsverträge,
- Liefer- oder Leistungsverträge,
- Leasingverträge,
- Mietverträge,
- Mitgliedschaftsverträge,
- Energieversorgungsverträge,
- Gebühren,
- Arbeitsverträge.

Für diesen Zeitraum ist die Zahnarztpraxis gesetzlich oder vertraglich fest an bestimmte Auszahlungen, Ausgaben und Kosten gegenüber Vertragspartnern gebunden. Der Zeitraum, um den sich ein Vertrag automatisch verlängert, wenn er nicht fristgerecht gekündigt wurde, wird als Bindungsintervall bezeichnet. Neben dem Bindungsintervall sind für das Fixkostenmanagement in diesem Bereich beispielsweise folgende Informationen ebenfalls von Bedeutung:

- Kündigungsfrist,
- Kündigungszeitpunkt,
- Restbindungsdauer,
- Lage der Bindungsdauer zum Kalenderjahr.

Tab. 6.11 Beispiel für die Fixkostenüberwachung im Vertragsmanagement der Zahnarztpraxis

Bezeichnung	Anmerkungen	Beispiel
Objekt	Kennzeichnung des Vertragsgegenstands	Software-Wartungsvertrag
Nummer	Interne oder vom Vertragspartner vorgegebene Vertragsnummer	MS-03-2011
Partner	Name, Adresse des Vertragspartners	Fa. Medisoft, Verdistr. 14, 80544 München
Beginn	Datum des Beginns der Vertragslaufzeit	01.01.2016
Dauer	Bindungsdauer des Vertrages (Vertragslaufzeit)	5 Jahre
Verlängerungsintervall	Bindungszeitraum bei Nichtkündigung	1 Jahr
Kündigungsfrist	monatsweise, quartalsweise etc. Kündigungsmöglichkeit	6 Wochen zum Jahresende
Betrag	Vertragssumme, Höhe des Zahlungsbetrags	1.200 €
Zahlungsintervall	monatliche, jährliche Zahlungshäufigkeit	jährlich
Veränderungstermin	Analysedatum	1.10.2016
Folgekosten	Zu erwartende Kosten bei vorzeitiger/ fristgerechter Vertragsauflösung	einmalig 500 €/keine

Anhand dieser Merkmale ist eine regelmäßige Vertragsüberwachung notwendig, mit dem Ziel, der rechtzeitigen Kündigung nicht mehr benötigter Verträge oder nicht mehr in vollem Umfang benötigter Vertragsleistungen. Dazu bietet sich eine Übersicht über alle für die Zahnarztpraxis abgeschlossenen Verträge an (Tab. 6.11).

Aus der Objektbezeichnung geht die Art des abgeschlossenen Vertrags hervor, die einen ersten Hinweis darauf gibt, ob auf diesen Vertrag unter Umständen verzichtet oder aber keinesfalls verzichtet werden kann. Beginn, Dauer und Verlängerungsintervall sind wichtige Angaben zur Vertragsanalyse. Werden die Verträge nach Kündigungsfristen sortiert, ist eine vereinfachte Überwachung und rechtzeitige Kündigung möglich. Betrag und Zahlungsintervall liefern Informationen über Höhe und Fälligkeit der Fixkosten. Folgekosten können beispielsweise auch Konventionalstrafen sein, die anfallen können, wenn ein Vertrag vorzeitig gekündigt wird. Auf diese Weise werden durch die Vertragsüberwachung Abfragen aller innerhalb eines bestimmten Zeitraumes kündbarer Verträge, der dabei entstehende Fixkostenreduzierung sowie des Anteils kurzfristig kündbarer Verträge möglich.

Einen Beitrag zu einer verbesserten Fixkostentransparenz lässt sich auch durch einen fixkostenorientierten Kostenartenplan erzielen. Alle relevanten Kostenarten sind hierzu entsprechend ihrer zeitlichen Strukturierung in Unterkostenarten aufzugliedern und beispielsweise der Betriebsabrechnungsbogen (BAB) nach der zeitlichen Bindungsfrist der Fixkosten zu gliedern (Abb. 6.9).

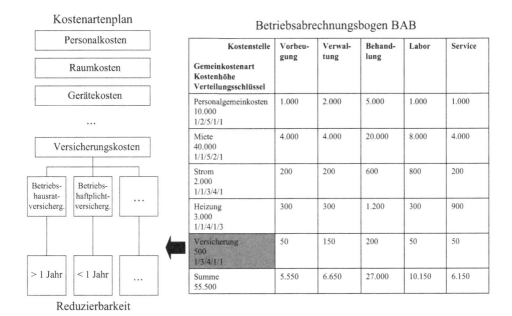

Kostenartenplan

Betriebsabrechnungsbogen BAB

Kostenstelle	Vorbeu-gung	Verwal-tung	Behand-lung	Labor	Service
Gemeinkostenart **Kostenhöhe** **Verteilungsschlüssel**					
Personalgemeinkosten 10.000 1/2/5/1/1	1.000	2.000	5.000	1.000	1.000
Miete 40.000 1/1/5/2/1	4.000	4.000	20.000	8.000	4.000
Strom 2.000 1/1/3/4/1	200	200	600	800	200
Heizung 3.000 1/1/4/1/3	300	300	1.200	300	900
Versicherung 500 1/3/4/1/1	50	150	200	50	50
Summe 55.500	5.550	6.650	27.000	10.150	6.150

Abb. 6.9 Fixkostenorientierter Kostenartenplan und Betriebsabrechnungsbogen

Der Abbau von Fixkosten in der Zahnarztpraxis wird häufig durch eine Vielzahl von Faktoren eingeschränkt. So sind es beispielsweise rechtliche Hemmnisse, die bei Verträgen aufgrund ihrer Bindungsdauer den Fixkostenabbau zumindest verzögern. Bei den Personalkosten können eine Personalreduzierung zu Kapazitätsengpässen und der Verzicht auf Weiterbildungsmaßnahmen zu Qualifikationsdefiziten führen. Die Reduzierung von Wartungskosten erhöht möglicherweise den Reparaturaufwand.

Neben den aufgezeigten Konzepten lassen sich zahlreiche, auf die jeweilige Praxis bezogene Kostensenkungsmaßnahmen finden, die durch individuelle Vorschläge der Praxisangehörigen ergänzt und insgesamt auf ihre Umsetzbarkeit hin überprüft werden können (Tab. 6.12).

Zusammenfassung Kapitel 6

Kostenmanagement ist in Zahnarztpraxen mitunter ein schwieriges Thema. Häufig wird es emotional diskutiert oder gar aus medizin-ethischen Gründen tabuisiert. Dabei geht es aus betriebswirtschaftlicher Sicht überhaupt nicht darum, Patienten, Behandlungsmethoden oder Praxisangehörige als Kostenfaktoren zu betrachten. Vielmehr ist eine wirksame, nachhaltige Kostensteuerung in Zahnarztpraxen wichtig, damit ein möglichst großer ökonomischer Spielraum für eine bestmögliche zahnmedizinische

Tab. 6.12 Maßnahmenbeispiele zur Reduzierung der Praxiskosten

Kostenbereich	Maßnahmenbeispiele
Praxis- und Laborbedarf	Bevor Material zur Deckung des Praxis- und Laborbedarfs beschafft werden soll, muss ein tatsächlicher Bedarf daran zunächst festgestellt und dessen Umfang bestimmt werden
	Kontinuierliche Bedarfsplanung und Bestandsüberwachung zur Vermeidung von Kapitalbindungskosten, Fehlmengenkosten und unnötigen Lagerkosten
	Konsequentes Beschaffungsmarketing mit Durchführen von Preisvergleichen, Lieferantenvergleichen in Bezug auf Lieferzuverlässigkeit und -pünktlichkeit sowie sorgfältige Materialeingangskontrolle
	Das benötigte Material konsequent nur da bestellen, wo es bei Preis-Mengen-Vergleichen auch am günstigsten zu bekommen ist
	Sonderangebote berücksichtigen, auch wenn der Materialbedarf noch nicht unmittelbar bevorsteht
	Bei Erreichen bestimmter, jährlicher Einkaufsmengen Sonderkonditionen und Rabatte aushandeln
	Sparsamer und sorgfältiger Umgang mit Material und Instrumentarium
	Regelmäßige Wartungs- und Pflegearbeiten ist nicht nur zu hygienischen Zwecken erforderlich, sondern auch zur Erhaltung der Geräte und Verlängerung ihrer Lebensdauer
	Break-Even-Analyse durchführen, ob das Führen eines Eigenlabors vorteilhafter ist, als die Durchführung von Fremdlaboruntersuchungen mit Rabattgewährungen
Personalaufwendungen	Gewährung von freiwilligen Zusatzleistungen möglichst weitgehend begrenzen
	Statt einer Vielzahl von Einzelleistungen, eine monatliche Pauschalleistung
	Statt der vollen Übernahme der Kosten für die Berufskleidung ein monatlicher Zuschuss für die Beschaffung und Reinigung
	An den Fort- und Weiterbildungskosten die Praxisangehörigen unter Anführung des Argumentes beteiligen, dass die jeweilige Maßnahme eine zusätzliche persönliche Qualifikation bedeutet, die sich auch bei einem eventuellen späteren Arbeitsplatzwechsel bezahlbar macht
	Statt mehrerer Praxisausflüge und -feiern nur noch eine Veranstaltung abhalten. Geldprämien für Vorschläge, die zur Senkung der Praxiskosten beitragen. Je höher der Kostensenkungseffekt ist, desto höher die Geldprämie

Kostenbereich	Maßnahmenbeispiele
	Flexible Arbeitszeiten und Vereinbarung von Teilzeitarbeitsverhältnissen nutzen
	Arbeitszeiterfassung durchführen, um durch die Reduzierung der Bezahlung nicht erbrachter Arbeitsleistung Personalkosten zu senken
	Tätigkeitsbereiche und Aufgabenfelder der einzelnen Praxisangehörigen genau abgrenzen, um Arbeitsüberschneidungen sowie doppelt durchgeführte Arbeitsverrichtungen, die unter Umständen wieder rückgängig gemacht werden müssen, zu vermeiden
	Praxisangehörige zu kostenbewusstem Denken und Handeln motivieren
Raumkosten	Kostenvergleich von Praxismiete und eigentum
	Einsparung von Praxisraumfläche: Durch Raumbelegungsanalyse die Schwachstellen der derzeitigen Praxisraumnutzung ermitteln
	Senkung der Energie- und Verbrauchskosten für Heizung, Strom, Gas und Wasser
	Praxisangehörige und Patienten über die Notwendigkeiten und Möglichkeiten zur Verminderung des Energieverbrauchs in der Praxis informieren
	Alle vorhandenen Anlagen zur Energieversorgung und alle Energieverbraucher auf Einsparungsmöglichkeiten kontrollieren
	Zentralabschaltung für alle abschaltbaren Energieverbraucher installieren, damit am Ende des Arbeitstags auch wirklich keine Energie mehr verbraucht wird
	Vermeidung eines durchgängigen Heizens während der Nachtstunden sowie an Wochenenden und Feiertagen
	Mehrere Reparaturmaßnahmen zusammenfassen, erspart Arbeitswege und -zeiten
	Räume mit Publikumsverkehr (Wartezimmer, Bereich der Rezeption, Eingangsbereich, Patiententoiletten) mit widerstandfähigen, pflegeleichten und leicht erneuerbaren Materialien ausstatten
	Für kleinere Reparaturen „Hausmeisterfirmen" in Anspruch nehmen, die oft verschiedenartige Sanitär-, Schlosser-, Schreiner- oder Malerarbeiten kostengünstig durch ein und denselben „Allround-Handwerker" erledigen

(Fortsetzung)

Tab. 6.12 (Fortsetzung)

Kostenbereich	Maßnahmenbeispiele
Gerätekosten	Die Barzahlung kleinerer Anschaffungen durch Bargeld, Bankguthaben, Festgeld und Spargeld ist immer dann kostengünstiger, wenn die Gelder nicht gewinnbringender angelegt werden könnten, als vergleichbares Fremdkapital kosten würde
	Bei der Barzahlung Skonto-Nachlässe oder Rabatte heraushandeln
	Durch das Erreichen langfristiger Zahlungsziele den für die Anschaffung vorgesehenen Geldbetrag zwischenzeitlich gewinnbringend anlegen
	Anzahlungen vermeiden, da der Anzahlungsbetrag nicht für andere Anschaffungszwecke zur Verfügung steht und eine unnötige Kapitalbindung darstellt
	Da die Überziehungen der Praxiskonten im Rahmen der Kontokorrentkredite teuer sind, sollten damit nur geringwertige Anschaffungen finanziert und die Konten möglichst schnell wieder ausgeglichen werden
	Bei Kreditaufnahmen für Gerätefinanzierungen immer Angebote von mehreren Banken einholen
	Bei Vergleichsangeboten nicht nur die Zinsen, sondern auch die Nebenkosten und -bedingungen, wie Bereitstellungszinsen, Schätzgebühren, Verwaltungskosten, sowie insbesondere der Effektivzins berücksichtigen
	Durch die Vereinbarung einer nachschüssigen Zinszahlung lassen sich ebenfalls Finanzierungskosten sparen
	Bei allen langfristigen Darlehen versuchen, von der Bank die Zusage zur außerplanmäßigen Tilgung zu bekommen, damit Darlehen mit ungünstigen Zinsvereinbarungen abgelöst werden können.
	Eine ausreichend hohe Kreditlinie bei Kontokorrentkrediten vermeidet ein oftmaliges Überziehen des Kontos mit Belastung durch Überziehungsprovisionen.
	Zusätzliche Geräte und Behandlungseinrichtungen nur dann anschaffen, wenn dies aus zahnmedizinischen Gründen unabdingbar erforderlich ist, oder sie als notwendiger Ersatz für veraltete Geräte dienen
	Kostenoptimal sind regelmäßige, aber nicht allzu häufige Wartungen, wobei zwischen den einzelnen Wartungsintervallen auch mit gelegentlichen Reparaturen zu rechnen ist.
	Besonders reparaturanfällige Geräte häufiger warten und die zum Ausfall führenden Teile rechtzeitig austauschen.
	Wartungsarbeiten verschiedener Geräte zusammenlegen und damit die Kosten für mehrfache Anfahrten der Wartungsmechaniker sparen.

Kostenbereich	Maßnahmenbeispiele
Fortbildungs- und Reisekosten	Externe Fortbildungsveranstaltungen nur dann besuchen, wenn dies für die Zahnarztpraxis unabdingbar notwendig erscheint
	Benötigen mehrere Praxisangehörige das gleiche Wissen und Können, so reicht es oft aus, dass nur ein/e Mitarbeiter/in diese Veranstaltung besucht und ihre Kenntnisse mit dem mitgelieferten Veranstaltungsmaterial an die anderen Praxisangehörigen weitergibt. Die von den Zahnärztekammern, Akademien für zahnärztliche Fortbildung oder an Zahnärztetagen organisierten Fortbildungsveranstaltungen sind oft kostengünstiger, als die privater Institute und Anbieter
	„Zwangsbildungsmaßnahmen" und „Seminartourismus" vermeiden
	Um Reisekosten zu minimieren, externe Fortbildungsveranstaltungen vorziehen, die in der Nähe der Zahnarztpraxis stattfinden
	Bildung von Fahrgemeinschaften, die konsequente Ausnutzung von Billigtarifen und Sonderangeboten der Fluggesellschaften und der DB
	Auf Auslandsseminare verzichten
	Fortbildungsveranstaltung unabhängig von der Unterbringung und Verpflegung buchen, denn oft ist die Unterbringung in einem anderen Hotel wesentlich günstiger, als die üblichen Kombinationsangebote
Allgemeine Praxiskosten	Mit der Vereinbarung einer Pauschale für die gesamte Kontoführung anstelle von Gebühren für einzelne Buchungsposten lassen sich Kontoführungsgebühren einsparen
	Bei der Kontoführung die Wertstellungspraxis der Bank sorgfältig beobachten, da sie einen erheblichen Einfluss auf die Zinsberechnung hat
	Zahlungsziel für die Patienten möglichst kurzfristig halten
	Beim Einkuvertieren von Sendungen darauf achten, dass genormte Briefumschläge verwendet werden; Briefumschläge mit Übergrößen erhöhen die Portokosten
	Fachliteratur zentral und für alle Praxisangehörigen zugänglich an einem Standort aufbewahren
	Im Wartezimmer zielgruppengenaue und kostengünstige Monatszeitschriften auslegen, die auffallen und von den üblichen Zeitschriften abweichen
	Auf Einzelspielzeug, das in regelmäßigen Abständen zu erneuern ist, in Spielecken verzichten
	Verwendung von robustem Mobiliar sowie widerstandsfähigen und leicht zu reinigenden Materialien, statt Designer-Möbeln
	Verminderung der Anzahl unterschiedlicher Büroartikel
	Verzicht auf nicht benötigte Formulare oder Sondereindrucke für Praxisname, Adresse etc. und Verwendung des Praxisstempels

(Fortsetzung)

Tab. 6.12 (Fortsetzung)

Kostenbereich	Maßnahmenbeispiele
Versicherungen und Beiträge	Individuelle Risikoanalyse der persönlichen Verhältnisse der Praxisinhaber und der Tätigkeiten und Verbindungen in Zusammenhang mit der Praxisführung durchführen
	Existenzbedrohende Risiken zuerst absichern und geringwahrscheinliche, aber vorkommende Risiken einkalkulieren
	Durch die Minimierung von Gefahren vermeidbare Kosten für Versicherungsprämien sparen
	Langjährig zu zahlenden Prämien Aufwendungen im Schadenfall gegenüberstellen
	Angebote von mehreren Versicherungsunternehmen einholen
	Sachwerte der Zahnarztpraxis summarisch zum gleitenden Neuwert oder mit Wertzuschlagsklausel versichern, um Unterversicherung und Verweigerung der Ersatzpflicht wegen Gefahrenerhöhung auszuschließen
	Langfristige Versicherungsverträge mit 5- oder 10jähriger Bindung vermeiden, damit ungünstige Verträge jährlich fristgerecht gekündigt werden können
	Bei allen Mitgliedschaften die Erhebung von Beiträgen und das Eingehen sonstiger Verpflichtungen bedenken
	Gründlich abwägen, ob die Mitgliedschaft tatsächlich sinnvoll ist, Nutzen bringt oder nur Kosten verursacht

Versorgung erhalten bleibt. Die betriebswirtschaftliche Praxisführung bietet hierzu ein breites Instrumentarium: Kostenrechnungsarten, Verfahren zur Kostensteuerung und Methoden zur Kostenreduzierung auf der Basis des betrieblichen Rechnungswesens. Anhand von zahlreichen Beispielen wird die Funktionsweise verschiedener Methoden in diesem Kapitel erläutert.

Literatur

Frodl, A. (1999). *Kostenmanagement*. Berlin: Quintessenz Verlag.

Frodl, A. (2011). *Kostenmanagement und Rechnungswesen im Gesundheitsbetrieb*. Wiesbaden: Gabler-Verlag.

Kassenzahnärztliche Bundesvereinigung (Hrsg.) (2014). Jahrbuch 2014 – Statistische Basisdaten zur vertragszahnärztlichen Versorgung. Köln.

Thoma, M. (2008). Kostenreduktion in der Zahnarztpraxis. In *Bayerisches Zahnärzteblatt* (S. 44–46). Heft 3. Fuchstal: teamwork media.

von Wolff, A. (2005). Die Kosten im Blick behalten. In *Deutsches Ärzteblatt* (S. 4–7). Jg. 102. Heft 1. Köln: Deutscher Ärzte Verlag.

Praxisqualität

7

7.1 Grundlagen des Qualitätsmanagements in der Zahnarztpraxis

Für Zahnarztpraxen ist die Einrichtung eines Qualitätsmanagements im Sozialgesetzbuch (SGB) vorgeschrieben.

> „Die Leistungserbringer sind zur Sicherung und Weiterentwicklung der Qualität der von ihnen erbrachten Leistungen verpflichtet. Die Leistungen müssen dem jeweiligen Stand der wissenschaftlichen Erkenntnisse entsprechen und in der fachlich gebotenen Qualität erbracht werden. Vertragsärzte, medizinische Versorgungszentren, zugelassene Krankenhäuser, Erbringer von Vorsorgeleistungen oder Rehabilitationsmaßnahmen und Einrichtungen, mit denen ein Versorgungsvertrag… besteht, sind verpflichtet, sich an einrichtungsübergreifenden Maßnahmen der Qualitätssicherung zu beteiligen, die insbesondere zum Ziel haben, die Ergebnisqualität zu verbessern und einrichtungsintern ein Qualitätsmanagement einzuführen und weiterzuentwickeln…" (§ 135a SGB V).

Ein systematisches **Qualitätsmanagement** hilft darüber hinaus der Zahnarztpraxis, die Qualität der Behandlungsleistungen permanent zu verbessern und zu sichern. Es besteht aus der Planung und Verwirklichung aller Maßnahmen, die notwendig sind, die Leistungen der Zahnarztpraxis und deren Entstehung so zu gestalten, dass die Patientenbedürfnisse erfüllt werden. Zu einer erfolgreichen Umsetzung des Qualitätsmanagements in Zahnarztpraxen tragen wichtige Faktoren bei, wie Patientenorientierung, Transparenz, Prozessoptimierung, Mitarbeiterbeteiligung, Flexibilität und Information (Tab. 7.1) (vgl. Frodl 2012, S. 163 ff.).

Ein Qualitätsmanagementsystem besteht somit aus der Organisationsstruktur, den Verfahren, Prozessen und Mitteln, die dazu notwendig sind, die zahnmedizinischen Qualitätsforderungen zu erfüllen.

Grundlage für den Aufbau eines Qualitätsmanagementsystems ist es, die Organisationsstruktur und Prozesse der Praxis eindeutig und transparent zu machen. So werden Fehlerquellen erkannt, was gleichzeitig die Voraussetzung für ihre Beseitigung darstellt.

© Springer Fachmedien Wiesbaden GmbH 2016
A. Frodl, *Praxisführung für Zahnärzte*,
DOI 10.1007/978-3-658-11060-4_7

Tab. 7.1 Elemente des Qualitätsmanagements in der Zahnarztpraxis

Element	Beschreibung
Patientenorientierung	Alle Praxisangehörigen müssen wissen, ob und wie sie Beiträge liefern, die letztendlich den Patienten zugutekommen; je stärker die Bedürfnisse der Patienten im Qualitätsmanagementsystem verankert werden, desto stärker trägt es zum Praxiserfolg bei
Transparenz	Je klarer und eindeutiger die Vorgaben durch die Praxisleitung festgelegt werden, umso effektiver lassen sich die Prozesse in der Praxis gestalten
Prozessoptimierung	Nur eine systematische Strukturierung führt zu einer Verbesserung der Abläufe in der Praxis
Mitarbeiterbeteiligung	Praxisangehörige dürfen auf Fehler aufmerksam machen, ohne bereits eine Lösung parat haben zu müssen; diese kann auch gemeinsam erarbeitet werden
Flexibilität	Qualitätsmanagement in der Zahnarztpraxis ist ein lebendiger Prozess; eine flexible Anpassung des Qualitätsmanagementsystems an neue Erfordernisse muss jederzeit möglich sein; Inhalte und Struktur des Systems dürfen nicht zu Hindernissen werden
Information	Die Beteiligung aller Praxisangehörigen erfordert auch deren vollständige Information; die Kommunikation über die Frage, was noch besser gemacht werden kann, muss mit allen Praxisangehörigen geführt werden

Die Patienten erwarten, dass die Praxisangehörigen fehlerfrei arbeiten. Daher ist ein gut funktionierendes Qualitätsmanagementsystem eine wichtige Voraussetzung für die Wettbewerbsfähigkeit der Praxis.

Wenn niemand genau weiß, warum die Abläufe in der Praxis schon irgendwie funktionieren, kann auch nur schwer analysiert werden, weshalb Fehler immer wieder auftreten. Fehlerhafte Behandlungs- und Serviceleistungen, die die Patienten und damit auch die Patientenzufriedenheit betreffen, können dazu führen, dass der Patient die Praxis wechselt. Hohe Qualität setzt voraus, dass Fehler nicht nur in jedem Fall korrigiert werden, sondern, dass ihrer Wiederholung vorgebeugt wird. Ein konsequent praktiziertes zahnmedizinisches Qualitätsmanagementsystem soll durch Beherrschen der dentaltechnischen, organisatorischen und menschlichen Faktoren, welche die Qualität der Behandlungsleistungen und zahnmedizinischen Produkte beeinflussen, dabei helfen, Fehler durch ein transparentes System klarer Abläufe und Zusammenhänge zu vermeiden.

„Viele Zahnärzte stehen der Einführung des vom Gesetzgeber geforderten Qualitätsmanagements (QM) nach wie vor skeptisch gegenüber und sehen darin vor allem eine lästige Pflichtveranstaltung. Ganz anders urteilen Praxisinhaber, die mit ihrem Team bereits ein QM-System eingerichtet haben. Sie profitieren durch QM: menschlich, finanziell und ganz persönlich. Entlastet von der Praxisorganisation, die mit einem gut aufgebauten und von den Teammitgliedern konsequent gelebten QM nahezu von selbst läuft, bleibt mehr Zeit für die Patienten und die strategische Praxisführung."…

„Wer im QM nur den bürokratischen Aufwand sieht, verkennt die Chancen, die es für eine erfolgreiche Praxisführung bietet. Richtig verstanden und angewendet, hilft QM, die Organisation und Abläufe in der Praxis zu optimieren, Fehlerquellen auszuschalten und alle Leistungen konsequent auf die Bedürfnisse der Patienten auszurichten. Daraus resultieren zufriedene Patienten, ein gutes Arbeitsklima im eigenen Team und letztlich wirtschaftlicher Erfolg für die Praxis. Angesichts stetiger Marktveränderungen und steigenden Konkurrenzdrucks ist QM vor allem auch ein strategisches Instrument, das den Praxisinhaber in die Lage versetzt zu agieren, anstatt nur zu reagieren. Richtig ausgeführtes QM ist somit unverzichtbare Voraussetzung für das Überleben einer Praxis." (Fischbach und Schneider 2013, S. 1)

Aufbau und Aufrechterhaltung eines zahnmedizinischen Qualitätsmanagementsystems bedeuten einen nicht unerheblichen Aufwand. Die praxisinternen Organisationsstrukturen müssen kritisch hinterfragt und erforderliche Änderungen konsequent durchgesetzt werden. Geduld und Fingerspitzengefühl sind notwendig, bis alle Praxisangehörigen die Vorteile eines solchen Systems erkannt haben. Doch nicht nur für die Patienten ist es von Vorteil, dass die Abläufe in der Praxis systematisiert und damit zuverlässiger werden. Auch für die Praxisangehörigen verbessert sich durch Qualitätsmanagement einiges: Die Mitarbeiterbeteiligung wird erhöht, denn grundsätzlich sollen alle in das System mit einbezogen werden. Ein Qualitätsmanagementsystem und dessen Dokumentation machen die Zahnarztpraxis zudem transparent. Die Prozesse, Abläufe und Zuständigkeiten in der Praxis werden klarer. Alle Praxisangehörigen erkennen ihre Plätze, die sie in diesen Prozessen einnehmen. Sie verstehen, dass sie als wichtige Teile des Ganzen die Verantwortung für die Qualität der Behandlungsleistungen und damit für den Praxiserfolg mittragen.

Praxisangehörige, die den Sinn ihrer Tätigkeit erkennen und sich mit ihr identifizieren, versuchen ihre Sache gut zu machen. Wer feststellt, dass seine Anregungen und Verbesserungsvorschläge ernst genommen werden, wird aktiv am Qualitätsverbesserungsprozess in der Praxis mitwirken.

Das Qualitätsmanagement sollte auch genutzt werden, um die Praxisziele systematisch mit den Praxisangehörigen umzusetzen. Dies hilft, dass auch weiterhin alles funktioniert und zwar nicht irgendwie, sondern so, wie es bewusst geplant wurde.

Die Qualität von Behandlungs- und Serviceleistungen in der Zahnarztpraxis ist im Wesentlichen abhängig von der Qualifikation und Motivation der Praxisangehörigen, die die Leistungen ausführen. Weiterhin kann die Qualität von Behandlungsleistungen – z. B. im Gegensatz zu materiellen Produkten in einem Industrieunternehmen – kaum geprüft werden. Es besteht somit keine Möglichkeit, eine Behandlungsleistung, bevor sie der Patient erhält, einer Endprüfung zu unterziehen, um sicherzustellen, dass sie die gewünschten Qualitätsmerkmale aufweist. In dem Moment, in dem die Behandlungsleistung erbracht wird, hat sie der Patient auch schon erhalten. Das bedeutet auch, dass Behandlungsfehler oder Qualitätsabweichungen in diesem Augenblick nicht mehr rückgängig gemacht werden können. Es entsteht dadurch die Situation, dass eine Behandlungsqualität im Nachhinein durch den Patienten gemessen wird, da eine Prüfung im Vorfeld sich als sehr schwierig erweist.

Besonders zahnärztliche Behandlungsleistungen, die von ihrem Wesen her nicht immer materieller Natur sind und individuell dem einzelnen Patienten erbracht werden, neigen zu unterschiedlichen Qualitätsniveaus. Je mehr Zeit es in Anspruch nimmt, eine Behandlungs- und Serviceleistung zu erbringen, je mehr Praxisangehörige daran beteiligt sind, desto höher mag auch die Anfälligkeit für Fehler sein. Umso wichtiger ist in der Zahnarztpraxis Qualität auf Anhieb. Die Abläufe müssen möglichst so gestaltet sein, dass sie reproduzierbar sind, um ein einheitliches Qualitätsniveau zu garantieren, andererseits aber auch so, dass potentielle Fehler durch den Ablauf antizipiert werden und damit im Praxisalltag möglichst gar nicht mehr auftreten können.

▶ **Zahnmedizinische Qualität** Die zahnmedizinische Qualität lässt sich in Anlehnung an DIN EN ISO 8402 definieren als Gesamtheit von Merkmalen (und Merkmalswerten) zahnmedizinischer Leistungen und Produkte bezüglich ihrer Eignung, festgelegte und vorausgesetzte Erfordernisse zu erfüllen. Diese Erfordernisse bedeuten eine patienten- und bedarfsgerechte zahnmedizinische Versorgung, die unter Beachtung wirtschaftlicher Gesichtspunkte fachlich qualifiziert erfolgt, sich an der Lebensqualität orientiert und zu den gewünschten Behandlungsergebnissen führt.

Letztlich wird die Qualität zahnärztlicher Leistungen auch durch den Patienten bestimmt. Werden seine Erwartungen erfüllt, die sowohl subjektiver als auch objektiver Natur sein können, ist die Qualität nach dem patientenbezogenen Qualitätsbegriff gegeben.

Die **Qualitätssicherung** bedeutet zunächst zahnmedizinische Leistungen und Produkte in unveränderter, gleichbleibender Qualität zu erbringen bzw. zu erstellen. Mit der Qualitätssicherung ist somit keine Qualitätssteigerung zwangsläufig verbunden. Sie hat vielmehr zum Ziel, die Qualität zahnmedizinischer Leistungen und Produkte verlässlich zu erhalten, sie langfristig sicherzustellen und damit einen Qualitätsverlust zu vermeiden.

> „Neben der externen Qualitätssicherung ist das einrichtungsinterne Qualitätsmanagement eine unverzichtbare Säule jeder Strategie zur Förderung von Qualität und Wirtschaftlichkeit im Gesundheitswesen. Der Kerngedanke von Qualitätsmanagement besteht darin, qualitätsfördernde Instrumente und Maßnahmen, die nachfolgend aufgelistet sind, im Praxisalltag zu verankern. Das Praxisteam soll dabei nach Plan-Do-Check-Act-Muster selber zum Treiber einer kontinuierlichen Qualitätsentwicklung in den Zahnarztpraxen werden.

> Folgende Instrumente sind etablierte und praxisbezogene Bestandteile des Qualitätsmanagements, die in der Regel einzusetzen sind. Neben diesen Maßnahmen können Arztpraxen auch weitere Qualitätsmanagement-Instrumente einzusetzen. Allgemeine Instrumente der Qualitätssicherung mit einem organisationsbezogenen Fokus sind:

- das Setzen von Qualitätszielen
- die Regelung von Verantwortlichkeiten und Zuständigkeiten
- Prozess- bzw. Ablaufbeschreibungen
- das Nutzen von Checklisten

- Praxishandbuch
- Teambesprechungen
- Fortbildungs- und Schulungsmaßnahmen
- Patienten- und Mitarbeiterbefragungen
- Beschwerdemanagement
- Schnittstellenmanagement
- Patienteninformationen
- Risikomanagement
- Fehlermanagement

Instrumente, die sich auf konkrete thematische Inhalte beziehen sind etwa:

- Notfallmanagement
- Hygienemanagement
- Maßnahmen zur Arzneimitteltherapiesicherheit
- Schmerzmanagement
- Maßnahmen zur Vermeidung von Stürzen bzw. Sturzfolgen"

(Kassenzahnärztliche Bundesvereinigung 2015, S. 1)

Regelmäßig sollten Gespräche mit allen Praxisangehörigen über mögliche Qualitätsver-
besserungen zur Optimierung der Praxisabläufe und der Patientenzufriedenheit stattfinden.
Dieses Konzept der **Qualitätszirkel** ist ein Weg, die kreative und innovative Kraft der Praxisangehörigen zielgerichtet zur Qualitätsverbesserung und Kostensenkung in der Zahnarztpraxis einzusetzen. In regelmäßigen Sitzungen befassen sich dabei alle Praxisangehörige
oder kleine Gruppen mit der Optimierung eines bestimmten Praxisbereichs. Die Arbeit des
Qualitätszirkels beschränkt sich dabei nicht nur auf eine einzelne Behandlungsleistung, sondern
erstreckt sich auf das Aufzeigen aller Schwachstellen in diesem Bereich. Die Zielsetzung des
Qualitätszirkels bestehen in der Verbesserung der Leistungsfähigkeit der Praxis durch höhere
Effizienz sowie der Kostenreduzierung durch innovative Maßnahmen. Erwünschte Begleiterscheinungen sind die Verbesserung der Kommunikation der Praxisangehörigen untereinander und ihre Motivation durch übergreifende Verantwortung.

Eine ganzheitliche Durchdringung der Praxis mit einem Qualitätsdenken wird im Rahmen
des **Total Quality Management** (TQM) angestrebt. Dabei wird der Aufbau eines Qualitätsmanagementsystems in der Praxis nur als Zwischenziel verstanden, auf dem Weg, die
Qualitätsphilosophie in der Praxis über alle Bereiche und Aktivitäten auszudehnen. Dieser
übergreifende Ansatz ist eine auf der Mitwirkung aller Praxisangehörigen beruhenden Führungsmethode, die Qualität in den Mittelpunkt stellt und durch Zufriedenstellung der Patienten
auf den langfristigen Praxiserfolg zielt. Total Quality Management bedeutet dabei:

- Total: Ganzheitlich, umfassend, über alle Praxisbereiche in Bezug auf Praxisangehörige,
  Prozesse, zahnmedizinische Produkte und Behandlungsleistungen.
- Quality: Vorausgesetzte und vereinbarte Eigenschaften bei zahnmedizinischen Produk-
  ten sowie Behandlungs- und Serviceleistungen.
- Management: Kooperativer Führungsstil der Praxisleitung durch gemeinsame Qualitäts-
  Zielvereinbarungen mit den Praxisangehörigen und ihrer Beteiligung an betreffenden
  Entscheidungen.

Eine außenwirksame Bestätigung der praxisinternen Qualitätsanstrengungen ist durch eine **Zertifizierung** möglich. Voraussetzungen dafür sind je nach angewendetem Konzept unter anderem ein Qualitätsmanagement, ein Qualitätssicherungshandbuch, eine entsprechende Schulung der Praxisangehörigen sowie eine externe Prüfung (Validierung).

Manche der im Folgenden dargestellten Normen, Konzepte, Elemente und Verfahren sind in einem Praxisbetrieb verwirklicht und stellen eine Selbstverständlichkeit dar. Gerade dazu soll das Qualitätsmanagement auch beitragen, ein hohes Qualitätsniveau in Patientenservice und Behandlungsleistungen langfristig sicherzustellen. Der Schwerpunkt in der Zahnarztpraxis liegt somit nicht darin, ein Qualitätsmanagement völlig neu aufzubauen, sondern vielmehr in der Aufgabe, bewusst Qualitätssicherung zu betreiben.

Die **Einführung** eines Qualitätsmanagementsystems ist ein wesentliches Element eines Qualitätskonzepts und ein wichtiger Schritt zur Sicherung der Wettbewerbsfähigkeit einer Zahnarztpraxis. Es trägt dazu bei, die Transparenz der Aufbau- und Ablauforganisation der Zahnarztpraxis zu erhöhen, die Sicherheit und Qualität der Behandlungsprozesse zu steigern, die Motivation der Praxisangehörigen zu verbessern und das gesamte Praxisimage und damit die Patientenbindung zu optimieren.

Die Einführung eines Qualitätsmanagementsystems besteht nicht allein darin, ein Qualitätsmanagementhandbuch und Verfahrensanweisungen zu beschreiben. Auch gibt es keine allgemeingültige Vorgehensweise beim Aufbau eines derartigen Systems, weil sich jede Praxis von anderen unterscheidet und daher ihr eigenes, individuelles Qualitätsmanagementsystem benötigt. Die Einrichtung eines praxisspezifischen Qualitätsmanagementsystems muss daher anhand ihrer eigenen Praxisstruktur, -ziele, -abläufe und -größe erfolgen. Ein funktionierendes Qualitätsmanagementsystem muss zur Praxis und der Praxiskultur passen und Vorteile für alle bringen.

Erfahrungsgemäß besteht häufig ein nicht zu unterschätzender Bedarf an Qualifikation der bei der Einführung eines Qualitätsmanagementsystems beteiligten Praxisangehörigen. Sie sollten unter anderem Inhalte und Forderungen von Qualitätsnormen kennen oder auch über die Art und Weise notwendiger Qualitätsdokumentation informiert sein. Auch gibt es oft erhebliche Verständnis- und Identifikationsprobleme hinsichtlich Zielen, Inhalten und Umsetzung eines derartigen Systems in der Zahnarztpraxis. Es ist daher dringend zu empfehlen, vor der Einführung eines Qualitätsmanagementsystems entsprechende Weiterbildungsmaßnahmen für das Praxispersonal durchzuführen und für Sinn und Zweck der Einführung innerhalb der Praxis zu werben. Diese Investition macht sich bezahlt und erleichtert die Einführung eines Qualitätsmanagementsystems erheblich.

Da sich eine Zahnarztpraxis selten eine neue Mitarbeiterin mit Qualitätsmanagementkenntnissen leisten kann und schon gar keine Vollzeitkraft, ist es ratsam, die selbständige Einführung mit dem vorhandenen Personal zu betreiben und gegebenenfalls externe Unterstützung beim Aufbau hinzuzuziehen. Wichtig ist es, dass der externe Berater es schafft, mit den Praxisangehörigen gemeinsam die praxisindividuellen Lösungen zu erarbeiten. Nur so ist es gewährleistet, dass sich die Praxisangehörigen später in dem Qualitätsmanagementsystem wiederfinden und sich damit identifizieren.

Abb. 7.1 Einführungsprozess
eines
Qualitätsmanagementsystems
in der Zahnarztpraxis

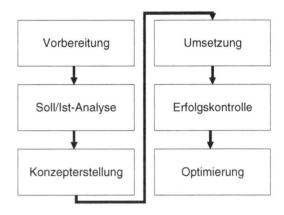

Der eigentliche Einführungsprozess lässt sich in verschiedene Phasen unterteilen (Abb. 7.1). In der Phase der Vorbereitung sind als wesentliche Voraussetzung die volle Identifikation der Praxisleitung und der Praxisangehörigen mit der Einführung eines Qualitätsmanagementsystems zu sehen und ihre aktive Unterstützung des Vorhabens. Die Praxisleitung muss dafür sorgen, dass das qualitätsbezogene Managementsystem in der Praxiskultur durchgängig verankert wird. Ferner ist der nicht unerhebliche interne Praxisaufwand abzuklären, denn die Einführung eines Qualitätsmanagementsystems ist mit einem zusätzlichen Arbeitsaufwand verbunden. Ohne die Bereitschaft, die notwendigen personellen und finanziellen Ressourcen bereitzustellen, sind die Erfolgsaussichten gering. Die Erfahrung zeigt, dass bei der Einführung eines zertifizierungsreifen Qualitätsmanagementsystems mit einer Vorbereitungsdauer von mehreren Monaten zu rechnen ist. Die Praxisleitung sollte daher frühzeitig entscheiden, ob die Einführung in Eigenregie oder mit externer Unterstützung erfolgen soll. Wenn die Entscheidung zugunsten externer Unterstützung ausfällt, empfiehlt es sich, die Auswahl und Einbindung möglichst frühzeitig vorzunehmen. Ferner ist im Rahmen einer Einführungsplanung festzulegen, welche Praxisangehörigen sich mit welchen Aufgaben der Einführung befassen. Nur durch die Beteiligung möglichst aller Praxisangehörigen kann ein praxisorientiertes und ein von den Praxisangehörigen akzeptiertes Qualitätsmanagementsystem aufgebaut werden. Durch regelmäßige Praxisbesprechungen kann der Einführungsfortschritt kontrolliert und konsequent verfolgt werden. Auch sind die Praxisangehörigen durch Schulungen oder Workshops mit den Qualitätsnormen vertraut zu machen, deren Einhaltung angestrebt wird.

In der Phase der Soll/Ist-Analyse ermöglicht die Durchführung einer detaillierten Analyse des Ist-Zustands die Erfassung der bereits vorhandenen Qualitätssicherungsmaßnahmen und damit die Klärung der Ausgangslage. Im Abgleich mit einer angestrebten Norm (beispielsweise ISO 9001) ist festzustellen, was die Zahnarztpraxis noch leisten muss, um den erwünschten Soll-Zustand und damit die Einhaltung der Norm zu erfüllen.

Eine systematisch und gezielt durchgeführte Soll/Ist-Analyse zeigt den Handlungsbedarf für das weitere Vorgehen, das in der Phase der Konzepterstellung im Einzelnen festzulegen ist. Als grundlegende Aufgabe erfolgen in dieser Phase die Maßnahmendefinition zur Beseitigung der festgestellten Defizite und die Systematisierung der schon praktizierten und als weitgehend normenkonform erkannten Abläufe in der Praxis. Eine Maßnahme könnte beispielsweise sein, für die Zahnarztpraxis ein Qualitätsmanagementhandbuch zu erstellen und die Abläufe darin zu dokumentieren.

In der Umsetzungsphase müssen die Praxisangehörigen Gelegenheit bekommen, ihre Ideen mit in das System einzubringen. Dabei sollte eine Selbstverständlichkeit bei allen Beteiligten sein, dass die Verantwortung für die Qualität einer Leistung dem übertragen wird, der die Leistung auch erbringt. Bei der Erarbeitung der einzelnen Praxisabläufe sollten die Ergebnisse selbstkritisch in Frage gestellt werden. Nur so ist gewährleistet, dass das vorhandene Verbesserungspotenzial auch tatsächlich ermittelt werden kann. Ferner ist zu berücksichtigen, dass bei der Einführung eines Qualitätsmanagementsystems zu einem Stichtag der Tagesbetrieb in der Praxis leiden kann, da in der Regel viele Unklarheiten, die damit verbunden sind, nicht zur Zufriedenheit ausreichend schnell geklärt werden können. Eine schrittweise Umsetzung entspricht eher dem Gedanken der ständigen Verbesserung. Immer dann, wenn ein Ablauf hinsichtlich des Qualitätsmanagements geregelt ist, erfolgt die Einfügung in den Praxisablauf. Schwierigkeiten, die sich mit der Einführung ergeben, lassen sich relativ leicht und schnell beseitigen.

In der Phase der Erfolgskontrolle wird die Umsetzung in Bezug auf ihre Vollständigkeit, Wirksamkeit und Dauerhaftigkeit einer Beurteilung unterzogen. Wird das Qualitätsmanagementsystem in der Zahnarztpraxis nicht ständig optimiert, ergänzt und neuen Entwicklungen angepasst, besteht die Gefahr, dass es veraltet und an Aktualität verliert. Aus diesem Grund kann ein Qualitätsmanagementsystem nicht etwas über Jahre hinweg absolut Feststehendes sein. Die konsequente ständige Optimierung des Systems und dessen Weiterentwicklung sollte zu effizienteren Prozessen und Verfahren führen. Dieser Ansatz einer qualitätsverbessernden Strategie setzt die Bereitschaft aller Praxisangehörigen voraus, die Selbstverantwortung für die eigene Arbeitsqualität in der Praxis wahrzunehmen und nicht außer Acht zu lassen. Dazu gehört beispielsweise, die Dokumentation im Qualitätsmanagementhandbuch mindestens einmal jährlich auf ihre Gültigkeit und Aktualität hin zu untersuchen. Der umfassende Qualitätsanspruch muss stets und von allen Praxisangehörigen im Auge behalten und gelebt werden. Dazu gehört auch kritisch zu fragen, warum eine Leistung besser ausgefallen ist als erwartet. So wichtig die Analyse und Bereinigung von Fehlerursachen ist, garantiert diese alleine nicht den Erfolg. Dazu gehört auch die systematische Förderung von Stärken. Mit ausschließlicher Kritik verbessert man in der Regel die Leistung der Praxisangehörigen nicht, sondern viel eher durch die Anerkennung der besseren Bemühung. Ein Praxisteam, das bei der Erarbeitung und Durchführung von Verbesserungsmaßnahmen einbezogen ist, stellt fest, dass es im Praxisbetrieb Änderungen mitgestalten kann und dass diese tatsächlich umgesetzt werden.

Zu den häufigsten Ursachen, an denen die Einführung eines Qualitätsmanagementsystems in der Zahnarztpraxis scheitert, zählen insbesondere:

- Widerstand der Praxisangehörigen und unzureichende Beteiligung,
- Unterschätzung des Aufwands,
- zeitliche Konflikte mit dem Tagesbetrieb in der Praxis,
- fehlende personelle Kapazitäten,
- unzureichende Schulung und Vorbereitung der Praxisangehörigen,
- Übereifer und Vernachlässigung des eigentlichen Tagesgeschäfts.

Gemäß § 6 der Qualitätsmanagement-Richtlinie vertragszahnärztliche Versorgung (ZÄQM-RL) findet zudem eine externe Überprüfung des QM durch die jeweils zuständigen KZVen statt:

> „Die Kassenzahnärztlichen Vereinigungen fordern jährlich mindestens 2,0 % zufällig ausgewählter Vertragszahnärzte zur Vorlage einer schriftlichen Dokumentation auf. Die Ergebnisse sind der Kassenzahnärztlichen Bundesvereinigung (KZBV) zu melden, die dem Gemeinsamen Bundesausschuss jährlich über den Umsetzungsstand des einrichtungsinternen Qualitätsmanagements in den zahnärztlichen Praxen berichtet." (§ 6 ZÄQM-RL).

7.2 Zahnmedizinisches Qualitätsmanagement nach ISO 9000/9001

Bei der DIN EN ISO 9000 bzw. 9001 handelt es sich um Normen der International Organization for Standardization (ISO), die auch mit der gleichen Bezeichnung auf europäischer Ebene und als DIN-Norm beim Deutschen Institut für Normung (DIN) e.V. verwendet wird. Sie stellen im Gegensatz zu den überwiegend technischen Normen Managementsystemnormen dar, die sich auch auf die Zahnarztpraxis übertragen lassen. Kerngedanke ist, einen Weg zur Schaffung von Kompetenz und Vertrauen in die Qualitätsfähigkeit einer Zahnarztpraxis aufzuzeigen. Der Patient soll sich darauf verlassen können, dass der Zahnarzt oder die Zahnärztin Qualitätsforderungen an die Behandlungsleistungen und dentaltechnische Produkte erfüllen können. Damit wird deutlich, dass im Fokus der ISO 9000 bzw. 9001 die Patientenzufriedenheit steht. Die Regelungen der Normen tragen dazu bei, dieses Ziel vorrangig zu erreichen.

> „Umgesetzt auf die Zahngesundheit legt die Qualitätsnorm DIN EN ISO 9001:2008 (2008 steht für letztmalig im Jahr 2008 überarbeitet) die Anforderungen an ein Qualitätsmanagementsystem (QM-System) für den Fall fest, dass die Zahnarztpraxis ihre Fähigkeiten darlegen muss, Produkte (z.B. Behandlungen) bereitzustellen, die die Anforderungen der Patienten und behördliche Anforderungen erfüllen, und anstrebt, die Patientenzufriedenheit zu erhöhen.

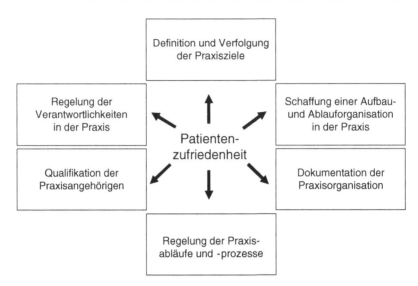

Abb. 7.2 Patientenzufriedenheit im Mittelpunkt der ISO 9000 für die Zahnarztpraxis

Die Norm gibt nur einen bestimmten Rahmen vor. Sie beschreibt modellhaft das gesamte Qualitätsmanagementsystem und ist Basis für ein umfassendes Qualitätsmanagementsystem für die Zahnarztpraxis. EN ISO 9001 ermöglicht es der Praxis, sich stärker an ihren Patienten zu orientieren und Wettbewerbsvorteile zu erlangen." (Deutsche Gesellschaft zur Qualitätssicherung in der Zahnmedizin 2015, S. 1)

Begriffe wie Produktion, Montage und Endprüfung lassen bei einer Zahnarztpraxis schnell die Frage aufkommen, wie sie sich mit diesem Regelwerk identifizieren soll. Um die Inhalte der Normen besser verstehen zu können, ist es daher von besonderer Bedeutung, dass der Begriff Angebotsprodukt der individuellen Praxis zunächst klar definiert wird. Hierbei handelt es sich um die angebotenen Leistungen wie Untersuchung, Operation, Therapie oder Pflege, die im Rahmen des Dienstes am Patienten erbracht werden.

Einige wesentliche Aufgaben bilden das Grundgerüst der ISO 9000 (Abb. 7.2). Die ISO 9000 beschreibt dabei, was durch diese Elemente eines Qualitätsmanagementsystems erfüllt werden soll, nicht aber, wie die Zahnarztpraxis diese Elemente ausgestalten und umsetzen muss. Denn so verschieden einzelne Zahnarztpraxen sind, so angepasst und individuell müssen auch die zur Anwendung gelangenden Qualitätsmanagementsysteme sein.

Das umfangreichste Modell im Hinblick auf die Anforderungen an ein **Qualitätsmanagementsystem** bildet die ISO 9001. Sie umfasst alle Stufen der Leistungserstellung, von der Entwicklung neuer zahnmedizinischer Produkte oder Behandlungsleistungen über die Leistungserbringung selbst bis zum Einsatz beim Patienten. Dieses Regelwerk enthält insbesondere Darlegungsforderungen an Praxen, die eigene Behandlungsleistungen oder zahnmedizinische Produkte entwickeln, herstellen und am Patienten anwenden. Da es insbesondere für Zahnarztpraxen lebensnotwendig ist, ständige Weiterentwicklungen und

Neuentwicklungen von Behandlungsangeboten zu betreiben, kommt das Darlegungsmodell nach ISO 9001 häufiger zur Anwendung. Entscheidend für die Anwendung dieser Norm ist, dass es sich nachweisbar um die Entwicklung von Leistungen handelt, die dem Patienten entgeltlich (privat oder Kasse) überlassen werden und die nicht dem Eigenbedarf dienen. Es kann sich dabei um Leistungen nach konkreter Patientenspezifikation handeln oder um die Entwicklung von Leistungen für einen anonymen Patientenmarkt.

Zu den wesentlichen Elementen eines Qualitätsmanagements nach ISO 9001 (Abb. 7.3) zählt zunächst die Verantwortung der Praxisleitung. Sie muss die Zielsetzung und Vorgehensweise festlegen, wobei aus den Praxiszielen Qualitätsziele abzuleiten sind. Ferner sind die Qualitätspolitik der Praxis zu bestimmen und sicherzustellen, dass sie eingehalten wird. Die Praxisleitung muss dafür sorgen, dass Zuständigkeiten, Verantwortlichkeiten und Befugnisse festgelegt werden. Sie muss ferner die erforderlichen Mittel für ein Qualitätsmanagement bereitstellen und für eine angemessene Ausbildung der Praxisangehörigen sorgen.

Zum eigentlichen Qualitätsmanagementsystem – als einem weiteren Element des Qualitätsmanagements in der Zahnarztpraxis – gehört ein Qualitätsmanagementhandbuch. Es beschreibt das im Rahmen der Qualitätspolitik erstellte Qualitätsmanagementsystem der Zahnarztpraxis. Die Praxisleitung setzt es in Kraft, überwacht seine praktische

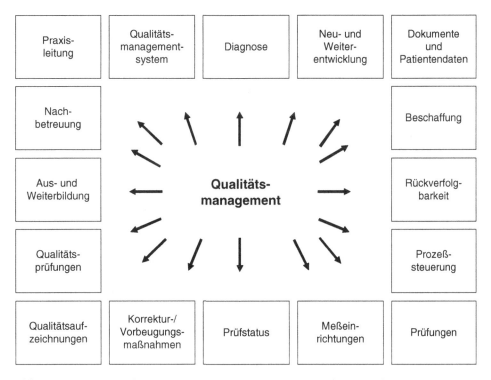

Abb. 7.3 Elemente des Qualitätsmanagements in der Zahnarztpraxis nach ISO 9001

Anwendung und trägt Sorge für die jeweilige Anpassung an die sich ständig ändernden Umstände.

Der Inhalt des Qualitätsmanagementhandbuchs beschreibt, wie in der Praxis die Zuständigkeiten, die Tätigkeiten und Abläufe sowie die Dokumentation zur Erfüllung der Forderungen der einzelnen Elemente gehandhabt werden. Sein Aufbau kann beispielsweise folgendermaßen gestaltet sein:

- Deckblatt mit Praxisadresse und Änderungsangabe,
- Inhaltsverzeichnis,
- Grundsatzerklärung der Praxisleitung zur Qualitätspolitik der Praxis als Teil der Verantwortung der Praxisführung,
- Erläuterungen zum Umgang, Pflege und Änderung des Handbuchs,
- Beschreibung der Erfüllung der Qualitätsmanagementforderungen anhand der Praxisbereiche mit Zweck, Anwendungsbereich, Zuständigkeiten, Verfahrensbeschreibungen: Ablauf- oder Prozessbeschreibung, Aufzeichnungen, sonstige Unterlagen.

Zum Qualitätsmanagementsystem gehören ferner Verfahrensbeschreibungen, die die Art und Weise eine Tätigkeit in der Zahnarztpraxis auszuführen, festlegen. Bereits vorhandene, für die Arbeit in der Zahnarztpraxis typische Bezeichnungen können und sollten beibehalten werden. Auch lassen sich Ablaufdiagramme zur Dokumentation der Verfahrensbeschreibungen im Qualitätsmanagementhandbuch nutzen. Der Zahnarzt oder die Zahnärztin müssen sicherstellen und nachweisen, dass die Verfahren und Anweisungen in ihrer Praxis beachtet werden. In einem Qualitätsplan sind schließlich die spezifischen Qualitätspraktiken in der Praxis festzulegen.

Ein weiteres Element des Qualitätsmanagement bezieht sich auf die Phase der Befunderhebung. In dieser Phase fordert die Norm sicherzustellen, dass bereits vor Behandlungsbeginn also während der Diagnose oder dem Patientengespräch die Wünsche des Patienten vollständig erfasst werden und geprüft wird, ob die gewünschte Leistung auch tatsächlich erbracht werden kann.

Das Element Gestaltung der Neu- und Weiterentwicklung von Behandlungsleistungen, zahnmedizinischen Produkten oder Therapien findet nicht nur Anwendung bei der Entwicklung völlig neuer Leistungen der Zahnarztpraxis, sondern auch bei Anpassung, Änderung oder Ergänzung der bestehenden Angebote. Dies ist eine Erfordernis, die sich aus dem allgemeinen zahnmedizinischen Fortschritt ergibt. Diese Weiterentwicklungen können kontinuierlich oder sprunghaft erfolgen. Alte, bewährte Behandlungsmethoden lassen sich neben neuen einsetzen oder werden nach entsprechender dentaltechnischer Praxiserneuerung und Ausbildung direkt durch neue abgelöst. In der Regel wird die Ablösung alter Behandlungsmethoden durch die Praxisziele gesteuert oder von den Erfordernissen des Gesundheitsmarktes. Um eine organisierte Weiterentwicklung der Praxis einleiten zu können, verlangt die Norm die Festlegung von Verantwortlichkeiten und Verfahren. Das Entstehen neuer Leistungsangebote soll dabei nicht dem Zufall überlassen werden, sondern

durch geplantes und systematisches Vorgehen das gewünschte Ziel möglichst effizient erreichen. Im Einzelnen sind dazu Verfahren zur Gestaltung der Weiterentwicklung festzulegen,
um auch während der Umstellung auf eine neue Behandlungsmethode die Qualitätsanforderungen einzuhalten, sowie vor der Anwendung ausreichende Prüfungen durchzuführen und zu dokumentieren.

Ein weiteres Element des Qualitätsmanagements für die Zahnarztpraxis ist die Behandlung
von Dokumenten und Patientendaten. Die Norm sieht vor, dass die Genehmigung und
Herausgabe von Dokumenten und Patientendaten geregelt sein muss, die Freigabe nur durch
befugtes Praxispersonal erfolgt, entsprechende Überwachungsverfahren für die Vollzähhig-
keit und -ständigkeit der Patientenunterlagen eingerichtet sind, der Austausch ungültiger
Unterlagen erfolgt und Änderungen in den Patientendaten und sonstigen Praxisdokumenten
überprüft und freigegeben werden.

Die Beschaffung von zahnmedizinischen Geräten und Verbrauchsmaterial stellt ebenfalls
ein Element des Qualitätsmanagements dar. Nach ISO 9001 sollte eine Prüfung und Abnahme
der Lieferung erfolgen, nur mit zuverlässigen Lieferanten zusammengearbeitet und die
Auftrags- und Lieferunterlagen überprüft und aufbewahrt werden. So kann die Praxis beispielsweise mit Lieferanten zusammenarbeiten, die ihrerseits ein Qualitätsmanagement vor-
weisen und dies durch ein entsprechendes Zertifikat belegen können.

Die Rückverfolgbarkeit einer Behandlungsleistung muss nach ISO 9001 gewährleistet
sein, so dass sie jederzeit identifiziert werden kann und zum Ursprung zurückverfolgbar
ist. Aufgrund der Immaterialität einer Behandlungsleistung muss der einzelne Vorgang in
begleitenden Dokumenten und Unterlagen gekennzeichnet werden. Diese klare Zuordnung
anhand festgelegter Merkmale ermöglicht das Wiederauffinden eines Vorgangs, auch
nachdem die eigentliche Behandlungsleistung abgeschlossen ist. Die zahnmedizinische
Behandlungsdokumentation und das Führen einer Patientenakte erfüllen im Grunde diese
Forderung hinreichend.

Ein weiteres Element ist die Prozesssteuerung in der Zahnarztpraxis. Das bedeutet, dass
alle Abläufe unter beherrschten Bedingungen durchgeführt werden, Kriterien zur Arbeitsausführung beispielsweise in Form von Arbeitsanweisungen für einzelne Praxisangehörige
festgelegt sind, regelmäßige Instandhaltungsmaßnahmen von Praxiseinrichtungen durchgeführt werden, um einen Ausfall der Betriebsfähigkeit zu verhindern, einschlägige Gesetze,
Verordnungen und Normen beachtet werden und die Abläufe und die Praxiseinrichtung, die
dentaltechnische Ausstattung und die Arbeitsumgebung in der Praxis für die Durchführung
der Aufgaben geeignet sind.

Prüfungen sind eine weitere Forderung nach ISO 9001. In der Zahnarztpraxis muss sichergestellt sein, dass alle Behandlungsmaßnahmen und sonstigen Leistungen den ein-
schlägigen Qualitätsforderungen entsprechen. Regelungen und Zuständigkeiten für die
Prüfung von Laborarbeiten oder Abrechnungsunterlagen müssen vorhanden sein. Ferner
sollen Nachweise darüber geführt werden, dass alle in der Zahnarztpraxis zur Anwendung
gelangenden zahnmedizinischen Produkte, geprüft und zugelassen sind.

Die zu Prüfzwecken in der Zahnarztpraxis verwendeten dentaltechnischen Messeinrichtungen sind nach ISO 9001 durch die Praxisleitung mit der erforderlichen Genauigkeit auszuwählen, sie müssen regelmäßig überwacht, gewartet und kalibriert werden, ihr jeweiliger Kalibrierzustand muss erkennbar sein und dokumentiert werden und bei Erkennen von Prüf- oder Messfehlern sind die vorausgegangenen Untersuchungen neu zu bewerten. Ferner muss sichergestellt sein, dass die Kalibrierung einer Messeinrichtung während des Gebrauchs nicht verändert werden kann, und es sollten geeignete Arbeitsbedingungen in der Zahnarztpraxis für die Handhabung und Lagerung dentaltechnischer Überwachungs-, Prüf- und Messeinrichtungen vorhanden sein.

Die Norm sieht als eigenes Element vor, dass der Prüfzustand einer Leistung in der Zahnarztpraxis jederzeit erkennbar ist. Ob ein Zahnzustand untersucht wurde oder nicht, bzw. mit welchem Ergebnis die Untersuchung endete, muss auch für Praxisangehörige oder fachkundige Dritte ersichtlich sein können, die nicht die Untersuchung durchgeführt haben.

Ein weiteres Element sind Korrektur- und Vorbeugungsmaßnahmen, um Fehlerursachen in der Zahnarztpraxis aufzufinden und Wiederholfehler zu vermeiden. Es ist allgemein bekannt, dass je später ein Fehler erkannt wird, die Folgen für die Patienten umso schwerwiegender und die entstehenden Kosten umso höher ausfallen können. Auch in der Zahnarztpraxis ist die Fehlervermeidung immer effizienter als die Fehlerbeseitigung. Der Einsatz präventiver Methoden zur vorbeugenden Fehlervermeidung wirkt sich daher nicht nur positiv auf den Grad der Patientenzufriedenheit aus, sondern insbesondere auch auf die Praxiskosten. Die ISO 9001 fordert daher, dass Verfahren existieren, um Fehlerursachen aufzufinden und Wiederholfehler zu vermeiden, geeignete Informationsquellen vorhanden sind, um Fehler zu entdecken, analysieren und beseitigen, erforderliche Korrektur- und Vorbeugungsmaßnahmen durchgeführt und hinsichtlich ihrer Wirksamkeit überprüft werden. Zu den Vorbeugungsmaßnahmen zählen auch Verbesserungsvorschläge von Praxisangehörigen, die im Rahmen eines Vorschlagswesens honoriert werden können.

Qualitätsaufzeichnungen sind ein weiteres Element nach ISO 9001. Sie sollen nachweisen, dass alle Qualitätsanforderungen in der Zahnarztpraxis erfüllt sind und das Qualitätsmanagementsystem wirksam ist. Dazu müssen die Aufzeichnungen und Unterlagen in der Zahnarztpraxis, aus denen die Behandlungs- und Servicequalität hervorgeht, leserlich, zuordbar und leicht auffindbar sein und angemessen unter Berücksichtigung vorgeschriebener Aufbewahrungsfristen archiviert werden. Für Aufzeichnungen, die in der Zahnarztpraxis in der Form von elektronischen Daten vorliegen, sind Verfahren hinsichtlich Sicherheit, Backup und Schutz der Daten festzulegen.

Die Durchführung praxisinterner Qualitätsprüfungen ist ebenfalls ein Element nach ISO 9001. Das dient dazu, die zu einem Qualitätsmanagementsystem gehörenden Elemente regelmäßig auf Wirksamkeit und Eignung zur Erfüllung der Qualitätsziele der Praxis zu überprüfen, um vorhandene Schwachstellen und Defizite zu erkennen und gegebenenfalls Verbesserungen durchzuführen. Gegenstand einer derartigen regelmäßigen Überprüfung sollten sein die Aufbau- und Ablauforganisation der Zahnarztpraxis, die Qualifikation und der Einsatz der Praxisangehörigen, die Praxisverwaltung und die eingesetzten Hilfsmittel, die Behandlungsausführung und die dazugehörige Dokumentation sowie die Einhaltung von Korrekturmaßnahmen aus vorausgegangenen Überprüfungen. Die Überprüfung kann anhand des Qualitätsmanagementhandbuchs geschehen, in dem alle Punkte dokumentiert sein müssen.

Ein weiteres Element nach ISO 9001 ist die Sicherstellung der Aus- und Weiterbildung in der Zahnarztpraxis. Qualifikation, Sozialkompetenz, Erfahrung und Fähigkeiten der Mitarbeiter spielen gerade in der Zahnarztpraxis eine besondere Rolle. Die Praxisangehörigen müssen für ihre Aufgaben ausreichend qualifiziert und geschult werden, um die gewünschten Leistungen erbringen zu können. Dieses Qualitätsmanagementelement hat für die Zahnarztpraxis besondere Bedeutung, da gerade bei der Erbringung von Behandlungs- und Serviceleistungen am Patienten die Qualifikation und Fähigkeiten der Praxisangehörigen von entscheidender Wichtigkeit für den Erfolg oder Misserfolg der zu erbringenden Leistung sind. Neben der Aus- und Weiterbildung sollte auch die Mitarbeitermotivation als wichtiger Bestandteil eines präventiven Qualitätsmanagements in der Zahnarztpraxis berücksichtigt werden. Der Bedarf hierfür muss ermittelt, und die Aus- und Weiterbildungsmaßnahmen müssen gemäß Planung durchgeführt werden.

Ein letztes Element nach ISO 9001 ist die Nachbetreuung. Um eine starke Patientenbindung zu erreichen, ist es notwendig, engen Kontakt mit den Patienten zu pflegen. Ein vorrangiges Ziel besteht somit nicht nur darin, Verfahren für eine zahnmedizinisch notwendige Nachbetreuung festzulegen, sondern auch Rückmeldungen vom Patienten über die Behandlungsleistung zu erhalten, um diese Informationen zur ständigen Verbesserung des Leistungsangebots der Zahnarztpraxis zu nutzen.

Ein wesentliches Werkzeug eines Qualitätsmanagementsystems in der Zahnarztpraxis ist das bereits erwähnte **Qualitätsmanagementhandbuch**. Es dient dazu nicht nur einen Überblick über das gesamte System zu geben, sondern auch alle Verantwortlichkeiten und Abläufe widerzuspiegeln. Es lässt sich dann als Führungs- und Arbeitsinstrument verwenden, wenn es einerseits die grundlegenden Bausteine des Systems beinhaltet, andererseits aber auch in aussagefähiger, komprimierter Form verfasst ist.

Die ISO 9001 stellt nur allgemeine Vorgaben an ein Qualitätsmanagementhandbuch, so dass die Praxis selbst innerhalb des vorgegebenen Spielraumes die Regeln bestimmen kann, wobei der eigenen Kreativität nahezu keine Grenzen gesetzt sind. Zu den allgemeinen Vorgaben zählen die Festlegung des Anwendungsbereichs und damit, für welchen Teil der Praxis das Qualitätsmanagementhandbuch Anwendung finden soll. Auch ist die Entscheidung zu treffen, ob es der externen Darlegung im Rahmen einer Zertifizierung dienen soll oder ausschließlich für interne Zwecke genutzt wird. Gerade in den Fällen, in denen das Qualitätsmanagementhandbuch nach außen gegeben wird, ist darauf zu achten, dass keine Praxisinterna oder gar Patientendaten enthalten sind. Außerdem ist für eine externe Darlegung die Qualitätsnorm darzustellen, auf der das Handbuch erstellt wurde.

Ferner ist die Zielgruppe des Qualitätsmanagementhandbuchs zu definieren. Es ist festzulegen, wer als Anwender und Leser in Frage kommt. Damit Qualität in der Zahnarztpraxis auch tatsächlich gelebt werden kann, sollte das Qualitätsmanagementhandbuch möglichst für und von denjenigen geschrieben werden, die damit arbeiten. Die gesamte Dokumentation sollte ausschließlich auf die Zielgruppe ausgerichtet und so geschrieben sein, dass der Leser die Inhalte verstehen kann und auch das Gefühl hat, sein Unternehmen wiederzufinden, mit dessen Inhalten er sich identifizieren kann. Kommen als Zielgruppe auch externe Leser in Betracht, wie beispielsweise Patienten, sollte das Qualitätsmanagementhandbuch auch auf deren Bedürfnisse zugeschnitten sein. In diesem Fall sollte es das Qualitätsmanagementsystem der Zahnarztpraxis so beschreiben, dass es aus Sicht eines Externen verständlich wird.

Das Qualitätsmanagementhandbuch sollte so präzise und knapp wie möglich gefasst sein. Je umfangreicher das Qualitätsmanagementhandbuch ist, desto höher ist auch sein Pflegeaufwand. Außerdem besteht bei umfangreicheren Ausführungen die Gefahr, dass die Übersichtlichkeit verloren geht. Es sollte ferner strikt darauf geachtet werden, Redundanzen zu vermeiden. Praxisabläufe und Verfahren, die bereits beschrieben sind, sollten keinesfalls wiederholt werden. Die redaktionelle Erstellung gehört zudem in eine Hand.

Das Qualitätsmanagementhandbuch ist eine Visitenkarte der Zahnarztpraxis. Aus diesem Grund sollte großer Wert auf das äußere Erscheinungsbild gelegt werden. Die Führung des Qualitätsmanagementhandbuchs als eine Art Loseblattsammlung hat den Vorteil, einen Austausch bei Änderungen und Ergänzungen leicht vornehmen zu können.

Die Gestaltung des Qualitätsmanagementhandbuchs sollte für alle Abschnitte und Kapitel einheitlich sein. Um auf der einzelnen Seite die Aktualität und den Änderungsstand nachvollziehen zu können, sind Datum oder Versionsnummer anzubringen.

Die Gliederung des Qualitätsmanagementhandbuchs kann entweder frei gewählt werden oder sich an der zugrunde gelegten Norm (beispielsweise ISO 9001) orientieren. Die Orientierung an einer Norm bietet die Vorteile wichtige Punkte nicht zu vergessen und dem Leser, der die Norm kennt, die Möglichkeit, sich schneller zurechtzufinden.

Die **Zertifizierung** eines Qualitätsmanagementsystems ist die Bestätigung eines unabhängigen, sachverständigen Dritten, dass in der Zahnarztpraxis ein Qualitätsmanagementsystem dokumentiert ist, eingeführt ist und aufrechterhalten wird. Bei einer zertifizierten Praxis kann der Patient davon ausgehen, dass das Qualitätsmanagementhandbuch die Grundlage für die tägliche systematische Arbeit darstellt. Das Zertifikat kann somit eine zusätzliche Vertrauensbasis für die Zahnarzt-Patientenbeziehung schaffen, insbesondere auch bei Neupatienten.

Zur Vorbereitung auf ein Zertifizierungsaudit ist unter anderem zu klären, ob die Gesamtpraxis oder nur Teilbereiche zertifiziert werden sollen, welche Praxisangehörigen daran beteiligt sind, welche Norm für die Zertifizierung zugrunde gelegt werden und wann das Zertifizierungsaudit durchgeführt werden soll. Die Durchführung eines praxisinternen Audits anhand des Qualitätsmanagementhandbuchs oder Checklisten vorab, lässt die Erfolgschancen des eigentlichen Zertifizierungsaudits steigen.

Zahnarztpraxen, die sich mit dem Aufbau und der anschließenden Zertifizierung von Qualitätsmanagementsystemen befassen, stehen vor der Frage, mit welcher Zertifizierungsgesellschaft sie zusammenarbeiten möchten. Es handelt sich dabei um Organisationen, die durch ihre

Audits feststellen, ob das Qualitätsmanagementsystem in einer Zahnarztpraxis so funktioniert, wie es beschrieben ist, und gegebenenfalls Verbesserungspotenziale aufzeigen. Um zweifelhaften Angeboten aus dem Weg zu gehen, ist dabei darauf zu achten, dass die Zertifizierungsgesellschaft akkreditiert und damit autorisiert ist.

Am Beginn des Zertifizierungsablaufs steht in der Regel ein Gespräch mit der Zertifizierungsgesellschaft und der Praxisleitung, in dem im Rahmen eines sogenannten Voraudits bereits auf vorhandene Defizite hingewiesen wird. Als nächstes dient die Beurteilung des Qualitätsmanagementhandbuchs und sonstiger vorhandener Unterlagen zur Überprüfung der vollständigen Erfüllung der Norm. Die Praxis erhält einen Bericht über die Ergebnisse dieser Prüfung und hat die festgestellten Abweichungen in der Regel vor dem eigentlichen Zertifizierungsaudit abzustellen. Bei dem anschließenden Zertifizierungsaudit wird das Qualitätsmanagementsystem der Zahnarztpraxis vor Ort auf die Erfüllung der Forderungen der zugrundeliegenden Norm überprüft. Die Auditoren orientieren sich dabei häufig an einer Checkliste, die später gleichzeitig als Zertifizierungsprotokoll dient. Über die Ergebnisse wird die Praxis in einem schriftlichen Auditbericht informiert. Dabei werden sowohl die positiven als auch die negativen Ergebnisse erläutert. Wesentliche Abweichungen von der Norm müssen vor der Zertifikatserteilung korrigiert werden. Unwesentliche Abweichungen müssen innerhalb vereinbarter Termine erledigt werden und sind somit Gegenstand des Überwachungsaudits. Das erteilte Zertifikat hat in der Regel eine Gültigkeitsdauer von drei Jahren, wenn die Aufrechterhaltung des Qualitätsmanagementsystems im Rahmen eines Überwachungsaudits mindestens einmal jährlich nachgewiesen wird. Ein Wiederholungsaudit nach drei Jahren stellt die Überprüfung des Qualitätsmanagementsystems der Zahnarztpraxis sicher und führt bei Erfolg zur erneuten Ausstellung eines Zertifikats.

7.3   Zahnärztliches Qualitätsmanagementsystem (ZQMS)

Das Zahnärztliche Qualitätsmanagementsystem (ZQMS) wird beispielsweise von den Zahnärztekammern, Hessen, Rheinland-Pfalz und Niedersachsen angeboten und wurde speziell von Zahnärzten für Zahnarztpraxen entwickelt, um die gesetzlichen Anforderungen optimierend in der einzelnen Praxis umzusetzen.

> „Mit Hamburg ist ab dem 01. Januar 2016 ein weiteres Bundesland Mitglied der ZQMS Partnerschaft. Der Kreis der ZQMS Partner erweitert sich damit auf acht Zahnärztekammern der Bundesländer und die zahnärztlichen Behandlungseinrichtungen der Bundeswehr, in denen ZQMS ebenfalls zur Anwendung kommt." (Landeszahnärztekammer Hessen 2015, S. 1)

ZQMS basiert auf der Idee, dass viele seit Jahren in den zahnärztlichen Praxen durchgeführte qualitätssichernde Arbeiten, Dokumentations- und Auditierungsmaßnahmen nie systematisch miteinander in Beziehung gesetzt und als ein eigenständiges zahnärztliches Qualitäts-/Praxismanagement angesehen wurden (vgl. Landeszahnärztekammer Rheinland-Pfalz u. a. 2015, S. 1). Die systematische Zusammenführung soll für die Praxisinhaber den Aufwand

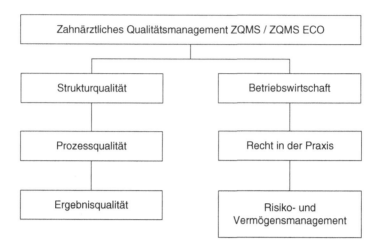

Abb. 7.4 Inhalte von ZQMS

reduzieren und gleichzeitig auch Wege aufzeigen, die Praxisorganisation effizient und rechtssicher zu gestalten. Es ermöglicht auch eine Gefährdungsanalyse für die Praxis zu erstellen, um sich für mögliche infektionsschutzrechtliche oder anderweitige Praxisbegehungen vorzubereiten. ZQMS ECO ermöglich eine Überprüfung, ob die Zahnarztpraxis in wirtschaftlicher, rechtlicher und risikotechnischer Hinsicht optimal aufgestellt ist.

Die Inhalte von ZQMS (Abb. 7.4) erstrecken sich auf:

- Strukturqualität: Praxishygiene, Arbeitssicherheit/betriebsärztliche Anforderungen, vertragszahnärztliche Anforderungen, privatzahnärztliche Rechnungen, Röntgen.
- Prozessqualität: Kompetenzerhaltung, Patientenkommunikation, Behandlungsabläufe und -spektrum, Patientendokumentation, Personalmanagement, Praxisorganisation, Notfallmanagement.
- Ergebnisqualität: Ergebniskontrolle, Beschwerde- und Fehlermanagement, Verbesserungsmanagement, Qualitätsziele und Praxisstrategie.

ZQMS ECO umfasst inhaltlich:

- Betriebswirtschaft: Analyse der Praxiskosten und –erlöse, Patientenstammanalyse, Forderungsmanagement, Liquiditätsmanagement, Steuerung und Kennzahlen/BWA, Steuern, Kreditmanagement, Marketing.
- Recht in der Praxis: Arbeits- und Sozialrecht, Formen der Berufsausübung, Labor, Berufsrecht, Verträge in der Zahnarztpraxis.
- Risiko- und Vermögensmanagement: Praxisausfallversicherung, Praxisinhaltsversicherung, Rechtsschutz und Berufshaftpflicht, Berufsunfähigkeits- und Unfallversicherung, Praxisweitergabe, Altersvorsorge.

7.4   Europäisches Praxisassessment (EPA)

Ein Qualitätsmanagement für Zahnarztpraxen bietet auch das **Europäisches Praxisassessment** (EPA) des AQUA-Institut für angewandte Qualitätsförderung und Forschung im Gesundheitswesen GmbH, Göttingen. Letzteres entstand im Rahmen einer Kooperation von Wissenschaftlern der Universitäten Göttingen und Hannover aus der 1993 gegründeten Arbeitsgemeinschaft Qualitätssicherung in der ambulanten Versorgung.

Vor dem Hintergrund in mehreren Ländern erfolgreich eingesetzter Programme zur Qualitätsförderung und Professionalisierung in der Allgemeinmedizin, insbesondere australischer, kanadischer und holländischer Visitationskonzepte, wurde EPA im Jahr 2000 von einer Gruppe von Qualitätsexperten aus dem hausärztlichen Arbeitsbereich gemeinsam mit der Bertelsmann Stiftung gegründet. An der Entwicklung und Pilotierung waren neben dem AQUA-Institut unter anderem die Austrian Medical Association, Wien, die Wetenschappelijke Vereinigung van Vlaamse Huisartsen, Berchem, das SwissPEP – Institut, Gümligen, die Société Francaise de Thérapeutique du Généraliste, Paris, das National Primary Care R&D Centre, Manchester, das Family Medicine Department, Haifa, sowie University Ljubljana beteiligt.

EPA sieht neben einem Grundmodell für Hausärzte unter anderem spezielle, modifizierte Systeme für Zahnmediziner und einen strukturierten Ablauf vor (Abb. 7.5).

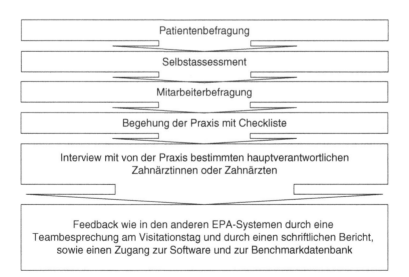

Abb. 7.5 Datenerhebung EPA-Zahnarztpraxis (vgl. AQUA-Institut 2015, S. 1)

„Für die Entwicklung von EPA-Zahnmedizin wurden zunächst die international entwickelten EPA-Indikatoren hinsichtlich deren Bedeutung für die zahnärztliche Praxis eingeschätzt. Des Weiteren wurden spezielle, zahnmedizinische Indikatoren festgelegt und ausgearbeitet....

- Einige Dimensionen wurden für die für EPA-Zahnmedizin neu gebildeten Indikatoren neu entwickelt (Materialmanagement, Labormanagement in der Domäne Infrastruktur).
- 156 Indikatoren konnten aus EPA-Hausarzt auf den zahnmedizinischen Bereich übertragen werden bzw. wurden für den Einsatz im zahnmedizinischen Bereich modifiziert.
- 51 Indikatoren erwiesen sich als nicht übertragbar auf den zahnmedizinischen Bereich und wurden gelöscht.
- 18 Indikatoren wurden neu entwickelt (Themengebiete Röntgen, Labormanagement, Materialmanagement).
- Das System und die Instrumente der Datenerhebung wurden übernommen." (AQUA-Institut 2015, S. 1)

Eine Zertifizierung durch die Stiftung Praxissiegel e. V. lässt sich optional erwerben, wenn die jeweilige Zahnarztpraxis das EPA-Verfahren vollständig durchlaufen hat, eine ordnungsgemäße Durchführung und Mitarbeit im Rahmen des Assessments erfolgt ist, ein Mindestgrad der Zielerreichung über alle Indikatoren gemessen an der Gesamtzahl aller Indikatoren von mindestens 50 % aufgewiesen wird und eine Erfüllung besonders sicherheitsrelevanter Indikatoren gegeben ist, wie beispielsweise das Angebot einer Impfung gegen Hepatitis B an jeden Mitarbeiter der Praxis einschließlich des Reinigungspersonals, die Sicherstellung, dass infektiöses Material in auslaufsicheren und benutzte Einmalinstrumente in stichsicheren Behältern entsorgt werden, die Fortbildung der Zahnärzte und Mitarbeiter für akute medizinische Notfallsituationen, den Nachweis, dass die medizinische, elektronische Ausstattung (z. B. Sterilisator, Autoklav) regelmäßig nach den gesetzlichen Vorgaben überprüft wird, sowie das Treffen von Vorkehrungen zum Schutz gegen unerlaubten Zugriff auf Daten/Datenverlust (vgl. Stiftung Praxissiegel 2005, S. 3 f).

7.5 Kooperation für Transparenz und Qualität im Gesundheitswesen (KTQ)

Die **Kooperation für Transparenz und Qualität im Gesundheitswesen** (KTQ) ist ein im Krankenhausbereich weit verbreitetes Zertifizierungsverfahren zur Darlegung und Begutachtung von Qualitätsmanagementsystemen im Gesundheitswesen. KTQ steht dabei als eingetragenes Warenzeichen für die gleichnamige Gesellschaft und das von ihr angewendete Verfahren. Gesellschafter sind Krankenkassenverbände, die Bundesärztekammer (BÄK), die Deutsche Krankenhausgesellschaft (DKG) e.V., der Deutsche Pflegerat (DPR) e.V. sowie der Hartmannbund e.V.; Kooperationspartner ist beispielsweise der Berufsverband der Arzt-, Zahnarzt- und Tierarzthelferinnen und der Berufsverband in der Praxis mitarbeitender Arztfrauen. Die Kooperation wurde 1997 gegründet, um angesichts der sich abzeichnenden gesetzlichen Verpflichtung, ein

Qualitätsmanagement einzuführen, ein Zertifizierungsverfahren für Krankenhäuser zu entwickeln. Mittlerweile sind nicht nur eine Vielzahl von Krankenhäusern nach dem KTQ-Verfahren zertifiziert, sondern auch Zahnarztpraxen, Pflegeeinrichtungen etc.

> „Als erste Zahnarztpraxis in … erhielt die Praxis von … das Zertifikat der KTQ – Kooperation für Transparenz und Qualität im Gesundheitswesen – für ein erfolgreiches und vorbildliches Qualitätsmanagement." …„Der KTQ-Zertifizierung ging ein Jahr intensiver Vorbereitung voraus. Dabei wurde das bestehende Qualitätsmanagement (nach DIN ISO 9001–2000)" … „überarbeitet und in den Praxisalltag implementiert. Im Team wurden gemeinsam die Qualitätsziele der Praxis unter den Gesichtspunkten/Anforderungen des KTQ-Verfahrens neu definiert und in den Arbeitsalltag übernommen. Diese Qualitätsziele sind die Basis für die tägliche Arbeit der Praxis. Nach einer erfolgreichen Zertifizierung erhalten Patienten mit der Veröffentlichung des KTQ-Qualitätsberichts wichtige Informationen zum Praxis-Alltag". (KTQ GmbH 2009, S. 6)

Das Zertifizierungsverfahren beginnt mit einer **Selbstbewertung** der Zahnarztpraxis, bei der die Praxisangehörigen ihre Leistungen anhand eines Kriterienkatalogs in den Kategorien

- Patientenorientierung,
- Mitarbeiterorientierung,
- Sicherheit,
- Informationswesen,
- Führung und
- Qualitätsmanagement

im Sinne einer Analyse des Ist-Zustands beurteilen.

Bei der Patientenorientierung wird der klassische Weg eines Patienten durch die Zahnarztpraxis dargestellt. Dazu gehört die Aufnahme des Patienten, die Ersteinschätzung, die Behandlungsplanung und -durchführung und die interne Überprüfung der Patientenorientierung. Die Sicherstellung der Mitarbeiterorientierung stellt die zweite Kategorie dar. Sie wird durch die Unterthemen der Personalplanung, der Mitarbeiterqualifikation und der Mitarbeiterintegration abgebildet. In der Kategorie Sicherheit werden die Gewährleistung sicherer Arbeitsbedingungen, die betriebliche Hygiene und der Umgang mit zahnmedizinischen Materialien aufgeführt. Dazu gehören beispielsweise die Angelegenheiten des Umweltschutzes, des Arbeitsschutzes und des Umgangs mit Hygienerichtlinien. Die Kategorie Informations- und Kommunikationssysteme handelt vom Umgang mit Patientendaten, der Informationsweiterleitung und der Nutzung von IuK-Technologien in der Zahnarztpraxis. Die Führung ist eine weitere eigenständige Kategorie der KTQ. Unterthemen sind hierzu die Entwicklung eines Leitbildes, eines Zielsystems, sowie die Erfüllung ethischer Aufgaben. Die Kategorie des Qualitätsmanagements trägt zum systematischen Aufbau und Überprüfung des Qualitätsmanagementsystems der Zahnarztpraxis bei. Dazu gehören die Einbindung aller Praxisbereiche in das Qualitätsmanagement, die Durchführung qualitätssichernder Maßnahmen, die

Entwicklung von Leitlinien und Standards sowie die Sammlung und Pflege qualitätsrelevanter Daten.

Anhand einer einheitlichen Bewertungssystematik sollen dabei die Planung der Prozesse, auf die sich das jeweilige Kriterium bezieht, sowie die geregelten Verantwortlichkeiten (Plan), der „Ist-Zustand" bzw. die Umsetzung der Prozesse, auf die sich das Kriterium bezieht, (Do), die regelmäßige, nachvollziehbare Überprüfung und Bewertung der Zielerreichung der zuvor dargestellten Prozesse anhand von Messzahlen (Check) und die in eine erneute Prozessplanung eingehenden Verbesserungsmaßnahmen aufgrund der zuvor dargestellten Prozesse (Act) beschrieben werden. Darüber hinaus werden bewertet der

- Erreichungsgrad: Qualität der Kriterienerfüllung, sowie der
- Durchdringungsgrad: Breite der Umsetzung in allen für die entsprechende Einrichtung zutreffenden Bereiche.

Im Bereich zu zertifizierender Zahnarztpraxen beschränkt sich die Überprüfung auf das Maß der Anforderungserfüllung (Abb. 7.6).

Bei der anschließenden **Fremdbewertung** überprüfen Visitoren einer KTQ-Zertifizierungsstelle anhand der Ergebnisse der Selbstbewertung, dialogorientierten Befragungen und Begehungen. Bei den Visitoren handelt es sich in der Regel um zahnmedizinische Fachangestellte und niedergelassene Zahnärzte mit Erfahrung im Qualitätsmanagement. Die erfolgreiche Auditierung endet mit der Übergabe des in der Regel für 3 Jahre vergebenen Zertifikats sowie der Veröffentlichung eines **Qualitätsberichts** der Zahnarztpraxis, der die konkreten Leistungen sowie Strukturdaten enthält und diese Prozessabläufe für die Öffentlichkeit transparent macht. Er wird auf der KTQ-Homepage veröffentlicht und ist auch von der Zahnarztpraxis bereitzustellen (vgl. KTQ-GmbH 2015, S. 1).

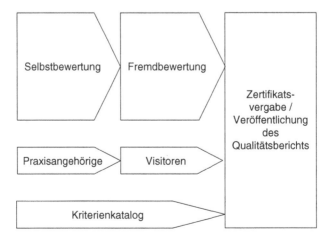

Abb. 7.6 Praxiszertifizierung nach KTQ

Zusammenfassung Kapitel 7

Die Einführung eines Qualitätsmanagementsystems ist ein wesentliches Element eines Qualitätskonzepts in einer Zahnarztpraxis und zudem ein wichtiger Schritt zur Sicherung ihrer Wettbewerbsfähigkeit. Es trägt dazu bei, die Transparenz der Aufbau- und Ablauforganisation der Praxis zu erhöhen, die Sicherheit und Qualität der Behandlungsprozesse zu steigern, die Motivation der Mitarbeiter zu verbessern und das gesamte Image und damit die Patientenbindung zu optimieren. Das Kapitel befasst sich daher mit der zahnmedizinischen Qualitätssicherung im Allgemeinen und geht auf besondere Qualitätsmanagementsysteme, wie ZQMS, ISO, EPA und KTQ ein.

Literatur

AQUA-Institut für angewandte Qualitätsförderung und Forschung im Gesundheitswesen (Hrsg.) (2015). Qualitätsindikatoren für EPA in Zahnarztpraxen – Entwicklung der Qualitätsindikatoren für das Europäische Praxisassessment (System: EPA-Dent) https://www.aqua-institut.de/de/projekte/qualitaetsindikatoren/qualitaetsindikatoren-epa-dent.html. Göttingen. Zugegriffen am 19.12.2015.

Deutsche Gesellschaft zur Qualitätssicherung in der Zahnmedizin – DGQZ (Hrsg.). (2015). Zertifizierung einer Zahnarztpraxis mit DIN EN ISO 9001:2008. Online im Internet: http://www.dgqz.de/sites/22-156-753-Zertifizierung-einer-Zahnarztpraxis-mit-DIN-EN-ISO-9001%3A2008.html. Eckernförde.

Fischbach, A., & Schneider, W. (2013). Qualitätsmanagement in der Zahnarztpraxis. In: dzw vom 27.02.2013. http://www.dzw.de/artikel/qualit%C3%A4tsmanagement-der-zahnarztpraxis. Zahnärztlicher Fach-Verlag. Herne. Zugegriffen am 20.12.2015.

Frodl, A. (2012). *Logistik und Qualitätsmanagement im Gesundheitsbetrieb*. Wiesbaden: Gabler-Verlag.

Kassenzahnärztliche Bundesvereinigung (Hrsg.) (2015). Einrichtungsinternes Qualitätsmanagement. http://www.kzbv.de/einrichtungsinternes-qualitaetsmanagement.166.de.html. Köln. Zugegriffen am 19.12.2015.

KTQ GmbH (Hrsg.) (2015). KTQ im Bereich Praxen und MVZ. http://www.ktq.de/index.php?id=288. Berlin. Zugegriffen am 20.12.2015.

KTQ GmbH (Hrsg.) (2009). Erste Zahnarztpraxis in Schleswig-Holstein nach KTQ zertifiziert. http://www.ktq.de/fileadmin/media/Artikel/Junkers.pdf. Berlin. Zugegriffen am 19.12.2015.

Landeszahnärztekammer Hessen (Hrsg.) (2015). ZQMS überschreitet weitere Grenzen im Dienst der Qualität – Hamburg neues Mitglied der ZQMS Partnerkammern und Erweiterung um betriebswirtschaftliche Unterstützung für die Zahnarztpraxis. Pressinformation vom 07.12.2015. Frankfurt.

Landeszahnärztekammer Rheinland-Pfalz u. a. (Hrsg.) (2015). Zwei starke Partner für Ihre Praxis ZQMS und ZQMS ECO. https://www.zqms-eco.de/. Mainz. Zugegriffen am 19.12.2015.

Qualitätsmanagement-Richtlinie vertragszahnärztliche Versorgung (ZÄQM-RL) in der Fassung vom 17. November 2006 veröffentlicht im Bundesanzeiger Nr. 245 (S. 7463) vom 30. Dezember 2006 in Kraft getreten am 31. Dezember 2006, zuletzt geändert am 23. Januar 2014 veröffentlicht im Bundesanzeiger (BAnz AT 07.04.2014 B2) in Kraft getreten am 8. April 2014.

Sozialgesetzbuch (SGB) V– Gesetzliche Krankenversicherung – (Artikel 1 des Gesetzes vom 20. Dezember 1988, BGBl. I S. 2477, 2482), zuletzt durch Artikel 2 des Gesetzes vom 15. April 2015 (BGBl. I S. 583) geändert.

Stiftung Praxissiegel (Hrsg.) (2005). Zertifizierungskriterien für Zahnarztpraxen im Rahmen des Europäischen Praxisassessments (EPA) – Zahnmedizin. Gütersloh.

Praxiscontrolling

8

8.1 Steuerung und Lenkung des Praxisbetriebs

8.1.1 Grundlagen des Praxiscontrollings

Das Handeln der Praxisleitung verlangt nach Planung, die mehr bedeutet als nur die Fortschreibung von Gegenwart oder Vergangenheit. Sie zwingt dazu, sich in der Praxis Ziele zu setzen, sie zu formulieren und als Leistungsanreize vorzugeben. Ohne eine Kontrolle der Einhaltung dieser Vorgabewerte ist die Planung wirkungslos. Die Kontrolle benötigt Vorgaben, Entscheidungsregeln für die Bewertung der Ausführung sowie für die Korrekturmaßnahmen. Sie soll Fehler bei der Planung oder Aufgabendurchführung in der Praxis erkennen und Verbesserungsmöglichkeiten aufzeigen. Die Koordination von Planung und Kontrolle mit der Steuerung der Informationsversorgung in der Zahnarztpraxis wird vom Praxiscontrolling wahrgenommen.

> „Es ist deutlich zu spüren, dass das betriebswirtschaftliche Informationsbedürfnis der Zahnärzte stark gestiegen ist, was sicher zum Teil an der nachteiligen politischen Entwicklung im Gesundheitswesen und den sich daraus ergebenden Konsequenzen liegt. Aber auch der anhaltende Trend zu Großpraxen mit den verschiedenen Kooperationsmodellen hat aufgrund der meist hohen Verschuldung und der teilweise unübersichtlichen Praxisstrukturen ein erhöhtes Informationsbedürfnis zur Folge. Viele Zahnärzte wissen nicht, welche Informationsquellen ihnen für die Praxissteuerung zur Verfügung stehen und wie sie diese sinnvoll für ihr Praxiscontrolling verwenden können." …
>
> „Für eine zielgerichtete Steuerung der Praxis ist es unerlässlich, dass jeder Praxisinhaber sowohl die Entwicklung der eigenen Praxiszahlen sehr genau beobachtet als auch interne und externe Vergleichsmöglichkeiten nutzt. Bevor man sich irgendwelcher teuren Controllingkonzepte bedient, ist es ratsam, zunächst die Informationen auszuschöpfen, die der Praxis ohnehin zur Verfügung stehen. (Brendel 2012, S. 1)."

© Springer Fachmedien Wiesbaden GmbH 2016
A. Frodl, *Praxisführung für Zahnärzte*,
DOI 10.1007/978-3-658-11060-4_8

Praxiscontrolling besteht somit nicht nur aus der Tätigkeit des Kontrollierens und der Wahrnehmung von Kontrollfunktionen im laufenden Praxisbetrieb. Während die zahnärztliche Kontrolle im herkömmlichen Sinne etwa auf Verrichtungen von Auszubildenden oder den Behandlungsprozess ausgerichtet ist, bezieht sich das Controlling auf die gesamte Zahnarztpraxis. Die Aufgabe des Praxiscontrollings besteht somit darin, die Praxisleitung mit Informationen zu versorgen, die für die Planung, Steuerung und Kontrolle der Praxis erforderlich sind. Insofern setzt das Praxiscontrolling eine planungs- und zielorientierte Praxisführung voraus, die die Ziele der Zahnarztpraxis im Rahmen der Praxisplanung festlegt. Zusätzlichen personellen Führungscharakter erlangt das Praxiscontrolling dann, wenn es auf der Grundlage von Zielvereinbarungen mit den Praxisangehörigen zugleich als Personalführungsinstrument eingesetzt wird. (vgl. Frodl 2012, S. 13 ff.).

Zu den **Funktionen** des Praxiscontrollings zählen:

- Planungsfunktion: Ziele für die Praxis festlegen, Prämissen festlegen, die in der Praxis anzugehenden Probleme definieren, Maßnahmen zur Verbesserung ergreifen, Ressourcen planen, Termine für die Zielerreichung bestimmen, Praxispersonal als Aufgabenträger bestimmen, Ergebnisse erzielen.
- Kontrollfunktion: Ergebnisorientiert, Verfahrensorientiert.
- Informationsfunktion: Sammlung (Erschließung der Informationsquellen wie Praxisbuchhaltung, Abrechnungsdaten, Gewinnung von für die Praxisleitung verwertbaren Informationen aus den Daten), Transformation (Zusammenstellung von Praxiskennzahlen, Aufbereitung zu einem Kennzahlensystem), Kommunikation (verständliche Darstellung der Kennzahlen, Bestimmung von zusätzlichen Empfängern der Informationen wie Praxisangehörige oder Steuerberater).
- Steuerungsfunktion: Zukunftsorientierung der Praxisführung, Regulierung bei Abweichungen von der Zielerreichung, Rückführung der Praxis auf den richtigen Weg.

Zu den wichtigsten **Arten** des Praxiscontrollings zählt zunächst das Rechnungswesen bezogene Controlling. Es ist vergangenheitsorientiert und sein Ziel besteht in erster Linie aus den Funktionen der Praxisbuchhaltung, wie etwa die Durchführung von Kostenstellen und -trägerrechnungen und dem Weiterentwickeln von Jahresplänen. Vergangenheitswerte werden fortgeschrieben und abgelaufene buchhalterische Vorgänge in der Praxis nachgezeichnet. Das Rechnungswesen orientierte Praxiscontrolling ist dann als ausreichend anzusehen, wenn sich das Umfeld und die Rahmenbedingungen der Zahnarztpraxis kaum verändern, in der Praxis selber überwiegend konstante Situationen zu verzeichnen und somit weitestgehend gesicherte Voraussetzungen für eine langfristige Planung der Praxisentwicklung gegeben sind.

Das handlungsbezogene Praxiscontrolling findet in der Regel dann Anwendung, wenn sich die Rahmenbedingungen beispielsweise aufgrund gesundheitspolitischer Entwicklungen häufig ändern und eine Planung für die Praxisleitung aufgrund Unsicherheiten oder gar fehlender Grundlagen zunehmend schwierig wird. Ihre Aufgabe ist es dann, ständig etwa Abweichungen von Praxisumsatz, -kosten oder -gewinn im Auge zu behalten und notwendige

Korrekturen auf entscheidenden Gebieten der Praxisführung einzuleiten, um die definierten Ziele zu erreichen. Das handlungsbezogene Praxiscontrolling ist damit zukunftsorientiert und nicht auf das Fortschreiben von Vergangenheitswerten ausgerichtet.

Das leitungsbezogene Praxiscontrolling versteht Controlling als Führungsaufgabe und versucht präventiv und frühzeitig die Praxis gegenüber Veränderungen im Umfeld zu wappnen. Dazu gehören die Entwicklung von Praxisstrategien, die sie beispielsweise unabhängiger von allgemeinen Entwicklungen des Gesundheitsmarktes machen und die Sicherstellung einer hohen Flexibilität und Anpassungsfähigkeit auf veränderte Situationen. Hierzu genügt es nicht etwa nur Daten aus der eigenen Praxisbuchhaltung regelmäßig auszuwerten, auf Informationen der Standesorganisationen zu warten und auf veränderte Vorgaben des öffentlichen Gesundheitswesens zu reagieren. Vielmehr muss die Praxisleitung im wahrsten Sinne als „Steuermann" möglichst frühzeitig beispielsweise neue Behandlungsmethoden, innovative Entwicklungen auf dem Gebiet der Dentaltechnik und veränderte Patientenwünsche wahrnehmen und sie in ihrer Planung berücksichtigen.

Die **Ausrichtung** des Praxiscontrollings ist dann als eher kurzfristig und operativ anzusehen, wenn ihr Schwerpunkt in der Steuerung des Praxisgewinns liegt. Das operative Praxiscontrolling ist daher auf einen Zeitraum von 1 bis 2 Jahren ausgerichtet und konzentriert sich auf den Praxiserfolg. Vordergründig sind dabei die kurzfristig gesteckten Praxisziele zu sehen (z. B. „Senkung der Materialkosten im Jahresdurchschnitt um 5 %", „Erhöhung des Praxisumsatzes im IV. Quartal um 3 %"), die eine Steuerung der innerbetrieblichen Praxisfunktionen und -abläufe erforderlich machen. Auf der Grundlage der Daten aus der Praxisbuchhaltung und der Kostenrechnung werden hierzu in erster Linie Soll-/Istanalysen durchgeführt, um mögliche Abweichungen zu erkennen und notwendige Gegensteuerungsmaßnahmen einleiten zu können. Das operative Praxiscontrolling leistet durch seinen steuernden Einfluss auf Kostensenkung, Leistungssteigerung und Verringerung des eingesetzten Kapitals somit einen Beitrag zur Entscheidungs- und Handlungsfähigkeit der Zahnarztpraxis. Ziele sind dabei in erster Linie eine erfolgsorientierte operative Praxisplanung, die Vorgabe einzelner Praxiskosten und die Kontrolle der Einhaltung dieser Vorgaben. Nach Setzung der zu erreichenden Ziele durch die Praxisleitung kann die laufende Überwachung der Entwicklung entsprechender Kennzahlen durchaus auch durch die Buchhaltungsfachkraft oder den Steuerberater der Praxis vorgenommen werden. Wichtig ist, dass sich die Praxisleitung regelmäßig darüber informieren lässt, um gegebenenfalls steuernd eingreifen zu können.

Das strategische Praxiscontrolling hingegen umfasst darüber hinaus das systematische Erkennen zukünftiger Chancen und Risiken für die Praxis mit dem Ziel, langfristige Erfolgspotenziale zu sichern und aufzubauen. Es ist daher auf einen Zeitraum von etwa 5 bis 10 Jahren ausgerichtet und stellt die Existenzsicherung der Praxis in den Vordergrund. Damit trägt es auch dem Bedarf an stärkerer Effizienz der strategischen Praxisplanung Rechnung, die oft der Gefahr unterliegt, gesteckte Ziele im Praxisalltag aus den Augen zu verlieren oder eingeschlagene Strategien nicht konsequent genug zu verfolgen. Das strategische Praxiscontrolling muss hierzu bei der Organisation des strategischen Planungsprozesses

Abb. 8.1 Der Prozess des
Praxiscontrollings als
Regelkreis

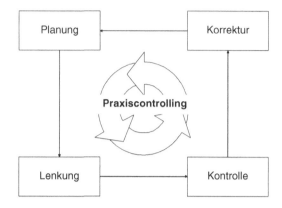

mitwirken, die Umsetzung der strategischen Pläne in operationalisierbare, kurzfristige
Praxisziele sicherstellen sowie Kontrollgrößen erarbeiten und ein Frühwarnsystem zur
Gewinnung von Kontrollinformationen für die Zahnarztpraxis aufbauen. Das ermöglicht die
Steuerung der Praxis dahingehend, ihre Ressourcen möglichst optimal einzusetzen, die sich
ergebenden Möglichkeiten aus Veränderungen der Praxisumwelt zu nutzen und andererseits
mögliche Bedrohungen abzuwehren. Das strategische Praxiscontrolling hat einen großen
Stellenwert. Es stellt hohe Ansprüche an Planung, Steuerung und Kontrolle und ist daher als
wichtige Führungsaufgabe direkt der Praxisleitung zuzuordnen.

Der **Prozess** des Praxiscontrollings (Abb. 8.1) geht von der Praxisplanung und ihrer
Gesamtzielsetzung und -strategie aus. Die Grundlage für die spätere Lenkung und Kontrolle bilden die mittel- und langfristige Planung und ihre Quartals- bzw. Jahresvorgabe-
werte. Auf der Basis der Vorgabewerte für Praxisumsatz, -kosten oder –gewinn vollzieht
sich die betriebswirtschaftliche Lenkung des Praxisbetriebs. Vorgegebene Kostenbudgets
ermöglichen beispielsweise die laufende Kontrolle, die Analyse von Abweichungen und
deren Ursachen. Die Ermittlung von Abweichungen erfolgt durch den Vergleich der Bud-
getwerte mit dem Istzustand. Alle quantifizierbaren Werte der Praxisplanung lassen sich
kontrollieren. Die Praxisplanung ist somit eine wesentliche Voraussetzung für die Kontrolle im Rahmen des Praxiscontrollings. Alleine die Feststellung von Abweichungs-
ursachen führt allerdings noch zu keiner Verbesserung des Praxisgeschehens. Die
Ergebnisse der Abweichungsanalyse bilden lediglich die Grundlage für geeignete Maßnahmen zu Korrekturen im laufenden Praxisbetrieb oder aber auch zur Korrekturen über-
zogener Erwartungen und damit der Ausgangsplanung.

8.1.2 Vergleichende Controllinginstrumente

Das Instrumentarium des Vergleichs bietet vielfältige Möglichkeiten, im Rahmen des
Praxiscontrollings realisierbare Ziele zu setzen, deren Einhaltung zu überwachen und gegebenenfalls korrigierend einzugreifen. Bei einem Vergleich werden aktuellen Zahlenwerten
der Praxis Vergangenheitswerte, Werte anderer Praxen oder Sollwerte gegenübergestellt,

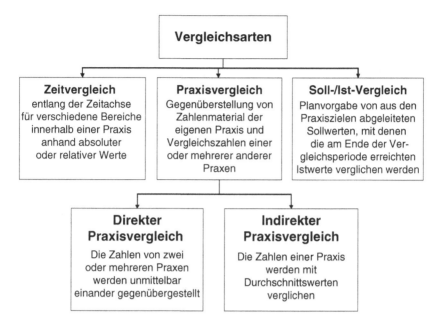

Abb. 8.2 Vergleich als Instrument des Praxiscontrollings

um positive oder negative Differenzen zu ermitteln und diese zum Maßstab des eigenen Handelns zu machen (Abb. 8.2).

Als **Zeitvergleich** lässt er sich entlang der Zeitachse (wöchentlich, monatlich, quartalsweise, jährlich, mehrjährig) für verschiedene Bereiche innerhalb einer Praxis anhand absoluter oder relativer Werte (Kennzahlen) durchführen. So lassen sich etwa zweckmäßigerweise der Kassenumsatz eines II. Quartals mit dem des I. Quartals vergleichen oder die Materialkosten im Oktober mit den Materialkosten in den jeweiligen Vormonaten. Je höher dabei die Zahl der Vergleichsdaten ist, desto eher lässt sich ein Trend erkennen und bewahrt zugleich die Praxisleitung vor übertriebenem Aktionismus. Mit zunehmender Vergleichshäufigkeit und je kürzer die Abstände der Vergleichszeiträume sind, desto genauer lässt sich der Zeitvergleich als Kontrollinstrument einsetzen. Mittels aus den Vergangenheitswerten abgeleiteter Zielvorgaben und Sollzahlen lässt sich die im Rahmen des Praxiscontrollings notwendige Steuerungsfunktion realisieren. Der Zeitvergleich gibt somit Auskunft über die derzeitige Praxissituation und ist zugleich die Grundlage für die Ableitung zukunftsbezogener Maßnahmen.

Der **Praxisvergleich** stellt eine Gegenüberstellung von Zahlenmaterial der eigenen Praxis und Vergleichszahlen einer oder mehrerer anderen Praxen dar. Um die Vergleichbarkeit sicherzustellen und individuelle Einflüsse zu minimieren, sind zunächst Zahlen desselben Zeitraumes jeweils einander gegenüberzustellen. Zu weiteren wichtigen zu minimierenden Einflüssen zählen neben der fachlichen Spezialisierung auch regionale Unterschiede, unterschiedliche Praxisgrößenklassen, der Standort, aber auch das Alter der Praxis. So ist beispielsweise ein Praxisvergleich von Praxen unterschiedlicher Größenklassen aufgrund unterschiedlicher Kostendegression und Personalausstattung sicherlich nicht unproblematisch. Während beim direkten Praxisvergleich die Zahlen von zwei oder mehreren Praxen unmittelbar einander gegenübergestellt werden, werden beim indirekten Praxisvergleich die Zahlen einer Praxis mit Durchschnittswerten verglichen. Diese werden in regelmäßigen Abständen beispielsweise in den Berichten des Statistischen Bundesamtes zum Gesundheitswesen, von zahnärztlichen Standesorganisationen oder von Institutionen wie der KZBV veröffentlicht. Der Vergleich mit den auf diese Weise statistisch ermittelten Werten einer „Musterpraxis" sollte jedoch in erster Linie nur als Orientierungshilfe verwendet und nur bei massiven Abweichungen als Maßstab von Steuerungsmaßnahmen verwendet werden, da die statistischen Daten in der Regel nicht um individuelle Einflüsse bereinigt sind und somit eine direkte Vergleichbarkeit mit der eigenen Praxis nur bedingt gegeben ist. Der Praxisvergleich ist allerdings ein wesentliches Instrument zur Feststellung der Position der eigenen Praxis im Wettbewerbsumfeld.

Eine besondere Form des Praxisvergleichs ist das **Benchmarking**. Es bedeutet, dass der Zahnarzt oder die Zahnärztin als Praxisinhaber sich mit ihrer Praxis nur an den besten Konkurrenten orientieren und versuchen, deren Leistungsniveau in einen oder mehreren Teilbereichen der Praxis zu erreichen (vgl. 3.2.2 Situation der Praxiskonkurrenz).

Der **Soll-/Ist-Vergleich** setzt die Planvorgabe von aus den Praxiszielen abgeleiteten Sollwerten voraus, mit denen die am Ende der Vergleichsperiode erreichten Istwerte verglichen werden. Insofern stellt er eine Ergänzung des Zeitvergleichs dar, allerdings mit dem Unterschied, dass zusätzlich zur Beobachtung der Entwicklung entlang der Zeitachse die bewusste Setzung von Zielvorgaben in Form der Sollwerte hinzukommt. Beide Vergleichsarten können auch parallel durchgeführt werden und ergänzen sich beispielsweise dann sinnvoll, wenn die Entwicklung eines jährlichen Soll-/Ist-Vergleichswertes im Zeitvergleich monatlich beobachtet wird. Wenn die Materialkosten von Monat zu Monat steigen, so kann ein Sollwert von 5 % weniger Kosten am Jahresende nicht erreicht werden. Auf diese Weise wird der Praxisleitung Gelegenheit gegeben, kurzfristig steuernd einzugreifen, um den Sollwert am Jahresende noch zu erfüllen, oder aber auch den Sollwert unter Umständen zu korrigieren, wenn eine allzu euphorische Zielvorgabe unrealisierbar erscheint. Wesentliche Voraussetzungen für den Soll-/Ist-Vergleich sind die Aktualität der Vergleichsdurchführung, sowie eine einheitliche Festlegung und Aufnahme der Soll-/Ist-Daten. Werden alte oder unterschiedlich zustande gekommene Soll- und Istwerte miteinander verglichen, so geht die Aussagefähigkeit des Soll-/Ist-Vergleichs verloren. Auch dürfte in den seltensten Fällen der erzielte Ist- mit dem Sollwert genau übereinstimmen. Das ist auch nicht notwendig, denn im Rahmen des Praxiscontrollings geht es in erster Linie um den Steuerungseffekt anhand des Vergleichsinstrumentariums und erst in zweiter Linie um eine perfektionierte Kontrolle mit exakter Erreichung vorgegebener Werte.

Zu den wichtigsten Vergleichsmerkmalen, die im Rahmen eines Zeit-, Praxis- oder Soll-/Ist-Vergleichs in der Zahnarztpraxis Berücksichtigung finden sollten, zählen zunächst die Umsatzzahlen, wobei alle Einnahmen aus Kassen- und Privatliquidation sowie sonstige Einnahmen verfolgt werden sollten. Ein weiteres Vergleichsmerkmal sind die

Kosten. Hier sollten die Personalkosten nicht nur mit den Gehältern, sondern auch die freiwilligen und gesetzlichen Sozialleistungen in den Vergleich eingehen. Bei den Raumkosten ist es zweckmäßig neben den Miet- und Verbrauchskosten auch die Kosten für die Praxisreinigung und -instandhaltung zu berücksichtigen. Neben der Entwicklung der Material- und Gerätekosten sollten insbesondere noch die Kosten für Weiterbildung, Versicherungen und Beiträge sowie die Abschreibungen regelmäßig verglichen werden. Schließlich bietet es sich an, auch für einzelne Kennzahlen Vergleiche durchzuführen und etwa die Entwicklung der Abschreibungsquote oder der Umsatzrentabilität im Zeitablauf oder anhand von Sollvorgaben zu kontrollieren.

Die **Differenzanalyse** schließt sich notwendigerweise an einen Zeit-, Praxis- oder Soll-/ Ist-Vergleich an. Sie geht von der Höhe der jeweiligen positiven oder negativen Abweichungen der jeweiligen Vergleichswerte aus und versucht die Ursachen hierfür festzustellen. Nicht immer liegen die Ursachen etwa in tatsächlichen Kostensteigerungen, Einnahmenerhöhungen oder Veränderungen in der Patientenstruktur. Mitunter liegen auch Berechnungsfehler, Ermittlungsfehler, Falschbuchungen, fehlerhafte Weitergabe von Informationen zur Praxisbuchhaltung oder auf dem Weg zum Steuerberater vor. Es ist daher wichtig, bevor es zum Ergreifen von Korrekturmaßnahmen im Praxisbetrieb kommt, die Plausibilität insbesondere der Istwerte zu überprüfen. Sowohl vermeintlich negative Differenzen können zu falschen Schlussfolgerungen führen, als auch positive Abweichungen, die Nachlässigkeit erzeugen oder zu Unrecht die Praxis auf dem rechten Weg wähnen können.

Bei der Differenzanalyse sind negative wie auch positive Abweichungen gleichermaßen zu berücksichtigen. Fallen in einem Jahr statt 250.000 € geplanten Praxiskosten (Sollwert) 280.000 € (Istwert) an, so ist die Differenz in Höhe von 30.000 € als negative Abweichung aufzufassen, die eine Gegensteuerung erforderlich macht (beispielsweise Ergreifung von Kostensenkungsmaßnahmen). Werden andererseits die Fallzahlen beispielsweise um 20 % überschritten, so kann dieser Wert aufgrund des höheren Patientenzuspruchs zunächst als positive Abweichung verstanden werden. Auch hier ist zu überprüfen, ob der Sollwert nicht vielleicht zu gering angesetzt war. Da man davon ausgehen kann, dass nicht jede Praxis in allen Bereichen überaus erfolgreich arbeitet, sind bei dauerhaft hohen positiven Abweichungen in der Regel die Sollwerte falsch gewählt, was den Steuerungseffekt des Praxiscontrollings entsprechend verringert. Außerdem ist zu berücksichtigen, dass die erhöhten Fallzahlen aufgrund der Budgetierung zu Einnahmeausfällen in Form nicht honorierter Leistungen führen können.

Da eine „Punktladung" in den seltensten Fällen vorkommt und die Differenzanalyse in der Regel immer Abweichungen aufweist, sind praktikablerweise Toleranzbereiche für die Sollwerte festzulegen. Sie können als relative Bandbreiten eines Sollwertes definiert werden (beispielsweise +/−5 %) oder als maximaler bzw. minimaler absoluter Wert (zum Beispiel) Sollwert Praxiskosten pro Jahr: 240.000–260.000 €. Allerdings sollte man bei den Toleranzbereichen darauf achten, dass die Bandbreiten nicht zu groß gewählt werden, um den Kontroll- und Steuerungseffekt nicht zu verringern.

8.1.3   Steuerung mit Praxiskennzahlen

Praxiskennzahlen sind vordefinierte Zahlenrelationen, die durch Kombination von Zahlen des Rechnungswesens entstehen, regelmäßig ermittelt werden und aus denen sich Aussagen zu betriebswirtschaftlichen Sachverhalten der Zahnarztpraxis komprimiert und prägnant ableiten lassen. Sie gehören damit zu den wichtigsten Instrumenten des Praxiscontrollings und dienen dazu, aus der Fülle betriebswirtschaftlicher Informationen wesentliche Auswertungen herauszufiltern und die betriebliche Situation der Zahnarztpraxis zutreffend widerzuspiegeln. Die im Praxiscontrolling verwendeten Kennzahlen lassen sich somit als Zahlen definieren, mit denen die quantitativ erfassbaren Sachverhalte der Praxis in konzentrierter Form wiedergegeben werden können. Kennzahlen zählen damit zu den zentralen Instrumenten des Praxiscontrollings und dienen der Vermittlung eines schnellen und komprimierten Überblicks über die Praxisstrukturen. Charakterisiert werden Kennzahlen durch ihren Informationscharakter, die Quantifizierbarkeit und ihre spezifische Form. Neben absoluten Kennzahlen-Größen (Summe oder Differenz) werden relative Größen in Form von Beziehungs-, Gliederungs- oder Indexzahlen unterschieden. Da Kennzahlen aggregierte (verdichtete) Informationen abbilden, dienen sie meist dazu, schnell und prägnant über ein ökonomisches Aufgabenfeld zu informieren. Daneben werden Kennzahlen auch dazu verwendet, um bewusst auf eine detaillierte Informationserfassung zu verzichten und nur einen kleinen Ausschnitt des insgesamt in der Praxis Erfassbaren tatsächlich auch abzubilden.

Die **Kennzahlenarten** lassen sich nach ihrer statischen Form zunächst unterscheiden in relative und absolute Kennzahlen. Obwohl relative Kennzahlen meist eine höhere Aussagefähigkeit haben (z. B. Umsatzrentabilität, Krankenausfallquote beim Praxispersonal), so können auch absolute Kennzahlen (z. B. Praxisumsatz, -kosten, -gewinn) als wichtiges Hilfsmittel im gesamten operativen Planungs-, Steuerungs- und Kontrollprozess herangezogen werden. Nach einer anderen Systematik lassen sich die Kennzahlenarten differenzieren in

- Produktivitätskennzahlen, welche beispielsweise die Produktivität der Praxisangehörigen und der dentaltechnischen Praxiseinrichtungen messen sollen,
- Wirtschaftlichkeitskennzahlen oder Rentabilitätskennzahlen, bei denen beispielsweise genau definierte Praxiskosten zu bestimmten Leistungseinheiten ins Verhältnis gesetzt werden sowie
- Qualitätskennzahlen, die jeweils der Beurteilung des Grades der Zielrichtung dienen.

Obwohl sich Kennzahlen in der Regel als wichtige Planungs- und Entscheidungsgrundlage erweisen, ist zu berücksichtigen, dass sie mit einer Reihe von Problemen behaftet sein können, die ihre Anwendung einschränken oder sogar unmöglich machen. Dem großen Vorteil von Kennzahlen, große und schwer überschaubare Datenmengen zu wenigen aussagekräftigen Größen verdichten zu können, steht der Nachteil gegenüber, aus der Menge der zur Verfügung stehenden Informationen das Optimum herauszuholen. Die Gefahr einer Kennzahleninflation entsteht dann, wenn zu viele Kennzahlen gebildet werden, deren Aussagewert im Verhältnis zum Erstellungsaufwand letztlich zu gering ist bzw. schon von anderen Kennzahlen abgedeckt wird. Um Fehler bei der Kennzahlenaufstellung zu vermeiden, sind die zur Bildung der Kennzahlen herangezogenen Basisdaten genau zu spezifizieren und exakt abzugrenzen. Eine Standardisierung von Kennwerten ist erforderlich, um deren Vergleichbarkeit im Zeitablauf zu gewährleisten. Sich im Zeitverlauf möglicherweise ergebendes falsches Zahlenmaterial könnte ansonsten zu Fehlentscheidungen führen. Um keine mangelnde Konsistenz von Kennzahlen zu erzeugen, darf die Verwendung mehrerer Kennzahlen in einem Kennzahlensystem keinen Widerspruch auslösen. Es sollten nur solche Größen zueinander in Beziehung gesetzt werden, zwischen denen ein Zusammenhang besteht. Fehlende Konsistenz kann ansonsten zu gravierenden Entscheidungsfehlern führen. Um Probleme der Kennzahlenkontrolle zu verringern, sollten nur solche Kennzahlen gebildet werden, deren Werte bei Abweichungen beeinflusst werden können. Dabei wird zwischen direkt und indirekt kontrollierbaren Kennzahlen unterschieden. Im erst genannten Fall kann ein Sollwert durch die Wahl einer oder mehrerer Aktionsvariablen beeinflusst werden, während dies bei indirekt kontrollierbaren Kennzahlen nicht der Fall ist.

Aus den oben dargestellten Grenzen der Anwendbarkeit von Einzelkennzahlen ergibt sich die Notwendigkeit einer integrativen Erfassung von Kennzahlen. Ziel einer solchen integrativen Erfassung ist es, mittels einer umfassenden Systemkonzeption Mehrdeutigkeiten in der Interpretation auszuschalten und Abhängigkeiten zwischen den Systemelementen zu erfassen. Als **Kennzahlensystem** bezeichnet man die systematische Zusammenstellung von quantitativen Einzelkennzahlen, die in einer sachlich sinnvollen Beziehung zueinander stehen, sich ergänzen und insgesamt auf ein übergeordnetes Gesamtziel ausgerichtet sind. Unter einem Praxiskennzahlensystem versteht man ein System, das die entscheidungsrelevanten Sachverhalte und Prozesse in der Praxis systematisch abbildet. Ausgehend von der begrenzten Aussagefähigkeit von Einzelkennzahlen dient die systematische Zusammenstellung von Praxiskennzahlen dazu, in knapper und konzentrierter Form alle wesentlichen Informationen für eine umfassende Planung und Kontrolle von Entscheidungen in der Zahnarztpraxis bereitzustellen.

Man unterscheidet dabei mathematisch verknüpfte Kennzahlensysteme, die vorliegen, wenn die Einzelkennzahlen des Praxiskennzahlensystems durch mathematische Operationen miteinander verbunden werden. Die Übersichtlichkeit und Aussagefähigkeit dieses Kennzahlensystems wird aber dadurch stark eingeschränkt, dass bei dieser Vorgehensweise sehr viele Hilfskennzahlen als „mathematische Brücken" in Kauf genommen werden. Sobald die Summe der Einzelkennzahlenwerte über die gesamte Prozesskette zu berechnen ist, stößt für praxisrelevante Sachverhalte ein solches mathematisch verknüpftes Kennzahlensystem an seine Grenzen. So entspricht z. B. die Summe der Patientendurchlaufzeiten an der Rezeption, in der Befunderhebung, beim Röntgen etc. nicht automatisch der Gesamtdurchlaufzeit, da Unterbrechungen vorkommen. Bei einem systematisch verknüpften Kennzahlensystem wird ausgehend von einem Oberziel ein System von Kennzahlen gebildet, das lediglich die wesentlichen Entscheidungsebenen mit einbezieht. Die Ergebnisse aus diesen wesentlichen Entscheidungssystemen lassen die Erfolgsauswirkungen auf das Oberziel erkennen. Bezogen auf die Zahnarztpraxis bedeutet dies, dass das Oberziel in Unterzielsetzungen heruntergebrochen wird und dann für alle Praxisbereiche entsprechende Kennzahleninhalte und -werte definiert werden. Im extremen Fall aber ist hierbei auf jeden relevanten Planungs- und Kontrollinhalt eine Kennzahl zu setzen. Noch genauer als beim systematisch verknüpften Kennzahlensystem wird beim empirisch begründeten Kennzahlensystem vorgegangen: Denn es wird sich lediglich auf diejenigen Praxisfunktionen beschränkt, die das Erfolgsziel auch tatsächlich beeinflussen. Dieses System zeichnet sich dadurch aus, dass man bei komplexen Entscheidungen durch einen Reduktionsprozess von der praxisbetrieblichen Realität zur modellmäßigen Abbildung durch aggregierte Kennzahlen gelangt und sich bei der Kennzahlenbildung auf die erfolgsrelevanten Bestandteile und damit auf wichtige Kennzahlen konzentriert.

Ziele eines Kennzahlensystems für die Zahnarztpraxis sind unter anderem die

- optimale Lösung von Zielkonflikten in der Zahnarztpraxis,
- eindeutige Vorgabe von Zielen für die Praxis und ihre einzelnen Verantwortungsbereichen,
- frühzeitige Erkennung von Abweichungen,
- systematische Suche nach Schwachstellen und ihren Ursachen,
- Erschließung von Rationalisierungspotenzialen.

Anhand der Ziele lassen sich folgende Funktionen ableiten, die ein Kennzahlensystem für die Zahnarztpraxis leisten muss:

- Operationalisierungsfunktion: Bildung von Kennzahlen zur Operationalisierung von Zielen und Zielerreichung (Leistungen).
- Anregungsfunktion: Laufende Erfassung von Kennzahlen zur Erkennung von Auffälligkeiten und Veränderungen.
- Vorgabefunktion: Ermittlung kritischer Kennzahlenwerte als Zielgrößen für Teilbereiche der Praxis.
- Steuerungsfunktion: Verwendung von Kennzahlen zur Vereinfachung von Steuerungsprozessen.
- Kontrollfunktion: Laufende Erfassung von Kennzahlen zur Erkennung von Soll-Ist-Abweichungen.

Die Problematik der Schaffung eines funktionierenden Kennzahlensystems für die Zahnarztpraxis hat zur Folge, dass die meisten Kennzahlensysteme oft nur der statistischen Analyse zum Zeitpunkt x dienen, oder aber, dass sog. Ablaufkennzahlen nur partielle Aussagen zu Detailbereichen zulassen. Es fehlt also an der Darstellung des gesamten Praxisbetriebs und seiner Zusammenhänge bzw. dessen Erfassung in Kennzahlensystemen, die als Instrument für die Planung, Steuerung und Kontrolle dieser Praxisfunktionen geeignet sind.

Kennzahlen können als entscheidendes Instrument der Praxisführung dazu beitragen, die Planung, Steuerung und Kontrolle mit dem Ziel optimierter Zuordnungen und möglichst wirtschaftlicher Abläufe sichern zu helfen. Wie auch im Gesamtsystem der Praxis dienen die Kennzahlen insbesondere mit ihren Querfunktionen und Zuordnungen der exakten Verfolgung der Vorgänge, ihrer Beurteilung nach Rentabilität sowie der optimalen Zuordnung von Teilvorgängen im Gesamtsystem mit den anderen Bereichen und Funktionen.

Das Instrument der Kennzahlensysteme hat bei der Erkennung von Störgrößen und Engpässen in der Zahnarztpraxis im Wesentlichen drei Aufgaben zu erfüllen:

* Die Analyse des Istzustands der Zahnarztpraxis und die Festlegung der Schwachstellen,
* die Entwicklung einer neuen Soll-Position gegenüber der bisherigen Ist-Position,
* die Entwicklung von entsprechenden Maßnahmen und die Kontrolle des Aktionsplans durch Kennzahlen bis zu einer optimalen Lösung.

Um einen laufenden Vergleich von Soll- und Ist-Werten zu ermöglichen ist es zunächst erforderlich, in der Planung Sollgrößen zu erarbeiten, die in einem Zeitraum x anzustreben sind. Hierzu gehört, realistisch für die nächsten Jahre kalkuliert anstrebbare Verbesserungen im Praxisbetrieb einzusetzen und diese mit den gegebenen Ist-Größen laufend im Rahmen der Praxisplanung zu vergleichen.

Die Entwicklung eines individuellen Kennzahlensystems für die Zahnarztpraxis umfasst folgende Schritte:

* Festlegung und Gewichtung der Praxisziele,
* Festlegung der Kennzahlen zum Praxiscontrolling,
* Auswahl der Kennzahlen-Empfänger (Zahnärzte, Praxispersonal, Steuerberater u. a.),
* Sicherung der Informationsquellen und Vergleichsgrundlagen,
* Festlegung der Erhebungszeitpunkte bzw. -räume,
* Auswahl der Verantwortlichkeiten für die Erstellung der Kennzahlen,
* Festlegung der Darstellung der Kennzahlenergebnisse.

Will eine Zahnarztpraxis eine effiziente Arbeit mit Kennzahlen erreichen, so muss sie diese an ihren Bedürfnissen ausrichten. Unter Berücksichtigung der Qualifikationsstruktur ihrer Mitarbeiter und ihrer Größe stellt sie sehr unterschiedliche Anforderungen an ein Kennzahlensystem. In der Regel kann die Zahnarztpraxis unter sehr vielen üblichen Kennzahlen die für sie am besten geeigneten auswählen, um so auf ein „maßgeschneidertes Kennzahlensystem" zu kommen. Ob die jeweilige Kennzahl für sie geeignet erscheint, lässt sich anhand folgender Fragen beantworten:

* Sind die Kennzahlen steuerungsrelevant?
* Ist das zugehörige Zielsystem der Praxis überzeugend?
* Wie typisch oder wie spezifisch ist es?

- Wie kreativ sind die Kennzahlen?
- Ähneln sie sehr den Zahlen der Vergangenheit?
- Wie wirkungsvoll sind die Kennzahlen?
- Werden sie schnell einen Veränderungsbedarf zeigen?
- Kann Ihre Steuerungsrelevanz entfalten?
- Sind die Kennzahlen leicht verständlich?
- Birgt die Kennzahl die Gefahr, leicht fehlinterpretiert zu werden?
- Stimmt der Adressatenbezug?
- Ist der Praxisbezug überzeugend?
- Sind die Wirkungszusammenhänge zwischen den Kennzahlen realitätsnah, passend und zweckmäßig abgebildet?

Nach der getroffenen Auswahl an Kennzahlen bieten sich der Praxisleitung Gestaltungs-spielräume hinsichtlich der Gliederung der einzelnen Kennzahlen sowie bei der Festlegung der Erhebungszeitpunkte bzw. -räume.

Kennzahlen liefern gerade im Praxis- und Zeitvergleich wichtige Aussagen über die wirtschaftliche Führung und das Leistungsvermögen einer Zahnarztpraxis. Ihre Berech-nungen sind in der Regel einfach, so dass sie von der Praxisleitung selbst, einer Fachkraft für die Praxisverwaltung oder dem Steuerberater ohne allzu großen Aufwand ermittelt werden können. Dadurch werden Fehlentwicklungen in der Praxis frühzeitig erkannt und Gegenmaßnahmen lassen sich rechtzeitig ergreifen.

Auf der Grundlage der einfachen Einnahmen-/Überschussrechnung, aus den sonstigen Daten der Praxisbuchhaltung, aus KZBV-Statistiken, Monats- und Quartalsauswertungen lassen sich gebräuchliche Kennziffern für die Zahnarztpraxis ableiten (Tab. 8.1).

Zunächst sind hierbei die Rentabilitätskennzahlen zu nennen, die das Verhältnis zwi-schen einer Erfolgsgröße und beispielsweise dem eingesetzten Kapital in der Zahnarztpraxis wiedergeben. So beschreibt die Eigenkapitalrentabilität, ob sich der Einsatz des Eigen-kapitals gelohnt hat. Üblicherweise wird gefordert, dass das eingesetzte Eigenkapital eine gewisse Mindestverzinsung erfährt, die sich aus dem marktüblichen Zinssatz, einer Risiko- und Kapitalerhaltungsprämie zusammensetzt.

Die Gesamtkapitalrentabilität ist Ausdruck für die Leistungsfähigkeit des in der Zahn-arztpraxis arbeitenden Kapitals. Praxisgewinn und Fremdkapitalkosten werden zu einer Größe zusammengefasst und auf das durchschnittlich gebundene Kapital bezogen. Das Prozentergebnis zeigt den Erfolg des gesamten Kapitaleinsatzes. Ferner zeigt die Gesamtka-pitalrendite den Grenzzinssatz an, der für zusätzliches Fremdkapital erwartet werden kann. Die Eigenkapitalrentabilität kann nämlich so lange gesteigert werden, wie der Zinssatz für Fremdkapital unter der Rentabilität des Gesamtkapitals liegt. Sinkt die Gesamtkapitalrendite nachhaltig unter den Fremdkapitalzins, ist das ein wichtiges Warnsignal.

Die Umsatzrentabilität beschreibt, mit welchem Praxisumsatz welcher Praxisgewinn erzielt wird. So kann zu Erzielung eines Praxisgewinns von 200.000 € ein Umsatz von 500.000 € nötig sein, aber auch ein Umsatz von 800.000 €. Sie sollte eine Rendite widerspiegeln, die multipli-ziert mit dem Kapitalumschlag eine vernünftige Gesamtkapitalrentabilität entstehen lässt.

Tab. 8.1 Kennzahlenbeispiele für die Zahnarztpraxis

Kennzahl	Formel	Beschreibung
Rentabilitätskennzahlen		
Eigenkapitalrentabilität	(Praxisgewinn ÷ Eigenkapital) × 100	Sicherstellung der Mindestverzinsung des Eigenkapitals
Gesamtkapitalrentabilität	[(Praxisgewinn + Fremdkapitalzinsen) ÷ Gesamtkapital] × 100	Ausdruck für die Leistungsfähigkeit des in der Zahnarztpraxis arbeitenden Kapitals
Umsatzrentabilität	(Praxisgewinn ÷ Praxisumsatz) × 100	Anteil des Praxisgewinns und der Praxiskosten am Gesamtumsatz
Return on Investment	(Praxisgewinn ÷ Praxisumsatz) × (Praxisumsatz ÷ gesamtes investiertes Kapital)	Verhältnis des gesamten investierten Kapitals und des Praxisumsatzes zum Praxisgewinn
Cashflow	Praxiseinnahmen (zahlungswirksame Erträge) – Praxisausgaben (zahlungswirksame Aufwendungen)	Umsatzüberschuss oder Finanzüberschuss, der sich als Nettozugang an flüssigen Mitteln aus der Umsatztätigkeit innerhalb eines Zeitraums darstellt
Zuwachsraten		
Umsatzzuwachsrate	(Praxisumsatz Periode X ÷ Praxisumsatz Periode Y) × 100	Entwicklung des Praxisumsatzes
Gewinnzuwachsrate	(Praxisgewinn Periode X ÷ Praxisgewinn Periode Y) × 100	Entwicklung des Praxisgewinns
Kostenzuwachsrate	(Praxiskosten Periode X ÷ Praxiskosten Periode Y) × 100	Entwicklung der Praxiskosten
Liquiditätskennzahlen		
1. Liquiditätsgrad	Zahlungsmittelbestand ÷ kurzfristige Verbindlichkeiten	Verhältnis zwischen Zahlungsmittelbestand und kurzfristigen Verbindlichkeiten
2. Liquiditätsgrad	(Zahlungsmittelbestand + kurzfristige Forderungen) ÷ kurzfristige Verbindlichkeiten	Verhältnis zwischen Teilen des Umlaufvermögens und kurzfristigen Verbindlichkeiten
3. Liquiditätsgrad	Umlaufvermögen ÷ kurzfristige Verbindlichkeiten	Verhältnis zwischen gesamtem Umlaufvermögen und kurzfristigen Verbindlichkeiten

(Fortsetzung)

Tab. 8.1 (Fortsetzung)

Kennzahl	Formel	Beschreibung
Personalkennzahlen		
Monatl. Arbeitsstunden	Gesamtzahl der monatlichen Arbeitsstunden ÷ Anzahl der Praxisangehörigen	Entwicklung der durchschnittlichen Arbeitszeiten je Praxisangehörigen
Überstundenquote	(Ist-Arbeitsstunden ÷ Soll-Arbeitsstunden) × 100	Einsatzbereitschaft des Praxispersonals; Personalbemessung
Krankheitsquote	(Monatliche Krankenausfallstunden ÷ Monatliche Arbeitsstunden) × 00	Ausfallzeiten des Praxispersonals
Fluktuationsquote	(Personalabgang ÷ durchschnittlicher Personalbestand der Praxis) × 100	Personalbewegungen; Arbeitsplatzzufriedenheit

Der Return on Investment (RoI) beschreibt die Rentabilität des gesamten Kapital-einsatzes und stellt dar, wie das eingesetzte Kapital durch die Leistung der Zahnarztpraxis verzinst wird. Dabei arbeitet die Praxis umso leistungsfähiger und effizienter, je höher der RoI ist. Die Rentabilitätsrechnung des RoI kann sich sowohl auf die gesamte Praxis als auch auf Teilbereiche oder die Vorteilhaftigkeit einzelner Investitionen beziehen. Im Rahmen der Analyse von Kennzahlen errechnet sich der RoI üblicherweise aus dem Verhältnis des gesamten investierten Kapitals und des Praxisumsatzes zum Praxisgewinn. Generell werden bei der Berechnung des investierten Kapitals Bruttoanlagewerte für die Praxiseinrichtung (Anschaffungskosten) wie auch Nettoanlagewerte (Anschaffungskosten minus Abschreibungen) verwendet. Daher kann der RoI kann nicht unmittelbar aus der Einnahme-/Überschussrechnung abgeleitet werden.

Der RoI kann anstelle der Berücksichtigung des Praxisgewinns auch mit dem Cashflow als Erfolgskennzahl gebildet werden. Es handelt sich dabei um den Umsatzüberschuss oder Finanzüberschuss einer Zahnarztpraxis, der sich als Nettozugang an flüssigen Mitteln aus der Umsatztätigkeit innerhalb eines Zeitraums darstellt. Der Cashflow ist eine gebräuchliche, sehr aussagefähige Kennzahl zur Beurteilung der Finanzlage einer Zahnarztpraxis. Er kann zum Zeitvergleich herangezogen oder mit dem Cashflow von anderen Praxen verglichen werden. Er lässt sich direkt ermitteln aus den Praxiseinnahmen (zahlungswirksame Erträge) abzüglich der Praxisausgaben (zahlungswirksame Aufwendungen) oder indirekt als Praxisgewinn (oder -verlust) zuzüglich Zuführung zu Rücklagen (oder abzüglich Auflösung von Rücklagen, abzüglich Gewinnvortrag aus der Vorperiode (oder zuzüglich Verlustvortrag aus der Vorperiode) zuzüglich Abschreibungen und zuzüglich der Erhöhung langfristiger Rückstellungen (oder Verminderung der langfristigen Rückstellungen).

Zuwachsraten geben Auskunft über die Entwicklung von Umsatz-, Gewinn- oder Kostengrößen in Vergleichszeiträumen. So drückt die Umsatzzuwachsrate die Entwicklung des Praxisumsatzes durch den Vergleich des Praxisumsatzes einer bestimmten Periode mit einer Vergleichsperiode aus. Entsprechendes gilt für die Gewinnzuwachsrate, die Kosten-zuwachsrate oder andere auf die gleiche Weise ermittelbare Zuwachsraten.

Neben den umsatz-, kosten-, und gewinnbezogenen Kennzahlen gibt es weitere Kennziffern, die Auskünfte über die Ertrags- und Vermögenslage der Zahnarztpraxis liefern. So informieren die Liquiditätskennzahlen über die Liquidität der Zahnarztpraxis und somit beispielsweise darüber, ob zur kurzfristigen Begleichung fälliger Verbindlichkeiten ausreichend eigene Zahlungsmittel zur Verfügung stehen. Das Umlaufvermögen sollte sich mehrmals innerhalb einer Periode umschlagen. Weiterhin gilt, dass der 3. Liquiditätsgrad einen Wert von mindestens 2 aufweisen sollte und dass bezüglich des 2. Liquiditätsgrades der Wert 1 eine kritische Zahl darstellt.

Für das Praxiscontrolling des Personalmanagements erweisen sich folgende Personalkennzahlen als besonders informativ und zu Kontrollzwecken wichtig:

Die Zahl der durchschnittlich geleisteten monatlichen Arbeitsstunden lässt auf die Entwicklung der durchschnittlichen Arbeitszeiten je Mitarbeiterin schließen.

Eine jeweils über 100 % liegende Überstundenquote kann einerseits die Einsatzbereitschaft des Praxispersonals zum Ausdruck bringen. Andererseits lässt sie bei dauerhaft hohen Werten aber auch den Schluss zu, dass zu wenig Personal zur Verfügung steht und die Personalbedarfsrechnung der Praxis nicht stimmt.

Über die Ausfallzeiten des Praxispersonals gibt die Krankenausfallquote Auskunft.

Die Personalbewegungen und damit auch Aussagen über die Zufriedenheit am Arbeitsplatz lassen sich am besten durch die Fluktuationsquote ermitteln. So lässt sich eine niedrige Fluktuationsrate einerseits zwar dahingehend interpretieren, dass die Arbeitsplatzzufriedenheit und die Mitarbeiterführung im positiven Bereich liegen. Andererseits gehen bei derartig geringen Personalbewegungen aber auch keine Impulse von Neueinstellungen aus. Das zur Ermittlung der Personalkennzahlen nötige Datenmaterial lässt sich beispielsweise direkt aus dem Praxiscomputer entnehmen, an dem sich das Personal zu Arbeitsbeginn und -ende an- und abmelden muss. In vielen installierten Programmen sind sogar bereits statistische Auswertungen vorhanden und jederzeit abrufbar. Als weitere Datenquellen können das Führen von Urlaubs- und Abwesenheitsübersichten, Arbeitszeiterfassungsdaten usw. herangezogen werden. Die manuelle Auswertung dieser Daten ist allerdings recht mühsam und sollte daher auf die Ermittlung nur weniger wichtiger Kennzahlen beschränkt bleiben.

Über die dargestellten Kennziffern hinaus, ließen sich noch zahlreiche weitere Kennzahlen für das Praxiscontrolling ermitteln. So etwa Kostenkennzahlen, die etwa die Beziehung einzelner Kostenarten zum Praxisumsatz oder Kostendeckungsbeiträgen zum Ausdruck bringen, oder Umsatzkennzahlen, die den Umsatzanteil je Mitarbeiter oder den Anteil einzelner Praxisbereiche am gesamten Praxisumsatz widerspiegeln.

Abschließend seien noch Kennzahlen zum Patientenbereich erwähnt, denn kaum eine Praxis kennt die Zahl der Patienten, die sie mehr oder weniger regelmäßig aufsucht. Die Behandlungsfälle je Quartal geben darüber auch keine Auskunft. Gerade aber um Maßnahmen des Praxismarketings gezielt einsetzen und steuern zu können, bedarf es Informationen über die tatsächliche Patientenzahl und -struktur. Daher sollten die Patientenkartei in regelmäßigen Abständen durchforstet und Patienten, die schon längere Zeit nicht mehr in der Praxis waren entweder aus ihr entfernt oder gezielt in die Marketingmaßnahmen einbezogen und damit „reaktiviert" werden. Als relevante Kennzahl lässt sich somit die tatsächliche Patientenzahl der Praxis definieren und ihre Entwicklung im Zeitvergleich und auch im Vergleich mit anderen Praxen beobachten.

8.2   Risikomanagement in der Zahnarztpraxis

8.2.1   Grundlagen und Schutzziele

Bei der Einrichtung eines **Risikomanagements** in Zahnarztpraxen handelt es sich um die systematische Erfassung und Bewertung von Risiken in der Praxis, sowie deren Steuerung und anzustrebende Vermeidung durch geeignete Präventionsmaßnahmen. Die rechtlichen gesetzlichen Grundsätze eines Risiko- und Notfallmanagements umfassen beispielsweise arbeitsplatzbezogene Unterweisungen vor Ort, die am Arbeitsplatz durchgeführt und dokumentiert werden müssen, um Kenntnisse über dentaltechnische Geräte oder den sicheren Umgang mit Gefahrstoffen zu erlangen.

> „Der Arbeitgeber hat die Beschäftigten über Sicherheit und Gesundheitsschutz bei der Arbeit während ihrer Arbeitszeit ausreichend und angemessen zu unterweisen. Die Unterweisung umfasst Anweisungen und Erläuterungen, die eigens auf den Arbeitsplatz oder den Aufgabenbereich der Beschäftigten ausgerichtet sind. Die Unterweisung muss bei der Einstellung, bei Veränderungen im Aufgabenbereich, der Einführung neuer Arbeitsmittel oder einer neuen Technologie vor Aufnahme der Tätigkeit der Beschäftigten erfolgen. Die Unterweisung muss an die Gefährdungsentwicklung angepasst sein und erforderlichenfalls regelmäßig wiederholt werden." (§ 12 ArbSchG).

Arbeitsfehler, Unsorgfältigkeiten und unzureichend organisierte Arbeitsabläufe können bei zahnmedizinischen Leistungen sowie verwaltungstechnischen Tätigkeiten der Patientenversorgung Schadensereignisse und Unglücksfälle nach sich ziehen, bei denen Patienten oder Mitarbeiter der Zahnarztpraxis zu Schaden kommen können.

Obwohl viele Untersuchungs- und Behandlungsverfahren erfolgreicher geworden sind, ist das Risiko von Komplikationen und Gefahren nicht signifikant gesunken. Es ist anzunehmen, dass nicht der zahnmedizinische Fortschritt, also die Optimierung der Behandlungs- und Operationsmethoden, zu einer Risikovermehrung führt, sondern die Ursachen hierfür in erster Linie in den Arbeitsabläufen zu suchen sind: Dünne Personaldecken verursachen Fehleranhäufungen, Informationsdefizite führen zu falschen Behandlungen oder zur Verabreichung falscher Medikamente, unsachgemäßer Umgang mit Geräten aufgrund von Unachtsamkeit oder mangelnder Schulung und Einweisung des jeweiligen Personals verursacht Schadensfälle. Hinzu kommt das klassische Risiko von Infektionen und Blutvergiftungen.

> „Bei einem Unterschreiten des zahnmedizinisch gebotenen Standards ist der Zahnarzt Schadensersatzansprüchen ausgesetzt. Der Fehlschlag einer zahnärztlichen Therapie ist jedoch kein Beweis für eine schlechte Behandlung. Erst wenn der Behandlungsfehler und seine

Ursächlichkeit für einen Gesundheitsschaden des Patienten feststehen, kommt eine Behandlungsfehlerhaftung zum Tragen. Ebenso kann eine Verletzung der Aufklärungspflicht zur Haftung des Zahnarztes führen, wenn sie für einen Schaden des Patienten ursächlich geworden ist." (Finster 2005, S. 7).

Das Risikomanagement in der Zahnarztpraxis hat daher in erster Linie den Zweck, Patienten, deren Angehörige und Mitarbeiter vor Schädigungen zu schützen. Ferner dient es dem Schutz und der Bewahrung ihrer Sachwerte, dem Schutz vor finanziellen Verlusten sowie der Erhaltung immaterieller Werte. Dazu ist die Erfassung von Zwischenfällen durchzuführen, die Vorfälle oder Fehler bei der Leistungserstellung darstellen, welche zur Verletzung einer Person oder zur Sachbeschädigung führen könnten oder bereits geführt haben. Mit Hilfe von Fehlerpotenzialanalysen lassen sich mögliche Fehler bei der Entwicklung und organisatorischen Umsetzung eines neuen Leistungsangebots oder bei neuen Abläufen in der Zahnarztpraxis vermeiden, indem deren Wahrscheinlichkeit bewertet und Maßnahmen zur Verhinderung ergriffen werden.

In ähnlicher Weise funktioniert die Kontrolle durch das **Critical Incident Reporting-System** (CIRS), einem anonymisierten Fehlerberichtssystem, welches durch die Meldung kritischer Ereignisse dazu beiträgt, die eigenen Prozesse zu überprüfen, um die gemeldeten Fehler zu vermeiden. Anhand der Daten können lediglich das Ereignis, nicht jedoch der Meldende, seine Praxis oder geschädigte Patienten zurückverfolgt werden. Im Vordergrund stehen dabei die Lernvorgänge und die damit verbundene Initiierung von Kontrollen im eigenen Bereich.

„Das gemeinsame Berichts- und Lernsystem von Kassenzahnärztlicher Bundesvereinigung (KZBV) und Bundeszahnärztekammer (BZÄK) „CIRS dent – Jeder Zahn zählt!" (CIRS: Critical Incident Reporting System) leistet einen wichtigen Beitrag zur Verbesserung der Patientensicherheit. Zahnärzte sollen über dieses Online-System aus eigenen Erfahrungen mit unerwünschten Ereignissen im Praxisalltag und aus Erfahrungen ihrer Kollegen lernen. Nicht nur die betroffene Zahnarztpraxis soll dabei aus diesen Ereignissen lernen, sondern auch andere Praxen – damit diese im Idealfall von vornherein vermieden werden können.

Innerhalb des CIRS dent-Internetportals können Zahnärzte anonym und ohne Rückschlüsse auf die jeweilige Praxis von unerwünschten Ereignissen im Zusammenhang mit zahnärztlichen Behandlungen berichten, die Berichte von Kollegen kommentieren und sich mit anderen Nutzern des Berichtssystems direkt und unkompliziert austauschen." (Kassenzahnärztliche Vereinigung Berlin 2015, S. 1).

Auch das **Beschwerdemanagement** kann dadurch, dass die in den Beschwerden enthaltenen Informationen Aufschluss auf praxisbetriebliche Schwächen und somit wichtige Hinweise für kontinuierliche Verbesserungen geben, zur Fehlerbeseitigung beitragen. Damit die Praxisleitung wichtige Hinweise auf Stärken und Schwächen in der Zahnarztpraxis erfährt, ist es sinnvoll, nicht nur die artikulierte Unzufriedenheit dabei zu berücksichtigen, sondern auch Folgebeschwerden, Anfragen oder Verbesserungsvorschläge. Dies trägt dazu bei, das Feedback der Patienten für den Lernprozess in der Zahnarztpraxis nutzbar zu machen. Somit lassen sich mit dem Beschwerdemanagement

- Leistungsmängel feststellen,
- durch Fehler oder deren Folgen entstehende Kosten reduzieren,
- Fehler von Praxisangehörigen aufdecken,
- das praxisbetriebliche Risikomanagement verbessern.
- die Servicequalität in der Zahnarztpraxis steigern,
- die Patientenzufriedenheit erhöhen.

Für das Management der Patientenbeschwerden, ist es wichtig, dass für die Patienten eine ihnen bekannte Anlaufstelle in der Praxis eingerichtet ist, bei der ihre Beschwerde entgegengenommen und protokolliert wird. Ferner sind klare Zuständigkeiten und Prozessdefinitionen für das Prüfen und für den Umgang mit dem Patientenanliegen notwendig, so dass ihm im Ergebnis eine Problemlösung angeboten werden kann. Mit den Praxisangehörigen ist zu besprechen, warum diese Problemsituation überhaupt entstanden ist und wie sie zukünftig vermieden werden kann.

Doch nicht nur Behandlungsfehlervorwürfe, auch Brände, Stromausfälle, Wassereinbrüche etc. stellen mögliche Schadensereignisse für Zahnarztpraxen dar und damit das Risiko, dass Patienten oder Mitarbeiter in eine gefährliche Notlage geraten. Das Risikomanagement des Bundesamtes für Bevölkerungsschutz und Katastrophenhilfe (BBK) zum Schutz kritischer Infrastrukturen, wie beispielsweise Gesundheitseinrichtungen, definiert folgende Schutzziele (vgl. Bundesamt für Bevölkerungsschutz und Katastrophenhilfe 2008, S. 19 ff.):

- Überlebenswichtige Behandlungsvorgänge dürfen nicht unterbrochen werden,
- alle anwesenden Personen müssen sich in sicherer Umgebung befinden oder problemlos in eine solche gelangen können,
- es dürfen zu keinem Zeitpunkt gefährliche oder gesundheitsschädliche Materialien freigesetzt werden,
- alle für das Überleben von Menschen notwendigen Prozessbausteine sind so zu sichern, dass sie möglichst gar nicht ausfallen oder in sehr kurzer Zeit wieder einsatzbereit sind.

8.2.2   Risikomanagementsysteme für die Zahnarztpraxis

Für den Aufbau eines Risikomanagementsystems sind zunächst die Bereiche einer Zahnarztpraxis zu identifizieren, in denen bestandsgefährdende Risiken entstehen können.

„Die Risiken in der Zahnarztpraxis können sich ergeben

- aus den Besonderheiten des Patienten (Alter, Kommunikationsfähigkeit),
- aus dem Schweregrad der Behandlung (Eingriffstiefe),
- aus der Organisation (Patientenidentifikation, Dokumentation) und Infrastruktur,
- aus der Kommunikation mit dem Patienten (Aufklärung, Mitwirkung).

Risiken können identifiziert werden bei:

- Anamneseerhebung und regelmäßig Aktualisierung (hat sich seit dem letzten Besuch etwas geändert?),
- Berücksichtigung der aktuelle Anamnese in der Diagnose und Therapie (Diabetes, Anti-Koagulation, Nachbetreuung),
- Beachtung der ärztlichen und fachzahnärztlichen Schnittstellen (Consilium),
- Aufklärung des Patienten über Diagnose, Therapie und Risiken,
- Mitwirkung des Patienten,
- Aufgabenverteilung, Verantwortung, Teamarbeit (Redundanz, Stellvertretung),
- Materialverwaltung (Überwachung, Bestell- und Lagerwesen),
- Qualifikation des Praxispersonals,
- genaue und vollständige Dokumentation,
- Zuordnung Patientendaten, Datenschutz und Datensicherheit,
- Erkennung und Berücksichtigung der Bedürfnisse des Patienten,
- Notfallmanagement,
- Kenntnis und Einhaltung von gesetzlichen Vorschriften." (Landeszahnärztekammer Baden-Württemberg 2014, S. 2)

Bei der Risikoinventur sind möglichst alle Risiken vollständig zu erfassen. Die Vollständigkeit kann anhand von Aufgabenkatalogen, Tätigkeitsbeschreibungen etc. für die identifizierten Bereiche der Zahnarztpraxis erzielt werden. Anschließend sind die erfassten Risiken hinsichtlich ihrer Eintrittswahrscheinlichkeit und Schadenshöhe zu bewerten. Die Risikosteuerung erfolgt über vordefinierte Risikoindikatoren, die bei Überschreitung von Schwellenwerten Maßnahmen zur Risikobegrenzung auslösen. Die permanente Risikoüberwachung lässt sich durch Einführung eines Quartalreportings durchführen. In einem Risikohandbuch werden die Risiken in verschiedenen Risikoklassen zusammengefasst und das Risikomanagementsystem der Zahnarztpraxis mit seinen Verantwortlichen dokumentiert (Abb. 8.3).

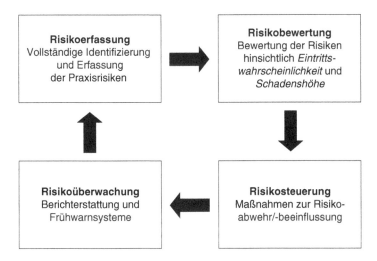

Abb. 8.3 Aufbau eines Risikomanagementsystems für die Zahnarztpraxis

Risikoscoring

	Station A						
	Mögliche Schadenshöhe			Eintritts- wahrscheinlichkeit			
	< 50.000 €	50.000 – 500.000 €	> 500.000 €	gering < 10%	mittel 10–40%	hoch > 40%	
Punkte	1	5	10	1	5	10	Summe
Risiko 1	X						2
Risiko 2				Risiko- koeffizienten			11
Risiko 3							20
Risiko 4		X					10
Risiko 5	X					X	6

Abb. 8.4 Beispiel zum Risikoscoring für die Zahnarztpraxis

Die Risikobewertung kann in unterschiedliche Risikoklassen münden, wobei Praxisrisiken für Leib und Leben systemimmanent üblicherweise in den höchsten Schadensklassen zu führen sind. Als Ergebnis erhält man Risikokoeffizienten, die die einzelnen Risiken hinsichtlich Eintrittswahrscheinlichkeit und Schadenshöhe wiedergeben und die in ihrer Gesamtheit beispielsweise das Risikoportfolio einer Zahnarztpraxis widerspiegeln (Abb. 8.4).

„Das Risikomanagement ist eine zentrale Aufgabe der Praxisleitung und bedeutet, ein Risikoprofil zu erstellen und eine Risikostrategie zu entwickeln, die alle Beteiligten bis zum Patienten einbezieht. Diese Strategie muss Empfehlungen zur Erkennung, Überwachung und Bewältigung eines potenziellen Risikos formulieren und Verantwortlichkeiten festlegen. Um dies leisten zu können, brauchen Sie ein praxisinternes Fehlermeldesystem. Es sollte einfach und klar strukturiert sein, mit freiwilliger Teilnahme und sanktionsfreier sowie anonymer Berichtsmöglichkeit für alle Praxismitarbeiter." (Maier 2014, S. 1)

Zusammenfassung Kapitel 8

Die Koordination von Planung und Kontrolle mit der Steuerung der Informationsversorgung wird in der Zahnarztpraxis durch das Controlling wahrgenommen. Es besteht somit nicht nur aus der Tätigkeit des Kontrollierens und der Wahrnehmung von Kontrollfunktionen im laufenden Praxisgeschehen. Das Controlling hat als Aufgabe, die Entscheidungsträger in der Zahnarztpraxis mit Informationen zu versorgen, die für die Planung, Steuerung und Kontrolle des Praxisbetriebs erforderlich sind. Dazu werden in diesem Kapitel vergleichende Controllinginstrumente und Möglichkeiten zur Steuerung mit Praxiskennzahlen aufgezeigt. Eng verbunden mit dem Controlling ist das Risikomanagement der Zahnarztpraxis. Hierfür sind Schutzziele zu definieren und die erforderlichen Kontrollmechanismen in Form von Risikomanagementsystemen für die Zahnarztpraxis in die betrieblichen Abläufe zu integrieren.

Literatur

Arbeitsschutzgesetz (ArbSchG) vom 7. August 1996 (BGBl. I S. 1246), zuletzt durch Artikel 8 des Gesetzes vom 19. Oktober 2013 (BGBl. I S. 3836) geändert.

Brendel, M. (2012). Finanzmanagement in der Zahnarztpraxis. In *ZMK – Zahnheilkunde/ Management/Kultur* . Balingen: Spitta-Verlag. http://www.zmk-aktuell.de/management/praxisfuehrung/story/finanzmanagement-in-der-zahnarztpraxis.html. Zugegriffen am 09.08.2012.

Bundesamt für Bevölkerungsschutz und Katastrophenhilfe – BBK (Hrsg.) (2008). Schutz Kritischer Infrastruktur: Risikomanagement im Krankenhaus. In *Bundesamt für Bevölkerungsschutz und Katastrophenhilfe* (Hrsg.): Schriftenreihe „Praxis im Bevölkerungsschutz". Reihe 2. Broschüre, S. 1–40. Bonn.

Finster, C. (2005). Zahnärztlicher Behandlungsfehler, Aufklärung des Patienten, Beweislastregeln, Haftung als Vertragszahnarzt, Haftung als Gutachter, Verhaltensregeln im (eventuellen) Schadensfall, Rechtsprechungs-übersicht zum Zahnarztrecht. In KZV BW (Hrsg.), *Schriftenreihe Zahnarzt und Haftung.* (Heft 1. 2. Aufl.) Stuttgart.

Frodl, A. (2012). *Controlling im Gesundheitsbetrieb.* Wiesbaden: Gabler-Verlag.

Kassenzahnärztliche Vereinigung Berlin (Hrsg.) (2015). CIRS dent – Jeder Zahn zählt! Online im Internet: https://www.kzv-berlin.de/praxis/qualitaetsfoerderung/cirs-dent-jeder-zahn-zaehlt.html. Zugegriffen am 20.12.2015. Berlin.

Landeszahnärztekammer Baden-Württemberg (Hrsg.) (2014). *Handlungsanleitung für das Risikomanagement in der Zahnarztpraxis.* Stuttgart. Zugegriffen im Juli 2015.

Maier, R. (2014). Patientensicherheit: ist Ihre Praxis fit? In ZWP-Online vom 20.10.2014. Oemus media. Leipzig. http://www.zwp-online.info/de/zwpnews/wirtschaft-und-recht/recht/patientensicherheit-ist-ihre-praxis-fit. Zugegriffen am 20.12.2015.

Glossar

ABC-Analyse Bei der ABC-Analyse handelt es sich um eine Bewertung der Bedeutung von Objekten, um knappe finanzielle/personelle Praxisressourcen auf Objekte zu konzentrieren, die den höchsten Erfolgsbeitrag erwarten lassen.

Ablaufdiagramm Es stellt eine Kombination zwischen tabellarischer und symbolischer Darstellungstechnik dar, wobei es sich allerdings nur für die Abbildung linearer Abläufe eignet.

Ablauforganisation Im Rahmen der Ablauforganisation sind die einzelnen Arbeitsabläufe zu regeln und zu organisieren. Sie legt fest, wann, wie und wo die einzelnen Aufgaben, die in der Aufbauorganisation zugeordnet worden sind, verrichtet werden.

Abzahlungsdarlehen Beim Abzahlungsdarlehen entsteht ein jährlich gleichbleibender Tilgungsaufwand. Zusätzlich sind die anfallenden Zinsen zu zahlen. Da sich die Zinsen durch Rückzahlung des Darlehens vermindern, entsteht beim Tilgungsdarlehen im ersten Laufzeitjahr der höchste Aufwand, der dann ständig abnimmt.

Änderungskündigung Eine Änderungskündigung zielt nicht auf die Beendigung eines Arbeitsverhältnisses ab, sondern auf dessen Fortsetzung unter anderen arbeitsvertraglichen Bedingungen.

Amortisationsrechnung Die Amortisationsrechnung beantwortet die zentrale Frage, wie lange die Wiedergewinnung der Investitionssumme aus den Einnahmeüberschüssen der Investition dauert. Durch einen Vergleich der Soll-Amortisationsdauer mit der Ist-Amortisationsdauer kann die Vorteilhaftigkeit einer Investition bewertet werden. Die Ist-Amortisationsdauer ergibt sich, indem man die Investitionssumme durch die jährlich zu erwartenden Einnahmeüberschüsse dividiert. Die Soll-Amortisationsdauer ergibt sich durch subjektive Schätzung der investierenden Praxisinhaber. Liegt die Ist- unter der Soll-Amortisationsdauer, erscheint die Investition vorteilhaft.

Annuitätendarlehen Beim Annuitätendarlehen wird die aus Zinsen und Tilgung bestehende Annuitätenrate gezahlt, die während der gesamten Kreditlaufzeit gleich bleibt.

© Springer Fachmedien Wiesbaden GmbH 2016
A. Frodl, *Praxisführung für Zahnärzte*,
DOI 10.1007/978-3-658-11060-4

Zinsen und Tilgung verschieben sich untereinander. Die Zinsen werden weniger, die Tilgung wird mehr, die Rate bleibt gleich hoch.

Annuitätenmethode Die Annuitätenmethode baut auf der Kapitalwertmethode auf. In ihr werden Ein- und Auszahlungsbarwerte in gleiche Jahresbeträge (Annuitäten) umgerechnet. Lohnend ist eine Investition dann, wenn beim gegebenen Kalkulationszinsfuß ein durchschnittlicher jährlicher Überschuss entsteht, der größer oder gleich Null ist. Der durchschnittliche jährliche Überschuss ist die Differenz zwischen den durchschnittlichen jährlichen Ein- und Auszahlungen.

Arbeitsplatzanforderung Unter der Arbeitsplatzanforderung ist die Beherrschung gewisser Teilarbeitsvorgänge zu verstehen, die aus der Zerlegung der Aufgaben und Tätigkeiten in einzelne Arbeitsschritte gewonnen werden.

Arbeitszeit Sie umfasst nach REFA die Zeitspanne vom Beginn bis zum Ende eines Vorgangs ohne Liege- und Transportzeiten. Die Summe der Arbeitszeiten aller Vorgänge ergibt die Gesamtarbeitszeit.

Aufbauorganisation Die Aufbauorganisation beschreibt, wie die Praxis aufgebaut ist, die Anzahl der Praxisangehörigen, die Aufgabenzuordnung und in welchem Vorgesetzten- und Unterstellungsverhältnis sie zueinander stehen.

Aufwendungen Zu den Aufwendungen einer Zahnarztpraxis zählen die Werte aller verbrauchten Materialien und Dienstleistungen pro Zeitperiode. Hierzu zählen neben den Auszahlungen und Ausgaben der jeweiligen Zeitperiode auch etwa die Abschreibungswerte von Geräten und Instrumenten, die in einer früheren Zeitperiode gekauft wurden und gegenwärtig noch der Nutzung unterliegen.

Ausgaben Die Ausgaben einer Zahnarztpraxis setzen sich aus den Anschaffungswerten aller zugegangenen Materialien und Dienstleistungen pro Zeitperiode zusammen. Sie können durch eine sofortige Auszahlung oder aber auch durch eine spätere Zahlung, Ratenzahlung usw. beglichen worden sein.

Außenfinanzierung Bei der Außenfinanzierung wird der Zahnarztpraxis Kapital in der Regel durch Dritte (Banken, Lieferanten) leihweise zur Verfügung gestellt. Diese Form der externen Finanzierung wird auch Beteiligungsfinanzierung (Eigenfinanzierung) genannt, wenn Eigenkapital zur Verfügung gestellt wird und Kreditfinanzierung (Fremdfinanzierung), wenn Fremdkapital in Anspruch genommen wird. Maßgebend für den Anteil der Außenfinanzierung sind die Außenfinanzierungsmöglichkeiten der kapitalsuchenden Zahnarztpraxen, die wiederum insbesondere von der rechtlichen Organisationsform der Praxis, von steuerlichen Gegebenheiten und den Konditionen an den Finanzmärkten sowie die Möglichkeiten zur Bereitstellung von Eigenfinanzierungsmitteln im Wege der Innenfinanzierung abhängen.

Außerordentliche Kündigung Die außerordentliche Kündigung ist eine fristlose Kündigung. Dafür muss ein wichtiger Grund vorliegen. Die Kündigung muss innerhalb von 2 Wochen nach Kenntnis dieses Grundes in schriftlicher Form und unter dessen Angabe ausgesprochen werden. Nach Ablauf dieser Frist ist eine außerordentliche Kündigung ausgeschlossen.

Auszahlung Eine Auszahlung in der Zahnarztpraxis stellt immer eine Bargeldzahlung oder eine Abbuchung vom Praxiskonto (oder anderen Sichtguthaben, wie Sparbücher, Termingelder usw.) dar.

Autoritärer Führungsstil Er ist dadurch gekennzeichnet ist, dass der Zahnarzt als Vorgesetzter sämtliche Entscheidungen trifft und sie in Form von unwiderruflichen Anweisungen oder Befehlen weitergibt, wobei er die Weisungen aufgrund der mit seiner Stellung verbundenen Macht erteilt und deren Befolgung durch die Anordnung von Sanktionen erzwingt. Bei dem autoritären Führungsstil ist somit der persönliche Freiheitsbereich der Praxisangehörigen gering, es herrschen klare Verhältnisse der Über- und Unterordnung, Ausführungsanweisungen, enge Kontrolle sowie soziale Distanz zwischen Vorgesetzten und Mitarbeitern.

Aval Bei der kurzfristigen Bankfinanzierung durch Avale handelt es sich um die Bürgschaft bzw. Garantieübernahme durch die Bank für andere Kredite. Die Bank übernimmt dabei als Avalkreditgeber im Auftrag der Praxisinhaber als ihren Kunden gegenüber Dritten die Haftung für eine bestimmte Geldsumme durch Hergabe einer Bürgschaft oder einer Garantie. Die Bank stellt hierbei keine eigenen Mittel, sondern lediglich ihre Kreditwürdigkeit zur Verfügung. Für die Ausnutzung von Avalkrediten rechnen Kreditinstitute Avalprovision, prozentual auf den Wert der herausgegebenen Avalurkunden.

Bankdarlehen Zu den Bankdarlehen gehören alle Formen üblicher langfristiger Bankkredite, die der Zahnarztpraxis gewährt werden, wie zum Beispiel Hypothekendarlehen, Bauspardarlehen oder Investitionsdarlehen. Man unterscheidet dabei üblicherweise Darlehen mit Zinsanpassung, die mit variablem Zinssatz häufig in einer Hochzinsphase aufgenommen werden, in der Hoffnung, zukünftig auf einen günstigeren Festzinssatz umsteigen zu können. Bei Darlehen mit Zinsfestschreibung handelt es sich um Kredite, die zu einem für eine bestimmte Periode vereinbarten Festzinssatz ausgeliehen werden, was für die Praxisinhaber als Darlehensnehmer insbesondere in einer Niedrigzinsphase von Vorteil sein kann. Der feste Zinssatz bildet für die zugrunde liegende Investition eine sichere Kalkulationsgrundlage.

Barwert Unter dem Barwert sind auf den Entscheidungszeitpunkt abgezinste Zahlungen zu verstehen.

Behandlungsfallkosten Praxiskosten, die bei dem jeweiligen Behandlungsvorgang und somit bei gleichen Behandlungsvorgängen in gleicher Höhe entstehen.

Benchmarking Benchmarking bedeutet, dass sich die Praxisinhaber mit ihrer Praxis nur an den besten Konkurrenten orientieren und versuchen, deren Leistungsniveau in einen oder mehreren Teilbereichen der Praxis zu erreichen.

Beteiligung Mitgliedschaftsrecht, das durch Kapitaleinlage (Geld- oder Sacheinlage) bei einer Zahnarztpraxis erworben wird.

Beteiligungsfinanzierung Bei der Beteiligungsfinanzierung (auch: Eigenfinanzierung) führen die Eigentümer der Praxis von außen Kapital zu.

Blankokredit Er wird ausschließlich aufgrund der Kreditwürdigkeit (Bonität) des Zahnarztes oder der Zahnärztin als Kreditnehmer gegeben. Die Bank verzichtet dabei auf weitere Sicherheiten, die über die üblichen Verzugs- und Zahlungsvereinbarungen hinausgehen.

Unabhängig davon haften die Praxisinhaber mit ihrem gesamten Vermögen, sodass die Bank als einzige Sicherheit die Möglichkeit hat, bei Zahlungsunfähigkeit die gerichtlichen Zwangsvollstreckungsmaßnahmen einzuleiten.

Blockschaltbild Bei einem Blockschaltbild werden in einer Matrix Tätigkeiten, Stellen und Aufgaben miteinander verknüpft. Im jeweiligen Schnittpunkt von Zeilen und Spalten können dann beispielsweise Aufgaben, Eingabedaten, Ergebnisdaten oder Datenträger genannt werden. Das Blockschaltbild eignet sich ebenfalls vornehmlich für lineare Abläufe. Jedoch können auch einfache Alternativen oder Schleifen mit ihm dargestellt werden.

Break-Even-Analyse Sie stellt die Ermittlung des Punkts der Umsatz- oder Behandlungsmenge dar, bei dem die gesamten Praxiskosten gedeckt sind und Gewinne erwirtschaftet werden.

Bürgschaft Sie ist ein einseitig verpflichtender Vertrag, durch den sich der Bürge gegenüber dem Gläubiger (Kreditinstitut oder andere Person) bereit erklärt, für die Erfüllung der Verbindlichkeiten der Praxisinhaber als Schuldner einzustehen.

Cashflow Es handelt sich dabei um den Umsatzüberschuss oder Finanzüberschuss einer Zahnarztpraxis, der sich als Nettozugang an flüssigen Mitteln aus der Umsatztätigkeit innerhalb eines Zeitraums darstellt. Der Cashflow ist eine gebräuchliche, sehr aussagefähige Kennzahl zur Beurteilung der Finanzlage einer Zahnarztpraxis. Er kann zum Zeitvergleich herangezogen oder mit dem Cashflow von anderen Praxen verglichen werden. Er lässt sich direkt ermitteln aus den Praxiseinnahmen (zahlungswirksame Erträge) abzüglich der Praxisausgaben (zahlungswirksame Aufwendungen).

Darlehen Ein Darlehen ist ein Kredit, der in einer Summe oder in Teilbeträgen zur Verfügung gestellt wird und in festgelegten Raten (Ratenkredit, Tilgungskredit) oder auf einmal nach Ablauf der vertraglich geregelten Laufzeit zurückzuzahlen ist (Kredit mit Endfälligkeit).

Dauerarbeitsverhältnis Ein Dauerarbeitsverhältnis wird durch einen Arbeitsvertrag begründet, der auf unbestimmte Zeit abgeschlossen ist und damit den gesetzlichen Kündigungsfristen unterliegt.

Deckungsbeitragsrechnung Mithilfe der Deckungsbeitragsrechnung können die quantitativen Beziehungen zwischen Behandlungsmenge, Praxiskosten und -gewinn verdeutlicht und für die Erfolgsanalyse bzw. die Gewinnplanung der Praxis genutzt werden. Der Deckungsbeitrag ergibt sich durch Abzug der variablen Praxiskosten vom Praxisumsatz. Der Deckungsbeitrag gibt den Betrag an, um den sich der Erfolg bei der Mehr- oder Mindererstellung einer Behandlungsleistung ändert.

Desinvestition Sie stellt den Gegensatz zur Investition dar. Darunter ist die Rückgewinnung und Freisetzung der in konkreten Vermögenswerten gebundenen finanziellen Mittel durch Verkauf, Liquidation oder Aufgabe zu verstehen.

Differenzanalyse Die Differenzanalyse schließt sich notwendigerweise an einen Zeit-, Praxis- oder Soll-/Ist-Vergleich an. Sie geht von der Höhe der jeweiligen positiven oder negativen Abweichungen der jeweiligen Vergleichswerte aus und versucht die Ursachen hierfür festzustellen.

Disagio Darunter ist der Unterschiedsbetrag zwischen dem Rückzahlungs- und dem Ausgabebetrag von Krediten zu verstehen. Die Vereinbarung eines Disagios findet häufig Anwendung bei Festzinsvereinbarungen in Darlehensverträgen. Der Kreditausgabebetrag ist dabei geringer als die tatsächliche Kredithöhe, was durch einen verringerten Nominalzinssatz beglichen wird.

Divisionskalkulation Sie dient zur Bestimmung der Kosten je Behandlungsleistung (Behandlungsfallkosten). Hierzu werden die gesamten jährlichen Praxiskosten durch die Gesamtzahl der Behandlungsfälle pro Jahr geteilt.

Durchlaufzeit Sie stellt nach REFA die Differenz zwischen End- und Starttermin eines Vorganges dar und ist somit die Summe aus Arbeitszeit, Liege- und Transportzeit je Vorgang.

Eigenkapital Das Eigenkapital umfasst die Mittel, die die Praxisinhaber als Eigentümer der Praxis zur Verfügung stellen. Bei Verlusten haftet das Eigenkapital zum Schutz der Gläubiger vor Forderungsausfällen. Das Eigenkapital in einer Bilanz resultiert aus der Differenz zwischen Vermögen und Schulden. Bei Überschuss des Vermögens wird es als Reinvermögen bezeichnet. Sind die Verbindlichkeiten größer als das Vermögen, liegt ein negatives Eigenkapital vor (Überschuldung), was bei Kapitalgesellschaften einen Insolvenzgrund darstellt.

Eigenkapitalrentabilität Sie beschreibt, ob sich der Einsatz des Eigenkapitals gelohnt hat. Man fordert, dass das eingesetzte Eigenkapital eine gewisse Mindestverzinsung erfährt, die sich aus dem marktüblichen Zinssatz, einer Risiko- und Kapitalerhaltungsprämie zusammensetzt.

Einnahmeüberschussrechnung Ihr wesentlicher Zweck ist es aufzuzeigen, wie hoch der zu versteuernde Jahresertrag der Praxis ist. Insofern bietet die Einnahmeüberschussrechnung zwar die Möglichkeit des jährlichen Vergleichs, wie sich Praxisumsatz, -kosten und -gewinn verändern. Als reine Vergangenheitsbetrachtung des finanziellen Praxisgeschehens eignet sie sich jedoch nur bedingt zur Steuerung der Praxiskosten.

Einzelkosten Praxiskosten, die sich einem einzelnen Behandlungsfall direkt zuordnen lassen.

Erfolgsrechnung Sie gibt Aufschluss darüber, ob die Praxis einen Gewinn erwirtschaftet oder einen Verlust als Jahresergebnis erzielt hat. Dazu werden die Praxiskosten den erzielten Erlösen gegenübergestellt.

Ertragswertmethode Sie basiert auf der Annahme, dass der Praxiswert sich als Summe zukünftiger Erträge darstellt, die auf den Zeitpunkt der Veräußerung abgezinst werden. Als Ausgleich für den Verzicht auf die Erträge erhält der die Praxis abgebende Zahnarzt oder die abgebende Zahnärztin somit von den die Praxis übernehmenden die Summe dieser Erträge in abgezinster Form. Bei dieser Abdiskontierung wird der Wert der zukünftigen Ertragssumme zum Verkaufszeitpunkt errechnet, wobei davon ausgegangen wird, dass der Gegenwartswert abnimmt, je weiter die prognostizierten Summen in der Zukunft liegen.

Factoring Das Factoring als Form der Finanzierung von Anschaffungen durch Fremdkapital ist nichts anderes als der Verkauf von Forderungen gegenüber Patienten an ein
Factoring-Unternehmen. Dadurch lässt sich für die Zahnarztpraxis vorfristig Geld beschaffen und das Risiko, dass der ein oder andere Patient für eine erbrachte Leistung
nicht oder nicht vollständig zahlt, ausschalten. Die Zahnarztpraxis hat nach Abtretung
der Forderung und Erhalt des Gegenwertes abzüglich der Kosten und eines Sperrbetrages
nichts mehr mit dem Einholen des Geldes zu tun. Allerdings liegen die Kosten für
Sollzinsen und Factoringgebühren weit über denen eines vergleichbaren Kredits.

Fehlinvestition Als Fehlinvestitionen werden Investitionen bezeichnet, die aus verschiedenen Gründen nicht in den Praxisprozess einbezogen werden können, aber dennoch
das Praxisergebnis negativ belasten.

Fehlmengenkosten Fehlmengenkosten entstehen dann, wenn dringend benötigtes Material, das aufgrund einer fehlenden Bestandsüberwachung nicht mehr in ausreichender
Menge vorhanden ist, unter großem Aufwand und zu hohen Preisen kurzfristig beschafft werden muss.

Festdarlehen Bei dem Festdarlehen handelt es sich um einen Kredit, der erst am Ende der
Laufzeit in einer Summe zurückgezahlt wird. Es wird daher auch als Fälligkeitsdarlehen
bezeichnet (Darlehen mit Endfälligkeit).

Finanzplanung Sie stellt die systematische Erfassung, die Gegenüberstellung und den
gestaltenden Ausgleich zukünftiger Zu- und Abnahmen liquider Mittel dar. In der
Zahnarztpraxis sind das beispielsweise die Bestände in der Handkasse, die Bestände auf
unterschiedlichen Praxis- und Privatkonten, Tagesgelder, offene Forderungen an Patienten
und anderes mehr. Ziel der Finanzplanung ist es, eine optimale Liquidität zu ermitteln, zu erreichen und zu erhalten, und den dazu nötigen Bestand an Zahlungsmitteln
vorauszuplanen.

Fixe Praxiskosten Praxiskosten, die sich bei zunehmender Behandlungsmenge nicht ändern
und in der Höhe konstant bleiben. Sie stellen feste Kosten und Zahlungsverpflichtungen
dar, auch wenn die Praxis keinen oder nur wenig Umsatz erwirtschaftet.

Flussdiagramm Das Flussdiagramm ist an die Symbolik eines Datenflussplanes nach DIN 66001
angelehnt und bietet den Vorteil, auch Alternativen, Schleifen und Parallelbearbeitungen
gut darstellen zu können. Es ist eine häufig eingesetzte Dokumentationstechnik, die für
vielfältige Ablaufarten gut verwendet werden kann.

Forderung Es ist das Recht des Gläubigers, vom Schuldner eine Leistung verlangen
zu können (beispielsweise Vergütung einer erbrachten Behandlung). Eine Forderung. erlischt durch Erfüllung (Begleichung der Rechnung). Sie beruht auf einem
Schuldverhältnis und verkörpert den Gegenwert für die erbrachte Leistung. Eine Forderung entsteht in dem Augenblick, in dem die Lieferung erfolgt oder die Leistung
erbracht ist; auf den Zeitpunkt der Rechnungserteilung kommt es nicht an.

Forderungsabtretung Die erforderliche Sicherheit für die Inanspruchnahme eines
Kredits kann auch durch eine Forderungsabtretung (Zession) erfolgen. Dadurch
wird eine Forderung beispielsweise über Honoraransprüche aus bereits erfolgten

Behandlungen von dem Zahnarzt oder der Zahnärztin als bisherige Gläubiger durch Vertrag auf die Bank als neuen Gläubiger übertragen.

Fremdkapital Bei Fremdkapital handelt es sich um Kapital, das von Gläubigern der Praxis zur Verfügung gestellt wird. Die Summe des Fremdkapitals weist die Verschuldung der Praxis aus. Die Beschaffung von Fremdkapital ist Fremdfinanzierung, wobei die Bildung von Rückstellungen im Wege der Innenfinanzierung erfolgt und die Aufnahme von Verbindlichkeiten zur Außenfinanzierung zählt. Fremdkapitalgeber haben Anspruch auf Verzinsung und Rückzahlung, unabhängig von der Ertragslage der Praxis. Sie sind grundsätzlich nicht am Verlust beteiligt. Daraus folgt, dass ihnen (theoretisch) kein Recht auf Beteiligung an den Entscheidungen der Praxisführung zusteht, was in der Realität aufgrund entstehender Abhängigkeitsverhältnisse anders geregelt sein kann. Formen des Fremdkapitals sind Buchkredite (Darlehen, Kontokorrentkredit) oder in Wertpapieren verbriefte Kredite (Wechselkredit; Kredite, die in Schuldverschreibungen verbrieft sind).

Führung Führung beinhaltet einen Prozess der steuernden Einflussnahme von Personen (Führer, Führende) auf das Verhalten anderer Personen (Geführte) zum Zweck der Erreichung bestimmter Ziele.

Funktionendiagramm Das Funktionendiagramm (auch: Funktionsmatrix, Aufgabenverteilungsplan) verknüpft die Aufgaben und Befugnisse der Praxis mit ihren Stellen.

Gemeinkosten Praxiskosten, die sich nicht direkt einzelnen Behandlungsfällen zuordnen lassen.

Gesamte Praxiskosten Summe aus Fixkosten und variablen Praxiskosten.

Gesamtkapitalrentabilität Sie ist Ausdruck für die Leistungsfähigkeit des in der Zahnarztpraxis arbeitenden Kapitals. Praxisgewinn und Fremdkapitalkosten werden zu einer Größe zusammengefasst und auf das durchschnittlich gebundene Kapital bezogen. Das Prozentergebnis zeigt den Erfolg des gesamten Kapitaleinsatzes.

Gesamtkostenrechnung Bei ihr werden zur Ermittlung des wirtschaftlichen Erfolgs einer Praxis von den gesamten Praxiserlösen einer Periode die gesamten Praxiskosten der gleichen Periode abgezogen.

Gewinnvergleichsrechnung Die Gewinnvergleichsrechnung hat zum Ziel, die bei den verschiedenen Investitionsalternativen zu erwartenden Jahresgewinne miteinander zu vergleichen, etwa im Fall von Ersatzinvestitionen den Vergleich des durchschnittlichen Jahresgewinns des alten Geräts mit dem durchschnittlichen geschätzten Jahresgewinn des neuen.

Grundschuld Sie ist im Gegensatz zur Hypothek vom eigentlichen Darlehen unabhängig. Sie stellt ein Grundpfandrecht dar, wonach das belastete Grundstück für die Zahlung einer bestimmten Geldsumme haftet. Im Rahmen der banküblichen Beleihungsgrenzen sind Grundschulden für die Kreditinstitute eine bevorzugte, wenig arbeitsaufwendige Sicherheit. Bei erforderlichen Krediterhöhungen können sofort durch Tilgungen freigewordene Grundschuldteile wieder als Sicherheit herangezogen werden.

Haftungsfreistellung Gänzliche oder teilweise Befreiung von der Verpflichtung, für eine Schuld aufgrund eines Schuldverhältnisses einstehen zu müssen (z. B. Zins- und Tilgungsforderungen im Rahmen von Darlehen).

Hausbank Die Hausbank ist das Kreditinstitut, bei dem die Zahnarztpraxis den größten Teil ihrer Bankgeschäfte abwickelt.

Hypothek Die Hypothek ist ein Grundpfandrecht zur Sicherung der Forderung eines Gläubigers. Sie gehört zu den Sachsicherheiten und die Verknüpfung mit einer zu sichernden Forderung unterscheidet sie von der Grundschuld. Jede zwischenzeitliche Verminderung des Kredits führt zu einer Verringerung der Sicherung. So erlischt die Hypothek mit der letzten Rate des Darlehens und entspricht bis dahin immer dem aktuellen Stand des Darlehenskontos.

Innenfinanzierung Die Innenfinanzierung umfasst die Selbstfinanzierung (ebenfalls eine Form der Eigenfinanzierung) durch die Praxis selbst, ohne Beanspruchung von möglichen Anteilseignern und Gläubigern aus dem Überschuss für erbrachte Leistungen.
Sie stellt eine Einbehaltung von Teilen des in der Geschäftsperiode erzielten Praxisgewinns und dadurch die Erhöhung des tatsächlich vorhandenen Eigenkapitals dar.

Insolvenz Es handelt sich dabei um ein gerichtliches Verfahren, das auf Antrag des Schuldners oder eines Gläubigers durch Eröffnungsbeschluss des zuständigen Amtsgerichts (Insolvenzgericht) eröffnet wird und durch Zwangsvollstreckung die gleiche und gleichmäßige Verteilung des Vermögens eines zahlungsunfähigen Schuldners unter die Gläubiger bezweckt, soweit nicht in einem Insolvenzplan eine abweichende Regelung, insbesondere zum Erhalt der Praxis (Sanierung), getroffen wird.

Interner Zinsfuß Bei der Methode des Internen Zinsfußes werden zwei Zinssätze (Marktzins des Investors und interner Zins der Investition) miteinander verglichen. Der interne Zinsfuß (auch: interner Zinssatz, Effektivzins, Gesamtkapitalrentabilität) ist der Zinssatz, bei dessen Ansatz der Kapitalwert einer Investition oder Finanzierung gerade gleich Null wird bzw. bei dem Auszahlungs- und Einzahlungsbarwert einer Investition oder Finanzierung genau übereinstimmen. Eine Investition gilt nach dieser Methode als lohnend, wenn sie bei gegebenem Kalkulationszinssatz eine Rendite erbringt, die mindestens so hoch ist wie der Kalkulationszinsfuß.

Interviewtechnik Die Interviewtechnik ist die am häufigsten eingesetzte Istaufnahmemethode. Sie lässt sich einsetzen, um Arbeitsabläufe, Datenflüsse oder komplexe Sachverhalte in der Zahnarztpraxis zu erheben.

Inventurmethode Bei der Verbrauchsermittlung durch die Inventurmethode wird der Materialverbrauch in einem Zeitraum als Differenz zwischen Anfangsbestand und Endbestand ermittelt.

Investition Unter Investition ist die Verwendung oder Bindung von Zahlungsmitteln zur Beschaffung von Wirtschaftsgütern für die Praxis oder zur Bildung von Praxisvermögen zu verstehen.

Investitionskredit Im Gegensatz zum Kontokorrentkredit eignet sich der Investitionskredit für umfangreiche Anschaffungen oder Erweiterungen der Zahnarztpraxis und dient somit langfristigen Investitionszwecken. Die wohl bekannteste Form eines Investitionskredites ist das Hypothekendarlehen. Es handelt sich bei Investitionskrediten stets um größere Summen für langlebige Gegenstände der Praxiseinrichtung oder Raum-/ Gebäudeerweiterungen, die sich nur allmählich und über viele Jahre hinweg amortisieren.

Die Laufzeit der Darlehen ist dabei auf die vermutete Lebensdauer der angeschafften Geräte und Einrichtungsgegenstände abzustellen.

Investitionsrechnung Sie soll Aussagen über die Wirtschaftlichkeit einer Praxisinvestition oder mehrerer Investitionsalternativen liefern, die hinsichtlich der quantifizierbaren Faktoren eine Grundlage von Investitions- und Finanzierungsentscheidungen darstellen können.

Job Enlargement Möglichkeit der Aufgabenerweiterung, bei der durch Übertragung zusätzlicher Aufgaben das Verantwortungs- und Selbstwertgefühl gesteigert werden soll, was wiederum eine Motivationsförderung darstellen kann.

Job Enrichement Bei der Arbeitsbereicherung soll die Verantwortung mithilfe erhöhter Entscheidungs- und Kontrollbefugnisse erweitert werden, was zu einer qualitativen Aufwertung der Stelle führt.

Job Rotation Die Möglichkeit eines Aufgabenwechsels lässt sich nur in größeren Zahnarztpraxen anwenden, kann aber durch die Abwechslung und den Einblick in verschiedene Aufgabengebiete ebenfalls motivationsfördernd wirken.

KAIZEN KAIZEN ist eine populäre Methode der Organisationsentwicklung, die als eine patientenorientierte Verbesserungsstrategie, die im Bewusstsein der Praxisangehörigen verankert sein soll, beschrieben werden kann. Sie geht von der japanischen Lebensphilosophie aus, dass die Art zu leben – sei es das Arbeitsleben, das soziale Leben oder das häusliche Leben – und somit auch der Praxisbetrieb einer ständigen Verbesserung bedarf.

Kapital Das Kapital einer Praxis ist der wertmäßige Ausdruck für die Gesamtheit der Sach- und Finanzmittel, die der Praxis zur Verfügung stehen.

Kapitalbindungskosten Die Kapitalbindungskosten entstehen dadurch, dass das Kapital, welches in den beschafften, aber noch lange nicht benötigten Materialien steckt, anderweitig nicht gewinnbringend eingesetzt oder angelegt werden kann.

Kapitalwertmethode Die Kapitalwertmethode ermittelt den Kapitalwert als Differenz zwischen dem jeweiligen Gegenwartswert (Barwert) aller Einnahmen und Ausgaben. Ist der Barwert aller Einzahlungen größer als der aller Auszahlungen, so erscheint eine Investition vorteilhaft. Das gleiche gilt für Investitionsalternativen, die im Vergleich den höchsten Barwert aufweisen.

Kennzahlen Betriebliche Kennzahlen sind vordefinierte Zahlenrelationen, die durch Kombination von Zahlen des Rechnungswesens entstehen, regelmäßig ermittelt werden und aus denen sich Aussagen zu betriebswirtschaftlichen Sachverhalten der Zahnarztpraxis komprimiert und prägnant ableiten lassen.

Kennzahlensystem Als Kennzahlensystem bezeichnet man die systematische Zusammenstellung von quantitativen Einzelkennzahlen, die in einer sachlich sinnvollen Beziehung zueinander stehen, sich ergänzen und insgesamt auf ein übergeordnetes Gesamtziel ausgerichtet sind.

Kommunikationspolitik Die Kommunikationspolitik der Zahnarztpraxis umfasst die planmäßige Gestaltung und Übermittlung der auf den Patientenmarkt gerichteten Informationen, mit dem Zweck, die Meinungen, Einstellungen und Verhaltensweisen der Patientenzielgruppe im Sinne der Zielsetzung der Zahnarztpraxis zu beeinflussen.

Konfliktumleitung Bei der Konfliktumleitung wird ein Konflikt mit einer anderen als der Anlass gebenden Seite ausgetragen. Dabei wird ein Konflikt mit der eigentlichen Gegenseite aufgrund zu geringer Erfolgsaussichten vermieden und die aufgestaute Frustration auf andere Praxisangehörige umgeleitet, was sich ihnen gegenüber durch aggressives Verhalten äußern und oft auch bis in den privaten Bereich hinein wirken kann.

Konfliktunterdrückung Eine häufig zu beobachtende Konfliktverlaufsform ist die Konfliktunterdrückung, bei der die Seite, die die entsprechende Macht besitzt, einen offenen Konflikt nicht zulässt oder ihre Interessen unmittelbar durchsetzt und den Konflikt dadurch beendet.

Konfliktvermeidung Die Konfliktvermeidung ist dadurch gekennzeichnet, dass keine Konfliktaktivitäten ergriffen werden, obwohl ein Konfliktpotenzial vorhanden ist. Das bedeutet häufig für die vermeidende Seite, dass sie sich durch Vorwegnahme des für sie negativen Ergebnisses in die Verliererposition begibt, was in der Regel ein Rückzugsverhalten zur Folge hat, das im Extremfall bis zur Kündigung führen kann.

Kontokorrentkredit Der Kontokorrentkredit ist eine klassische Form der Finanzierung von Anschaffungen mit Fremdkapital. Er dient dazu, die laufenden Betriebsausgaben der Zahnarztpraxis zu bestreiten und die zeitlichen Unterschiede zwischen Ausgaben und Einnahmen abzufedern. Er ist variabel ausnutzbar und wird in der Regel nicht voll in Anspruch genommen, sondern über die laufenden Umsätze der Zahnarztpraxis zurückgeführt. Der Kontokorrentkredit wird formell „bis auf weiteres" eingeräumt. Solange er aber nicht von der Bank oder dem Kontoinhaber gekündigt wird, verlängert er sich automatisch und läuft unbegrenzt.

Konsolidierung Unter Konsolidierung ist eine Umschuldung oder Umfinanzierung zu verstehen, insbesondere die Umwandlung kurzfristiger Verbindlichkeiten in langfristiges Fremdkapital, mit dem Ziel, die Liquiditäts- oder Rentabilitätsschwierigkeiten der Praxis zu überwinden.

Kooperativer Führungsstil Er geht von einer Mitwirkung der Praxisangehörigen an den Entscheidungen der Praxisleitung aus, die so weit gehen kann, dass die Praxisleitung nur den Entscheidungsrahmen absteckt. Bei dem kooperativen Führungsstil wächst der persönliche Freiheitsbereich der Praxisangehörigen und die Übernahme von Verantwortung wird auf sie verlagert. Deshalb ist dieser Führungsstil gekennzeichnet durch Kollegialität, Delegation, Partizipation sowie ein Verhältnis gegenseitiger Achtung und Anerkennung zwischen Praxisleitung und -angehörigen.

Kostenartenrechnung Sie liefert Informationen zu der Frage, welche Praxiskosten in welcher Höhe angefallen sind. Sie dient zur Erfassung und Gliederung aller im Laufe der jeweiligen Abrechnungsperiode angefallenen Kostenarten.

Kostenmanagement Kostenmanagement bedeutet, die Praxiskosten in deren Zustandekommen nach Art, Höhe, Struktur und Zeit durch die Ausgestaltung der maßgebenden kostentreibenden Faktoren steuernd zu beeinflussen. Dabei gilt es systematisch und frühzeitig Kostensenkungs- und Leistungspotenziale aufzufinden und auszuschöpfen. Ziel ist dabei die langfristige Sicherung einer wirtschaftlich erfolgreichen Praxisentwicklung durch regelmäßige Kontrolle der Praxiskostenentwicklung, durch die Berücksichtigung der individuellen Praxiskostenstruktur und die Ergreifung darauf abgestimmter Kostensenkungsmaßnahmen.

Kostenrechnung Die Kostenrechnung hat die Aufgabe der Kontrolle der Wirtschaftlichkeit, der Kalkulation der betrieblichen Leistungen, der Bereitstellung von Zahlenmaterial für betriebliche Entscheidungen sowie der Erfolgsanalyse und die Gewinnplanung (kurzfristige Betriebsergebnisrechnung). Sie liefert Informationen über die Art und Höhe der angefallenen Praxiskosten und setzt sich aus drei aufeinanderfolgenden Teilkostenrechnungen (Kostenarten-, Kostenstellen- und Kostenträgerrechnung) zusammen.

Kostenstellenrechnung Sie liefert Informationen zu der Frage, wo die Praxiskosten angefallen sind. In der Kostenstellenrechnung können nur die Einzelkosten der jeweiligen Kostenstelle direkt zugeordnet werden. Die Gemeinkosten sind einer einzelnen Kostenstelle nicht direkt zurechenbar. Sie müssen mithilfe von Verteilungsschlüsseln auf die einzelnen Kostenstellen der Praxis umgelegt werden.

Kostenträgerrechnung Sie beantwortet die Frage, wofür die Praxiskosten angefallen sind. Die Kostenträger sind die erbrachten Behandlungsleistungen. Die Kostenträgerrechnung muss die Kosten für die Erstellung dieser Leistungen durch die Anwendung von Kalkulationsverfahren bestimmen.

Kostenvergleichsrechnung Bei der Kostenvergleichsrechnung wird ein Vergleich der in einer Periode anfallenden Kosten von Investitionsobjekten durchgeführt. Zu berücksichtigen sind dabei die fixen Kosten, die variable Kosten und die Kapitalkosten der zu vergleichenden Investitionsobjekte.

Kreditfähigkeit Die Kreditfähigkeit umschreibt die Fähigkeit, rechtswirksame Kreditverträge abzuschließen. Der Zahnarzt oder die Zahnärztin als voll geschäftsfähige natürliche Personen sowie juristische Personen sind ohne Einschränkung kreditfähig. Bei sonstigen nichtrechtsfähigen Personengemeinschaften (beispielsweise Zahnarztgemeinschaften in Form von Gesellschaften bürgerlichen Rechts) ist grundsätzlich die Zustimmung aller Beteiligten erforderlich, die sich insoweit als Gesamtschuldner gegenüber der Bank verpflichten.

Kreditfinanzierung Bei den Formen der Kreditfinanzierung handelt es sich um gegen vereinbartes Entgelt (Zins) überlassenes Kapital ohne unmittelbare Einflussnahme auf die Führung der Zahnarztpraxis.

Kreditwürdigkeit Die Kreditwürdigkeit umschreibt die von dem Zahnarzt oder der Zahnärztin als Kreditnehmer erwarteten Eigenschaften und Fähigkeiten. Sie liegt danach vor, wenn eine Kreditvergabe unter persönlichen und sachlichen Gesichtspunkten vertretbar erscheint, d. h. wenn erwartet werden kann, dass die Kreditnehmer den aus dem Kreditvertrag sich ergebenden Verpflichtungen (Erbringung des Kapitaldienstes) nachkommen.

Kündigung Die Kündigung ist rechtlich gesehen eine einseitige, empfangsbedürftige Willenserklärung. Durch sie wird ein Arbeitsverhältnis in der Zahnarztpraxis von einem bestimmten Zeitpunkt an aufgehoben. Die Kündigung kann sowohl von der Praxisleitung als Arbeitgeber als auch von Praxisangehörigen als Arbeitnehmern ausgesprochen werden.

Lagerkosten Vermeidbare Lagerkosten kommen dadurch zustande, indem die zu groß bemessenen Lagermengen Platz, geeignete Raumtemperatur und Luftfeuchtigkeit benötigen, was wiederum Raumkosten verursacht, die durch eine funktionierende Bedarfsplanung und Bestandsüberwachung vermieden werden könnten. Besonders kritisch ist dies bei verderblichen Medikamenten und Materialien, die bei Überlagerung vernichtet oder gar kostenpflichtig entsorgt werden müssen.

Lebenszykluskonzept Das Lebenszykluskonzept geht auf die Marketingliteratur zurück, in der bei Produkten die Entwicklung zwischen der Markteinführung und dem Ausscheiden aus dem Markt als eine Art „Lebensweg" betrachtet wird.

Leasing Mit Leasing wird die Vermietung von zahnmedizinischen Geräten oder Behandlungseinrichtungen gegen Zahlung eines im Voraus genau festgelegten Entgelts bezeichnet.

Leistungspolitik Im Bereich der Leistungspolitik geht es um Art und Umfang der Behandlungsleistungen, die die Zahnarztpraxis dem Patienten erbringt. Sie ist von zentraler Bedeutung für die Stellung der Praxis im Wettbewerb, denn ihr obliegt die zweckmäßige, attraktive Gestaltung des Behandlungsangebots.

Leitungsspanne Sie beschreibt die Anzahl der optimal betreubaren direkten Untergebenen.

Lieferantenkredit Einräumung von Zahlungszielen durch Lieferanten von Praxisbedarf.

Liquidität Liquidität im Sinne der Zahlungsfähigkeit ist die Fähigkeit der Zahnarztpraxis, allen Zahlungsverpflichtungen fristgerecht nachkommen zu können. Die Erhaltung der Zahlungsfähigkeit ist für jede Praxis von existenzieller Bedeutung. Zahlungsunfähigkeit ist ein Insolvenzgrund und berechtigt bzw. verpflichtet zum Antrag auf Eröffnung des Insolvenzverfahrens. Aufgabe des Liquiditätsmanagements ist es, den Bedarf an finanziellen Mitteln der Praxis festzulegen und die Bereitstellung zu sichern. Liquiditätskennzahlen dokumentieren das Verhältnis zwischen liquiden Mitteln und fälligen Verbindlichkeiten. Sie werden auch als Liquiditätsgrade bezeichnet. Solche Liquiditätsgrade haben bei der Kreditwürdigkeitsanalyse Bedeutung.

Liquiditätskennzahlen Sie informieren über die Liquidität der Zahnarztpraxis und somit beispielsweise darüber, ob zur kurzfristigen Begleichung fälliger Verbindlichkeiten ausreichend eigene Zahlungsmittel zur Verfügung stehen.

Management by Delegation Bei der Führung durch Aufgabendelegation wird die Entscheidungsfreiheit und Verantwortung auf die Praxisangehörigen übertragen, wobei die Praxisleitung nicht mehr jede einzelne Tätigkeit kontrolliert, sondern sich nur stichprobenartige Kontrollen vorbehält.

Management by Exception Bei der Führung nach dem Ausnahmeprinzip greift die Praxisleitung nur bei unvorhergesehenen Ausnahmesituationen und ungewöhnlichen Fällen ein, während bei der Durchführung aller „normalen" Aufgaben beispielsweise die damit verbundene Verantwortung den Praxisangehörigen in vollem Umfang übertragen wird.

Management by Objectives Das Prinzip Führen durch Zielvereinbarung ist durch eine gemeinsame Zielfestlegung zwischen Praxisleitung und Praxisangehörigen gekennzeichnet, wobei die Praxisangehörigen im Rahmen ihrer Aufgabenbereiche selbst entscheiden können, auf welchem Weg sie die vorgegebenen Ziele erreichen.

Management by Results Eine stärker autoritäre Ausrichtung der Führung durch Ziel-vereinbarung stellt das Prinzip Führung durch Ergebnisorientierung dar, bei dem sich die Praxisleitung auf die Ergebniskontrolle beschränkt.

MAPI-Verfahren Das MAPI-Verfahren ist eine spezielle Form der Rentabilitätsrechnung mit statischen wie auch dynamischen Elementen. Es findet vor allem in Bezug auf Er-satzinvestitionen häufig Anwendung. Die grundlegende Idee ist, dass die Praxissituation nach der durchgeführten Investition mit der Praxissituation ohne Durchführung der Investition verglichen werden kann. Im Vordergrund steht dabei die Ermittlung einer so-genannten relativen Rentabilität, die zugleich ein Dringlichkeitsmaß für die Vornahme der Investition darstellt.

Marketing Marketing wird als Ausdruck eines marktorientierten unternehmerischen Denk-stils verstanden. Es stellt eine eigene wirtschaftswissenschaftliche Disziplin dar, in der Teile der Betriebswirtschaftslehre, der Volkswirtschaftslehre, Soziologie, Psychologie und der Verhaltenswissenschaft zusammengefasst werden.

Marketingstrategien Marketingstrategien für die Zahnarztpraxis sind mittel- bis langfris-tige Grundsatzentscheidungen, wie, mit welcher Vorgehensweise und unter Einsatz wel-cher Marketinginstrumente die festgelegten Ziele des Praxismarketings erreicht werden sollen. Damit stellen sie einen langfristigen Verhaltensplan dar, dessen Hauptzielsetzung es ist, im Markt die richtigen Entscheidungen zu treffen.

Marktanalyse Die Marktanalyse steht an erster Stelle der Entwicklung des Praxis-marketings. Sie dient zur Analyse der gegenwärtigen und zukünftigen Situation, in der sich die Praxis befindet und befinden wird, und erstreckt sich hierzu auf praxisinterne und -externe Rahmenbedingungen bzw. Einflussfaktoren. Die Marktanalyse für die Zahnarztpraxis ist somit eine statische Bestandsaufnahme von Marktgegebenheiten zu einem ganz bestimmten Zeitpunkt.

Mitarbeiterführung Mitarbeiterführung beinhaltet einen Prozess der steuernden Einfluss-nahme von Personen auf das Verhalten anderer Personen zum Zweck der Erreichung be-stimmter Ziele. Unter Mitarbeiterführung sind somit alle jene Aktivitäten der Praxisleitung zu verstehen, die sie im Umgang mit ihren Mitarbeitern verwirklicht, um diese im Sinne der Aufgabenerfüllung zu beeinflussen.

Motivation Motivation ist der Oberbegriff für jene Vorgänge, die in der Umgangssprache mit Streben, Wollen, Begehren, Drang usw. umschrieben und als Ursache für das Verhalten angesehen werden können.

Multimomentverfahren Beim Multimomentverfahren handelt es sich um ein Stich-probenverfahren, bei dem aus einer Vielzahl von Augenblickbeobachtungen statistisch gesicherte Mengen- oder Zeitangaben abgeleitet werden können.

Nutzwertanalyse Bei der Nutzwertanalyse (NWA, auch: Scoring-Verfahren) han-delt es sich um ein Instrument zur quantitativen Bewertung von Entscheidungsal-ternativen.

Ordentliche Kündigung Mit einer ordentlichen Kündigung werden in der Regel auf un-bestimmte Zeit abgeschlossene Arbeitsverträge unter Einhaltung der Kündigungsbedin-gungen gelöst.

Organisation Der Begriff Organisation hat grundsätzlich zwei Bedeutungen. Mit Organisation bezeichnet man einerseits den Vorgang, eine Ordnung in den Aufbau und die Arbeitsabläufe einer Praxis zu bringen. Darüber hinaus bezeichnet Organisation aber auch das Ergebnis dieses Vorganges, die fertige Organisationsstruktur.

Organisationsentwicklung Die Organisationsentwicklung ist ein sozialwissenschaftlich fundierter Ansatz, der mit Methoden der Kommunikation, der Arbeitsorganisation und des Trainings versucht, gemeinsam mit den betroffenen Mitarbeitern Ursachen vorhandener Schwierigkeiten im Unternehmen zu erforschen und neue (bessere) Formen der Zusammenarbeit zu entwickeln.

Organisationsgestaltung Die Organisationsgestaltung befasst sich mit der Frage, wie die Praxisorganisation beschaffen sein muss, um Ziele und Aufgaben bestmöglich zu erreichen.

Organisationsplan Der Organisationsplan (auch: Organigramm, Organisationsschaubild) ist eine grafische Darstellung der Aufbauorganisation der Praxis.

OSSAD-Methode Die OSSAD-Methode (OSSAD: Office Support Systems Analysis and Design) ist ursprünglich eine Analyse- und Designmethode für Informationssysteme im Büro. Zentrales Anliegen ist die Optimierung von organisatorischen Systemen und Abläufen, damit neue Technologien bestmöglich eingesetzt werden können.

Pareto-Prinzip Es beinhaltet die Konzentration auf wenige, wichtige Aktivitäten, statt die Zeit mit vielen, nebensächlichen Problemen zu verbringen. Dabei geht das Pareto-Prinzip von der allgemeinen Erkenntnis aus, dass häufig bereits 20 % der richtig eingesetzten Zeit und Energie 80 % des Ergebnisses erbringen.

Partnerschaft Die Partnerschaft ist eine eigenständige Kooperationsform nach dem Partnerschaftsgesellschaftsgesetz. Sie steht unter einem berufsrechtlichen Vorbehalt und setzt voraus, dass die Berufsausübung gemeinsam erfolgt.

Patientenbindung Sie versteht eine Behandlung nicht als einmalige Dienstleistung, sondern sieht in ihr durch das Erreichen von Zufriedenheit den Anfang einer langfristigen Vertrauensbeziehung zwischen Zahnarztpraxis und Patienten.

Persönliches Darlehen Das Persönliche Darlehen ist eine Form der langfristigen Kreditfinanzierung. Es ist ein Kredit, den eine Einzelperson der Zahnarztpraxis einräumt. Laufzeit, Raten und Zinsen sind dabei individuell vereinbar.

Personalaustritt Unter Personalaustritt (auch: Personalfreistellung) ist die Beendigung des Arbeitsverhältnisses in der Zahnarztpraxis zu verstehen.

Personalbedarf Der Personalbedarf lässt sich nach quantitativen, qualitativen und zeitlichen Gesichtspunkten einteilen: Zur Ermittlung des quantitativen Personalbedarfs ist die Frage zu stellen: Wie viel Personal wird zur Erfüllung der Aufgaben der Zahnarztpraxis benötigt? Bei der Ermittlung des qualitativen Personalbedarfs ist zu fragen: Welche Qualifikationen muss das errechnete Personal besitzen? Schließlich ist bei der Ermittlung des zeitlichen Personalbedarfs danach zu fragen: Wann wird das errechnete Personal mit den ermittelten Qualifikationen benötigt?

Personaleinsatz Bei ihm geht es um die qualitative, quantitative, zeitliche und räumliche Zuordnung der Praxisangehörigen und ihrer Arbeitsaufgaben. Im Rahmen des Personaleinsatzes sind das Praxispersonal zu organisieren, anforderungsgerecht und seinen Fähigkeiten entsprechend einzusetzen, die Arbeit zeitlich zu gestalten sowie die Arbeitsplätze und -räume anspruchsgerecht auszustatten.

Personalentwicklung Die Personalentwicklung in der Zahnarztpraxis stellt ein umfassendes Konzept der Einwirkung auf die Praxisangehörigen mit dem Ziel dar, die Qualifikationen aufzubauen und weiterzuentwickeln, die sie für die Erfüllung ihrer beruflichen Aufgaben in der Zahnarztpraxis benötigen. Personalentwicklung ist damit die systematisch vorbereitete, durchgeführte und kontrollierte Förderung der Anlagen und Fähigkeiten der Praxisangehörigen in Abstimmung mit ihren Erwartungen und den Veränderungen der Arbeitsplätze und Tätigkeiten in der Zahnarztpraxis.

Personalersatzbedarf Er entsteht durch das Ausscheiden von Praxisangehörigen infolge von Kündigung, Freistellung, Pensionierung, Mutterschafts- und Erziehungsurlaub usw. Die ausscheidenden Praxisangehörigen sind als Arbeitskräfte zu ersetzen.

Personalwerbung Aufgabe der Personalwerbung für die Zahnarztpraxis ist es, geeignete Arbeitnehmer und Arbeitnehmerinnen zur Bewerbung um einen freien Arbeitsplatz in der Praxis zu bewegen.

Personalzusatzbedarf Er ergibt sich als Folge von Ausweitung der Behandlungskapazitäten, kann sich aber auch aufgrund von Arbeitszeitverkürzungen oder neuer Aufgaben, die durch das vorhandene Personal nicht abgedeckt werden können, ergeben.

Planung Die Planung bildet den logischen Ausgangspunkt des Praxismanagements. Es wird darüber nachgedacht, was erreicht werden soll und wie es am besten zu erreichen ist. Dazu zählen die Bestimmung der Zielrichtung, die Ermittlung zukünftiger Handlungsoptionen und die Auswahl unter diesen. Planung bedeutet, zukünftiges Handeln unter Beachtung des Rationalprinzips gedanklich vorweg zu nehmen.

Portfolioanalyse Hierbei werden die bereits vorhanden bzw. neu geplanten Behandlungs- und Serviceleistungen der Zahnarztpraxis anhand der Kriterien Wachstum des Marktes für die Behandlungsangebote und Anteil am Patientenmarkt, auf den die Behandlungsleistungen überwiegend abzielen, beurteilt.

Praxisanalyse Im Rahmen einer Praxisabgabe soll die Praxisanalyse ökonomische, patientenstrukturbezogene und personelle Sachverhalte klären, um Rückschlüsse auf die aktuelle Situation der Zahnarztpraxis ziehen und daraus eine Bewertung für die Kaufpreisgestaltung vornehmen zu können.

Praxiscontrolling Praxiscontrolling besteht nicht nur aus der Tätigkeit des Kontrollierens und der Wahrnehmung von Kontrollfunktionen im laufenden Praxisbetrieb. Während sich die zahnärztliche Kontrolle im herkömmlichen Sinne etwa auf Verrichtungen von Auszubildenden oder den Fortschritt eines Heilungsprozesses bezieht, bezieht sich das Controlling auf die gesamte Zahnarztpraxis. Die Aufgabe des Praxiscontrollings besteht somit darin, die Praxisleitung mit Informationen zu versorgen, die für die Planung, Steuerung und Kontrolle der Praxis erforderlich sind. Insofern setzt das

Praxiscontrolling eine planungs- und zielorientierte Praxisführung voraus, die die Ziele der Zahnarztpraxis im Rahmen der Praxisplanung festlegt.

Praxisgewinn Der Gewinn einer Zahnarztpraxis setzt sich aus dem Praxisumsatz abzüglich der Praxiskosten zusammen.

Praxisimage Das Praxisimage bezeichnet ein Vorstellungsbild, das die Erwartungen umfasst, die subjektiv mit der Zahnarztpraxis verbunden sind.

Praxiskosten Wert aller verbrauchten Materialien und Dienstleistungen pro Zeitperiode, die zur Erstellung der eigentlichen betrieblichen Leistung der Zahnarztpraxis nötig sind.

Praxismarketing Das Praxismarketing, als besondere Form des Marketings des Dienstleistungsunternehmens Zahnarztpraxis, beschreibt eine Grundhaltung, die sich mit einer konsequenten Ausrichtung aller Aktivitäten der Zahnarztpraxis an den Erfordernissen und Bedürfnissen der Patienten umschreiben lässt. Durch das Praxismarketing wird eine systematische Beeinflussung und Gestaltung des Marktes der Patienten, die als potenzielle Zielgruppe für die Zahnarztpraxis in Frage kommen, unter Mithilfe der Praxismarketinginstrumente und deren kombinierten Einsatz versucht. Praxismarketing ist somit ein Mittel zur Schaffung von Präferenzen bei den Patienten und damit der Erringung von Wettbewerbsvorteilen gegenüber konkurrierenden Praxen durch gezielte Maßnahmen.

Praxisorganisation Praxisorganisation lässt sich einfachheitshalber als Ordnung aller Arbeitsabläufe und Maßnahmen, die zur erfolgreichen Führung einer Praxis dienen, definieren.

Praxispositionierung Das Ergebnis der strategischen Überlegungen zum Praxismarketing ist die Positionierung der Praxis. Sie beschreibt die Stellung, die die Praxis gegenüber den Patienten, im Markt und damit gegenüber dem Wettbewerb einnimmt. Ziel ist es dabei, eine möglichst erfolgversprechende Positionierung anzustreben, einzunehmen, sie zu festigen und auszubauen. Die Praxispositionierung ist insbesondere abhängig von den Zielgruppen, der Patientenstruktur, den Behandlungsmethoden und vom übrigen Leistungsangebot der Praxis.

Praxisumsatz Der Umsatz einer Zahnarztpraxis stellt die Summe aller Erlöse aus Kassen- und Privatabrechnungen sowie sonstigen Einnahmequellen der Zahnarztpraxis dar.

Praxisvergleich Der Praxisvergleich stellt eine Gegenüberstellung von Zahlenmaterial der eigenen Praxis und Vergleichszahlen einer oder mehrerer anderen Praxen dar. Dabei sind insbesondere die Vergleichbarkeit der Praxen sicherzustellen und individuelle Einflüsse zu minimieren.

Probearbeitsverhältnis Bei einer Einstellung auf Probe handelt es sich bereits um ein echtes Arbeitsverhältnis mit allen sich daraus ergebenden Rechten und Pflichten, das allerdings mit einer kürzeren Frist kündbar ist. Ist der Vertrag auf unbestimmte Zeit abgeschlossen, so geht das Probearbeitsverhältnis nach Ablauf der Probezeit in ein Dauerarbeitsverhältnis über, wenn nicht Arbeitgeber oder -nehmer vor Ablauf fristgerecht gekündigt haben.

Qualität Die Qualität wird nach DIN EN ISO 8402 definiert als Gesamtheit von Merkmalen (und Merkmalswerten) einer Einheit bezüglich ihrer Eignung, festlegte und vorausgesetzte Erfordernisse zu erfüllen.

Rendite Gesamterfolg einer Geld- oder Kapitalanlage; Maßstab zur Beurteilung der Rentabilität eines Objektes.

Rentabilitätsrechnung Dieses Verfahren basiert auf der Idee, die Rentabilität verschiedener Investitionsalternativen zu vergleichen. Als Entscheidungskriterium für die Vorteilhaftigkeit eines Investitionsvorhabens wird die Rentabilität mit der vom investierenden Zahnarzt oder von der Zahnärztin gewünschten Mindestrendite verglichen. Beim Vergleich mehrerer Investitionsobjekte wird das mit der höchsten Rentabilität ausgewählt.

Return on Investment (RoI) Er beschreibt die Rentabilität des gesamten Kapitaleinsatzes und stellt dar, wie das eingesetzte Kapital durch die Leistung der Zahnarztpraxis verzinst wird. Dabei kann sich die Rentabilitätsrechnung des RoI sowohl auf die gesamte Praxis als auch auf Teilbereiche oder die Vorteilhaftigkeit einzelner Investitionen beziehen. Im Rahmen der Analyse von Kennzahlen errechnet sich das RoI üblicherweise aus dem Verhältnis des gesamten investierten Kapitals und des Praxisumsatzes zum Praxisgewinn.

Rückkehrausschluss Der vertraglichen Vereinbarung eines Rückkehrausschlusses liegt im Interesse des Praxiserwerbers, der damit verhindern möchte, dass der Praxisveräußerer ihm gegen Entrichtung des Kaufpreises etwa die Praxis mit der Kassenzulassung übergibt, um ihm anschließend im gleichen Einzugsgebiet mit der Eröffnung einer Privatpraxis einen harten Wettbewerb zu liefern.

Rücklagen Rücklagen sind finanzielle Reserven der Praxis, die zum Ausgleich von Verlusten oder für Sonderzwecke bestimmt sind.

Selbstaufschreibung Die Selbstaufschreibung stellt die Erstellung von Berichten durch die Praxisangehörigen über ihre ausgeführten Arbeiten dar.

Selbstmanagement Selbstmanagement ist die konsequente und zielorientierte Anwendung bewährter Arbeitstechniken in der täglichen Praxis, um sich selbst und die eigenen Lebensbereiche zu führen und zu organisieren.

Sicherungsübereignung Es handelt sich dabei um eine Sachsicherheit, die in einer Übertragung von treuhänderischem Eigentum an Sachen durch die Praxisinhaber als Sicherungsgeber an die Bank als Sicherungsnehmer zur Absicherung von Kreditforderungen besteht. Sie hat im Verhältnis zu außenstehenden Dritten das volle Eigentum. Die Praxisinhaber behalten das wirtschaftliche Eigentum an der Sache. Damit erhält die Bank den mittelbaren Besitz am Sicherungsgut, während die Praxisinhaber unmittelbare Besitzer bleiben. Der Vermögensgegenstand wird demnach treuhänderisch an die Bank abgetreten und die Praxisinhaber können ihn weiterhin selbst nutzen.

Skontrationsmethode Bei der Verbrauchsermittlung durch die Skontrationsmethode ist das Führen einer Materialübersicht notwendig. Daraus werden die jeweils entnommenen Materialmengen addiert, wobei die Summe den Materialverbrauch je kontrollierten Zeitraum ergibt.

Soll-/Ist-Vergleich Der Soll-/Ist-Vergleich setzt die Planvorgabe von aus den Praxiszielen abgeleiteten Sollwerten voraus, mit denen die am Ende der Vergleichsperiode erreichten Istwerte verglichen werden.

Sollzinssatzverfahren Das Sollzinssatzverfahren ist eine Verallgemeinerung der Methode des Internen Zinsfußes und hängt eng mit der Vermögensendwertmethode zusammen. Sie trifft eine Aussage über den Zinssatz, der bei gegeben Habenzinssatz auf das Kapital erzielt werden kann, das zu jedem Zeitpunkt während des Planungszeitraumes noch gebunden ist.

Stellenbeschreibung (auch: Tätigkeitsdarstellung, Arbeitsplatzbeschreibung). Sie stellt eine formularisierte Fixierung aller wesentlichen Merkmale einer Stelle dar.

Stellenbesetzungsplan Der Stellenbesetzungsplan ist ein Ausweis der personalen Besetzung der eingerichteten Stellen.

Strategie Langfristig wirksame Maßnahmenkombinationen, die den Weg bestimmen, wie die geplanten Ziele erreicht werden sollen. Im Mittelpunkt steht die Abstimmung von Zahnarztpraxis und Praxisumwelt. Als Ausgangspunkt der Praxisstrategie können die langfristig angelegten Praxisziele angesehen werden.

Substanzwertmethode Die Substanzwertmethode hat als Grundlage den Gebrauchswert der Praxissubstanz. Sie setzt sich aus den materiellen und immateriellen Werten der Praxis zusammen. Zur Ermittlung des materiellen Wertes wird das gesamte Praxisinventar zum Wiederbeschaffungspreis bewertet, wobei die durch Abnutzung auftretenden Wertminderungen abgezogen werden. Behandlungseinrichtungen, zahnmedizinische Geräte und vorhandene Verbrauchsmaterialien sind dabei hinsichtlich ihrer Funktionalität und ihres technischen Zustandes zu bewerten.

Der immaterielle Praxiswert (Ruf der Praxis, Erfahrung des Personals etc.) wird entweder nach dem Umsatzverfahren ermittelt, wobei etwa 20–30 % des arithmetischen Mittels der letzten Jahresumsätze als „Goodwill"-Wert angesehen werden, oder nach dem Gewinnverfahren, nach dem etwa 40–60 % des arithmetischen Mittels der letzten Jahresgewinne den immateriellen Wert widerspiegeln. Individuelle immaterielle Besonderheiten der Praxis werden durch Auf- oder Abschläge berücksichtigt.

Teilzeitarbeit Unter Teilzeitarbeit versteht man im Allgemeinen eine Arbeitszeit, deren Dauer unter der Arbeitszeit für Vollbeschäftigte liegt. Der bedeutendste Vorteil von Teilzeitarbeit liegt aus der Sicht der Zahnarztpraxis vor allem in den vielfältigen Kombinationsmöglichkeiten der Arbeit von Teilzeitbeschäftigten mit der von Vollzeit- bzw. anderen Teilzeitbeschäftigten.

Telemedizin Sie nutzt die technischen Möglichkeiten der Telematik, der kombinierten Benutzung von Telekommunikation und Informatik, zu zahnmedizinischen Zwecken.

Tilgung Als Tilgung wird die Rückzahlung von Geldkapital aller Art in Teilbeträgen bezeichnet, wobei diese planmäßig oder außerplanmäßig erfolgen kann. Im Kreditwesen unterscheidet man je nach Art der Tilgung Annuitäten-, Abzahlungs- oder Festdarlehen.

Total Quality Management (TQM) Eine ganzheitliche Durchdringung der Praxis mit einem Qualitätsdenken wird im Rahmen des Total Quality Management (TQM) angestrebt. Dabei wird der Aufbau eines Qualitätsmanagementsystems in der Praxis nur als Zwischenziel verstanden, auf dem Weg, die Qualitätsphilosophie in der Praxis über alle Bereiche und Aktivitäten auszudehnen. Dieser übergreifende Ansatz ist eine auf der Mitwirkung aller Praxisangehörigen beruhenden Führungsmethode, die Qualität in den Mittelpunkt stellt und durch Zufriedenstellung der Patienten auf den langfristigen Praxiserfolg zielt.

Umlaufvermögen Zum Umlaufvermögen zählen alle Vermögensgegenstände (Wirtschaftsgüter) der Zahnarztpraxis, die dazu bestimmt sind, kurzfristig in die Behandlungstätigkeit -einzugehen oder möglichst schnell wieder veräußert zu werden. Das Umlaufvermögen soll sich mehrmals innerhalb einer Periode umschlagen.

Umsatzrentabilität Sie beschreibt, mit welchem Praxisumsatz welcher Praxisgewinn erzielt wird. Die Umsatzrentabilität sollte eine Rendite widerspiegeln, die multipliziert mit dem Kapitalumschlag eine vernünftige Gesamtkapitalrentabilität entstehen lässt.

Variable Praxiskosten Praxiskosten, die von der Behandlungsmenge abhängen, und die sich bei zunehmender Behandlungsmenge erhöhen.

Verbindlichkeiten Unter Verbindlichkeiten sind Schulden zu verstehen, die prinzipiell dem Grunde und der Höhe nach gewiss sind.

Vergleich Bei einem Vergleich werden aktuellen Zahlenwerten der Praxis Vergangenheitswerte, Werte anderer Praxen oder Sollwerte gegenübergestellt, um positive oder negative Abweichungen zu ermitteln und diese zum Maßstab des eigenen Handelns zu machen. Das Instrumentarium des Vergleichs bietet dadurch vielfältige Möglichkeiten, im Rahmen des Praxiscontrollings realisierbare Ziele zu setzen, deren Einhaltung zu überwachen und gegebenenfalls korrigierend einzugreifen.

Vermögen Das Vermögen ist das bilanzielle Äquivalent des Kapitals. Es zeigt an, welche konkrete Verwendung das Kapital in der Praxis gefunden hat und stellt die Summe der Werte aller materiellen und immateriellen Güter, in denen das Kapital der Praxis investiert ist, dar.

Vermögensendwertverfahren Das Vermögensendwertverfahren ist eine Verfeinerung der Kapitalwert- und Annuitätenmethode. Sein Ziel ist die Endwertmaximierung. Alle Zahlungen und damit der Vermögenswert werden auf das Ende des Investitionszeitraums bezogen. Dabei wird mit einem geteilten Zinssatz gerechnet: Ein Sollzinssatz, mit dem bereitgestelltes Fremdkapital zu verzinsen ist und ein Habenzinssatz zu dem Eigenmittel und Einnahmen-/Ausgabenüberschüsse angelegt werden können.

Verpfändung Es handelt sich dabei um die Bestellung eines Pfandrechts an Sachen oder Rechten durch Vertrag.

Vorfälligkeitsgebühr Das ist der Betrag, der dem Zahnarzt oder der Zahnärztin als Kreditnehmer bei vorzeitiger Kündigung eines langfristigen Kredits in Rechnung gestellt wird, sofern die Möglichkeit, den Kredit vor Fälligkeit zurückzuzahlen, nicht im Kreditvertrag vereinbart wird.

Zahlungsfähigkeit Die Zahlungsfähigkeit ist die zu einem bestimmten Zeitpunkt vorhandene Verfügungsmacht über Zahlungsmittel.

Zertifizierung Die Zertifizierung eines Qualitätsmanagementsystems ist die Bestätigung eines unabhängigen, sachverständigen Dritten, dass in der Zahnarztpraxis ein Qualitätsmanagementsystem dokumentiert ist, eingeführt ist und aufrechterhalten wird.

Zuschlagskalkulation Sie dient zur Bestimmung der Kosten je Behandlungsleistung (Behandlungsfallkosten). Dazu werden zunächst die Einzelkosten für die jeweilige Behandlungsfallart ermittelt. Die Gemeinkosten werden dann anhand der in der Kostenstellenrechnung erarbeiteten Verteilungsschlüssel dem jeweiligen Behandlungsfall zugeordnet.

Zuwachsrate Zuwachsraten geben Auskunft über die Entwicklung von Umsatz-, Gewinn- oder Kostengrößen in Vergleichszeiträumen.

Sachverzeichnis

A

ABC-Analyse, 195
Abfall, 249
Ablaufdiagramme, 187
Ablauforganisation, 147, 185
Abmahnung, 119, 172
Abrechnungsarbeiten, 238
Abrechnungsprüfung, 236
Abschöpfungspreisstrategie, 100
Abschreibung, 25, 39, 280
Abwerben, 141
Abzahlungsdarlehen, 30
Abzinsung, 40
Amortisationsrechnung, 46
Analyseverfahren, 195
Anforderungsarten, 136
Anforderungsprofile, 137
Angebotseinholung, 223
Anhörung, 174
Annuitätendarlehen, 30
Annuitätenmethode, 45
Anreiz-Beitrags-Theorie, 117
Arbeitsanalyse, 136, 148
Arbeitsergonomie, 152
Arbeitsklimas, 129
Arbeitsleistung, 119
Arbeitsmengen, 186
Arbeitsproben, 144
Arbeitsrecht, 118
Arbeitsschutzrecht, 123, 242
Arbeitsstrukturierung, 127

Arbeitsunterweisung, 161
Arbeitsvertrag, 118, 144
Arbeitszeiterfassung, 152
Arbeitszeitflexibilisierung, 150
Arbeitszeitmodelle, 150
Arbeitszeitrecht, 123
Arbeitszeugnisse, 142
Aufbauorganisation, 147, 180
Aufgabenanalyse, 180
Aufwendungen, 282
Aufzinsung, 40
Ausbildung, 160
Ausbildungsmethoden, 161
Ausbildungsverhältnis, 121
Ausfallgebühr, 217
Ausgaben, 282
Ausrüstung, 153
Außenfinanzierung, 22
Auszahlung, 282
Avale, 23

B

Bankdarlehen, 23
Barwert, 44
Bedarfsermittlung, 221
Bedürfnishierarchie, 116
Behandlungsfallkosten, 282
Behandlungsleistungen, 99
Behandlungsorganisation, 210
Behandlungsqualität, 7, 94

© Springer Fachmedien Wiesbaden GmbH 2016
A. Frodl, *Praxisführung für Zahnärzte*,
DOI 10.1007/978-3-658-11060-4

Printed in the United States
By Bookmasters